Shell Deutschland
Holding (Hrsg.)

Jugend 2006

Eine pragmatische Generation
unter Druck

Konzeption & Koordination:
Klaus Hurrelmann,
Mathias Albert &
TNS Infratest Sozialforschung

Fischer Taschenbuch Verlag

Konzeption & Koordination
Klaus Hurrelmann,
Mathias Albert &
TNS Infratest Sozialforschung

Autorinnen & Autoren
Mathias Albert, Universität Bielefeld
Thomas Gensicke, TNS Infratest Sozialforschung
Klaus Hurrelmann, Universität Bielefeld
Anja Langness, Universität Bielefeld
Ingo Leven, TNS Infratest Sozialforschung
Sibylle Picot, TNS Infratest Sozialforschung
Gudrun Quenzel, Universität Duisburg-Essen
Ulrich Schneekloth, TNS Infratest Sozialforschung
Michaela Willert, TNS Infratest Sozialforschung

Originalausgabe
Veröffentlicht im Fischer Taschenbuch Verlag,
einem Unternehmen
der S. Fischer Verlag GmbH
Frankfurt am Main, September 2006

© Shell Deutschland Holding GmbH,
Hamburg,
und Fischer Taschenbuch Verlag
in der S. Fischer Verlag GmbH,
Frankfurt am Main 2006
Typografie und Satz:
Farnschläder & Mahlstedt Typografie,
Hamburg
Herstellerische Betreuung:
Christiane Grosholz und Wilfried Meiner
Druck und Bindung: Clausen & Bosse, Leck
Printed in Germany
ISBN-13: 978-3-596-17213-9
ISBN-10: 3-596-17213-6

Unsere Adressen im Internet:
www.fischerverlage.de
www.hochschule.fischerverlage.de

Inhalt

Geleitwort von Shell **11**

Vorwort der Autorinnen und Autoren **13**

Zusammenfassung **15**

Klaus Hurrelmann, Mathias Albert, Gudrun Quenzel, Anja Langness
1 **Eine pragmatische Generation unter Druck – Einführung in die Shell Jugendstudie 2006** **31**

1.1 Die Lebensphase Jugend im gesellschaftlichen und demografischen Wandel **31**

1.2 Geschlechtsspezifische Muster der Lebensführung **36**

1.3 Jugendliche Lebenswelten und Wertorientierungen **38**

1.4 Politische Orientierung Jugendlicher **45**

Anja Langness, Ingo Leven, Klaus Hurrelmann
2 **Jugendliche Lebenswelten: Familie, Schule, Freizeit** **49**

2.1 Familie: Ein sicherer sozialer Heimathafen **49**
2.1.1 Stellenwert der Familie **50**
2.1.2 Kinderwunsch **51**
2.1.3 Verhältnis zu den Eltern **57**

2.2 Schule und Berufsbildung: Die soziale Herkunft schlägt durch **65**
2.2.1 Schulischer Lebensweg **65**
2.2.2 Berufsbezogene Wünsche und Sorgen **71**

2.3 Freizeit- und Gesundheitsverhalten: Große Unterschiede im Lebensstil **77**
2.3.1 Freizeitverhalten **77**
2.3.2 Gesundheitsverhalten **86**

2.4 Blick auf Zukunft: Optimismus rückläufig **96**
2.4.1 Persönliche Zukunftssicht **96**
2.4.2 Gesellschaftliche Zukunftssicht **100**

Ulrich Schneekloth
3 Politik und Gesellschaft: Einstellungen, Engagement, Bewältigungsprobleme 103

3.1 Jugendliche und Politik: Demokratie auf Distanz? 104
3.1.1 Interesse an Politik 105
3.1.2 »Links-rechts«-Positionierung und Verhältnis zu den Parteien 108
3.1.3 Einstellungen zu Demokratie und Gesellschaft 110

3.2 Aktiv sein trotz »null Bock« auf Politik? 121
3.2.1 Gesellschaftliche und soziale Aktivitäten von Jugendlichen 121
3.2.2 Organisatorische Formen und Räume für Aktivitäten 125

3.3 Alltagskonflikte und Ausgrenzungserfahrungen: »Wenn es auch mal krachen kann.« 130
3.3.1 Toleranz gegenüber gesellschaftlichen (Rand-)Gruppen 131
3.3.2 Einstellungen zum weiteren Zuzug von Migranten 133
3.3.3 Diskriminierungserfahrungen im Alltag 138
3.3.4 Verwicklung in Schlägereien 140

Ulrich Schneekloth
4 Die »großen Themen«: Demografischer Wandel, Europäische Union und Globalisierung 145

4.1 Die Konsequenzen des demografischen Wandels: Jung und Alt in »neuer Mischung« 145
4.1.1 Jugendliche und ihre Sicht auf das Alter 148
4.1.2 Problemwahrnehmungen 152

4.2 Globalisierung und europäische Integration: Wie Jugendliche das Zusammenrücken der Welt beurteilen 159
4.2.1 Europa 159
4.2.2 Globale Probleme 163

Thomas Gensicke
5 Zeitgeist und Wertorientierungen 169

5.1 Jugendlicher Zeitgeist 169
5.1.1 Optimismus unter Druck 169
5.1.2 Aber: Zeitgeist weiter pragmatisch 173

5.2 Stabiles Wertesystem: Deutliche Geschlechterunterschiede 175
5.2.1 Soziale Netzwerke und Sekundärtugenden weiter im Fokus 175
5.2.2 Struktur des jugendlichen Wertesystems 178
5.2.3 Mehr Wertebewusstsein in der weiblichen Jugend 181
5.2.4 Mehr Wettbewerbsorientierung in der männlichen Jugend 183

5.3	Vielfalt jugendlicher Lebenshaltungen: Vier Wertetypen	**186**
5.3.1	Idealisten und Materialisten, Macher und Unauffällige	**186**
5.3.2	»Konservativere« Idealisten?	**190**
5.3.3	Pragmatischere Studenten, resignierende Auszubildende?	**193**
5.3.4	Wertetypen in der Jugendforschung: Das Beispiel »Gewalt«	**196**
5.3.5	Striktere Haltung zur Migration: Wertewandel oder neue Sicht der Situation?	**198**

Thomas Gensicke
6 Jugend und Religiosität **203**

6.1	Religion wieder im öffentlichen Fokus	**203**
6.2	Was ist Religiosität?	**204**
6.3	Religiosität, Glaubensunsicherheit und Religionsferne	**207**
6.3.1	Persönlicher Gott oder höheres Wesen?	**207**
6.3.2	Vom Schicksal, von Geistern und Sternen	**211**
6.3.3	Was haben die Kirchen Jugendlichen heute zu geben?	**216**
6.3.4	Hat Gott die Welt erschaffen?	**218**
6.3.5	Zwischenresümee	**220**
6.4	»Religion light« im Westen, ungläubiger Osten und die »echte« Religion der Migranten	**221**
6.5	Religiosität und Werte: Was hat beides heute miteinander zu tun?	**226**
6.5.1	Gottesgläubige als Werte-Elite?	**226**
6.5.2	Wo haben Gottlose ihre Werte her?	**229**
6.5.3	Unglaube und Unglaube ist nicht überall dasselbe	**235**
6.6	Ausblick: Die Pluralität anerkennen	**238**

Sibylle Picot, Michaela Willert
7 Jugend in einer alternden Gesellschaft – Die Qualitative Studie: Analyse und Portraits **241**

7.1	Thematischer Schwerpunkt und Methode	**241**
7.1.1	Thematischer Schwerpunkt 2006	**241**
7.1.2	Methodisches Vorgehen	**243**
7.2	Situation und Chancen der Jugend	**247**
7.2.1	Arbeitsmarkt und Zukunftsperspektiven	**247**
7.2.2	Der eigene Weg	**254**

7.3	Generationenkonflikt? **261**
7.3.1	Alte Menschen aus Sicht der Jungen **261**
7.3.2	Jugend: Eine Frage der Perspektive **271**
7.3.3	Jugend und Gesellschaft **278**
7.3.4	Alte und Gesellschaft **284**
7.3.5	Blick auf die alternde Gesellschaft **288**
7.4	Soziale Netzwerke als Ressource **291**
7.4.1	Die Bedeutung von Familie und Freunden **292**
7.4.2	Soziale Netzwerke **294**
7.5	Fazit **300**
7.6	Die Portraits **303**

Jonas, 18 Jahre, Zivildienstleistender im Seniorenpflegeheim.
»*Das Beste aus seinen Möglichkeiten machen.*« **305**

Katharina, 19 Jahre, Abiturientin. Lange im Jugendgemeinderat.
»*Politik fängt an, wenn man sich für etwas einsetzt.*« **313**

Martin, 23 Jahre, Jungbauer und Hoferbe. »*Drei Generationen unter einem Dach – nie wieder!*« **323**

Niklas, 16 Jahre, Realschüler. Familie mit 4 Generationen.
»*Meine Uroma und ich sind eher so wie Freunde.*« **330**

Sarah, 19 Jahre, Studentin. Berufswunsch Pastorin.
»*Kirche – ein Ort, wo man Mensch sein kann.*« **335**

inDex, 17 Jahre, Fachgymnasiast. Rapper. »*Rap ist mein Ventil.*« **342**

Nicole, 23 Jahre, Kommunikationselektronikerin.
»*Fünf bis sechs Paar Großeltern – das geht doch gar nicht!*« **349**

Thomas, 15 Jahre, Hauptschüler in einer Jugendwerkstatt.
»*Schule? Ich wollte da einfach nicht hin.*« **356**

Aslihan, 18 Jahre, Gesamtschülerin. »*Also ich sag immer Ja.*« **361**

Holger, 25 Jahre, Heizungsbauer. Zurzeit erwerbslos.
»*Hier hat man wirklich seine Ruhe.*« **366**

Katja, 23 Jahre, Jugend- und Auszubildendenvertreterin bei VW.
Mitglied in der IG-Metall. »*Ich lass mir meine Wege offen.*« **372**

Mandus, 22 Jahre, Student. Engagiert bei der BUNDjugend.
»*Wir wollen eben die Erde retten.*« **380**

Antje, 23 Jahre, Angestellte bei der Rentenversicherung. Pflegende.
»*Nun bin ich eben wieder hier.*« **389**

René, 18 Jahre, Azubi zur Fachkraft für Lagerwirtschaft.
»*Ick war noch nie in Neukölln.*« **396**

Judith, 18 Jahre, Krankenschwesterschülerin.
»*Wenn man was will, dann wird es schon.*« **404**

Marius, 19 Jahre, Student. Engagiert bei den Jusos.
»*Immer an's große Ganze denken.*«   **410**

Laura, 21 Jahre, Studentin. Engagiert bei den JuLis.
»*Freiheit – der höchste Wert.*«   **415**

Matthias, 19 Jahre, Schüler. Berufswunsch Lehrer.
»*Vor allem die Familie zählt.*«   **424**

Sandra, 25 Jahre, Physiotherapeutin.
»*Eine Region ohne Junge – das geht nicht.*«   **431**

Munir, 19 Jahre, Zivildienstleistender im Seniorenpflegeheim.
»*Besser mehr Freiräume als zu wenige.*«   **437**

Mathias Albert, Klaus Hurrelmann, Anja Langness, Gudrun Quenzel

**8   Die pragmatische Generation unter Druck:
Probleme und Perspektiven   443**

Ulrich Schneekloth, Ingo Leven

9   Methodik   453

9.1   Gesamtanlage der Studie   **453**

9.2   Methodik der quantitativen Erhebung   **454**

Anhang

Fragebogen der Shell Jugendstudie 2006   **463**

Das Netzwerk- und Werteschema als Bestandteil
des Qualitativen Interviews   **495**

Literaturverzeichnis   **501**

Geleitwort von Shell zur 15. Shell Jugendstudie

Jugend ist die Zukunft unserer Gesellschaft. Mit dem demografischen Wandel werden wir uns dessen immer stärker bewusst. Mit einer mehr als 100-jährigen Unternehmensgeschichte in Deutschland ist Shell aktiver Teil in dieser Gesellschaft. Den Einsatz für die Jugendforschung in Deutschland betrachten wir als einen wichtigen Aspekt unserer gesellschaftlichen Verantwortung als Unternehmen.

Seit nunmehr 53 Jahren untersucht die *Shell Jugendstudie* die Situation der jungen Generation in Deutschland. Ihre Ergebnisse bieten ein wissenschaftlich fundiertes Abbild der Jugend, ihrer Einstellungen, Hoffnungen und Werte. Darüber hinaus liefert die Shell Jugendstudie auch eine belastbare Grundlage für eine breit aufgestellte gesellschaftliche Diskussion, und zwar nicht nur über Jugendforschung und Jugendpolitik, sondern weit darüber hinaus.

Bei der Erstellung der Jugendstudie beschränkt sich Shell auf die Auswahl eines renommierten und unabhängigen Forscherteams sowie auf die finanzielle Ausstattung der umfangreichen Forschungsarbeiten. Weder die Konzeption noch die repräsentative Befragung von Jungen und Mädchen werden von uns beeinflusst.

Das Leitthema der nunmehr *15. Shell Jugendstudie* konzentriert sich auf die Generationenfrage »Jung und Alt« aus Sicht der jungen Generation. Während der Bevölkerungsanteil der unter 20-Jährigen immer weiter sinkt, wächst die Gruppe der über 65-Jährigen stetig an. Hieraus entstehen ganz neue gesellschaftliche Probleme und Herausforderungen, mit denen die Jugend von heute umzugehen hat. Vor allem der Eintritt in die Arbeitswelt beginnt für viele mit großen Schwierigkeiten. So beschreibt z. B. das Schlagwort von der »Generation Praktikum«, wie schwierig heute ein planbarer Berufseinstieg für viele junge Menschen geworden ist.

Die Ergebnisse der *Shell Jugendstudie* sollen helfen, die Situation der Jugendlichen in Deutschland zu verstehen, ihre Ängste und Sorgen nachzuvollziehen und einen Beitrag zu einer gesellschaftspolitischen Diskussion zu leisten. Wie geht die deutsche Jugend konkret mit ihren Zukunftsaussichten um? Hat die junge Generation ihren grundsätzlichen Optimismus verloren, den die vorige *Shell Jugendstudie* noch ermitteln konnte? Oder steht zu befürchten, dass uns gar ein neuer Generationenkonflikt bevorsteht? Aber vielleicht setzt sich auch die Renaissance von traditionellen Werten wie Leistung, Tugend und Fleiß fort, oder ist gar eine ganz neue Wendung in der Jugendentwicklung zu erkennen? All dies sind überaus spannende Fragen, denen die neue *Shell Jugendstudie* nachgeht.

Neben dem Abstand zwischen Alt und Jung sind auch Gruppenbildungen innerhalb der Jugend zu beobachten.

Diese Trennlinien bewegen sich unter anderem entlang den Fragen nach Religion und Glauben, dem Selbstbewusstsein junger Frauen und ungleichen Bildungs- und Ausbildungsmöglichkeiten. Auch hier will die *Shell Jugendstudie* Aufschluss geben.

Unser besonderer Dank gilt allen, die an der Verwirklichung der Studie beteiligt waren. Besonders erwähnt seien die für die Konzeption und inhaltliche Ausrichtung verantwortlichen Professoren Dr. Klaus Hurrelmann und Dr. Mathias Albert von der Universität Bielefeld sowie die Experten des Sozialforschungsinstituts TNS Infratest unter der Leitung von Ulrich Schneekloth.

Wir hoffen, dass auch die *15. Shell Jugendstudie* konstruktive Diskussionen in Gang bringen wird und zu einem besseren Verständnis der jungen Generation in Deutschland beitragen kann. Wir wünschen uns einen offenen und nachhaltigen Dialog, der hilft, Differenzen zu überwinden und möglicherweise sogar Konflikte zu vermeiden.

Wir wünschen Ihnen eine interessante und aufschlussreiche Lektüre.

Kurt Döhmel
Vorsitzender der Geschäftsführung
Deutsche Shell Holding GmbH

Vorwort der Autorinnen und Autoren

1953 wurde die erste Shell Jugendstudie vorgelegt – nach 53 Jahren folgt hier die 15. Ausgabe. Damit ist eine Langzeit-Berichterstattung über die Lage der jungen Generation in Deutschland realisiert, die weltweit einmalig ist. Die Shell Jugendstudien sind aus der jugend- und bildungspolitischen Diskussion in Deutschland nicht mehr wegzudenken. Die Studien haben über die Jahre großen Einfluss auf grundlegende politische Entscheidungen und Schwerpunktsetzungen in der wissenschaftlichen Forschung ausgeübt.

Die vorliegende Studie basiert wieder auf einer Repräsentativbefragung von rund 2500 Jugendlichen in Deutschland. Gegenüber der Shell Jugendstudie 2002 gibt es einige Ergänzungen. Neu aufgenommen wurden Fragen zum Generationenverhältnis und zur religiösen Orientierung. Dem Generationenverhältnis widmen sich besonders ausführlich die Einzelfallstudien, die nach guter Tradition zentraler Bestandteil auch dieser Studie sind.

Die Studie ist in acht Kapitel und eine abschließende Darstellung der Methodik gegliedert:
- In Kapitel 1 geben wir – ausgehend vom Stand der letzten Shell Jugendstudie 2002 – einen Überblick über jüngste Entwicklungen der Jugendforschung und neue Trends aus aktuellen Untersuchungen.
- In Kapitel 2 geht es um die jugendlichen Lebenswelten Familie, Schule, Freizeit und Beruf. Die Zukunftsperspektiven Jugendlicher, auch und gerade im Blick auf die berufliche und die gesellschaftliche Zukunft, werden thematisiert. Neu aufgenommen werden Informationen zum Gesundheitsverhalten.
- Kapitel 3 analysiert die Einstellungen der jungen Generation zur Politik. Stärker noch als in der letzten Shell Jugendstudie haben wir auf die europäische Orientierung von Jugendlichen und ihre Einstellungen zur »Globalisierung« geachtet.
- In Kapitel 4 wird die Einstellung Jugendlicher zum demografischen Wandel, zum Generationenverhältnis sowie zur Internationalisierung der Politik untersucht.
- Kapitel 5 widmet sich detailliert und im Trend den grundlegenden Wertorientierungen der Jugendlichen und untersucht vier unterschiedliche Lebensauffassungen von Jugendlichen.
- Kapitel 6 stellt das Verhältnis der Jugendlichen zu Religion und Glaube dar und beschäftigt sich mit den Beziehungen der Religiosität zum jugendlichen Wertesystem.
- Im 7. Kapitel werden die Ergebnisse der qualitativen Einzelfallstudien vorgestellt. Es wurden 25 explorative Interviews mit jungen Frauen und Männern im Alter von 15 bis

25 Jahren durchgeführt. 20 Jugendliche werden mit einem Portrait vorgestellt. Die inhaltsanalytische Auswertung der Interviews legt den Schwerpunkt auf das Thema Jung und Alt: Es geht dabei vor allem um die Selbstwahrnehmung und die Zukunftserwartungen Jugendlicher in einer alternden Gesellschaft sowie um das Verhältnis der Generationen.

- Kapitel 8 leitet aus den Untersuchungsergebnissen Konsequenzen für Jugendarbeit, Bildungspolitik und Jugendpolitik ab.
- In Kapitel 9 werden die methodischen Grundlagen der Studie beschrieben. Die Erhebungsinstrumente sind im Anhang dokumentiert.

Die Shell Jugendstudie 2006 wurde von einer Arbeitsgemeinschaft von Wissenschaftlerinnen und Wissenschaftlern der Universität Bielefeld und des Forschungsinstituts TNS Infratest Sozialforschung München erstellt. Klaus Hurrelmann und Mathias Albert sind für die konzeptionelle Grundlegung und inhaltliche Ausrichtung der Studie verantwortlich. Gudrun Quenzel und Anja Langness übernahmen große Teile der wissenschaftlichen Hintergrundrecherchen und verantwortliche Funktionen bei der Erstellung von Teilkapiteln. Bei TNS Infratest standen die Erhebungs- und Analysearbeiten unter Leitung von Ulrich Schneekloth. Als weitere Mitglieder des TNS Infratest-Teams waren Thomas Gensicke und Ingo Leven als Autoren für den Repräsentativteil der Studie zuständig. Die qualitative Studie wurde von Sibylle Picot und Michaela Willert erstellt.

Das Autorenteam der 15. Shell Jugendstudie möchte sich bei allen Jugendlichen und jungen Erwachsenen bedanken, die sich für Befragungen und Interviews zur Verfügung stellten. Wir hoffen, dass die vorliegende Studie ein Portrait der jungen Generation in Deutschland zeichnet, in dem sie sich alle wieder finden.

Zusammenfassung

Die heutige junge Generation stellt sich mit einem ausgesprochen pragmatischen Zugang den Herausforderungen in unserer Gesellschaft. Dieser von uns bereits vor vier Jahren in der 14. Shell Jugendstudie 2002 herausgestellte Befund hat sich aktuell aufs Neue bestätigt. Leistungsbereitschaft, Engagement und eine Orientierung an den konkreten und naheliegenden Problemen prägen die Grundhaltung dieser Generation. Damit verbunden ist der Wunsch nach befriedigenden persönlichen Beziehungen. Die Bedeutung von Familie und privatem Freundeskreis, die den Jugendlichen als Rückhalt dienen und Sicherheit vermitteln, hat sogar noch weiter zugenommen. Der zuletzt festgestellte große persönliche Optimismus hat allerdings einer etwas gemischteren Sichtweise Platz gemacht. Vor dem Hintergrund einer sensiblen Wahrnehmung von gesellschaftlichen Problemen, die bei der großen Mehrheit der Jugendlichen mit spürbaren Ängsten vor allem in Bezug auf die Chancen am Arbeitsmarkt verbunden sind, überwiegt jedoch auch weiterhin eine positive persönliche Zukunftssicht. Von Resignation und Ausstieg in vermeintliche jugendliche Ersatzwelten kann nach wie vor keine Rede sein. Die »pragmatische Generation« ist inzwischen allerdings deutlich stärker unter Druck geraten. Im Folgenden werden die Hauptergebnisse der neuen Shell Jugendstudie 2006 zusammenfassend dargestellt.

Gemischte Zukunftssichten

Welche Zukunftsperspektiven Jugendliche entwickeln, ist eng mit ihren Sozialisationserfahrungen und aktuellen Lebensumständen in Familie, Schule und Freizeit verbunden. Vielfältige Faktoren wie die politische und wirtschaftliche Situation, Bildungserfolge oder -misserfolge und das soziale Umfeld beeinflussen die Zukunftsperspektiven Jugendlicher.

Die Shell Jugendstudie 2006 zeigt, dass Jugendliche deutlich stärker besorgt sind, ihren Arbeitsplatz verlieren bzw. keine adäquate Beschäftigung finden zu können. Waren es in 2002 noch 55 %, die hier besorgt waren, sind es 2006 bereits 69 %. Auch die Angst vor der schlechten wirtschaftlichen Lage und vor steigender Armut nahm in den letzten vier Jahren von 62 % auf 66 % zu. Angesichts dieser besorgten Einschätzung der wirtschaftlichen Lage in Deutschland erklärt sich, warum sowohl der Optimismus in Bezug auf die persönliche Zukunft als auch in Bezug auf die gesellschaftliche Zukunft inzwischen abgenommen hat.

Nach wie vor überwiegt mit 50 % bei der Mehrheit der Jugendlichen eine eher zuversichtliche Vorstellung von der eigenen Zukunft. 42 % sehen ihre persönliche Zukunft eher gemischt – mal so, mal so und nicht mehr als 8 % eher düster. Im Vergleich dazu hatten 2002 bei der letzten Shell Jugendstudie 56 % der

Jugendlichen ihre eigene Zukunft eher zuversichtlich, 37 % gemischt und 6 % eher düster beurteilt. Die Zukunft der Gesellschaft beurteilen inzwischen 53 % der Jugendlichen im Vergleich zu 45 % im Jahr 2002 als eher düster und nur noch 44 % im Vergleich zu vormals 48 % eher zuversichtlich.

Schlüsselfrage Bildung

In Deutschland hat, wie auch die international vergleichenden PISA-Studien belegen, die Zugehörigkeit zur Familie mit ihrer jeweils spezifischen sozialen Lagerung einen besonders starken Effekt auf die Bildungs- und damit vermittelt die Berufslaufbahn. Die Shell Jugendstudie bestätigt diesen Befund: Jugendliche aus den sozial privilegierten Elternhäusern besuchen aussichtsreichere Schulformen und durchlaufen in der Regel hochwertige berufliche Ausbildungen einschließlich Hochschulgängen. Jugendliche aus der Unterschicht hingegen finden sich häufiger an Hauptschulen und Sonderschulen. Dabei erzielen sie auch im anschließenden beruflichen Ausbildungsweg nicht die Resultate, die ihrem möglichen Potenzial entsprechen.

Jugendliche haben daher auf dem Weg ins Erwachsenenleben nicht nur Chancen, sondern sind auch mit dem Risiko konfrontiert, eventuell zu scheitern. So können Jugendliche, die die Schule ohne oder nur mit einem niedrigen Bildungsabschluss verlassen haben, keinesfalls damit rechnen, einen Ausbildungsplatz zu erhalten, geschweige denn einen Ausbildungsplatz ihrer Wahl. Dies kann entweder den Eintritt ins Erwerbsleben verzögern oder aber eine berufliche Laufbahn in gering qualifizierten Bereichen vorzeichnen. Auch Jugendliche mit einem Ausbildungsplatz können sich darauf nicht ausruhen, sondern stehen vor der Frage, ob sie von ihrem ausbildenden Betrieb übernommen werden oder nicht. 35 % der Auszubildenden sind sich an dieser Stelle nicht sicher, ob dies der Fall sein wird. Erst wenn dieser Schritt zu einer Festanstellung in einem qualifizierten Beruf gelingt, haben Jugendliche eine der wesentlichen Hürden auf dem erfolgreichen Weg ins Erwachsenenleben bewältigt. Bemerkenswert ist in diesem Zusammenhang auch der geschlechtsspezifische Trend: die jungen Frauen haben im Bereich der Schulbildung inzwischen die jungen Männer überholt und streben auch zukünftig häufiger höherwertige Bildungsabschlüsse an. Die »Bildungswelten« und die damit verbundenen persönlichen Chancen driften demnach weiter auseinander. Insgesamt sind sich die Jugendlichen der Verknüpfung zwischen ihrer persönlichen Bildung und den resultierenden Chancen sehr bewusst. So blicken Jugendliche an den Hauptschulen mit deutlich geringerem persönlichen Optimismus in die eigene Zukunft (38 % sind eher zuversichtlich) als ihre Altersgenossinnen und Altersgenossen an den Gymnasien (57 % sind eher zuversichtlich). Vergleichbare Ergebnisse finden sich bei den Auszubildenden: Diejenigen, die sich (eher) sicher sind, am Ende ihrer Ausbildung vom Betrieb übernommen zu werden, sind deutlich optimistischer (58 %) als diejenigen, die (eher) davon ausgehen, nicht übernommen zu werden (38 %).

Bedeutungszuwachs der Familie

Jugendliche schreiben heute der Familie eine besonders hohe Bedeutung zu und bleiben lange in den Strukturen ihrer Herkunftsfamilie. So leben 73 % der Jugendlichen im Alter von 18 bis 21 Jahren noch bei ihren Eltern. Auch bei den

22- bis 25-Jährigen sind es immerhin noch 34 %. Entgegen der These von der Auflösung von Ehe und Familie lässt sich bei den heutigen Jugendlichen eine starke Familienorientierung feststellen, die in den vergangenen vier Jahren sogar noch etwas angestiegen ist. 72 % der Jugendlichen sind der Meinung, dass man eine Familie braucht, um wirklich glücklich leben zu können (2002: 70 %).

Angesichts der relativ schlechten Wirtschaftslage sind junge Männer und Frauen vielfältigen Anforderungen von Bildungsinstitutionen und Arbeitgebern ausgesetzt. Trotz aller Leistungsanstrengungen können sie keiner garantiert sicheren Zukunft entgegensehen. Der Rückhalt im privat-familiären Bereich ihrer Herkunftsfamilie bietet den Jugendlichen die Möglichkeit eines Spannungsausgleichs. Die Familie kann Sicherheit, sozialen Rückhalt und emotionale Unterstützung bringen. Die Mehrheit der Jugendlichen ist mit der Erziehung durch ihre Eltern zufrieden – 71 % der Jugendlichen würden ihre eigenen Kinder ungefähr so oder genau so erziehen – und hat ein gutes Verhältnis zu ihren Eltern –, etwa 90 % kommen nach eigener Auskunft gut mit den Eltern zurecht (38 % kommen bestens miteinander aus und weitere 52 % kommen klar, auch wenn es gelegentlich Meinungsverschiedenheiten gibt). Auf ein schlechtes Verhältnis zu den Eltern verweisen nicht mehr als 9 % der Jugendlichen, wobei es sich hierbei überproportional häufig um Jugendliche aus unteren sozialen Schichten handelt. Mädchen und junge Frauen sind im Vergleich zu Jungen und jungen Männern weiterhin stärker familienorientiert (76 % zu 69 %), wünschen sich häufiger Kinder (69 % zu 57 %), kommen häufiger sehr gut mit ihren Eltern aus (41 % zu 35 %) und befinden sich früher in festen Partnerschaften. Mädchen werden früher als Jungen selbständig und ziehen eher aus ihrem Elternhaus aus (33 % zu 24 %).

Gleichzeitig wächst die Zahl junger Erwachsener in Deutschland, die auf die Realisierung von Kindern und Familie verzichten. Ein Wunsch nach eigenen Kindern existiert vor allem aus emotionalen Gründen. Ungünstige gesellschaftliche Rahmenbedingungen können die Erfüllung des Kinderwunsches bei vielen jungen Menschen jedoch verhindern. Insbesondere junge Frauen sind bei der Familiengründung mit vielfältigen Schwierigkeiten konfrontiert, weil Ausbildung, berufliche Integration und Partnerschaft mit Familiengründung in einem sehr kurzen Zeitfenster komprimiert sind, der so genannten »Rush Hour des Lebens«.

Freizeit und Gesundheit

Soziale Ungleichheiten haben sich auch ins Familienleben eingenistet und wirken von hier aus in die anderen jugendlichen Lebenswelten hinein. Auch der Freizeitbereich ist betroffen. Nach der inneren Ablösung von den Eltern ist er für Jugendliche einer der wichtigsten sozialen Räume für die Selbstfindung und die Festigung der eigenen Persönlichkeit. Die Gleichaltrigen spielen in vielen Fragen des alltäglichen Lebens oft eine größere Rolle als die eigenen Eltern. In pädagogischer Perspektive sind sie zu mächtigen »Miterziehern« der Jugendlichen geworden, zumal über sie auch der überwiegende Kontakt zur Medienwelt läuft.

Über Massenmedien, insbesondere Radio, Fernsehen und Internet, können sich Jugendliche heute manchmal virtuoser als ihre Eltern Informationen und Impulse für Freizeitgestaltung und damit für ihre Persönlichkeitsentwicklung holen. Das kann in Konkurrenz zu den Einflüssen des Elternhauses und der Schule stehen. Aber auch hier zeigt sich: Die soziale Herkunft gibt den

Ausschlag für das gesamte Freizeitverhalten. Sie sorgt bei den Jugendlichen aus gut situierten Familien meist für eine Verstärkung der Impulse aus dem Elternhaus. Jugendliche aus den oberen Sozialschichten beschäftigen sich in ihrer Freizeit besonders häufig mit Lesen, mit kreativen oder künstlerischen Aktivitäten und pflegen ihre sozialen Kontakte: wir haben diese Gruppe als »kreative Freizeitelite« bezeichnet. Bei den Jugendlichen aus sozial benachteiligten Familien hingegen hat das Abtauchen in die Gleichaltrigengruppe mit ihrer spezifischen Freizeitkultur eine andere Bedeutung. Insbesondere männliche Jugendliche aus der Unterschicht bilden die Gruppe der Technikfreaks, die ihre Freizeit vorrangig mit Computerspielen und Fernsehen verbringen. Verbindet sich dies mit einer Abwendung von Schule und Berufsausbildung, liegt ein riskantes Abrücken von gesellschaftlichen Konditionen vor.

Die Shell Jugendstudie 2006 zeigt eindrucksvoll, wie auch das Gesundheitsverhalten nach sozialer Schicht der Jugendlichen variiert. So sind gesundheitsgefährdende Verhaltensweisen wie ungesunde Ernährung (täglicher Konsum von Cola/Limonade: 46 % in der Unterschicht zu 12 % in der Oberschicht), mangelnde körperliche Bewegung (38 % zu 14 %) und regelmäßiges Zigarettenrauchen (37 % zu 15 %) unter Jugendlichen aus der Unterschicht weit häufiger verbreitet als in mittleren und oberen Sozialschichten. Durch eine Zunahme kultureller und sozialer Spannungsfelder, einer ständig wachsenden Zahl Jugendlicher, die von relativer Armut betroffen sind, und gleichzeitig hohen gesellschaftlichen Erwartungen an Leistung und Qualifikationen wächst der Druck auf Jugendliche. Es ist zu erwarten, dass sich drohende Arbeitslosigkeit, eingeschränkte Bildungschancen und schlechte Wohnverhältnisse weiterhin negativ auf die Gesundheit und das Gesundheitsverhalten Jugendlicher auswirken werden.

Politik und Gesellschaft

Das Interesse an Politik ist trotz eines leichten Anstieges im Vergleich zur letzten Shell Jugendstudie weiterhin niedrig ausgeprägt. Die für Jugendliche im Alter von 15 und 24 Jahren vorliegende Zeitreihe belegt, dass der Anteil der politisch Interessierten von 55 % im Jahre 1984 bzw. 57 % im Jahr 1991 auf inzwischen 39 % gesunken ist. Bei der letzten Shell Jugendstudie hatten wir mit 34 % für das Jahr 2002 sogar einen noch niedrigeren Wert feststellen können. Es wäre jedoch verfrüht, dies bereits als Beleg für eine Trendwende zu interpretieren.

Markant ist der Effekt des Bildungsniveaus. Im Unterschied zum »Main-Stream« reklamieren immerhin mehr als zwei Drittel der Studierenden sowie ebenfalls ein signifikant höherer Anteil der Schüler aus der gymnasialen Oberstufe für sich ein Interesse an Politik. Nicht verändert hat sich die politische Positionierung. Jugendliche ordnen sich im Durchschnitt leicht links von der Mitte ein. Dem politischen Extremismus wird dabei eine klare Absage erteilt.

Die eindeutige Mehrheit der Jugendlichen hält die Demokratie in Deutschland für eine gute Staatsform. Nur 9 % der Jugendlichen in den alten und 14 % in den neuen Ländern sind hier anderer Meinung. Auch diese Gruppe sieht jedoch mehrheitlich zur Demokratie keine Alternative. Sehr zufrieden oder zufrieden mit den bestehenden gesellschaftlichen Verhältnissen äußern sich in den alten Bundesländern 64 %, in den neuen Bundesländern hingegen nur 41 %. Hinter dieser nach wie vor festzustellenden Kritik vor allem von Jugendlichen aus dem Osten Deutschlands verbirgt sich das eindeutige persönliche Empfinden, als Bürgerin oder Bürger aus den neuen Bundesländern sozial benachteiligt zu sein. Am höchsten ist die Kritik bei denjenigen ausgeprägt, die selber in prekären Lebensverhältnissen aufwachsen und die mit ihrer beruflichen Situation und ihren Chancen nicht zufrieden sind. Auffällig ist auch das hohe Kritikpotenzial bei Jugendlichen aus den eher ländlichen Räumen.

Das Vertrauen der Jugendlichen in die gesellschaftlichen Institutionen und Akteure bestätigt das bisher dargestellte Bild. Erhöhtes Vertrauen genießen solche staatlichen Institutionen, die als parteiunabhängig angesehen werden, wie die Justiz und Polizei. Das geringste Vertrauen wird dagegen den politischen Parteien entgegengebracht. Als vertrauenswürdig werden außerdem Menschenrechts- oder Umweltschutzgruppen eingeschätzt. Weiterhin nur mäßig ist das Vertrauen in die Bundesregierung und in die Kirchen. Bürgerinitiativen und auch die Gewerkschaften genießen nur ein durchschnittliches Vertrauen, wenn auch etwas höher ausgeprägt als für die Regierung.

Trotz dieser durchaus distanzierten Haltung von größeren Teilen der Jugendlichen zur Politik und zu den gesellschaftlichen Verhältnissen ist bei der überwältigenden Mehrheit ein klarer Konsens mit den Normen unseres demokratischen Systems feststellbar. Die grundlegenden »Spielregeln« der Demokratie (z. B. Meinungsfreiheit/freie Meinungsäußerung, Regierung und Opposition, Kompromissfähigkeit, freie Wahlen) sind von den Jugendlichen in Ost und West anerkannt und unumstritten. Diese für eine demokratische Gesellschaft existenzielle »Internalisierung« ihrer Prinzipien paart sich allerdings mit einer ebenfalls von der breiten Mehrheit vertretenen Politik- bzw. Parteienverdrossenheit. Es ist weniger das Gemeinwohl, sondern eher der persönliche Machterhalt, der aus der Sicht der Jugendlichen das Agieren von Parteien und von Politikern bestimmt. Hinzu kommt das Empfinden einer mangelnden Effektivität. So steht der von einem Teil der Jugendlichen ebenfalls reklamierte Wunsch, dass »eine starke Hand mal wieder Ordnung in unseren Staat bringen müsste« weniger für autoritäre Gesellschaftsbilder, sondern eher für die Forderung nach Geradlinigkeit und Konsequenz in der Politik.

Bezug auf Politik

Differenziert man die Jugendlichen nach ihren Einstellungen zu Demokratie und Politik, so lassen sich auch diesmal wieder vier Typen abgrenzen. Knapp ein Viertel, und mit 24 % damit etwas mehr als bei der letzten Shell Studie von 2002, gehören zu den »mitwirkungsbezogenen« Jugendlichen, die in ihrer Grundhaltung im weiteren Sinne als »politisiert« bezeichnet werden können. Sie orientieren sich eng an den Normen der Demokratie und stehen für Mitbestimmung und Engagement. Das Gegenstück hierzu bilden mit 28 %, und damit ebenfalls mit einem etwas höheren Anteil als 2002, die »politik-kritischen« Jugendlichen. Sie weisen die größte Distanz zur Politik auf und charakterisieren sich selber am stärksten als »politikverdrossen«. Parteipolitik wird von ihnen weitgehend abgelehnt. Auch diese Jugendlichen orientieren sich an den Grundwerten der Demokratie und weisen trotz ihrer Unzufriedenheit eine hohe Akzeptanz gegenüber unserem gesellschaftlichen System auf. Weitere 28 %, in diesem Fall etwas weniger als 2002, gehören zu den »politisch desinteressierten« Jugendlichen. Sie reklamieren für sich so gut wie gar kein Interesse an Politik und schreiben sich die geringste politische Kompetenz zu. Überproportional häufig handelt es sich um jüngere »Kids«, die in der Regel die Haupt- oder

Realschule oder aber zum Teil auch die gymnasiale Mittelstufe besuchen. Sie sind im Zuge ihres individuellen Reifungsprozesses noch vorrangig mit sich selber und weniger mit der Gesellschaft im Ganzen beschäftigt und von daher in ihrer Meinung auch noch nicht festgelegt. 19 % der Jugendlichen, und damit ebenfalls weniger als 2002, können schließlich als im weitesten Sinne »ordnungsorientiert« bezeichnet werden. Die Gruppe ist relativ inhomogen. Zwar bekennt sich auch diese Gruppe mehrheitlich zur Demokratie. Sie hat jedoch ein etwas weniger ausgeprägtes Verhältnis zu den demokratischen Freiheiten, etwa zum Recht auf Opposition und zur Meinungsfreiheit. Ihnen kommt es vermehrt darauf an, dass politische Angelegenheiten straff und ohne große Debatten geregelt werden.

Alles in allem stellt Politik für die Mehrheit der Jugendlichen heute keinen eindeutigen Bezugspunkt mehr dar, an dem man sich orientiert, persönliche Identität gewinnt oder sich auch selber darstellen kann. »Politisch sein« ist heute nicht unmittelbar »in«. Dies sollte jedoch nicht damit gleichgesetzt werden, dass die Jugendlichen keine eigenen Interessen hätten, für deren Verwirklichung sie sich dann ggf. auch einsetzen.

Engagement für andere weiterhin auf hohem Niveau

Der Einsatz für gesellschaftliche Angelegenheiten und für andere Menschen gehört für Jugendliche heute, trotz des geringen Interesses an Politik, ganz selbstverständlich zum persönlichen Lebensstil dazu. Jugendliche engagieren sich in ihrer Freizeit für die unterschiedlichsten Dinge. Dominierend sind jugendbezogene Fragestellungen, wie etwa der Einsatz für die Interessen von Jugendlichen oder auch für bessere Möglichkeiten einer sinnvollen Freizeitgestaltung. Hinzu kommen Aktivitäten für sozial schwache oder benachteiligte Menschen, für ein besseres Zusammenleben oder auch Sicherheit und Ordnung im Wohngebiet oder für sonstige konkrete Fragestellungen. Übergreifende Ziele oder der Einsatz für unmittelbare gesellschaftspolitische Veränderungen sind für jugendliche Aktivitäten nicht typisch. Der Schwerpunkt liegt eindeutig in der jugendlichen Lebenssphäre sowie beim Einsatz für konkrete bedürftige Zielgruppen. Alles in allem 33 % der Jugendlichen geben an, »oft«, und weitere 42 %, »gelegentlich« für soziale oder gesellschaftliche Zwecke in ihrer Freizeit aktiv zu sein. Das Niveau ist damit vergleichbar hoch wie schon im Jahr 2002 ausgeprägt.

Typische Räume für Aktivitäten stellen die Vereine sowie die Schulen und Hochschulen dar. Vor allem in diesen Bereichen findet die Breite der Jugendlichen am ehesten Möglichkeiten, aktiv zu werden. Hinzu kommen Kirchengemeinden oder Jugendorganisationen, in denen ein bestimmter Teil aktiv ist. Selbst organisierte Projekte bilden vor allem für höher gebildete Jugendliche ein nicht unwichtiges Feld. Nicht unterschätzt werden sollten aber auch Bereiche, wie die Rettungsdienste oder die Freiwillige Feuerwehr, die häufig für Jugendliche aus weniger privilegierten Milieus Zugangswege für gesellschaftlich relevante Aktivitäten schaffen. Klassische politische Organisationen, wie zum Beispiel Parteien oder Gewerkschaften, spielen hingegen, genauso wie auch Bürgerinitiativen oder Institutionen, wie Greenpeace, Amnesty International oder andere Hilfsorganisationen, quantitativ eine untergeordnete Rolle.

Nach wie vor ist es vor allem die Schichtzugehörigkeit, die den Aktivitätsgrad prägt. Jugendliche aus gehobenen Herkunftsschichten bzw. Gymnasiasten und Studierende weisen die höchsten Quoten auf. Engagierte Jugendliche leben in aktivitätsfördernden sozialen Räumen. In ihrer Freizeit bewegen sie sich in Gruppen, suchen Jugendfreizeiteinrichtungen auf, treiben Sport oder sind künstlerisch und kreativ tätig. Medienkonsum (Fernsehen, Computer-Spiele etc.) oder »Rumhängen« gehören hingegen für sie deutlich weniger häufig zum Alltag.

Die Haltung der Jugendlichen zu gesellschaftlichen Aktivitäten entspricht dem pragmatischen Gestus dieser Generation. Es sind nicht (mehr) die ideologischen Konzepte oder auch mögliche gesellschaftliche Utopien, die prägend sind. Weitaus wichtiger ist die persönlich befriedigende Aktivität im eigenen Umfeld, jenseits von großen Entwürfen oder gesellschaftlichem »Getöse« im Sinne einer neuen Jugendbewegung. Hierbei kann es sich sowohl um Alltagsaktivitäten im Nahbereich als auch um Mitarbeit in Gruppen handeln, die zu unterschiedlichen Themen (lokal bis global) tätig sind. Bindung entsteht in diesem Fall zum einen dadurch, dass einem die Aktivität und/oder Mitarbeit selber etwas bringt und man daraus einen eigenen persönlichen Gewinn ziehen kann. Zum anderen kommt der Aspekt der befriedigenden sozialen Beziehungen hinzu. Mitmachen setzt aus der Sicht der Mehrheit der Jugendlichen voraus, dass man sich auch persönlich zugehörig fühlt. Jugendliche Integration vollzieht sich von daher, analog zu den Entwicklungen in unserer Gesellschaft, vorrangig individuell und weniger in Form von kollektiven Mustern oder in entsprechenden Organisationsformen. Orientierungspunkt sind die eigenen Interessen sowie das persönliche soziale Umfeld. Dies schließt nicht aus, dass sich Jugendliche nicht auch weiterhin an zentralen Großveranstaltungen, Happenings oder sonstigen Treffen begeistern können. Eine nachhaltige Bindung lässt sich daraus allein jedoch noch nicht ableiten.

Toleranz und Alltagsverhalten

Jugendliche sind nach wie vor eine eher tolerante Bevölkerungsgruppe. Fragt man danach, wie es die Jugendlichen finden würden, wenn »in die Wohnung nebenan« bestimmte Bevölkerungsgruppen einziehen würden, so artikulieren 46 % keinerlei Vorbehalte gegenüber den von uns vorgegebenen und oftmals stigmatisierten Bevölkerungsgruppen. Im Vergleich zur letzten Studie ist der Anteil jedoch leicht rückläufig. Mit 30 % äußern stattdessen heute im Vergleich zu 25 % im Jahr 2002 mehr Jugendliche Vorbehalte gegenüber einer »Aussiedlerfamilie aus Russland« als Nachbarn. 19 % sprechen sich gegen eine »deutsche Familie mit vielen Kindern«, 16 % gegen ein »homosexuelles Paar«, 15 % gegen eine »deutsche Familie mit Sozialhilfe«, 14 % gegen ein »altes Rentnerehepaar«, 10 % gegen eine »Familie aus Afrika« und ebenfalls 10 % gegen eine »Studenten-Wohngemeinschaft« aus. Diese Anteile sind in etwa gleich geblieben. Alles in allem sind die Vorbehalte in den neuen Ländern nach wie vor höher ausgeprägt. Auffällig ist auch in diesem Fall wieder der Einfluss des Bildungsniveaus: je höher die Bildung, desto geringer die Vorbehalte gegenüber bestimmten Gruppen.

Hinsichtlich des weiteren Zuzugs von Migranten nach Deutschland dominiert bei der Mehrheit der Jugendlichen inzwischen eine ablehnende Haltung. 58 % der Jugendlichen sprechen sich im Vergleich zu 46 % im Jahr 2002 dafür aus, in Zukunft möglichst weniger Zuwanderer als bisher in Deutschland aufzunehmen. Diese reserviertere Position hat inzwischen alle Schichten erreicht.

Rückläufig ist der Anteil der Jugendlichen, die sich im Alltag diskriminiert fühlen. 41 % geben im Vergleich zu 32 % im Jahr 2002 an, so gut wie nie wegen ihres Alters, ihres Geschlechts, ihrer

Herkunft oder ihrer Meinung Benachteiligungen zu erleben. Bei 46 % kommt dies nach eigener Auskunft »ab und an« und bei 13 % »oft« vor (2002: 51 % und 17 %). Dieser durchweg positive Trend wird allerdings an einer Stelle oder besser gesagt für eine bestimmte Gruppe konterkariert: Mit 63 % gibt inzwischen fast jeder dritte ausländische Staatsbürger im Vergleich zu 58 % im Jahr 2002 an, »ab und an« (48 %) oder »oft« (15 %) im Alltag wegen der Nationalität diskriminiert zu werden. Keine andere soziale Gruppe fühlt sich vergleichbar häufig im Alltag benachteiligt.

Erhoben haben wir ebenfalls, wie groß der Anteil der Jugendlichen ist, die in den letzten 12 Monaten in verschiedenen Situationen in Schlägereien verwickelt waren. Alles in allem 22 % der Jugendlichen haben hier über entsprechende Erfahrungen berichtet. Am häufigsten werden von 10 % der Befragten Schlägereien unter Jugendlichen benannt. In Kneipen, Discos oder auf Partys waren 7 % in den letzten 12 Monaten in entsprechende Auseinandersetzungen verwickelt. Auf Schlägereien in der Schule verweisen 6 % aller Jugendlichen bzw. 12 % derjenigen, die noch die Schule besuchen, gefolgt von gewaltsamen Auseinandersetzungen mit Ausländern (5 %) oder Schlägereien auf dem Fußballplatz oder Ähnlichem (3 %). Für diesen Bereich liegen keine unmittelbar mit der letzten Shell Studie vergleichbaren Trenddaten vor. Aus unserer Sicht spricht jedoch wenig dafür, die Situation übermäßig zu dramatisieren. So sollte insbesondere das »Schlägern« in der Schule oder auch unter Jugendlichen nicht mit massiver Gewaltausübung gleichgesetzt werden. In der Regel handelt es sich hierbei um kleinere handgreifliche Auseinandersetzungen, die insbesondere bei Jüngeren auf fehlende Sozialkompetenz und eine noch nicht adäquate Selbstkontrolle verweisen. Auf der anderen Seite handelt es sich aber auch hierbei um delinquentes Verhalten, das bei Jugendlichen auf eine nicht gelingende gesellschaftliche Integration verweist und keinesfalls tolerierbar ist.

Männliche Jugendliche sind mit einem Anteil von 29 % deutlich häufiger als weibliche Jugendliche mit 14 % in den letzten 12 Monaten in Schlägereien verwickelt gewesen. Überproportional häufig handelt es sich um Jugendliche mit Bildungsrisiken, um Jugendliche, die sich im Alltag vor allem aufgrund ihrer Nationalität diskriminiert fühlen, die eine materialistische Grundorientierung aufweisen, die häufiger Alkohol zu sich nehmen und die Vorbehalte gegenüber gesellschaftlichen Randgruppen artikulieren.

Perspektivlosigkeit, soziale Benachteiligung und insbesondere die von Migrantinnen und Migranten häufiger empfundene Diskriminierung gehen mit Aggressivität im Alltag Hand in Hand. Bemerkenswerterweise findet sich darüber hinaus auch ein Zusammenhang zur Erziehung und dem Freizeitverhalten. Autokratische und wenig beteiligungsorientierte Erziehungsstile, die häufig mit Schlägen und Gewalt in der Familie verbunden sind, finden sich genauso wie ein ungeregelter Medienkonsum signifikant häufiger bei den Jugendlichen, die berichteten, in gewaltsame Auseinandersetzungen verwickelt gewesen zu sein.

Herausforderung demografischer Wandel

Der demografische Wandel stellt eine Herausforderung dar, die den Alltag der heutigen jungen Generation in Zukunft ebenfalls nachhaltig mitprägen wird. Die heutigen Jugendlichen verfügen diesbezüglich bereits über ein ausgeprägtes Problembewusstsein. Prägend ist auf der einen Seite ein Altersbild, das mit

Hochachtung vor allem vor der Leistung der Älteren verbunden ist. Das positive Verhältnis zu den eigenen Eltern bestimmt hierbei maßgeblich die Sichtweise auf die ältere Generation. Auf der anderen Seite werden aber auch Sorgen bezüglich der zukünftigen Entwicklung artikuliert. 70 % der Jugendlichen halten das Altern der Gesellschaft für ein großes oder sogar sehr großes Problem. Trotz des mehrheitlich positiven Bezugs auf die Älteren bezeichnen immerhin 48 % das heutige Verhältnis zwischen den Generationen als angespannt. Positiv bewerten die Jugendlichen, dass die Älteren von heute, da sie länger als bisher rüstig und gesund bleiben, neue Aufgaben in der Familie oder in der Gesellschaft übernehmen können. Sorge bereitet hingegen, dass bei einer wachsenden Anzahl älterer Menschen mehr öffentliche Gelder für deren Belange statt für Jüngere aufgewendet werden müssen. Hinsichtlich der eigenen Alterssicherung besteht große Einmütigkeit, dass man viel stärker als früher selber vorsorgen muss. Die gegenwärtige Verteilung des Wohlstandes zwischen den Generationen wird mit 43 % von der Mehrheit der Jugendlichen als gerecht empfunden. Nur 34 % verweisen darauf, dass die Älteren zurückstecken sollten, während mit 12 % eine kleine Minderheit angibt, dass die Jüngeren ihre Ansprüche reduzieren sollten. Alles in allem erscheint es momentan noch nicht ausgemacht, wie sich die Haltung der Jugendlichen zu den Konsequenzen des demografischen Wandels in Zukunft weiter entwickeln wird. Von einer »Aufkündigung der Solidarität zwischen den Generationen« kann jedoch momentan keine Rede sein.

Europa und die Globalisierung

Nach wie vor verbinden Jugendliche mit Europa vorrangig positive Elemente. Neben der Freizügigkeit, also der Möglichkeit, europaweit reisen, studieren oder auch arbeiten zu können, sowie der damit verbundenen kulturellen Vielfalt wird ein vereintes Europa ebenfalls als Garant für Frieden und für mehr Mitspracheöglichkeiten in der Welt betrachtet. Kritisiert wird hingegen vor allem die Bürokratie und Geldverschwendung. Im Vergleich zur letzten Shell Jugendstudie ist die damalige »Europa-Euphorie« inzwischen allerdings einer etwas realistischeren Betrachtungsweise gewichen. Die fernere Perspektive, dass sich die europäischen Länder längerfristig zu einem einheitlichen Nationalstaat zusammenschließen sollen, befürworten nur noch 32 % der Jugendlichen, im Vergleich zu 49 % im Jahr 2002. Für einen möglichen Beitritt der Türkei zur Europäischen Union (EU) sprechen sich nur 19 % der Jugendlichen aus. 61 % lehnen dies momentan ab und 20 % haben hierzu keine Meinung. Für die (damals anstehende) Osterweiterung Europas fand sich im Jahr 2002 hingegen eine Mehrheit von 44 % im Vergleich zu 32 % der Jugendlichen, die hierzu eine ablehnende Haltung artikulierten. Auf der »In und Out«-Skala hat Europa seine Platzierung bei den Jugendlichen hingegen in etwa halten können. 60 % bezeichnen Europa im Vergleich zu 62 % im Jahr 2002 nach wie vor als »in«.

Differenziert und im Vergleich zur letzten Shell Jugendstudie auch mit einem besorgteren Unterton beurteilen die Jugendlichen den Prozess der Globalisierung. Hierbei fällt zuerst einmal auf, dass immerhin 24 % angeben, von Globalisierung noch nichts gehört zu haben und demnach mit dem Begriff auch nichts anfangen zu können. Insbesondere bei den Jüngeren sind offenbar noch große Wissensdefizite vorhanden, die darauf

Zusammenfassung 23

hindeuten, dass die mit diesem Prozess verbundenen Probleme und Perspektiven noch wenig reflektiert sind. Dieser Befund ist auch deshalb so bedeutsam, weil die Globalisierung die jugendlichen Lebenswelten natürlich schon längst, etwa in Gestalt der Migration oder anhand der Berichterstattung in den Medien, erreicht hat.

Im Unterschied zu Europa betonen die Jugendlichen, abgesehen von den auch hier benannten Vorteilen einer damit verbundenen größeren Freizügigkeit und kulturellen Vielfalt, stärker die möglichen problematischen Konsequenzen der Globalisierung, vor allem in Gestalt von Arbeitslosigkeit oder auch Kriminalität. Für eine etwas knappere Mehrheit steht Globalisierung für Frieden. Ein in etwa vergleichbar ausgeprägter Anteil verweist allerdings ebenfalls auf Umweltzerstörung und die aus ihrer Sicht sich weiter vertiefende Unterentwicklung. Zusammen genommen gehen 48 % der Jugendlichen davon aus, dass die Globalisierung sowohl Vorteile als auch Nachteile (»beides gleich«) bringen wird. Auf vorrangige Vorteile verweisen 18 % und auf Nachteile 27 %. Im Vergleich zu 2002 ist diese Einschätzung in der Tendenz von einer etwas größeren Skepsis geprägt.

Bezüglich der Möglichkeit, den Prozess der Globalisierung zu beeinflussen, vertrauen Jugendliche vorrangig auf Internationale Organisationen, wie die UN oder – an erster Stelle – auf die EU. Auch den nationalen Regierungen wird diesbezüglich eine wichtige Bedeutung beigemessen. Globalisierungs-Kritiker, wie Attac, oder auch Verbraucherschutzorganisationen, wirken aus der Sicht der Jugendlichen eher als Korrektiv oder Gegenöffentlichkeit, ohne jedoch von der Mehrheit als gestaltende Kraft eingeschätzt zu werden. Gering ist hingegen das Vertrauen in die USA oder auch in China als möglichem zukünftigem globalen Zentrum.

Stabile Wertorientierungen

Das Wertesystem der Jugendlichen weist insgesamt eine positive und stabile Ausrichtung auf. Weiter im Trend liegen bei beiden Geschlechtern soziale Nahorientierungen wie Freundschaft und Familie, begleitet von einem erhöhten Streben nach persönlicher Unabhängigkeit. Unabhängigkeit gehört zu einem Komplex von jugendlichen Werten, die auf die Entwicklung eigener Individualität gerichtet sind. Vermehrtes Streben nach Individualität geht seit 2002 aber weniger mit der Betonung eigener Durchsetzungsfähigkeit einher, insbesondere bei Mädchen und jungen Frauen. Weiter im Aufwind der Strebungen der Jugendlichen befinden sich die Sekundärtugenden, insbesondere Fleiß und Ehrgeiz. Auch das Streben nach einem gesundheitsbewussten Leben hat bei Jugendlichen seit 2002 zugenommen. Wie bei Fleiß und Ehrgeiz wird auch dieser Trend bevorzugt durch die weibliche Jugend gesetzt. Religiosität spielt im Wertesystem der Jugend weiterhin nur eine mäßige Rolle, besonders bei männlichen Jugendlichen. An diesem Befund hat sich seit den 80ern und 90ern auch in den 2000er Jahren nichts geändert.

Mädchen und junge Frauen sind auch 2006 wie bereits 2002 das wertebewusstere Geschlecht. Übergreifende Lebensorientierungen wie das Umwelt- und das Gesundheitsbewusstsein sowie das soziale Engagement sind für sie wichtiger als für Jungen und junge Männer. Das betrifft auch die Bewertung der sozialen Nahbeziehungen (vor allem bei Familie und Partnerschaft), das Achten auf die eigenen Gefühle sowie die Bewertung von Sekundärtugenden (besonders Ordnung und Sicherheit). Männliche Jugendliche setzen diesem weiblichen Wertebewusstsein, das soziale Bindungen und Normen besonders betont, ein konkurrenz- und wettstreitorientiertes Lebenskonzept entgegen. Dieser Kontrast der

Geschlechter hat sich seit 2002 eher verstärkt als abgeschwächt, vor allem, weil das Profil der Mädchen und jungen Frauen etwas »weicher« geworden ist. Sie geben sich zwar ebenso fleißig und ehrgeizig wie Jungen und junge Männer, aber nicht mehr so durchsetzungswillig wie diese. Männliche und weibliche Jugend gehen somit weiterhin mit verschiedenen Akzentsetzungen an die Lebensgestaltung heran.

Pluralität der Werthaltungen

Die Unterschiede der Geschlechter zeigen bereits, dass Jugend 2006 wie 2002 nicht einfach »die Jugend« ist. Jugendliche vertreten nicht nur in Abhängigkeit vom Geschlecht, sondern auch von der sozialen Situation und anderen Merkmalen her unterschiedliche Lebensauffassungen. Wie 2002 kann man z.B. Idealisten von Materialisten sowie Macher von Unauffälligen unterscheiden, je nachdem, welche grundlegenden Werte-Unterschiede man in den Blick nimmt. Idealisten, die besonders unter Mädchen und jungen Frauen verbreitet sind, haben sich die höheren Werte, das Gute, Wahre, Schöne auf die Fahnen geschrieben und engagieren sich dafür. Materialisten, die vermehrt unter männlichen Jugendlichen vorkommen, denken zuerst an das eigene Wohlergehen bzw. den eigenen Vorteil. Übergreifende Wertaspekte empfinden Materialisten dabei als eher hinderlich. Häufiger in ungünstigeren sozialen Lagen aufgewachsen oder dort hineingeraten, versuchen sie das Beste für sich herauszuholen, und zwar bevorzugt im materiellen Sinne. Idealisten profitieren dagegen oft von einer günstigen sozialen Herkunft bzw. sind durch höhere Bildung für höhere Werte aufgeschlossen. Beide Gruppen umfassen zusammen etwa die Hälfte der Jugendlichen. Ihr Kontrast bringt, kombiniert mit einer unterschiedlichen sozialen Situation, die Unterschiede zwischen weiblichen und männlichen Jugendlichen noch einmal besonders gesteigert zum Ausdruck.

Ein anderer Wertekontrast wird im Gegensatzpaar von Machern und Unauffälligen erkennbar, die zusammen die andere Hälfte der Jugendlichen umfassen. Es geht hier um den Gegensatz von Tatkraft und Lebensfreude auf der einen Seite und Zögerlichkeit und Passivität auf der anderen. Dieser Unterschied ist anders als der von Materialismus und Idealismus vom Geschlecht unabhängig. Macher haben zu Werten ein positives Verhältnis, die eine aktive und vielseitige Lebensgestaltung motivieren (und das sind praktisch alle). Sowohl Werte der sozialen Nahbeziehungen, der individuellen Entwicklung, übergreifende Wertaspekte sowie Sekundärtugenden sind bei ihnen überdurchschnittlich ausgeprägt. Macher weisen aber, wie Materialisten, auch erhöhte hedonistische und materielle Werte auf. Diese Wertegruppe steht bei ihnen aber nicht wie bei Materialisten für Egozentrismus. Sie wird durch besonders hoch ausgeprägte Sekundärtugenden kontrolliert und durch idealistische Orientierungen sozusagen »veredelt«. Der ausgeprägte Antrieb von Machern zu zielgerichteter praktischer Aktivität fehlt ihrer Kontrastgruppe, den Unauffälligen. Diese haben bei allen Wertegruppen unterdurchschnittliche Ausprägungen. Ihnen fehlen daher die entsprechenden Handlungsimpulse, entweder weil sie in der Erziehung zu wenig angeregt wurden oder weil sie sich in einer ungünstigen Lebenssituation befinden.

Die vier Wertetypen sind als sehr vereinfachte Charakterschemen zu verstehen, die in der Wirklichkeit nur in vielfältiger individueller Brechung und Variation vorkommen. Kein Jugendlicher ist unveränderlich einem dieser

Typen zugeteilt, sondern es sind jederzeit Wechsel möglich. Persönliche Veranlagungen setzen sich erst im Zusammenhang mit der jeweiligen Biografie und Lebenssituation von Jugendlichen in eine solche Charaktertypik um. Auf der Aggregatebene aller Jugendlichen hilft uns aber die Verwendung dieser Werte-Typologie beim differenzierten Verständnis verschiedener Meinungen der Jugendlichen weiter und insbesondere auch dabei, Trends dieser Meinungen seit 2002 zu verstehen.

Werte und die Zuwanderungsfrage

Ein erklärungsbedürftiger Trend bei den Jugendlichen ist die seit 2002 deutlich ablehnendere Beurteilung der Zuwanderung nach Deutschland, ergänzt durch eine deutlich skeptischere Sicht auf eine weitergehende europäische Vereinigungsperspektive. Die meisten Jugendlichen sind nunmehr der Meinung, die Zuwanderung nach Deutschland müsse begrenzt werden. Immer weniger Jugendliche finden außerdem den längerfristigen Zusammenschluss der Europäischen Union zu einem gemeinsamen Staat erstrebenswert. Ganz besonders reserviert beurteilen die Jugendlichen einen EU-Beitritt der Türkei. Die Analyse der Werte bzw. der Wertetypen legt nahe, dass sich hinter diesem veränderten jugendlichen Meinungsklima nicht etwa ein grundlegender Wertewandel verbirgt, sondern eine veränderte Einschätzung der gesellschaftlichen und internationalen Situation. Die Jugendlichen beurteilen zum einen ihre wirtschaftlichen und sozialen Aussichten schlechter. Die Erweiterung Europas wird in diesem Zusammenhang mit einer schwer kontrollierbaren Entwicklung der Wirtschafts- und Arbeitsmarktsituation assoziiert. Zum anderen sind die Jugendlichen, wie die Gesamtbevölkerung auch, zunehmend irritiert von Kulturmustern, etwa mit islamischem Hintergrund, die schwer in unsere Werteordnung integrierbar erscheinen. Zusammen genommen führen diese Faktoren offensichtlich zu einer emotionalen Schließung »nach außen« bzw. zu einer verengenden Besinnung auf den eigenen Kulturkreis.

Keine Renaissance der Religion

Wie bereits das Wertesystem der Jugendlichen zeigte, geht die emotionale Vergewisserung der eigenen Kultur bisher nicht mit einer Aufwertung oder gar »Renaissance« der Religion einher. Zwar waren Jugendliche im Zusammenhang mit dem Tod des letzten und beim Besuch des neuen Papstes auf dem Weltjugendtag in Köln in den Medien besonders präsent. Außerdem ist die große Masse der Jugend mit Ausnahme der allermeisten ostdeutschen Jugendlichen weiterhin konfessionell gebunden. Dennoch haben Wertesystem und praktisches Verhalten der meisten Jugendlichen nach wie vor nur eine mäßige Beziehung zu kirchlich-religiösen Glaubensvorgaben. Nur 30 % der Jugendlichen bekennen sich in einem kirchennahen Sinne als religiös, indem sie an einen persönlichen Gott glauben. Weitere 19 % glauben an eine unpersönliche höhere Macht. Sie pflegen damit, besonders wenn sie älter werden, einen Glauben, der nur sehr bedingt etwas mit dem Glaubenssystem der Kirchen zu tun hat. Viele Jugendliche sind glaubensunsicher (23 %), besonders unter den jüngeren Jugendlichen. Weitere 28 % meinen konsequent, dass sie weder an Gott noch an eine höhere Macht glauben. Diese Absage an die Religion nimmt, ebenso wie der unkonventionelle Glaube an eine höhere Macht, mit dem Alter zu. Nimmt man alle verfügbaren Daten der letzten Jahre zusammen, dann zeigt sich eine im Wesentlichen unveränderte Einstellung Jugendlicher zur Religion.

Dass dennoch viele Jugendliche auf kirchlichen Großveranstaltungen und in der kirchlichen Jugendarbeit präsent sind, erklärt sich daraus, dass viele eine prinzipiell wohlwollende Einstellung zur Kirche haben. 69 % finden es gut, dass es die Kirche gibt. Nur 27 % der Jugendlichen meinen, dass es, wenn es nach ihnen ginge, die Kirche nicht mehr zu geben bräuchte. Dieses generelle Wohlwollen geht aber mit einer weit verbreiteten Kirchenkritik einher. 68 % der Jugendlichen finden, die Kirche müsse sich ändern, wenn sie eine Zukunft haben will, 65 % sagen, die Kirche hätte keine Antworten auf die Fragen, die sie wirklich bewegten. Das heißt, dass an der Schnittstelle der kirchlich-religiösen Angebote zum Wertesystem und zum Leben der Jugendlichen der Einfluss der Kirchen zumeist endet.

Große religiöse Unterschiede

Wie das Beispiel der ostdeutschen Jugendlichen und der Jugendlichen mit Migrationshintergrund zeigt, gibt es jedoch innerhalb der Jugend auch große religiöse Unterschiede. Während sich Jugendliche in den neuen Ländern weitgehend von Religion und Kirche, aber auch vom Aberglauben verabschiedet haben, pflegen die meisten westdeutschen Jugendlichen eine Art »Religion light«. Sie sind fast immer konfessionell gebunden und haben eine zwar grundsätzlich positive, aber wenig praktische Beziehung zur Kirche. Die westdeutschen Jugendlichen, bei denen ein Bedürfnis nach Religiosität vorhanden ist, basteln sich oft eine »Collage-« oder »Patchwork«-Religion zusammen, wofür verschiedenste religiöse oder pseudo-religiöse Versatzstücke verwendet werden. Schicksal und Vorbestimmung, Astrologie, Hellseherei und Geister sind Teil dieser oft durcheinander gewürfelten westdeutschen Glaubenswelt. Religiöse und pseudo-religiöse Glaubensformen, in der weiblichen Jugend ausgeprägter als in der männlichen, spielen allerdings für die praktische Lebensgestaltung meist nur eine mäßige Rolle.

Ganz anders sieht es in der Gruppe der Jugendlichen mit Migrationshintergrund aus. In dieser Gruppe, die zumeist in den alten Bundesländern lebt, hat diejenige »echte« Religiosität, die bei deutschen Jugendlichen inzwischen eher rar geworden ist, noch einen starken Rückhalt. 52 % der ausländischen Jugendlichen glauben an einen persönlichen Gott sowie 44 % der nicht in Deutschland geborenen Deutschen, aber nur 28 % der deutschen Jugendlichen. Besonders häufig an einen persönlichen Gott glauben islamische und christlich-orthodoxe Jugendliche, vermehrt aber auch christliche Migranten, die den beiden großen einheimischen Kirchen angehören. Diese ausgeprägte »echte« Religiosität der Migranten schließt aber (ebenso wie bei westdeutschen Jugendlichen) auch einen weit verbreiteten Aberglauben nicht aus (Schicksal, Sterne, Geister usw.). Die meisten ostdeutschen Jugendlichen stehen dagegen sowohl dem religiösen Glauben als auch dem Aberglauben fern. Man muss sich allerdings vergegenwärtigen, dass die besondere Bedeutung der Religion unter Migranten auch damit zu tun hat, dass Religiosität in dieser Gruppe eine Kultur tragende und integrierende Funktion hat. Diesem religiös untermauerten Integrationsdruck, der die Gefahr einer Isolierung gegenüber der deutschen Kultur in sich birgt, können sich Jugendliche mit Migrationshintergrund oft nicht entziehen.

Religion und Werte

In der Öffentlichkeit wird gelegentlich behauptet, dass die Religionsferne der ostdeutschen Jugend, aber auch die religiöse Beliebigkeit vieler westdeutscher Jugendlicher dazu führe, dass das Wertesystem der Jugend immer instabiler und schwächer werde. In der Folge wird daher den Kirchen die Rolle zugeschrieben, hier gegenzusteuern. Die Shell Jugendstudie zeigt allerdings, dass diesem Versuch zum gegenwärtigen Zeitpunkt nur geringe Chancen beschieden sind. Die Jugendlichen schreiben den Kirchen in wichtigen Lebensfragen nicht die entsprechende Kompetenz zu. Die aktuelle Studie zeigt jedoch darüber hinaus, dass das Wertesystem der Jugendlichen über die Zeit stabil und positiv ausgerichtet ist. Insbesondere der Fall der religionsfernen Jugendlichen zeigt, dass solche der Kirche am fernsten stehenden Jugendlichen ein Wertesystem haben, dass sich kaum von dem der anderen Jugendlichen unterscheidet. Von einem »Werteverfall« kann also nicht die Rede sein. Die vertiefende Analyse zeigt, dass in dieser religionsfernen Gruppe die Institution der Familie und die Freundeskreise die Werte stützende Funktion übernehmen, die Religion und Kirche nicht mehr innehaben.

Ein besonders wichtiger Befund der aktuellen Shell Jugendstudie besteht darin, dass die sehr unterschiedlichen religiösen Konstellationen, also die »Religion light« im Westen, die Religionsferne im Osten und die »echte« Religiosität der Migranten, mit jugendlichen Wertesystemen einhergehen, die viele Gemeinsamkeiten aufweisen. Migranten sind zwar traditionsorientierter als Nicht-Migranten, vertreten aber dennoch auch vermehrt materialistische und hedonistische Werte. Sie sind also den Gütern und Freuden des Lebens ebenso, wenn nicht mehr zugewandt als andere Jugendliche. Insgesamt bilden diese typischen Werte der Jugendkultur eine wichtige Klammer zwischen den Milieus der Migranten bzw. der West- und Ostdeutschen. Dasselbe gilt auch für die Sekundärtugenden, die allseits hoch geschätzt werden. Bei den religionsfernen Jugendlichen in Ostdeutschland, die dort mit 64 % die große Mehrheit stellen, ist das Wertesystem kraftvoller als bei der entsprechenden Gruppe in Westdeutschland, die sich dort mit 21 % in einer Minderheitenposition befindet. Jugendliche aus dieser Gruppe stehen in der Gefahr, in einer noch stärker religiös-kirchlich geprägten Umwelt in eine Werteopposition gedrängt zu werden.

Jugend in einer alternden Gesellschaft: Der Qualitative Teil

Der Qualitative Teil der Studie ist dem Schwerpunktthema »Jugend in einer alternden Gesellschaft« gewidmet. Anhand von Einzelfallstudien wird untersucht, wie Jugendliche ihre derzeitige Situation und ihre Zukunftschancen beurteilen, wie sie das Verhältnis der Generationen sehen und inwieweit das Altern der Gesellschaft von Jugendlichen als Problem wahrgenommen wird. Dabei lassen sich folgende generalisierbare Eindrücke festhalten:

Ihre Zukunftsperspektiven sehen die meisten Jugendlichen als sehr unsicher an. Die Hauptsorge gilt ihrer beruflichen Entwicklung, ihren Chancen auf einen sicheren Arbeitsplatz und damit auf einen Platz in der Gesellschaft. Dem begegnen sie durch hohe Anforderungen an sich selbst. Sie versuchen die Parameter zu verändern, die sie direkt beeinflussen können, der wichtigste ist die eigene Ausbildung. Sie reagieren mit Anpassung an die Bedingungen und mit einer ausgesprochenen Leistungsorientierung. Wenn es darum geht, Berufswünsche zu realisieren, kursieren diverse Strategien. Vieles wird auf Verwertbarkeit im Lebenslauf abgeklopft, gedacht wird in Termini der eigenen Marktgängigkeit. Die Jugendlichen setzen sich bescheidene, erreichbare Ziele, Träume erlauben sich nur wenige.

Zu beobachten ist eine starke Orientierung an den sozialen Ressourcen im nahen Umfeld, ein Festhalten an der Peergroup und der Familie. Letztere erlebt angesichts unsicherer Zukunftsperspektiven offenbar einen Bedeutungszuwachs. Die Familie vermittelt Stabilität, Kontinuität und emotionalen Rückhalt. Zudem wird sie in wirtschaftlich schwierigen Zeiten als Ressource gesehen, die durch ökonomische und soziale Unterstützung hilft, sich den Bedingungen des Arbeitsmarktes anzupassen. Nicht immer sind die sozialen Netzwerke freiwillig gewählt, erhöhte Mobilitätsanforderungen verkleinern häufig den Freundeskreis. Andererseits weiten besonders die gut ausgebildeten Jugendlichen ihre Netzwerke durch vielfältige Freundeskreise, gesellschaftliches Engagement und sportliche Aktivitäten aus. Die ältere Generation spielt im nahen Umfeld der Jugendlichen eine wichtige und überwiegend positive Rolle.

Das Bild der befragten Jugendlichen von der alten Generation ist zweigeteilt. Zum einen gibt es die Hochbetagten, mit denen ein idealisiertes Bild der verwöhnenden, wenig autoritären Großeltern verbunden ist. Diese Generation hat das Image der Aufbaugeneration, sie hat »ihr Leben lang gearbeitet« und genießt die Achtung der Jugendlichen. Die Jugendlichen zeigen sich interessiert an den Erfahrungen der Alten und an deren Geschichten. Das Großeltern-Enkel-Verhältnis ist meist ausgesprochen positiv. Abgesehen von diesen engen Beziehungen im persönlichen Nahraum spielen die Hochbetagten gesellschaftlich keine wichtige Rolle mehr. Ihr Leben findet, manchmal nachsichtig belächelt, weitestgehend außerhalb des normalen jugendlichen Alltags statt.

Auf der anderen Seite stehen die »Jungen Alten«, die fit und aktiv das Leben genießen und offen für Neues sind. Dies sehen die Jugendlichen grundsätzlich positiv, es wird aber dann problematisch, wenn die Senioren sich einmischen, wenn sie zur Konkurrenz werden, wenn sie vermehrt in Bereichen auftauchen, die früher der Jugend vorbehalten waren. Manche Jugendliche sind sich allerdings bereits im Klaren, dass man sich in einer alternden Gesellschaft an neue Erscheinungsformen des Alterns gewöhnen muss.

So positiv die persönlichen Kontakte zwischen den Generationen oft verlaufen, so problematisch ist das Aufeinanderprallen von Stereotypen. Von »der Jugend« – so sehen es die Jugendlichen – wird Respekt, Wohlverhalten und Fleiß eingeklagt. Ihrerseits vermissen die Jugendlichen den Respekt der Alten und vor allem die Toleranz.

Als aktuelle Probleme alter Menschen – und hier geht es im Wesentlichen um die Hochbetagten – werden Einsamkeit und mangelnde Integration, auch der Pflegenotstand angesprochen. Andererseits wird von vielen Jugendlichen die relativ gute finanzielle Versorgung der Rentner gesehen und zwar als etwas, das ihnen zusteht. Was das eigene Alter angeht, so rechnen die Jugendlichen mit im Vergleich zu heute drastisch reduzierten Rentenzahlungen. Staat und Politik wird wenig Lösungskompetenz in dieser Frage zugetraut. Viele haben sich in erstaunlichem Maß bereits mit der Frage der eigenen Rente befasst und gehen davon aus, dass sie selbst für ihr Alter vorsorgen müssen.

Das Altern der Gesellschaft nehmen die befragten Jugendlichen derzeit nicht als mögliche Einschränkung ihrer eigenen Ressourcen wahr. Die Problematik der demografischen Entwicklung ist ihnen jedoch bewusst und somit, dass für zunehmend mehr alte Menschen gesorgt werden muss. Die Versorgung und Integration der wachsenden Zahl alter Menschen sehen die befragten Jugendlichen als primäre Probleme in einer alternden Gesellschaft. Der vorherrschende Eindruck aus den Interviews: Die Alten, die doch die Bundesrepublik zu dem gemacht haben, was sie nun ist, die in die Sozialversicherung schon für ihre Eltern eingezahlt haben, sollen gut versorgt werden, immerhin verlassen sie sich darauf. Dieses Leistungsversprechen wurde der jungen Generation nicht gegeben. So übernehmen sie im Endeffekt Verantwortung sowohl für sich selbst mit privater Vorsorge als auch für die Alten, denen sie die Solidarität nicht aufkündigen.

Jugendliche bringen den Wunsch zum Ausdruck, als »Zukunft der Gesellschaft« angemessen behandelt zu werden. Man sieht eine Generation, die alle Erwartungen der Gesellschaft nach Verantwortung, Leistungsbereitschaft und Familiensinn erfüllt. Die vorgetragenen Wünsche nach besseren gesellschaftlichen Rahmenbedingungen für Bildung, für Ausbildungs- und Jobchancen sowie für Familiengründung erscheinen in Relation dazu sehr moderat. Die Jugendlichen vertrauen im Großen und Ganzen darauf, dass ihre Einstellung belohnt wird. Nur gelegentlich wird einstweilen der Verdacht laut, in einer Gesellschaft, in der es immer mehr Ältere geben wird, in der die Mittelalten und Alten die einflussreichen Positionen innehaben, könnten sie in wachsendem Maße benachteiligt werden. Auch die starken Generationenbeziehungen im persönlichen Nahraum lassen jedoch Verteilungskonflikte zwischen Alt und Jung vorerst unwahrscheinlich erscheinen.

Viel also teilt sich mit von Sorgen um die Zukunft, von bescheidenen Wünschen, von Leistungsstreben, von Familiensinn und Verantwortung. Unbekümmertheit und Unbeschwertheit – nach Definition der Jugendlichen »eigentlich« Kennzeichen der Jugendphase – sind wenig zu spüren.

Methodik

Die Shell Jugendstudie 2006 stützt sich auf eine repräsentativ zusammengesetzte Stichprobe von 2532 Jugendlichen im Alter von 12 bis 25 Jahren aus den alten und neuen Bundesländern, die von geschulten Infratest-Interviewern zu ihrer Lebenssituation und zu ihren Einstellungen und Orientierungen persönlich befragt wurden. Die Erhebung fand auf Grundlage eines standardisierten Fragebogens im Zeitraum von Anfang Januar bis Mitte Februar 2006 statt. Im Rahmen der qualitativen Vertiefungsstudie wurden 25 explorative Interviews mit Jugendlichen im Alter von 15 bis 25 Jahren durchgeführt. 20 dieser Einzelfallstudien werden als Portraits vorgestellt.

Klaus Hurrelmann, Mathias Albert,
Gudrun Quenzel, Anja Langness

1 Eine pragmatische Generation unter Druck – Einführung in die Shell Jugendstudie 2006

Die Shell Jugendstudie 2002 zeichnete das Portrait einer »pragmatischen« Generation, die in ihrer Lebensführung trotz der großen wirtschaftlichen Probleme relativ optimistische Zukunftsperspektiven vertritt: Die Lebensführung der jungen Männer und Frauen war an konkreten, praktischen Problemen orientiert, die mit persönlichen Interessen und Wünschen verbunden sind. Mit Leistungsanstrengungen und persönlichem Engagement wollten sich die Jugendlichen durch die schwierige Berufs- und Arbeitsmarktsituation bewegen und die eigenen Zukunftschancen sichern.

In den vier Jahren seit Abschluss der vorigen Studie hat sich die wirtschaftliche Lage tendenziell verschlechtert. Die Arbeitsmarktperspektiven sind verdüstert, die beruflichen Einmündungschancen objektiv ungünstiger als 2002. Es stellt sich deshalb die Frage, ob die in ihrer Grundhaltung eher optimistische Mentalität der jungen Generation bestehen geblieben ist. Sie wird durch Lehrstellenmangel und Arbeitslosigkeit, die seit 2002 noch angewachsen sind, erheblichen Herausforderungen ausgesetzt. Der konstruktive Pragmatismus der jungen Generation gerät unter Druck.

1.1 Die Lebensphase Jugend im gesellschaftlichen und demografischen Wandel

Die schwierige ökonomische und soziale Ausgangslage ist nicht nur für Deutschland typisch. In allen hoch entwickelten Ländern in Europa, Nordamerika und Asien verändert sich die Zusammensetzung der Bevölkerung nach Altersgruppen und Generationen. Die jugendliche Bevölkerung schrumpft zahlenmäßig, weil immer weniger Kinder geboren werden. Demgegenüber steigt der Anteil der 65-Jährigen immer stärker an (Höpflinger 1997). Jedoch: Obwohl sie zahlenmäßig schrumpft, wird die junge Generation am Arbeitsmarkt nicht gerade mit offenen Armen empfangen. Die Arbeitslosenquoten der unter 25-Jährigen sind beängstigend hoch. Große Gruppen von Jugendlichen haben berechtigte Zukunftsängste.

Im Nachbarland Frankreich haben sich diese Irritationen 2005 in gewalttätigen Attacken der Vorstadtjugendlichen mit Migrationshintergrund und 2006 in riesigen Demonstrationen der einheimischen Mittelschichtjugendlichen aus Lycées und Universitäten manifestiert. Symbolisch wird von einer »Génération précaire« gesprochen. Der Begriff ist aus der Berufsforschung übernommen, wo er unsichere und jederzeit widerrufliche Arbeitsverhältnisse beschreibt, die immer häufiger werden. Ähnlich den

»Employés précaires«, den Beschäftigten in prekären Arbeitsverhältnissen, befindet sich die gesamte junge Generation in einer unsicheren Lebenslage, denn einen Einstieg in den Beruf und eine einigermaßen berechenbare Arbeitsbiografie hält die Gesellschaft nur für einen Teil von ihnen bereit. Die anderen stehen »auf der Straße«.

Das gilt auch für Deutschland. Dennoch reagieren die Jugendlichen hierzulande in der Öffentlichkeit weniger aggressiv. Sie behalten (bisher) ihre konstruktiven Erwartungen bei, trotz aller Enttäuschungen. Dabei ist die prekäre Ausgangslage gerade für die meisten einheimischen Jugendlichen ein biografischer Schock, auf den sie schlecht vorbereitet sind. Die meisten kommen aus einer heilen Welt, haben ihre Kindheit in den Wohlstandszeiten der 1980er und 1990er Jahre verbracht, mit sozial und wirtschaftlich gut situierten Eltern, zu denen sie eine angenehme Beziehung aufbauen konnten. Auch die Eltern sind irritiert, hatten sie doch für ihre Kinder eine nahtlose Fortsetzung des wirtschaftlichen Aufschwungs angenommen. Jetzt fühlen auch sie als für die Erziehung verantwortliche Generation, wie unsicher die Zukunft sein kann, wenn ihre eigenen Kinder keinen Einstieg in das Berufsleben finden. Eine unterschwellige Angst vor dem kollektiven Absturz aus der Mittelschicht greift um sich.

Die Jugendlichen aus Migrantenfamilien haben – ähnlich wie die sozial benachteiligten einheimischen Jugendlichen – eine andere Ausgangslage. Von ihren Elternhäusern wurden sie nicht verwöhnt, sie suchen einfach nur nach einem Platz in dieser Gesellschaft, mit einem Mindestmaß an Anerkennung und Zugehörigkeit. Wenn ihnen dieses verwehrt wird, reagieren sie mit großer Unruhe. Auch sie haben Ansprüche an Wohlstand und Status, sie wollen gegenüber den einheimischen Jugendlichen nicht zurückstehen. Aber sie starten im Unterschied zu den familiär gut situierten einheimischen Jugendlichen auf niedrigem ökonomischen Niveau und haben in dieser Hinsicht nicht viel zu verlieren. Aus diesem Grund kann sich bei ihnen schnell ein Protestpotenzial zusammenbrauen.

Dennoch haben sich die Konflikte in Deutschland bei weitem nicht so zugespitzt wie im Nachbarland Frankreich. Etwas verniedlichend wird bei uns von der »Generation Praktikum« gesprochen, um auf die unberechenbar gewordenen Berufseinstiegsprozeduren hinzuweisen. Politische Demonstrationen der gut gebildeten Jugendlichen zeigen sich allenfalls im Universitätsbereich in Ansätzen, wenn es um die Einführung von Studiengebühren geht. Die meisten sozial benachteiligten Jugendlichen, einschließlich derer mit Migrationshintergrund, werden im entscheidenden Augenblick von hilfreichen Netzwerken und Initiativen aufgefangen. Der »deutsche Weg« der Lösung des Problems der Berufseinmündung scheint insgesamt zu einer Beruhigung der Lage beizutragen – jedenfalls an der Oberfläche, auch wenn es darunter an manchen Stellen brodelt.

Die Lebensphase Jugend dehnt sich aus

Das heutige Problem der Berufseinmündung ist entstanden, weil sich seit Mitte der 1980er Jahre die Zahl der Arbeitsplätze immer weiter reduziert hat. Hierdurch ist es zu einer »künstlichen« Ausdehnung der Lebensphase Jugend gekommen.

Dafür gibt es viele historische Vorläufer. »Jugend« hat sich schon seit 1900 in schnellen Schritten immer weiter ausgedehnt, teilweise auf Kosten der Phasen Kindheit und Erwachsenenalter. Insgesamt ist sie nach Länge und biografischer Bedeutung heute eine signifikante eigene Lebensphase geworden, mit einer Schlüsselstellung für den gesamten Lebenslauf (Hurrelmann 2005). Im heutigen Sprachverständnis scheint es selbstverständlich, von »der Jugend« als Lebensphase zu sprechen. Sozialhistorisch ist »Jugend« aber erst durch die Einführung des verpflichtenden Besuches von Schulen und die sich anschließende Vorbereitung auf berufliche Anforderungen entstanden. Noch bis zur Industrialisierung galt ein junger Mann oder eine junge Frau nach dem Ereignis der Geschlechtsreife (Pubertät) als voll erwachsen, eine Zwischenphase in Gestalt der Lebensphase Jugend gab es nicht (Ariès 1975; Coté 2000).

Bis etwa 1950 hatte sich Jugend in den meisten westlichen Gesellschaften dann aber deutlich als eigene Lebensphase herausgebildet. Es handelte sich damals noch um eine kurze Phase im Lebenslauf, die zwischen dem Eintreten der Geschlechtsreife und dem für die meisten jungen Menschen nur wenige Jahre später erfolgenden Eintritt in den Beruf und der Gründung einer eigenen Familie lag. Es war eine durchschnittliche Spanne von höchstens fünf Jahren, die als die »Lebensphase Jugend« bezeichnet werden konnte.

Heute, zu Beginn des 21. Jahrhunderts, sind daraus mindestens 10, bei immer mehr jungen Menschen aber sogar 15 oder 20 Jahre geworden. Die Lebensphase Jugend hat sich zu einem umfassenden Lebensabschnitt entwickelt, der nicht mehr in erster Linie den Charakter eines Übergangs vom Kind zum Erwachsenen hat, sondern als ein eigenständiger Lebensabschnitt betrachtet werden muss (Krüger/Grunert 2002; Sander/Vollbrecht 2000).

Es waren im Wesentlichen arbeits- und berufspolitische Gründe, die zur Etablierung des allgemeinen Schulwesens, des beruflichen Ausbildungssystems und der akademischen Studiengänge an Hochschulen führten. Die Verlängerung der Lebensphase Jugend war dadurch motiviert, dass im Industrie- und Dienstleistungsbereich hoch qualifizierte junge Arbeitskräfte gebraucht wurden, die durch eine allgemeine Schulbildung und eine spezifische Berufsausbildung vorbereitet werden sollten. Inzwischen hat sich dieser Mechanismus völlig verändert. Durch schnelle und lang anhaltende Rationalisierungs- und Technisierungsprozesse, durch die Einflüsse der weltweiten wirtschaftlichen Konkurrenz, verstärkt durch eine auch rein zahlenmäßige Übernachfrage von starken Jahrgängen nach neuen Arbeitsplätzen, kommt das Angebot an Berufspositionen hinter der Nachfrage nicht mehr her. Für bis zu einem Fünftel der Jugendlichen fehlen auch in Deutschland die Arbeitsplätze.

Angesichts der Knappheit von Arbeitsplätzen ist der Drang zu immer höheren Ausbildungsabschlüssen konsequent. Standen den Jugendlichen mit einem Hauptschulabschluss früher fast alle Lehrberufe offen, sind heute viele Lehrstellen de facto nur noch mit Abitur zugänglich. Mag es inzwischen auch eine Akademikerarbeitslosigkeit geben – die Wahrscheinlichkeit, einen Arbeitsplatz zu erhalten, steigt mit der Höhe des Bildungsabschlusses. Der Trend zu höheren Abschlüssen ist übrigens ein europaweites Phänomen, ebenso wie der steigende Anteil von Jugendlichen zwischen 16 und 25 Jahren, die sich immer noch in der Ausbildung befinden (Orr/McCabe 2004). Seit Anfang der 1990er Jahre hat sich dieser Trend in Deutschland noch einmal verstärkt (Statistisches Bundesamt 2004a).

In Deutschland wurde spätestens von 1985 an die Verlängerung der schulischen, beruflichen und hochschulischen Ausbildung nicht mehr in erster Linie deshalb betrieben, um die berufliche

Qualifikation des gesellschaftlichen Nachwuchses zu steigern. Vielmehr stand ein sozialpolitischer Aspekt im Vordergrund, nämlich das Ziel, die zahlenmäßig »zu vielen« potenziellen jungen Arbeitskräfte so lange wie möglich im Bildungssystem zu halten, um sie vom nur eingeschränkt aufnahmefähigen Erwerbssystem fern zu halten. Das deutsche Bildungssystem wurde zu einem biografischen Warteraum auf dem Weg zum Erwachsenenalter, das traditionell mit dem Erwerbsalter gleichgesetzt wird (Hurrelmann 1989).

Im internationalen Vergleich hat diese Politik zu einer relativ niedrigen Quote von Jugendarbeitslosigkeit geführt. Auch den sozial benachteiligten Jugendlichen blieb ein Platz in einem gesellschaftlich anerkannten Sozialsystem zugewiesen. Das könnte im Unterschied zu Frankreich auch die geringere Frustration der jungen Generation erklären. Aber auf Dauer wird sich diese »künstliche« Ausdehnung der Jugendphase auch bei uns nicht halten lassen. Heiß diskutiert werden seit Jahren die problematischen Konsequenzen für die Finanzierbarkeit der Sozialsysteme. Auch ist nicht zu übersehen, dass die deutschen Ausbildungszeiten im internationalen Vergleich einen Wettbewerbsnachteil mit sich bringen. Die Politik fängt an, hierauf zu reagieren, etwa durch das nach schon 12 Schuljahren zu erwerbende Abitur, die Einführung des Bachelors als erstem universitären Abschluss nach drei Jahren und die Einführung von Studiengebühren für Langzeitstudierende.

Die Jugendphase als ambivalentes Moratorium

Wie reagieren die Jugendlichen selbst auf ihre veränderte Lebenslage? Die Ausdehnung der Jugendphase wird von vielen jungen Frauen und Männern bisher überwiegend mit Zustimmung angenommen. Viele genießen die großen Freiräume und gehen gerne länger in Schulen und Hochschulen. Sie, die nicht direkt in den Betrieben ausgebildet werden, erhalten im Bildungssystem nur einen vagen Vorgeschmack vom »Ernstcharakter« der Erwerbsarbeit, denn sie sind ja absichtlich von ökonomisch verwertbaren Tätigkeiten und damit der wirtschaftlichen Reproduktion der Gesellschaft abgekoppelt, weil für sie keine Plätze zur Verfügung stehen. Genau diese Abkopplung macht es ihnen nun möglich, viel Zeit und Energie in Aktivitäten im Konsum-, Medien- und Freizeitsektor zu investieren. Dieser Sektor ist nicht zuletzt aus diesem Grund zu einem zentralen Industrie- und Dienstleistungszweig heutiger Gesellschaften geworden. Er bietet unverbindlich Herausforderung, Erleben und Bewährung in Krisenlagen – Erfahrungen, die in früheren historischen Epochen das Berufssystem zur Verfügung stellte, allerdings in verbindlichen Ernstsituationen (Münchmeier 1998; Silbereisen/Vaskovics/Zinnecker 1996; Zinnecker/Silbereisen 1996).

Soziostrukturell führt der gesellschaftlich erzwungene Aufschub des Übergangs in das Erwachsenenalter zwangsläufig dazu, sich als junge Frau und als junger Mann in den tatsächlich zur Verfügung stehenden Lebensfeldern zu profilieren. Der Erwerbssektor gehört heute nur eingeschränkt dazu. Artikulationsmöglichkeiten sind vor allem über Mode, Musik, Unterhaltung und verschiedene andere Aktionsformen des Freizeitsystems möglich (Eurobarometer 2003). Jugendliche nutzen die zeitlichen Freiräume, die ihnen ihr Schul- und Hochschulalltag bietet, für gemeinschaftliche Aktivitäten in zahlreichen Tätigkeitsfeldern (Sport, Musik, Jugendgruppen) und durchaus auch für freiwilliges Engagement, welches unter Jugendlichen verbreiteter ist als vielfach angenommen, und das Ausmaß bei älteren Jahrgängen teilweise übertrifft (Picot 2006).

Die Lebensphase Jugend ist – so lässt sich resümieren – heute eine eigenständige Spanne im Lebenslauf, hat aber ihren ursprünglichen Übergangscharakter mit einem qualifikatorischen Zubringerdienst zu den vollwertigen Erwachsenenpositionen verloren. Die sozial- und arbeitsmarktpolitisch in die Länge gestreckte Lebensphase Jugend wird eine Zeit des Moratoriums, des quasi zwecklosen Verweilens in der Gesellschaft, ohne eine feste Perspektive und ohne klare Verantwortung für gesellschaftliche Belange. Der Prozess der produktiven Auseinandersetzung mit der körperlichen und psychischen Innenwelt und der sozialen und gegenständlichen Außenwelt kann unter diesen Umständen durchaus in einer intensiven Form erfolgen – aber doch abgekoppelt vom wirtschaftlichen und beruflichen Leben. Ein durch und durch ambivalentes Moratorium!

Der Zwang zur »Selbstbezogenheit«

Die Jugendphase heute ist durch die Spannung zwischen soziokultureller Selbständigkeit und sozioökonomischer Unselbständigkeit charakterisiert (Zinnecker/Silbereisen 1996). Der Widerspruch zwischen den mit dem Alter ansteigenden persönlichen Autonomiebedürfnissen und den ökonomischen Hemmnissen zur Umsetzung dieser Autonomie will von jedem Jugendlichen bewältigt sein. Die Angehörigen der Lebensphase Jugend finden sich in einer zwar ökonomisch ungesicherten, aber soziokulturell und in den sozialen Bindungen und Wertorientierungen ziemlich frei gestaltbaren Lebenssituation. Wie ein Damoklesschwert aber schwebt die Unsicherheit an sicheren Zukunftsperspektiven über ihnen. Die Ungewissheit des Einmündens in den Berufsbereich und die unterschwellige Angst, keinen Platz in der etablierten Gesellschaft zu finden, sind für alle Jugendlichen belastend und bauen einen mentalen Druck auf.

Aus dieser Haltung heraus kommt es mitunter zu innovativen Formen der Lebensgestaltung, aber auch zu resignativen, ausweichenden, provokativen und protesthaltigen Reaktionen. In Deutschland fallen sie bisher im Unterschied zu Frankreich zurückhaltend aus. Die meisten Jugendlichen definieren sich als konstruktive Individualisten. Aber die große Zahl von rechtsextremistisch eingestellten Jugendlichen aus benachteiligten Regionen, die Unruhe bei den Jugendlichen mit Migrationshintergrund und die hier und da auflodernden Demonstrationen gegen die Verschlechterung der Studienbedingungen signalisieren, wie nervös und ungeduldig die Angehörigen der jungen Generation geworden sind.

Typisch zur Bewältigung der Lebensphase Jugend ist heute ein sehr hohes Ausmaß an persönlicher Selbstorganisation, eine große Kompetenz der Problemverarbeitung und der flexiblen Virtuosität des Verhaltens. Jugendliche müssen früh ihren eigenen Lebensstil entwickeln und einen Lebensplan definieren. Sie müssen mit den Widersprüchlichkeiten ihrer Lebenslage umgehen und die eigene Selbstdefinition auf diesen schwierigen Sachverhalt ausrichten. Sie benötigen so etwas wie einen inneren Kompass, um die vielfältigen Handlungsanforderungen bei der Einräumung von persönlicher Autonomie flexibel und sinnvoll zu bewältigen und angesichts der Zukunftsunsicherheit ein Bild von der eigenen Persönlichkeit zu entwerfen. Wer es schafft, aktive Formen des Selbstmanagements zu entwickeln, kommt mit den gesellschaftlichen

Strukturen des Jugendalters am besten zurecht.

Wie die Shell Jugendstudie 2002 zeigte, ist eine durchaus selbstbezogene »ego-taktische« Akzentsetzung hierfür eine denkbare Variante der privaten Lebensführung. Durch eine auf eigene Bedürfnisse bezogene Gestaltung des Lebens kann Ordnung in die unübersichtlichen Anforderungen gebracht werden. Lange (2002: 34) spricht in diesem Zusammenhang von einer »besonders intensiven Art der Selbstbezüglichkeit«, die eine von den eigenen Interessen geleitete, Opportunitätsgesichtspunkte berücksichtigende Gestaltung der Lebenswelt zur Folge hat. Es geht für alle Jugendlichen um die eigenaktive Gestaltung des Lebensalltages mit persönlichen Maßstäben und einer individuellen Bewertung der Lebenswelt, gewissermaßen ein »Doing Adolescence«.

Die Eltern spielen in diesem Gestaltungsprozess nach wie vor eine wichtige Rolle. Durch das immer frühere Einsetzen der Jugendphase im Lebenslauf haben die Gleichaltrigen aber deutlich an Relevanz gewonnen. In einigen Bereichen haben sie die Eltern als Bezugspersonen voll abgelöst, vor allem bei Problemen in der Partnerschaft und für die Erfahrungsfelder Kleidung, Aussehen und Sexualität. Ziele, die weiter in der Zukunft liegen, wie die Berufswahl oder die Familiengründung, werden hingegen weiter maßgeblich mit den Eltern ausgehandelt. Letztlich ist das »Doing Adolescence« unvermeidlich mit gewachsenen Anforderungen an jeden einzelnen Jugendlichen verbunden. Statt Normen einfach übernehmen zu können oder gegebenenfalls gegen diese aufzubegehren, müssen diese langwierig selbst erarbeitet werden. Entsprechend bringt die neue Freiheit der Lebensgestaltung auch eine erhöhte Wahrscheinlichkeit des Scheiterns mit sich. Hier sind diejenigen Jugendlichen, die ohnehin mit den erhöhten Belastungen in Schule und Beruf bis an ihre Leistungsgrenzen gefordert sind, besonders betroffen. Wie lange werden sie dem Druck standhalten? Können sie ihre pragmatische Grundhaltung bewahren?

1.2 Geschlechtsspezifische Muster der Lebensführung

Die Shell Jugendstudie 2002 zeichnete eine starke Generation junger Frauen. Wurden bis dahin junge Männer insgesamt als konkurrenzorientierter und durchsetzungsstärker beschrieben, waren es nach den Ergebnissen der letzten Studie die jungen Frauen, die mindestens ebenso starken schulischen und beruflichen Ehrgeiz zeigten und durch erhöhten Einsatz auf größer werdende Anforderungen auf dem Arbeitsmarkt reagierten.

Diese Entwicklung zur »Umkehrung« des traditionellen Geschlechterverhältnisses in den Leistungsbilanzen wird auch in anderen Ländern beobachtet. Sowohl in den alten als auch in den neuen EU-Ländern sind es inzwischen mehr junge Frauen, die einen hochwertigen schulischen und oft schon einen besseren universitären Abschluss vorweisen können als ihre gleichaltrigen männlichen Geschlechtsgenossen (Wächter 2005). Allerdings schlagen sich der hohe Ausbildungsgrad und die beträchtliche Leistungsbereitschaft der jungen Frauen bislang nicht gleichermaßen in ihrem beruflichen Erfolg nieder.

Die traditionelle Hausfrauenrolle wird von Mädchen zunehmend abgelehnt. Sie stellen heute oft ausgesprochen hohe Anforderungen an sich selbst: Sie wollen gut aussehen, aktiv sein, Freunde und einen Partner haben, gebildet sein, einen interessanten Beruf ergreifen, ein sicheres Zuhause haben, in einer harmonischen Beziehung leben und einmal Kinder bekommen. Fast alle sind daran interessiert, Karriere mit Familie zu verbinden. Für die jungen Männer bleibt hingegen nach wie vor insbesondere bei der Kindererziehung die traditionelle Arbeitsteilung der Geschlechter ein zentraler Orientierungspunkt. Neuere Erhebungen lassen vermuten, dass der Drang junger Frauen, auch als Mütter ihre beruflichen Ziele nicht aus den Augen zu verlieren, weiter steigt (Statistisches Bundesamt 2004b), und die jungen Frauen innovative Strategien entwickeln, wie sie Partnerschaft und Mobilität, Kinder und Karriere unter einen Hut bringen können.

Verunsicherte Jungen – selbstbewusste Mädchen?

Die jungen Männer bleiben mehrheitlich dem traditionellen Männer- und Frauenbild verhaftet (Oesterreich 2003). Von vielen Jungen wird nach wie vor die Vorstellung vertreten, dass sich die Frau um den Haushalt und die Kinder kümmert und der Mann um die Ernährerrolle. Offensichtlich wird die ehrgeizige Generation junger Frauen von einem Teil der jungen Männer als ernsthafte Gefährdung ihres Erfolgs auf dem Arbeitsmarkt wahrgenommen, wogegen sie sich mit Zuflucht in alte Muster mental »wehren« wollen.

Junge Frauen sind heute eine durchsetzungswillige und leistungsstarke Generation, die Gleichberechtigung fordert und sich – ganz pragmatisch – nicht mehr in lange Grundsatzdebatten verstrickt. Dass in letzter Zeit immer öfter Actionheldinnen wie Lara Croft, Cat Woman oder Charlys Angels auf den Leinwänden der großen Kinos die Welt retten, ist ein weiterer Hinweis auf den Anspruch dieser neuen Generation von Frauen, sich weder mit den Zuschauerplätzen noch mit der Rolle der romantischen Heldin zufrieden zu geben. Es ist eine Generation, über die wir – eben weil sie sich von den vorherigen Frauengenerationen unterscheidet – bisher noch wenig wissen. Deswegen werden wir sie in dieser Studie sowohl in der repräsentativen Erhebung als auch in ausführlichen Interviews zu Wort kommen lassen.

Neben den leistungsstarken Mädchen und jungen Frauen, die Beruf und Familie vereinbaren möchten und diesen Wunsch selbstbewusst vertreten, fallen viele Jungen auf, die noch unsicher dabei sind, ihre Rolle in der Gesellschaft zu suchen und sich neu zu definieren. Jungen sind heute widersprüchlichen Erwartungen ausgesetzt. Sie erfahren völlig neue Herausforderungen an ihre Geschlechtsrolle, denn die Erwartungen junger Frauen an das Zusammenleben und eine gemeinsame Erziehung der Kinder weichen von traditionellen Mustern radikal ab. Alte und vertraute Rollenverteilungen sind nicht mehr so ohne weiteres möglich. Die Beziehungen müssen in ständigen Aushandlungsprozessen neu justiert werden (Hoti 2003). Unverkennbar fühlen sich viele junge Männer hierdurch überfordert.

Helfen würde ihnen dabei ein enges soziales Netzwerk der Unterstützung. Aber auch hier besteht ein Problem: Sie verfügen zwar über viele soziale Kontakte, doch über wenige enge Bindungen zu Eltern und Freunden. Hierdurch sinkt ihre Chance, Probleme emotional zu verarbeiten (Reinders 2005). Im Gegensatz zu Mädchen reagieren Jungen bei Alltagsbelastungen deshalb häufig mit externalisierenden Verhaltensweisen. Sie tragen ihre Überforderung aus sich heraus und signalisieren durch Unruhe, Aktivismus, Aggressivität und erhöhten Drogenkonsum innere Spannungen. Die traditionelle Männerrolle »verbietet« Jungen, ihre Überforderung, Unsicherheit und Hilflosigkeit nach außen zu zeigen und sich – wie die Mädchen – Hilfe von Freunden und Familie zu holen oder sogar professionelle Hilfe in Anspruch zu nehmen. Deshalb ist ihr Weg zur Neudefinition ihrer Geschlechtsrolle möglicherweise noch lang.

Unpolitische junge Frauen?

Das politische Engagement ist ein Feld, in dem sich Geschlechtsunterschiede zum Nachteil von jungen Frauen ausdrücken. Macht und Einfluss zu haben ist für junge Männer deutlich wichtiger als für junge Frauen, wie die Shell Jugendstudie 2002 gezeigt hat. Politisches Interesse und Engagement in der institutionalisierten Politik bleibt überwiegend den männlichen Jugendlichen vorbehalten. Die weiblichen Jugendlichen können und wollen ihre Eigeninteressen auf politischer Ebene nach wie vor nicht direkt durchsetzen, obwohl sie mit Themen wie der Förderung der Vereinbarkeit von Familie und Beruf, der gesellschaftlichen Anerkennung der Erziehungsarbeit oder der finanziellen Förderung junger Eltern während der Ausbildungsphase allen Anlass dazu hätten. Junge Männer sind auch deutlich weniger zurückhaltend, aus ihrer politischen Beteiligung einen Vorteil für ihre berufliche Karriere zu ziehen (Wächter 2005).

Junge Frauen sind nicht unpolitisch, aber sie engagierten sich häufiger jenseits der etablieren Politik im sozialen Bereich. Da nach wie vor mehr Frauen als Männer soziale Berufe ergreifen, kann dieses Engagement durchaus als Entscheidung im Zusammenhang mit der eigenen beruflichen Zukunftsplanung gesehen werden. Junge Frauen schreiben sich selbst weniger Kompetenz zu, politische Entscheidungen verstehen und beurteilen zu können. In sozialen Fragen fühlen sie sich aber kompetent (Schmid 2004).

Diese Ergebnisse deuten darauf hin, dass Politik von beiden Geschlechtern immer noch als Männer-Domäne angesehen wird. Politik stellt sich damit als ein Gebiet dar, in dem junge Männer im Unterschied zu Frauen durch Engagement und Interesse einen Prestige- und Statusgewinn verzeichnen können. Um jungen Frauen den Weg in die aktive Politik stärker zu eröffnen, müsste auch für sie mit politischem Engagement ein Imagegewinn verbunden sein, der sich positiv auf die Anerkennung unter Gleichaltrigen und die beruflichen Einstellungschancen auswirkt (Pettersson 2003). Möglicherweise entsteht hier in Deutschland eine neue Situation, indem mit der Übernahme des politischen Amtes des Bundeskanzlers durch eine Frau eine Prestigesteigerung des politischen Engagements von Frauen ausgelöst wird.

1.3 Jugendliche Lebenswelten und Wertorientierungen

Wertorientierungen sind wichtige Elemente der menschlichen Psyche, die festlegen, was Menschen wichtig ist und was sie in einem übergreifenden Lebenskontext anstreben (Klages 1998). Die Ausprägung von Wertorientierungen allein sagt zunächst nicht unmittelbar etwas darüber aus, ob die angestrebten Ziele auch erreicht werden. Wertvorstellungen stehen dennoch in einem engen Zusammenhang mit dem tatsächlichen Handeln. Jugendlichen geben sie einen Orientierungsrahmen, der ihnen hilft, den eingeschlagenen Weg weiter zu verfolgen oder neue Wege zu entdecken.

Jugend ist eine Lebensphase, die durch eine erhöhte Veränderlichkeit von Werten gekennzeichnet ist (Oerter/Montada 2002), während in der älteren Bevölkerung die Wertorientierungen durch vielfältige Lebenserfahrungen und vollzogene Weichenstellungen des

Lebens bereits stärker verfestigt sind. Die Weiterentwicklung der eigenen Identität, insbesondere beim Übergang von der Kindheits- in die Jugendphase, und neue Anforderungen aus der Umwelt lassen Jugendliche ihre eigenen Wertvorstellungen immer wieder neu überdenken. Aus diesen Gründen waren Jugendliche in den letzten Jahrzehnten stets besonders sensibel gegenüber übergreifenden gesellschaftlichen Wertewandelsprozessen, sie brachten diese oft besonders markant und gelegentlich provokativ zum Ausdruck.

Aufstieg statt Ausstieg

Wertorientierungen wie Freundschaft, Partnerschaft, Familie und Kontakte zu anderen Menschen nehmen im Leben von Jugendlichen einen hohen Stellenwert ein. Die hohe Betonung solcher engen sozialen Beziehungen drückt übergreifende Grundwerte aus, ohne die kaum ein Jugendlicher auskommt. Andere für Jugendliche wichtige Wertorientierungen beziehen sich auf den Wunsch, die eigene Phantasie und Kreativität zu entwickeln und von anderen Menschen unabhängig zu sein, große Eigenständigkeit zu haben und nach Unabhängigkeit zu streben. Weiterhin bieten Fleiß und Ehrgeiz sowie der Wunsch nach dem Ausleben der eigenen Gefühle und Bedürfnisse wichtige Lebensorientierungen für die Jugendlichen. Aspekte der persönlichen Selbstentfaltung werden dabei ähnlich hoch bewertet wie das Streben nach Sicherheit und die Einhaltung von Normen und Gesetzen, also Aspekte, die sich auf die Selbstkontrolle und die Selbstzurücknahme beziehen.

Diese Ergebnisse der Shell Jugendstudie 2002 wurden inzwischen durch neuere Forschungsergebnisse untermauert. Die in den Jahren 2004 durchgeführte Studie »Jugend – Werte – Zukunft« der Landesstiftung Baden-Württemberg (Reinders 2005) ermittelte, dass die heutige Jugendgeneration die Balance sucht zwischen dem Genießen und Auskosten der Gegenwart und der langfristigen Vorbereitung auf die Zukunft. Je wichtiger den Jugendlichen die Planung ihrer Zukunft ist, desto mehr investieren sie in schulische Berufsvorbereitungen, den fairen Umgang mit anderen, die Entwicklung eines Lebensstils und in Sparsamkeit.

Die Shell Jugendstudie 2002 zeichnete das Portrait einer »pragmatischen« jungen Generation. Viele Jugendliche stellten – obwohl sie die Zukunft der Gesellschaft, insbesondere den Arbeitsmarkt, durchaus kritisch einschätzen – eine positive Grundstimmung zur Schau, gepaart mit einer hohen Leistungsbereitschaft. Das Motto der Mehrheit der jungen Männer und Frauen fasste die Studie vereinfachend mit der Losung zusammen: »Aufstieg statt Ausstieg«. Eine in früheren Zeiten noch zu beobachtende grundsätzliche »Null-Bock-Stimmung« war kaum mehr vorzufinden. Als »pragmatisch« wurde dabei auch das Phänomen eingestuft, dass für die Jugendlichen lebenspraktische Probleme und Herausforderungen im Mittelpunkt der Aufmerksamkeit standen und übergreifende Ziele der Gesellschaftsreform und des Umweltschutzes dahinter zurückstehen mussten.

Hierin konnte gegenüber früheren Studien ein deutlicher Mentalitätswandel bilanziert werden. Seit den 1970er Jahren bis in die 1990er Jahre hinein waren die Wertorientierungen in den meisten westlichen Ländern, so auch in Deutschland, meist in Richtung von Selbstverwirklichungs- und Engagementwerten gegangen, während Leistungs- und Anpassungswerte an Bedeutung verloren oder stagnierten. Dieser Trend hatte sich seit Mitte der 1990er Jahre gedreht. Werte wie Leistung, Sicherheit und Macht, Tugenden wie Fleiß und Ehrgeiz erlebten nun eine

Renaissance. Die wirtschaftliche und weltpolitische Lage hatte sich seit Beginn des neuen Jahrtausends deutlich geändert, und die Jugendlichen passten ihre Wertorientierungen offensichtlich daran an. Wir gehen in der vorliegenden Shell Jugendstudie der Frage nach, inwieweit diese neuartige Mentalität, die wir 2002 mit Hilfe des Wertekanons der Jugendlichen abbilden konnten, stabil geblieben ist. Hat sich mit der »pragmatischen« Jugend eine neue Generationsgestalt herausgebildet, die Bestand hat?

Leistung und gesellschaftliches Engagement

Der Wertewandel der jungen Generation ist bei den weiblichen Jugendlichen auffälliger und markanter als bei den männlichen. Mädchen und junge Frauen sind in den 1990er Jahren deutlich ehrgeiziger geworden, zugleich aber auch sicherheitsbewusster. Sie orientieren sich zunehmend an bisher für typisch männlich gehaltenen Stereotypen, wie etwa Leistung und Durchsetzungsvermögen, Karriereinteresse und Bereitschaft zur Verantwortung. Diese Orientierungen kombinieren sie aber weiterhin mit weiblichen Besonderheiten, indem ihr Werteprofil deutlich emotionaler, toleranter, umweltbewusster und sozial hilfsbereiter als das von Jungen und jungen Männern ausgeprägt ist.

Vor diesem Hintergrund konnten die Jugendlichen in vier verschiedene Wertetypen unterschieden werden, von denen zwei im positiven Sinne besonders auffällig waren: Selbstbewusste Macher, männliche und weibliche, bringen ein ausgeprägtes Rüstzeug mit, um sich den Anforderungen einer unruhigen Leistungsgesellschaft in der ganzen Breite zu stellen. Diese Gruppe, die in beiden Geschlechtern etwa gleich vertreten ist, stammt aus dem breiten sozialen Mittelbau der Gesellschaft. Selbstbewusste Macher sind ganz besonders optimistisch, ehrgeizig und wollen mehr als andere Jugendliche leisten. Sie verkörpern unter Jugendlichen die Karriereorientierung besonders deutlich und drücken damit aus, später einmal verantwortliche Positionen mit Einfluss und Ansehen einnehmen zu wollen. Gesellschaftliche Aktivität gehört zu dieser Lebensvorstellung zwar dazu, ist aber nur eine Dimension unter anderen.

Neben den selbstbewussten Machern, die man von ihren Wertorientierungen her als »Leistungselite« der Jugend bezeichnen kann, fanden wir einen weiteren Wertetyp, den wir als »Engagementelite« einstuften. Die Haltung des pragmatischen Idealismus ist besonders häufig bei weiblichen Jugendlichen zu finden. Bei diesem Typus hat gesellschaftliches Engagement für eine soziale, humane und ökologische Gesellschaft eine ganz besondere Bedeutung. Die Sensibilität für gesellschaftliche Problemlagen und Bedrohungen wie Armut, Umweltverschmutzung und Ausländerfeindlichkeit ist besonders hoch, ebenso die Unterstützungsbereitschaft für die Dritte Welt. Wie selbstbewusste Macher, allerdings nicht so ausgeprägt, vertreten pragmatische Idealisten eine aktive und optimistische Grundhaltung und bekennen sich zu Leistung und Wettbewerb. Insbesondere Letzteres war ein neues Phänomen, das wir bei Jugendlichen aus dem höher gebildeten Milieu, woraus pragmatische Idealisten bevorzugt stammen, bisher nicht so ausgeprägt beobachten konnten.

Apathie und Aggression

Die Shell Jugendstudie 2002 förderte neben diesen ermutigenden Ergebnissen aber auch Erkenntnisse zutage, die Anlass zur Besorgnis gaben und eine Aufforderung zum sozial gestalterischen und sozialpädagogischen Gegensteuern darstellen. Denn neben den beiden »Elitegruppen« konnten wir unter den Jugendlichen zwei weitere Wertetypen nachweisen, die stark in der Gefahr standen, den Anschluss an die Bildungs- und Leistungsgesellschaft zu verpassen: »Zögerliche Unauffällige« und »Robuste Materialisten« kommen aus verschiedenen Problemlagen heraus mit den Leistungsanforderungen in Schule und Ausbildung weniger gut zurecht als Idealisten und Macher, deren sozialer und erzieherischer Hintergrund günstiger ist. Typische Reaktionen der »Unauffälligen« sind hilflose Resignation und Apathie, der »robusten Materialisten« Frustration und Aggression. Besonders bei den Materialisten sind die im Schulsystem weniger erfolgreichen männlichen Jugendlichen vermehrt vertreten, die sich immer stärker an Hauptschulen, Sonderschulen und Berufsschulen in sozialen Brennpunkten konzentrieren. Diese Jugendlichen stehen in Gefahr, sich als ausgestoßene Randgruppe zu sehen. Sie machen sich in dieser Situation mit Wut und Gewalt Luft und reklamieren ihren Anteil am Wohlstand, ohne den Regeln der Leistungsgesellschaft wirklich gerecht werden zu können.

Die Spaltung der Jugend in eine Gruppe von sozial besser Gestellten – die im Bildungssystem bessere Chancen haben, dort erfolgreicher abschneiden und sich deswegen gute Perspektiven für den weiteren beruflichen und privaten Lebensweg ausrechnen – und in eine Gruppe, die in Gefahr steht, sozial abgehängt zu werden, lässt sich auch in anderen europäischen Gesellschaften beobachten. Frankreich ist ein anschauliches Beispiel dafür. Bei Jugendlichen spiegelt sich hier die soziale Spaltung der Gesellschaft in Arm und Reich, vor allem aber in Bildungsnah und Bildungsfern wieder. Die Jugendlichen mit einer relativ guten sozioökonomischen Startposition und erfolgreichen Schulkarrieren dürfen zu Recht die Hoffnung hegen, trotz aller Arbeitsmarktprobleme in einer immer flexibleren und anspruchsvolleren Berufswelt am Ende doch noch ihren Weg zu machen, die schlecht positionierten Jugendlichen haben aber realistischerweise weniger Grund dazu. Sie spüren, dass ihnen wichtige Voraussetzungen dafür fehlen, in die Hochleistungssektoren des Erwerbsbereiches einzutreten.

In der vorliegenden Studie sind wir diesen Tendenzen weiter nachgegangen und haben uns der Frage gestellt, ob sich das Auseinanderdriften zwischen den Leistungs- und Engagementeliten und den frustrierten »Underdogs« verstetigt und fortgesetzt hat. Wir haben auch nach Indizien dafür gesucht, ob sich in diesen benachteiligten Gruppen Elemente des Protestes und der Aggression gegen die gesellschaftliche Exklusion finden.

Ungleichheit der Bildungschancen

Bildung ermöglicht Jugendlichen den Zugang zum Arbeitsmarkt und damit die Chance auf ein regelmäßiges Einkommen. Zum anderen vermittelt Bildung Wissen sowie vielfältige psychosoziale Kompetenzen, die für die Teilhabe am sozialen Geschehen der Gesellschaft notwendig sind. Heute besuchen rund ein Viertel der Jugendlichen die Hauptschule, während ein Drittel auf die Realschule und rund 37 % auf das Gymnasium gehen (Statistisches Bundesamt 2004b).

Ohne Zweifel hat die Bildungsexpansion in Deutschland zu mehr Bildungschancen geführt. Besonders Mädchen konnten ihre Bildungsdefizite gegenüber Jungen wettmachen und die Jungen sogar überholen.

Allerdings ist bei grundsätzlich gleich verteilten Bildungschancen in Deutschland die besuchte Schulform auch heute noch eng an den sozialen Hintergrund der Jugendlichen geknüpft. Insbesondere der Übergang zum Gymnasium hängt stark von der Schichtzugehörigkeit des Elternhauses ab. So haben Kinder aus oberen Sozialschichten eine neunmal höhere Chance, das Gymnasium zu besuchen als Arbeiterkinder. Nebeneffekt der Bildungsexpansion ist der zunehmend selektive Übergang auf die Hauptschule. Hier sammeln sich die Kinder aus Familien mit niedrigem sozioökonomischen Status und Kinder mit Migrationshintergrund. Auffällig viele Jugendliche aus unteren Sozialschichten bleiben sitzen oder verlassen die Schule ohne Abschluss. Dabei entsteht eine Gruppe struktureller Bildungsverlierer, die materiell, gesundheitlich und sozial benachteiligt sind und wenig Chancen haben, eine zufrieden stellende Position in der Gesellschaft zu erlangen. Schulischer Misserfolg kann eine Kette negativer Erfahrungen für die Jugendlichen bedeuten: Schwächung des Selbstwertgefühls, gesundheitliche Befindlichkeitsstörungen und konfliktreiche Auseinandersetzungen mit den Eltern (Hurrelmann 2005). Auch die vorliegende Shell Jugendstudie geht der Frage nach, ob sich die Zweiteilung der Jugendlichen in eine Gruppe Hochqualifizierter vom Gymnasium und Niedrigqualifizierter von anderen Schulformen bestätigt oder ob sie vielleicht schon abgeschwächt wurde.

Hoher Wert des Familienlebens

In der aktuellen Studie interessiert uns auch die Frage, ob die hohe Zustimmung zu den elterlichen Erziehungsstilen, die in der Shell Jugendstudie 2002 festgestellt wurde, auf demselben Niveau geblieben ist. Vor vier Jahren konnte ein sehr gutes Verhältnis der Jugendlichen zu ihren Eltern abgelesen werden. Jugendliche hatten ein ganz »normales«, unbefangenes Verhältnis zu den Eltern und Großeltern. Offenbar liegen sie in ihren Lebensorientierungen nicht weit auseinander. Das bestätigte inzwischen auch die Generationenstudie 2005 der Hanns-Seidl-Stiftung. Sie fand keine großen Diskrepanzen in den Wertehierarchien von Jung und Alt. Die Älteren richten ihr Leben zwar stärker als die Jüngeren an Werten aus, was aber lediglich als Hinweis darauf zu werten ist, dass die generelle Orientierung an Werten mit dem Alter zunimmt (Generationsstudie 2005).

Bei der Generationendebatte in Deutschland steht immer wieder die Frage im Vordergrund, welchen Stellenwert Familie und eigene Kinder für die heutige junge Generation haben. Die sinkende Heiratsneigung wird häufig als Ergebnis einer abnehmenden subjektiven Bedeutung der Familie in der Bevölkerung gewertet. Die Shell Jugendstudie 2002 konnte aber zeigen, wie hoch auch heute der Stellenwert der Familie für Jugendliche ist. 75 % der weiblichen und 65 % der männlichen Befragten gaben an, eine Familie zum »Glücklichsein« zu brauchen. Über zwei Drittel wollten später eigene Kinder haben. Dabei wurde deutlich, dass Karriere und Familie für Jugendliche zwei zentrale und gleichberechtigte Zielvorstellungen für die Lebensführung darstellen. 70 % wollten ihre Kinder so erziehen, wie sie selber erzogen wurden. Die Ergebnisse stehen im Einklang mit anderen Studien der letzten Jahre. Jugendliche weisen demnach keineswegs die Normen der Eltern zurück, sondern sie orientieren sich im Bereich der sozialen Werte an den Vorstellungen ihrer Eltern. Die vorliegende Shell Jugendstudie untersucht, ob dieser Trend angehalten hat.

Kirche und Religiosität

Religiosität im kirchlichen Sinne scheint heute für den großen Teil der jungen Generation eine eher untergeordnete Rolle zu spielen. Anders als Freundschaft, Familie und Partnerschaft, denen die Jugendlichen in der vorigen Shell Jugendstudie von 2002 eine besonders hohe Bedeutung beimaßen, fand sich der Gottesglaube am unteren Ende der Wichtigkeitsskala des jugendlichen Wertesystems wieder. Nur etwa ein Drittel der Jugendlichen hielten ihn für ihre Lebensgestaltung für wichtig. Wie Vergleichsdaten für westdeutsche Jugendliche von 1987/88 zeigten, ist diese mäßige Bedeutung des Gottesglaubens längerfristig konstant geblieben. Die aktuelle Studie soll zeigen, ob angesichts der Ereignisse um den Tod des Papstes Johannes Paul II. und den Besuch des neuen Papstes auf dem Weltjugendtag in Köln, die von vielen Jugendlichen aktiv begleitet wurden, wieder ein Anstieg der Bedeutung des kirchennahen Glaubens zu beobachten ist. In der Presse ist in diesem Zusammenhang oft von einer »Wiederkehr der Religion« unter Jugendlichen die Rede, wobei es allerdings auch ernüchternde Stimmen gab (Der Spiegel 33/2005). Wir haben deshalb in der aktuellen Studie nicht nur nach der Wichtigkeit kirchennaher Religiosität für das Leben Jugendlicher gefragt, sondern auch nach der Verbreitung kirchennaher und kirchenferner Glaubensformen. Es sollen auch die Phänomene der Glaubensunsicherheit und der Glaubensferne bei Jugendlichen in den Blick genommen werden.

Denn für viele Jugendliche ist Glaube heute etwas anderes, als regelmäßig zu beten oder in ein Gotteshaus zu gehen. Die Zahl außerkirchlicher Religionsformen hat sich sichtbar erhöht, es ist eine Pluralisierung religiöser Angebote zu beobachten. Als Folge davon wird die normative Kraft traditioneller Religionsformen schwächer (Pollack/Pickel 1999; Meulemann 1998; Pollack 2003). Lässt sich auch heute eine werteprägende Kraft der kirchennahen Religiosität auf die Moralität Jugendlicher nachweisen? Was geschieht, wenn diese Prägekraft schwächer wird, weil Jugendliche sich kirchenfernen Glaubensinhalten zuwenden, glaubensunsicher werden oder dem Glauben ganz fern stehen? In welchem Verhältnis steht die Modernisierungs-, Individualisierungs- und Säkularisierungsthese dazu? Kaum noch eine Kleinstadt kommt ohne Esoterikladen aus, in Supermärkten werden Aroma- und Farbtherapien angeboten. Selbst die Kirchen zeigen eine gewisse Offenheit für neuere religiöse Formen, wie etwa für Yoga oder östliche Meditationspraktiken. Pollack und Pickel ziehen daraus die Schlussfolgerung, dass nicht nur die Zahl der möglichen und wählbaren religiösen Alternativen angestiegen ist, sondern auch die Wahl von früher eher unwahrscheinlichen – weil als unvereinbar angesehenen – Alternativen erhöht hat. Ihrer Meinung nach sind daher die Voraussetzungen für eine Individualisierung im religiösen Feld im Sinne einer Tendenz zu individueller »Patchwork-Religiosität« gegeben. Wir haben deswegen die Jugendlichen nicht nur danach gefragt, ob sie einer Religionsgemeinschaft angehören, sondern auch danach, was sie eigentlich glauben und wie sie ihren Glauben praktizieren. Auf diese Weise wollen wir erfahren, was Religion und Glaube heute für Jugendliche bedeutet und ob alternative Glaubensformen die traditionellen ergänzen oder ablösen.

Die mäßige Bedeutung kirchennaher Religiosität hängt bei Jugendlichen mit einer ebenfalls mäßigen Bedeutung der Institution der Kirche für das Leben Jugendlicher zusammen. Trotz einer in den alten Bundesländern weit verbreiteten konfessionellen Zugehörigkeit zu den großen christlichen Kirchen scheint sich deren Bedeutung zunehmend auf die Lieferung von Übergangsritualen an den wichtigen Wendepunkten des Lebens wie Konfirmation bzw. Firmung oder die kirchliche Trauung zu reduzieren (Barz 1992/1993; Barz 2003). Wir haben daher in der aktuellen Shell Jugendstudie nach den Einstellungen der Jugendlichen zur Kirche gefragt und wollten wissen, inwiefern sich Jugendliche heute mit ihren Lebensproblemen bei den Kirchen aufgehoben und unterstützt sehen. Überprüft werden soll außerdem, inwiefern die Abkehr von kirchennaher Religiosität bei Jugendlichen zu Ersatzformen einer Para-Religiosität führt. Wenden sich die von den kirchlichen Glaubensangeboten enttäuschten Jugendlichen bevorzugt außerkirchlichen Glaubensformen zu, wie sie in Vorstellungen eines allgemeinen Schicksalsglaubens, des Geisterglaubens, der Sterndeutung oder sonstigen außerkirchlichen Glaubensformen zum Ausdruck kommen? Ein besonderes Anliegen der Studie ist es, Verbindungslinien des säkularen Wertesystems der Jugendlichen und ihrer mehr oder weniger vorhandenen Religiosität herauszuarbeiten.

Gesundheitsverhalten Jugendlicher

Die neue Shell Jugendstudie nimmt erstmals Fragen zur Gesundheit und zum Gesundheitsverhalten Jugendlicher auf. Krankheiten und Entwicklungsstörungen im Jugendalter sind zwar meistens nicht lebensbedrohlich, aber sie beeinträchtigen das Befinden, die Lebensqualität und die Leistungsfähigkeit Jugendlicher. So steigt die Zahl der übergewichtigen Jugendlichen weiter an und wirkt sich negativ auf das psychische und körperliche Wohlbefinden aus. Ein beträchtlicher Anteil Jugendlicher ist von chronischen Krankheiten und psychosomatischen Beschwerden betroffen (Hurrelmann/Klocke/Melzer/Ravens-Sieberer 2003).

Das körperliche Wohlbefinden und die Gesundheit von Jugendlichen hängen neben unbeeinflussbaren Faktoren wesentlich von ihrem Verhalten ab. Zu den risikoreichen gesundheitsgefährdenden Verhaltensweisen gehören insbesondere mangelnde körperliche Aktivität, schlechte Ernährung, unzureichende Spannungsverarbeitung, Alkohol- und Tabakkonsum sowie der Gebrauch von Drogen aller Art. Jüngere Forschungsergebnisse zeigen, dass Erfahrungen mit Alkohol, Tabak und Cannabis bei Jugendlichen weit verbreitet sind (Bundeszentrale für gesundheitliche Aufklärung 2004). Im internationalen Vergleich weisen die deutschen Jugendlichen eine besonders hohe Rate an regelmäßigem Konsum auf. Dieses »Risikoverhalten« ist schichtspezifisch geprägt. Die Studie von Richter (2005) kann zeigen, dass Jugendliche aus weniger wohlhabenden Schichten deutlich häufiger Zigaretten rauchen, sich schlecht ernähren, von Übergewicht betroffen sind, häufiger Softdrinks konsumieren und länger Fernsehen schauen.

Um verlässliche Informationen zum Gesundheitsverhalten zu gewinnen, werden wir in dieser Studie ermitteln, wie häufig Jugendliche Sport treiben und ob sie sich gesund ernähren. Zudem werden wir den Tabakkonsum und die Zufriedenheit mit dem eigenen Körpergewicht ermitteln. Dabei interessiert die Frage, wie sich das Gesundheitsverhalten nach Geschlecht und Bildungsstatus unterscheidet und von Zukunftsorientierungen, von der Gestaltung der Freizeit und von Kontakten zur Gleichaltrigengruppe beeinflusst wird.

1.4 Politische Orientierung Jugendlicher

In Deutschland existiert ein lang anhaltender Trend eines nachlassenden Interesses Jugendlicher an Politik. Ebenso etabliert ist in diesem Zusammenhang die Tatsache, dass sich hinter diesem nachlassenden Interesse Jugendlicher an Politik nicht zuletzt ein geringes Vertrauen gegenüber politischen Parteien und deren Fähigkeit verbirgt, die anstehenden gesellschaftlichen Probleme zu lösen.

Politisches Interesse und Engagement

Hinsichtlich eines nachlassenden politischen Engagements Jugendlicher bleibt eine differenzierte Betrachtungsweise vonnöten. Einer geringen Neigung, sich in politischen Parteien und Verbänden aktiv zu engagieren, steht die eindrucksvolle Bereitschaft vieler Jugendlicher gegenüber, sich in einem breiteren gesellschaftlichen Kontext für soziale Belange, für Umweltfragen oder für Angelegenheiten des unmittelbaren gesellschaftlichen Umfelds zu engagieren. Legte man hier ein breiteres Politikverständnis an, welches ein größeres Feld gemeinwohlorientierter Tätigkeit als politische Betätigung versteht, dann lässt sich das geringe »politische« Engagement Jugendlicher als wesentlich undramatischer verstehen, als es zunächst den Anschein haben mag.

Das geringe Interesse daran, sich in die Arbeit politischer Parteien (oder aber auch in Gewerkschaften und Verbände) einzubringen, verweist auf einen Trend, nach dem Jugendliche ein auf konkrete Problemlagen bezogenes und eher »projektförmiges« Engagement einer dauerhaften Einbindung in feste Organisationsstrukturen vorziehen. Zu ähnlichen Ergebnissen kommt auch eine dänische Studie, die flexibles Vereinsleben als eine wichtige Voraussetzung für jugendliches Engagement angibt (Højholdt/Nielsen 2004; von Erlach 2005). Jugendliche wachsen heute in einer Gesellschaft auf, in der Partizipation zu einer zentralen Variable geworden ist und Persönlichkeitsbildung kaum noch ohne individuelle Gestaltungsmöglichkeit denkbar ist (Alt/Teubner/Winklhofer 2005). Entsprechend kann man davon ausgehen, dass Jugendliche mit der prinzipiellen Bereitschaft, sich politisch zu engagieren, eine hohe Erwartung an die Partizipationsmöglichkeiten und die Verhandelbarkeit von politischen Themen stellen. Werden diese Erwartungen von etablierten politischen Parteien und Institutionen nicht erfüllt, lässt entsprechend die Bereitschaft zum Engagement nach.

Die Shell Jugendstudie 2002 bestätigte in ihrem qualitativen Teil die Attraktivität lockerer, hierarchiearmer und vernetzter Strukturen für engagementbereite Jugendliche anhand der Untersuchung jugendlichen Engagements im Internet. Die hier gepflegten Formen des Engagements zeichnet eine geringe formale Verbindlichkeit aus sowie die Option, das Engagement selbst zu gestalten und zu dosieren und jederzeit spontan initiativ werden zu können. Hierbei geht es vielfach auch um politische Anliegen. Zweifelhaft erschien aber, ob die Chancen auf realpolitischen Einfluss groß genug sind, um dieses Engagement nachhaltig zu ermutigen. Hierzu fehlt möglicherweise die Verzahnung mit etablierten Engagementstrukturen.

Zu dieser Thematik zeigt der zweite Freiwilligensurvey (Picot 2006) einige interessante Ergebnisse. Wie die Vergleichsstudie anhand von Daten von 1999 und 2004 nachweist, ist die Zahl der Jugendlichen, die sich in den verschiedenen Tätigkeitsfeldern freiwillig engagieren, nach wie vor hoch. Das Potenzial von Jugendlichen, die weitere oder neue Aufgaben übernehmen möchten, ist in den letzten Jahren noch gestiegen. Eine Zunahme von Aktivität und Engagement ließ sich einerseits in den klassischen Institutionen und Bereichen jugendlichen Engagements, in Schule, Kirche und Jugendarbeit, feststellen. Die genauere Aufschlüsselung nach organisatorischen Strukturen zeigt andererseits aber auch, dass sich Jugendliche besonders gern in lockeren Organisationsformen engagieren, also in Gruppen, Projekten und Initiativen, was auf eine neue Symbiose zwischen klassischen Organisationszusammenhängen und Formen der Selbstorganisation verweist. Insbesondere in der Schule werden unter dem Dach traditioneller Einrichtungen mit Projekt- und Gruppenarbeit zunehmend informelle Formen des Engagements gepflegt. Politische Einstellungen und damit auch die Voraussetzungen für eine spätere Bereitschaft zu politischem Engagement werden bereits im Kindesalter angelegt. Deshalb schlagen Alt, Teubner und Winklhofer (2005) vor, formelle Mitbestimmung und informelle Beteiligungsformen schon für die Grundschule vorzusehen.

Kritik an der Realität des demokratischen Alltags

Vor dem Hintergrund der skizzierten Entwicklungen stellt sich heute für Politik wie politische Bildung vorrangig die Frage, wie die allgemeine Engagementbereitschaft Jugendlicher in den politischen Raum ausgedehnt werden kann. Insbesondere die politischen Parteien müssen hier offensichtlich umdenken. Sie stehen wegen ihres vorrangigen Interesses an langfristiger Bindung von Wählern und Mitgliedern vor der schwierigen Aufgabe, neben den festen Strukturen ihrer Organisationen neue und flexible Partizipationsformen für Jugendliche bereitzustellen. Auch besteht aufgrund der weiterhin hohen positiven Korrelation zwischen Bildung und politischer Partizipation Jugendlicher der Bedarf – insbesondere bei Trägern der politischen Bildung –, verstärkt Jugendliche aus bildungsfernen Milieus anzusprechen, welche durch hergebrachte Formen der politischen Bildung nur schwer zu erreichen sind (Bittlingmayer/Hurrelmann 2005).

Trotz eines allgemein schwindenden politischen Interesses Jugendlicher und trotz einer nachlassenden Bereitschaft zu politischem Engagement im engeren Sinne kann dies nicht mit einer generellen Kritik Jugendlicher am demokratischen System gleichgesetzt oder aber als Ausdruck einer zunehmenden Unterstützung extremistischer Bewegungen gewertet werden. Hinter einer ausgeprägten Kritik an der demokratischen Praxis (besonders unter Jugendlichen in den neuen Bundesländern) verbirgt sich bei näherem Hinsehen weniger eine manifeste Systemkritik als vielmehr eine Unzufriedenheit mit den eigenen Chancen in Beruf und Gesellschaft. Auch andere Studien (Gaiser/Gille/Rijke/Sardei-Biermann 2004; Waterman 2005) bestätigen den Trend, wonach der Anteil derjenigen Jugendlichen stark angewachsen ist, welche zwar insgesamt mit der Demokratie als Staatsform zufrieden sind, jedoch mehr oder weniger starke Kritik an der Praxis der Demokratie hegen.

Ein wesentlicher Eindruck des Alltags der Demokratie ergibt sich aus dem Ansehen und Vertrauen, welches Politikerinnen und Politiker sowie ihre Parteien bei Jugendlichen genießen. Hinter der viel beschworenen »Politikverdrossenheit« verbarg und verbirgt sich immer noch vor allem eine »Parteien«- und eine »Politiker(innen)«-Verdrossenheit. Wesentlich für ein positives Image von Politikern bei den Jugendlichen ist neben allgemeinen Merkmalen wie Ehrlichkeit, Kompetenz und Charisma die Wahrnehmung der Jugendlichen, von den Politikern ernst genommen zu werden. Dieser Wunsch äußert sich nicht nur darin, dass Politiker an jugendbezogenen Fragen Interesse zeigen, sondern vor allem in der Erwartung, dass Politiker aktiv auf die Jugendlichen zugehen (Schweer/Erlemeyer 2001). Nicht Politik *über* Jugendliche, sondern Politik *mit* Jugendlichen und das Gefühl, von den Politikern als Gesprächspartner akzeptiert zu werden, wirken vertrauensfördernd. Die »Parteienverdrossenheit« ist dabei im Übrigen kein spezifisch deutsches Phänomen, sondern wird durch international vergleichende Studien bestätigt (SORA 2005; Reinders/Youniss 2005).

Auffällig ist in diesem Zusammenhang die geringe Wahlbeteiligung der Jugendlichen. Sie lag in Deutschland bei der letzten Bundestagswahl 2005 bei 68 % und war damit die niedrigste bei einer Bundestagswahl. Nur zwei Drittel der Wahlberechtigten unter 30 Jahren gingen also zur Wahl. Je jünger die Staatsbürger waren, desto geringer fiel ihre Beteiligung aus. Am geringsten war die Beteiligung der ostdeutschen Männer im Alter von 21 bis 24 Jahren, von denen nur 60,4 % ihre Stimme abgaben. Diese Wahlbereitschaft ist damit auch gegenüber der Bundestagswahl 2002 noch einmal gesunken, wo immerhin 70,3 % der unter 30-Jährigen ihre Stimme abgaben (Statistisches Bundesamt 2005).

Fragen des politischen Interesses, von Formen politischen Engagements und weitergehend der politischen Einstellungen von Jugendlichen stellen traditionell einen wichtigen Bestandteil der Shell Jugendstudien dar. Wir werden in der vorliegenden Studie prüfen, ob sich wesentliche Veränderungen in den Profilen der politischen Interessenlagen von Jugendlichen ergeben haben.

Europäische Integration, Globalisierung und Außenpolitik

Das gilt auch für Fragen zur deutschen Außenpolitik, Globalisierung und europäischen Integration. Die Shell Jugendstudie 2002 brachte hier einige Überraschungen: Eine stärkere außenpolitische Geltung Deutschlands sowie Auslandseinsätze der Bundeswehr erfuhren bei Jugendlichen breite Zustimmung und stellten keine die Gemüter bewegenden »heißen Eisen« (wie in der älteren Bevölkerung) dar. Die Jugendlichen teilten sich auch mitnichten in »Globalisierungsgegner« und »Globalisierungsbefürworter«, sondern sahen die mit wirtschaftlichen Globalisierungsprozessen verbundenen Vor- und Nachteile durchaus differenziert. Hinsichtlich des europäischen Integrationsprozesses fiel der hohe Anteil von Jugendlichen auf, welcher die Entwicklung der Europäischen Union zu einem einheitlichen Staat befürwortete.

Neue Jugendstudien belegen, dass die Hälfte der Jugendlichen dem europäischen Einigungsprozess Interesse entgegenbringt. Jedoch rangiert die europäische Integration an Wichtigkeit hinter Themen wie Terrorismus, Armut, Gleichberechtigung, Umweltschutz, Arbeitsmarkt, Bildungsqualität und Ausländerdiskriminierung (Fuß 2003; für Deutschland Generationenstudie 2005). Bemerkenswert hinsichtlich einer »europäischen Identität« von Jugendlichen erscheint, dass diese positiv mit der nationalen Identität korreliert. Eine »europäische Identität« ersetzt nicht die nationale, sondern ergänzt sie. Die Zugehörigkeit zu Europa wird über die Nationalstaaten abgeleitet und weniger über eine individuelle Unionsbürgerschaft. Weil Deutschland eine europäische Nation ist, ist man eben auch Europäer und Europäerin (Jamieson 2005).

Im Vergleich zur Untersuchung allgemeiner politischer Einstellungen sowie der Einstellungen zum europäischen Integrationsprozess markiert die Analyse der Einstellungen Jugendlicher zu Globalisierungsfragen über einen längeren Zeitraum hinweg eine Leerstelle in der Forschung. Durch die Fortführung der in der Shell Jugendstudie 2002 vorgenommenen Akzentsetzung möchte die vorliegende Shell Jugendstudie hier einen Beitrag dazu leisten, längerfristige Trends beobachten und sich ein differenziertes Bild zur Einstellung Jugendlicher zur Globalisierung machen zu können.

Von der »anders« zur »neu« politischen Jugend?

Die Shell Jugendstudie 2002 zeichnete das Portrait einer »anders« politischen Jugend. Dabei wurde das hohe Niveau freiwilligen, gemeinwohldienlichen Engagements sowie die Selbstwahrnehmung Jugendlicher im Sinne eines »weiten« Politikbegriffes als Indikator dafür gewertet, dass sich politisches Engagement nicht mehr auf den insbesondere von den politischen Parteien markierten politischen Raum im engeren Sinne bezieht, sondern sich hier vielmehr Indizien für eine Veränderung der Grenzen dieses Raumes ergeben.

Inzwischen lassen sich erste Anzeichen für eine weitere Veränderung ausmachen. Immer mehr Jugendliche setzen ihr in einem weiten Sinne verstandenes Engagement zunehmend auch wieder in ein politisches Engagement im engeren Sinne um. Dieses politische Engagement verdrängt dabei die informellen und selbst organisierten Engagementformen im politischen Bereich nicht, sondern ergänzt sie. Die vorliegende Shell Jugendstudie fragt deshalb vor allem danach, inwieweit sich die beschriebenen Trends und Entwicklungen fortsetzen, oder ob sich nicht gerade im Bereich des politischen Interesses und des politischen Engagements Jugendlicher Anzeichen eines Trendwandels hin zu mehr politischem Interesse und Engagement feststellen lassen, der über tagespolitisch bedingte Konjunkturen hinausgeht.

Hält die junge Generation dem Druck stand?

Die pragmatische Generation, die wir in der Studie 2002 antrafen, steht – wie diese Überlegungen und Analysen zeigen – im Jahr 2006 mächtig unter Druck. Wird sie ihre konstruktive und insgesamt moderat optimistische Haltung bewahren, obwohl sich die Bedingungen für eine berechenbare und sichere berufliche Zukunft deutlich verschlechtert haben? Nimmt sie die sich abzeichnende Zurücksetzung in der Verteilung von Chancen und Ressourcen im Vergleich zur älteren Generation weiter klaglos hin? Die folgenden Studienergebnisse werden eine Antwort ermöglichen.

Anja Langness, Ingo Leven, Klaus Hurrelmann

2 Jugendliche Lebenswelten: Familie, Schule, Freizeit

2.1 Familie: Ein sicherer sozialer Heimathafen

Familie, Schule, weiterführende Bildungseinrichtungen und Freizeit – das sind auch heute die wichtigsten Lebenswelten der jungen Generation. Hier hält sie sich Tag für Tag auf, gewinnt wichtige Impulse für ihre Entwicklung und baut ihre Orientierungen und Perspektiven für das spätere Leben auf.

Familien haben sich in allen westlichen Gesellschaften in den vergangenen drei Generationen stark verändert. Sie sind häufig sehr klein und umfassen oft nur noch zwei Personen, nämlich ein Elternteil und ein Kind. Sie sind stärker als früher von Trennungen und Scheidungen der Eltern betroffen und setzen sich viel stärker als früher aus Angehörigen unterschiedlicher regionaler Herkunft zusammen. Hierdurch ist eine bunte Familienlandschaft entstanden. Ihre Bedeutung für die Sozialisation von Kindern und Jugendlichen haben die Familien aber entgegen allen kulturkritischen Befürchtungen nicht verloren. Wie der jüngste Familienbericht der Bundesregierung (Sachverständigenkommission 7. Familienbericht 2006) zeigt, bilden Familien für die weitaus größte Zahl aller Jugendlichen auch heute den wichtigsten sozialen »Heimathafen«, von dem aus sie die anderen Lebenswelten erschließen.

Familien sind in den vergangenen zwei Generationen deutlich von den veränderten ökonomischen Rahmenbedingungen gezeichnet. Der »sozioökonomische Status« des Vaters und der Mutter entscheidet über die Spielräume der persönlichen Entfaltung der Kinder und Jugendlichen. Dieser Status, von finanziellen Ressourcen, Bildungsgrad und sozialer Anerkennung der Eltern bestimmt, hat sich bei einem Teil der Familien in den vergangenen dreißig Jahren spürbar verbessert. Gleichzeitig hat er sich bei etwa 30 % aller Familien enorm verschlechtert. Das gut situierte Drittel kann seinen Kindern und Jugendlichen gute ökonomische Bedingungen bieten, sorgt in der Regel für hervorragende Bildungschancen und stattet die Jugendlichen von Anfang an mit einem sicheren Polster an Selbstvertrauen und sozialer Kompetenz aus. Das mittlere Drittel schneidet bei diesen Ressourcen schon lange nicht mehr so gut ab, kann aber noch immer vergleichsweise günstige Voraussetzungen an die junge Generation weitergeben. In einer schwierigen Lage befindet sich das unterste Drittel. Lang anhaltende Arbeitslosigkeit eines oder beider Elternteile, ein niedriger Bildungsgrad der Eltern und eine schlechte Integration in das soziale Umfeld können hier zu unglücklichen Impulsen für die Entwicklung der Jugendlichen führen.

Mit der Zugehörigkeit zu einer dieser drei unterschiedlichen Gruppen sind viele der Zukunftsperspektiven von Jugendlichen programmiert. Umgangsformen und Erziehungsstile, Einstellungen zur eigenen Person, zum Körper und zur Gesundheit, Motivationen für Bildung und Berufstätigkeit – praktisch die gesamte Lebenseinstellung von Jugendlichen wird von familiären Ausgangsbedingungen geprägt. Vieles deutet auf eine zunehmende Kluft zwischen diesen verschiedenen Familienkulturen hin. Wie nehmen die Jugendlichen selbst die unterschiedlichen Lebenswelten wahr?

In der öffentlichen Diskussion werden die sinkende Heiratslust der jüngeren Generation und die hohe Zahl verheirateter und unverheirateter Paare ohne Kinder häufig als Ergebnis einer abnehmenden Bedeutung der Familie gewertet. Die Sorge vor dem »Verfall« dieser traditionellen Form des menschlichen Zusammenlebens breitet sich aus. Daher ist die Frage, welche Bedeutung Jugendliche der Familie zuschreiben, von besonderem Interesse.

2.1.1 Stellenwert der Familie

Hoher Stellenwert der Familie

Wie in allen Shell Jugendstudien wurden auch 2006 die Jugendlichen gefragt, ob sie eine Familie zum Glücklichsein brauchen. Diese Frage bezieht sich gleichermaßen auf die Herkunftsfamilie wie auch auf die Gründung einer eigenen Familie. Das Ergebnis ist eindeutig: Die Jugendlichen bewerten die Familie als sehr bedeutend für ihr persönliches Glück. Insgesamt sind 72 % der Befragten der Meinung, dass man eine Familie braucht, um glücklich leben zu können. Nur eine Minderheit (17 %) der Jugendlichen glaubt, alleine genauso glücklich leben zu können. 10 % sind in dieser Frage noch unentschieden. Für Mädchen und junge Frauen (76 %) hat eine eigene Familie eine höhere Bedeutung als für Jungen und junge Männer (69 %). Die Unterschiede scheinen sich aber abzubauen. Seit der letzten Befragung 2002 hat die Bedeutung der Familie für das persönliche Glück Jugendlicher leicht zugenommen. Der Anstieg ist insbesondere auf die Jungen und jungen Männer zurückzuführen (vgl. Abbildung 2.1).

Auf die Frage, ob man eigene Kinder zum Glücklichsein braucht oder ob man alleine genauso glücklich leben kann, antwortet ein großer Anteil der Befragten (44 %) zugunsten und ein Drittel zuungunsten von Kindern. Mädchen und junge Frauen bejahen diese Frage etwas häufiger als Jungen und junge Männer (vgl. Abbildung 2.2). 15 % sind in dieser Frage noch unentschieden. Jugendliche

Abb. 2.1 Zeitreihenvergleich: Wandel in der subjektiven Bedeutung der Familie
Jugendliche im Alter von 12 bis 25 Jahren

%-Angaben	Jungen	Mädchen
Man braucht eine Familie, um glücklich zu sein		
2002	66	75
2006	69	76
Man kann alleine genauso glücklich leben		
2002	22	16
2006	20	15

Shell Jugendstudie 2006 – TNS Infratest Sozialforschung

Abb. 2.2 Einstellungen zur Bedeutung von Kindern für das eigene Leben
Jugendliche im Alter von 12 bis 25 Jahren (in %)

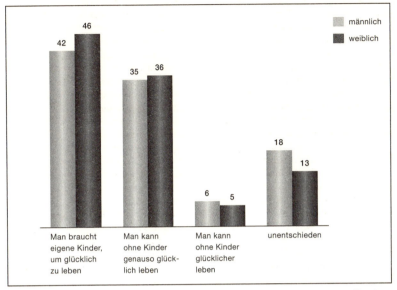

Shell Jugendstudie 2006 – TNS Infratest Sozialforschung

aus den neuen Bundesländern plädieren zu 51 % für Kinder, Jugendliche aus den alten Bundesländern nur zu 42 %.

Auffallend sind die Unterschiede in den sozialen Schichten: Jugendliche der Unterschicht sind signifikant seltener als Jugendliche aller anderen Sozialschichten der Ansicht, eine Familie oder eigene Kinder seien Voraussetzung, um glücklich leben zu können.[1]

2.1.2 Kinderwunsch

Kinderwunsch sinkt

Fragt man Jugendliche konkret danach, ob sie sich eigene Kinder wünschen, ergibt sich jedoch ein anderes Bild: So geben immerhin 62 % der Befragten an, später eigene Kinder haben zu wollen. Gefragt wurden hierzu Jugendliche,

[1] Um bei der Beschreibung der sozialen Lage der Jugendlichen ein differenziertes Bild zu erhalten, ist ein Index der sozialen Schicht gebildet worden, der die soziale Herkunft der Jugendlichen widerspiegelt. Dieser Index basiert wie in der Shell Jugendstudie 2002 vornehmlich auf dem Schulabschluss des Vaters und wird anhand der finanziellen Lage (gemessen an der Zufriedenheit mit der finanziellen Situation), der Wohnform der Eltern (eigene vier Wände oder zur Miete) und der geschätzten Anzahl der Bücher im Elternhaus weiter differenziert.

Den im Vergleich zur Shell Jugendstudie 2002 dieses Mal erfassten Schulabschluss der Mutter in der sozialen Schichtung ebenfalls zu berücksichtigen führt für die Shell Jugendstudie 2006 zu keinen wesentlich anderen Ergebnissen. Um die Ergebnisse der Shell Jugendstudie 2006 methodisch sauber mit denen aus 2002 vergleichen zu können, wurde daher auf die Berücksichtigung des Schulabschlusses der Mutter bei der Schichtbildung verzichtet.

die zwischen 15 und 25 Jahren waren und noch keine Kinder haben. Nur 6 % verspüren keinen Wunsch nach eigenen Kindern, während sich 32 % der Jugendlichen noch unsicher sind.

Augenfällig ist die Diskrepanz zwischen den Antworten auf die Frage, ob eigene Kinder zum Glücklichsein benötigt werden (von 44 % bestätigt), und dem eigentlichen Kinderwunsch (von 62 % bestätigt). Die Mehrheit der Jugendlichen verspürt demzufolge zwar einen Wunsch nach eigenen Kindern. Sie möchte aber das persönliche Glück nicht von der Erfüllung dieses Wunsches abhängig machen und kann sich ein zufriedenes Leben auch ohne Kinder vorstellen.

Wie schon in der Shell Jugendstudie 2002 erkennbar wurde, unterscheiden sich die Jugendlichen bezüglich ihres Kinderwunsches sehr deutlich nach Alter, Geschlecht und Herkunft (vgl. Abbildung 2.3). Insgesamt ist der Wunsch nach eigenen Kindern bei den Jugendlichen seit 2002 deutlich zurückgegangen. Vor vier Jahren konnte mit zunehmendem Alter noch ein steigender Wunsch nach eigenen Kindern festgestellt werden. Heute ist dies nicht mehr zu beobachten. Dennoch: Eine Mehrheit der Jugendlichen (62 %) artikuliert den Wunsch nach eigenen Kindern.

Mädchen und junge Frauen (69 %) wünschen sich viel häufiger als Jungen und junge Männer (56 %) eigene Kinder. Junge Männer entwickeln vermutlich erst in einer späteren Lebensphase den Wunsch nach eigenen Kindern.

Trotz eines höheren Rückgangs im Vergleich zu 2002 haben Jugendliche aus den neuen Bundesländern (70 %) einen weiterhin deutlich größeren Wunsch nach eigenen Kindern als Jugendliche aus den alten Ländern (60 %). Wie oben bereits gezeigt werden konnte, sind sie auch häufiger der Meinung, dass

»Es ist allen völlig klar, dass Frauen jetzt emanzipiert sind, aber es ist nicht allen klar, was jetzt mit den Männern ist.« (Studentin, 19 Jahre)

man Kinder zum Glücklichsein braucht. Jugendliche aus Ostdeutschland orientieren sich offensichtlich noch stärker an Familie und Kindern als Jugendliche aus Westdeutschland.

War die Geburtenrate nach der Wende in Ostdeutschland zunächst stark gesunken, so steigt sie seit 1996 wieder kontinuierlich (BMFSFJ 2006). Die staatliche Familienpolitik in der ehemaligen DDR unterstützte das Elternsein: So wurden Frauen umfassend in den Arbeitsmarkt integriert und ein ganztägiges Kinderbetreuungssystem ausgebaut (Duschek/Wirth 2005). Junge Frauen aus Ostdeutschland werden aber wohl kaum zu dem Verhalten früherer Frauengenerationen in der DDR zurückkehren und ihre Kinder sehr früh bekommen, da sie heute mehr Zeit und Energie in ihre Schul- und Berufsausbildung investieren müssen. Hinzu kommen die hohe Jugendarbeitslosigkeit und unsichere Berufsperspektiven für Jugendliche aus den neuen Ländern. Die Angst vor einer unsicheren beruflichen Zukunft stellt somit insbesondere für ostdeutsche Jugendliche ein großes Hindernis für die Familiengründung dar.

Sinkender Kinderwunsch bei unteren Sozialschichten

Betrachtet man den Kinderwunsch Jugendlicher nach sozialer Schicht, so ergibt sich ein interessantes Ergebnis: Jugendliche aus unteren sozialen Schichten (51 bis 59 %) verspüren seltener als Jugendliche aus mittleren und oberen Sozialschichten (61 bis 70 %) den Wunsch nach eigenen Kindern. Der geringere Wunsch nach eigenen Kindern ist insbesondere in den jüngeren Altersgruppen aus unteren Sozialschichten zu erkennen. So wollen Hauptschüler[2] signifikant seltener als Realschüler und Gymnasiasten später eigene Kinder haben.

Schon bei der Shell Jugendstudie 2002 war ein geringerer Wunsch nach eigenen Kindern bei Jugendlichen aus unteren sozialen Schichten festzustellen (vgl. Abbildung 2.4). Mit Ausnahme der Oberschicht war zu beobachten: Je höher die soziale Schicht ist, desto höher ist auch der Kinderwunsch. Dies tritt

[2] Aus Gründen der erhöhten Lesbarkeit verwenden wir im Folgenden nur die männliche Form, gemeint sind Schülerinnen und Schüler.

immer deutlicher zutage. Insbesondere junge Erwachsene der Unterschicht äußern im Jahr 2006 signifikant seltener als im Jahr 2002 den Wunsch nach eigenen Kindern. Mit Ausnahme der Jugendlichen aus der oberen Mittelschicht ist bei allen Befragten ein rückläufiger Kinderwunsch zu beobachten.

Der rückläufige Wunsch nach eigenen Kindern bei jungen Menschen aus unteren Sozialschichten steht allerdings im Gegensatz zu den tatsächlichen Geburtenraten: So zeigt sich schon seit einigen Jahren, dass vor allem hochqualifizierte Frauen mit einem Universitäts- oder

Abb. 2.3 **Wunsch nach eigenen Kindern nach relevanten sozialen und persönlichen Merkmalen**
Jugendliche im Alter von 15 bis 25 Jahren (in %), die eigene Kinder wollen

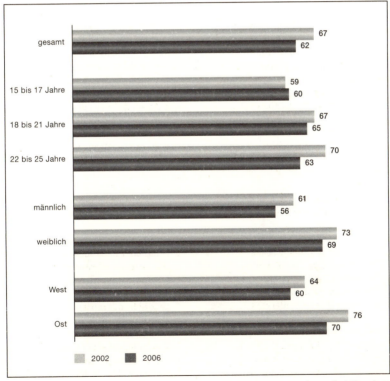

Shell Jugendstudie 2006 – TNS Infratest Sozialforschung

Fachhochschulabschluss überdurchschnittlich häufig kinderlos sind und diejenigen aus unteren Bildungsgruppen überdurchschnittlich viele Kinder bekommen (Duschek/Wirth 2005).

Einen weiteren prägnanten Einfluss auf den Kinderwunsch stellt das Verhältnis Jugendlicher zu ihren Eltern dar. Der stärkste Kinderwunsch ist bei Jugendlichen zu verzeichnen, die sehr gut mit den eigenen Eltern auskommen (66 %), gefolgt von denjenigen, die nur über gelegentliche Meinungsverschiedenheiten berichten (61 %). Diejenigen Jugendlichen, die sich nicht sonderlich gut mit ihren Eltern verstehen, verspüren signifikant seltener den Wunsch nach eigenen Kindern (50 %).

3 In der Stichprobe befanden sich keine jugendlichen Eltern der Oberschicht.

Am liebsten nur zwei Kinder

Wir fragten Jugendliche zwischen 12 und 25 Jahren, die bisher noch keine Kinder haben, wie viele Kinder sie später einmal haben wollen. Von den 62 % der Befragten, die einen Kinderwunsch haben, möchte die Mehrheit der Jugendlichen (69 %) später einmal zwei Kinder haben. 15 % möchten nur ein Kind, und 17 % wünschen sich drei oder mehr Kinder.

Der Wunsch nach einem zweiten Kind ist allerdings bei den Jugendlichen, die bereits eigene Kinder haben, weniger stark ausgeprägt. Nur die Hälfte der Jugendlichen, die bereits Eltern sind, wünscht sich weitere Kinder. Dabei äußern Eltern aus der sozialen Unterschicht (24 %) weit seltener als Eltern der Mittelschicht (58 %)[3] den Wunsch nach weiteren Kindern. Das mag an den geringen finanziellen Ressourcen liegen,

Abb. 2.4 Wunsch nach eigenen Kindern nach sozialer Schichtzugehörigkeit im Zeitreihenvergleich

Jugendliche im Alter von 12 bis 25 Jahren (in %), die eigene Kinder wollen

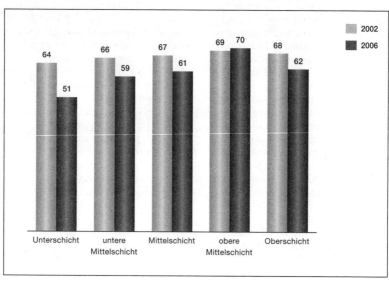

Shell Jugendstudie 2006 – TNS Infratest Sozialforschung

die Eltern aus der Unterschicht zur Verfügung stehen.

Die Hürden, die sehr junge Eltern in Kauf nehmen müssen, sind in Deutschland offensichtlich noch relativ groß. Um als Elternteil ein Studium oder eine Ausbildung abschließen zu können, bedarf es großer staatlicher, sozialer und finanzieller Unterstützung. Dies ist in Deutschland z. B. aufgrund fehlender Kinderbetreuungsplätze nicht immer ausreichend gewährleistet. Die Hürden betreffen junge Frauen stärker als junge Männer, denn erstaunlicherweise wünschen sich junge Mütter (46 %) seltener als junge Väter (59 %) weitere Kinder. Trotz moderner Einstellungen zur Rollenverteilung der Geschlechter scheint die Hauptarbeit der Kindererziehung und -betreuung immer noch bei den jungen Frauen zu liegen.

Die öffentliche Diskussion der vergangenen Jahre machte vor allem die Kinderlosigkeit für den Rückgang der Zahl der Kinder verantwortlich. Der siebte Familienbericht der Bundesregierung stellt hingegen fest, dass die deutlich zunehmende Kinderlosigkeit in Deutschland bisher nur einen geringen Effekt auf die Zahl der geborenen Kinder hat. Der Geburtenrückgang ist de facto im Wesentlichen auf den deutlichen Rückgang der Familien mit drei oder mehr Kindern zurückzuführen (Sachverständigenkommission 7. Familienbericht 2006). Nach den Ergebnissen der vorliegenden Studie werden sich in Zukunft besonders wenige Jugendliche für mehr als zwei Kinder entscheiden. Junge Erwachsene machen die Entscheidung für Kinder offenbar davon abhängig, ob ausreichende Ressourcen zur Verfügung stehen, die Kindern eine angemessene Erziehung und Ausbildung ermöglichen. Die zunehmende Kinderlosigkeit kann somit als Ausdruck der ökonomischen Unsicherheit in der jüngeren Bevölkerung gewertet werden.

Partnerschaften

Der Aufbau von erotischen und sexuellen Kontakten hat sich in den vergangenen fünf Jahrzehnten immer weiter vorverlagert (Hurrelmann 2005). In der aktuellen Studie wurden die Jugendlichen gefragt, ob sie zurzeit eine feste Partnerschaft haben. Wie schon im Jahr 2002 bejahten mehr als ein Drittel der Jugendlichen (37 %) diese Frage. Dabei sind deutliche Unterschiede nach Alter, Geschlecht und Schulform zu verzeichnen:

Mit zunehmendem Alter steigt die Zahl der Jugendlichen, die eine feste Partnerschaft haben. So haben 7 % der 12- bis 14-Jährigen, 22 % der 15- bis 17-Jährigen, 45 % der 18- bis 21-Jährigen und 61 % der 22- bis 25-Jährigen eine feste Beziehung.

Mädchen und junge Frauen (43 %) haben häufiger als Jungen und junge Männer (31 %) eine feste Partnerschaft. Dies liegt vermutlich daran, dass junge Frauen bis 25 Jahre mit Partnern zusammen sind, die diese Altersgrenze schon überschritten haben.

Jugendliche aus den neuen Ländern (42 %) sind häufiger als Jugendliche aus den alten Ländern (36 %) in einer festen Partnerschaft. Dieses Ergebnis steht im Einklang mit der relativ hohen Orientierung ostdeutscher Jugendlicher an Familie und ihrem vergleichsweise hohen Wunsch nach eigenen Kindern.

> »Ist doch die Gesellschaft selber dran schuld, wenn sich die jungen Leute nicht mehr trauen, Kinder zu machen.«
> (Schüler, 17 Jahre)

Treue ja, Heirat nein

Trotz aller Möglichkeiten zur alternativen Lebensgestaltung gehört die Heirat in unserem Kulturkreis weiterhin zur Normalbiografie (Hettlage 1998, Nave-Herz 1994).

Wie sieht es damit bei Jugendlichen aus? Wir fragten die Jugendlichen, welche Dinge »in« oder »out« sind. Dabei zeigt sich eine starke Orientierung an den Lebensbereichen Ausbildung, Berufserfolg und Technik. Neben der Orientierung an Karriere und Konsum haben jedoch auch moralische Vorstellungen wie »Treue« und »Verantwortung übernehmen« heutzutage für Jugendliche eine hohe Bedeutung (siehe Kapitel 5). So bezeichnen 81 % der Jugendlichen »Treue« als einen Wert, der »in« ist. Heiraten ist jedoch nur bei 39 % der Jugendlichen »in«. Mädchen (43 %) sind dem Heiraten gegenüber weit häufiger als Jungen (36 %) positiv eingestellt.

Westdeutsche Jugendliche beurteilen eine Heirat weitaus positiver als ostdeutsche Jugendliche (vgl. Abbildung 2.5). Generell wird das Heiraten auf eine spätere Lebensphase verschoben – nach Beendigung der schulischen und beruflichen Ausbildung (Statistisches Bundesamt 2004c).

Es ergibt sich also ein gemischtes Bild: Familie ist als eine unverrückbare Größe in den Lebensvorstellungen der Jugendlichen verankert und hat für die heutigen Jugendlichen eine hohe Bedeutung. Und das – mit Ausnahme geringfügiger Differenzen – über alle Gruppen hinweg: Mädchen und Jungen, Ost- und Westdeutsche sowie Jugendliche aller sozialen Schichten haben den Wunsch nach Familie und eigenen Kindern. Die Ergebnisse bieten wenig Grund, eine vermeintlich nachlassende Familienorientierung der jungen Generation festzustellen und dies zum Ausgangspunkt von Befürchtungen um die Zukunft der

Abb. 2.5 **Anteil der Jugendlichen, die Heiraten als »in« bezeichnen nach relevanten persönlichen und sozialen Merkmalen**
Jugendliche im Alter von 12 bis 25 Jahren (in %)

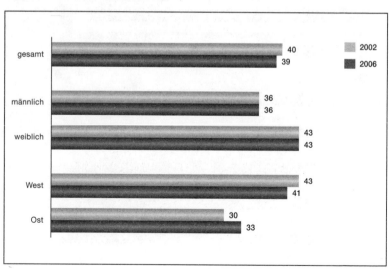

Shell Jugendstudie 2006 – TNS Infratest Sozialforschung

Familie zu machen. Berücksichtigt man jedoch, dass »Kinderwunsch und Kinderwirklichkeit« im tatsächlichen Lebensverlauf auseinander klaffen, sprich eine weitaus geringere Anzahl Kinder als gewünscht geboren werden, so können die Ergebnisse der aktuellen Shell Jugendstudie nicht unbedingt optimistisch stimmen. Auch die Heirat ist nicht gerade im Zentrum der jugendlichen Sehnsüchte. Sie gilt als sehr verbindlich und wird mit gehöriger Zurückhaltung bewertet.

2.1.3 Verhältnis zu den Eltern

Eltern als Idole für die Erziehung

Seit den 90er Jahren zeigen die Shell Jugendstudien, dass die große Mehrheit der Jugendlichen ein gutes Verhältnis zu ihren Eltern hat. Man konnte in den vergangenen Jahren eher von einer partnerschaftlichen Beziehung zwischen Eltern und Kindern als von einem konfliktreichen Generationenstreit ausgehen. Jugendliche hatten ein unbefangenes Verhältnis zu ihren Eltern und Großeltern und zugleich Wünsche nach einem eigenständigen Leben. Die

Abb. 2.6 **Erziehung der eigenen Kinder nach relevanten sozialen und persönlichen Merkmalen**
Jugendliche im Alter von 12 bis 25 Jahren (in %), die ihre eigenen Kinder »genau so« oder »ungefähr so« erziehen wollen, wie sie selbst erzogen wurden

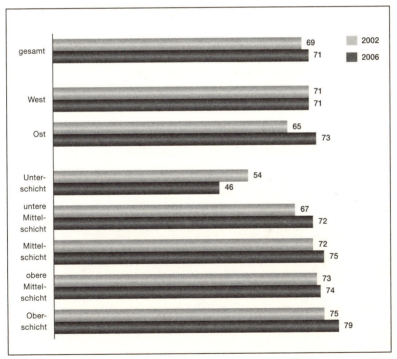

Shell Jugendstudie 2006 – TNS Infratest Sozialforschung

Ablösung vom Elternhaus geschah bei der Mehrheit der Jugendlichen nicht im Konflikt, sondern in Absprache mit dem Elternhaus. Seit den 60er Jahren stehen Unterordnung und Gehorsam bei Eltern nicht mehr an erster Stelle. Vielmehr haben sie Selbstverantwortung und Rücksichtnahme sowie die Stärkung der Entscheidungsfähigkeit der Kinder zum Ziel (Hurrelmann 2005).

Die liberalen Erziehungsstile schlagen sich auch in der Wahrnehmung und der Einstellung der Jugendlichen nieder. So bewerteten die Jugendlichen 2002 die Erziehung durch ihre Eltern mehrheitlich als »nicht besonders« oder »gar nicht« streng. Nur ein Drittel der Befragten bewertete die eigene Erziehung als »sehr streng« oder »streng«. Mehr als zwei Drittel wollten ihre Kinder so erziehen, wie sie selber erzogen wurden. Jugendliche weisen demnach keineswegs die Normen der Eltern ab. Sie orientieren sich hingegen im Bereich der sozialen Werte an den Vorstellungen ihrer Eltern. Uns interessiert in der aktuellen Studie die Frage, ob die hohe Zustimmung zur Erziehung der Eltern seit 2002 auf demselben Niveau geblieben ist oder unter Umständen sogar angestiegen ist.

Wie schon in der Shell Jugendstudie 2002 festgestellt, bewerten die Jugendlichen die Erziehung durch die eigenen Eltern fast einheitlich positiv. Auch im Jahr 2006 zeigen sie eine hohe Übereinstimmung mit der Art und Weise, wie sie von ihren Eltern erzogen wurden. Die Mehrheit der Befragten (56 %) würde die eigenen Kinder ungefähr so erziehen, wie sie selbst erzogen wurde. 15 % der Jugendlichen sind sogar vollständig mit der Erziehung durch ihre Eltern einverstanden und würden ihre eigenen Kinder genau so erziehen. Dagegen würden 20 % die eigenen Kinder anders und 7 % ganz anders erziehen. Dabei variieren die Antworten von ost- und westdeutschen Jugendlichen sowie von Angehörigen unterschiedlicher sozialer Schichten sehr stark (vgl. Abbildung 2.6).

Gaben 2002 Jugendliche aus den neuen Bundesländern noch häufiger als Jugendliche aus den alten Bundesländern an, die Erziehung ihrer Kinder anders gestalten zu wollen, ist dieser Unterschied im Jahr 2006 nicht mehr zu erkennen. Demgegenüber hat sich die Diskrepanz zwischen den sozialen Schichten bezüglich dieser Frage verschärft. Jugendliche der Unterschicht (46 %) sind am wenigsten mit der Erziehung durch die Eltern zufrieden.

Abb. 2.7 **Die Kinder so erziehen, wie selbst erzogen?**
Vergleich mit den Shell Jugendstudien 1985, 2000 und 2002[1]
Westdeutsche Jugendliche im Alter von 15 bis 24 Jahren

%-Angaben	Shell Jugendstudie			2006
	1985	2000	2002	
genau so	12	12	13	15
ungefähr so	41	60	57	56
anders	37	20	22	20
ganz anders	11	8	7	7

[1] Angaben für 1985 und 2000 zit. n. 13. Shell Jugendstudie. Deutsche Shell (Hrsg.): Jugend 2000. Opladen 2000, S. 59.1.

Shell Jugendstudie 2006 – TNS Infratest Sozialforschung

Fast doppelt so viele Befragte der Oberschicht (79 %) zeigen große Zustimmung zum Erziehungsverhalten ihrer Eltern.

Von 1985 bis heute steigt die Zufriedenheit mit dem Erziehungsstil der Eltern stetig an. Der deutlichste Anstieg ist zwischen Mitte der 80er Jahre und dem Jahr 2000 zu verzeichnen (vgl. Abbildung 2.7). In diesem Zeitraum nahm die kritische Distanzierung von der Erziehungspraxis der eigenen Eltern besonders stark ab. Der so genannte Generationenkonflikt der 60er bis 80er Jahre ist somit heute nicht mehr zu erkennen. Die Anzahl derjenigen Jugendlichen, die ihre Kinder »genau so« erziehen würden, wie sie selbst erzogen wurden, steigt sogar weiter an.

Gutes Verhältnis zu den Eltern

Um das Verhältnis zwischen Jugendlichen und ihren Eltern genauer zu erfassen, haben wir gefragt, wie Jugendliche das Verhältnis zu ihren Eltern beschreiben würden. Die Mehrheit kommt trotz gelegentlicher Meinungsverschiedenheiten gut mit ihren Eltern aus. 38 % kommen sogar bestens mit den Eltern zurecht. Eine Minderheit von 7 % der Jugendlichen versteht sich nicht immer gut mit den Eltern und berichtet über häufige Meinungsverschiedenheiten. Nur eine Minderheit bezeichnet ihr Verhältnis zu den Eltern als konstant schlecht mit ständigen Meinungsverschiedenheiten. Im Vergleich zu 2002 hat sich die Rate derjenigen Jugendlichen, die besonders gut mit den Eltern auskommen, noch gesteigert. Ein partnerschaftliches und gutes Verhältnis zwischen Jugendlichen und ihren Eltern scheint demnach heute der Normalfall zu sein.

Mädchen haben ein harmonischeres Verhältnis zu ihren Eltern als Jungen (vgl. Abbildung 2.8). Sie kommen signifikant häufiger sehr gut mit ihren Eltern aus. Jungen berichten hingegen häufiger von gelegentlichen oder stän-

Abb. 2.8 **Verhältnis zu den Eltern**
Jugendliche im Alter von 12 bis 25 Jahren (in %)

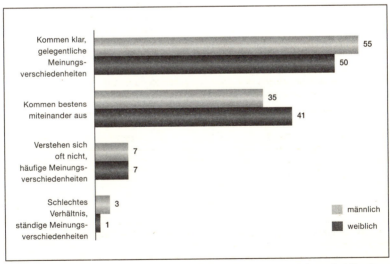

Shell Jugendstudie 2006 – TNS Infratest Sozialforschung

digen Meinungsverschiedenheiten mit den Eltern. Eine andere aktuelle Studie konnte Unterschiede im Erziehungsverhalten der Eltern gegenüber Mädchen und Jungen feststellen. Mädchen erhalten demnach deutlich mehr Liebe, Lob und Trost von den Eltern als Jungen. Jungen waren hingegen häufiger Sanktionen wie Hausarrest, Taschengeldkürzungen und Fernsehverboten ausgesetzt (Raithel 2005).

Die soziale Schichtzugehörigkeit hat einen prägnanten Einfluss auf das von Jugendlichen wahrgenommene Verhältnis zu den eigenen Eltern. So wird in Abbildung 2.9 deutlich, dass Jugendliche das Verhältnis als umso besser beschreiben, je höher die soziale Schicht ist, aus der sie stammen. Besonders augenfällig ist die große Diskrepanz zwischen Jugendlichen aus der Unterschicht im Vergleich zur Mittel- und Oberschicht. Nur 20 % der sozial benachteiligten Jugendlichen im Gegensatz zu 48 % aus der Oberschicht bestätigen, bestens mit ihren Eltern auszukommen.

Junge Erwachsene verstehen sich deutlich besser mit ihren Eltern, wenn sie ausgezogen sind. Fast die Hälfte derjenigen, die bereits in einer Wohngemeinschaft, allein oder mit dem Partner zusammenwohnen, bezeichnet das Verhältnis zu den Eltern als sehr gut. Demgegenüber kommen nur 35 % der Jugendlichen, die noch bei den Eltern wohnen, bestens mit ihren Eltern aus. Je älter die Jugendlichen werden, desto besser kommen sie mit ihren Eltern aus und desto seltener berichten sie von Meinungsverschiedenheiten.

Die zunehmende Individualisierung der Lebensformen hat auch klare Auswirkungen auf die Familienkonstellationen, die den Hintergrund für Einstellungen und Verhaltensweisen von Eltern gegenüber ihren Kindern abgeben. Die Familienform, in der Jugendliche leben, hat einen

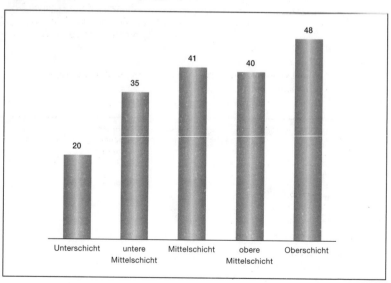

Abb. 2.9 »Bestens mit den Eltern auskommen« nach sozialer Schichtzugehörigkeit
Jugendliche im Alter von 12 bis 25 Jahren (in %)

Shell Jugendstudie 2006 – TNS Infratest Sozialforschung

entscheidenden Einfluss auf das Verhältnis zu den Eltern. Bei der Gruppe der Jugendlichen, die noch bei den Eltern wohnen, sind folgende Ergebnisse zu verzeichnen: Diejenigen, deren Eltern zusammenleben, verstehen sich besser mit den Eltern als diejenigen, die wegen Trennung oder Scheidung der Eltern nur mit einem Elternteil zusammenleben (vgl. Abbildung 2.10). Veränderungen der Familienkonstellation können Spannungen erzeugen, die Anpassungsleistungen aller Familienmitglieder erfordern. In Trennungs- oder Scheidungsfamilien leidet häufig das Verhältnis der Jugendlichen zu ihren Eltern. Es ist aber nicht davon auszugehen, dass die Eltern-Kind-Beziehung durch die Trennung der Eltern dauerhaft von häufigen Meinungsverschiedenheiten und Auseinandersetzungen geprägt ist. Jugendliche aus Trennungsfamilien bezeichnen das Verhältnis zu ihren Eltern vorrangig als gut mit gelegentlichen Meinungsverschiedenheiten.

Partnerschaftlicher Umgang zwischen Eltern und Kindern

Zur genaueren Analyse der Eltern-Kind-Beziehung haben wir gefragt, wie die Eltern sich bei Spannungen oder Konflikten gegenüber ihren Kindern verhalten (vgl. Abbildung 2.11). Auch hier wird deutlich, dass die Eltern-Kind-Beziehung mehrheitlich von einem partnerschaftlichen Verhältnis geprägt ist. So antwortet fast die Hälfte der befragten Jugendlichen, die noch zu Hause wohnen, dass sie bei Problemen mit den Eltern sprechen und dann gemeinsam zu einer Entscheidung kommen. Ein Viertel der Jugendlichen darf sogar vollständig selbst entscheiden, wie sie sich verhalten wollen. Auffällig ist der geschlechtsspezifische Unterschied. Mädchen kommen häufiger gemeinsam mit den Eltern zu einer Entscheidung, Jungen hingegen entscheiden häufiger selbst. Nur bei einer Minderheit ist von einem autoritären, konfliktreichen oder indifferenten Umgang der Eltern mit ihren Kindern auszugehen. Vergleicht man die Antworten der unterschiedlichen Altersgruppen miteinander, zeigt sich folgender Trend: Je älter die Jugendlichen sind, desto weniger mischen sich die Eltern in Ent-

Abb. 2.10 Verhältnis zu den Eltern in Abhängigkeit von der Familienform, in der Jugendliche leben

Jugendliche im Alter von 12 bis 25 Jahren, die bei ihren Eltern wohnen

%-Angaben	Eltern leben zusammen	Eltern leben getrennt	Eltern sind geschieden
Kommen bestens miteinander aus	39	25	26
Kommen klar, gelegentliche Meinungsverschiedenheiten	54	65	60
Verstehen sich oft nicht, häufige Meinungsverschiedenheiten	7	6	8
Schlechtes Verhältnis, ständige Meinungsverschiedenheiten	1	2	4

Shell Jugendstudie 2006 – TNS Infratest Sozialforschung

scheidungen ein. 42 % der 22- bis 25-Jährigen im Gegensatz zu nur 8 % der 12- bis 14-Jährigen dürfen weitgehend selbst entscheiden. Autoritäres Erziehungsverhalten der Eltern, das insgesamt selten vorkommt, zeigt sich vorrangig bei den jüngeren Jugendlichen.

Jugendliche aus den neuen Bundesländern beschreiben den Erziehungsstil ihrer Eltern als etwas liberaler als Jugendliche aus den alten Ländern. So berichten sie häufiger als westdeutsche Jugendliche, dass sie bei auftauchenden Problemen mit den Eltern reden und dann gemeinsam zu einer Entscheidung kommen. Zudem erleben Jugendliche aus den neuen Ländern seltener familiäre Streitigkeiten oder strenge Vorgaben durch die Eltern als Jugendliche aus den alten Ländern.

Mehr Konflikte in der Unterschicht

Auch bei der Frage nach dem Verhalten der Eltern bei Konflikten oder Problemen zeigt sich ein deutlicher Trend. So ist eine partnerschaftliche und gemeinsame Lösungsstrategie umso häufiger anzutreffen, je höher die soziale Schicht der Befragten ist. Auffällig ist die besonders hohe Differenz zwischen Jugendlichen der Mittel- und Oberschicht und Jugendlichen der Unterschicht (vgl. Abbildung 2.12). Eltern der sozialen Unterschicht setzen zur Lösung von Konflikten nach Angaben der Jugendlichen eher autoritäre Erziehungsstile ein (»Meine Eltern sagen mir, was ich zu tun habe«). Zudem berichten Jugendliche mit niedrigem sozioökonomischen Status häufiger als alle anderen Jugendlichen von Streit, an dessen Ende sich entweder die Eltern oder die Kinder durchsetzen.

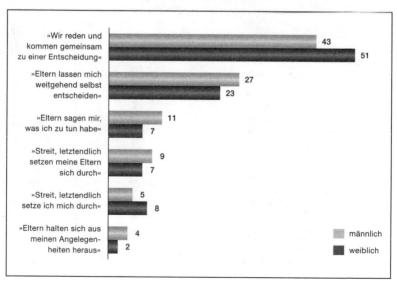

Abb. 2.11 **Wahrgenommener Erziehungsstil der Eltern**
»Wenn es um wichtige Probleme in Ihrem Leben geht, wie verhalten sich da normalerweise Ihre Eltern?«
Jugendliche im Alter von 12 bis 25 Jahren (in %), die bei ihren Eltern wohnen

Shell Jugendstudie 2006 – TNS Infratest Sozialforschung

Wie ist das relativ schlechtere Verhältnis zwischen Jugendlichen aus der Unterschicht und ihren Eltern zu erklären? In der sozialen Unterschicht sind vermehrt vielschichtige Risikolagen für Familien anzutreffen. Hohe Belastungen durch das Wohnumfeld, unakzeptabel geringes Einkommen, Arbeitslosigkeit und ein niedriges Bildungsniveau können sowohl bei den Eltern als auch bei den Jugendlichen zu psychischen und sozialen Belastungen führen. Solche Spannungsfelder springen schnell auf die Paarbeziehung zwischen den Eltern über. So zeigt die aktuelle Shell Jugendstudie, dass Eltern von Jugendlichen aus unteren Sozialschichten signifikant häufiger als Eltern oberer Sozialschichten getrennt leben oder bereits geschieden sind. Konflikthafte Paarbeziehungen und Übergangszeiten in eine neue Lebensform der Familie wirken sich in vielen Fällen auf das Erziehungsverhalten und die Beziehung zu den Kindern aus. Ein sprunghafter Erziehungsstil, aggressives Verhalten sowie Alkohol- und Drogenkonsum können die Folge sein.

Die Shell Jugendstudie 2006 untermauert die Ergebnisse anderer Studien: So verfügen sozial benachteiligte Jugendliche seltener als andere Jugendliche über gute Unterstützungsnetzwerke innerhalb und außerhalb der Familie. Sobald es ökonomisch kriselt, leiden der Zusammenhalt der Familie und ihre Einbindung in soziale Netzwerke. Fällt die Familie als soziales Unterstützungssystem aus, ist die Grundlage für die Persönlichkeitsentwicklung Jugendlicher meist bis ins Erwachsenenalter hinein beeinträchtigt (Conger et al. 1994).

Abb. 2.12 **Wahrgenommener Erziehungsstil der Eltern nach sozialer Schichtzugehörigkeit**
»Wir reden und kommen gemeinsam zu einer Entscheidung«
Jugendliche im Alter von 12 bis 25 Jahren, die bei ihren Eltern wohnen (in %)

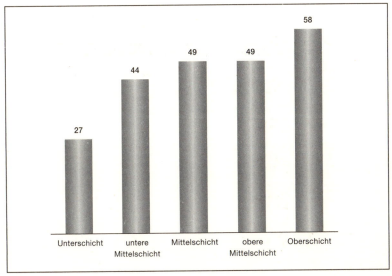

Shell Jugendstudie 2006 – TNS Infratest Sozialforschung

»Hotel Mama« – Später Auszug aus dem Elternhaus

Der Auszug aus dem Elternhaus ist ein wesentlicher Schritt in der Ablösung Jugendlicher von ihren Eltern. Das Auszugsalter aus dem Elternhaus ist zeitgeschichtlich gestiegen. Noch nie sind Jugendliche so lange wie heute in der Herkunftsfamilie verblieben (Nave-Herz/Sander 1998).

Wie schon 2002 hat erst ein Viertel aller befragten Jugendlichen diesen Schritt vollzogen (vgl. Abbildung 2.13). Viele Jugendliche zögern den Ablösungsprozess hinaus und ziehen es vor, im elterlichen Haushalt zu bleiben. Dies gilt insbesondere für Jugendliche aus den alten Ländern. So leben 73 % der westdeutschen im Gegensatz zu 69 % der ostdeutschen Jugendlichen noch bei ihren Eltern. Der Unterschied ist mit längeren Ausbildungszeiten im Westen zu begründen sowie mit der traditionell frühen Ablösung von den Eltern und einer relativ frühen Heirat im Osten. Noch gravierender sind die Unterschiede nach Geschlecht und Alter: Junge Frauen verlassen viel früher als junge Männer das Elternhaus. So leben 76 % der männlichen Jugendlichen im Alter von 12 bis 25 Jahren und 67 % der weiblichen Jugendlichen noch bei ihren Eltern. Unter den »Nesthockern« dominieren also quantitativ die jungen Männer. Dieser Unterschied zwischen den Geschlechtern hat sich seit 2002 noch verschärft, denn heute ziehen Mädchen noch früher aus als vor vier Jahren. 15 % der jungen Frauen bis 25 Jahre leben schon mit ihrem Ehepartner oder Lebensgefährten zusammen, im Gegensatz zu nur 6 % der jungen Männer. Auch dies ist wieder ein Hinweis darauf, dass junge Frauen mit Partnern zusammen sind, die älter als 25 Jahre sind.

Zwischen den Altergruppen ist ein deutliches Gefälle zu verzeichnen. Wäh-

Abb. 2.13 **Auszug aus dem Elternhaus nach relevanten persönlichen und sozialen Merkmalen**
Jugendliche im Alter von 12 bis 25 Jahren (in %), die nicht mehr bei den Eltern wohnen

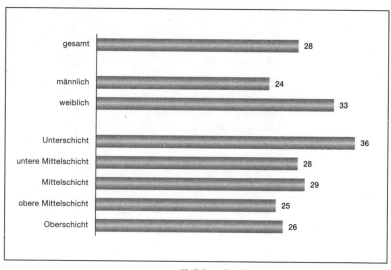

Shell Jugendstudie 2006 – TNS Infratest Sozialforschung

rend fast alle Jugendlichen unter 18 Jahren noch im »Hotel Mama« wohnen, so erhöht sich ab diesem Alter der Anteil der Jugendlichen, die allein, in Wohngemeinschaften oder mit ihrem Partner zusammenleben. Im Vergleich zu 2002 hat sich der Anteil derjenigen deutlich erhöht, die mit ihrem Lebensgefährten oder Ehepartner gemeinsam in einer Wohnung leben. Dieses Resultat spricht für die hohe Familien- und Partnerorientierung der heutigen Jugendlichen.

Des Weiteren zeigen sich bezüglich der Ablösung aus dem Elternhaus Unterschiede nach der sozialen Schichtzugehörigkeit der Jugendlichen. Junge Frauen und Männer aus den unteren Sozialschichten lösen sich räumlich früher von den eigenen Eltern als diejenigen aus mittleren und oberen Sozialschichten. Sie leben deutlich häufiger allein oder mit ihrem Lebensgefährten. Wie vorn bereits erwähnt, verstehen sozial benachteiligte Jugendliche sich weniger gut mit ihren Eltern und berichten von häufigem Streit im Elternhaus. Neben einem frühen Einstieg ins Berufsleben ist dies als Grund des frühen Auszuges aus dem Elternhaus zu interpretieren.

Der relativ späte Auszug deutscher Jugendlicher aus dem Elternhaus ist insofern problematisch, als dass eine lange ökonomische und lokale Abhängigkeit der Jugendlichen von ihrer Herkunftsfamilie die Neugründung einer eigenen Familie verhindert oder verzögert. Die lange Abhängigkeit vom Elternhaus und vom Bildungssystem wird in Deutschland auch noch staatlich besonders gefördert, z. B. durch die Zahlung des Kindergeldes bis zum 25. Lebensjahr allein bei ökonomischer Abhängigkeit von den Eltern (Sachverständigenkommission 7. Familienbericht 2006).

2.2 Schule und Berufsbildung: Die soziale Herkunft schlägt durch

Die Jugendphase als Stadium zwischen Kindsein und Erwachsensein ist kein einheitlicher Lebensabschnitt. Infolge der Bildungsexpansion verbringen heutige Jugendliche im Vergleich zu ihrer Eltern- und vor allem ihrer Großelterngeneration deutlich mehr Zeit mit ihrer Ausbildung. Sie werden erst relativ spät erwerbstätig und dementsprechend auch erst später unabhängig von den Eltern. Bei einer Befragung von 12- bis 25-Jährigen bedeutet dies, dass wir es mit einer sehr heterogenen Gruppe zu tun haben, deren Lebensumstände sich sehr voneinander unterscheiden. So haben 5 % der Befragten bereits eigene Kinder, während fast drei Viertel noch bei den eigenen Eltern leben. Jeder fünfte Befragte ist bereits erwerbstätig, während fast die Hälfte noch zur Schule geht.

2.2.1 Schulischer Lebensweg

Startchancen der Jugendlichen

In der Lebensspanne von 12 bis 25 Jahren werden die Weichen für das weitere Leben gestellt. Es gilt, die allgemein bildende Schule möglichst erfolgreich zu beenden. Dem schließt sich eine Ausbildung oder ein Studium an. Im Anschluss an diese berufsbildende Phase stellt sich die Frage, ob die Jugendlichen eine Arbeitsstelle finden, die ihrer Ausbildung entspricht. Für junge Frauen und junge Männer stellt sich bereits in dieser Zeitspanne die Frage, wie sie in ihrer Lebensplanung den beruflichen Werdegang mit ihren weiteren Ansprüchen an ihr eigenes Leben (Familie und Freizeit) verbinden. In diesem Prozess des Erwachsenwerdens haben die Jugendlichen, sofern es ihre Bildungsabschlüsse zulassen, aus

Abb. 2.14 Erreichter/angestrebter Schulabschluss der Jugendlichen und Schulabschluss des Vaters

Jugendliche im Alter von 12 bis 25 Jahren

%-Angaben	gesamt	kein oder einfacher Schulabschluss des Vaters (Volksschule, ...)	mittlerer Schulabschluss des Vaters (mittlere Reife, ...)	höherer Schulabschluss des Vaters (Fachabitur, Abitur, ...)
Abgang ohne Abschluss	1	2	1	0
Hauptschulabschluss	18	34	12	5
Realschule/mittlere Reife	36	40	43	21
Abitur/Fachhochschulreife	45	24	44	74
keine Angaben	0	0	0	0

Shell Jugendstudie 2006 – TNS Infratest Sozialforschung

einer scheinbaren Fülle von Optionen zu wählen.

Wie Abbildung 2.14 zeigt, haben die Jugendlichen dabei sehr unterschiedliche Startchancen. Der Bildungsgrad der Eltern hat immer noch wesentlichen Einfluss auf den Schulabschluss der Jugendlichen.

Obwohl in Deutschland formal die gleichen Bildungschancen existieren, sind die erreichten bzw. angestrebten Schulabschlüsse der Jugendlichen nicht unabhängig von denen der Eltern. Das zeigt sich anhand der Verteilung der erreichten bzw. angestrebten Bildungsabschlüsse der Jugendlichen in Abhängigkeit vom Schulabschluss des Vaters (vgl. Abbildung 2.14). Ein ähnliches Bild ergibt sich, wenn man den Schulabschluss der Mutter betrachtet. Auch hier gilt, dass wieder drei Viertel der Jugendlichen, deren Mutter über einen höheren Schulabschluss verfügt, ebenfalls Abitur oder Fachhochschulreife erreicht haben oder anstreben. Diesen hohen Bildungsabschluss erreicht zu haben oder anzustreben geben nur 23 % der Jugendlichen an, deren Mütter keinen oder nur einen einfachen Schulabschluss haben.

Bildung wird demnach in Deutschland weiterhin sozial vererbt. Im Rahmen der Analysen von PISA 2003 hat sich gezeigt, dass die Schichtzugehörigkeit sogar einen stärkeren Einfluss auf die besuchte Schulform hat als die tatsächlich erbrachten Schulleistungen der Jugendlichen (PISA-Konsortium Deutschland 2004).

Zu dieser ungleichen Verteilung der Zugänge zu den höherwertigen Bildungsabschlüssen selbst bei gleicher Leistung gesellt sich ein unterschiedlich hohes Risiko, im weiteren Berufsleben zu scheitern. Jugendliche mit formal geringerer Bildung sind demnach deutlich öfter von Jugendarbeitslosigkeit betroffen als ihre Altersgenossen mit höherer formaler Bildung (vgl. Abbildung 2.15).

Junge Frauen weiter auf der Überholspur

Seit Anfang der 90er Jahre des 20. Jahrhunderts haben junge Frauen an allgemein bildenden Schulen höhere Erfolge als junge Männer. Auch 2006 besuchen vermehrt junge Frauen das Gymnasium (vgl. Abbildung 2.16) und streben höher-

Abb. 2.15 **Erwerbsstatus der Jugendlichen vor dem Hintergrund des erreichten Schulabschlusses**
Jugendliche im Alter von 12 bis 25 Jahren, die die Schule bereits verlassen haben

%-Angaben	gesamt	ohne Abschluss	Hauptschulabschluss	Realschulabschluss	Fachhochschulreife	Abitur
Arbeitslose/ Nicht-Erwerbstätige	16	61	25	17	15	7
In Ausbildung	28	4	32	36	25	15
Studierende	20	–	–	1	17	60
Erwerbstätige	36	25	43	46	42	18

Shell Jugendstudie 2006 – TNS Infratest Sozialforschung

Abb. 2.16 **Zeitreihenvergleich zur besuchten Schulform**
Jugendliche im Alter von 12 bis 21 Jahren, die noch zur Schule gehen

%-Angaben	2002 gesamt	männlich	weiblich	2006 gesamt	männlich	weiblich
Hauptschule	21	24	19	19	22	17
Realschule	25	24	26	25	25	25
Gymnasium	41	39	43	43	40	47
Gesamtschule	7	6	7	5	6	5
sonstige Schulform	6	7	4	7	7	6

Shell Jugendstudie 2006 – TNS Infratest Sozialforschung

Abb. 2.17 **Zeitreihenvergleich zum angestrebten Schulabschluss**
Jugendliche im Alter von 12 bis 21 Jahren, die noch zur Schule gehen

%-Angaben	2002 gesamt	männlich	weiblich	2006 gesamt	männlich	weiblich
Hauptschulabschluss	14	16	13	12	13	11
Realschulabschluss	31	32	31	32	33	30
Fachhochschulreife	4	4	3	5	6	4
Abitur/fachgebundene Hochschulreife	49	46	53	51	47	55
keine Angaben	2	3	1	1	1	0

Shell Jugendstudie 2006 – TNS Infratest Sozialforschung

wertige Bildungsabschlüsse an (Abbildung 2.17).

Junge Frauen haben also zumindest hinsichtlich ihrer schulischen Bildungsqualifikationen die besseren Ausgangspositionen für den Arbeitsmarkt und damit potenziell bessere Zukunftschancen. Mittelfristig ergeben sich daraus unterschiedliche Anforderungen.

Zum einen erhöhen sich die Chancen auf Gleichberechtigung. Dafür müssen die gesellschaftlichen Strukturen den Bedürfnissen dieser neuen Bildungselite angepasst und eine tatsächliche Vereinbarkeit von Karriere und Kindern ermöglicht werden.[4]

Vor dem Hintergrund der Wahl der Studienfächer und Ausbildungsberufe ist dieser Bildungsaufstieg jedoch keine Garantie für ein Aufholen von Frauen im späteren Berufsleben. Bei der Wahl der Studienfächer kommen weiterhin altbekannte Rollenmuster durch (Statistisches Bundesamt 2006a). Ingenieurswissenschaften etwa bleiben eine absolute Männerdomäne. Unter den Studienanfängern in den Bereichen Maschinenbau und Elektrotechnik 2004/2005 sind immer noch weniger als 10 % junge Frauen. In Fächern wie Germanistik und Pädagogik sind über zwei Drittel der Studienanfänger Frauen. Berufliche Chancen in Ingenieurswissenschaften und anderen technisch orientierten Studiengängen bleiben jungen Frauen also nicht aufgrund fehlender formaler Voraussetzungen, sondern aufgrund ihrer Entscheidung für ein anderes Studienfach verschlossen.

Schulischer Lebensweg: Umgang mit drohendem Misserfolg

Der Erfolg in der Schullaufbahn stellt die Weichen für die weiteren Lebenschancen der Jugendlichen. Die noch zur Schule gehenden Jugendlichen wollen dementsprechend hoch hinaus und einen möglichst hohen Bildungsabschluss erreichen (vgl. Abbildung 2.17). 2006 will knapp mehr als die Hälfte der Jugendlichen das Abitur machen. Der Hauptschulabschluss wird im Vergleich zu 2002 noch seltener als schulisches Ausbildungsziel angegeben.

Jugendliche im Jahr 2006 haben Ziele, die über die aktuell besuchte Schulform hinausgehen. Die Erfordernisse, die nach der Schule auf die Jugendlichen zukommen, lassen immerhin ein knappes Drittel der Realschüler und fast die Hälfte aller Hauptschüler einen Schulabschluss anstreben, der über die aktuell besuchte Schulform hinausreicht. Vor allem auf der Hauptschule werden die Jugendlichen gegenüber 2002 zunehmend ambitionierter. Auch das Alter spielt eine Rolle: Je jünger die Jugendlichen sind, desto häufiger streben sie Bildungsabschlüsse an, die über die aktuell besuchte Schulform hinausreichen.

Während mehr als zwei Drittel der Jugendlichen aus der Oberschicht und der oberen Mittelschicht fast schon selbstverständlich das Abitur erreichen, dominieren bei Jugendlichen aus der Unterschicht weiterhin Hauptschul- (39 %) oder Realschulabschlüsse (40 %).

Insgesamt sind die Jugendlichen ehrgeizig und streben höhere Bildungsabschlüsse an. Nicht alle rechnen jedoch

---

[4] Von der Vereinbarkeit von Familie und Beruf wollen wir an dieser Stelle bewusst nicht reden. Es geht hier nicht so sehr um Beruf und Familie im Allgemeinen, sondern um Karriere und Kinder im Speziellen. Vereinbarkeit von Kind und Karriere fasst den Anspruch im Beruf erfolgreicher Frauen zusammen, die wegen Kindern nicht auf eigene berufliche Weiterentwicklung verzichten wollen. Entsprechende familienpolitische Strukturen gilt es zu schaffen, die auf den drei relevanten Ebenen (Zeit, Geld und Infrastruktur) ansetzen (Sachverständigenkommission 7. Familienbericht 2006).

damit, ihre ambitionierten Bildungsziele zu realisieren. Nur 10 % der Jugendlichen, die noch zur Schule gehen, sind sich nicht sicher, ob sie ihren angestrebten Schulabschluss erreichen werden. Dabei sind es wieder vor allem Jugendliche aus der Unterschicht (18 %) und der unteren Mittelschicht (17 %), die Probleme sehen, einen Hauptschul- oder Realschulabschluss überhaupt zu erreichen. Wie Abbildung 2.18 zeigt, sind diese Jugendlichen deutlich weniger zuversichtlich hinsichtlich der eigenen Zukunft. Sie müssen es aushalten, dass Gleichaltrige eigene Zukunftspläne wohl eher verwirklichen können, während sie Abstriche machen müssen. Das Frustrationspotenzial dieser Gruppe Jugendlicher ist daher besonders hoch.

Weitere Indikatoren für schulischen Misserfolg sind gefährdete Versetzungen oder gar das Wiederholen einer Klasse. Nicht alle Jugendlichen können mit den gestiegenen Qualifikationsansprüchen des Arbeitsmarktes und den aufgestellten Bildungsstandards mithalten. Daher bleiben für diese Jugendlichen Misserfolge nicht aus. Misserfolge wie Sitzenbleiben schlagen sich im Lebenslauf nieder und gefährden so die beruflichen Zukunftschancen.

Gerade im Verhältnis zu den Eltern sind solche Ereignisse belastend. Die Eltern müssen mit ihren Erwartungen an die schulische Laufbahn ihrer Sprösslinge Enttäuschungen hinnehmen. Das wiederum sorgt für Konflikte in den Familien. Im Zusammenhang mit schulischen Misserfolgen verweisen etliche Studien auf Gefahren wie die Schwächung des Selbstwertgefühls oder soziale Ausgrenzung (für einen Überblick: Cortina et al. 2003). Zudem wirkt sich schulischer Misserfolg ungünstig auf die psychische und körperliche Befindlichkeit der Jugendlichen aus (Hurrelmann 2005).

Jugendliche aus den unteren sozialen Schichten laufen deutlich häufiger Gefahr, mit solchen negativen Ereignissen zurechtkommen zu müssen. Während nur bei jedem sechsten Jugendlichen aus der Oberschicht die Versetzung bereits einmal gefährdet war, sind Jugendliche aus der Unterschicht zu mehr als 40 % betroffen. Auch hinsichtlich der Wahrscheinlichkeit, eine Klasse wiederholen zu müssen, unterscheiden sich die Jugendlichen je nach sozialer Schicht. Nur jeder zehnte Jugendliche aus der Oberschicht, aber jeder vierte aus der Unterschicht musste eine solche meistens unfreiwillige Verlängerung der Schulbiografie durchmachen (vgl. Abbildung 2.19 und 2.20).

Steigende Nutzung von Nachhilfeunterricht

Nachhilfeunterricht ist eine Möglichkeit, schulische Lerndefizite auszugleichen oder erst gar nicht entstehen zu lassen.

Abb. 2.18 Einschätzung der persönlichen Zukunft in Abhängigkeit von der Sicherheit, den angestrebten Schulabschluss zu erreichen
Jugendliche im Alter von 12 bis 21 Jahren, die noch zur Schule gehen

persönliche Zukunft	%-Angaben	Sicherheit des Schulabschlusses	
		(sehr) sicher	(sehr) unsicher
zuversichtlich		53	27
gemischt – mal so, mal so		42	64
düster		5	9

Shell Jugendstudie 2006 – TNS Infratest Sozialforschung

2006 hat sich der Anteil der Jugendlichen, die noch zur Schule gehen und Nachhilfeunterricht in Anspruch nehmen, deutlich erhöht. Fast jeder vierte Schüler nimmt Nachhilfe. Im Vergleich zu 2002 sind es jetzt vor allem mehr weibliche Jugendliche, die nach der Schule diesen zusätzlichen Unterricht wahrnehmen. In den neuen Bundesländern ist der Anteil der Jugendlichen, die Nachhilfeunterricht erhalten, indes noch zurückgegangen. Während also bereits jeder vierte Jugendliche in den alten Bundesländern zum Nachhilfeunterricht geht, ist es in den neuen Bundesländern in 2006 nur noch jeder neunte. In den neuen Bundesländern fehlt den Familien offensichtlich oftmals das Geld, um sich Nachhilfeunterricht für ihre Kinder leisten zu können.

Entgegen bisherigen Ergebnissen zeigt sich in 2006, dass Jugendliche aus den unteren Schichten jetzt häufiger Nachhilfeunterricht wahrnehmen und auch Hauptschüler öfter diesen Zusatzunterricht beanspruchen (vgl. Abbildung 2.21). Anhand der Daten der Shell Jugendstudie 2006 bleibt die Frage unbeantwortet, welche finanziellen Aufwendungen für diesen Nachhilfeunterricht jeweils nötig sind.

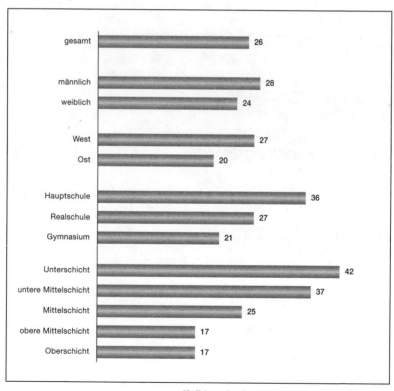

Abb. 2.19 **Jugendliche, deren Versetzung gefährdet war**
Jugendliche im Alter von 12 bis 21 Jahren, die noch zur Schule gehen (in %)

Shell Jugendstudie 2006 – TNS Infratest Sozialforschung

2.2.2 Berufsbezogene Wünsche und Sorgen

Nach dem Schulabschluss berufliche Wünsche verwirklichen oder nicht?

Nach dem Ende der schulischen Laufbahn stellt sich die Frage, welche Berufsausbildungen sich den möglichst guten Schulabschlüssen anschließen. Immer seltener glauben Schüler der unterschiedlichen Schulformen an die Erfüllung ihrer beruflichen Wünsche (vgl. Abbildung 2.22). Nur noch 50 % der Jugendlichen, die die Hauptschule besuchen, sind 2006 zuversichtlich. Vor allem die Auszubildenden verlieren ihre Zuversicht. Waren 2002 noch 79 % der Azubis sich sehr oder zumindest eher sicher, dass sich ihre beruflichen Wünsche erfüllen werden, sind es 2006 nur 66 %. Nicht ganz so deutlich sind dagegen die Rückgänge bei den Studenten und den Gymnasiasten.

Während bei den männlichen Jugendlichen die Zuversicht zwischen 2002 und 2006 kaum zurückgegangen ist, lässt sich bei den weiblichen Jugendlichen ein umso stärkerer Rückgang in der Zuversicht feststellen. 2002 gab es kaum mehr Unterschiede zwischen den Geschlech-

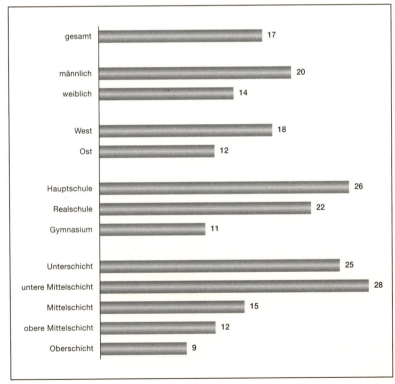

Abb. 2.20 **Jugendliche, die eine Klasse wiederholen mussten**
Jugendliche im Alter von 12 bis 21 Jahren, die noch zur Schule gehen (in %)

Shell Jugendstudie 2006 – TNS Infratest Sozialforschung

tern hinsichtlich der Zuversichtlichkeit, die eigene berufliche Zukunft verwirklichen zu können. 2006 sind junge Frauen jedoch deutlich seltener als junge Männer zuversichtlich, ihre beruflichen Wünsche verwirklichen zu können – trotz besserer Ausgangslage aufgrund höherer Bildungsabschlüsse.

Vor allem Jugendliche aus der Unterschicht sind besonders häufig skeptisch, ob sie ihre beruflichen Wünsche verwirklichen können. Während nur ein Viertel der Jugendlichen aus der Oberschicht sich dessen unsicher ist, ist es in der Unterschicht genau die Hälfte.

Die Erwartung, die eigenen beruflichen Wünsche verwirklichen zu können, ist insgesamt rückläufig. Selbst ein sicherer Ausbildungsplatz macht die Jugendlichen 2006 nicht zuversichtlicher, ihre beruflichen Wünsche erfüllen zu können. Verständlich wird diese Skepsis der Auszubildenden, da sie sich nicht sicher sein können, nach der Ausbildung auch wirklich übernommen zu werden. Immerhin ein Drittel der Auszubildenden ist unsicher, ob sie nach Beendigung der Ausbildung übernommen werden. Vor allem in den neuen Bundesländern ist es weit mehr als die Hälfte der Jugendlichen, die hier

»Im Internet, da war ein Betrieb, der wollte für einen Tischler Abitur haben, das kriegt doch kein normaler Mensch hin. Also für Tischler Abitur ... Hallo? Das geht ja wirklich nicht.«
(Schüler, 15 Jahre)

Abb. 2.21 **Personen, die Nachhilfeunterricht in Anspruch nehmen**
Jugendliche im Alter von 12 bis 21 Jahren, die noch zur Schule gehen

%-Angaben	2002	2006
gesamt	18	23
Geschlecht		
männlich	20	21
weiblich	16	24
Region		
West	19	25
Ost	13	11
Schultyp		
Hauptschule	15	26
Realschule	19	21
Gymnasium	19	22
Soziale Schicht		
Unterschicht	13	29
untere Mittelschicht	20	25
Mittelschicht	19	17
obere Mittelschicht	17	24
Oberschicht	18	22

Shell Jugendstudie 2006 – TNS Infratest Sozialforschung

Abb. 2.22 **Jugendliche, die sich sehr/eher sicher sind, ihre beruflichen Wünsche verwirklichen zu können, nach relevanten sozialen und persönlichen Merkmalen**
Schüler, Auszubildende und Studenten im Alter von 12 bis 25 Jahren (in %)

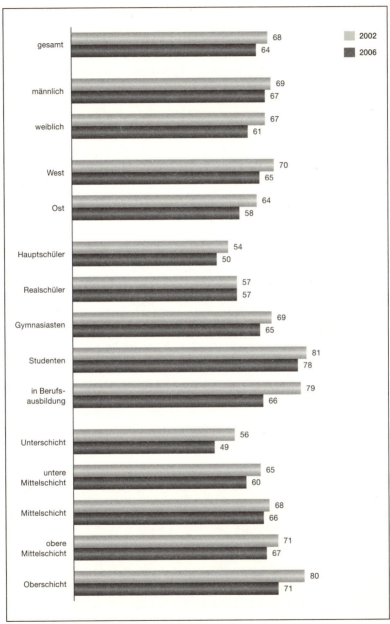

Shell Jugendstudie 2006 – TNS Infratest Sozialforschung

befürchten, am Ende selbst mit einer Berufsausbildung nicht sofort auf dem qualifizierten ersten Arbeitsmarkt unterzukommen.

Diese Selbsteinschätzung spiegelt angesichts der Übernahmequoten von Auszubildenden in Betrieben (Bielenski et al. 2006) sehr realistisch die wirkliche Lage wider. Die Jugendlichen stellen sich also der gesellschaftlichen Realität und nehmen entsprechend Chancen und Risiken wahr. Dieser nüchterne Blick auf die eigenen Chancen spiegelt sich auch in den Ängsten und Befürchtungen der Jugendlichen wider.

Wachsende Furcht vor Arbeitslosigkeit

Im Jahr 2002 hatten die Jugendlichen vor allem Angst vor Terroranschlägen, schlechter Wirtschaftslage, Umweltverschmutzung und Krieg in Europa. Als Folge des Anschlages auf das World Trade Center in New York am 11. September 2001 stand die Angst vor weiteren Terroranschlägen an erster Stelle. Im Jahr 2006 sind die Ängste Jugendlicher eher von nationalen wirtschaftlichen Problemlagen bestimmt. Die Sorge um den Verlust des Arbeitsplatzes bzw. davor, gar keinen Ausbildungs- oder Arbeitsplatz zu finden, stieg in den

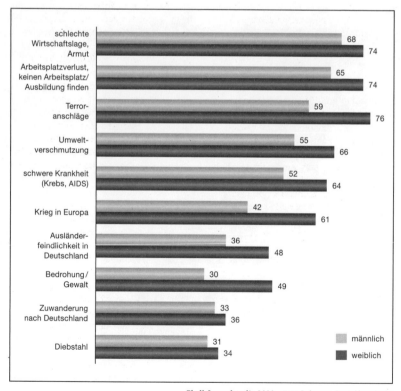

Abb. 2.23 **Die häufigsten Ängste Jugendlicher**
Jugendliche im Alter von 12 bis 25 Jahren (in %)

Shell Jugendstudie 2006 – TNS Infratest Sozialforschung

vergangenen vier Jahren drastisch von 55 % auf 69 % an. Auch die Angst vor der schlechten Wirtschaftslage und steigender Armut nahm um einige Prozentpunkte zu. Hinzu kommt die Angst vor Zuwanderung nach Deutschland. Alle diese Ängste stehen in engem Zusammenhang mit der eigenen beruflichen und finanziellen Existenzsicherung. Andere Sorgen, die nicht in direkter Weise mit der eigenen Absicherung verbunden sind, haben demgegenüber seit 2002 abgenommen, so etwa die Angst vor Ausländerfeindlichkeit, Krieg in Europa oder Diebstahl.

Jugendarbeitslosigkeit bedeutet ein gesamtgesellschaftliches Problem, denn mit der Arbeitslosigkeit im Jugendalter werden die Weichen für die spätere Entwicklung im Erwerbsleben gestellt. In Anbetracht der aktuellen Zahlen zur Arbeitslosigkeit in Deutschland haben Jugendliche eine berechtigte Sorge um den eigenen Arbeitsplatz. Zwar hat sich die Situation für diejenigen unter 20 Jahren unter dem Einfluss des Sofortprogramms zum Abbau der Jugendarbeitslosigkeit seit 1999 leicht gebessert. Allerdings lag im Jahr 2004 die Arbeitslosenquote Jugendlicher noch klar über der Arbeitslosenquote insgesamt. Es zeigen sich weiterhin deutliche Unterschiede zwischen den alten und den neuen Bundesländern und nach Alter der Jugendlichen. So war die Arbeitslosenquote der unter 20-Jährigen in Ostdeutschland (6,9 %) im Jahr 2004 erheblich höher als in Westdeutschland (3,5 %). Jugendliche im Alter von 20 bis 25 Jahren waren in diesem Jahr mit 21 % in Ostdeutschland und 10,7 % in Westdeutschland erheblich stärker von Arbeitslosigkeit betroffen (Statistisches Bundesamt 2004d).

Größere Sorgen bei Mädchen und jüngeren Jugendlichen

Wie schon in der Shell Jugendstudie 2002 deutlich wurde, weisen Mädchen höhere Ängste auf als Jungen (vgl. Abbildung 2.23). Dabei sind Mädchen nicht unbedingt tatsächlich ängstlicher, sondern sie sind vermutlich eher als Jungen gewillt, ihre Ängste und Sorgen öffentlich zu artikulieren. Denn das Offenbaren von Schwäche und Sensibilität und das Formulieren von Ängsten werden entsprechend den traditionellen geschlechtsspezifischen Rollen- und Handlungsmustern noch eher bei Frauen als bei Männern akzeptiert. Das Stereotyp eines starken und mutigen Jungen hingegen lässt es weniger zu, Ängste wahrzunehmen und über die eigenen Sorgen offen zu sprechen.

Die meisten genannten Ängste nehmen mit zunehmendem Alter der Befragten ab – so die Angst vor einem Krieg in Europa, vor Gewalt, vor Terroranschlägen und vor Diebstahl. Die Unterschiede zwischen jüngeren und älteren Jugendlichen betragen bis zu 30 Prozentpunkte. Ältere Jugendliche (22 bis 25 Jahre) können vermutlich kritischer und distanzierter mit Meldungen in den Medien umgehen und auch aufgrund ihrer eigenen Lebenserfahrungen zu realistischeren Einschätzungen kommen.

Die Sorge, keinen Arbeits- oder Ausbildungsplatz zu finden bzw. diesen zu verlieren, ist dagegen über alle Altersgruppen hinweg etwa gleich stark ausgeprägt. Besonders hoch ist sie jedoch in der Altersgruppe von 15 bis 21 Jahren, in einem Alter, in dem viele Jugendliche in das Berufsleben eintreten wollen. Die Furcht vor der schlechten wirtschaftlichen Lage ist sogar bei den Jugendlichen ab 18 Jahren am höchsten. Die Ängste, die sich auf die wirtschaftliche Lage beziehen, sind in den neuen Bundesländern stärker ausgeprägt und spiegeln die realen Problemlagen wider. Bei allen anderen Ängsten gibt es keine großen Unterschiede zwischen Ost und West.

Wirtschaftsbezogene Sorgen in der Unterschicht größer

Betrachtet man die Ängste und Sorgen Jugendlicher in Abhängigkeit von der sozialen Schicht, ergibt sich folgendes Bild: Jugendliche aus der Unterschicht haben deutlich häufiger Angst vor Arbeitslosigkeit (vgl. Abbildung 2.24) und vor der schlechten wirtschaftlichen Lage im Allgemeinen.

Jugendliche aus der Oberschicht haben zudem viel seltener Angst vor Zuwanderung (23 %) als ihre jugendlichen Altersgenossen aus der Unterschicht (46 %). Hier deutet sich an, dass Jugendliche aus der Unterschicht Zuwanderung deutlicher als Konkurrenz auf dem Arbeitsmarkt und nicht so sehr als gesellschaftliche Herausforderung zur Aufrechterhaltung der Alterspyramide und der sozialen Sicherungssysteme wahrnehmen.

Bei der Angst vor Umweltverschmutzung ergibt sich das umgekehrte Bild. Jugendlichen aus der Unterschicht macht dies deutlicher weniger Angst (48 %) als Jungen und Mädchen aus der Oberschicht (68 %). Jugendliche aus der Unterschicht scheint der gesamte Themenkomplex Umweltverschmutzung weit weniger zu interessieren als alle anderen Jugendlichen.

Abb. 2.24 Furcht vor Arbeitslosigkeit nach sozialer Schichtzugehörigkeit im Zeitreihenvergleich
Jugendliche im Alter von 12 bis 25 Jahren (in %)

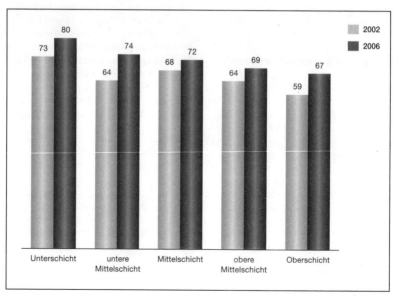

Shell Jugendstudie 2006 – TNS Infratest Sozialforschung

2.3 Freizeit- und Gesundheitsverhalten: Große Unterschiede im Lebensstil

2.3.1 Freizeitverhalten

Der Freizeitsektor bietet für Jugendliche ein soziales Übungsfeld für den Umgang mit der unendlich groß erscheinenden Fülle an Wahl- und Verhaltensmöglichkeiten der Lebensgestaltung. Jugendliche empfinden üblicherweise Freude beim Ausprobieren von Alternativen und beim Testen von Grenzen.

Daher beschäftigt sich dieser Abschnitt mit der Frage, was Jugendliche heute inhaltlich in ihrer Freizeit bevorzugt machen. Was ist bei ihnen »angesagt«? Wie ist es um ihr Gesundheitsverhalten bestellt? Da viele Formen von Freizeit für Jugendliche geldintensiv sind, geht es auch um die materiellen Voraussetzungen und wie Jugendliche sich diese schaffen. Unterschiede zwischen den Geschlechtern, den Altersgruppen und den sozialen Schichten werden hier im Vergleich zu den Daten aus 2002 dargestellt.

Freizeit – Technik auf dem Vormarsch

Jugendliche verfügen heute über beträchtliche finanzielle Mittel, die sie in ihrer Freizeitgestaltung für Markenkleidung, Genussmittel und Hobbys ausgeben können. Der Kauf von Konsumgütern dient dabei nicht nur der Wunscherfüllung, sondern vor allem auch der sozialen Anerkennung und Selbstverwirklichung. Wenn Jugendliche nicht in der Lage sind, mit dem Konsumverhalten ihrer Gleichaltrigengruppe mitzuhalten, können psychische und soziale Spannungen entstehen, wie etwa niedriges Selbstwertgefühl oder aggressive und kriminelle Verhaltensweisen (Hurrelmann 2005).

Wir ermitteln, womit sich die Jugendlichen in ihrer Freizeit am häufigsten beschäftigen. Hier durften die Jugendlichen aus einer Liste mit 18 typischen Alltagsaktivitäten nur die fünf auswählen, denen sie am häufigsten in ihrer Freizeit nachgehen.

Im Vergleich zu 2002, aber auch unter den Jugendlichen, gibt es dabei bemerkenswerte Unterschiede. Tendenziell haben vor allem technikbezogene Aktivitäten zugenommen (vgl. Abbildung 2.25). Internet und DVDs sind demnach in der Freizeit der Jugendlichen auf dem Vormarsch.

Jenseits dieser Gesamtverteilung des Freizeitverhaltens lassen sich die einzelnen Freizeitbeschäftigungen zu fünf unterschiedlichen Feldern zusammenfassen.[5] Will man nun die Jugendlichen 2006 hinsichtlich ihrer Freizeitstile unterscheiden, so lassen sich auf Grundlage dieser fünf Felder von Freizeitbeschäftigungen vier Gruppen von typischen Kombinationen von Freizeitverhaltensweisen finden.[6]

Ein Viertel der Jugendlichen gehört demnach der Gruppe der »kauflustigen Familienmenschen« an. Weitere 32 % lassen sich als »Technikfreaks« bezeichnen. Jenseits dieser zwei Gruppen, die zwischen den Geschlechtern eine Trennungslinie ziehen, gibt es eine Gruppe »geselliger Jugendlicher«, die 18 % der Jugendlichen ausmacht, und

---

[5] Die Gruppierung der Freizeitbeschäftigungen ist das Ergebnis einer Hauptkomponenten-Faktorenanalyse. Statt einer Ausgabe der Faktoren mit einem Eigenwert größer als 1 – dies hätte bei 18 Freizeitbeschäftigungen neun Faktoren zur Folge gehabt – haben wir fünf Faktoren vorgegeben, weil bereits diese Version eine hinreichend große Erklärung der Varianz ergibt. Auf eine gesonderte ausführliche Darstellung dieser Felder von Freizeitbeschäftigungen haben wir aus Übersichtsgründen hier verzichtet.
[6] Grundlage dieser Gruppierung ist eine Clusteranalyse über die Felder der Freizeitbeschäftigungen.

Abb. 2.25 **Häufigste Freizeitbeschäftigungen im Laufe einer Woche – bis zu 5 Nennungen möglich** Jugendliche im Alter von 12 bis 25 Jahren (in %)

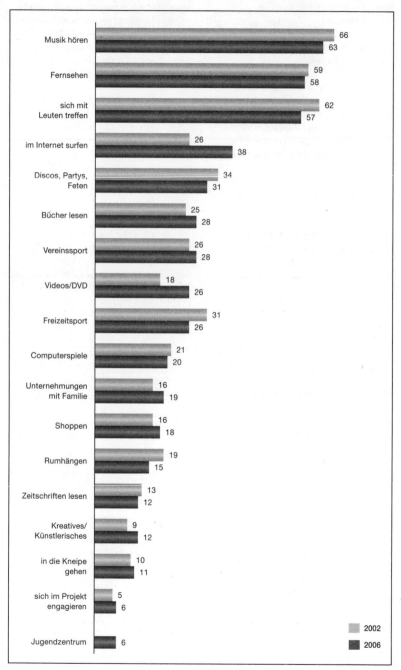

Shell Jugendstudie 2006 – TNS Infratest Sozialforschung

eine »kreative Freizeitelite«, die ein weiteres Viertel der Jugendlichen umfasst.

Kauflustige Familienmenschen und Technikfreaks

Für Technikfreaks ist es sehr untypisch, in ihrer Freizeit einkaufen zu gehen, etwas mit der Familie zu unternehmen oder sich häufig mit Freunden zu treffen. Kauflustigen Familienmenschen hingegen bereiten genau diese Aktivitäten wahre Freude. Hingegen in der Freizeit andauernd im Internet zu surfen, DVDs zu schauen oder Computerspiele zu spielen sind für Familienmenschen keine zentralen Freizeitinhalte. Technikfreaks gehen jedoch genau darin auf. Abbildung 2.26 gibt diese unterschiedlichen Lebenswelten der Jugendlichen wieder. Es verwundert nicht, dass sich die beiden Gruppen hinsichtlich ihrer Zusammensetzung deutlich voneinander unterscheiden.

So sind die Technikfreaks mit einer großen Mehrheit männliche Jugendliche (71 %). Weiterhin sind diese Jugendlichen eher jünger, haben einen geringeren Bildungsabschluss oder streben ihn an und kommen eher aus einer niedrigen sozialen Schicht (vgl. Abbildung 2.27).

Abb. 2.26 Häufigste Freizeitbeschäftigungen im Laufe einer Woche – bis zu 5 Nennungen möglich
Jugendliche im Alter von 12 bis 25 Jahren

%-Angaben	Kauflustige Familienmenschen	Technikfreaks
Musik hören	52	67
Fernsehen	75	80
sich mit Leuten treffen	72	47
im Internet surfen	13	58
Discos, Partys, Feten	39	20
Bücher lesen	24	11
Vereinssport	18	33
Videos/DVD	12	51
Freizeitsport	22	21
Computerspiele	8	39
Unternehmungen mit Familie	46	7
Shoppen	50	3
Rumhängen	17	24
Zeitschriften lesen	14	7
Kreatives/Künstlerisches	5	1
in die Kneipe gehen	4	4
sich im Projekt engagieren	3	3
Jugendzentrum	0	0

Shell Jugendstudie 2006 – TNS Infratest Sozialforschung

Gesellige Jugendliche und kreative Freizeitelite

Partys, Discos, Kneipen oder doch eher Bücher lesen, kreativ und engagiert sein? Diese Unterschiede kennzeichnen gesellige Jugendliche und die kreative Freizeitelite (vgl. Abbildung 2.28).

Die Gruppe der geselligen Jugendlichen kennzeichnet, dass sie sich vor allem mit Gleichaltrigen umgeben. Unternehmungen mit der Familie treten in den Hintergrund, während die Peergroup an Bedeutung gewinnt. Sich nur mit Leuten zu treffen steht dabei nicht im Vordergrund. Vielmehr organisiert sich für die geselligen Jugendlichen Freizeit um konkrete Anlässe und Orte wie Discos, Kneipen und Jugendzentren.

Die kreative Freizeitelite hingegen ist gekennzeichnet durch ein hohes Maß an bildungsnaher aktiver Freizeitgestaltung. »Bücher lesen«, »Kreatives machen« und »Engagement in Projekten« sind hier vermehrt anzutreffen.

Hinsichtlich der Zusammensetzung dieser beiden unterschiedlichen Freizeitstile (vgl. Abbildung 2.29) lässt sich fest-

Abb. 2.27 Freizeittypen nach relevanten sozialen und persönlichen Merkmalen
Jugendliche im Alter von 12 bis 25 Jahren

%-Angaben	Kauflustige Familienmenschen	Technikfreaks
Geschlecht		
männlich	27	71
weiblich	73	29
Region		
West	80	82
Ost	20	18
Alter		
12- bis 14-Jährige	21	24
15- bis 17-Jährige	19	25
18- bis 21-Jährige	28	26
22- bis 25-Jährige	32	25
Schulabschluss		
Hauptschulabschluss	18	22
Realschulabschluss	40	40
Abitur/FH-Reife	42	38
Soziale Schicht		
Unterschicht	10	15
untere Mittelschicht	27	25
Mittelschicht	30	30
obere Mittelschicht	22	22
Oberschicht	11	8

Shell Jugendstudie 2006 – TNS Infratest Sozialforschung

halten, dass es vermehrt ältere Jugendliche mit besserem Bildungshintergrund (66 % Abitur/FH-Reife) aus höheren sozialen Schichten (21 % Oberschicht) sind, die Teil der kreativen Freizeitelite sind. Auch die geselligen Jugendlichen sind eher älter, vor allem zwischen 18 und 21 Jahre alt, haben aber von allen vier Gruppen den schlechtesten Bildungshintergrund (28 % Hauptschulabschluss).

Ein großer Teil der Jugendlichen aus der Oberschicht und allgemein Abiturienten stellen die Gruppe Jugendlicher dar, die ihre Freizeit aktiv gestalten. Passive Verhaltensweisen wie »Rumhängen«, technikbezogene Aktivitäten wie Fernsehen, Videos und Computerspiele sind eher charakteristisch für Jugendliche aus der Unterschicht. Da dies im gleichen Maße die Schüler zwischen den Schulformen unterscheidet, werden daher mit den Freizeitaktivitäten die Wissens- und Kompetenzlücken zwischen Hauptschülern und Abiturienten nicht geschlossen, sondern driften im Gegenteil noch weiter auseinander.

Zwischen den Geschlechtern gibt es eine klare Trennungslinie: Shopping und Familie spricht eher die Mädchen an, Technik ist ein Thema der Jungen. Allerdings darf nicht übersehen werden, dass die Gruppe der geselligen Jugendlichen und die Freizeitelite sich hinsichtlich der Zusammensetzung der Geschlechter nicht so sehr unterscheiden und durch-

Abb. 2.28 **Häufigste Freizeitbeschäftigungen im Laufe einer Woche – bis zu 5 Nennungen möglich**
Jugendliche im Alter von 12 bis 25 Jahren

%-Angaben	Gesellige Jugendliche	Kreative Freizeitelite
Musik hören	63	71
Fernsehen	35	27
sich mit Leuten treffen	41	67
im Internet surfen	28	46
Discos, Partys, Feten	63	14
Bücher lesen	10	69
Vereinssport	26	33
Videos/DVD	27	10
Freizeitsport	37	31
Computerspiele	20	6
Unternehmungen mit Familie	3	16
Shoppen	13	7
Rumhängen	12	4
Zeitschriften lesen	19	11
Kreatives/Künstlerisches	4	39
in die Kneipe gehen	37	8
sich im Projekt engagieren	5	13
Jugendzentrum	34	1

Shell Jugendstudie 2006 – TNS Infratest Sozialforschung

aus auch unter Technikfreaks weibliche und unter Familienmenschen männliche Jugendliche anzutreffen sind.

Ein ebenfalls bemerkenswerter Punkt ist, dass die Jugendlichen aus Ost und West sich kaum merklich voneinander in ihrem Freizeitverhalten unterscheiden. Die zum Teil erst nach der Wiedervereinigung geborene Generation Jugendlicher lässt in ihrem Freizeitverhalten keine regionalen Besonderheiten erkennen. Vielmehr sind es das Bildungsniveau der Jugendlichen und die soziale Schicht, die einen deutlichen Einfluss auf die Freizeitgestaltung haben.

Insgesamt machen diese vier Typen von schwerpunktmäßigem Freizeitverhalten unterschiedliche Muster in der Lebensführung der Jugendlichen sichtbar.

Internet – immer vernetzt erreichbar sein

Die Nutzung moderner Medien ist für viele Jugendliche Alltag. Eine entsprechend hohe Kompetenz zu entwickeln fällt ihnen im Vergleich zu ihren Eltern viel leichter, da sie gar nicht erst von alten Mediennutzungen umlernen müssen.

Abb. 2.29 Freizeittypen nach relevanten sozialen und persönlichen Merkmalen
Jugendliche im Alter von 12 bis 25 Jahren

%-Angaben	Gesellige Jugendliche	Kreative Freizeitelite
Geschlecht		
männlich	60	45
weiblich	40	55
Region		
West	81	81
Ost	19	19
Alter		
12- bis 14-Jährige	16	17
15- bis 17-Jährige	24	19
18- bis 21-Jährige	32	29
22- bis 25-Jährige	28	35
Schulabschluss		
Hauptschulabschluss	28	7
Realschulabschluss	36	27
Abitur/FH-Reife	36	66
Soziale Schicht		
Unterschicht	12	5
untere Mittelschicht	24	16
Mittelschicht	34	30
obere Mittelschicht	23	28
Oberschicht	7	21

Shell Jugendstudie 2006 – TNS Infratest Sozialforschung

Moderne Medien sind eine mächtige Sozialisationsinstanz, die sich sowohl positiv und fördernd als auch negativ und hemmend auf die Entwicklung Jugendlicher auswirken kann. Entsprechend bedeutsam ist die Einbettung und Reflektierung von Medien in Familie, Schule und Gleichaltrigengruppe.

Wie aktuelle Studien zeigen, haben nur wenige Jugendliche, vor allem diejenigen aus sozial benachteiligten Familien, einen eingeschränkten Zugang zu modernen Medien wie dem Internet. In Familien mit hohem Bildungsniveau wird meist der Umgang mit Büchern, Zeitungen, Fernsehen und Computern reflektiert und ein bewusstes Medienverhalten der Jugendlichen gefördert. Eltern mit niedriger Bildung hingegen nutzen Medien meist selbst eher passivkonsumierend und prägen damit nachhaltig die Mediennutzung ihrer Kinder (Baacke et al. 1991).

Die Ergebnisse der Shell Jugendstudie 2006 bestätigen dies (vgl. Abbildung 2.30). Inzwischen verfügen 2006 bereits 82 % der befragten Jugendlichen über einen Zugang zum Internet, während es 2002 erst 65 % waren. Vor allem die jüngeren Jugendlichen sind jetzt viel häufiger im Internet vertreten. Hauptschüler und Jugendliche aus der Unterschicht holen auf. 2006 verfügen sie zwar noch nicht so häufig über Internetzugang wie andere Gruppen, aber immerhin wird der Abstand nicht größer. Das gilt im gleichen Maße für Jugendliche aus den neuen Bundesländern, die immer noch ein wenig seltener über Internetzugang verfügen als ihre Altersgenossen aus den alten Bundesländern.

Deutlich zugenommen hat seit 2002 ebenfalls die durchschnittliche Dauer der Internetnutzung. Statt vormals durchschnittlich sieben Stunden pro Woche ist im Jahr 2006 mit 9,3 Stunden pro Woche ein mehr als 30-prozentiger Zuwachs zu verzeichnen. Hier sind es vor allem Jugendliche aus der Unterschicht, die 2006 nun deutlich länger in der Woche im Internet sind.

Cliquen und Partnerschaft – zentrale Ankerpunkte im sozialen Netzwerk

Die Beziehung zu den Gleichaltrigen hat für Jugendliche eine große Bedeutung. Zeitgleich zur psychischen und sozialen Ablösung von den Eltern bauen Jugendliche enge Freundschaften zu Gleichaltrigen auf. Diese Peergroups haben einen hohen Einfluss auf die Gestaltung der Freizeit- und Konsumaktivitäten. Die Gleichaltrigengruppe übernimmt bei Jugendlichen vielfältige Funktionen: So ermöglichen Cliquen Sinnbezüge, mit denen sich die Jugendlichen identifizieren und gegenüber der sozialen Umwelt abgrenzen. Zudem bieten Cliquen die Möglichkeit, Gefühls- und Handlungsstrukturen auszubilden, verschiedene Rollen zu übernehmen sowie soziale Spielregeln einzuüben. In einer Phase der Neudefinition der Eltern-Kind-Beziehung, die meist auf beiden Seiten mit Verunsicherungen einhergeht, können Freunde gleichen Alters Halt geben, Verständnis zeigen und Hilfe bieten. Ähnlich wie die Sozialisationsinstanz Familie bietet die Peergroup daher vielfältige Übungs- und Trainingsräume für das Sozialleben in modernen Gesellschaften (Hurrelmann 2005, Hitzler et al. 2001). Allerdings führt die Interaktion mit Gleichaltrigen nicht automatisch zu gut ausgeprägten sozialen Fähigkeiten bei Jugendlichen. Cliquen können auch eine negative Dynamik entfalten, z.B. durch gegenseitiges Hänseln und Schikanieren oder Bildung von konkurrierenden Grüppchen.

Mit 71 % geben fast drei Viertel der Jugendlichen an, Mitglied in einer Clique zu sein. Hierbei sind es vor allem die 15- bis 21-Jährigen (76 %), die vermehrt Mitglied in Cliquen sind, während es bei 12- bis 14-Jährigen (63 %) und 22- bis 25-Jährigen (67 %) seltener der Fall ist.

Wie in der Shell Jugendstudie 2002 bereits beschrieben, geben Jugendliche aus den neuen Bundesländern seltener an, Teil einer Clique zu sein. Hier sind es auch 2006 mit 64 % im Vergleich zu 72 % in den alten Bundesländern etwas weniger als zwei Drittel der Jugendlichen, die in eine Gruppe Gleichaltriger integriert sind. Der Unterschied zwischen Ost und West hat jedoch seit 2002 um 4 % abgenommen. Es ist also nur noch eine Frage der Zeit, bis sich hier kaum noch Unterschiede ergeben werden. Anders als noch 2002 lassen sich 2006 leichte Unterschiede zwischen den Geschlechtern

Abb. 2.30 Zugang zum Internet (privat, in der Ausbildung oder im Beruf) und Umfang der Nutzung des Internets nach relevanten sozialen und persönlichen Merkmalen

Jugendliche im Alter von 12 bis 25 Jahren

%-Angaben	Zugang zum Internet 2002	Zugang zum Internet 2006	durchschnittliche Nutzung pro Woche in Stunden (2006)
gesamt	65	82	9,3
Geschlecht			
männlich	68	83	11,3
weiblich	62	80	7,0
Region			
West	67	83	9,3
Ost	61	77	9,3
Alter			
12- bis 14-Jährige	52	76	5,9
15- bis 17-Jährige	67	87	9,3
18- bis 21-Jährige	69	83	10,1
22- bis 25-Jährige	71	81	10,4
Schulabschluss			
Hauptschulabschluss	38	60	10,7
Realschulabschluss	61	80	8,4
Abitur/FH-Reife	81	92	9,5
Soziale Schicht			
Unterschicht	38	59	12,5
untere Mittelschicht	55	77	8,9
Mittelschicht	68	84	9,0
obere Mittelschicht	77	88	9,2
Oberschicht	84	94	9,0

Shell Jugendstudie 2006 – TNS Infratest Sozialforschung

feststellen. Inzwischen sind junge Männer mit 72 % leicht häufiger in Cliquen integriert als ihre weiblichen Altersgenossen mit 69 %.

Hinsichtlich der Freizeittypologie sind es die geselligen Jugendlichen, die deutlich häufiger in Cliquen integriert sind. 84 % dieser Jugendlichen sind Teil von Cliquen, während die Anteile bei den anderen Gruppen allesamt unter 70 % liegen.

> »Ist jetzt ihre Kultur, sie hören ihre Musik und machen ihr Ding, haben ihren Style irgendwo. Haben es aber auch nicht leicht grade durch die Arbeitslosigkeit.« (Zivi, 18 Jahre)

der Anteil der Jugendlichen aus der Unterschicht, die der Meinung sind, sich weniger als ihre Freunde leisten zu können, liegt 2006 bei genau 50 % im Vergleich zu 39 % in 2002. Die Wahrnehmung der Jugendlichen bezüglich ihrer finanziellen Situation entspricht damit der tatsächlichen Entwicklung der Sozialstruktur in Deutschland: Die Pole Reich und Arm driften im Vergleich zu 2002 weiter auseinander.

Die finanzielle Lage Jugendlicher

Um im Freundeskreis und in der Freizeit Spaß haben zu können, brauchen die Jugendlichen Geld. Die eigenen persönlichen Wünsche erfüllen zu können, aber auch zu lernen, für größere Vorhaben kurzfristig Abstriche bei alltäglichen Ausgaben zu machen, sind zentraler Bestandteil ihres Erwachsenwerdens.

Die meisten Jugendlichen sind einigermaßen zufrieden mit ihrer finanziellen Lage. Nur ein geringer Anteil von 16 % bezeichnet sie ausdrücklich als schlecht. Die Unterschiede hinsichtlich der sozialen Schichten sind jedoch groß. Mehr als 40 % der Jugendlichen aus der Unterschicht, aber nur 5 % der Jugendlichen aus der Oberschicht sind hier unzufrieden.

Diese Lage spiegelt sich auch beim Vergleich der eigenen finanziellen Situation mit der des Freundeskreises wider. Fast zwei Drittel der Jugendlichen sind der Ansicht, sich in etwa genauso viel leisten zu können wie ihre Freunde. Im Vergleich zu 2002 hat sich aber der Anteil der Jugendlichen in den sozialen Randlagen erhöht, der Unterschiede in der finanziellen Ausgangslage wahrnimmt. War es 2002 ein Viertel der Jugendlichen aus der Oberschicht, die sich mehr als ihre Freunde leisten können, ist es 2006 bereits ein Drittel. Und

Nebenjobs –
Lebensstil muss finanziert werden

Um sich leichter materielle Wünsche verwirklichen und beim Einkaufen schneller eine größere Eigenständigkeit gegenüber den Eltern erlangen zu können, sind Nebenjobs ein geeigneter Weg für Jugendliche. Gegenüber 2002 hat sich dabei der Anteil der Jugendlichen, die in einer normalen Woche in ihrer Freizeit jobben, nur leicht erhöht. Statt 31 % ist es nun mit 33 % genau ein Drittel der Jugendlichen, die in ihrer Freizeit gegen Bezahlung einem Job nachgehen.

Jugendliche aus den neuen Bundesländern (26 %) gehen dabei deutlich seltener einer Nebentätigkeit nach als ihre Altersgenossen in den alten Bundesländern (35 %). Im Gegensatz dazu hat sich seit 2002 bezogen auf die soziale Schicht einiges geändert. Waren es 2002 vor allem Jugendliche aus der Oberschicht (45 %), die ihren Lebensstandard mit Jobs ermöglicht haben, sind jetzt kaum noch Unterschiede zwischen den Schichten festzustellen.

Es überrascht kaum, dass vor allem Studierende mit zwei Dritteln am häufigsten jobben. Aber auch der Anteil der Azubis, die einer Nebentätigkeit nachgehen, hat sich seit 2002 von 19 % auf 23 % erhöht.

Deutlicher fällt der Unterschied beim Umfang dieser Nebentätigkeit aus. Dieser hat deutlich zugenommen (vgl. Abbildung 2.31). 30 % der Jugendlichen, die in ihrer Freizeit jobben, verbringen damit 10 Stunden und mehr in der Woche. Damit zeigt sich, dass Jugendliche 2006 deutlich mehr Zeit neben ihrer schulischen oder beruflichen Ausbildung aufwenden müssen, um sich über Wasser zu halten. Positiv ist dabei, dass mit diesem Jobben keine übermäßige Gefährdung der Ausbildung zu beobachten ist. Denn der Anteil der Jugendlichen mit einem Bildungsrisiko unter den Jobbern ist geringer als bei den Altersgenossen, die keiner Nebentätigkeit nachgehen.

2.3.2 Gesundheitsverhalten

Allgemeiner Gesundheitszustand

Eine gute körperliche, psychische und soziale Gesundheit hilft Jugendlichen, die Vielzahl von Herausforderungen des Heranwachsens produktiv zu bewältigen. Kindheit und Jugend sind sensible Perioden, in denen wesentliche Muster des Gesundheitsverhaltens entstehen und sich stabilisieren. In diesen Lebensphasen entwickeln sich die Grundstrukturen individueller Verhaltensweisen, die im Erwachsenenalter fortgeführt werden. Neueste Studien zeigen, dass Anlass zur Sorge um die Gesundheit von Jugendlichen in Deutschland besteht: Gewichtsprobleme, Verhaltensauffälligkeiten und Entwicklungsstörungen beeinflussen die Lebensqualität und Leistungsfähigkeit Jugendlicher (Hurrelmann 2002a). Langfristig bringen sie Konsequenzen für die Gesundheit im Erwachsenenalter mit sich. Die Shell Jugendstudie 2006 beinhaltet erstmalig Fragestellungen zur subjektiven Gesundheit und zum Gesundheitsverhalten Jugendlicher.

Neben medizinischen Routinedaten muss vor allem die subjektive Sichtweise und die Wahrnehmung des körperlichen und psychischen Wohlbefindens Jugendlicher berücksichtigt werden. Dies kann nur über die direkte Befragung von Jugendlichen geschehen. Die Shell Jugendstudie 2006 ermittelte die Bewertung des selbst eingeschätzten allgemeinen Gesundheitszustands durch die Jugendlichen über die Frage »Wie würdest du deinen Gesundheitszustand beschreiben?«. Als Antwortvorgaben waren »ausgezeichnet«, »gut«, »einigermaßen« und »schlecht« vorgegeben.

Die Mehrheit der Befragten (90 %) bezeichnet ihren eigenen Gesundheitszustand als »ausgezeichnet« oder »gut«.

Abb. 2.31 Anzahl der Stunden, die Jugendliche in einer normalen Woche jobben
Jugendliche im Alter von 12 bis 25 Jahren, die in ihrer Freizeit jobben

%-Angaben	2002	2006
1 bis 5 Std.	32	29
6 bis 9 Std.	15	13
10 bis 14 Std.	14	16
15 Std. und mehr	9	14
zu unregelmäßig	30	28
keine Angaben	1	–

Shell Jugendstudie 2006 – TNS Infratest Sozialforschung

Allerdings berichtet nur etwas mehr als ein Drittel aller Jugendlichen, dass sie ihre eigene Gesundheit als »ausgezeichnet« einstufen. Dies verwundert aufgrund der Tatsache, dass die Jugend bisher als eine Lebensphase mit geringen Erkrankungsraten gekennzeichnet war. Es gibt also im Alter von 12 bis 25 Jahren schon eine kleine Gruppe, die ihren Gesundheitszustand nur als »einigermaßen« oder »schlecht« bezeichnet und damit in ihrem subjektiven Wohlbefinden eingeschränkt ist. Auch andere Studien wie der Jugendgesundheitssurvey 2003 konnten feststellen, dass die meisten Jugendlichen ihre Gesundheit als »ausgezeichnet« bezeichnen. Diejenigen, die ihren Gesundheitszustand schlechter als »gut« bewerten, sind also einem besonderen gesundheitlichen Risiko ausgesetzt (Hurrelmann et al. 2003).

Je älter die Jugendlichen sind, desto seltener bezeichnen sie ihren Gesundheitszustand als »ausgezeichnet«. Im Alter von 18 bis 25 Jahren tendieren sie eher dazu, ihre Gesundheit als »gut« zu beschreiben. Dies deutet darauf hin, dass die Jugendlichen mit zunehmendem Alter vermehrt Einschränkungen – wenn auch nur geringe – in ihrem subjektiven Wohlbefinden wahrnehmen.

Jungen (38 %) beschreiben ihren Gesundheitszustand häufiger als »ausgezeichnet« als Mädchen (33 %). Mädchen sind mit ihrem Gesundheitszustand also deutlich unzufriedener als Jungen. Dieses Ergebnis deckt sich mit anderen Studien zum geschlechtsspezifischen Wohlbefinden Jugendlicher. Mädchen berichten häufiger als Jungen von psychosomatischen Beschwerden, schätzen ihren Gesundheitszustand als schlechter ein und geben eine geringere Lebenszufriedenheit an (Hetland et al. 2002). Vermutlich verarbeiten Jungen und Mädchen Belastungen und Konflikte auf unterschiedliche Art und Weise und bewältigen sie mehr oder minder erfolgreich. Bei Mädchen sind häufiger nach innen gerichtete Reaktionsformen bei

Abb. 2.32 Allgemeiner Gesundheitszustand nach sozialer Schichtzugehörigkeit
Jugendliche im Alter von 12 bis 25 Jahren (in %),
die ihren Gesundheitszustand als »einigermaßen« oder »schlecht« bezeichnen

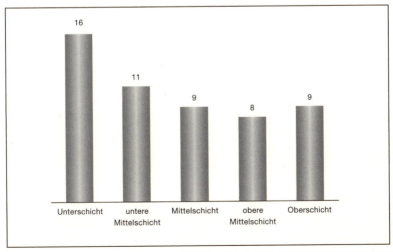

Shell Jugendstudie 2006 – TNS Infratest Sozialforschung

Belastungen anzutreffen. Sie sind eher zurückhaltend, abwägend und stärker auf Anpassung bedacht. Dieses rückzugsorientierte Verhalten spiegelt sich in der höheren Rate an Depressionen und Essstörungen bei Mädchen und jungen Frauen wider (Ihle et al. 2004). Jungen hingegen verarbeiten ihren wahrgenommenen Stress eher durch nach außen gerichtete Reaktionen wie aggressives Verhalten und Drogenkonsum (Hurrelmann 2002a).

Jugendliche mit niedrigem sozioökonomischen Status bezeichnen ihren eigenen Gesundheitszustand weitaus häufiger als relativ schlecht als Jungen und Mädchen aus Familien, die der Mittel- oder Oberschicht angehören (vgl. Abbildung 2.32). Dieser subjektiv wahrgenommene relativ schlechte Gesundheitszustand steht im Einklang mit aktuellen Ergebnissen zum Zusammenhang von sozialer Schicht und Gesundheit im Jugendalter. So sind Jugendliche der untersten Sozialschicht besonders häufig von schweren chronischen Erkrankungen betroffen. Allein Allergien treten in den oberen Sozialschichten häufiger auf, schwere Formen allergischer Erkrankungen wiederum häufiger in der Unterschicht (Mielck 2000).

Zufriedenheit mit dem Körpergewicht

Das subjektive Körperempfinden in Bezug auf das eigene Körpergewicht kann sich deutlich vom realen Gewicht Jugendlicher unterscheiden. In der Shell Jugendstudie 2006 wurde die subjektive Einschätzung des Gewichtsstatus mit der Frage erfasst: Glaubst du, dass du »viel zu dünn bist«, »ein wenig zu dünn bist«, »genau das richtige Gewicht hast«, »ein wenig zu dick bist« oder »viel zu dick bist«? Ein Drittel aller befragten Jugendlichen empfindet sich als ein wenig oder viel zu dick, 55 % finden, dass sie genau das richtige Gewicht haben, und 11 % empfinden ihr eigenes Körpergewicht als ein wenig oder viel zu dünn. Dabei sind keine Unterschiede in den verschiedenen Altersgruppen zu beobachten.

Auffällig sind die Geschlechtsunterschiede in Bezug auf die Wahrnehmung des eigenen Gewichts (vgl. Abbildung 2.33): So empfinden sich ungefähr doppelt so viele Mädchen (43 %) wie Jungen (24 %) als ein wenig oder viel zu dick. Demgegenüber glauben doppelt so viele Jungen (16 %) wie Mädchen (8 %), dass sie ein wenig oder viel zu dünn sind. Dieses Ergebnis ist erstaunlich, denn faktisch sind heute mehr Jungen als Mäd-

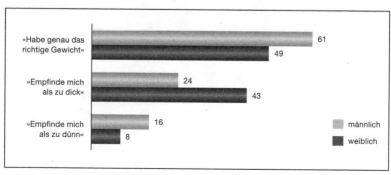

Abb. 2.33 **Zufriedenheit mit dem eigenen Körpergewicht**
Jugendliche im Alter von 12 bis 25 Jahren (in %)

Shell Jugendstudie 2006 – TNS Infratest Sozialforschung

chen von Übergewicht betroffen. Der Jugendgesundheitssurvey 2003 stellte fest, dass 5 bis 6 % der Mädchen und 7 bis 10 % der Jungen im Alter von 11 bis 15 Jahren übergewichtig sind (Zubrägel/Settertobulte 2003). Diese Zahlen verdeutlichen, dass ein großer Teil der Jugendlichen sich als zu dick empfindet, obwohl sie normal- oder sogar untergewichtig sind. Zu erklären ist diese Diskrepanz in der Wahrnehmung Jugendlicher mit dem gesellschaftlich propagierten Schönheitsbild. Schlanke bis untergewichtige Frauenkörper und sportliche Männerkörper prägen dieses Bild. Mädchen und junge Frauen scheinen sich immer noch stärker an diesen gesellschaftlich vermittelten Vorstellungen von Attraktivität zu orientieren. Aber auch für Jungen ist dieses Thema in den vergangenen Jahren immer wichtiger geworden.

Gesundheitsverhalten

In der Kindheit unterliegt das Gesundheitsverhalten noch stark dem Einfluss der Eltern: Sie steuern die Ernährung und die Körperhygiene und bestimmen körperliche Aktivität und Schlafrhythmus. Mit Beginn des Jugendalters bestimmen die Heranwachsenden zunehmend selbst über ihr Gesundheitsverhalten. Dabei wählen sie bevorzugt solche Verhaltensweisen, deren subjektiv wahrnehmbare Vorteile die langfristigen Nachteile überwiegen. So nutzen Jugendliche den Substanzkonsum, um altersbedingt anstehende Entwicklungsaufgaben zu bewältigen. Rauchen oder Trinken sollen bei der Ablösung von den Eltern und dem Aufbau von Freundschaften und Beziehungen helfen. Dabei sind die gesundheitsschädigenden Wirkungen den Jugendlichen durchaus bekannt. Demgegenüber stehen jedoch die kurzfristig erreichten Vorteile wie Entspannung, Stressbewältigung, soziale Anerkennung durch Gleichaltrige und die Befriedigung von Neugierde. Jugendliche richten ihr Verhalten also eher nach Wertorientierungen wie intensives Erleben, Spaß und Selbstentfaltung aus. Ob bestimmte Verhaltensweisen möglicherweise zu einem späteren Zeitpunkt zu Gesundheitsbeeinträchtigungen führen, steht für sie eher im Hintergrund. Vorbilder im sozialen Umfeld und in den Medien beeinflussen maßgeblich das individuelle Gesundheitsverhalten in späteren Lebensphasen (Hurrelmann 2000).

Die Analyse gesundheitsgefährdender Verhaltensweisen wie Tabak- und Alkoholkonsum, Fehl-, Unter- und Überernährung sowie Bewegungsmangel ist von hoher Bedeutung, denn die derzeit

Abb. 2.34 Täglicher Tabakkonsum und wöchentlicher Alkoholkonsum nach Geschlecht und Alter

Jugendliche im Alter von 12 bis 25 Jahren

%-Angaben	gesamt	Jungen	Mädchen	Altersgruppen			
				12 bis 14 Jahre	15 bis 17 Jahre	18 bis 21 Jahre	22 bis 25 Jahre
täglicher Tabakkonsum	26	27	24	4	17	35	38
wöchentlicher Alkoholkonsum	39	49	31	7	31	54	55

Shell Jugendstudie 2006 – TNS Infratest Sozialforschung

dominierenden Zivilisationskrankheiten wie Krebs und Herz-Kreislauf-Erkrankungen hängen in hohem Maße von ihnen ab. Zudem wirkt sich eine gesundheitsförderliche Lebensweise mit ausgewogener Ernährung, viel Bewegung und der Vermeidung von Alkohol- und Tabakkonsum nicht nur positiv auf die körperliche, sondern auch auf die psychische Gesundheit Jugendlicher aus: Ihre Konzentrationsfähigkeit steigert sich und sie können bessere schulische Leistungen erbringen.

Ein Drittel raucht regelmäßig Zigaretten

Die Shell Jugendstudie 2006 ermittelte, wie häufig Jugendliche Zigaretten rauchen. Insgesamt 38 % der Jugendlichen berichten, dass sie täglich oder gelegentlich rauchen. 62 % sind Nichtraucher. Regelmäßiges Rauchen nimmt mit steigendem Alter der Jugendlichen zu. So rauchen nur 4 % der 12- bis 14-Jährigen regelmäßig. Im Alter von 18 bis 21 Jahren ist es schon mehr als ein Drittel der Jugendlichen, die täglich rauchen (vgl. Abbildung 2.34). Dabei ist kein Unterschied zwischen Jungen und Mädchen zu beobachten. Jugendliche in Ostdeutschland (43 %) berichten etwas häufiger als Jugendliche in Westdeutschland (37 %), regelmäßig oder gelegentlich zu rauchen.

Häufigeres Rauchen in unteren Schichten

Der Konsum von Tabak steht in einem deutlichen Zusammenhang mit der sozialen Schichtzugehörigkeit von Jugendlichen. Jugendliche rauchen umso häufiger, je niedriger die soziale Schicht ist, der sie angehören (vgl. Abbildung 2.35). Andere Untersuchungen zum Zusammenhang von sozioökonomischem Status und Tabakkonsum konnten dies bisher

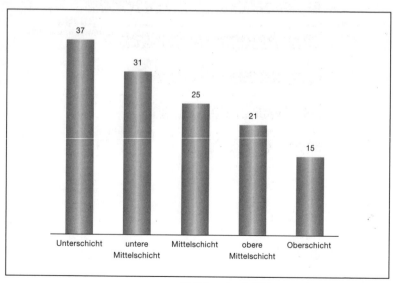

Abb. 2.35 **Täglicher Tabakkonsum nach sozialer Schichtzugehörigkeit**
Jugendliche im Alter von 12 bis 25 Jahren (in %)

Shell Jugendstudie 2006 – TNS Infratest Sozialforschung

weniger eindeutig ermitteln (z. B. Richter 2005, Glendinning et al. 1994). Allerdings untersuchten diese Studien vorrangig jüngere Jugendliche im Alter von 11 bis 15 Jahren. Unsere Ergebnisse weisen darauf hin, dass der Zusammenhang zwischen sozialer Schichtzugehörigkeit und Rauchen mit zunehmendem Alter der Jugendlichen deutlicher wird.

Ein Drittel trinkt regelmäßig Alkohol

Ein erheblicher Anteil Jugendlicher (39 %) nimmt regelmäßig Alkohol zu sich. Von regelmäßigem Konsum ist dann auszugehen, wenn Jugendliche mindestens einmal wöchentlich Alkohol trinken. Die Raten regelmäßigen Konsums alkoholischer Getränke variieren nach Altersgruppe, Geschlecht und sozialer Herkunft. So weisen Jugendliche höheren Alters (18 bis 25 Jahre) einen besonders hohen regelmäßigen Konsum auf. In dieser Altersgruppe trinken mehr als die Hälfte der Jugendlichen regelmäßig Alkohol. Das Trinken von Alkohol steigert sich rapide zwischen dem 14. und 18. Lebensjahr. So sind in der Gruppe der 12- bis 14-Jährigen noch 72 % völlig alkoholabstinent, bei den 18- bis 25-Jährigen gibt nur noch eine kleine Minderheit von 9 % an, nie Alkohol zu trinken.

Der Konsum von Alkohol ist des Weiteren stark geschlechtsspezifisch geprägt: Der regelmäßige Konsum ist bei Jungen (49 %) erheblich höher als bei Mädchen (31 %). Bei Mädchen ist eher von einem moderaten Konsum auszugehen, fast die

Abb. 2.36 Täglicher Tabakkonsum und regelmäßiger Alkoholkonsum nach Schulform/Erwerbsstatus
Jugendliche im Alter von 12 bis 25 Jahren (in %)

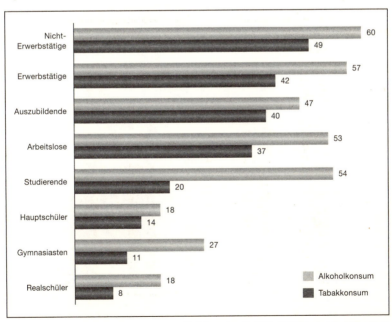

Shell Jugendstudie 2006 – TNS Infratest Sozialforschung

Hälfte der Mädchen (44 %) trinkt seltener als einmal pro Woche Alkohol.
Der regelmäßige, d. h. mindestens einmal wöchentliche Konsum von Alkohol ist über alle sozialen Schichten hinweg ungefähr gleich verteilt. Betrachtet man hingegen den Alkoholkonsum in Abhängigkeit vom Ausbildungs- und Erwerbsstatus der Jugendlichen, zeigen sich deutliche Unterschiede zwischen den Gruppen: Nicht-Erwerbstätige, Studierende, Erwerbstätige, Auszubildende und Arbeitslose berichten besonders häufig von regelmäßigem Alkoholkonsum. Jugendliche auf weiterführenden Schulen trinken weitaus seltener Alkohol (vgl. Abbildung 2.36).

Die hohe Quote von Jugendlichen, die regelmäßig rauchen und Alkohol trinken, ist Besorgnis erregend, insbesondere im Vergleich zu anderen Ländern. Die internationale Studie »Health Behaviour in School-aged Children« stellte fest, dass deutsche Jugendliche im Vergleich zu Jugendlichen aus 35 europäischen und nordamerikanischen Ländern überdurchschnittlich häufig regelmäßig rauchen. Ein Drittel der deutschen Jugendlichen im Alter von 15 Jahren raucht regelmäßig Zigaretten, so viel wie in keinem anderen EU-Land. Damit sind die deutschen Jugendlichen Europameister im Tabakrauchen. Außerdem zählt Deutschland zu den Ländern, in denen Jugendliche einen besonders hohen regelmäßigen Alkoholkonsum aufweisen (Langness et al. 2005).

Politische Maßnahmen und Präventionsprogramme zur Reduzierung des Tabak- und Alkoholkonsums in Deutschland greifen offenbar nicht effektiv. Weder Jugendschutzgesetze noch ein Rauchverbot in öffentlichen Räumen werden hierzulande konsequent eingehalten. Zudem ist Deutschland bisher als einziges Land nicht den EU-Tabakwerberichtlinien gefolgt, die ein Verbot jeglicher Werbung und Sponsoring zugunsten von Tabakerzeugnissen vorsehen. Obwohl erfolgreiche Konzepte zur Suchtprävention bei Kindern und Jugendlichen existieren, gibt es in Deutschland keine flächendeckenden Präventionsprogramme in Schulen.

Übergewicht: Ein zunehmendes Gesundheitsproblem bei Jugendlichen

In Deutschland sind je nach Definition 10 bis 20 % aller Schulkinder und Jugendlichen als übergewichtig einzustufen (Robert Koch Institut 2004). Seit einigen Jahren steigt die Rate übergewichtiger Kinder und Jugendlicher stetig an (Wabitsch et al. 2002).

Übergewicht geht mit einer Reihe von gesundheitlichen Beschwerden und Begleiterkrankungen einher: Die häufigsten Krankheitsbilder sind Bluthochdruck, Diabetes Typ II und Schäden am Bewegungsapparat. Übergewichtige Jugendliche erleben sich häufiger als ungesund, sie leiden häufiger unter regelmäßig wiederkehrenden gesundheitlichen Beschwerden und weisen ein geringeres Selbstwertgefühl auf als normalgewichtige Jugendliche. Übergewichtige sind häufiger als Normalgewichtige Opfer von Mobbing in der Schule, d. h. sie erleben zusätzlich zu ihrem persönlichen Unwohlsein soziale Zurückweisung und Ausgrenzung (Zubrägel/Settertobulte 2003). Übergewicht hat vielfältige Ursachen: Neben der Wahl falscher Lebensmittel mit zu hohem Nährstoffgehalt sind die Einnahme unregelmäßiger Mahlzeiten und mangelnde körperliche Aktivität als Hauptursachen zu nennen. Jugendliche aus sozial benachteiligten Familien sind dabei am häufigsten von Übergewicht betroffen.

Die Shell Jugendstudie 2006 ermittelte zwei der wichtigsten Einflussfaktoren auf das Gewicht Jugendlicher: ihre Ernährungsgewohnheiten und das Ausmaß körperlicher Aktivität.

Eine ausgewogene Ernährung in der Jugend schafft optimale Bedingungen für körperliche Gesundheit, Wachstum und intellektuelle Entwicklung. Das Essverhalten deutscher Jugendlicher ist als ungünstig zu bezeichnen. Die Mehrheit der Jugendlichen weist dieselben ungünstigen Verzehrmuster auf wie Erwachsene mit einem zu hohen Anteil an Protein-, Fett- und Zuckerverzehr und einem zu geringen Anteil an Vollkornprodukten, Reis, Kartoffeln und Nudeln (Alexy/Kersting 1999). Jugendliche wissen zwar für gewöhnlich, welche Lebensmittel gesund sind, aber dies hat für die Mehrheit der Jungen und Mädchen keinen großen Einfluss auf ihr Essverhalten (Deutsche Gesellschaft für Ernährung 2000).

Die Häufigkeit des Konsums bestimmter Lebensmittel ist ein wichtiger Indikator für das Ernährungsverhalten Jugendlicher. So senkt der regelmäßige Konsum von Obst und Gemüse das Risiko, im späteren Leben an chronisch degenerativen Krankheiten zu leiden. Der regelmäßige Konsum von »ungesunden« Lebensmitteln wie Süßigkeiten und zuckerhaltigen Limonaden hingegen erhöht das Risiko von Fettleibigkeit, Knochenerkrankungen und Karies. Die Shell Jugendstudie 2006 ermittelte deshalb, wie häufig Jugendliche folgende Lebensmittel und Getränke zu sich nehmen: Obst, Gemüse und Salat, Schokolade oder andere Süßigkeiten, Cola oder andere Limonaden.

Fast die Hälfte (48 %) der befragten Jugendlichen isst einmal oder mehrfach täglich Obst, 38 % essen täglich Gemüse. Betrachtet man die aktuellen Ernährungsrichtlinien der Deutschen Gesellschaft für Ernährung (Deutsche Gesellschaft für Ernährung 2000), die täglich fünf Mahlzeiten Obst und Gemüse empfehlen, so erscheint das Ernährungsverhalten Jugendlicher Besorgnis erregend. Ungünstig sind auch die hohen Raten Jugendlicher, die täglich Nahrungsmittel zu sich nehmen, die zur Schädigung der eigenen Gesundheit führen können, sowie zuckerhaltige Limonaden und Süßigkeiten. So berichten 28 % der Jugendlichen, dass sie mehrfach pro Woche oder täglich Süßigkeiten essen. Genauso viele Jugendliche trinken regelmäßig Cola oder andere zuckerhaltige Limonaden.

Mädchen essen gesünder

Das Ernährungsverhalten Jugendlicher variiert nach Geschlecht und sozialem Status. Mädchen weisen durchschnittlich einen höheren täglichen Konsum von Obst und Gemüse auf (vgl. Abbildung 2.37). Allerdings berichten sie auch häufiger als Jungen von täglichem Konsum von Süßigkeiten. Jungen und junge Männer hingegen trinken viel häufiger als Mädchen Cola oder andere zuckerhaltige Limonaden. Mädchen weisen also, wenn man vom relativ hohen Konsum von Süßigkeiten absieht, ein günstigeres Ernährungsverhalten als Jungen auf. Vermutlich essen Mädchen aufgrund ihres hohen Körperbewusstseins und der Besorgnis über ihr Gewicht mehr Obst und Gemüse und konsumieren weniger Softdrinks als Jungen (Mulvihill et al. 2004).

Betrachtet man die Ernährungsgewohnheiten Jugendlicher in Abhängigkeit von der sozialen Schicht, so ergibt sich ein interessantes Ergebnis (vgl. Abbildung 2.38). Je höher die soziale Schicht der Jugendlichen ist, desto häufiger berichten sie von täglichem Obst- und Gemüsekonsum. So essen Jugendliche aus der Oberschicht (61 %) doppelt so häufig wie Jugendliche aus der Unterschicht (32 %) Obst. Ein identisches Bild ergibt sich für den Verzehr von Gemüse und Salat. 53 % der Jugendlichen aus der Oberschicht und 25 % der Jugendlichen aus der Unterschicht verzehren mindestens einmal täglich Gemüse. Beim Konsum von Cola oder anderen zuckerhaltigen Limonaden ist es hingegen umgekehrt: Je niedriger die soziale Schicht, desto häufiger trinken Jugendliche Cola oder andere Limonaden. Allein der Verzehr von Süßigkeiten scheint in keinem Zusammenhang mit der sozialen Schicht der Jugendlichen zu stehen.

Bewegung

Ausreichend körperliche Bewegung im Jugendalter hat vielfältige positive Konsequenzen. So kann mit regelmäßiger Bewegung körperlichen Krankheiten vorgebeugt werden. Zudem bietet Sport die Möglichkeit, Sensibilität im Umgang mit dem eigenen Körper auszubilden, Wahrnehmungen von Sinnesreizen und Muskeln zu schulen und soziale Erfahrungen zu machen. Ein positives Körpergefühl trägt zu einer Stärkung der Ich-

Abb. 2.37 **Ernährungsgewohnheiten**
Jugendliche im Alter von 12 bis 25 Jahren (in %)

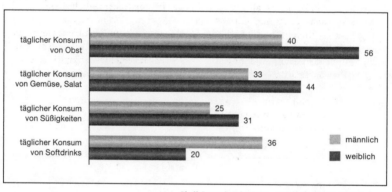

Shell Jugendstudie 2006 – TNS Infratest Sozialforschung

Abb. 2.38 **Ernährungsgewohnheiten nach sozialer Schicht**
Jugendliche im Alter von 12 bis 25 Jahren

%-Angaben	Unterschicht	untere Mittelschicht	Mittelschicht	obere Mittelschicht	Oberschicht
täglicher Konsum von Obst	32	42	47	55	61
täglicher Konsum von Gemüse und Salat	25	32	38	43	53
täglicher Konsum von Süßigkeiten	28	32	24	28	31
täglicher Konsum von Softdrinks	46	34	28	22	12

Shell Jugendstudie 2006 – TNS Infratest Sozialforschung

Identität, Selbstverantwortung und Selbstkompetenz bei (Liebisch/Quante 1999).

Die internationale Vergleichsstudie »Health Behaviour in School-aged Children« hat gezeigt, dass deutsche Jugendliche bezüglich körperlicher Aktivität vergleichsweise schlecht abschneiden: Nur ein Viertel der 11- bis 15-Jährigen in Deutschland ist entsprechend den empfohlenen Richtlinien an fünf oder mehr Tagen in der Woche aktiv. In den USA hingegen ist es mehr als die Hälfte der Jugendlichen (WHO 2004).

Wir ermittelten, wie häufig Jugendliche Sport treiben bzw. sich körperlich anstrengen. Ungefähr die Hälfte aller befragten Jugendlichen ist an 1 bis 3 Tagen pro Woche körperlich aktiv. Mit zunehmendem Alter steigt die Rate derjenigen, die keinen Sport treiben. In der Altersgruppe der 22- bis 25-Jährigen liegt sie bei einem Drittel. International anerkannte Richtlinien besagen, dass Jugendliche an fünf oder mehr Tagen in der Woche moderat bis intensiv körperlich aktiv sein sollten (WHO 2004). Nur 7 % aller Jugendlichen in Deutschland erfüllen diese Richtlinien. Allerdings dachten einige Jugendliche bei der Frage nach körperlicher Betätigung offenbar nur an die Ausübung von Sportarten und nicht an andere moderate körperliche Aktivitäten wie z.B. Fahrradfahren. Jungen berichten häufiger als Mädchen von körperlicher Aktivität. Sie sind im Durchschnitt 3,4 Stunden pro Woche körperlich aktiv, Mädchen hingegen nur 2,9 Stunden. Zudem berichtet immerhin ein Viertel der jungen Frauen, so gut wie gar keinen Sport zu betreiben.

Wie schon beim Ernährungsverhalten zeigen sich in Bezug auf die körperliche Aktivität schichtspezifische Unterschiede. Je höher die soziale Schicht,

Abb. 2.39 **Sport treiben nach sozialer Schichtzugehörigkeit**
»Ich treibe so gut wie keinen Sport«
Jugendliche im Alter von 12 bis 25 Jahren (in %)

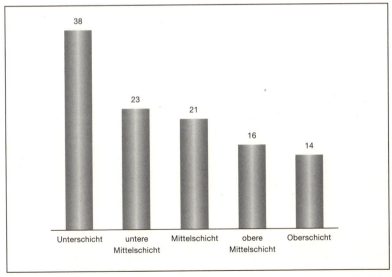

Shell Jugendstudie 2006 – TNS Infratest Sozialforschung

desto häufiger berichten Jugendliche von regelmäßigen sportlichen Aktivitäten. Besonders prägnant zeigt sich dies in der Quote derjenigen, die angeben, gar keinen Sport zu treiben (vgl. Abbildung 2.39). 38 % der Jugendlichen aus der Unterschicht treiben gar keinen Sport im Gegensatz zu 14 % der Jugendlichen aus der Oberschicht.

Die Shell Jugendstudie 2006 kann somit eindrucksvoll zeigen, dass sich bei sozial benachteiligten Jugendlichen die Risikofaktoren für Übergewicht häufen, wie ungünstige Ernährungsgewohnheiten und mangelnde körperliche Betätigung.

2.4 Blick auf Zukunft: Optimismus rückläufig

Die Einstellungen und Verhaltensweisen der jungen Generation sind richtungsweisend für zukünftige Tendenzen und Veränderungen in der Gesellschaft. Die Arbeitsplatzunsicherheit, die demografische Entwicklung und die damit einhergehende wenig gesicherte Versorgung im Alter lösen bei Jugendlichen jedoch starke Verunsicherungen aus, die sich auf ihre gesamte Lebensplanung und Alltagsgestaltung auswirken können (Mansel et al. 2001). Ungewissheiten im Hinblick auf die Zukunftsplanung sind keineswegs neu, sondern wurden bereits in den vergangenen Jahrzehnten als eine Schattenseite von Individualisierungsprozessen diskutiert (Heitmeyer/Olk 1990). Allerdings haben sich in den vergangenen Jahren die wirtschaftlichen Bedingungen in Deutschland tatsächlich verschlechtert, und die Jugendlichen müssen damit rechnen, nach ihrem schulischen Abschluss kurz- oder langfristig keinen Ausbildungsplatz zu erhalten, womit der Eintritt ins Erwerbsleben immer weiter nach hinten verschoben wird. Es besteht die Gefahr, dass Jugendlichen dadurch lange kein Eintritt in gesellschaftlich nützliche, produktive und bezahlte Tätigkeiten gewährt wird. Eine Situation, die sich auch negativ auf ihr Selbstwertgefühl und das Gefühl, von der Gesellschaft gebraucht zu werden, auswirken kann (Mansel et al. 2001). Davon betroffen sind nicht nur sozial randständige Jugendliche, sondern Heranwachsende aller sozialen Schichten.

2.4.1 Persönliche Zukunftssicht

Persönlicher Optimismus rückläufig

Die Shell Jugendstudie 2002 hatte festgestellt, dass die Jugendlichen ihre persönlichen Zukunftsperspektiven sehr optimistisch einschätzen. Seit Mitte der 90er Jahre war ein stetiger Anstieg der Jugendlichen zu beobachten, die ihre persönliche Zukunft als eher zuversichtlich einschätzten. Dieser Anstieg ist für das Jahr 2006 nicht mehr zu erkennen (vgl. Abbildung 2.40). Im Gegenteil schätzte nur noch die Hälfte der Jugendlichen in West- und Ostdeutschland ihre persönliche Zukunft als »eher zuversichtlich« ein. Damit ist die Rate Jugendlicher mit optimistischer Zukunftsperspektive seit 2002 vor allem in den alten Bundesländern stark abgesunken.

Allerdings hat sich damit nicht wie erwartet die Gruppe der Jugendlichen vergrößert, die ihre Zukunft als »eher düster« bezeichnen. Viele haben sich für die Antwortkategorie »mal so – mal so« entschieden, d. h. viele Jugendliche sind sich unsicher, ob ihre persönliche Zukunft eher positiv oder eher negativ verlaufen wird.

Waren es 2002 vor allem die westdeutschen Jugendlichen, die ihre Zukunft positiv sahen, so ist es auch 2006 wieder diese Gruppe, die für Veränderungen verantwortlich ist: Bei ihnen ist der stärkste Abfall optimistischer Perspektiven zu beobachten. Damit hat sich der Unterschied zwischen ost- und westdeutschen Jugendlichen ausgeglichen. War 2002 kein bzw. kaum ein Unterschied zwischen Jungen und Mädchen bezüglich ihrer persönlichen Zukunftsperspektive zu verzeichnen, so sind 2006 Mädchen wieder etwas zurückhaltender in ihrem Optimismus. So sehen 47 % der Mädchen im Gegensatz zu 52 % der Jungen ihre Zukunft als »eher zuversichtlich«. Mädchen und junge Frauen reagieren offenbar sensibler auf gesellschaftliche Problemlagen und übertragen diese eher als Jungen auf ihre persönliche Situation. Für diese Interpretation spricht auch die Tatsache, dass Mädchen im Vergleich zu Jungen höhere Ängste vor gesellschaftlichen Problemen aufweisen (s. o.). Diese antizipierende und vorsichtige Sichtweise von Mädchen mag einer der Gründe für ihre guten Leistungen im schulischen Bereich sein. Da sie sich mehr Sorgen um ihre persönliche Zukunft machen und später auf eigenen Beinen stehen wollen, investieren sie mehr als Jungen in ihre berufliche Zukunft. Sie betreiben also schon in frühen Lebensphasen »Vorsorge« für ihre Zukunft.

Optimismus in allen Statusgruppen rückläufig

Gute Startaussichten in das Berufsleben sind auch weiterhin die Grundlage für eine optimistische Einschätzung der eigenen Zukunftschancen. Bei Studenten und Auszubildenden ist der Rückgang der Optimisten besonders stark (vgl. Abbildung 2.41). Damit wird deutlich, dass der Sprung aus der Schule in die berufliche Ausbildung keine besonders starke Aufbruchstimmung unter den Jugendlichen verursacht.

In den höheren sozialen Schichten fällt der Rückgang der Optimisten deutlicher aus als in der Unterschicht. Zwar

Abb. 2.40 Zeitreihenvergleich[1] zur Einschätzung der persönlichen Zukunft
Jugendliche im Alter von 15 bis 24 Jahren

%-Angaben	West	Ost
düster		
1991	5	3
1996	15	12
1999	9	9
2002	6	8
2006	9	10
zuversichtlich		
1991	61	53
1996	35	35
1999	50	49
2002	58	52
2006	50	50

1 Ergebnisse der Shell Jugendstudien seit 1991. Deutsche Shell (Hrsg.): Jugend 2002, Frankfurt 2002, S. 87.

Shell Jugendstudie 2006 – TNS Infratest Sozialforschung

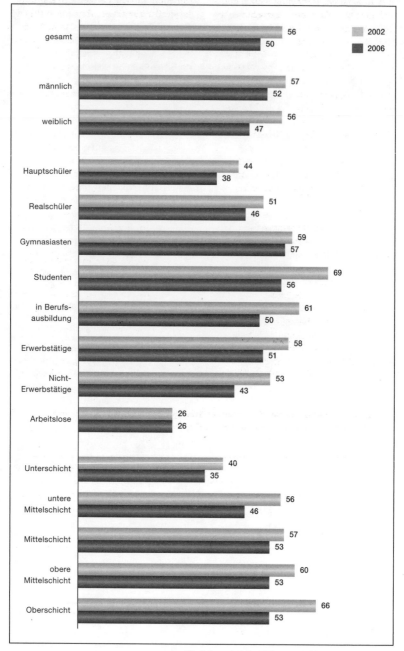

Abb. 2.41 Jugendliche, die ihre persönliche Zukunft zuversichtlich einschätzen, getrennt nach relevanten sozialen und persönlichen Merkmalen
Jugendliche im Alter von 12 bis 25 Jahren (in %)

Shell Jugendstudie 2006 – TNS Infratest Sozialforschung

sind im Jahr 2006 in der Unterschicht weiterhin mit 35 % die wenigsten Optimisten anzutreffen. Im Vergleich zu 2002 mit 40 % ist der Rückgang jedoch deutlich geringer als in der Oberschicht, wo 2006 nur noch 53 % Optimisten nach vormals 66 % in 2002 zu verzeichnen sind. Demzufolge macht sich auch in den oberen sozialen Schichten trotz der deutlich besseren Startchancen Unbehagen breit. Es gibt auch für diese Jugendlichen keine Garantie auf eine erfüllte persönliche Zukunft. Möglichkeiten des Scheiterns werden auch hier realer.

»Meine Situation jetzt ist schon nicht die beste. Ich denke also immer, es kann nur besser werden. Wenn die Aktien tief gefallen sind, sollte man kaufen (...), so nach dem Motto.« (Schüler, 17 Jahre)

von 2002 zu 2006 deutlich erhöht (vgl. Abbildung 2.42). Der Zusammenhang zwischen aktueller Zufriedenheit und der Sicht auf die persönliche Zukunft ist größer geworden. Ihre zukünftigen Potenziale bemessen sie also in 2006 deutlicher anhand ihrer aktuellen Situation und nicht so sehr an Plänen, die in fernerer Zukunft liegen.

Dies wird noch einmal besonders bei den Auszubildenden deutlich. Wie bereits in Kapitel 2.2 ausgeführt, wurde im Rahmen der Shell Jugendstudie 2006 zum ersten Mal gefragt, ob die Auszubildenden glauben, nach Beendigung ihrer Ausbildung von ihrem Betrieb oder einer

Persönliche Zukunftsperspektiven in Anbetracht aktueller Zufriedenheit und Erwartungen

Wie 2002 wurden die Jugendlichen nach ihrer aktuellen Zufriedenheit mit ihrer beruflichen und schulischen Situation gefragt.[7] Der Anteil der Unzufriedenen ist stabil (2002 und 2006: 12 %). Dabei schätzen die aktuell Unzufriedenen auch ihre persönliche Zukunft deutlich schlechter ein. Dies hat sich im Trend

7 Wie differenziert die Lebenslage der Jugendlichen ist, wird daran deutlich, dass diese Frage in sechs unterschiedlichen Formulierungen jeweils eigens zugeschnitten an Voll- oder Teilzeiterwerbstätige (F75), Auszubildende (F69), Studierende (F72), Schüler (F61), Wehr- oder Zivildienstleistende (F73) und sonstige Jugendliche (u. a. arbeitslose, nicht-erwerbstätige und im Erziehungsurlaub befindliche) (F74) gestellt wurde und erst so zu einem Wert über die Zufriedenheit in der aktuellen Statuspassage zusammengefasst werden konnte.

Abb. 2.42 **Zeitreihenvergleich zur Einschätzung der persönlichen Zukunft in Abhängigkeit von der Zufriedenheit mit der aktuellen Situation**
Jugendliche im Alter von 12 bis 25 Jahren

persönliche Zukunft	%-Angaben	Zufriedenheit mit aktueller Situation	
		Zufriedene	Unzufriedene
düster			
2002		5	14
2006		7	21
zuversichtlich			
2002		56	35
2006		53	26

Shell Jugendstudie 2006 – TNS Infratest Sozialforschung

anderen Arbeitsstätte übernommen zu werden.

Bezeichnend ist der enge Zusammenhang zwischen der Wahrnehmung der Chancen bei der Bewältigung der nächsten Statuspassage und der persönlichen Zukunftssicht (vgl. Abbildung 2.43). Zukunft ist für diese Jugendlichen etwas Fassbares. Gesamtgesellschaftliche Problemlagen wie die problematische Lage auf dem Arbeitsmarkt sind für diese Jugendlichen nicht etwas Abstraktes, sondern konkret Erfahrbares aus ihrem Alltag.

Welche Zukunftsperspektiven Jugendliche entwickeln, ist im Vergleich zu 2002 enger mit ihren Sozialisationserfahrungen und Lebensumständen in Familie, Schule und Freizeit verbunden. Vielfältige Faktoren wie die politische und wirtschaftliche Situation, Bildungserfolge oder -misserfolge und das soziale Umfeld beeinflussen die Zukunftsperspektiven Jugendlicher. Stärker als früher nehmen Jugendliche diese Faktoren zum Maßstab dafür, wie sie ihre persönliche Zukunft einschätzen.

2.4.2 Gesellschaftliche Zukunftssicht

Gesellschaftliche Zukunftssicht wird pessimistischer

Schon die vorherigen Shell Jugendstudien konnten zeigen, dass die Zukunft der Gesellschaft von den Jugendlichen generell negativer eingeschätzt wird als die persönliche Zukunft. Jugendliche registrieren sensibel Veränderungen jeglicher Art in einer Gesellschaft. Aber sie glauben auch daran, mit eigener Tatkraft eine positive Zukunft für sich selbst gestalten zu können.

Ende der 90er Jahre waren es noch zwei Drittel der Jugendlichen, die optimistisch in die Zukunft der Gesellschaft blickten (vgl. Abbildung 2.44). Seitdem ist die Zuversicht der Jugendlichen kontinuierlich gesunken. Im Jahr 2006 liegt sie nur noch bei 42 %. Der Unterschied zwischen ost- und westdeutschen Jugendlichen ist weiterhin erkennbar. Waren Jugendliche aus den neuen Bundesländern Anfang und Mitte der 90er Jahre noch weitaus optimistischer im Hinblick auf die gesellschaftliche Zukunft, so kehrte sich dieser Zustand 2000 um. Auch heute noch sind ostdeutsche Mädchen und Jungen deutlich pessimistischer als westdeutsche eingestellt.

Mädchen sind nicht nur bezüglich ihrer persönlichen Zukunft seltener zuversichtlich als Jungen. Sie blicken auch etwas pessimistischer in die Zukunft

Abb. 2.43 Einschätzung der persönlichen Zukunft in Abhängigkeit von der Übernahme nach Beendigung der Ausbildung
Auszubildende im Alter von 12 bis 25 Jahren

persönliche Zukunft		Übernahme nach Ausbildung	
	%-Angaben	eher ja	eher nicht
düster		7	20
zuversichtlich		58	38

Shell Jugendstudie 2006 – TNS Infratest Sozialforschung

der Gesellschaft. Allerdings hat sich der geschlechtsspezifische Unterschied in den vergangenen vier Jahren verkleinert, d. h. Jungen und Mädchen haben sich in dieser Frage angeglichen.

Die hohe Rate an Jugendlichen, die die gesellschaftliche Zukunft für »düster« halten, setzt sich vor allem aus den höheren Altersgruppen zusammen. So steigt die Rate der Pessimisten von 39 % bei den 12- bis 14-Jährigen auf 60 % bei den 18- bis 21-Jährigen. Bei den älteren Jugendlichen ist in den vergangenen vier Jahren ein dramatischer Anstieg der pessimistischen Sichtweise von 12 Prozentpunkten zu beobachten.

Auch in 2006 ist, wie in den Jahren zuvor, der Anteil der Jugendlichen, die persönlich optimistisch in die Zukunft blicken, höher als der Anteil der Optimisten hinsichtlich der gesellschaftlichen Zukunft. Dieser Abstand beträgt in 2006 immer noch 8 % im Vergleich zu 9 % im Jahr 2002. In 2006 haben immerhin 42 % der persönlich zuversichtlichen Jugendlichen eher düstere Erwartungen für die Entwicklung der Gesellschaft. Hier stellt sich die Frage, ob es realistisch ist, dass auf lange Sicht persönliche Zukunftspläne sich in einem eher düster eingeschätzten gesellschaftlichen Umfeld verwirklichen lassen.

Die sehr alltagsnahe Bewertung der eigenen persönlichen Zukunft zeigt ein sehr großes Maß an Realismus der Jugendlichen. Statt Zukunft als etwas von der heutigen Situation Losgelöstes

Abb. 2.44 **Zeitreihenvergleich**[1] **zur Einschätzung der gesellschaftlichen Zukunft**
Jugendliche im Alter von 15 bis 24 Jahren

%-Angaben	West	Ost
düster		
1981	58	–
1984	46	–
1992	30	22
1997	51	46
2000	35	42
2002	48	65
2006	57	63
zuversichtlich		
1981	42	–
1984	54	–
1992	70	78
1997	49	54
2000	65	58
2002	52	35
2006	43	37

1 Ergebnisse der Shell Jugendstudien seit 1981. Deutsche Shell (Hrsg.): Jugend 2002, Frankfurt 2002, S. 89.

Shell Jugendstudie 2006 – TNS Infratest Sozialforschung

zu betrachten, stellen die Jugendlichen Ansprüche an die Gesellschaft, Rahmenbedingungen für eine gute Zukunft zu schaffen. Diese Anspruchshaltung ist nicht mit einer passiven Erwartungshaltung zu verwechseln. Sie sind aktiv bestrebt, ihren Platz in der Gesellschaft zu erobern.

Ulrich Schneekloth

3 Politik und Gesellschaft: Einstellungen, Engagement, Bewältigungsprobleme

Die Auseinandersetzung mit dem Verhältnis von Jugendlichen zu Politik und Gesellschaft hat innerhalb der Jugendforschung schon immer einen wichtigen Stellenwert gehabt. Gemeinhin wird die junge Generation als »Seismograph« für sich verändernde politische Kulturen, Mentalitätsverschiebungen und mögliche gesellschaftliche Veränderungen begriffen. Diese Überlegungen basieren sozialisationstheoretisch betrachtet auf dem Tatbestand, dass Jugendliche in der Adoleszenz besonders sensibel ihre Lebensumwelt beobachten, um die mit diesem Prozess verbundenen Entwicklungsaufgaben bewältigen zu können. Als mehr und mehr an Autonomie gewinnende Akteure versuchen sie dabei auch die ggf. anstehenden gesellschaftlichen Entwicklungsaufgaben zu antizipieren, um dann die entsprechenden Rückschlüsse in bestimmten jugendgemäßen Formen ggf. auch kulturell und in kollektiver Form zu verarbeiten (Theorie der Entwicklungsaufgaben: Havinghurst 1982, vgl. dazu auch Baacke 1983/1999 oder Hurrelmann 2002b).

Paradigmatisch für die politische Jugendforschung ist über einen langen Zeitraum der Begriff der »Jugendbewegung« gewesen. Als deren Kernzelle gilt für Deutschland die sich zu Beginn des 20. Jahrhunderts herausprägende sog. Wandervogelbewegung, die allerdings zuerst eine eher unpolitische und sozialromantisch angelegte Antwort auf die Industrialisierung darstellte (»Zurück zur Natur«) und zusammen mit der sich daran anschließenden Gründung von Jugendbünden die Hypothese von der »besonderen kollektiven Begeisterungsfähigkeit« der Jugend als Generation auch empirisch nachvollziehbar machte. Die gelungene Instrumentalisierung von breiten Teilen der Jugendbewegung im dritten Reich sorgte dann allerdings nach dem zweiten Weltkrieg zuerst einmal für einen Bruch (Laqueur 1978 bzw. Gieseke 1981).

Im Nachkriegsdeutschland war es dann aber die APO (außerparlamentarische Opposition) bzw. 68er-Bewegung, die das Leitbild von der rebellischen Jugend neu belebte und bis heute maßgeblich beeinflusste. Diese »neue Jugendbewegung« stand sowohl für die Befreiung von altbackenen und überlebten bürgerlichen Ritualen und für das Ausprobieren von neuen Lebensformen als auch für eine insbesondere in der Auseinandersetzung mit dem Nationalsozialismus entwickelte Politisierung, aus der bis heute eine besondere Affinität von Jugendlichen zur Politik abgeleitet wird. Der hierbei bis weit in die 80er Jahre zu beobachtende Tatbestand, dass die sich in der Folge konstituierenden sog. Neuen sozialen Bewegungen vor allem Dingen von Jugendlichen bzw. jungen Erwachsenen getragen wurden (vgl. dazu z.B. Roth & Rucht 1987), beförderte die Auffassung von der gesellschaftsverändernden Dynamik, die von der jungen Generation ausgehen kann.

Der Blickwinkel hat sich seitdem allerdings wieder gewandelt. Anstelle von politischen Bewegungen wird heute in den Medien eher das Bild einer unpolitischen Jugend gezeichnet. Als komplementäre Begrifflichkeiten machen seitdem zum Beispiel die »Generation Golf« (nach dem gleichnamigen Buch von Illies 2001), die eine unpolitische und sich über Werbesprüche oder Markenlabels definierende Jugend beschreibt, oder Entwürfe wie die »Generation Berlin« (Bude 2001), in der eine (re-)politisierte Jugend jenseits der etablierten Parteien und Apparate beschrieben wird, die Runde. Diesen neuen begrifflichen »Kreationen« ist gemein, dass damit ein Abschied vom Leitbild der politischen Jugendbewegung als identitätsstiftendem Moment für eine sich kollektiv ausprägende typische Generationenlage vollzogen wird. Die Schwäche dieser Beschreibungen besteht allerdings darin, dass stattdessen eine neue Kultur und Jugendszene begrifflich präsentiert und dann als neues jugendliches Leitbild vermarktet wird, ohne dass hierfür eine hinreichende empirische Basis vorhanden wäre.

Auch die politische Jugendforschung hat sich mit dem Phänomen des offensichtlichen Bedeutungsverlustes, den die Politik im Leben und Handeln von Jugendlichen einnimmt, auseinander gesetzt. Zu einer der maßgeblichen Kategorien ist seitdem die sog. Politikverdrossenheit geworden (Hoffmann-Lange 1995 und 2001, Pickel 2002), mit der die wachsende Distanz von Jugendlichen zum politischen Geschehen und zu den dort handelnden Akteuren beschrieben wird. Eine vergleichbare Problemwahrnehmung findet sich auch im Bereich der politischen Bildung. Offen bzw. umstritten ist allerdings, welche Konsequenzen aus diesen Entwicklungen zu ziehen sind. Geht die beobachtbare politische Distanz der Jugendlichen auch mit einer Distanz zur Demokratie einher, und wie ist es in der Folge dann um die gesellschaftliche Integration von Jugendlichen und um die Bereitschaft zur Übernahme von Verantwortung bestellt?

3.1 Jugendliche und Politik: Demokratie auf Distanz?

Das Verhältnis von Jugendlichen zur Politik ist traditionell auch eine der wichtigen Problemstellungen der Shell Jugendstudien (vgl. dazu 50 Jahre Shell Jugendstudie, Shell 2002). Im Mittelpunkt stand hierbei, jenseits spezifischer Schwerpunktsetzungen, immer die Frage, welches Verhältnis Jugendliche zur Demokratie und zu den prägenden gesellschaftlichen Strukturen einnehmen. Es geht demnach weder um Parteipolitik im engeren Sinne noch allein um Einstellungen und Meinungen zu tagespolitischen Fragestellungen. Bilanziert wird vielmehr, welche grundsätzliche Haltung Jugendliche gegenüber unserer gesellschaftlichen Wirklichkeit einnehmen, wie ihr Bezug auf Politik im engeren Sinne ist und in welcher Form sich Jugendliche ggf. aktiv in die Gesellschaft einbringen und sich beteiligen. Die 15. Shell Jugendstudie 2006 nimmt den Faden dieser Form von kontinuierlicher Berichterstattung zur gesellschaftlichen Integration von Jugendlichen wieder auf. Um eine Analyse im Trend zu ermöglichen, wird auch

> »Ich finde, Politik fängt an, wenn man sich für was einsetzt (...). Das kann vom Diskutieren gehen, bis dass man wirklich die Ärmel aufkrempelt und ein paar Kisten schleppt.«
> (Abiturientin, 19 Jahre)

Abb. 3.1 **Zeitreihe: Politisches Interesse**
Jugendliche im Alter von 15 bis 24 Jahren (in %)

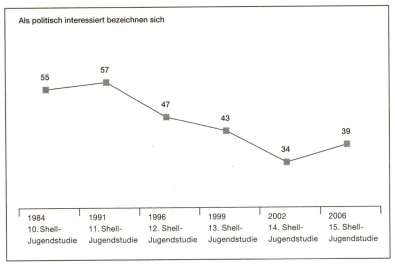

Shell Jugendstudie 2006 – TNS Infratest Sozialforschung

diesmal wieder auf bewährte Indikatoren der bisherigen Shell Jugendstudien zurückgegriffen.

3.1.1 Interesse an Politik

Die Selbsteinschätzung der Jugendlichen zu ihrem eigenen Interesse an Politik stellt inzwischen schon so etwas wie eine »Fieberkurve« zur Bedeutung und zum Stellenwert von Politik bei jungen Menschen dar (Abb. 3.1). Während es in den 80ern bis hinein in die 90er Jahre noch zum guten Ton gehörte, als junger Mensch politisch interessiert zu sein, so bröckelte diese Haltung spätestens seit Mitte der 90er Jahre kontinuierlich bis auf ein bei der letzten Shell Jugendstudie im Jahr 2002 gemessenen Tiefpunkt von nur noch 34 % aller Jugendlichen, die sich selber als politisch interessiert bezeichnen, ab (Altersgruppe von 15 bis 24 Jahren). Mit 39 % fällt das Ergebnis in der aktuellen Shell Jugendstudie für das Jahr 2006 nun wieder etwas höher aus. Es wäre jedoch verfrüht, dies bereits als echte Trendwende zu interpretieren. Vielmehr steht zu vermuten, dass die Talsohle von 2002 kaum noch unterboten werden konnte und sich stattdessen inzwischen ein Normalisierungsprozess vollzogen hat, dessen weiterer Verlauf jedoch noch nicht abzusehen ist. Bezieht man zusätzlich auch noch die 12- bis 14-Jährigen mit ein, so sind es mit 35 % nach wie vor nur etwas mehr als ein Drittel aller Jugendlichen, die sich heute als politisch interessiert bezeichnen (2002: 30 %). 5 % bezeichnen sich als stark interessiert und 30 % als interessiert, 40 % hingegen als wenig und 24 % als gar nicht interessiert.

Anhand einer von uns hierzu durchgeführten elaborierteren multivariaten

Analyse[8] (Abb. 3.2) wird sichtbar, dass es nach wie vor den besser gebildeten Jugendlichen, insbesondere dann, wenn sie selber aus einem politisch interessierten Elternhaus kommen, vorbehalten ist, sich als politisch interessiert zu charakterisieren. Im Einzelnen trifft dies vor allem auf Studierende mit 68 % politisch Interessierten zu. Bei den Jüngeren unterscheiden sich Gymnasiasten mit 39 % deutlich von Hauptschülern und auch von Realschülern mit jeweils 14 % artikuliertem politischen Interesse. Ähnlich wie bereits bezüglich der Bildungsaspiration und -beteiligung analysiert (vgl. dazu Kapitel 2), wird auch politisches Interesse von besser gebildeten und politisch interessierten Eltern auf ihre Kinder sozial vererbt. Typisch sind auch die für politisch interessierte Jugendliche charakteristischen wichtigsten Freizeitbeschäftigungen: »Bücher lesen«, sich »in Projekten, Initiativen oder Vereinen engagieren«, sich »künstlerisch betätigen«, aber auch »im Internet surfen«.

Bei älteren Jugendlichen, bzw. ab der Volljährigkeit und vor dem Hintergrund der damit einhergehenden wachsenden gesellschaftlichen Selbstverantwortung, steigt das politische Interesse dann insgesamt bis auf einen Anteil von 48 % bei den 22- bis 25-Jährigen an.

Mit 40 % bezeichnen sich über alle Altersgruppen hinweg nach wie vor deutlich mehr männliche Jugendliche im Vergleich zu 30 % bei den weiblichen Jugendlichen als politisch interessiert. Im Vergleich zu 2002 (37 % zu 23 %) hat sich diese Schere inzwischen allerdings etwas verkleinert. Eine ähnliche Differenz zeigt sich auch bei der Betrachtung eines anderen Indikators, der einen Hinweis auf die vorhandene politische Kompetenz vermittelt. Politiksendungen im Fernsehen schauen sich 24 % der männlichen Jugendlichen im Vergleich zu 16 % bei den weiblichen Jugendlichen »ziemlich oft« oder »fast jeden Tag« an. 50 % der männlichen Jugendlichen machen dies im Vergleich zu 56 % bei den weiblichen Jugendlichen »nur gelegentlich« und 25 % im Vergleich zu 28 % »nie«. Signifikante Trendveränderungen zwischen den Geschlechtern sind im Vergleich zum Jahr 2002 hier nicht feststellbar.

Aus der Sicht der Jugendlichen ist Politik demnach noch immer eher ein »Männerthema«. Gläubigkeit spielt insofern eine Rolle, als politisches Interesse weniger bei gottesgläubigen Jugendlichen, sondern eher bei der alles in allem recht kleinen Gruppe derjenigen, die nicht an einen persönlichen Gott, sondern eher an eine überirdische Macht glauben, etwas häufiger angegeben wird (zum Thema Religiosität, vgl. Kapitel 6).

Auch dies unterstreicht, dass es sich bei den politisch Interessierten um eine besondere Gruppe handelt, die nicht den Mainstream der Jugendlichen darstellt.

Im Trend betrachtet sind die dargestellten Zusammenhänge im Vergleich zur letzten Shell Jugendstudie in etwa stabil geblieben. Der festgestellte Anstieg im politischen Interesse hat nichts daran geändert, dass sich vorrangig Jugendliche aus eher intellektuelleren Milieus mit Politik identifizieren können.

---

[8] Bei multivariaten Analysen werden die Effekte verschiedener Merkmale (unabhängige Variablen) auf eine Ausprägung (abhängige Variable) im Zusammenhang getestet. Auf diese Weise besteht die Möglichkeit, den Einfluss bestimmter Merkmale unabhängig von möglichen Korrelationen mit anderen Variablen zu beurteilen. Damit können die Merkmale, die unabhängig voneinander wirksam sind, identifiziert werden.

Abb. 3.2 Zusammenhangsanalyse[1]: Interesse an Politik nach signifikanten persönlichen und sozialen Merkmalen Jugendliche im Alter von 12 bis 25 Jahren

%-Angaben (pro Zeile)	stark interessiert / interessiert	weniger / gar nicht interessiert
gesamt	35	65
Politisches Interesse der Eltern		
stark interessiert	66	34
interessiert	44	57
weniger interessiert	21	79
gar nicht interessiert	15	85
Sozialer Status		
Hauptschüler[2]	14	86
Realschüler[2]	14	86
Gymnasiasten	39	61
Studierende	68	32
Genannte Haupt-Freizeitbeschäftigungen		
Bücher gelesen	48	52
im Internet gesurft	41	58
in Projekt / Initiative / Verein engagiert	53	47
sich künstlerisch betätigt	48	52
Alter		
12 bis 14 Jahre	16	84
15 bis 17 Jahre	26	74
18 bis 21 Jahre	41	59
22 bis 25 Jahre	48	52
Geschlecht		
männlich	40	60
weiblich	30	70
Glaube		
persönlicher Gott[3]	35	65
überirdische Macht	46	54
weiß nicht so recht[3]	28	72
keine (Gottes-)Gläubigkeit[3]	34	66

1 Der Zusammenhang wurde multivariat anhand einer logistischen Regression auf die Kriteriumsvariable »Interesse an Politik« getestet. Einbezogene Prädiktoren: Alter, Geschlecht, alte/neue Länder, Siedlungsstrukturtyp (BIK-Typ), Nationalität, Glaube, schulischer-beruflicher Status, Bildungsrisiko (Risiko, den Schulabschluss nicht zu erreichen/bildungsbedingte Einschränkungen bei der Berufswahl), politisches Interesse der Eltern, Erziehungsstil der Eltern, Cliquenzugehörigkeit, Cliquen-Leaderschaft, benannte häufigste Freizeitaktivitäten. In der Tabelle wurden zur besseren Veranschaulichung die im Rahmen der Logit-Analyse als signifikant getesteten Merkmalsausprägungen ($p < 0,05$) bivariat in % ausgewiesen.
2 Merkmalsausprägung ist nur signifikant, wenn im Modell auf den hier hoch konfundierten Prädiktor Alter verzichtet wird. (Referenzkategorie: in Ausbildung)
3 Ausprägung nicht signifikant.

Shell Jugendstudie 2006 – TNS Infratest Sozialforschung

Abb. 3.3 »Links-rechts«-Positionierung
Jugendliche im Alter von 15 bis 25 Jahren (in %)
Auf einer Skala von 0 = links bis 10 = rechts ordnen sich ein (in %)

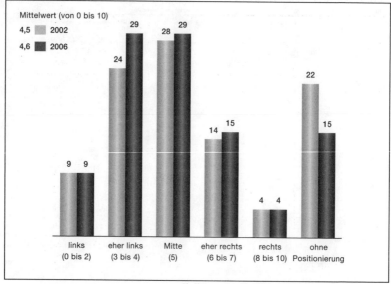

Shell Jugendstudie 2006 – TNS Infratest Sozialforschung

3.1.2 »Links-rechts«-Positionierung und Verhältnis zu den Parteien

Traditionellerweise wird in Deutschland anhand der Begrifflichkeiten »links« und »rechts« sowohl eine politische Standortbestimmung als auch eine Form von weltanschaulicher Positionierung vorgenommen. Eine entsprechende Abfrage gehört von daher für viele empirischer Studien, die sich dieser Thematik widmen, zum Standardrepertoire.[9]

Nach den Ergebnissen der innerhalb der Shell Jugendstudie eingesetzten Einstufungsskala von 0 = links bis 10 = rechts ordnen sich die Jugendlichen dem eigenen Selbstverständnis nach im Durchschnitt ein wenig links von der Mitte ein (Abb. 3.3). Mit einem Mittelwert von 4,5 auf der erhobenen Skala (Skalenmittelpunkt = 5) entspricht dies bei Berücksichtigung der üblichen Zufallsschwankungen in etwa dem im Jahre 2002 gemessenen Wert von 4,6. Der Abgleich mit den Ergebnissen der kontinuierlichen ALLBUS-Umfrage (Allgemeine Bevölkerungsumfrage der Sozialwissenschaften) ergibt, dass sich die Jugendlichen damit in der zentralen Tendenz[10] nach wie vor, wenn auch nur geringfügig weiter links als die Gesamtbevölkerung, einstufen.

---

[9] Vgl. dazu z.B. die seit 1980 regelmäßig im 2-Jahres-Rhythmus durchgeführte ALLBUS-Umfrage (ZUMA, Mannheim) oder auch den DJI-Jugendsurvey (Deutsches Jugendinstitut, München).

Abb. 3.4 Kompetenzzuweisung
»Welche der folgenden Parteien kann Ihrer Meinung nach die Probleme in Deutschland am besten lösen?«
Jugendliche im Alter von 15 bis 25 Jahren

%-Angaben	2002 gesamt	15 bis 17 Jahre	18 bis 21 Jahre	22 bis 25 Jahre	2006 gesamt	15 bis 17 Jahre	18 bis 21 Jahre	22 bis 25 Jahre
CDU/CSU	16	15	16	19	20	18	20	20
SPD	18	18	18	18	18	20	18	17
B90/Grüne	4	3	5	4	6	6	7	5
FDP	2	2	2	3	3	1	2	5
Linkspartei/PDS	2	2	1	2	3	3	4	3
Rep/NPD/DVU	1	1	1	1	1	1	1	1
andere	1	1	1	1	2	1	2	2
keine Partei	40	37	42	39	41	39	41	44
keine Angabe	15	20	13	13	6	11	5	3

Shell Jugendstudie 2006 – TNS Infratest Sozialforschung

Interessant ist, dass im Vergleich zur letzten Shell Jugendstudie der Anteil der Jugendlichen, die sich innerhalb des Links-rechts-Schemas nicht einordnen können oder wollen, rückläufig ist. Waren es 2002 noch 22 % der 15- bis 25-Jährigen, die sich nicht positionieren wollten, so sind es im Jahr 2006 nur noch 15 % gewesen, die hier keine Angabe gemacht haben. Etwa ein Viertel von diesen 15 % gab auf Nachfrage an, dass sie ihre politische Meinung generell nicht offen legen wollen. Jeder Zweite, also knapp 18 % aller Jugendlichen, gab hingegen an, die eigene politische Meinung zwischen rechts und links nicht richtig einordnen zu können. Dem restlichen Viertel, also in etwa knapp 4 % aller Jugendlichen, war die Begrifflichkeit generell fremd oder unbekannt. Rechts und links stellen demnach noch immer für die Mehrheit der Jugendlichen nachzuvollziehende Kategorien dar, anhand deren sie ihre eigene Meinung politisch verorten können (vgl. dazu auch Wächter, DJI 2005). Ohne Positionierung sind leicht überproportional Schüler aus der Haupt- und Realschule, Personen mit geringerem Politikinteresse bzw. ganz generell etwas mehr Jugendliche aus den alten Bundesländern (16 % im Vergleich zu 8 % der Jugendlichen aus den neuen Bundesländern).

Extreme Positionen am rechten bzw. linken Ende der Skala werden nur von einer Minderheit der Jugendlichen artikuliert. In den neuen Bundesländern ist der Anteil bei den Linken (Einstufung von 0 bis 2) mit 13 % im Vergleich

[10] Die im ALLBUS genutzte Skala (gerade Skalierung, Wertebereich 1 bis 10) weicht von der traditionellerweise in der Shell Studie vorgegebenen ungeraden Skalierung (Wertebereich 0 bis 10) etwas ab, sodass die Mittelwerte nicht unmittelbar, sondern nur in der Tendenz verglichen werden können.

zu 9 % in den alten Bundesländern leicht höher ausgeprägt. Bei den sich selber als rechts bezeichnenden Jugendlichen (Einstufung 8 bis 10) ergeben sich hingegen mit jeweils 4 % an dieser Stelle keine Unterschiede.

In Bezug auf das Verhältnis zu den Parteien hat sich ebenfalls seit der letzten Shell Jugendstudie keine Trendwende ergeben. Gefragt haben wir danach, welche Partei nach Meinung der Jugendlichen die Probleme in Deutschland am besten lösen kann (Abb. 3.4). 41 % der Jugendlichen (Altersgruppe 15 bis 25 Jahre) geben hierzu an, dass dies aus ihrer Sicht auf keine der Parteien zutrifft. Weitere 6 % machen hierzu keine Angaben. 2002 waren es ebenfalls 40 % der Jugendlichen, die keiner der Parteien eine entsprechende Lösungskompetenz zuordneten, während 15 % keine Angabe machen konnten oder wollten. In etwa 20 % tendieren zur CDU oder CSU, 18 % zur SPD, 6 % zu den Grünen, 3 % zur FDP, weitere 3 % zur PDS/Linkspartei und 1 % zu rechtsradikalen Parteien.

Die Veränderungen bezüglich der Kompetenzzuweisung an die einzelnen Parteien sollten im Vergleich zur Erhebung von 2002 nicht überbewertet werden. Es ist zu beachten, dass es sich hierbei nicht um die sog. Sonntagsfrage handelt, also die Frage, welche Partei, wenn am nächsten Sonntag Bundestagswahl wäre, von den Befragten gewählt werden würde. Auf der anderen Seite widerspiegeln die Ergebnisse jedoch durchaus den bundesweiten Trend, der bei der letzten Bundestagswahl von 2005 zur Bildung einer großen Koalition von CDU/CSU und SPD geführt hat. Insgesamt gilt jedoch, dass die Jugendlichen in ihrer Parteienaffinität eher offen und noch wenig festgelegt sind. Auch hierfür spricht der große Anteilswert von Jugendlichen, die keiner Partei eine Lösungskompetenz zuweisen.

3.1.3 Einstellungen zu Demokratie und Gesellschaft

Das auch in der aktuellen Shell Jugendstudie bestätigte nach wie vor relativ geringe Interesse von Jugendlichen an Politik wird in der öffentlichen Diskussion als ein Indikator für eine vorhandene Distanz zur Demokratie und damit zu den grundlegenden Regeln in unserer modernen Gesellschaft interpretiert. Ganz grundsätzlich sind diese Befürchtungen auch nicht von der Hand zu weisen. Fehlendes Interesse an Politik und Distanz zu den Parteien als den zentralen Instanzen der politischen Willensbildung und -gestaltung in Deutschland ist für eine parlamentarische Demokratie auf Dauer kein tragfähiger Zustand. Politikverdrossenheit fördert weder die Konsensbildung und die politische Handlungsfähigkeit, noch kann davon ausgegangen werden, dass die gesellschaftliche Integration der Jugendlichen insgesamt davon auf Dauer unberührt bleiben kann.

Demokratiezufriedenheit

Die Erhebungsergebnisse zur Frage der Zufriedenheit mit der Demokratie, so, wie sie alles in allem heute in Deutschland besteht, bestätigen dann auch den durchaus problematischen Akzent, der mit einem fehlenden Interesse an Politik bei Jugendlichen verbunden sein kann (Abb. 3.5). Im Vergleich zur letzten Shell Jugendstudie von 2002 hat sich das Potenzial der unzufriedenen Jugendlichen in den alten Bundesländern von damals 29 % auf inzwischen 34 % erhöht, während es in den neuen Bundesländern mit 57 % sogar nach wie vor die Mehrheitsmeinung darstellt.

Die unterschiedliche Zufriedenheit mit den Lebensverhältnissen in Deutschland bei Jugendlichen aus den alten und neuen Bundesländern markiert das Problem, das sich hinter diesem Antwortverhalten verbirgt. Genau, wie bereits in der letzten Shell Jugendstudie gezeigt, gilt auch diesmal wieder, dass fehlende Zufriedenheit mit der Demokratie in Deutschland signifikant mit prekären Lebenslagen und eingeschränkten gesellschaftlichen Chancen verbunden ist. Die Zusammenhangsanalyse (Abb. 3.6) zeigt, dass sich überproportional häufig Arbeitslose (59 %) bzw. Jugendliche, die mit ihrer schulischen/beruflichen Lage unzufrieden sind (54 %), distanziert zu den Verhältnissen in Deutschland äußern. Überproportional häufig trifft dies auch auf Jugendliche aus dem ländlichen Raum (53 %), und hierbei insbesondere in den neuen Bundesländern zu.

Hinzu kommen Jugendliche, die in Haushalten leben, in denen das verfügbare Haushalts-Nettoeinkommen in der Regel nicht ausreichend ist (47 %). Ebenfalls signifikant für eine artikulierte Unzufriedenheit sind häufiger Streit (59 %) bzw. Meinungsverschiedenheiten mit den Eltern (51 %).

Etwas aus dem Rahmen fallen an dieser Stelle Jugendliche mit nicht deutscher Nationalität. Mit 76 % ist eine deutliche Mehrheit der ausländischen Jugendlichen in Deutschland mit der Demokratie alles in allem eher bzw. sehr zufrieden. Dieser Tatbestand ist insofern bemerkenswert, als dass, wie später noch gezeigt werden wird, ausländische Jugendliche überproportional häufig im Alltag Diskriminierungen ausgesetzt sind. Die Bedeutung von Demokratie scheint, unabhängig von deren aktueller sozialer Lage, bei ausländischen Jugendlichen entsprechend höher bewertet zu werden.

Abb. 3.5 Zufriedenheit mit der Demokratie in Deutschland
Jugendliche im Alter von 15 bis 25 Jahren (in %)

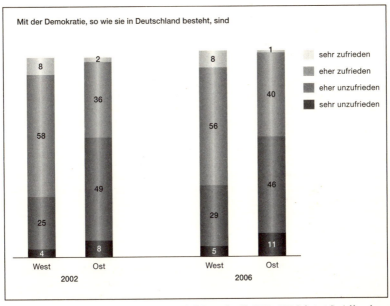

Shell Jugendstudie 2006 – TNS Infratest Sozialforschung

Abb. 3.6 Zusammenhangsanalyse[1]: Unterschiede in der Demokratiezufriedenheit nach signifikanten persönlichen und sozialen Merkmalen

Jugendliche im Alter von 15 bis 25 Jahren

%-Angaben (pro Zeile)[2]	sehr/eher zufrieden	eher/sehr unzufrieden
gesamt	59	38
Region		
West	64	34
Ost	41	57
Sozialer Status		
Arbeitslose[3]	38	59
Gymnasiasten	67	31
Studierende	77	22
Unzufriedenheit mit der schulischen/ beruflichen Lage	42	54
Zurechtkommen mit dem verfügbaren HH-Einkommen		
sehr gut/gut	64	33
mittelmäßig	57	41
schlecht/sehr schlecht	50	47
Siedlungsstrukturtyp		
Ballungsräume (Kern und Rand)	61	37
Oberzentren (Kern und Rand)	65	33
Verdichtungsansätze	55	41
ländlicher Raum	46	53
Verhältnis zu den Eltern		
häufig Meinungsverschiedenheiten	49	51
ständig Streit	39	59
Nationalität		
Ausländer	76	19

1 Der Zusammenhang wurde multivariat anhand einer logistischen Regression auf die Kriteriumsvariable »Zufriedenheit mit der Demokratie« getestet. Einbezogene Prädiktoren: Alter, Geschlecht, alte/neue Länder, Siedlungsstrukturtyp (BIK-Typ), Nationalität, Glaube, schulisch/beruflicher Status, Bildungsrisiko (Risiko, den Schulabschluss nicht zu erreichen/bildungsbedingte Einschränkungen bei der Berufswahl), Unzufriedenheit mit der schulisch/beruflichen Lage, Verhältnis zu den Eltern, Erziehungsstil der Eltern, Cliquen-Zugehörigkeit, Cliquen-Leaderschaft, Zurechtkommen mit dem Haushaltseinkommen. In der Tabelle wurden zur besseren Veranschaulichung die im Rahmen der Logit-Analyse als signifikant getesteten Merkmalsausprägungen ($p < 0,05$) bivariat in % ausgewiesen.
2 Fehlende zu 100 = keine Angabe.
3 Das Merkmal Arbeitslos ist innerhalb der multivariaten Analyse nicht signifikant, da es hoch mit anderen Merkmalen; so z.B. Unzufriedenheit mit der schulischen/beruflichen Lage und Zurechtkommen mit dem Haushaltsnettoeinkommen korreliert ist.

Shell Jugendstudie 2006 – TNS Infratest Sozialforschung

Alternativ haben wir gefragt, wie die Jugendlichen die Demokratie ganz grundsätzlich als Staatsform betrachten (Abb. 3.7). In diesem Fall gibt mit 82 % in den alten und 73 % in den neuen Bundesländern die absolute Mehrheit an, dass sie unser System für eine gute Staatsform erachtet. Insbesondere in den neuen Bundesländern ist der Anteil bei den Jugendlichen im Vergleich zur letzten Shell Jugendstudie sogar noch weiter angestiegen. Nur 9 % der Jugendlichen in den alten Ländern und 14 % in den neuen Bundesländern halten hingegen die Demokratie für eine nicht so gute Staatsform. 10 % bzw. 13 % haben hierzu keine Meinung.

Bei den demokratiekritischen Jugendlichen haben wir nachgefragt, welche Alternativen von ihnen bevorzugt würden. 42 % von dieser Gruppe, sprich knapp 8 % in den alten Bundesländern insgesamt, und 36 %, also knapp 10 % der Jugendlichen in den neuen Bundesländern, sehen zur Demokratie trotz ihrer kritischen Haltung keine Alternative. Einen »starken Mann« oder eine starke Partei, die alleine regiert, fordern insgesamt knapp 4 % in den alten Bundesländern und ebenfalls knappe 4 % in den neuen Bundesländern. Für ein sozialistisches System sprechen sich hingegen nicht einmal 1 % in den alten Bundesländern und etwas über 6 % der Jugendlichen aus den neuen Bundesländern aus. Die restlichen Jugendlichen haben hierzu keine Meinung.

Von daher überrascht es nicht, dass, ähnlich wie bei der letzten Shell Jugendstudie, Jugendliche vorrangig den unabhängigen Institutionen in einem demokratischen Rechtsstaat, wie etwa den

Abb. 3.7 **Akzeptanz der Demokratie als Staatsform**
Jugendliche im Alter von 15 bis 25 Jahren (in %)

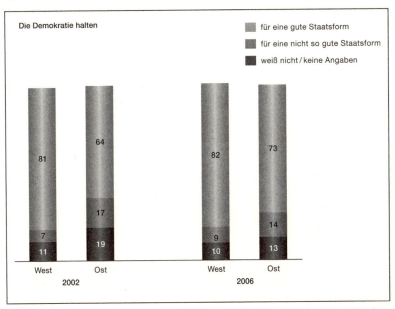

Shell Jugendstudie 2006 – TNS Infratest Sozialforschung

Gerichten oder der Polizei und interessanterweise auch der Bundeswehr, eher Vertrauen entgegenbringen (Abb. 3.8). Die Zustimmungswerte bei dem von uns abgefragten Vertrauen in Institutionen sind in diesem Fall am höchsten ausgeprägt.

Vergleichbares gilt für Umwelt- und Menschenrechtsgruppen bzw. auch für internationale Instanzen wie die Vereinten Nationen oder auch die Europäische Union. Eher gespalten, weder positiv noch negativ, ist das Verhältnis zu den Gewerkschaften oder auch gegenüber Bürgerinitiativen. Negativ werden hingegen auch diesmal wieder die Bundes-

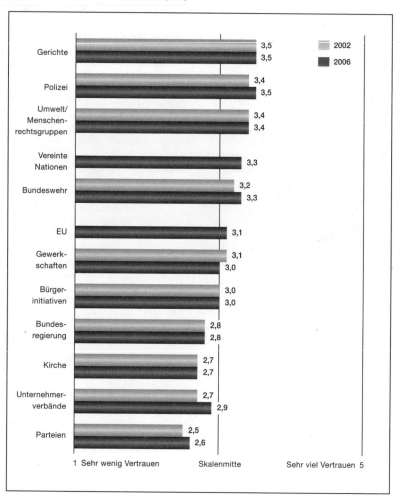

Abb. 3.8 **Vertrauen in gesellschaftliche Gruppierungen und Institutionen**
Jugendliche im Alter von 15 bis 25 Jahren (in %)

Shell Jugendstudie 2006 – TNS Infratest Sozialforschung

regierung, generell Parteien bzw. Unternehmerverbände und auch die Kirchen bewertet. Das Institutionenvertrauen ist gegenüber diesen Gruppierungen unterdurchschnittlich ausgeprägt. In der Tendenz zeigen sich gegenüber den Ergebnissen der letzten Shell Jugendstudie an dieser Stelle allerdings keine großen Veränderungen.

Ein ganz ähnliches Ergebnis zeigt schließlich auch die bereits in der letzten Shell Jugendstudie eingesetzte Skala (Abb. 3.9) mit einigen in der empirischen Politikforschung klassischen Items zum Demokratiekonzept und zum Bezug auf Politik (Kaase/Klingemann 1979, Allerbeck/Hoog 1985, Fuchs 1989 oder Gille/Krüger 2000).

Prägend sind zum einen die sowohl bei den Jugendlichen aus den alten Ländern als auch bei den Jugendlichen aus den neuen Bundesländern anzutreffenden, überproportional hohen Zustimmungswerte zu den Grundprinzipien einer demokratischen Gesellschaft. Grundlegende »Spielregeln« einer parlamentarischen Demokratie, sei es das Recht auf freie Meinungsäußerung oder auch das Prinzip von Regierung und politischer Opposition, sind von der absoluten Mehrheit in Ost und West internalisiert und gelten als selbstverständlich.

Auffällig ist, dass die Zustimmung zur Aussage, dass es »in der Demokratie die Pflicht jeden Bürgers ist, sich regelmäßig an Wahlen zu beteiligen«, bei den Jugendlichen im Jahre 2006 mit einem Zustimmungsgrad von 4,5 Punkten auf der eingesetzten Skala von 1 bis 6 im Vergleich zu 3,9 Punkten bei der vorherigen Shell Jugendstudie von 2002 signifikant angestiegen ist. Ansonsten sind alle Ergebnisse im Trend betrachtet stabil. Die Zustimmung zur sog. Wahlnorm hat bei der diesjährigen Shell Jugendstudie ein vergleichbar hohes Ausprägungsniveau, wie auch die anderen Abfragen zu den Demokratienormen. Betrachtet man allerdings die tatsächliche Wahlbeteiligung zum Beispiel bei den Bundestagswahlen von 2002 und 2005, so ist diese bei allen Wahlberechtigten von 79,6 % auf 78,3 % und bei den Wahlberechtigten von 18 bis 20 Jahren von 70,2 % auf 70 % sowie bei den 21- bis 24-Jährigen von 68,1 % auf 66,5 % gesunken (Namislo/Schorn 2006). Nach wie vor weisen jüngere Menschen eine geringere Wahlbeteiligung aus, und es gibt keinerlei Hinweise, dass sich dies im Trend bei den verschiedenen Wahlen verändern würde. Wir interpretieren die gewachsene Zustimmung zur Wahlnorm von daher als Ausdruck für das grundsätzliche Wissen über die Bedeutung von staatsbürgerlichen Pflichten und über den fundamentalen Stellenwert von Wahlen in einem demokratisch verfassten Gemeinwesen. Inwieweit diese Einsicht in die Notwendigkeit dann auch zu einer angemessen hohen Wahlbeteiligung führt, steht allerdings auf einem anderen Blatt.

Vergleichsweise hoch ausgeprägt sind aber auch die Indikatoren, die für die sog. Politikverdrossenheit in Deutschland stehen. Dies gilt zum Beispiel für die Aussagen, dass »Politiker nur daran interessiert sind, gewählt zu werden, und nicht daran, was die Wähler wirklich wollen« (4,5 Zustimmungspunkte), bzw. dass es »nur wenige Mächtige gibt und alle anderen keinen Einfluss darauf haben, was die Regierung wirklich tut« (4,4 Zustimmungspunkte). Die Aussage, dass eine starke Hand mal wieder Ordnung in unseren Staat bringen müsste, ist bei den Jugendlichen umstritten. Eine Hälfte stimmt eher zu, die andere Hälfte lehnt dies eher ab. Im Zusammenhang betrachtet verbirgt sich hinter dieser Aussage jedoch auch bei denjenigen, die zustimmen, keine generelle Absage an die Demokratie, sondern vorrangig der Wunsch nach Veränderung im Sinne einer Verbesserung der eigenen Lebensbedingungen.

Abb. 3.9 Demokratiekonzept und Einstellungen zur Politik
Jugendliche im Alter von 15 bis 25 Jahren

Mittelwerte	2002 Bund	West	Ost	2006 Bund	West	Ost
▪ Jeder sollte das Recht haben, für seine Meinung einzutreten, auch wenn die Mehrheit anderer Meinung ist	5,0	5,0	5,0	5,2	5,1	5,3
▪ Jeder Bürger hat das Recht, für seine Überzeugung auf die Straße zu gehen	5,0	5,0	5,0	5,2	5,1	5,3
▪ Eine lebensfähige Demokratie ist ohne politische Opposition nicht denkbar	4,7	4,8	4,6	4,8	4,8	4,7
▪ In der Politik sollten mehr junge Leute was zu sagen haben	–	–	–	4,8	4,7	5,0
▪ Die Politiker sind nur daran interessiert, gewählt zu werden und nicht daran, was die Wähler wirklich wollen	4,4	4,4	4,6	4,5	4,4	4,5
▪ In jeder Demokratie ist es die Pflicht jedes Bürgers, sich an den Wahlen zu beteiligen	3,9	4,0	3,5	4,5	4,6	4,4
▪ Auch wer in einer politischen Auseinandersetzung Recht hat, sollte einen Kompromiss suchen	4,3	4,3	4,3	4,4	4,3	4,5
▪ Ich glaube nicht, dass sich die Politiker darum kümmern, was Leute wie ich denken	4,3	4,2	4,4	4,4	4,3	4,5
▪ Der Bürger verliert das Recht zu Streiks und Demonstrationen, wenn er damit die öffentliche Meinung gefährdet	4,3	4,4	4,2	4,2	4,2	4,1
▪ Bei uns gibt es nur wenig Mächtige, alle anderen haben nur wenig Einfluss darauf, was die Regierung wirklich tut	3,9	3,9	4,0	4,1	4,0	4,1
▪ Parteipolitik ödet mich an	3,9	3,9	3,9	3,8	3,8	3,8
▪ Politik finde ich zu kompliziert	3,7	3,6	3,8	3,7	3,7	3,7
▪ Eine starke Hand müsste mal wieder Ordnung in unseren Staat bringen	3,5	3,4	3,8	3,6	3,5	4,1
▪ Ich verstehe eine Menge von Politik	2,6	2,6	2,5	2,7	2,7	2,7
▪ In jeder Gesellschaft gibt es Konflikte, die nur mit Gewalt gelöst werden können	2,0	2,0	2,1	1,9	1,8	1,9

Mittelwerte von 1 = trifft überhaupt nicht zu bis 6 = trifft voll und ganz zu (Skalenmitte = 3,5)

Shell Jugendstudie 2006 – TNS Infratest Sozialforschung

Abb. 3.10 **Typologie: Bezug von Jugendlichen auf Demokratie und Politik**
Jugendliche im Alter von 15 bis 25 Jahren (Ergebnisse in %)

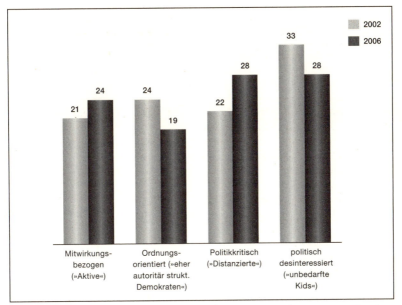

Shell Jugendstudie 2006 – TNS Infratest Sozialforschung

Typologisierung

Wir haben auch diesmal wieder, genau wie in der letzten Shell Jugendstudie, den Bezug von Jugendlichen auf Politik und Gesellschaft anhand der Skala zum Demokratiekonzept und zur Politik typisiert.[11] Danach sind gegenwärtig mit 24 % im Vergleich zu 21 % im Jahr 2002 in etwa ein Viertel der Jugendlichen (Altersgruppe 15 bis 25 Jahre) zu den mitwirkungsbezogenen »Aktiven« zu zählen. Zu den ordnungsorientierten, eher »autoritär strukturierten« Demokraten gehören 19 % im Vergleich zu 24 %, politikkritisch distanziert sind 28 % im Vergleich zu 22 %, während zu den politisch desinteressierten, eher unbedarften Kids 28 % im Vergleich zu 33 % der Jugendlichen bei der letzten Shell Jugendstudie gehören (Abb. 3.10). Die vorhandenen Veränderungen in den quantitativen Ausprägungen markieren das leicht gestiegene Interesse an Politik. Interessant ist allerdings, dass diese Entwicklung trotzdem mit einer weiteren Zunahme der politikkritisch distanzierten Jugendlichen einhergeht. Die Distanz der Jugendlichen zum »politischen Establishment« bleibt demnach bestehen.

11 Die 14 Items der einbezogenen Skala (vgl. Abb. 3.9: ohne »In der Politik sollten mehr junge Leute was zu sagen haben«) wurden anhand einer Faktorenanalyse zu 4 Typen verdichtet. Im Anschluss daran wurden die Jugendlichen anhand einer Clusteranalyse diesen 4 Typen zugeordnet (zum Verfahren vgl. 14. Shell Jugendstudie, Kapitel 3: Schneekloth 2002). Um den Trend besser abbilden zu können, wurden für die Analyse die Stichproben der letzten beiden Jugendstudien zusammengeführt und gemeinsam typisiert.

Abb. 3.11 **Demokratienormen, subjektive politische Kompetenz und Politikverdruss**

Jugendliche im Alter von 15 bis 25 Jahren

Mittelwerte	Mitwirkungs-bezogen	Ordnungs-orientiert	Politik-kritisch	Desinter-essiert
Akzeptanz Demokratienorm	5,2	3,9	4,6	4,7
subjektive politische Kompetenz	4,1	3,3	2,9	2,0
Politikverdruss	3,4	3,9	5,2	4,0

Skalierung: 1 = trifft überhaupt nicht zu bis 6 = trifft voll und ganz zu (Skalenmitte = 3,5).

Shell Jugendstudie 2006 – TNS Infratest Sozialforschung

Hinsichtlich der Zusammensetzung der Gruppen ergeben sich im Trend erwartungsgemäß keine relevanten Veränderungen. Die mitwirkungsbezogenen Jugendlichen sind etwas älter und rekrutieren sich nach wie vor mehrheitlich aus Studierenden und Gymnasiasten. Mit 60 % ist ein überproportionaler Anteil männlich. Die ordnungsorientierten Jugendlichen verteilen sich hingegen gleichmäßiger über die verschiedenen Statusgruppen. Auch in diesem Fall gehören mit 58 % mehr männliche Jugendliche zu dieser Gruppe.

Zu den politikkritischen Jugendlichen zählen häufiger Erwerbstätige oder auch Arbeitslose. Geschlechtermäßig ist die Gruppe hingegen relativ ausgeglichen zusammengesetzt. Die politisch desinteressierten Jugendlichen sind in der Regel noch jünger. Überproportional häufig gehören hierzu Haupt- und Realschüler sowie ebenfalls überproportional häufig weibliche Jugendliche.

Die Typologie stützt sich auf drei unterschiedliche Dimensionen, die in der von uns für die Befragung genutzten

»Ich denke, wenn es ein gesundes Gemisch ist, ist es besser, als wenn eins nur ist. Dass die auch untereinander mal ein bissel hart diskutieren, weil da jeder eine eigene Meinung hat und jeder seins vertritt und es besser ist, als wenn alles nur rot gemalt oder schwarz gemalt wird.« (Angestellte, 25 Jahre)

Skala verankert sind. Herangezogen wurden acht Items mit Demokratienormen, vier Items zur Politikverdrossenheit sowie zwei Items zur Bewertung der eigenen politischen Kompetenz. Da alle Items der jeweiligen Dimensionen erwartungsgemäß miteinander korrelieren, lassen sich diese auch in Form von Indices darstellen (vgl. Abbildung 3.9).[12] Der Index »Demokratienorm« misst den Grad der Zustimmung zu zentralen Prinzipien der Demokratie, der Index »Subjektive politische Kompetenz« misst die Selbsteinschätzung hinsichtlich des vorhandenen politischen Interesses (»politischer Durchblick«) und der Index »Politikverdruss« den Grad der Distanz zur Politik (Abb. 3.11).

Wertet man die Indices im Vergleich der typisierten vier Gruppen von Jugendlichen aus, so zeigt sich, dass die Akzep-

[12] Hierzu wurden die jeweils abgefragten Zustimmungswerte (Wertebereich von 1 bis 6) pro Dimension addiert und danach durch die jeweilige Anzahl der Items dividiert.

tanz von Demokratienormen nicht nur, wie zu erwarten war, bei den mitwirkungsbezogenen Jugendlichen entsprechend hoch ausgeprägt ist, sondern dass sowohl die desinteressierten als auch die politikkritisch distanzierten Jugendlichen hohe Zustimmungswerte angegeben haben. Politische Distanz oder fehlendes Interesse sind demnach nicht mit einer ablehnenden Haltung gegenüber Demokratienormen verbunden.[13] Am geringsten fällt die Zustimmung bei den ordnungsorientierten Jugendlichen aus. Auch diese Gruppe stimmt mehrheitlich mit den Demokratienormen überein, orientiert sich allerdings hierbei stärker an eher autoritären Normen, wie etwa der, dass eine »starke Hand mal wieder Ordnung in unseren Staat« bringen müsste.[14] Wichtig ist jedoch, dass auch von dieser Gruppe die demokratischen Grundprinzipien nicht grundsätzlich in Frage gestellt werden.

Subjektive politische Kompetenz reklamieren nur die mitwirkungsbezogenen Jugendlichen mehrheitlich für sich. Die drei anderen Gruppen sehen sich hingegen als weitaus weniger interessiert an.[15] Politikverdruss kombiniert sich schließlich eher mit geringerer subjektiver politischer Kompetenz, sprich fehlendem politischen Interesse.

Politikverdrossenheit prägt demnach auch weiterhin das Bild und paart sich, wie vorab gezeigt, bei einem Teil der Jugendlichen insbesondere aus den neuen Bundesländern, mit einer Kritik an den gesellschaftlichen Lebensverhältnissen. Die Jugendlichen beobachten die Entwicklung, formulieren ihre Ansprüche und artikulieren ihren Unmut in Gestalt einer auch weiterhin hohen Distanz zum politischen System.[16] Dies darf jedoch nicht als Absage an Demokratie und, wie im späteren Verlauf noch gezeigt werden wird, als Absage an gesellschaftlichsoziale Aktivitäten verstanden werden.

Präferierte zukünftige gesellschaftliche Gestaltungsfelder

Als wichtigstes zukünftiges gesellschaftliches Handlungsfeld (bis zu 3 Nennungen waren möglich: Abb. 3.12) wird von 78 % der Jugendlichen der Bereich Arbeitsmarkt bezeichnet. Immerhin 53 % verweisen auf den Bereich Kinder und Familie, 42 % auf Bildung und 40 % auf Altersversorgung.

Veränderungen im Gesundheitssystem werden von 30 %, Verbesserungen bei den wirtschaftlichen Rahmenbedingungen von 24 %, der Umweltschutz von 14 %, der Bereich innere Sicherheit von 9 % und sonstige Bereiche von 2 % der Jugendlichen genannt. Auffällig ist die nochmalige Zunahme der Bedeutung der Sicherung von Arbeitsplätzen. Den Jugendlichen brennt vor allen Dingen dieses Thema unter den Nägeln. Ihr Bezug auf Politik und Gesellschaft wird maßgeblich durch die Möglichkeit, adäquate Arbeitsplätze zu besetzen, geprägt. Interessant ist aber die vergleichsweise hohe Bedeutung, die den Feldern Kinder und Familie sowie

---

[13] Zu einem ähnlichen Ergebnis führt auch eine statistische Signifikanzanalyse zwischen den Indices »Demokratienorm« und »Politikverdruss«. Beide Dimensionen sind mit einem Korrelationskoeffizienten von −0,08 wider Erwarten nur äußerst schwach negativ miteinander korreliert.
[14] Die Items »starke Hand« sowie »Gewalt« sind spiegelbildlich in den Index »Demokratienorm« eingegangen (trifft überhaupt nicht zu = 6, vice versa).
[15] »Demokratienorm« und »Subjektive politische Kompetenz« korrelieren mit einem Koeffizienten (Bravais-Pearson) von 0,12 und »Politikverdruss« und »Subjektive politische Kompetenz« mit −0,37.
[16] Gaiser, Gille, de Rijke und Sardei-Biermann kommen anhand des DJI-Jugendsurveys zu einem ähnlichen Ergebnis und charakterisieren die Jugendlichen als »kritische Demokraten« (Gaiser et. al 2005).

Altersversorgung zugemessen wird. Auch in diesen Bereichen muss sich Gesellschaftspolitik aus der Sicht der Jugendlichen bewähren.

Eine hohe Zustimmung findet die Aussage, dass in der Politik mehr junge Leute etwas zu sagen haben sollten. Hierfür spricht sich die große Mehrheit der Jugendlichen aus (Zustimmung von 4,8 auf einer Skala von 1 bis 6: vgl. Abbildung 3.9). Dem Wunsch nach einem allgemeinen Wahlrecht bereits ab 16 Jahren stimmt hingegen mit 22 % nach wie vor

»Die Jugend hat halt noch nicht so viel Einfluss. Obwohl es immer heißt, die Jugend ist doch unsere Zukunft, wird da aber nicht viel gemacht, leider.« (Angestellte, 22 Jahre)

nur eine Minderheit von Jugendlichen zu. Jeder zweite Jugendliche hält dies für keine gute Idee, und einem weiteren Viertel ist dies eher egal (Abb. 3.13).

Diese ablehnende Haltung verteilt sich quer über die verschiedenen Gruppen bzw. fällt bei politisch interessierten Jugendlichen sogar noch tendenziell höher aus. Es hat den Anschein, dass die Jugendlichen ihrer eigenen Generation diesbezüglich wenig »über den Weg trauen«. Unklar ist aller-

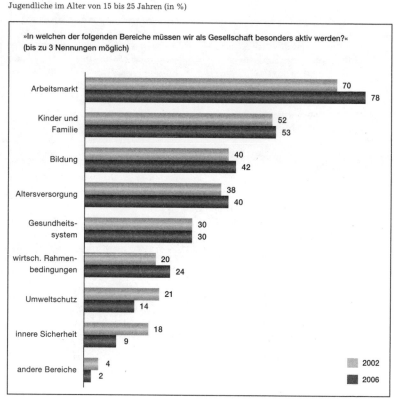

Abb. 3.12 **Gewünschte gesellschaftspolitische Handlungsfelder**
Jugendliche im Alter von 15 bis 25 Jahren (in %)

Shell Jugendstudie 2006 – TNS Infratest Sozialforschung

dings, wie die Jugendlichen mit einem entsprechend veränderten Wahlrecht tatsächlich umgehen würden und welche Konsequenzen sich insgesamt für die Politik ergäben. Zur Zeit gibt es in einigen Bundesländern (Niedersachsen, Schleswig-Holstein, Mecklenburg-Vorpommern, Sachsen-Anhalt, Nordrhein-Westfalen) bei Kommunalwahlen ein (ausschließlich passives) Wahlrecht für Jugendliche im Alter von 16 bis 17 Jahren. Zum Wahlverhalten liegen allerdings – auch aus datenschutzrechtlichen Gründen – nur vereinzelte Ergebnisse vor, die darauf hindeuten, dass die Wahlbeteiligung bei den 16- bis 17-Jährigen ähnlich hoch wie in der Gesamtbevölkerung und damit höher als bei der Gruppe der 18- bis unter 25-Jährigen ausfallen dürfte (Hauser 1999). Insgesamt spricht einiges dafür, dass eine Änderung bei den Bundestags- bzw. Landtagswahlen zumindest am Anfang mit einer deutlich stärkeren Ansprache von jungen Wählerinnen und Wählern einhergehen würde. Dies könnte sowohl dazu führen, dass stärker als bisher jugendpolitische Themen aufgegriffen als auch junge Menschen als politische Repräsentantinnen und Repräsentanten in der Politik in Erscheinung treten könnten.

3.2 Aktiv sein trotz »null Bock« auf Politik?

3.2.1 Gesellschaftliche und soziale Aktivitäten von Jugendlichen

Trotz der nach wie vor charakteristischen Distanz von Jugendlichen zur Politik zeigt auch die aktuelle Shell Jugendstudie wieder ein vielschichtiges Bild von gesellschaftlichen Aktivitäten, denen Jugendliche in ihren jeweiligen Lebensräumen nachgehen.

Ähnlich wie bei der 14. Shell Jugend-

Abb. 3.13 **Wählen bereits mit 16?**
Jugendliche im Alter von 15 bis 25 Jahren (in %)

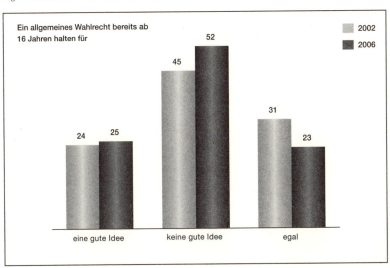

Shell Jugendstudie 2006 – TNS Infratest Sozialforschung

studie im Jahr 2002 geben insgesamt 33 % der Jugendlichen an, oft, und weitere 42 %, gelegentlich für soziale oder gesellschaftliche Zwecke oder auch ganz einfach für andere Menschen aktiv zu sein. Mit 25 % verneint nur rund ein Viertel (2002: 24 %) diese Fragestellung und gibt keinerlei Bereiche an, innerhalb deren man sich gesellschaftlich oder sozial einbringt (Abb. 3.14). Abgefragt wurde von uns eine Liste mit Bereichen, innerhalb deren man/frau sich »in der Freizeit aktiv für soziale oder gesellschaftliche Zwecke oder ganz einfach für andere Menschen« einsetzen kann (Abb. 3.15).

Die Erhebungsergebnisse stimmen in der Tendenz sehr gut mit den Befunden aus anderen einschlägigen Studien zum Freiwilligen-Engagement in Deutschland überein. Auch nach den neuesten Ergebnissen des »Freiwilligen-Survey« (Picot 2006 bzw. Gensicke, Picot, Geiss 2006) gehen 36 % der Jugendlichen (Altersgruppe 14 bis 24 Jahre) in ihrer Freizeit mindestens einer freiwilligen Tätigkeit nach (Volunteering). Das Aktivitätsniveau der Jugendlichen ist in den letzten Jahren auch nach dieser für Deutschland insgesamt maßgeblichen Untersuchung stabil geblieben.

Im Einzelnen handelt es sich um eine Vielzahl von Bereichen, in denen Jugendliche aktiv sind. Hierzu gehören sowohl Aktivitäten für die Anliegen und Interessen von Jugendlichen als auch das Engagement für andere Menschen bzw. bestimmte Bevölkerungsgruppen am eigenen Wohnort, für Zuwanderer oder auch Menschen in anderen Ländern, für den Umwelt- oder auch Tierschutz, die Hilfe im Fall von Unfällen, Natur- oder sonstigen -katastrophen bis hin zur Pflege der eigenen Kultur und Traditionen. Die Jugendlichen verteilen sich quer über diese unterschiedlichen Bereiche und gehen dort in unterschiedlichem Ausmaß und unterschiedlicher Regelmäßigkeit entsprechenden Aktivi-

Abb. 3.14 **Aktivität und Engagement**
Jugendliche im Alter von 12 bis 25 Jahren (Ergebnisse in %)

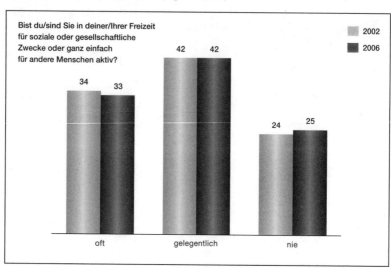

Shell Jugendstudie 2006 – TNS Infratest Sozialforschung

täten nach. Entscheidend ist an dieser Stelle, die Vielfalt und unterschiedlichen sozialen Bezüge, die mit diesen Aktivitäten verbunden sind, zur Kenntnis zu nehmen, um mögliche Verengungen auf eher politiknahe Bereiche zu vermeiden.

Wir haben auch hier analysiert, welche signifikanten persönlichen und sozialen Merkmale als Prädiktoren besonders aktive Jugendliche, die sich oft persönlich engagieren, kennzeichnen (Abb. 3.16). Auch an dieser Stelle fällt zuerst einmal der Einfluss der Bildung auf den Aktivitätsgrad auf. Relativ am häufigsten sind Studierende und auch Gymnasiastinnen und Gymnasiasten bzw. Jugendliche aus den gehobenen Bildungsschichten (obere Mittelschicht/Oberschicht) aktiv. Signifikant für ein höheres Aktivitätsniveau bei Jugendlichen ist ebenfalls ein etwas ausgeprägteres Interesse an Politik.

Ein zweites wesentliches Profilmerkmal stellt die persönliche Disposition bzw. die jeweilige Wertorientierung dar, also

Abb. 3.15 Aktivitäten nach Bereichen
Jugendliche im Alter von 12 bis 25 Jahren (in %)

%-Angaben (Erhebungsjahr/Zeile)	2002 oft	gelegentlich	nie	2006 oft	gelegentlich	nie
Ich bin aktiv für						
■ eine sinnvolle Freizeitgestaltung von Jugendlichen	13	35	51	13	31	55
■ die Interessen von Jugendlichen	12	38	49	10	36	53
■ hilfsbedürftige ältere Menschen	8	35	56	8	34	58
■ den Umwelt- oder Tierschutz	8	29	62	7	24	69
■ ein besseres Zusammenleben mit Migranten	8	25	65	6	22	72
■ ein besseres Zusammenleben am Wohnort	6	23	69	6	18	75
■ Sicherheit und Ordnung am Wohnort	6	20	73	6	16	78
■ sozial schwache Menschen	5	29	64	5	29	65
■ behinderte Menschen	6	16	76	5	13	81
■ Menschen in den armen Ländern	4	24	69	4	24	72
■ die Pflege der deutschen Kultur und Tradition	4	17	76	3	15	81
■ soziale und politische Veränderungen	2	15	80	2	14	82
■ Sonstiges	5	25	65	7	24	67

Shell Jugendstudie 2006 – TNS Infratest Sozialforschung

Abb. 3.16 **Zusammenhangsanalyse**[1]: **Aktiv sein, nach signifikanten persönlichen und sozialen Merkmalen** Jugendliche im Alter von 12 bis 25 Jahren

%-Angaben (pro Zeile)	aktiv sein oft	gelegentlich	nie
gesamt	33	42	25
Interesse an Politik			
mit Interesse	40	43	17
ohne Interesse	30	42	28
Soziale Schicht			
obere Mittelschicht/Oberschicht	39	41	20
Mittelschicht	34	43	23
Unterschicht/untere Mittelschicht	29	41	30
Sozialer Status			
Hauptschüler	28	39	33
Realschüler[2]	33	39	28
Gymnasiasten	36	45	18
Studierende	41	43	16
Erwerbstätige	29	41	30
Arbeitslose	27	41	32
Wertetyp			
Idealisten	38	41	21
Macher	38	41	21
Unauffällige	28	42	30
Materialisten	28	42	30
Zugehörigkeit zu einer Clique			
ja	36	42	22
nein	28	39	33
Cliquen-Leader	45	41	15
Häufige Freizeitbeschäftigungen			
Fernsehen	28	43	30
Nichts tun, rumhängen	22	41	37
Computerspiele	28	45	28
Jugendzentrum	48	37	16
etwas Kreatives, Künstlerisches machen	45	42	13
Sport in der Freizeit	38	40	22
Nationalität			
Deutsche	32	43	25
Deutsche, nicht in Deutschland geboren	41	33	26
Ausländer	40	34	26

[Fußnote zur Abb. gegenüber auf Seite 125]

Shell Jugendstudie 2006 – TNS Infratest Sozialforschung

das, was für Jugendliche im Leben erstrebenswert ist und was die Richtung ihres eigenen Handelns aus ihrer Sicht bestimmt. Neben den pragmatischen Idealisten sind es auch die ebenfalls bereits aus der letzten Shell Jugendstudie bekannten so genannten Macher, die die Gruppe der aktiven Jugendlichen mitprägen (zu den Wertetypen vgl. im Einzelnen Kapitel 5). Diese Jugendlichen sind sozial in der Regel besser eingebunden und übernehmen in ihren Peergroups (Cliquen) häufig die Rolle der Meinungsführerinnen und Meinungsführer (Cliquenleader). Sie sind aktiv in Vereinen, in Jugendfreizeiteinrichtungen oder gehen in ihrer Freizeit insbesondere auch sportlichen Aktivitäten nach und finden auf diese Weise ein geeignetes Umfeld für persönliches Engagement.

Unterrepräsentiert sind Jugendliche aus den unteren Bildungsschichten, die häufiger Hauptschulen besuchen und auch persönlich in ihrer Freizeit passiver und weniger sozial eingebunden sind. Von daher gehören solche Jugendliche, die selber häufiger in keiner Clique sind oder die als Hauptfreizeitbeschäftigung Fernsehen, Computerspielen oder auch Nichtstun und Rumhängen angeben,

---

[Fußnote zur Abb. gegenüber auf Seite 124]

1 Der Zusammenhang wurde multivariat anhand einer logistischen Regression auf die Kriteriumsvariable »Aktiv sein: oft« getestet. Einbezogene Prädiktoren: Alter, Geschlecht, alte/neue Länder, Siedlungsstrukturtyp (BIK-Typ), Zurechtkommen mit dem Haushaltseinkommen, Nationalität, Glaube, Interesse an Politik, Wertetyp, schulischer/beruflicher Status, Herkunftsschicht, Bildungsrisiko, Verhältnis zu den Eltern, Erziehungsstil der Eltern, Cliquen-Zugehörigkeit, Cliquen-Leaderschaft, benannte häufigste Freizeitaktivitäten. In der Tabelle wurden zur besseren Veranschaulichung die im Rahmen der Logit-Analyse als signifikant getesteten Merkmalsausprägungen (p < 0,05) bivariat in % ausgewiesen.
2 Merkmalsausprägung nicht signifikant.

---

signifikant seltener zu den sozial und gesellschaftlich aktiven Jugendlichen. Vergleichbares gilt auch für die Gruppe der arbeitslosen Jugendlichen, während der etwas geringere Anteil von Engagierten bei den erwerbstätigen Jugendlichen möglicherweise auch damit zusammenhängt, dass gerade zu Beginn der Erwerbsphase zumindest zeitweise mehr persönliche Energie in diesen neuen Lebensabschnitt gesteckt wird.

Auffällig ist schließlich auch das relativ höher ausgeprägte Akivitätsniveau bei ausländischen bzw. nicht deutschen Jugendlichen. Es spricht einiges dafür, dass es sich hierbei um Effekte handelt, die auch damit zusammenhängen, dass insbesondere Migrantinnen und Migranten häufiger in Sozialräumen leben, die stärker durch die eigene Kultur und Nationalität geprägt sind und in denen neben der Pflege der Traditionen ganz pragmatische Unterstützungsleistungen untereinander üblich sind. In Wohngebieten mit besonders hohen Ausländeranteilen ist es für Migrantinnen und Migranten nicht nur leichter, eine eigene kulturelle Identität zu wahren. Vielmehr finden sich dort auch ganz spezifische Hilfe- und Unterstützungsstrukturen, die den Alltag in einem fremden Land spürbar erleichtern können. Dass entsprechende Sozialräume allerdings auch die notwendige Integration in Deutschland erschweren können (Spracherwerb, soziale Kontakte und Kommunikationsverhalten, Erfahrung im Umgang mit Institutionen etc.), stellt in diesem Fall die Kehrseite der Medaille dar.

3.2.2 Organisatorische Formen und Räume für Aktivitäten

Neben den Bereichen, in denen Jugendliche aktiv sind, haben wir anhand einer Liste mit Organisationen, Initiativen oder Einrichtungen erhoben, wo und in welcher Form sich die Aktivitäten der Jugendlichen im Alltag vollziehen (Abb. 3.17).

Als wichtigster Sozialraum fungieren in Deutschland die Vereine, in denen immerhin 40 % aller Jugendlichen Aktivitäten für gesellschaftliche oder soziale Zwecke bzw. ganz einfach für andere Menschen (oft oder gelegentlich) ausüben. Eine ebenfalls große Rolle als soziales Umfeld spielen Schulen und Hochschulen. Hier üben 23 % aller Jugendlichen entweder Ämter oder Funktionen, die mit Aktivitäten und Engagement verbunden sind, aus oder sind dort in Gruppen oder Initiativen aktiv. Weitere 15 % nutzen Kirchengemeinden oder kirchliche Gruppen für ihr Engagement, während immerhin 13 % auf selbst organisierte Projekte und ähnliche Dinge verweisen. 12 % aller Jugendlichen geben an, innerhalb von Jugendverbänden aktiv zu sein. Wichtig ist ebenfalls der Bereich Rettungsdienst oder auch Freiwillige Feuerwehr, in dem mit 7 % ein quantitativ betrachtet nicht unerheblicher Anteil von Jugendlichen

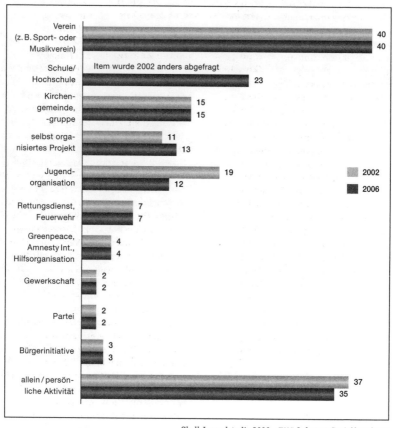

Abb. 3.17 **Wie bzw. wo man (oft oder gelegentlich) gesellschaftlich aktiv ist**
Jugendliche im Alter von 12 bis 25 Jahren (in %)

Shell Jugendstudie 2006 – TNS Infratest Sozialforschung

engagiert ist. Hilfsorganisationen wie Amnesty International oder auch Greenpeace sind für 4 % der Jugendlichen bzw. Bürgerinitiativen für 3 % Räume für persönliches Engagement. Gewerkschaften oder auch Parteien bilden demgegenüber mit einem Anteil von 2 % das Schlusslicht.

Auffällig ist schließlich, dass mehr als ein Drittel der Jugendlichen angibt, gesellschaftliche und soziale Aktivitäten für sich allein z. B. in ihrem persönlichen Umfeld zu erbringen. In der Regel dürfte es sich hierbei um Aktivitäten handeln, die innerhalb bestimmter sozialer Bezüge (Wohngebiet, nachbarschaftliches Umfeld, Clique oder in sonstigen Bereichen) stattfinden, die jedoch nicht organisiert oder strukturell angebunden sind. Diese Aktivitäten können im besten Sinne des Wortes als Ausdruck eines »sozialen Verhaltens« bezeichnet werden. Hierbei ist zu beachten, dass im Rahmen der Shell Jugendstudie der Schwerpunkt der Abfrage auf die Erhebung von konkreten Aktivitäten innerhalb bestimmter Bereiche gelegt worden ist, ehe danach gefragt wurde, wie bzw. wo man diesen Aktivitäten nachgeht. Der Begriff des sozialen Verhaltens ist von daher an dieser Stelle nicht im Sinne einer Haltung, sondern als Ausdruck für konkrete Aktivität außerhalb von speziellen organisatorischen Bezügen zu verstehen. Sichtbar wird, dass auch jenseits von organisatorischen Strukturen sich in geeigneten sozialen Umfeldern Aktivität und Engagement ganz persönlich verankern kann.

> »Es ist ja nicht so, dass eine Partei einen Vorschlag macht und der wird dann umgesetzt oder so. Es wird ja dann geredet und abgestimmt, dann wird es aufgeschoben, dann gibt es eine einstweilige Verfügung und dann zieht sich das raus. Irgendwann liest man dann was in der Zeitung.«
> (Zivi, 18 Jahre)

Politisches Engagement

Als weiteren Akzent vor dem Hintergrund der bereits angesprochenen Fragestellung nach dem Verhältnis von Jugendlichen zur Politik haben wir bei der diesjährigen Shell Jugendstudie zusätzlich die Einstellung zum unmittelbar politischen Engagement erhoben. In Anbetracht der bisherigen Darstellung kann es dabei nicht mehr besonders überraschen, dass Jugendliche, trotz ihres hohen persönlichen Engagements, die Optionen einer möglichen politischen Betätigung skeptisch bis distanziert beurteilen (Abb. 3.18).

Als Hauptmotiv wird artikuliert, dass »Mitmachen bei politischen Initiativen voraussetzt, dass man sich auch persönlich zugehörig fühlt«. Einem entsprechenden Statement stimmen Jugendliche mehrheitlich zu, während die Aussage, dass man »politisch aktiv wird, wenn man selber von etwas betroffen ist«, mehrheitlich abgelehnt wird. Dies deckt sich mit der tatsächlichen Zustandsbeschreibung, die, wie bereits dargestellt, bei einer größeren Anzahl von Jugendlichen von Unzufriedenheit mit den gesellschaftlichen Verhältnissen in Deutschland geprägt ist (Arbeitslosigkeit, Familie, Bildungsperspektive, Zukunft der Sozialsysteme etc.), ohne dass dies jedoch zu stabilem politischen Engagement führt. Andererseits zeigt sich jedoch, dass zumindest eine knappe Mehrheit der Jugendlichen nach wie vor davon ausgeht, dass man durch politisches Engagement Einfluss nehmen kann. Wir interpretieren von daher die Distanz von Jugendlichen zur Politik nicht so, dass die jetzige Generation für die Wahrung der eigenen Interessen nicht gewinnbar sei. Sowohl

Politik und Gesellschaft 127

politische Meinungsäußerung als auch Formen des Protestes oder der sonstigen aktiven Einflussnahme sind bei Jugendlichen auch in der jüngeren Vergangenheit feststellbar gewesen (Irak-Krieg, Beteiligung an gewerkschaftlichen Protestaktionen und Ähnliches) und auch in Zukunft in bestimmten Situationen durchaus wahrscheinlich.

Wir haben die Einstellungen zum politischen Engagement auch zielgruppenspezifisch anhand der vorher vorgenommenen Typisierung von Jugendlichen in Bezug auf ihr Verhältnis zu Demokratie und Politik analysiert (Abb. 3.19). Sichtbar wird in diesem Fall, dass das Motiv einer aktiven Einflussnahme durch politische Betätigung bei den mitwirkungsbezogenen Jugendlichen am höchsten ausgeprägt ist. Politikkritische, desinteressierte oder auch ordnungsorientierte Jugendliche sind bedeutend skeptischer und stellen stattdessen die Aussage, dass man dann »politisch aktiv wird, wenn dabei auch etwas herauskommen kann«, in den Vordergrund.

Für alle Gruppen von Jugendlichen ist, wie bereits angesprochen, die wichtigste Voraussetzung, dass man sich für eine Mitarbeit in politischen Gruppen oder

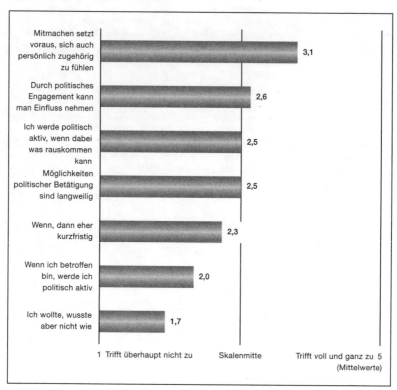

Abb. 3.18 **Einstellungen zu politischem Engagement**
Jugendliche im Alter von 15 bis 25 Jahren

Shell Jugendstudie 2006 – TNS Infratest Sozialforschung

Initiativen »auch persönlich zugehörig fühlen muss«. Der Wunsch, »sich nicht von vorneherein festlegen zu müssen«, hat hingegen nur bei den politisch interessierten, mitwirkungsbezogenen Jugendlichen eine gewisse Bedeutung. Sie sind im Übrigen auch im Vergleich etwas häufiger in selbst organisierten Projekten tätig. Formen und Angebote zum politischen Engagement müssen von daher möglichst zielgruppenspezifisch eingesetzt werden. Die Aussage, dass die Möglichkeiten zur politischen Betätigung eher langweilig sind, ist vor allem für politikkritische und desinteressierte Jugendliche charakteristisch. Hierin widerspiegelt sich sowohl der fehlende Bezug zur Politik als auch die für diese Gruppe eher typische Einschätzung, dass man durch politische Aktivität keinen Einfluss nehmen kann. Diese Einstellungen korrespondieren mit der in diesem Fall ebenfalls charakteristischen Politikverdrossenheit. Umso wichtiger ist es, dass politikkritische Jugendliche trotzdem die Aussage mehrheitlich positiv bewerten, dass sie ggf. dann politisch aktiv werden, wenn dabei etwas herauskommen kann.

Die Haltung der Jugendlichen zum politischen Engagement entspricht dem pragmatisch abgeklärten Gesamtgestus dieser Generation. Wie bereits in der letzten Shell Jugendstudie ausgeführt, sind es, zumindest bei der Mehrheit der Jugendlichen, nicht mehr ideologische

Abb. 3.19 **Einstellungen zu politischem Engagement bei verschiedenen Typen von Jugendlichen**
Jugendliche im Alter von 15 bis 25 Jahren

Abweichungen / Aussagen	Mitwirkungsbezogen	Ordnungsorientiert	Politikkritisch	Desinteressiert
Mitmachen setzt voraus, dass man sich auch persönlich zugehörig fühlt	++	+	++	++
Durch politische Betätigung kann man Einfluss nehmen	++	o	−	−
Möglichkeiten zur politischen Betätigung sind langweilig	−−	−	+	+
Ich werde nur politisch aktiv, wenn dabei was rauskommen kann	o	+	+	o
Wenn, dann eher kurzfristig und ohne mich festzulegen	o	−	−	−
Wenn ich betroffen bin, werde ich politisch aktiv	−	−	−−	−−
Ich wollte schon mal politisch aktiv werden, wusste aber nicht wie	−−	−−	−−	−−

Skalierung: 1 = trifft überhaupt nicht zu bis 4 = trifft voll und ganz zu (Skalenmitte = 2,5)
Legende: ++ ≥ 3   + = 2,55 bis 3   o = 2,45 bis 2,55   − = 2,45 bis 2   −− ≤ 2

Shell Jugendstudie 2006 – TNS Infratest Sozialforschung

Konzepte oder auch gesellschaftspolitische Utopien, die das Fühlen und Handeln zumindest des aktiven Teils der Generation mitprägen. Weitaus wichtiger ist die persönlich befriedigende Aktivität im eigenen Umfeld, jenseits von großen Entwürfen oder gesellschaftlichem »Getöse«. Hierbei kann es sich sowohl um Alltagsengagement im Nahbereich als auch um Mitarbeit in Gruppen handeln, die zu den unterschiedlichsten Themen (lokal bis global) aktiv sind.

Neben einer Orientierung an persönlich befriedigenden sozialen Bezügen in einer festen Gruppe spielt darüber hinaus das Motiv, dass die Aktivitäten einem auch selber etwas bringen müssen, eine wichtige Rolle (vgl. dazu Picot 2006). Auch in diesem Sinne sollte die Anforderung, dass aus dem Engagement auch etwas herauskommen muss, verstanden werden. Insbesondere politisches Engagement muss, wenn es kontinuierlich ausgeübt werden soll, mit einem persönlich fassbaren Nutzen verbunden sein. Dieser Nutzen kann sehr vielschichtig sein. Neben abrechenbaren Erfolgen können mögliche Erträge auch darin bestehen, neue Kontakte zu knüpfen oder auch Selbstbewusstsein und neue persönliche Anerkennung im Umfeld zu erlangen. Möglich wird das in der Regel dann, wenn den Jugendlichen im Rahmen ihres Engagements eigene Mitwirkungs- und Gestaltungsmöglichkeiten geboten werden. Die von den Jugendlichen artikulierte Forderung, dass in der Politik mehr junge Menschen etwas zu sagen haben sollten, markiert ihre diesbezügliche Anspruchshaltung. Politische Institutionen müssen nicht nur für Jugendliche offen, sondern von ihnen selber auch mitgestaltet und ausgefüllt werden können. Entscheidungsprozesse in Organisationen müssen nicht nur möglichst transparent sein, sondern von Jugendlichen auch aktiv beeinflusst werden können. Hierzu gehört auch eine Vertretung von jungen Menschen an den Stellen, innerhalb deren Entscheidungen gefällt werden.

3.3 Alltagskonflikte und Ausgrenzungserfahrungen: »Wenn es auch mal krachen kann.«

Die vorhandene Akzeptanz der Demokratie sowie die vielfältigen gesellschaftlichen und sozialen Aktivitäten der Jugendlichen unterstreichen den Konsens der jungen Generation mit den Regeln und Gestaltungsprinzipien unserer modernen Gesellschaft sowie ihre Bereitschaft für eine gelingende gesellschaftliche Integration. Jugendliche wachsen hinein in die gesellschaftliche Wirklichkeit, füllen sie aus und suchen sich ihre eigenen Gestaltungsspielräume, ohne dabei die gegebenen Verhältnisse grundsätzlich in Frage zu stellen. Diese übergreifende Aussage zur »Generationenlage« (in begrifflicher Anlehnung an Mannheim 1928/1964) sollte jedoch nicht so verstanden werden, dass bei den heutigen Jugendlichen keine Konfliktpotenziale vorhanden wären, die durchaus auch eruptiv wirken können. Wie bereits dargestellt, hängt der Blick der Jugendlichen auf die Gesellschaft sowie deren persönlicher Optimismus entscheidend davon ab, inwieweit auf Basis einer möglichst guten Ausbildung (Bildungsaspiration) auch

> »Sich engagieren, ja. Ich engagiere mich, wie gesagt, für Leute, die ich kenne, aber für unbekannte Leute hab ich da irgendwie ... ich möchte auch ein Resultat sehen, und wenn ich kein Resultat bei den Leuten sehe, dann mach ich das ungern.«
> (Student, 23 Jahre)

entsprechende Chancen geboten werden, einen angemessenen Beruf ergreifen und ausfüllen zu können, der hinreichende Sicherheit bietet, auch auf Dauer einen befriedigenden Platz in der Gesellschaft einnehmen zu können. Besonders markant bildet sich dieser Zusammenhang in den von den Jugendlichen artikulierten Ängsten gegenüber einem Verlust des Arbeitsplatzes (vgl. hierzu Kapitel 2.2) bzw. anhand der von den sozial schlechter gestellten Jugendlichen geäußerten Kritik an der Demokratie und den gesellschaftlichen Verhältnissen (vgl. Kapitel 3.1) ab.

Einen Gradmesser für problematische Formen bzw. misslingende gesellschaftliche Integration stellt hierbei das vorhandene Ausmaß an sozial abweichendem, delinquentem Verhalten dar. Der Begriff der Delinquenz bezieht sich auf sozial unerwünschtes Verhalten, wobei die Frage, wann ein Verhalten eher störend oder aber bereits unerwünscht und untolerierbar ist, gesellschaftlich normiert ist. Delinquenz wird zu kriminellem Verhalten, wenn dabei gegen bestehende Gesetze verstoßen wird, also etwa im Falle von Diebstahl, Erpressung, Körperverletzungen, Drogenhandel oder -konsum oder in Form von anderen Delikten.

Einen maßgeblicheren Faktor stellen in diesem Zusammenhang aggressive Verhaltensmuster bzw. eine konkrete Gewaltausübung durch Jugendliche im Alltag dar.

Zentrale empirische Indikatoren innerhalb der Shell Jugendstudie sind in diesem Kontext der Grad an Toleranz insbesondere gegenüber gesellschaftlichen Randgruppen sowie die Verwicklung von Jugendlichen in gewalttätige Auseinandersetzungen. Darüber hinaus werden die Einstellung von Jugendlichen zum weiteren Zuzug von Ausländern sowie als zusätzliche Hintergrundvariable die erlebten Benachteiligungen im Alltag mitberücksichtigt. Soziales Verhalten sowie die Bereitschaft zur Übernahme von gesellschaftlicher Verantwortung sind in Kindheit und auch Adoleszenz an das Erlernen und Einüben von Offenheit gegenüber anderen Individuen sowie von (Frustrations-) Toleranz gebunden. Hinzu kommt die ebenfalls zu erlernende Fähigkeit, Konflikte und Auseinandersetzungen, die für das Kinder- und Jugendalter typisch und nicht per se als delinquent zu bezeichnen sind, sozial adäquat und gewaltfrei zu lösen. Die ausgewählten Indikatoren geben hierzu einen wichtigen Einblick und lassen sich auch hinsichtlich der damit verbundenen gesellschaftlichen Konsequenzen interpretieren.[17]

3.3.1 Toleranz gegenüber gesellschaftlichen (Rand-) Gruppen

Genau wie in der letzten Shell Jugendstudie von 2002 haben wir auch diesmal wieder nach möglichen Vorbehalten gegenüber bestimmten gesellschaftlich stigmatisierten Gruppen gefragt (»Fänden Sie/fändest du es gut, nicht so gut oder wäre es Ihnen/dir egal, wenn in die Wohnung nebenan folgende Menschen einziehen würden?«). Hierbei zeigt sich, dass, wie auch kaum anders zu erwarten war, Jugendliche gegenüber

---

17 Delinquenz im Alltag umfasst eine ganze Reihe von weiteren Indikatoren, die sozial unerwünscht bzw. normverletzend und störend sind. Zu aggressivem Verhalten gehören auch verbale Aggressionen bzw. Einschüchterungen und Drohungen. Ein weiteres Feld ist das sog. Mobbing oder auch das Stalking. Innerhalb der sozialwissenschaftlichen Devianzforschung existiert hierzu eine ganze Reihe von Indikatoren, die bei speziellen Studien zu dieser Thematik zum Einsatz gekommen sind. Vgl. hierzu z. B. Funk 1995, Fuchs/Lamnek/Luedke 1996, Mansel/Hurrelmann 1998, Pfeiffer/Wetzels 2001, Pfeiffer/Mößle/Kleimann/Rehbein 2006.

einzelnen gesellschaftlich stigmatisierten Gruppen durchaus Probleme artikulieren. Von einer generellen Intoleranz gegenüber anderen bzw. andersartigen Gruppen kann jedoch nach wie vor keine Rede sein. 46 % verweisen auf keinerlei ablehnende Haltungen gegenüber den im Rahmen der Befragung genannten gesellschaftlichen Gruppen. Im Jahr 2002 waren es allerdings noch mehrheitlich 51 % gewesen, die keine Vorbehalte benannten (Abb. 3.20).

Einen Vorbehalt benennen 25 %, zwei Vorbehalte 16 %, während sich drei und mehr Vorbehalte, was wir als Indikator für eine generelle Intoleranz interpretieren, bei 13 % aller Jugendlichen finden. Im Trend betrachtet hat sich der Anteil der Jugendlichen mit mehreren Vorbehalten im Vergleich zur letzten Shell Jugendstudie damit nicht signifikant erhöht.

Mit einem Anteil von 30 % äußern Jugendliche am häufigsten ablehnende Haltung gegenüber einer Aussiedlerfamilie aus Russland. Diese Ablehnung, die übrigens in den alten und neuen Ländern so gut wie gleich hoch ausgeprägt ist, ist gegenüber 2002 (25 %) signifikant angestiegen und macht auch den anfänglich benannten Unterschied im Gesamttrend aus. 19 % hätten Probleme mit einer deutschen Familie mit vielen Kindern, 16 % mit einem homosexuellen Paar als Nachbarn und weitere 15 % mit einer deutschen Familie, die auf Sozialhilfe angewiesen ist. Ein altes Rentnerehepaar wird von 14 %, eine Familie aus Afrika von 10 % und eine Studenten-WG von ebenfalls 10 % der Jugendlichen kritisch beurteilt.

Auch an dieser Stelle hat uns wieder interessiert, welche Faktoren den unterschiedlichen Grad an Toleranz bei

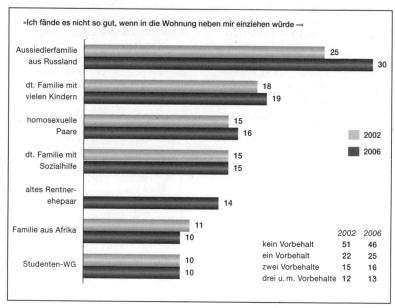

Abb. 3.20 **Vorbehalte gegenüber bestimmten gesellschaftlichen Gruppen**
Jugendliche im Alter von 12 bis 25 Jahren (in %)

Shell Jugendstudie 2006 – TNS Infratest Sozialforschung

Jugendlichen beeinflussen (Abb. 3.21). Hierbei ergibt sich ein klarer Zusammenhang zur eigenen politischen Positionierung sowie zu den Wertorientierungen. Nach wie vor gilt, dass eine Charakterisierung als eher rechts oder rechts bzw. eine materialistische Grundhaltung bei Jugendlichen mit einer erhöhten Zahl von Vorbehalten gegenüber gesellschaftlichen »Rand«-Gruppen verbunden ist.

Die höchsten Toleranzwerte weisen höher gebildete bzw. eher links orientierte sowie pragmatisch idealistische Jugendliche auf. Dementsprechend artikulieren Gymnasiasten und Studierende die geringste Zahl an Vorbehalten, während Hauptschüler sowie ältere bereits erwerbstätige Jugendliche, insbesondere dann, wenn sie über eher geringere Bildungsabschlüsse verfügen, eine höhere Anzahl von Vorbehalten angeben.

Bemerkenswert ist auch der Zusammenhang zum Erziehungsstil der Eltern. Je kooperativer und mitwirkungsorientierter der Erziehungsstil der Eltern, desto größer die Toleranz bei den Jugendlichen – je mehr Streit und Autokratie im Erziehungsstil, desto größer die Vorbehalte. Das Pendant bildet hierzu die von den Jugendlichen artikulierte Distanz zum elterlichen Erziehungsstil. Insbesondere diejenigen, die ihre Kinder ganz anders erziehen wollen, als sie selber von ihren Eltern erzogen worden sind, gehören zu denjenigen, die die meisten Vorbehalte gegenüber gesellschaftlichen Gruppen zum Ausdruck bringen.

Geschlechtsspezifische Unterschiede sind nur bezüglich einzelner Gruppen festzustellen. Ein homosexuelles Paar wäre für 21 % der männlichen, jedoch nur für 11 % der weiblichen Jugendlichen ein Problem. Gegen eine deutsche Familie mit vielen Kindern sprechen sich hingegen 17 % der männlichen, jedoch 20 % der weiblichen Jugendlichen aus. Vorbehalte gegenüber einer Familie aus Afrika äußern 13 % der männlichen und 10 % der weiblichen Jugendlichen. Zusammengenommen sind die Unterschiede jedoch nicht signifikant.

3.3.2 Einstellungen zum weiteren Zuzug von Migranten

Deutlicher verändert hat sich im Vergleich zur letzten Shell Jugendstudie von 2002 die Haltung der Jugendlichen zum weiteren Zuzug von Migrantinnen und Migranten nach Deutschland. Gefragt haben wir nach der Meinung der Jugendlichen, inwieweit »Deutschland zukünftig mehr, genauso viel oder weniger Zuwanderer als bisher aufnehmen sollte«.

Waren es bei der letzten Shell Jugendstudie 48 % der Jugendlichen, die einen weiteren Zuzug von Migrantinnen und Migranten eher stoppen wollten, so hat sich der Anteil aktuell auf eine Mehrheit von 58 % an allen Jugendlichen erhöht. 5 % sprechen sich im Vergleich zu 7 % bei der letzten Shell Jugendstudie für einen noch stärkeren Zuzug aus, während 24 % im Vergleich zu vorher 28 % der Meinung sind, dass auch in Zukunft genauso viele Zuwanderer wie bisher aufgenommen werden sollten. Keine Meinung äußern 14 % im Vergleich zu 18 % bei der letzten Erhebung (Abb. 3.22).

Der Wunsch nach einer zukünftigen Verringerung bzw. einer Begrenzung des weiteren Zuzugs von Migrantinnen und Migranten nach Deutschland wird von 56 % der Jugendlichen aus den alten Bundesländern und sogar 65 % der Jugendlichen aus den neuen Bundesländern geäußert. Nach wie vor steht diese in den neuen Bundesländern deutlich höher ausgeprägte ablehnende Haltung gegenüber einem weiteren Zuzug von Migranten in einem eher umgekehrten Verhältnis zur Alltagserfahrung.

Abb. 3.21 Zusammenhangsanalyse[1]: Faktoren, die den unterschiedlichen Grad an Toleranz bei Jugendlichen beeinflussen Jugendliche von 12 bis 25 Jahren

Durchschnitt von 0 bis 7	Zahl der Vorbehalte Mittelwert (von 0 bis 7)
gesamt	1,2
Links-rechts-Positionierung (nur 15 bis 25 Jahre)	
links	0,9
eher links	0,9
Mitte[2]	1,1
eher rechts	1,5
rechts	2,0
ohne Positionierung[2]	1,3
Wertetypen	
Idealisten	0,9
Macher[2]	1,1
Unauffällige[2]	1,2
Materialisten	1,6
Sozialer Status	
Hauptschüler	1,5
Realschüler[2]	1,2
Gymnasiasten	0,9
Studierende	0,9
in Berufsausbildung[2]	1,2
Erwerbstätige	1,4
Arbeitslose[2]	1,1
sonstige Nicht-Erwerbstätige[2]	1,2
Erziehungsstil der Eltern	
Eltern sagen, was ich zu tun habe	1,3
Streit, am Ende setze meistens ich mich durch	1,6
Streit, am Ende setzen sich meistens meine Eltern durch	1,4
Wir reden und kommen gemeinsam zu einer Entscheidung[2]	1,1
Eltern lassen mich weitgehend selbst entscheiden	1,0
Eltern halten sich aus meinen Angelegenheiten raus	1,0
Distanz zum elterlichen Erziehungsstil: eigene Kinder erziehen –	
genau/ungefähr so[2]	1,2
anders[2]	1,2
ganz anders	1,7
Bildungsrisiko	1,4

[Fußnote zur Abb. gegenüber auf Seite 135]

Shell Jugendstudie 2006 – TNS Infratest Sozialforschung

Abb. 3.22 Einstellungen zum weiteren Zuzug von Migranten
Jugendliche im Alter von 12 bis 25 Jahren (in %)

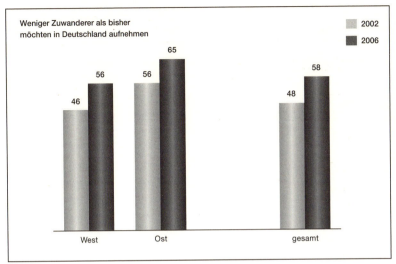

Shell Jugendstudie 2006 – TNS Infratest Sozialforschung

82 % der Jugendlichen aus den alten Bundesländern geben im Vergleich zu 50 % der Jugendlichen aus den neuen Bundesländern an, in der Schule, am Ausbildungs- oder am Arbeitsplatz Kontakt zu in Deutschland lebenden Ausländern zu haben. Im Bereich der Nachbarschaft trifft dies zu 52 % in den alten Bundesländern und sogar nur 21 % in den neuen Ländern zu. Kontakt zu Ausländern im Freundes- oder Bekanntenkreis haben 73 % der Jugendlichen in den alten Bundesländern im Vergleich zu 42 % in den neuen Ländern.

Generell gilt, dass diejenigen Jugendlichen, die keine Kontakte zu Ausländern haben, sich deutlich häufiger für eine Begrenzung des weiteren Zuzugs von Migranten aussprechen. Jugendliche aus den alten Bundesländern ohne Kontakt zu Ausländern fordern zu 67 % und Jugendliche aus den neuen Bundesländern ohne Kontakt sogar zu 80 % eine Begrenzung. Bei Jugendlichen mit Kontakten sind es in den alten Bundesländern 55 % im Vergleich zu 58 % in den neuen Ländern. Die Ost/West-Unterschiede sind bei dieser Gruppe deutlich geringer ausgeprägt.

Analysiert haben wir darüber hinaus den Trend, also bei welchen Gruppen der

---

[Fußnote zur Abb. gegenüber auf Seite 134]

1 Der Zusammenhang zu den von Jugendlichen benannten Vorbehalten wurde anhand einer multiplen, mehrfaktoriellen Varianzanalyse getestet. Einbezogene Faktoren: Alter, Geschlecht, alte/neue Länder, Nationalität, Glaube, Links-rechts-Positionierung, Wertetyp, schulischer/beruflicher Status, Bildungsrisiko, Unzufriedenheit mit der schulischen/beruflichen Lage, Erziehungsstil der Eltern, Akzeptanz des elterlichen Erziehungsstils. Zur besseren Veranschaulichung wurden in der Tabelle die Merkmalsausprägungen, die im Rahmen der Varianzanalyse signifikant sind (p < 0,05) und die eine hinreichend hohe Erklärungskraft aufweisen (Eta ≥ 1,0), bivariat als Durchschnittswert ausgewiesen.
2 Merkmalsausprägung nicht signifikant

Abb. 3.23 **Trendanalyse[1]: Gruppen mit überdurchschnittlich stark angestiegener Ablehnung eines weiteren Zuzugs von Migranten nach Deutschland**
Jugendliche im Alter von 15 bis 25 Jahren

%-Angaben: Ablehnungsquoten im Vergleich	Ablehnung 2002	Ablehnung 2006
gesamt	48	58
Links-rechts-Positionierung (15 bis 25 J.)		
links[2]	37	46
eher links	41	52
Mitte	55	66
eher rechts	64	80
rechts[2]	78	78
ohne Positionierung	40	57
Wertetypen		
Idealisten	42	57
Macher	54	61
Unauffällige[2]	40	50
Materialisten	60	64
Sozialer Status		
Hauptschüler	40	53
Realschüler	47	55
Gymnasiasten[2]	40	43
Studierende[2]	36	48
Erwerbstätige	61	75
Arbeitslose	59	73
sonstige Nicht-Erwerbstätige	47	60
Geschlecht		
männlich	52	58
weiblich	44	58
Siedlungsstrukturtyp		
Ballungsräume (Kern und Rand)	45	53
Oberzentren (Kern und Rand)	43	58
Verdichtungsansätze	51	57
ländlicher Raum	54	70
Zurechtkommen mit dem HH-Einkommen		
sehr gut/gut	47	56
mittelmäßig[2]	49	58
schlecht/sehr schlecht	50	67

[Fußnote zur Abb. gegenüber auf Seite 137]

Shell Jugendstudie 2006 – TNS Infratest Sozialforschung

Anteil der Ablehnung gegenüber einem weiteren Zuzug von Migrantinnen und Migranten im Vergleich zur letzten Shell Jugendstudie signifikant und besonders zugenommen hat (Abb. 3.23). Es zeigt sich, dass die restriktivere Haltung inzwischen stärker als noch in 2002 in der gesamten Breite der Jugendlichen anzutreffen ist. Grundsätzlich gilt, dass eine Ablehnung des weiteren Zuzugs relativ häufiger bei Jugendlichen, die sich eher dem rechten Spektrum zuordnen, bzw. bei Jugendlichen aus materiell schlechter gestellten Haushalten sowie insbesondere im ländlichen Raum vorkommt.

Im Rahmen der Trendbeobachtung fällt allerdings auf, dass auch der Anteil z. B. bei den Studierenden von 36 % im Jahr 2002 auf inzwischen 48 % und bei den sich selber als links bzw. eher links einstufenden Jugendlichen von 37 % auf 46 % (links) bzw. von 41 % auf 52 % (eher links) angewachsen ist. Auffällig ist auch der Anstieg bei den weiblichen Jugendlichen von 44 % auf inzwischen 58 % Ablehnung. Es sind darüber hinaus deutlich häufiger als früher die prag-

matischen Idealisten mit 57 % im Vergleich zu 42 % sowie die Unauffälligen mit 50 % im Vergleich zu 40 %, die einen weiteren Zuzug von Migranten ablehnen. Bei den Materialisten beträgt der Anteil 64 % im Vergleich zu 60 % und bei den Machern 61 % im Vergleich zu 54 %.

Die ablehnende Haltung gegenüber einem weiteren Zuzug von Migranten misst eine Stimmungslage, in die eine ganze Reihe von Faktoren einfließt. Abgesehen von unmittelbaren gesellschaftspolitischen Überlegungen kann diese Einstellung sowohl auf negativen Alltagserfahrungen mit Migranten beruhen als auch durch diffuse Ängste oder Vorurteile z. B. gegenüber Ausländern in Deutschland motiviert sein. Dass sich ein zunehmender existenzieller Druck, wie wir ihn in der neuen Shell Jugendstudie als charakteristische Wahrnehmung der Jugendlichen feststellen können, häufig mit der Ablehnung von Migration und/oder von Ausländern in Deutschland verbindet (Sündenbockideologie), ist eine bekannte Tatsache (vgl. dazu zuletzt z. B. Heitmeyer 2002 bis 2006). Darüber hinaus spricht vieles dafür, dass die jetzt auch bei den eher bildungsbürgerlich und eher links orientieren Jugendlichen feststellbare reservierte Haltung gegenüber einem weiteren Zuzug von Migranten nach Deutschland stark mit der in diesen Kreisen hoch ausgeprägten Distanz gegenüber den mit dem Begriff des radikalen Islamismus verbundenen Wertvorstellungen etwa zur Rolle der Frauen zusammenhängen dürfte. Hinzu kommen die sonstigen kulturellen Unterschiede bei islamisch geprägten Migrantinnen und Migranten, die auch für linksorientierte und/oder tolerante Jugendliche im Alltag kaum zu akzeptieren sind.

Letztendlich führt jedoch kein Weg daran vorbei, zur Kenntnis zu nehmen, dass die soziale und kulturelle Integration von Migranten eine Aufgaben-

---

[Fußnote zur Abb. gegenüber auf Seite 136]

1 Der Zusammenhang wurde multivariat anhand einer logistischen Regression auf die Trendvariable »Ablehnung von Zuwanderung: 2002 vs. 2006« getestet. Verglichen wurden die beiden Stichproben von 2002 und 2006 und hierbei jeweils die Jugendlichen, die sich gegen eine weitere Zuwanderung ausgesprochen haben. Einbezogene Prädiktoren: Geschlecht, alte/neue Länder, Siedlungsstrukturtyp (BIK-Typ), Nationalität, schulischer-beruflicher Status, Herkunftsschicht, Bildungsrisiko, Unzufriedenheit mit der schulischen/beruflichen Lage, Linksrechts-Positionierung, Politiktyp, Wertetyp, Erziehungsstil der Eltern, Akzeptanz des elterlichen Erziehungsstils, Cliquenzugehörigkeit, Cliquen-Leadership, Zurechtkommen mit dem Haushaltseinkommen. In der Tabelle wurden zur besseren Veranschaulichung die im Rahmen der Logit-Analyse als signifikant getesteten Merkmalsausprägungen (p < 0,05) bivariat in % ausgewiesen.
2 Ausprägung nicht signifikant

stellung ist, der sich keine moderne Gesellschaft auf Dauer entziehen kann. Hierbei macht es weder Sinn, allein und fast schon beschwörerisch auf die Normen eines friedlichen multikulturellen Miteinanders zu verweisen, noch darauf zu hoffen, durch einen zukünftig restriktiveren Umgang mit Zuwanderung das Problem alleine lösen zu können. Migration ist eine gesellschaftliche Tatsache, die sich für Deutschland weder zurückdrehen noch in Zukunft vermeiden lassen kann.[18] Nötig sind von daher konkrete Maßnahmen, die die Chancen von Jugendlichen unabhängig von deren Nationalität oder Hintergrund verbessern und die helfen, die Lebenswelten von Deutschen und von Migranten in Deutschland stärker miteinander zu vernetzen und zusammenzubringen. Auch eine möglicherweise weitergehendere Regulierung und Kontrolle von Zuwanderung muss von daher mit substanziellen Bemühungen um eine bessere Integration verbunden sein.

3.3.3 Diskriminierungserfahrungen im Alltag

Ein wichtiger Indikator für Deprivation und daraus folgende problematische gesellschaftliche Integration sind die von Jugendlichen erlebten Benachteiligungen im Alltag. Hierzu wurde eine Liste mit Bereichen vorgelegt, und es wurde gefragt, inwieweit die Jugendlichen hierbei »schon oft« oder »ab und an« Benachteiligungen erfahren haben.

Insgesamt 46 % der Jugendlichen geben im Vergleich zu 51 % bei der letzten Shell Jugendstudie an, »ab und an« und 13 % im Vergleich zu 17 % »schon oft« im Alltag benachteiligt worden zu sein. 41 % fühlen sich hingegen, im Vergleich zu 32 % im Jahr 2002, im Alltag in den genannten Bereichen nicht diskriminiert. Der Trend ist klar positiv.

Ein etwas differenzierteres Bild ergibt sich, wenn man die genannten Benachteiligungen (»schon oft« und »ab und an« zusammengefasst) bei besonderen Gruppen von Jugendlichen betrachtet (Abb. 3.24). Mädchen verweisen zu 27 % auf Benachteiligungen wegen ihres Geschlechts, im Vergleich zu 32 % im Jahr 2002. Nicht mehr als 3 % bzw. 4 % geben an, deshalb »schon oft« benachteiligt worden zu sein. Bei den Jungen spielen geschlechtsspezifische Benachteiligungen in der eigenen Wahrnehmung hingegen mit einem Anteil von 7 % (1 % »schon oft«) so gut wie keine Rolle. Bei den Jugendlichen aus dem Osten sind es 27 % im Vergleich zu 25 %, die wegen ihrer Herkunft Benachteiligungen erfahren haben. Auch hier sind es jedoch aktuell nicht mehr als 2 % im Vergleich zu 5 % im Jahr 2002, die diese negative Erfahrung »schon oft« machen mussten. Jugendliche aus den unteren Herkunftsschichten fühlen sich zu 21 % wegen ihrer sozialen Herkunft diskriminiert. Konstant 3 % geben hier »schon oft« als Antwort an. Am deutlichsten rückläufig sind die Benachteiligungen, die Jugendliche wegen ihres Alters nach eigener Auskunft erleben. Der berichtete Anteil ist bei allen Jugendlichen von 47 % im Jahr 2002 auf aktuell 36 % zurückgegangen bzw. bei den hiervon »schon oft« betroffenen Jugendlichen von 8 % auf 6 %. Wegen ihres Äußeren fühlen sich konstant in etwa 24 %, davon 4 % schon oft, diskriminiert.

Zwischen männlichen und weiblichen Jugendlichen ergeben sich dabei keine relevanten Unterschiede. Benachteiligun-

---

[18] Nach den Ergebnissen des Mikrozensus 2005 haben knapp 19 % der Bevölkerung in Deutschland einen Migrationshintergrund. 9 % davon sind Ausländer. Weitere 10 % haben entweder als Zuwanderer bereits die deutsche Staatsbürgerschaft besessen bzw. wurden inzwischen eingebürgert oder verfügen als Kinder von Zuwanderern über einen entsprechenden Hintergrund (Statistisches Bundesamt 2006b).

gen wegen ihrer politischen Meinung berichten 9 % der Jugendlichen, davon nur 1 % »schon oft«. Vergleichbares gilt für empfundene Benachteiligungen wegen eines sozialen Engagements (10 %, davon 1 % »schon oft«).

Gegenläufig zum positiven Trend ist die Situation bei den ausländischen Jugendlichen. Der Anteil der Ausländer, die wegen ihrer Nationalität Benachteiligungen erfahren haben, ist von 58 % auf inzwischen 63 % angestiegen. Von den Ausländerinnen und Ausländern geben im Einzelnen sogar 15 % im Vergleich zu 13 % im Jahr 2002 an, »schon oft« Benachteiligungen im Alltag erlebt zu haben. Das Empfinden von häufigen Diskriminierungen gehört demnach für ausländische Jugendliche in Deutschland zum Alltag. Die Formen sind sicherlich sehr unterschiedlich und können von abfälligen Äußerungen, sozialer Ausgrenzung bis hin zu »harter« Benachteiligung z. B. in der Schule, bei der Jobsuche oder am Arbeitsplatz reichen. Entscheidend ist das Gesamtbild, das sich offensichtlich bei jugendlichen Migrantinnen und Migranten zu einem einheitlichen Empfinden einer mehr oder weniger regelmäßigen Benachteiligung im Alltag verdichtet. Es liegt auf der Hand, dass dieses Empfinden einer Integration weder förderlich ist noch das möglicherweise ebenfalls vorhandene Misstrauen gegenüber deut-

> »Man kann die Hautfarbe und die krausen Haare ja nicht verstecken, und dann haben die tatsächlich manchmal das Auto so auf den Bürgersteig gezogen, bloß wenn da jemand Farbiges vorbeiging.«
> (Abiturientin, 19 Jahre)

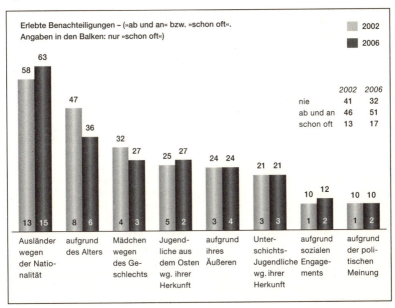

Abb. 3.24 **Benachteiligungen im Alltag**
Jugendliche im Alter von 12 bis 25 Jahren (in %)

Shell Jugendstudie 2006 – TNS Infratest Sozialforschung

schen Jugendlichen abzubauen hilft. Diese Problematik darf trotz der auf den ersten Blick positiven Gesamtentwicklung keinesfalls übersehen werden.

3.3.4 Verwicklung in Schlägereien

Anhand der öffentlichen Diskussion in der jüngeren Vergangenheit kann leicht der Eindruck entstehen, als sei es in den letzten Jahren unter Jugendlichen insbesondere in den Schulen zu einer kaum noch zu kontrollierenden Zunahme von Aggression und Gewalt gekommen. Angeknüpft wird hierbei in der Regel an bestimmte besonders gravierende Ausbrüche oder Exzesse von Gewalt, die über die Berichterstattung in den Medien die öffentliche Diskussion prägen. Zum anderen scheint aber auch die polizeiliche Kriminalstatistik dafür zu sprechen. Tatsächlich haben sich die Zahl und die Anteile von Jugendlichen und jungen Erwachsenen an allen Tatverdächtigen insbesondere seit den 90er Jahren deutlich erhöht. Bezieht man die jährliche Zahl der Tatverdächtigen im Alter von 14 bis 21 Jahren auf die Gesamtzahl der Jugendlichen dieser Altersgruppe, so zeigt sich, dass der Anteil der Jugendlichen, die einer Körperverletzung verdächtigt werden, von 0,6 % im Jahr 1990 bis auf 1,7 % im Jahr 2004 angestiegen ist (eigene Berechnungen gemäß polizeilicher Kriminalitätsstatistik: BKA 2006). Diese rechnerisch ermittelte Kriminalitätsquote hat allerdings ihre Tücken. Zum einen handelt es sich um amtliche Delikte, deren Quantität auch immer davon abhängt, wie bzw. welche Gesetzesverstöße im Zeitverlauf zur Anzeige gebracht werden. Gravierender ist, dass es sich bei den innerhalb des jeweiligen Kalenderjahrs in der Statistik dokumentierten Tatverdächtigen, insbesondere bei Jugendlichen, häufiger um Mehrfachstraftäter handelt, die dann je nach Häufigkeit der Vergehen im Jahresverlauf auch mehrfach ausgewiesen werden (vgl. dazu Mansel/Hurrelmann 1998 und Löse/Bliesener/Averbeck 1999). Die Berechnung des Anteils der Verdächtigen an allen Jugendlichen ist dann natürlich irreführend. Pfeiffer und Wetzels weisen darüber hinaus darauf hin, dass sich bei Jugendlichen die Quantität, nicht jedoch die Qualität und Härte der Straftaten erhöht hätten (Pfeiffer/Wetzels 1999). Auch die Entwicklung bei den gewaltsamen Auseinandersetzungen in der Schule ist nicht eindeutig. So kommt die im letzten Jahr vom Bundesverband der Unfallkassen vorgelegte Studie zu »Gewalt an Schulen« (BU 2005) zu dem Ergebnis, dass die Zahl der meldepflichtigen Raufunfälle insbesondere in den letzten Jahren nicht angestiegen, sondern sogar rückläufig gewesen ist. Die höchsten Anteile gemeldeter Raufunfälle finden sich an den Haupt- und Sonderschulen (lt. BU Statistik 2003: 3,3 % bzw. 1,8 % Raufunfälle bei allen [unfallversicherten] Schülern in Haupt- und Sonderschulen, 1,6 % in Realschulen, 0,6 % an Gymnasien und 0,5 % an Grundschulen). Es spricht demnach vieles dafür, dass Jugendgewalt nach wie vor eher auf der Straße oder in anderen öffentlichen Räumen und nicht vorrangig in den Schulen ausgetragen wird.

Im Rahmen der Shell Jugendstudie haben wir zum Problembereich Aggressivität und Gewalt erhoben, inwieweit Jugendliche in den letzten zwölf Monaten in gewaltsame Auseinandersetzungen verwickelt waren. Im Unterschied zur letzten Shell Jugendstudie wurde diesmal der Akzent eindeutig auf Schlägereien als Form der Auseinandersetzungen gelegt. Sonstige Formen von aggressiven Auseinandersetzungen im Alltag, wie etwa heftige verbale Attacken, Bedrohungen oder auch kleinere Rempeleien, sollten von den Befragten möglichst nicht berücksichtigt werden. Natürlich kann man sowohl als Täter, aber auch als Opfer in entsprechende Auseinandersetzungen verwickelt sein. Im Einzelnen lässt sich dies in der Praxis nicht immer klar trennen. Die Art der Abfrage zielt darauf ab zu erheben, welche Jugendliche in Situationen, die mit Schlägereien verbunden sind, agieren.

Insgesamt berichten 22 % der Jugendlichen, dass sie in den letzten zwölf Monaten in den einzelnen abgefragten Situationen in Schlägereien verwickelt gewesen sind. 78 % geben hingegen keinerlei Verwicklungen an (Abb. 3.25).

Am häufigsten werden von 10 % der Befragten Schlägereien unter Jugendlichen benannt. Differenziert man diese Angabe, so zeigt sich, dass immerhin 20 % der Jugendlichen, die angeben, als eine ihrer wichtigsten Freizeitbeschäftigungen Jugendfreizeitheime, Jugendzentren oder Ähnliches aufzusuchen, in den letzten 12 Monaten in entsprechende Auseinandersetzungen verwickelt waren. Schlägereien in Kneipen, Discos oder auf Partys benennen 7 % aller Jugendlichen bzw. 15 % derjenigen, die in ihrer Freizeit häufig Kneipen aufsuchen bzw. in Discos oder auf Partys gehen. Schlägereien in der

Abb. 3.25 Verwicklung in gewaltsame Auseinandersetzungen
Jugendliche im Alter von 12 bis 25 Jahren (in %)

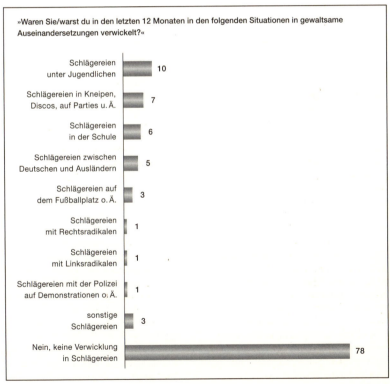

Shell Jugendstudie 2006 – TNS Infratest Sozialforschung

Schule benennen 6 % von allen Jugendlichen bzw. 12 % von allen Schülerinnen und Schülern. Weitere 5 % geben an, in Schlägereien zwischen Deutschen und Ausländern, 3 % in Schlägereien auf dem Fußballplatz und jeweils 1 % in Schlägereien mit Rechtsradikalen, Linksradikalen oder z. B. auf Demonstrationen mit der Polizei verwickelt gewesen zu sein.

Männliche Jugendliche sind mit einem Anteil von 29 % im Vergleich zu weiblichen Jugendlichen mit 14 % deutlich häufiger in Schlägereien verwickelt. Gewalt ist demnach nach wie vor männlich. Interessanterweise sind Jugendliche aus den neuen Bundesländern mit einem Anteil von 16 % eher unterdurchschnittlich häufig in Schlägereien verwickelt gewesen (alte Bundesländer: 23 %).

Im Zusammenhang betrachtet (Abb. 3.26) sind darüber hinaus statistisch signifikant und überproportional häufig Hauptschüler sowie Jugendliche, die befürchten, den angestrebten Schulabschluss nicht zu erreichen, bzw. die aufgrund fehlender Bildung ihren Wunschberuf nicht ergreifen konnten, in den letzten 12 Monaten in Schlägereien verwickelt gewesen. Des Weiteren handelt es sich überproportional häufig um Jugendliche, die sich wegen ihrer Nationalität oder auch wegen ihres Alters oft diskriminiert fühlen, die eine materialistische Grundorientierung aufweisen, die mehrmals pro Woche Alkohol zu sich nehmen und die Vorbehalte gegenüber verschiedenen gesellschaftlichen (Rand-)Gruppen aufweisen (fehlende Toleranz).

Häufiges Computerspielen als wichtige Freizeitbeschäftigung ist dann als Prädiktor signifikant, wenn man den sozialen Status außer Acht lässt. Besonders häufig sind es Hauptschüler, die diese Aktivität angeben, sodass sich die Merkmale an dieser Stelle gegenseitig überschneiden.[19]

Bemerkenswerterweise findet sich auch in diesem Fall ein Zusammenhang zum Erziehungsstil der Eltern. Streit mit den Eltern bzw. ein autokratischer elterlicher Erziehungsstil findet sich eher bei Jugendlichen, die häufiger in Schlägereien verwickelt sind, während bei den Jugendlichen, die dies weniger häufig angeben, eher ein kooperativer Erziehungsstil festzustellen ist.

Neben einer geringeren Bildung, einer eher materialistischen Grundorientierung und dem männlichen Geschlecht sind es demnach noch eine Reihe weiterer Faktoren, die als Prädiktoren für eine häufigere Verwicklung in gewaltsame Auseinandersetzungen wirksam sind.

Der Faktor Diskriminierung im Alltag, insbesondere aufgrund der eigenen (nicht deutschen) Nationalität, spricht für die Hypothese von Heitmeyer, dass wachsende Desintegration und Ausgrenzungserfahrungen insbesondere bei Jugendlichen mit Migrationshintergrund eine wichtige Ursache für die Zunahme von Delinquenz und aggressivem Verhalten sind (Heitmeyer 2002 bis 2006).

Auf den Zusammenhang von schwierigen sozialen Rahmenbedingungen (Arbeitslosigkeit und/oder relative Armut), autokratischem Erziehungsstil und innerfamiliärer Gewalt sowie einem ungeregelten Medienkonsum verweisen neuere Untersuchungen des KFN (Pfeiffer et al. 2006). Eine besondere Rolle hat in diesem Zusammenhang auch die Orientierung an gewaltlegitimierenden Männlichkeitsnormen (ebd.) in Gestalt von nicht mehr gesellschaftlich vermit-

19 Computerspiele als wichtige Freizeitbeschäftigung und Status »Hauptschüler« sind hoch korreliert. In einer multivariaten Analyse wird in diesem Fall durch beide Prädiktoren ein vergleichbarer Merkmalszusammenhang angezeigt, sodass entweder das eine oder das andere Merkmal signifikant ist.

Abb. 3.26 Zusammenhangsanalyse[1]: Verwicklung in Schlägereien nach signifikanten persönlichen und sozialen Merkmalen

Jugendliche im Alter von 12 bis 25 Jahren

%-Angaben (pro Zeile)	Schlägereien in den letzten 12 Monaten
Jugendliche insgesamt	22
Diskriminierung (»Oft«)	
wegen des Alters	41
wegen der Nationalität	49
Wertetypen	
Idealisten	12
Materialisten	34
Bildungsrisiko	31
Sozialer Status	
Hauptschüler	37
Realschüler[2]	28
Gymnasiasten[2]	21
Studierende	12
Häufige Freizeitaktivitäten: Computerspiele[3]	32
Alkoholkonsum	
mehrfach pro Woche	34
einmal pro Woche	23
seltener/nie	18
Erziehungsstil der Eltern	
Eltern sagen, was ich zu tun habe	26
Streit, am Ende setze meistens ich mich durch	35
Streit, am Ende setzen sich meistens meine Eltern durch	32
Wir reden und kommen gemeinsam zu einer Entscheidung	16
Eltern lassen mich weitgehend selbst entscheiden[2]	20
Eltern halten sich aus meinen Angelegenheiten raus[2]	23
Vorbehalte gegenüber anderen	
keine	17
1 bis 2 Vorbehalte	25
3 und mehr Vorbehalte	28
Geschlecht	
männlich	29
weiblich	14
Region	
West	23
Ost	16

1 Der Zusammenhang wurde multivariat anhand einer logistischen Regression auf die Kriteriumsvariable »Verwicklung in Schlägereien« getestet. Einbezogene Prädiktoren: Alter, Geschlecht, alte/neue Länder, Siedlungsstrukturtyp (BIK-Typ), Nationalität, Glaube, Wertetyp, schulischer/beruflicher Status, Bildungsrisiko, Unzufriedenheit mit der schulischen/beruflichen Lage, Erziehungsstil der Eltern, Distanz zum elterlichen Erziehungsstil, Cliquenzugehörigkeit, Cliquen-Leadership, Vorbehalte gegenüber anderen, ausgewählte häufige Freizeitaktivitäten, Diskriminierungserfahrungen, Alkoholkonsum. In der Tabelle wurden zur besseren Veranschaulichung die im Rahmen der Logit-Analyse als signifikant getesteten Merkmalsausprägungen ($p < 0{,}05$) bivariat in % ausgewiesen.
2 Merkmalsausprägung nicht signifikant.
3 Merkmalsausprägung ist dann signifikant, wenn auf den Prädiktor »Hauptschüler« verzichtet wird.

Shell Jugendstudie 2006 – TNS Infratest Sozialforschung

telbaren Auffassungen zur Familienehre (Beschützermythos, Durchsetzung von traditionalistischen Moralvorstellungen bzw. »Paschaverhalten« etc.).

Fehlende Toleranz bzw. Vorbehalte gegenüber anderen Bevölkerungsgruppen ist ein klassisches Motiv insbesondere für rechtsextremistisch motivierte Gewalt (Heitmeyer 2002 bis 2006). Alkoholkonsum schließlich wird gemeinhin als Auslöser und Verstärker von Gewalt angesehen (Klein 1996). Besonders problematisch wirkt Alkohol im Zusammenhang mit Gruppenaktivitäten (Disco, Fußballplatz, Jugendfreizeiteinrichtungen etc.) oder bei regelmäßigem Konsum in der Clique.

> »Teilweise wird ja auch gesagt, ihr werdet eh keine Arbeit kriegen. Das ist keine Motivation für irgendwelche jungen Leute. Dann sagen die sich auch, was soll ich denn hier lernen und in der Schule rumsitzen.« (Handwerker, 25 Jahre)

Die genannten Faktoren, die Delinquenz und Gewalt bei Jugendlichen verursachen oder fördern, lassen sich aus unserer Sicht als Anknüpfungspunkte für geeignete Präventionsstrategien interpretieren, mit der gezielt Aggression und Gewalt bei bestimmten Gruppen von Jugendlichen eingedämmt bzw. vermieden werden können.

Ulrich Schneekloth

4 Die »großen Themen«: Demografischer Wandel, Europäische Union und Globalisierung

Bereits in der letzten Shell Jugendstudie von 2002 ist deutlich geworden, dass es für die heutige junge Generation typisch ist, sich mit der gesellschaftlichen Wirklichkeit in eher individualisierter Art und Weise im eigenen Umfeld auseinander zu setzen. Kollektivität konstituiert sich dabei weniger in Form von größeren (politischen) Gruppenaktivitäten, sondern eher im eigenen Nahbereich, also in der Familie oder der Peergroup. Wir möchten diese charakteristische Generationenhaltung im Folgenden anhand der Herangehensweise der Jugendlichen an zwei grundlegende Prozesse untersuchen, die für die zukünftige gesellschaftliche Entwicklung von maßgeblicher Bedeutung sein werden. Zum einen handelt es sich – lokalisiert sozusagen im Inneren unserer Gesellschaft – um den Prozess des demografischen Wandels. Zum anderen geht es – sozusagen als äußere Faktoren – um die Europäische Einigung sowie die Globalisierung, also den Prozess einer zunehmenden internationalen Vernetzung von Wirtschaft und Gesellschaft in unserer ethnisch differenzierten und vorrangig national strukturierten Welt.

4.1 Die Konsequenzen des demografischen Wandels: Jung und Alt in »neuer Mischung«

Die Veränderungen in der demografischen Zusammensetzung nicht nur in Deutschland, sondern in allen industriell höher entwickelten Staaten der Welt, werden bereits seit längerem hinsichtlich ihrer gesellschaftlichen Konsequenzen diskutiert. Etwas vereinfacht ausgedrückt, geht es um den Tatbestand, dass in Zukunft in unserer Gesellschaft immer mehr ältere und immer weniger jüngere Menschen leben werden. Besonders wichtig ist, die Rasanz dieses demografisch induzierten gesellschaftlichen Veränderungsprozesses zur Kenntnis zu nehmen. Im Jahre 1970, also vor gerade einmal 35 Jahren, betrug der Anteil der jüngeren Menschen im Alter bis 20 Jahre noch 29,7 % an der deutschen Gesamtbevölkerung. 65 Jahre und älter waren damals 13,3 %. Im Jahr 2000 betrug der Anteil der jüngeren Menschen unter 20 Jahren hingegen nur noch 21,1 % im Vergleich zu 16,6 % Menschen im Alter ab 65 Jahren. Nach der Projektion der zur Zeit aktuellen Zehnten Bevölkerungsvorausberechnung des Statistischen Bundesamtes (mittlere Variante) wird spätestens bis zum Jahre 2010 der Anteil der jüngeren Menschen mit prognostizierten 18,7 % zum ersten Mal unterhalb des Anteils der älteren Menschen von etwa 20 % liegen. Je nach Szenario wird sich diese Entwicklung in den folgenden Jahren immer weiter ausprägen (2030: 17,1 % jüngere Menschen im Vergleich zu 26,6 % älteren Menschen; 2050 als derzeit letztem Projektionsjahr: 16,1 % jüngere unter 20 Jahren im Vergleich zu 29,6 % älteren Menschen ab 65 Jahren). Ursächlich für diese Veränderungen im Altersaufbau der Bevölkerung sind zwei demografische Grundprozesse: die Verlängerung der Lebenserwartung der Menschen in den entwickelten modernen Gesellschaften sowie der in Deutschland ungefähr seit Beginn der 70er Jahre festzustellende Rückgang der Geburtenhäufigkeit. Die Lebenserwartung ist allein in den vergangenen 35 Jahren im früheren Bundesgebiet bei den Männern von 67,6 auf 75,8 Jahre und bei den Frauen von 73,5 auf 80,9 Jahre gestiegen. In den neuen Bundesländern ist die Entwicklung ähnlich, wenn auch auf einem leicht niedrigeren Niveau. Die sog. zusammengefasste Geburtenziffer, also die von den Demografen berechnete Zahl der Kinder, die eine Frau im prinzipiell gebärfähigen Alter zwischen 15 und 49 Jahren durchschnittlich zur Welt bringt, ist hingegen von etwas über 2 im Jahr 1970 (alte Bundesländer 2,02, neue Bundesländer 2,19) auf in etwa 1,36 (alte Bundesländer 1,37, neue Bundesländer 1,31) gesunken (vgl. dazu im Überblick: BiB 2004, Statistisches Bundesamt 2006c).

In der öffentlichen Debatte ist dieser Prozess des demografischen Wandels unterschiedlich akzentuiert worden. Typisch sind zum einen Veröffentlichungen, mit denen anhand einer speziellen Rhetorik die besondere Dramatik der Situation transportiert werden soll. Die Rede ist von der sog. »Altersexplosion«, die dann zu einem »Krieg der Generationen« führen kann (vgl. z. B. Gronemeyer 1991, Mohl 1993 oder zuletzt Schirrmacher 2004). Der Prozess des demografischen Wandels wird in diesem Fall vorrangig als Erosionsprozess gedeutet, der am Fundament unserer Gesellschaft nagt und damit die Grundlagen unseres Wohlstandes und der zukünftigen Leistungsfähigkeit untergräbt. Eine andere Position nimmt hierzu die moderne Alternsforschung ein, die auf die »neuen Potenziale des Alterns« verweist. So verfügen etwa die »Best Ager« im Alter von etwa 55 bis Mitte 70 Jahren (sog. Drittes Lebensalter) über große individuelle Ressourcen, die für die weitere gesellschaftliche Entwicklung äußerst nützlich und gewinnbringend sein können. Entscheidend sei, diese neuen Potenziale des Alterns gesellschaftlich anzuerkennen und nutzbar zu machen (vgl. hierzu Laslett 1991 oder auch Baltes 1996).

Einen möglichen konzeptionellen Brückenschlag könnten hier aus unserer Sicht die Überlegungen von Bertram darstellen, der im Sinne einer Neugestaltung der typischen gesellschaftlichen Lebensverläufe auf eine Entzerrung der sog. »Rushhour des Lebens« von Anfang 20 bis Mitte 30 setzt. Junge Menschen müssen in dieser im Lebensverlauf relativ kurzen Spanne sowohl ihre berufliche und gesellschaftliche Karriere als auch ihre individuelle Familienplanung unter einen Hut bekommen, mit der Konsequenz einer nach wie vor elementaren beruflichen Benachteiligung von Frauen bzw. einer rückläufigen Geburtenziffer in Deutschland (vgl. dazu Bertram 2005 bzw. den 7. Familienbericht der Bundesregierung: BMFSFJ 2006). Die sich verlängernde Lebenserwartung im Sinne des Gewinns von zusätzlichen produktiven Jahren bietet diesbezüglich Perspektiven, da zum einen immer weniger die Notwendigkeit besteht, dass junge Menschen möglichst frühzeitig das »Ruder« von den Älteren übernehmen müssen. Geht man stattdessen von einer stärkeren Koexistenz und Kooperation der Generationen aus, bei der grundlegende Karriereoptionen nicht bereits im Alter bis Mitte 30 enden, sondern auch danach zum Beispiel in der Lebensphase von 40 bis Ende 50 Jahren noch neu aufgenommen oder weiterentwickelt werden können, so ließen sich die unterschiedlichen Anforderungen und Entwicklungsaufgaben in Beruf, Familie und Gesellschaft deutlich besser koordinieren. Zum anderen bietet ein wachsender Anteil von älteren Menschen, die sich im Übergang oder aber im bereits vollzogenen Ruhestand befinden, auch Perspektiven hinsichtlich einer freiwilligen Übernahme von Aufgaben, sei es ganz privat in der Familie, zum Beispiel bei der Betreuung der eigenen inzwischen hochbetagten und möglicherweise pflegebedürftigen Eltern oder aber bei der Entlastung der (eigenen) Kinder in deren Elternrolle, sei es durch freiwilliges Engagement oder aber als »hochqualifizierte Consultants«, die ihre Erfahrungen für alle Beteiligten gewinnbringend an die nächste Generation weitergeben.

Klar ist, dass die Veränderung im Altersaufbau der Gesellschaft auch Anpassungen hinsichtlich der zukünftigen Ausgestaltung der Sozialversicherungssysteme in Deutschland (Alterssicherung, Gesundheit und Pflege) erforderlich macht. Streit gibt es allerdings hinsichtlich der richtigen Ausbalancierung von privater Vorsorge und öffentlicher Organisation und Absicherung von sozialer Sicherung. In den letzten Jahren sind hierzu bereits wichtige Veränderungen, zum Beispiel durch die stärkere Akzentuierung der Eigenvorsorge in der Alterssicherung (»Riester-Rente«) oder im Bereich der Förderung der betrieblichen Altersversorgung als zusätzlichem Standbein, vorgenommen worden. Dies ändert jedoch nichts daran, dass in Zukunft von einer wachsenden Konkurrenz der Generationen um die vorhandenen öffentlichen Sozialbudgets und deren Verteilung ausgegangen werden muss. Egal, ob im Bereich der sozialen Sicherungssysteme, bei der kommunalen Daseinsvorsorge oder auch hinsichtlich der Ausgestaltung der Bildungssysteme (»lebenslanges Lernen«) muss für die Zukunft möglicherweise von einer Umverteilung der Ressourcen weg von den jüngeren und stärker hin zu den älteren Menschen ausgegangen werden.

Inwieweit diese Entwicklung in Zukunft zu einem stärkeren Konflikt zwischen den Generationen führt oder aber durch Kooperation und solidarisches Aushandeln nachhaltig bewältigt werden kann, ist momentan noch nicht gänzlich absehbar. Wichtig ist, hierbei die richtigen Maßstäbe anzulegen. Spannungen zwischen den Generationen wirken, genauso wie auch Spannungen zum Beispiel im Prozess der Adoleszenz in der Familie, immer auch produktiv und helfen den jungen Menschen, die erforderliche Autonomie und Eigenständigkeit zu gewinnen. Dass junge Menschen Ansprüche stellen und Generationengerechtigkeit einfordern, ist für sich genommen noch nicht als Ausdruck einer unüberbrückbaren Kluft zu werten, sondern eine nachvollziehbare Positionierung, die helfen kann, einen tragfähigen Kompromiss zu finden. Darüber hinaus ist es bedeutsam, neben den sich möglicherweise in Zukunft weiter zuspitzenden Verteilungsproblemen auch immer das tatsächliche Miteinander der Generationen zur Kenntnis zu nehmen. Junge und Alte leben in unserer Gesellschaft nicht scharf voneinander getrennt oder gar abgeschottet. Der Zusammenhang der Generationen vermittelt sich vielmehr gesellschaftlich konkret über die Familie und deren vielfältige generationsübergreifende Strukturen.

In der aktuellen Shell Jugendstudie haben wir uns die Frage gestellt, wie die heutigen Jugendlichen mit dem demografischen Wandel umgehen. Ist das für sie bereits ein Thema und fühlen sie sich selber bereits betroffen? Gibt es bei den jungen Menschen eine Idee oder sogar eine Bereitschaft zur Eigenvorsorge? Wie wird das Verhältnis zwischen den Generationen beurteilt und wie ist es aus der Sicht der Jugendlichen um die Generationengerechtigkeit bestellt? Im Folgenden geben wir einen Überblick über die typischen Positionen der Jugendlichen zu diesen Problemstellungen. Die qualitative Analyse (Kapitel 7) vertieft diese Befunde und erläutert anhand von 20 ausgewählten Portraits, welche Erfahrungen, Einstellungen und Perspektiven sich hinter diesen Querschnittsergebnissen im Einzelnen verbergen.

4.1.1 Jugendliche und ihre Sicht auf das Alter

Die sog. klassischen Lebensphasen Kindheit, Jugend, Erwachsenenphase und Alter sind heute weitaus weniger trennscharf und klarer voneinander abgegrenzt. »Objektive« Zeichen dafür, dass man erwachsen ist (Heirat, Familie, festes Einkommen) sind heute weitaus weniger eindeutig im Lebensverlauf antizipierbar und auch schwerer miteinander in Einklang zu bringen. Vergleichbares gilt für das Alter, das heute ebenfalls nicht mehr so eindeutig wie früher an einen eindeutig antizipierbaren Zeitpunkt wie etwa den Übergang in die Rente oder Pension gekoppelt ist. Als Einstieg haben wir von daher zuerst einmal danach gefragt, wann aus der Sicht der Jugendlichen heute »Jugend« aufhört und wann das »Alter« beginnt.

9 % der Jugendlichen geben an, dass man dann nicht mehr zur Jugend gehört, wenn man die Schule beendet hat. Weitere 17 % sehen dies dann als gegeben an, wenn man eine feste Arbeitsstelle hat. 38 % meinen, dass dazugehört, ein eigenes Kind zu haben und eine Familie zu gründen. 30 % geben hingegen an, dass man dann nicht mehr zur Jugend

Abb. 4.1 Altersbilder: Jung und alt
Jugendliche im Alter von 12 bis 25 Jahren (in %)

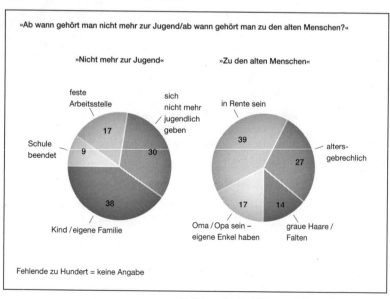

Shell Jugendstudie 2006 – TNS Infratest Sozialforschung

gehört, wenn man sich selber nicht mehr jugendlich gibt. Interessant sind auch die Einstellungen, ab wann man aus der Sicht der Jugendlichen zu den alten Menschen gehört. 39 % verweisen darauf, dass man zu den Alten gehört, wenn man in Rente gegangen ist. 27 % lokalisieren Alter im Zusammenhang mit einer vorhandenen Altersgebrechlichkeit, während 17 % meinen, man gehöre dann zu den Alten, wenn man Oma oder Opa ist und eigene Enkel hat. 14 % bringen Alter mit dem äußeren Erscheinungsbild wie z. B. grauen Haaren, Falten u.ä. in Zusammenhang (Abb. 4.1).

Adoleszenz, Erwachsensein und Alter werden von den Jugendlichen demnach nicht eindeutig im Zusammenhang mit klar definierten gesellschaftlichen Rollen, die die klassischen Lebensphasen prägen, abgegrenzt (Schulabschluss, Arbeitsstelle, Ruhestand). Neben den gesellschaftlichen Rollen haben auch die persönlichen Ressourcen (fit sein anstelle von Altersgebrechlichkeit) und die eigene Lebensgestaltung (sich jung geben, auch unabhängig von der jeweiligen Statuspassage) einen entsprechenden Einfluss. Die Modebegrifflichkeiten »ewige Jugendliche« oder »Junge Alte« markieren in diesem Sinne tatsächliche gesellschaftliche Veränderungsprozesse, die dazu führen, dass die Menschen von heute relativ unabhängig von ihrem Lebensalter unterschiedliche gesellschaftliche Rollen annehmen können.

Bemerkenswert ist, dass die Sichtweise der Jugendlichen auch auf das Alter im Besonderen inzwischen durchaus differenziert und wenig fatalistisch ist. Nur 21 % verbinden mit »dem Alter« den Gedanken, »altes Eisen« zu sein. 31 % verweisen darauf, dass man im Alter »Zeit für neue Aufgaben« hat, während jeder zweite mit 48 % davon ausgeht,

Abb. 4.2 **Altersbilder: Was heißt »alt sein«?**
Jugendliche im Alter von 12 bis 25 Jahren

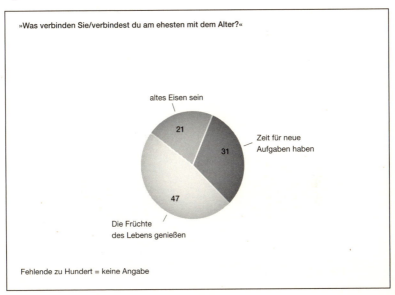

Shell Jugendstudie 2006 – TNS Infratest Sozialforschung

dass Alter bedeutet, »die Früchte des Lebens« genießen zu können (Abb. 4.2). Alter erscheint für die Mehrheit der Jugendlichen demnach nicht mehr als primär defizitär, sondern als Etappe, in der nach wie vor relevante und auch persönlich befriedigende Elemente in der Lebensgestaltung möglich sind.

Diese aus unserer Sicht sehr positive Sichtweise auf das Alter korreliert mit einer ebenfalls positiven Bewertung der heutigen älteren Generation. Gefragt haben wir, welche Attribute Jugendliche mit den heutigen älteren Menschen in Verbindung bringen. Vorgegeben haben wir hierfür einige ausgewählte Eigenschaften, die typischerweise mit unterschiedlichen Generationen, mit ihren Rollen (»einflussreich«, »familienorientiert«, »fleißig und ehrgeizig«, »tolerant«), ihren unterschiedlichen Lebenserfahrungen (»pflichtbewusst«, »kreativ«) und ihrer jeweiligen Haltung (»konsumorientiert«, »nur auf den persönlichen Vorteil aus«, »sozial engagiert«) in Verbindung gebracht werden (Abb. 4.3).

Als pflichtbewusst und familienorientiert kennzeichnen über 90 % der Jugendlichen die heutigen älteren Men-

Abb. 4.3 **Altersbilder: Die heutige ältere Generation aus der Sicht der Jugendlichen**
Jugendliche im Alter von 12 bis 25 Jahren (in %)

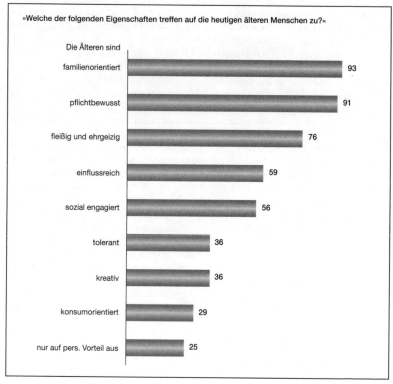

Shell Jugendstudie 2006 – TNS Infratest Sozialforschung

schen. 76 % halten sie für fleißig und ehrgeizig. Als einflussreich bezeichnen sie 59 %, als sozial engagiert ebenfalls 56 % der Jugendlichen. Für konsumorientiert bzw. nur auf ihren persönlichen Vorteil aus halten hingegen nur 29 % bzw. 25 % der Jugendlichen die älteren Menschen von heute.

Die Attribute »tolerant« und »kreativ« bringen 36 % mit älteren Menschen in Zusammenhang, was an sich, da diese Eigenschaften typischerweise eher jüngeren Menschen zugeschrieben werden, auch nicht besonders verwunderlich ist.

In diesen Ergebnissen kommt ein vergleichsweise großer Respekt der Jugendlichen vor der heutigen älteren Generation zum Ausdruck. Von Distanzierung ist da kaum etwas zu spüren. Es hat den Anschein, dass die Jugendlichen die Leistungen und den Erfolg der Älteren durchaus zu würdigen wissen und auch anerkennen, dass die älteren Menschen gesellschaftliche Verpflichtungen übernommen haben und die damit verbundenen Rollen pflichtbewusst ausfüllen. Kreativität und Toleranz sind hingegen Eigenschaften, die aus der Sicht der Jugendlichen weniger bei der älteren Generation anzusiedeln sind. Es liegt nahe, dies als einen der spezifischen Beiträge zu interpretieren, die die jeweils junge Generation als möglicher sozialer Träger gesellschaftlich wirksam machen kann und auch muss.

Dieses positive Bild, das die Jugendlichen von der älteren Generation entwerfen, korrespondiert mit der bereits in Kapitel 2 analysierten großen Übereinstimmung, auf die die Jugendlichen in Bezug auf ihre eigenen Eltern verweisen. 38 % der Jugendlichen beschreiben das aktuelle Verhältnis zu ihren Eltern so, dass sie mit ihren Eltern bestens auskommen, und weitere 52 % geben an, dass sie klarkommen, auch wenn es gelegentlich Meinungsverschiedenheiten gibt. Häufige Meinungsverschiedenheiten geben nicht mehr als 7 % und ständige Meinungsverschiedenheiten nur 2 % der Jugendlichen an. Gefragt nach dem Erziehungsstil und der Übereinstimmung mit den Eltern verweisen nicht mehr als 15 % derjenigen Jugendlichen, die noch bei ihren Eltern wohnen, auf Streit, wenn es um wichtige Probleme geht. Anders als ihre Eltern sie erzogen haben, wollen nur 27 % ihre (späteren) eigenen Kinder erziehen.

Relativ nahe ist auch das Verhältnis zu den eigenen Großeltern. Auf einen regelmäßigen Kontakt zu eigenen Großeltern verweisen 47 % der Jugendlichen. 34 % haben nur gelegentlich und nur 9 % nie oder so gut wie nie Kontakt. Bei 10 % sind die Großeltern bereits verstorben. Unterstützungsleistungen für hilfebedürftige ältere Menschen in der eigenen Familie oder auch in der Nachbarschaft oder Bekanntschaft erbringen 9 % aller Jugendlichen regelmäßig und weitere 30 % ab und an. Weibliche Jugendliche sind in diesem Fall mit 11 % regelmäßig und 33 % ab und an häufiger engagiert als männliche Jugendliche mit 7 % bzw. 28 %.

Von einem »Krieg der Generationen« kann in Anbetracht dieser Ergebnisse keine Rede sein. Im Gegenteil: Die Generationen sind vor allem familiär in Kontakt und miteinander aus der Sicht der Jugendlichen in einer bemerkenswert guten Beziehung.

> »Meine Eltern und meine Oma vor allem, diese Generation, hat viel dafür getan, dass es jetzt so ist, wie es ist. Dass sie jetzt noch Geld haben, mussten sie sich auch verdienen.«
> (Angestellte, 23 Jahre)

4.1.2 Problemwahrnehmungen

Ist diese positive Sicht der Jugendlichen auf die ältere Generation Ausdruck für reinen Idealismus, fehlendes gesellschaftliches Problembewusstsein oder »soziale Erwünschtheit«? Die Ergebnisse zu den von den Jugendlichen wahrgenommenen möglichen Problemen des demografischen Wandels widersprechen einer derartigen Interpretation. Nicht mehr als 9 % aller Jugendlichen halten die Konsequenzen des demografischen Wandels, also dass es »in Deutschland auf absehbare Zeit immer mehr ältere und immer weniger junge Menschen geben wird«, für kein Problem sowie weitere 20 % nur für ein kleines Problem. 44 % halten dies hingegen für ein großes und 26 % sogar für ein sehr großes Problem (Abb. 4.4).

Die Problemwahrnehmung korrespondiert mit dem Alter der Jugendlichen. 12- bis 14-Jährige geben zusammengenommen zu 43 % an, den demografischen Wandel für kein oder nur ein kleines Problem zu halten. Bei den 15- bis 17-Jährigen sind es 33 %, während sich bei den 18- bis 21-Jährigen und auch bei den 22- bis 25-Jährigen nur noch 22 % entsprechend äußern.

Am höchsten ausgeprägt ist die Problemwahrnehmung bei den Studierenden mit zusammengenommen 80 % und bei den Erwerbstätigen mit 77 %, die den demografischen Wandel für ein großes oder sogar sehr großes Problem halten. Jugendliche in Berufsausbildung halten den demografischen Wandel zu 76 %, Arbeitslose zu 75 % und sonstige Nicht-Erwerbstätige zu 72 % für ein großes oder sehr großes Problem. Bei den Gymnasiasten trifft dies auf 69 %, bei den Haupt- und Realschülern hingegen nur auf 55 % zu. Je näher die Jugendlichen in ihrer Statuspassage an das Arbeits-

Abb. 4.4 **Problemsicht auf den demografischen Wandel**
Jugendliche im Alter von 12 bis 25 Jahren

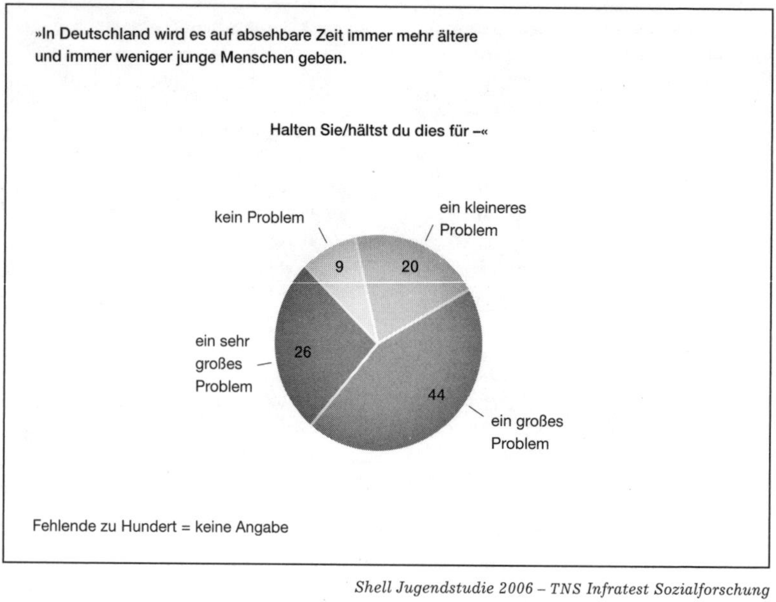

»In Deutschland wird es auf absehbare Zeit immer mehr ältere und immer weniger junge Menschen geben.

Halten Sie/hältst du dies für –«

- kein Problem: 9
- ein kleineres Problem: 20
- ein sehr großes Problem: 26
- ein großes Problem: 44

Fehlende zu Hundert = keine Angabe

Shell Jugendstudie 2006 – TNS Infratest Sozialforschung

leben rücken bzw. je größer deren ökonomische Selbständigkeit, desto größer die Problemwahrnehmung.

Die Antworten decken sich in der Tendenz mit den Ergebnissen einer Umfrage von polis im Auftrag des Presse- und Informationsamtes der Bundesregierung von 2005. Nach dieser Studie ist es vor allem die Altersgruppe der 20- bis unter 40-Jährigen, die zu über 90 % den problematischen Charakter des demografischen Wandels benennen. Bei den 14- bis 19-Jährigen trifft dies hingegen, analog zu unseren Ergebnissen, auf etwas über 60 % zu, während die 40-Jährigen und älteren zu etwas über 80 % auf die Probleme verweisen (polis 2005).

Die Einschätzung zum heutigen Verhältnis zwischen den Generationen ist hingegen bei den Jugendlichen geteilt. 48 % halten das Verhältnis eher für angespannt und 49 % für eher harmonisch. Gefragt haben wir auch nach der zukünftigen Entwicklung des Verhältnisses zwischen den Generationen. 58 % gehen davon aus, dass das Verhältnis in etwa gleich bleiben wird, während 27 % der Meinung sind, dass es sich in Zukunft weiter verschlechtern wird. 12 % setzen auf eine Verbesserung (Abb. 4.5).

Diese Sichtweise weicht deutlich ab von der bisher dargestellten Harmonie, mit der die Jugendlichen das Verhältnis zu ihren Eltern beschreiben. Sichtbar werden Spannungen und Sorgen in Bezug auf die weitere Entwicklung.

Untersucht haben wir, welche Faktoren die Einschätzung zum Verhältnis der Generationen maßgeblich beeinflussen (Abb. 4.6). Hierbei zeigt sich, dass die Jugendlichen, die selber ein gutes Verhältnis zu ihren Eltern haben, deutlich häufiger von einem eher harmonischen Verhältnis der Generationen ausgehen. Auf eine angespannte Situation verweisen hingegen signifikant häufiger Jugendliche, die Streit mit ihren Eltern haben, deren Altersbild eher negativ geprägt ist (»altes Eisen sein«), die keinen Kontakt zu älteren Menschen, wie z. B. ihren eigenen Großeltern, haben und deren ökonomische

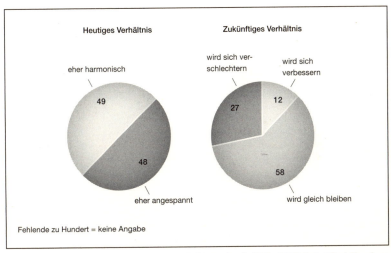

Abb. 4.5 Einschätzung des Verhältnisses zwischen den Generationen
Jugendliche im Alter von 12 bis 25 Jahren

Shell Jugendstudie 2006 – TNS Infratest Sozialforschung

Abb. 4.6 Zusammenhangsanalyse[1]:
Einschätzung zum Verhältnis der Generationen
Jugendliche im Alter von 15 bis 25 Jahren

%-Angaben:	eher harmonisch	eher angespannt
gesamt	49	48
Verhältnis zu den Eltern		
bestens	59	38
kommen klar	46	51
häufig Meinungsverschiedenheiten	31	66
ständig Streit	27	73
Altersbild		
Zeit für neue Aufgaben	55	41
Früchte des Lebens genießen	50	48
altes Eisen sein	40	57
Alter		
12 bis 14 Jahre	50	44
15 bis 17 Jahre	46	51
18 bis 21 Jahre	44	53
22 bis 25 Jahre	55	42
Kontakt zu den Großeltern		
regelmäßig	51	44
gelegentlich	49	55
nie	37	61
Betreuungsleistungen für Ältere		
regelmäßig	41	57
ab und an	49	50
nie	50	48
Zurechtkommen mit dem verfügbaren HH-Einkommen		
sehr gut/gut	53	44
mittelmäßig	48	49
schlecht/sehr schlecht	39	57

[1] Der Zusammenhang wurde multivariat anhand einer logistischen Regression auf die Kriteriumsvariable »Einstellung zum demografischen Wandel« getestet. Einbezogene Prädiktoren: Alter, Geschlecht, alte/neue Länder, Siedlungsstrukturtyp (BIK-Typ), Zurechtkommen mit dem Haushaltseinkommen, Nationalität, Glaube, Interesse an Politik, Wertetyp, schulischer-beruflicher Status, Bildungsrisiko, Verhältnis zu den Eltern, Cliquen-Zugehörigkeit, Cliquen-Leaderschaft, Kinderwunsch, Kontakt zu den Großeltern, Altersbild, Hilfeleistungen für Ältere. In der Tabelle wurden zur besseren Veranschaulichung die im Rahmen der Logit-Analyse als signifikant getesteten Merkmalsausprägungen ($p < 0,05$) bivariat in % ausgewiesen.

Shell Jugendstudie 2006 – TNS Infratest Sozialforschung

Situation im Haushalt eher schlecht ist. Interessant ist, dass diejenigen, die regelmäßig Betreuungsleistungen für Ältere erbringen, eher von einem angespannten Verhältnis der Generationen ausgehen. Es hat den Anschein, dass die Jugendlichen, die sehr unmittelbar mit dem Problem der Unterstützung von hilfe- und pflegebedürftigen Angehörigen konfrontiert sind und hierbei Zeit und Verantwortung aufbringen müssen, weniger die damit praktizierte Solidarität der Generationen, sondern eher die problematischen Konsequenzen einer in Zukunft weiter anwachsenden Zahl von Hilfe- und Pflegebedürftigen wahrnehmen und sich entsprechende Sorgen machen.

Das Bild, das sich die Jugendlichen von den Generationen machen, gewinnt deutlich an Konturen. Die maßgeblich aus dem eigenen guten Verhältnis zu den Eltern induzierte Hochachtung vor der älteren Generation mischt sich mit einer realistischen Problemwahrnehmung und durchaus sorgenvollen Zukunftssicht.

Ähnlich geteilt sind auch die Einstellungen zu den möglichen Konsequenzen des demografischen Wandels (Abb. 4.7). Für mehrheitlich zutreffend (56 % »trifft eher zu«, 23 % »trifft voll und ganz zu«) halten Jugendliche die Aussage, dass als

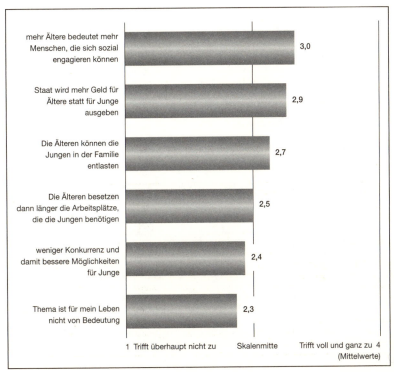

Abb. 4.7 **Einstellungen zu den allgemeinen Konsequenzen des demografischen Wandels**
Jugendliche im Alter von 12 bis 25 Jahren

Shell Jugendstudie 2006 – TNS Infratest Sozialforschung

Konsequenz des demografischen Wandels in Zukunft »mehr Ältere sich in ihrer Freizeit verstärkt für soziale Zwecke engagieren können«. Vergleichsweise hoch ausgeprägt (45 % »trifft eher zu«, 17 % »trifft voll und ganz zu«) ist jedoch ebenfalls die Einschätzung, dass »der Staat in Zukunft noch mehr Geld für alte Leute statt für jüngere ausgeben muss«. Ebenfalls für zutreffend hält die Mehrheit der Jugendlichen (45 % »trifft eher zu«, 17 % »trifft voll und ganz zu«) die Aussage, dass »die Älteren die Jüngeren in der Familie entlasten können«.

Die Haltung zu der Aussage, dass die »vielen Alten die Arbeitsplätze besetzen, die die Jungen bräuchten«, ist hingegen bei den Jugendlichen nicht eindeutig. Ein (etwas kleinerer) Teil stimmt zu (32 % »trifft eher zu«, 14 % »trifft voll und ganz zu«), der andere (etwas größere) Teil sieht das nicht so (39 % »trifft eher nicht zu«, 14 % »trifft überhaupt nicht zu«). Tendenziell Ähnliches gilt für die Aussage, dass »weniger Junge auch weniger Konkurrenz bedeutet und damit bessere Möglichkeiten für junge Leute, Arbeit zu bekommen«. Ein (etwas kleinerer) Teil der Jugendlichen stimmt zu (36 % »trifft eher zu«, 10 % »trifft voll und ganz zu«), der (etwas größere) andere Teil sieht das nicht so (36 % »trifft eher nicht zu«, 15 % »trifft überhaupt nicht zu«). Dass der demografische Wandel »für das eigene Leben nicht relevant« ist, trifft hingegen bei der Mehrheit der Jugendlichen nicht auf Zustimmung (36 % »trifft eher nicht zu«, 22 % »trifft überhaupt nicht zu«).

Auch diese Ergebnisse zeigen, dass sowohl die Risiken als auch die Chancen des demografischen Wandels bei den Jugendlichen präsent sind. Vergleichbares gilt auch hinsichtlich der Problematik der eigenen Altersvorsorge (Abb. 4.8). Fast alle Jugendlichen (Altersgruppe 15 bis 25 Jahre) stimmen den Aussagen zu, dass »die heutige junge Generation deutlich weniger Rente bekommen wird« (26 % »stimme eher zu«, 65 % »stimme voll und ganz zu«) und dass »die Jugendlichen von heute früh für ihr Alter vorsorgen müssen« (29 % »stimme eher zu«,

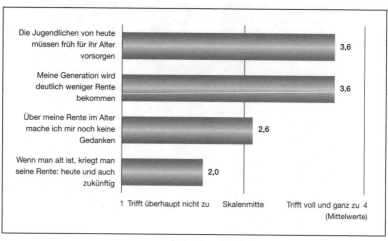

Abb. 4.8 Einstellungen zur Altersvorsorge und -sicherung
Jugendliche im Alter von 15 bis 25 Jahren

Shell Jugendstudie 2006 – TNS Infratest Sozialforschung

65 % »stimme voll und ganz zu«). Der Aussage »Über meine Rente im Alter mache ich mir noch keine Gedanken« stimmt eine wenn auch äußerst knappe Mehrheit der Jugendlichen ebenfalls zu (26 % »stimme eher zu«, 25 % »stimme voll und ganz zu«). Je älter die Jugendlichen, desto geringer ist allerdings die Zustimmung. Bei den 22- bis 25-Jährigen überwiegt hingegen schon die Ablehnung.

Es gibt aus unserer Sicht keinen Grund, von einer »Naivität« der Jugendlichen bezüglich ihrer eigenen Alterssicherung auszugehen. Im Gegenteil: Der Mehrheit der Jugendlichen ist offenbar völlig klar, dass sie nicht ohne weiteres darauf vertrauen können, im Alter, so wie bisher, eine mehr oder weniger ausreichende Rente zu bekommen. Einer entsprechenden (Kontroll-)Aussage, dass man »wenn man alt ist, seine Rente kriegt, heute und auch in der Zukunft«, stimmt die Mehrheit der Jugendlichen nicht zu (41 % »stimme eher nicht zu«, 30 % »stimme überhaupt nicht zu«).

Bei den Jugendlichen ist es offenbar angekommen, dass die eigene Alterssicherung keine Frage ist, die einem die Gesellschaft abnimmt und um die man sich persönlich nur wenig zu kümmern braucht. Den Jugendlichen ist dieser Zusammenhang bewusst, wenngleich er hinsichtlich der weiteren Gestaltung des eigenen Lebens nicht prioritär ist. Es hat den Anschein, dass die heutige junge Generation eine deutlich gewachsene Bereitschaft mitbringen wird, auch selbständig für das Alter vorzusorgen. Voraussetzung hierfür wird allerdings sein, dass zum einen überzeugende Angebote präsentiert werden, die sowohl in ihren Kosten und Leistungen durchschaubar als auch hinreichend sicher sein müssen.

»Zum Beispiel, wo wir in Tunesien waren, da haben mich Rentner aus der Reihe geschubst, nur damit sie Essen kriegen. Da musste mein Vater kommen und den aus der Reihe schubsen.«
(Auszubildender, 19 Jahre)

Zum anderen hängt eine eigene Altersvorsorge immer auch davon ab, inwieweit genügend finanzielle Ressourcen verfügbar sind, die zur persönlichen Altersvorsorge kontinuierlich und langfristig angelegt werden können.

Gefragt haben wir in diesem Zusammenhang, wie es aus der Sicht der Jugendlichen heute mit der »Verteilung des Wohlstandes zwischen den Generationen bestellt ist«. 43 % der Jugendlichen (Altergruppe von 15 bis 25 Jahre) geben hierzu an, dass der Wohlstand gegenwärtig gerecht verteilt sei. 34 % meinen, dass die Älteren zurückstecken sollten, während 12 % der Meinung sind, dass die Jüngeren ihre Ansprüche reduzieren sollten. 11 % haben hierzu keine Meinung (Abb. 4.9). Nur ein kleinerer Teil der Jugendlichen fordert demnach (materielle) Zugeständnisse und in der Konsequenz eine Umverteilung von Kosten und Lasten stärker hin zur älteren Generation.

Im Einzelnen sind es eher Jugendliche mit geringeren ökonomischen Ressourcen, mit Bildungsrisiken bzw. mit materialistischer Grundhaltung, die angeben, dass der Wohlstand ungerecht verteilt ist, und einen stärkeren Beitrag der Älteren fordern. Insgesamt betrachtet, findet diese Haltung bei den Jugendlichen zur Zeit jedoch keine Mehrheit. Es hat vielmehr auch hier wieder den Anschein, dass die Jugendlichen sich mehrheitlich nicht gegen die ältere Generation in Stellung bringen lassen wollen. Die Meinung, dass die Jüngeren zurückstecken sollten, ist hingegen keinen bestimmten Gruppen von Jugendlichen eindeutig zuzuordnen. Hierbei handelt es sich um eine klare Minderheitenposition.

Die »großen Themen«

Die junge Generation hat demnach das Thema demografischer Wandel durchaus im Blick. Maßgeblich für die Grundhaltung sind das positive Verhältnis der Jugendlichen zur (eigenen) Elterngeneration sowie die bereits beschriebene relativ unaufgeregte und eher auf persönlichen Zusammenhalt orientierte Herangehensweise an die Gesellschaft, die auch in dem Wunsch nach persönlich befriedigenden sozialen (Nah-)Beziehungen und familiärer Bindung zum Ausdruck kommt. Die anstehenden Probleme werden allerdings ebenfalls erkannt. Es erscheint von daher auch nicht ausgemacht, wie sich die Haltung der Jugendlichen zu den Folgen des demografischen Wandels in Zukunft weiter entwickeln wird. Auf der einen Seite kann momentan von einer »Aufkündigung der Solidarität zwischen den Generationen« von Seiten der Jugendlichen keine Rede sein. Andererseits hat die Generation die möglicherweise in Zukunft weiter zunehmenden Konfliktpotenziale durchaus im Blick und die Sorge um die weitere Entwicklung ist spürbar. Die Förderung von Generationensolidarität als Chance zur zukünftigen Gestaltung des demografischen Wandels wird von daher auch immer den Aspekt einer gerechten und auch als gerecht vermittelbaren Verteilung der anstehenden Lasten berücksichtigen müssen. Entscheidend wird sein, dass für die Jugendlichen hinreichende gesellschaftliche Chancen (Bildung, Arbeit, Familie, gesellschaftliche Partizipation) verfügbar gemacht werden und ihre spezifische Rolle als (zukünftige) Träger der gesellschaftlichen Entwicklung nicht aus dem Auge verloren werden darf.

> »Die kriegen jeden Monat ihre Rente, auch wenn die jetzt mal ihre Nullrunden kriegen. Aber wir kriegen auch nicht jedes Jahr unsere Gehaltserhöhung.«
> (Angestellte, 25 Jahre)

Abb. 4.9 Generationengerechtigkeit
Jugendliche im Alter von 15 bis 25 Jahren

Shell Jugendstudie 2006 – TNS Infratest Sozialforschung

4.2 Globalisierung und europäische Integration: Wie Jugendliche das Zusammenrücken der Welt beurteilen

Der Prozess der Globalisierung und die damit einhergehenden Veränderungen in der Gestaltung der Beziehungen zwischen den verschiedenen Ländern und Kulturen sind inzwischen zum festen Bestandteil der öffentlichen Diskussion geworden. Charakteristisch ist allerdings, dass Globalisierung je nach politischem Standort und politischer Sicht sehr unterschiedlich beschrieben und akzentuiert wird. Aus der Perspektive der sog. Globalisierungsbefürworter wird vorrangig auf die neuen Möglichkeiten verwiesen, die sich dadurch ergeben, dass sich im Zuge der wirtschaftlichen Kooperation und der stärkeren gesellschaftlichen Freizügigkeit zwischen den Ländern internationale Märkte bilden, die zu einer neuen wirtschaftlichen Dynamik führen, die für alle beteiligten Länder äußerst segensreich und entwicklungsfördernd sei (Friedman 1999, Thurow 2004). Insbesondere für Jugendliche ergeben sich dadurch neue Chancen, neue Kulturen kennen zu lernen oder auch neue Betätigungsfelder zu finden. Die Globalisierungskritiker weisen demgegenüber darauf hin, dass der Prozess der internationalen wirtschaftlichen Verflechtung vor allem dazu führen werde, dass die nationalen Regierungen und die Bevölkerungen dadurch immer mehr den Einfluss auf die Gestaltung der gesellschaftlichen Verhältnisse verlieren (Stiglitz 2002, Klein 2002). So werden etwa von den international agierenden Konzernen je nach wirtschaftlicher Situation Produktionsstätten in Länder mit günstigeren wirtschaftlichen Rahmenbedingungen, sprich billigeren Arbeitskräften, verlagert oder es werden (unter Hinweis auf den internationalen Wettbewerb) Sozialleistungen abgebaut. Weitere klassische Problemfelder in der Diskussion um die Globalisierung sind die Themengebiete Umweltzerstörung, Armut und Unterentwicklung sowie Zuwanderung bzw. Migration (zu den gesellschaftspolitischen Konsequenzen vgl. z. B. Beck 1997).

Im Rahmen der Shell Jugendstudie wird der Begriff der Globalisierung zuerst einmal unabhängig von diesen Akzentuierungen gebraucht. Globalisierung wird von uns eingeführt als Prozess des engeren Zusammenrückens in der Welt. Die Einstiegsfrage lautet: »In Politik und Öffentlichkeit ist heute viel von der Globalisierung und davon, dass die Welt immer enger zusammenrückt, die Rede. Haben Sie/hast du selber davon schon einmal etwas gehört?« Erst danach wird gefragt, was Jugendliche heute persönlich mit Globalisierung verbinden und wie sie die Vorteile und möglichen Nachteile beurteilen.

Eng mit dem Prozess der Globalisierung verbunden, für die Jugendlichen jedoch alltagsweltlich erfahrbarer und mit aktuellen politischen Fragen verknüpft ist die Fortentwicklung der Europäischen Union (zur Geschichte der EU vgl. Brunn 2005). Vor dem Hintergrund der Diskussion um eine europäische Verfassung sowie die mögliche zusätzliche Erweiterung der Union beleuchtet die vorliegende Shell Jugendstudie als Einstieg in die Thematik zunächst die Einstellungen der Jugendlichen zu Europa.

4.2.1 Europa

Während die gesellschaftliche Debatte um die europäische Einigung zum Zeitpunkt der letzten Shell Jugendstudie von 2002 noch stark von der damals anstehenden sog. Osterweiterung, sprich der Komplettierung von Europa mit 10 weiteren Ländern, die früher zum sog. Ostblock gehört haben, geprägt war (zur EU-Erweiterungspolitik vgl. Lippert 2003), hat sich die Debatte seitdem verändert. Nach den gescheiterten Verfassungsreferenden in Frankreich und den Niederlanden stockt der weitere Vereinigungsprozess. Die Europäische Union hat sich eine Denkpause verordnet. Die Debatte in Deutschland ist darüber hinaus zurzeit durch die allerdings politisch umstrittene und eher für die etwas fernere Zukunft vorgesehene Aufnahme der Türkei in die Europäische Union geprägt. Seit Oktober 2005 werden hierzu sog. ergebnisoffene Beitrittsverhandlungen geführt. Zum ersten Mal würde damit ein Land aus dem islamischen Kulturkreis Teil der Europäischen Union (vgl. dazu Leggewie 2004, Europa digital 2006).

Gefragt haben wir zuerst einmal, was die Jugendlichen in Deutschland (Altersgruppe 15 bis 25 Jahre) heute mit Europa verbinden (Abb. 4.10).

Fast alle Jugendlichen betonen die damit verbundene Freizügigkeit, also die Möglichkeit zu reisen, zu studieren oder auch in anderen europäischen Ländern eine Arbeit aufnehmen und sich dort niederlassen zu können. 87 % verbinden mit Europa eine positive kulturelle Vielfalt, 82 % Frieden und immerhin 72 % mehr Möglichkeiten zur Mitsprache in der Welt. Der europa-kritischste Punkt aus der Sicht von 73 % der Jugendlichen ist die Bürokratie sowie bei 64 % die mit Europa in Verbindung gebrachte Geldverschwendung. Nicht genügend Grenzkontrollen benennen 58 % der Jugendlichen, Arbeitslosigkeit 56 % und

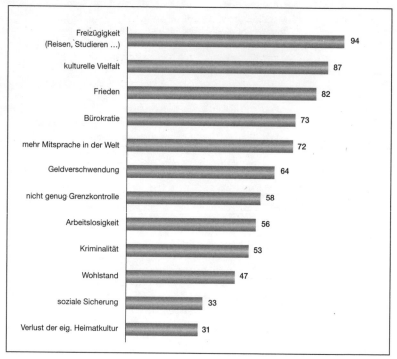

Abb. 4.10 **Was verbinden Jugendliche heute mit Europa?**
Jugendliche im Alter von 15 bis 25 Jahren (in %)

Shell Jugendstudie 2006 – TNS Infratest Sozialforschung

wachsende Kriminalität 53 %. Auf einen wachsenden Wohlstand verweisen 47 %. Nur 33 % verbinden mit Europa eine bessere soziale Sicherung und 31 % einen Verlust der eigenen Heimatkultur. Das Ergebnis macht deutlich, dass Europa von den Jugendlichen nicht einseitig euphorisch beurteilt wird. Dominant sind der positive Blickwinkel und der Verweis auf die neuen Chancen, die sich für die Jugendlichen hierdurch ergeben können.

»Wenn man das mit der EU in Frankreich sieht, da wurde die ganze Bevölkerung gefragt und in Deutschland nur die Politiker.«
(Erwerbslose, 25 Jahre)

Hinsichtlich einer möglichen längerfristigen Entwicklung von Europa zu einem einheitlichen Staat ist im Vergleich zur letzten Shell Jugendstudie von 2002 allerdings eine deutliche Veränderung erkennbar. Waren es im Jahr 2002 noch 49 % der Jugendlichen, die sich Europa als einheitlichen Staat vorstellen konnten, so trifft dies im Jahr 2006 nur noch auf 32 % zu. Mit 45 % lehnt hingegen eine Mehrheit einen staatlichen Zusammenschluss ab. 23 % haben hierzu keine Meinung (Abb. 4.11). Der damit zum Ausdruck kommende Meinungsumschwung ist in allen Schichten der Bevölkerung vorhanden.

Diese aktuell artikulierte Meinung wirkt bedeutend realistischer. Tatsächlich steht die Gründung eines gesamteuropäischen Staates gegenwärtig nicht zur Diskussion. Deutlich wird aber auch, dass die in der letzten Shell Jugendstudie von 2002 geäußerte »Europaeuphorie« bei den Jugendlichen inzwischen so nicht mehr festzustellen ist.

Vergleichbares gilt bezüglich der Perspektive eines möglichen Beitritts der Türkei zur Europäischen Union. Für eine Osterweiterung sprachen sich bei der letzten Shell Jugendstudie im Jahr 2002 noch mehrheitlich 44 % der Jugendlichen im Vergleich zu 32 %, die eher eine ablehnende Haltung artikulierten, aus. Einen Beitritt der Türkei lehnen hingegen nach den Ergebnissen der aktuellen Shell

Abb. 4.11 **Einstellung zu Europa: Sollte sich die EU längerfristig zu einem einheitlichen Staat entwickeln und zusammenschließen?**
Jugendliche im Alter von 15 bis 25 Jahren

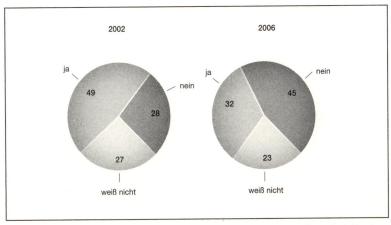

Shell Jugendstudie 2006 – TNS Infratest Sozialforschung

Jugendstudie 61 % der Jugendlichen ab. Gut finden einen Beitritt der Türkei nur 19 %, während 20 % hierzu keine Meinung haben (Jugendliche im Alter von 15 bis 25 Jahren: Abb. 4.12).

Die ablehnende Haltung zu einem möglichen Beitritt der Türkei ist sowohl zwischen den Geschlechtern als auch innerhalb der alten und neuen Bundesländer vergleichbar ausgeprägt. Eine gewisse Differenzierung ergibt sich dann, wenn man die Haltung anhand der politischen Selbsteinschätzung der Jugendlichen differenziert. Links bzw. eher links orientierte Jugendliche sprechen sich zu 55 % bzw. 54 % gegen einen Beitritt aus. Jugendliche, die sich selber der Mitte zurechnen, sind zu 63 % dagegen, während bei eher rechts bzw. rechts orientierten Jugendlichen die Ablehnung auf 78 % bzw. 82 % ansteigt. Diese im Zusammenhang mit der politischen Positionierung auftretende Differenzierung der Haltung der Jugendlichen zu einem möglichen Türkei-Beitritt ist nicht überraschend. Wichtiger ist aus unserer Sicht allerdings, dass sich trotzdem die Mehrheit aller Jugendlichen, und dabei quer zur politischen Positionierung, momentan gegen einen möglichen Beitritt der Türkei zur Europäischen Union aussprechen.

Es hat den Anschein, dass sich auch aus der Sicht der Jugendlichen Europa in seiner bestehenden Struktur erst einmal bewähren und finden muss. Die positiven Kerngedanken einer europäischen Integration werden von den Jugendlichen nach wie vor als Chance für die eigene Lebensgestaltung begriffen. Auf der anderen Seite müssen sich die Strukturen jedoch erst einmal festigen und etablieren. Die artikulierte Position zu einem möglichen Beitritt der Türkei widerspiegelt zum einen die Labilisierung, die durch die europakritischen Prozesse zuletzt in Frankreich und in den Niederlanden zutage getreten sind und die auch von den Jugendlichen in Deutschland mehr oder

Abb. 4.12 Ablehnende Haltung zu einem möglichen Beitritt der Türkei zur EU
Jugendliche im Alter von 15 bis 25 Jahren (in %) 0 = links bis 10 = rechts (in %):

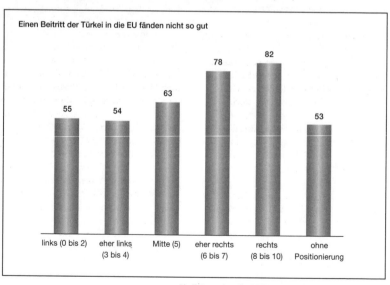

Shell Jugendstudie 2006 – TNS Infratest Sozialforschung

weniger differenziert wahrgenommen werden. Zum anderen korrespondiert die ablehnende Position aber auch mit der bereits dargestellten Haltung, dass auch die Migration nach Deutschland nicht weiter forciert, sondern in Zukunft eher eingeschränkt werden sollte.

Die Erhebungsergebnisse zeigen, dass es sich bei diesen Fragen um eine äußerst sensible Thematik handelt, die je nach Situation leicht durch nicht immer rationale Ängste und Sorgen überlagert werden kann. Umso wichtiger erscheint es, die Fragen der Perspektiven von Europa sowohl mit der gebotenen Sachlichkeit als auch hinsichtlich der damit verbundenen Chancen zu diskutieren. Auf der »In und Out«-Skala hat Europa seinen Platz bei den Jugendlichen jedoch behalten können. Nach wie vor bezeichnen 60 % der Jugendlichen Europa im Vergleich zu 62 % im Jahre 2002 als »in«.

> »Ich denke, dass die Jugend heutzutage mehr in Angst lebt als vielleicht jemals zuvor in der Nachkriegszeit.«
> (Student, 23 Jahre)

4.2.2 Globale Probleme

Wie bereits angesprochen, haben wir in der neuen Shell Jugendstudie bezüglich dieser Thematik zuerst einmal danach gefragt, inwieweit den Jugendlichen der Begriff und die Debatte um die Globalisierung überhaupt geläufig sind.
»In Politik und Öffentlichkeit ist heute viel von der Globalisierung und davon, dass die Welt immer enger zusammenrückt, die Rede. Haben Sie/hast du selber davon schon einmal etwas gehört?« (Abb. 4.13)

Insgesamt 75 % der Jugendlichen im Alter von 18 bis 25 Jahren haben hierbei angegeben, schon einmal etwas von Globalisierung gehört zu haben. Bei den 15- bis 17-Jährigen sind es 60 %, bei den 18- bis 21-Jährigen 79 % und bei den 22- bis 25-Jährigen sind es 81 %.

Männliche Jugendliche sind in ihrem Antwortverhalten mit 78 %, die darauf verweisen, schon einmal etwas von Globalisierung gehört zu haben, »offensiver« als Mädchen mit 72 %. Zwischen Jugendlichen aus den alten und den neuen Bundesländern ergeben sich diesbezüglich keine Unterschiede.

Maßgebliche Variable ist die eigene Bildung. Hauptschüler (ab 15 Jahren) können zu 54 % nichts mit Globalisierung anfangen, Realschüler (ab 15 Jahren) zu 40 %. Bei den Gymnasiasten (ab 15 Jahren) beträgt der Anteil 20 % und bei Studierenden 7 %.

Wir bewerten dieses Antwortverhalten als Beleg dafür, dass sowohl die Begrifflichkeit als auch die Debatte um die Globalisierung bei den Jugendlichen in Deutschland noch zu wenig fundiert bzw. präsent sind. Globalisierung gestalten ist von daher zuallererst einmal eine Aufgabenstellung der (politischen) Bildung.

Es dürfte außer Frage stehen, dass die mit der Globalisierung verbundenen Prozesse nicht nur die Jugendlichen etwas angehen, sondern im Einzelnen von ihnen auch intensiv wahrgenommen werden. Das Zusammenrücken der Welt präsentiert sich sowohl tagtäglich im Alltag, zum Beispiel in Musik, Mode oder auch über die Medien (Fernsehen, Internet etc.) oder aber anlässlich bestimmter Events, wie zum Beispiel dieses Jahr anlässlich der Fußball-Weltmeisterschaft in Deutschland. Was fehlt, ist allerdings das Wissen um die Zusammenhänge und über die damit verbundenen Probleme. Das Leitmotto »Global denken, lokal handeln« der dezentralen Initiative »Agenda 21« (benannt nach dem gleichnamigen Dokument der Konferenz der Vereinten Nationen für Umwelt und Entwicklung im Juni 1992 in Rio de Janeiro) bringt aus unserer Sicht die mögliche Verknüpfung von jugendlichen Lebenswelten und dem

»großen Thema« Globalisierung gut auf den Punkt. Die vorliegenden Ergebnisse sprechen allerdings eher dafür, dass die damit verbundenen Überlegungen für eine nachhaltige Entwicklung (sustainable development) bisher in der Breite noch wenig Eingang in die jugendlichen Lebenswelten gefunden haben.

Die Jugendlichen, denen Globalisierung geläufig ist, haben wir danach gefragt, was sie im Einzelnen damit verbinden. Hierzu haben wir eine Liste mit Antwortvorgaben vorgelegt (Abb. 4.14). 82 % verweisen in puncto Globalisierung auf das damit aus ihrer Sicht verbundene Moment der Freizügigkeit (verreisen, studieren, arbeiten usw.), während 79 % die damit ebenfalls verknüpfte kulturelle Vielfalt ansprechen. Arbeitslosigkeit verbinden 66 %, Kriminalität 59 %, Umweltzerstörung 56 % und Unterentwicklung 51 % mit dem Prozess der Globalisierung. Für 57 % bzw. 50 % gehören Frieden und Demokratie zur Globalisierung. Wohlstand benennen 37 %, auf einen Verlust der eigenen Heimatkultur verweisen 33 %. Soziale Sicherung verbinden nicht mehr als 21 % mit Globalisierung. Im Vergleich zur Bewertung von Europa wird der Prozess

Abb. 4.13 Von Globalisierung haben schon einmal gehört:
Jugendliche im Alter von 15 bis 25 Jahren (in %)

	Habe schon mal von Globalisierung gehört		
	ja	nein	keine Angabe
gesamt	75	24	1
Alter			
15 bis 17 Jahre	60	38	2
18 bis 21 Jahre	79	19	1
22 bis 24 Jahre	81	19	0
Geschlecht			
männlich	78	21	1
weiblich	72	27	1
Region			
West	75	24	1
Ost	75	24	1
Sozialer Status			
Hauptschüler	45	54	1
Realschüler	56	40	4
Gymnasiasten	79	20	1
Studierende	93	7	0
Auszubildende	71	28	1
Erwerbstätige	77	23	0
Arbeitslose	71	29	0
sonstige Nicht-Erwerbstätige	71	26	3

Shell Jugendstudie 2006 – TNS Infratest Sozialforschung

Abb. 4.14 Was verbinden Jugendliche heute mit Globalisierung?
Jugendliche im Alter von 15 bis 25 Jahren, die schon einmal etwas von Globalisierung gehört haben (in %)

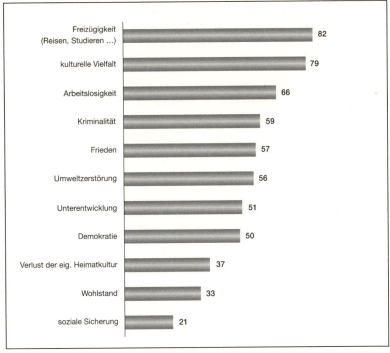

Shell Jugendstudie 2006 – TNS Infratest Sozialforschung

der Globalisierung aus der Sicht der Jugendlichen mit mehr Risiken verbunden. An Europa werden die Bürokratie (73 %) und die mögliche Geldverschwendung (64 %) kritisiert. Arbeitslosigkeit verbinden mit Europa 56 %, mit der Globalisierung jedoch 66 %. Europa steht für 82 % für Frieden. Globalisierung wird jedoch nur von 57 % mit Frieden in Zusammenhang gebracht.

Im Trend betrachtet, verweisen sowohl aktuell als auch bei der letzten Shell Jugendstudie im Jahr 2002 jeweils 48 % der Jugendlichen darauf, dass uns die Globalisierung sowohl Vorteile als auch Nachteile (beides gleich) bringt.[20]

Vorrangig auf Vorteile durch die Globalisierung verweisen 18 % im Vergleich zu 23 % bei der letzten Shell Jugendstudie im Jahr 2002, während 27 % im Vergleich zu 13 % primär die Nachteile betonen (Abb. 4.15).

Die Einstellungen zur Globalisierung weisen (statistisch) nur relativ schwache Zusammenhänge auf. Im Einzelnen be-

[20] Im Unterschied zu 2002 wurden 2006 nur die Jugendlichen, die etwas mit dem Begriff der Globalisierung anfangen konnten, befragt. Dementsprechend fällt bei dieser Gruppe der Anteil derjenigen, die hierzu keine Meinung haben, mit 7 % niedriger als mit 16 % im Jahr 2002 aus.

tonen etwas häufiger männliche Jugendliche bzw. Jugendliche aus Haushalten mit vergleichsweise hohen Haushalts-Nettoeinkommen eher die Vorteile der Globalisierung. Auf die Nachteile verweisen hingegen eher politikkritische bis distanzierte Jugendliche bzw. Jugendliche mit häufigeren Vorbehalten gegenüber anderen sozialen Gruppen sowie Jugendliche aus Haushalten mit nicht ausreichendem Haushalts-Nettoeinkommen. Eine statistisch hinreichend starke Differenzierung lässt sich auf Basis dieser Prädiktoren jedoch nicht vornehmen.

Zum Abschluss haben wir danach gefragt, welchen der von uns vorgegebenen Organisationen oder Gruppierungen Jugendliche heute am ehesten zutrauen, die »Globalisierung in die richtigen Bahnen lenken zu können«. An erster Stelle werden von 77 % die Europäische Union sowie von 68 % an zweiter Stelle die Vereinten Nationen benannt. Immerhin 59 % der Jugendlichen verweisen auf die nationalen Regierungen. Politischen Parteien bzw. nicht-staatlichen Organisationen wie z. B. Greenpeace, Amnesty International vertrauen 48 % bzw. 47 %. Auf die internationalen Konzerne verweisen 39 %, auf Verbraucherschutzorganisationen 38 % und auf die Globalisierungskritiker wie etwa Attac 35 % der Jugendlichen. Die Kirchen bzw. die Gewerkschaften werden von 22 % der Jugendlichen genannt. Den USA bzw. China als möglichem alternativen Pol bringen hingegen nicht mehr als 20 % bzw. 16 % der Jugendlichen das Vertrauen entgegen, die Globalisierung in die richtigen Bahnen lenken zu können (Abb. 4.16).

Internationale Probleme sind auch aus der Sicht der Jugendlichen vor allem von internationalen Organisationen, die über einen entsprechenden Einfluss verfügen, lösbar. Auffällig ist die hohe Bedeutung und das Vertrauen, das die Mehrheit der Jugendlichen der Europäischen Union im Hinblick auf die Beeinflussung und Regulierung der Globalisierung entgegenbringen. Eine Mehrheit der Jugendlichen weist neben

Abb. 4.15 Einstellung zur Globalisierung
Jugendliche im Alter von 15 bis 25 Jahren, die schon einmal etwas von Globalisierung gehört haben. (2002: Jugendliche von 15 bis 25 Jahren insgesamt)

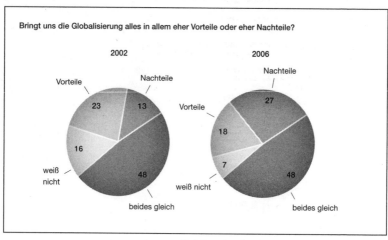

Shell Jugendstudie 2006 – TNS Infratest Sozialforschung

der UN aber auch den nationalen Regierungen eine entsprechende Funktion zu. Nicht-staatliche Organisationen oder auch Globalisierungskritiker wie Attac bzw. Verbraucherschutzorganisationen haben aus der Sicht der Jugendlichen eher die Rolle eines Korrektivs bzw. einer Art kritischer Gegenöffentlichkeit. Große Vorbehalte werden gegenüber den USA und China sichtbar. Beide »Supermächte« verfügen sicherlich über große Potenziale. Ob diese Möglichkeiten jedoch auch im Sinne einer positiven Beeinflussung des Prozesses der Globalisierung eingesetzt werden, erscheint der Mehrheit der Jugendlichen in Deutschland allerdings sehr fraglich.

Der Prozess der Globalisierung ist für die Mehrheit der Jugendlichen im Großen noch wenig fassbar und konkret. Insgesamt hat die Skepsis etwas zugenommen, ohne dass die Frage, was die Globalisierung den Einzelnen bringen wird, in den Köpfen bereits endgültig entschieden ist.

Abb. 4.16 **Vertrauen in die Lösungskompetenz: »Welchen der folgenden Organisationen oder Gruppierungen trauen Sie / traut ihr zu, die Globalisierung in die richtigen Bahnen zu lenken?«** (»Voll und ganz« / »eher ja«)
Jugendliche im Alter von 15 bis 25 Jahren, die schon einmal etwas von Globalisierung gehört haben (in %)

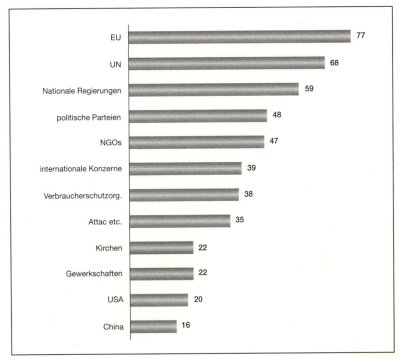

Shell Jugendstudie 2006 – TNS Infratest Sozialforschung

Thomas Gensicke

5 Zeitgeist und Wertorientierungen

5.1 Jugendlicher Zeitgeist

5.1.1 Optimismus unter Druck

Die 14. Shell Jugendstudie hatte bei den Jugendlichen einen zuversichtlichen und leistungsbetonten Zeitgeist festgestellt. Die Jugendlichen von 2002 nannten wir die »pragmatische Generation«, weil sie ihre Lebensführung »an konkreten und praktischen Problemen orientierten, die für sie mit persönlichen Chancen verbunden sind«. Das wirtschaftliche und politische System beurteilte diese Generation distanziert. Die Jugendlichen setzten auf die »kleinen« Netzwerke der Familie und Freunde sowie Leistungsanstrengungen und Engagement. Diese Mischung wurde von ihnen als Gewähr und Rückhalt einer positiven Lebensgestaltung angesehen. Die »pragmatische« Generation von 2002 wurde inzwischen durch vier neue Jahrgänge »aufgefüllt« und hat vier Jahrgänge an die »ältere« Bevölkerung abgegeben. Sie soll in diesem Kapitel darauf hin untersucht werden, ob sie ihre Eigenart bewahrt hat bzw. ob sich inzwischen Veränderungen ergeben haben.

In den letzten 4 Jahren hat sich vieles in Deutschland verändert. Die Volkswirtschaft ging durch ein Tal der Stagnation, für Arbeiter und Angestellte gab es kaum Reallohngewinne. Die Arbeitslosigkeit ist stark gestiegen und bewegt sich inzwischen auf Nachkriegs-Rekordniveau. Es herrscht Lehrstellenknappheit, die für Hauptschüler (insbesondere für solche mit Migrationshintergrund) besonders drückend, aber auch für Realschüler belastend ist. Mit Hartz IV wurde die bislang einschneidendste Sozialreform der Bundesrepublik durchgeführt. Weiterhin ist das Schulsystem in den negativen Schlagzeilen, sei es wegen mangelnder Qualität oder weil es nicht dazu beiträgt, soziale Unterschiede abzubauen. Kritischer werden die Folgen der Migration nach Deutschland gesehen, insbesondere die Frage, ob in Deutschland Parallelkulturen von Migranten entstehen.

Die Migrantenfrage hat auch eine Beziehung zum Problem der demografischen Entwicklung. Die deutsche Kerngesellschaft ist seit längerem nicht mehr in der Lage, ihren Bevölkerungsbestand zu erhalten.[21] Die Bevölkerung wird seit Jahrzehnten durch Migranten aufgefüllt. Es gibt aber kein abgestimmtes gesellschaftliches Konzept zur Integration dieser Millionen Menschen aus verschiedensten Kulturen. Insbesondere diejenigen jugendlichen Migranten, die nicht ausreichend Deutsch sprechen und nicht einmal die Anforderungen der

[21] Der Öffentlichkeit wird inzwischen bewusst, dass die Strukturen der deutschen Gesellschaft weit mehr als z. B. in Frankreich und Skandinavien auf den Mann als Familienernährer zugeschnitten sind. Mit diesen Strukturen sehen sich jüngere Frauen mit Kinderwunsch konfrontiert, die gleichzeitig auf ihr Recht auf berufliche Karriere drängen.

Hauptschule erfüllen können, sind auf dem geraden Wege, eine perspektivenlose Schicht unterhalb der deutschen Kerngesellschaft zu bilden. Sie können den Mangel an Fachkräften nicht ausgleichen, während die jüngeren und mittleren Generationen der deutschen Kerngesellschaft immer kleiner werden, aber die Gruppe der zu versorgenden Älteren immer größer. Als Unterprivilegierte könnten sich Millionen schlecht integrierter Migranten zu einem großen gesellschaftlichen Frustrationspotenzial entwickeln. Diese schwierige Gemengelage hat offensichtlich dazu geführt, dass Jugendliche 2006 deutlich stärker als noch 2002 auf eine Begrenzung der Zuwanderung drängen. In der aktuellen Shell Jugendstudie wünschen 58 % der Jugend weniger Zuwanderung nach Deutschland, während das in der letzten erst 48 % waren.

Bilanziert man die öffentliche Meinung in der Periode zwischen 2002 und 2006, kann man festhalten, dass hauptsächlich Debatten mit einem Unterton *sozialer Bedrohlichkeit* geführt wurden. Die aktuelle Shell Jugendstudie zeigt, dass die Jugendlichen trotz ihres mäßigen politisch-öffentlichen Interesses (vgl. Kapitel 3) offensichtlich diesen Tenor der öffentlichen Meinung erfasst haben. So zeigt die aktuelle Shell Jugendstudie, dass inzwischen 53 % der Jugendlichen »düster« in die gesellschaftliche Zukunft sehen, während es 2002 erst 45 % waren.

Abb. 5.1 **Sicht der Jugendlichen auf die gesellschaftliche und die persönliche Zukunft**
Jugendliche im Alter von 12 bis 25 Jahren (in %)

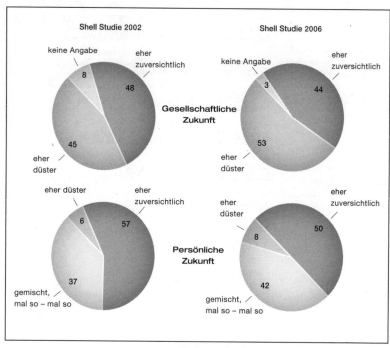

Shell Jugendstudie 2006 – TNS Infratest Sozialforschung

Vor vier Jahren gab es zumindest noch eine relative Mehrheit von Jugendlichen (48 %), die die gesellschaftliche Perspektive positiv beurteilten. Heute sind das nur noch 44 % (Abbildung 5.1 oben). Wie wirkt sich diese eingetrübte gesellschaftliche Stimmung auf die persönliche Stimmungslage der Jugendlichen aus?

Die 14. Shell Jugendstudie hatte darauf hingewiesen, dass viele Jugendliche dazu neigten, die Beurteilung ihrer persönlichen Lebensperspektive von der gesellschaftlichen Perspektive abzukoppeln. Sie stellten einen ausgeprägten *Optimismus* für ihr eigenes Leben zur Schau, obwohl sie die gesellschaftlichen Aussichten durchwachsen beurteilten. Die aktuellen Daten zeigen, dass die Trübung der gesellschaftlichen Stimmung bei den Jugendlichen nicht in gleichem Maße mit einer Verschlechterung der persönlichen Lebenssicht einherging. Zwar ist zwischen 2002 und 2006 der Anteil derjenigen Jugendlichen, die ihre persönliche Zukunftsperspektive optimistisch beurteilen, von 57 % auf 50 % zurückgegangen (Abbildung 5.1 unten). Dennoch sind diese 50 % ein bemerkenswert hoher Wert, insbesondere, wenn man sich den umfangreichen Sorgenkatalog ansieht, den uns die Jugendlichen in der aktuellen Studie aufgezählt haben (Abbildung 5.2). Der »pragmatische« Zeitgeist der Jugendlichen stemmt sich offensichtlich gegen die schlechten Nachrichten aus der Welt

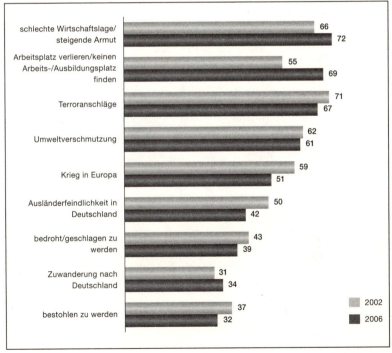

Abb. 5.2 **Was für Jugendliche ein großes Problem ist, was ihnen Angst macht**
Jugendliche im Alter von 12 bis 25 Jahren (Angaben in %)

Shell Jugendstudie 2006 – TNS Infratest Sozialforschung

der großen Systeme. Das zeigt, dass die pragmatische Generation trotz aller Sorgen und Probleme an ihrem Profil festhält.

Der Trend zu wirtschaftlich schlechten Nachrichten ist im Meinungsbild der Jugendlichen deutlich zu erkennen. Die schwierige Wirtschaftslage, das Problem steigender Armut waren bereits 2002 auf der gesellschaftlichen Sorgenliste der Jugendlichen deutlich zu erkennen und stehen inzwischen noch mehr im Brennpunkt ihrer Befürchtungen. Dramatisch gestiegen ist zwischen 2002 und 2006 der Anteil der Jugendlichen, die befürchten, keinen Ausbildungs- bzw. Arbeitsplatz zu finden oder, wenn sie erwerbstätig sind, arbeitslos zu werden. Fragen der äußeren und inneren Sicherheit gerieten mit Ausnahme der Terrorgefahr gegenüber den ökonomischen Sorgen in den Hintergrund. Die Umweltverschmutzung blieb auch 2006 in ähnlichem Maße wie 2002 im Zentrum der Besorgnisse der Jugendlichen.

Ergänzt wird die jugendliche Problemagenda durch die ungünstigen demografischen Aussichten (nicht in der Abbildung, vgl. Kapitel 4). 71 % der Jugendlichen sehen darin, dass es in Zukunft immer mehr ältere und immer weniger jüngere Menschen geben wird, ein großes Problem, 26 % sogar ein sehr großes. Den Jugendlichen ist klar, dass

Abb. 5.3 **Was bei Jugendlichen »in« ist (1)**
Jugendliche im Alter von 12 bis 25 Jahren (Angaben in %)

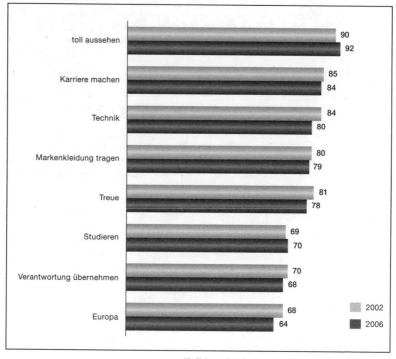

Shell Jugendstudie 2006 – TNS Infratest Sozialforschung

sie viel weniger Rendite aus dem Rentensystem zu erwarten haben als die aktuelle Rentnergeneration. Die meisten haben begriffen, dass sie zusätzlich vorsorgen müssen.

5.1.2 Aber: Zeitgeist weiter pragmatisch

Wie bereits in der 14. Shell Jugendstudie 2002 stützen wir uns auch in der aktuellen Studie bei der Beschreibung der Generationengestalt der Jugend auf ein Instrument, das mit Hilfe eines Popularitätstestes dem jugendlichen Zeitgeist auf die Spur kommen soll (Was ist in der Jugend »in« oder »out«? Abbildungen 5.3 und 5.4). Wenn wir den Details vorauseilen, dann bestätigt auch dieser Test bei den heutigen Jugendlichen eine ähnliche »pragmatische« Generationengestalt wie vor vier Jahren.

2002 wie 2006 war es unter Jugendlichen besonders »in«, »toll auszusehen« oder »Markenkleidung zu tragen«. Die große Masse sieht die Jugend (und das ist wenig verwunderlich) somit als Kerngruppe der modernen Mode- und Konsumkultur. Das galt 2002 und gilt 2006 für die weibliche und männliche Jugend gleichermaßen. Weiterhin besonders populär im jugendlichen Zeitgeist sind die Vorstellungen »Karriere machen« und »Technik«. Die sprunghaft gestiegenen Ausbildungs- und Arbeitsmarktsorgen der Jugendlichen taten somit der Popularität der Karriereidee keinen Abbruch. »Karriere machen« war bereits 2002 bei Jungen bzw. jungen Männern und bei Mädchen bzw. jungen Frauen gleichermaßen populär und daran hat sich auch

> »Es gibt immer weniger Sicherheit, einmal, was so Arbeitsmarktlagen betrifft und einmal, was so Werte und Normen betrifft. Wenn man liebt und geliebt wird, fühlt man sich sicherer, hat man mehr Geborgenheit, eine Konstante im Leben sozusagen, wo alles im Fluss ist, wo alles sich bewegt und morgen was ganz Neues passieren könnte.«
> (Studentin, 19 Jahre)

2006 nichts geändert. »Technik« wurde dagegen von der männlichen Jugend vor vier Jahren deutlich mehr als »in« eingestuft als von der weiblichen. Das ist auch 2006 so geblieben.

Bereits 2002 war es bemerkenswert, wie sich in die populären »pragmatischen« Leitideen des jugendlichen Zeitgeistes eine Gruppe ebenfalls populärer »moralischer« Ideen hineinmischte. Dieses Phänomen können wir in leicht abgeschwächter Form auch in der aktuellen Studie wieder beobachten. Die populärste moralische Idee des jugendlichen Zeitgeistes ist weiterhin die »Treue«. Wie 2002 ist diese in der weiblichen Jugend populärer als in der männlichen, erzielt aber auch bei dieser hohe Prozentsätze. Eng korreliert mit der »Treue« präsentiert sich im jugendlichen Zeitgeist eine weitere moralische Idee, »Verantwortung übernehmen«. In dieser Hinsicht sind sich die Geschlechter einiger, dennoch ist auch diese Idee wiederum bei Mädchen und jungen Frauen vermehrt populär. In diesen moralischen Komplex des jugendlichen Zeitgeistes ordnet sich auch das »Heiraten« ein, insgesamt weniger populär, aber wieder eine bevorzugt weibliche Zeitgeistvorstellung. Die »Moralität« dieses Komplexes zusammenhängender Zeitgeistideen wird auch durch dessen ausgeprägt negative Korrelation mit »Drogen nehmen« bestätigt. Vollständig rundet sich dieser moralische Kreis dadurch ab, dass die recht verbreitete Zeitgeistidee »An etwas glauben«[22] ebenfalls dazu gehört.

---

[22] Hinter der Zeitgeistidee »An etwas glauben« verbirgt sich ein weites Spektrum an

Abb. 5.4 Was bei Jugendlichen »in« ist (2)

Jugendliche im Alter von 12 bis 25 Jahren (Angaben in %)

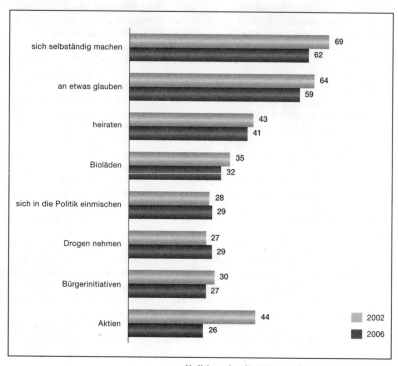

Shell Jugendstudie 2006 – TNS Infratest Sozialforschung

Auch diese wird wiederum von weiblichen Jugendlichen als populärer eingeschätzt.

Die Popularität des »Studierens« und auch des »Sich selbständig Machens« ist eng mit der für den jugendlichen Zeitgeist besonders hoch bewerteten Karriereidee verknüpft. Das »Studieren« wird von der weiblichen Jugend etwas höher eingestuft, das »Selbständigmachen«,

[Fortsetzung der Fußnote von Seite 173] Vorstellungen. Dennoch enthält dieses durchaus einen religiösen Kern, wie die Korrelation mit der persönlichen Wichtigkeit des Gottesglaubens zeigt (2002: .24, 2006: .26). Man beachte allerdings die von beiden Geschlechtern rückläufig eingestufte Popularität.

das in seiner Bedeutung für den jugendlichen Zeitgeist signifikant rückläufig ist, von beiden Geschlechtern etwa ähnlich. Wie 2002 meinen auch 2006 viele Jugendliche, »Europa« sei unter Jugendlichen populär. In dieser Einschätzung sind sich Mädchen bzw. junge Frauen mit Jungen bzw. jungen Männern weitgehend einig.

Einen regelrechten Niedergang nahm die Popularität der Aktien. Obwohl der große Aktiencrash schon länger zurückliegt und die Börsen ihren Tiefpunkt längst überwunden haben, wirkt der tiefe Einschnitt offensichtlich längerfristig nach, am meisten bei der weiblichen Jugend. Wie 2002 liegt dem jugendlichen

Zeitgeist auch 2006 die öffentliche Dimension des politischen Engagements und der Bürgerinitiativen eher fern. Auch die Vorstellung der »Bioläden« nimmt eher eine Randstellung ein, ist allerdings bei Mädchen und jungen Frauen deutlich populärer als bei Jungen und jungen Männern. »Drogen nehmen« wird nur von wenigen Jugendlichen als »in« eingestuft, auch wenn die Statistiken zeigen, dass der Missbrauch legaler wie illegaler Drogen unter Jugendlichen durchaus verbreitet ist. Es wird allerdings offensichtlich kein besonderer »Kult« daraus gemacht.

Wir können somit festhalten, dass die meisten Jugendlichen auch 2006 einem Zeitgeist anhängen, der sich ungeachtet großer Arbeitsmarktsorgen stark an Bildung, Berufserfolg und Technik festmacht sowie an Mode und Konsum, relativ wenig hingegen an Politik oder Ökologie. Eine wichtige Rolle spielen in diesem Zeitgeist moralische Ideen mit zuweilen durchaus »konventionellem« Einschlag. »Treue« und »Glauben« sind unter Jugendlichen populär, auch wenn Letzterer nur bedingt mit dem kirchlichen Glauben vergleichbar ist. Darauf weist auch der Umstand hin, dass bei vielen Jugendlichen die Popularität »konventionell«-moralischer Ideen das »Heiraten« nicht unbedingt einschließt.

5.2 Stabiles Wertesystem: Deutliche Geschlechterunterschiede

5.2.1 Soziale Netzwerke und Sekundärtugenden weiter im Fokus

Stimmung und Zeitgeist sind das eine, wie steht es aber mit den Grundorientierungen der Jugendlichen, mit ihren Werten? Die 14. Shell Jugendstudie hatte einen längerfristigen Vergleich der Wertorientierungen von Jugendlichen über einen Zeitraum von ca. 15 Jahren vorgenommen. Dieser Vergleich führte zu wichtigen Erkenntnissen über die neue Generationengestalt der »pragmatischen« Generation. Die wichtigste Neuigkeit war die Wiederaufwertung der so genannten Sekundärtugenden. Die Jugend von 2002 schätzte z. B. Leistung und Sicherheit deutlich höher ein als die Jugend der 80er Jahre.[23] Diese Wiederbesinnung auf einen »traditionellen« Wertebestand hatte bei den Jugendlichen aber keine Abkehr von »modernen« Selbstentfaltungswerten zur Folge (z. B. von Kreativität oder Lebensgenuss). Vielmehr versuchten viele Jugendliche zu einer Synthese von inzwischen entstaubten »traditionellen« Werten mit »modernen« Werten zu gelangen.

Leistung und Kreativität erschienen in Form eines guten Jobs durchaus als verbindbar und die berufliche Leistungsanstrengung schloss nicht aus, sich in der verbleibenden Freizeit mit den »guten Dingen des Lebens« zu beschäftigen. Es leuchtete den Jugendlichen des 21. Jahrhunderts auch nicht mehr ein, warum das Streben nach einem sicheren Lebensumfeld einen kreativen und genussvollen Lebensstil ausschließen sollte. Mit einem Wort, die Sekundärtugenden hatten ihren »abschreckend-

---

[23] Wir haben bereits in der 14. Shell Jugendstudie darauf hingewiesen, dass wir nur eine Auswahl der Sekundärtugenden abbilden können. Andere Umfragen zeigen, dass die längerfristige Wiederaufwertung der Sekundärtugenden z. B. auch Tugenden wie »Höflichkeit und gutes Benehmen« oder »Disziplin« betrifft. Wie wir auch am Beispiel des Gesundheitsbewusstseins sehen werden, bedeutet diese Aufwertung noch nicht, dass man sofort starke Änderungen auf der Verhaltensebene beobachten kann. Solche Veränderungen sind ein längerfristiger Prozess. Bei dessen Wahrnehmung sollte man sich nicht nur an Einzelbeobachtungen orientieren und schon gar nicht an dem, was die Medien auf der Suche nach Aufmerksamkeit an pathologischen Einzelbeispielen vorführen.

konservativen« Touch verloren, und die Umstände legten es nahe, sich in einer unübersichtlicher gewordenen Welt wieder mehr am Geregelten, Geordneten und Begrenzten zu orientieren. Pragmatisch daran war, dass dieses Gerüst der Sekundärtugenden der persönlichen Entfaltung einen festen Rahmen geben sollte und damit letztlich in deren Dienst gestellt werden sollte.

Wenn wir nunmehr den Trend der Wertorientierungen zwischen 2002 und 2006 untersuchen, haben wir für das Jahr 2002 durch die Einbeziehung der ostdeutschen Jugendlichen eine etwas andere Ausgangsbasis. Wichtiger ist allerdings, dass der Zeitraum, für den die aktuelle Shell Jugendstudie die Entwicklung von Wertorientierungen analysiert, relativ kurz ist. Werte sind definiert als besonders stabile Elemente der menschlichen Psyche und sollten sich von daher innerhalb kurzer Zeiträume nur wenig ändern. Es sei denn, es treten sehr einschneidende Veränderungen der Umfeldbedingungen ein. Davon kann aber trotz einer Verstärkung verschiedener gesellschaftlicher Problemlagen nicht die Rede sein. Dennoch muss bei Jugendlichen stets mit einer erhöhten Wandlungsfähigkeit von Wertorientierungen gerechnet werden, da ihre Mentalität noch nicht durch längere Lebenserfahrung gefestigt ist. Außerdem sind seit 2002 vier neue Jahrgänge in die Gruppe der Jugendlichen eingetreten und vier ältere Jahrgänge ausgeschieden, was bei insgesamt 14 Jahrgängen ein beträchtlicher Anteil ist.

Ein erster Überblick über die am höchsten bewerteten Wertorientierungen der Jugendlichen zeigt, dass es zwischen 2002 und 2006 einige interessante Veränderungen gab (Abbildung 5.5). Den-

»Erst einmal Familie, Freundschaft, Sicherheit, das gehört ja irgendwie zusammen, und das ist wichtig. Das braucht man einfach, um überhaupt irgendwas organisieren zu können, sich engagieren zu können, um Spaß zu haben.«
(Abiturientin, 19 Jahre)

noch überwiegt insgesamt der Eindruck, dass das jugendliche Wertesystem recht stabil geblieben ist. Sechs deutliche Veränderungen stehen achtzehn weitgehend stabilen Wertorientierungen gegenüber.[24] Interessant ist, dass fünf von sechs Veränderungen Anstiege sind. Das bedeutet, was bereits 2002 im Zentrum des Wertesystems der Jugendlichen stand, hat 2006 fast immer seine Bedeutung weiter verstärkt. Ausgehend von einem bereits 2002 sehr hohen Niveau werden z. B. die Netzwerke der Freunde und der Familie inzwischen noch höher bewertet. Nicht nur diese Netzwerke finden die Jugendlichen wichtiger, sondern sie wollen auch vermehrt »von anderen Menschen unabhängig sein«. Diese gleichläufige Aufwertung sozialer Bindung und sozialer Unabhängigkeit muss kein Widerspruch sein. Man kann das so interpretieren, dass soziale Beziehungen wichtiger geworden sind, die dazu beitragen, die Abhängigkeit »nach außen« zu verringern, und gleichzeitig individuelle Freiräume gewähren.

Neben dieser Stärkung der mikrosozialen Beziehungsebene hat die bereits angesprochene »Wiedererweckung« der Sekundärtugenden, die wir in der 14. Shell Jugendstudie als längerfristigen Prozess beobachtet hatten, auch 2006 Bestand gehabt. Die Wertorientierung »Fleiß und Ehrgeiz«, der größte »Aufsteiger« von 2002, ist sogar noch wichtiger geworden. Leistung befindet sich

24 Als Faustregel gilt, dass bei einer großen Stichprobe wie der Shell Jugendstudie Änderungen auf einer 7er-Skala von 0,2 Skalenpunkten signifikant und nennenswert sind. Die besprochenen Änderungen wurden aber auch statistisch überprüft. Unterhalb dieser Grenze sprechen wir von annähernder Stabilität.

Abb. 5.5 **Wertorientierungen – Wichtigkeit für die Lebensgestaltung**
Jugendliche im Alter von 12 bis 25 Jahren (Mittelwerte 1 bis 7)

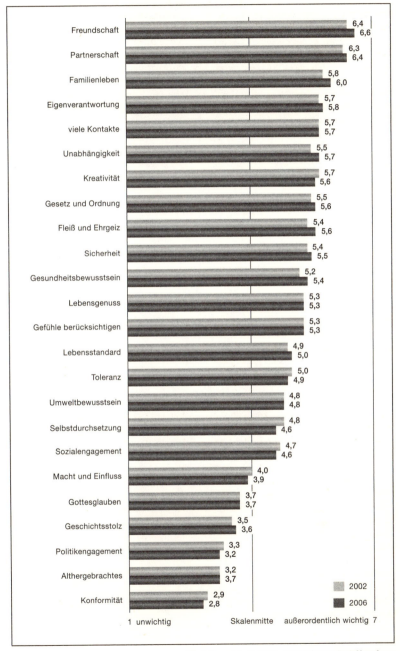

Shell Jugendstudie 2006 – TNS Infratest Sozialforschung

als Wertorientierung bei Jugendlichen somit weiterhin im Aufschwung.

Deutlich mehr Jugendliche als 2002 wollen 2006 »gesundheitsbewusst leben«. Wie bereits beim Zeitgeist-Item »Drogen nehmen« müssen wir solche Äußerungen als subjektive Bedeutsamkeit nehmen. Zwischen Wertorientierung und tatsächliches Verhalten schieben sich eine Vielzahl von Mittelgliedern, wie Gruppendruck, Gelegenheit, Gewohnheit und anderes. In Form der Wertorientierungen bilden wir jedoch ab, dass Bewusstsein und Vorsatz, sich gesundheitsbewusst zu verhalten, unter Jugendlichen an Bedeutung gewonnen haben.

Der untere Teil von Abbildung 5.5 zeigt nur noch eine auffällige Veränderung einer Wertorientierung. Die Jugendlichen betonen 2006 deutlich weniger, dass es für sie wichtig ist, sich gegenüber anderen durchzusetzen. Die Gegenläufigkeit zur zunehmenden Wichtigkeit der persönlichen Unabhängigkeit ist bemerkenswert. Dieser Trend geht in beiden Richtungen weit mehr von der weiblichen als von der männlichen Jugend aus und wird in der folgenden vertiefenden Analyse wieder aufgegriffen.

Die folgenden Analyseschritte werden das Datenmaterial der Periode 2002 bis 2006 im Detail erschließen. Zum einen sollen die Strukturen der 24 Wertorientierungen untersucht werden. Die Höhe der Wertschätzung der einzelnen Werte sagt noch relativ wenig darüber aus, wie die Jugendlichen die einzelnen Werte *verstehen,* d. h. welche Zusammenhänge sie zwischen diesen Werten herstellen. In Vorbereitung des Kapitels 6 »Jugend und Religiosität« interessiert außerdem, in welchem Wertezusammenhang sich die Religiosität (Gottesglauben) als Wert einordnet. Der zweite Analyseschritt überprüft ein wichtiges Ergebnis der letzten Shell Jugendstudie von 2002. Mädchen und junge Frauen stellten dort ein ausgeprägteres Wertebewusstsein als Jungen und junge Männer zur Schau. Lässt sich dieser Befund auch 2006 wieder bestätigen?

5.2.2 Struktur des jugendlichen Wertesystems

Abbildung 5.6 zeigt die Gesamtstruktur des Wertesystems der Jugendlichen. Die 24 einzelnen Wertorientierungen finden sich aufgrund des Antwortverhaltens der Jugendlichen zu sieben Gruppen eng miteinander verknüpfter Einzelwerte zusammen.[25] Man erkennt eine erste dominante Wertegruppe, die wir als »Private Harmonie« bezeichnen. Sie enthält die fünf Wertorientierungen, die von den Jugendlichen auch am höchsten bewertet werden. Die Wertegruppe wird besonders durch die Wertschätzung der Freundschaft, der Partnerschaft und der Familie bestimmt. Jugendliche, die solche Netzwerke besonders wichtig finden, wollen auch bevorzugt »eigenverantwortlich leben und handeln« sowie »viele Kontakte zu anderen Menschen haben«. Eigenständigkeit und Kontaktfreude stehen für Jugendliche also im engen Wertzusammenhang mit der Wichtigkeit mikrosozialer Netzwerke.

Eine zweite Wertegruppe enthält drei Wertorientierungen, die sich um die Bewertung der »Individualität« drehen. Individualität kommt für Jugendliche in den einzelnen Wertaspekten der persönlichen Unabhängigkeit, der Entwicklung eigener Phantasie und Kreativität und

[25] Die Gruppierung der einzelnen Wertorientierungen ist das Ergebnis einer Varimax-Faktorenanalyse. Über die Ausgabe der Faktoren mit einem Eigenwert 1 hinaus, die 6 Faktoren ergibt, haben wir 7 Faktoren vorgegeben, weil diese Version eine möglichst große Varianz der Antworten ausschöpft und qualitativ die sinnvollste Lösung ergibt. Für die einzelnen Wertebündel haben wir jeweils bestimmte Namen vergeben.

der Aufmerksamkeit für die eigenen Gefühle zum Ausdruck. Die Verknüpfung der »Unabhängigkeit« mit der Wertegruppe der »Individualität« und der »Eigenverantwortung« mit der Wertegruppe der »Privaten Harmonie« zeigt, dass beide von der Formulierung verwandt erscheinenden Werte dennoch unterschiedliche Facetten des Wertesystems der Jugendlichen ausdrücken.

Eine dritte Wertegruppe haben wir als »Übergreifendes Lebensbewusstsein« eingestuft, weil sie Wertaspekte enthält, die über die Bedeutung der eigenen Person und der mikrosozialen Netzwerke weit hinausgehen. Für dieses übergreifende Wertbewusstsein steht am repräsentativsten die Wichtigkeit der Religiosität (Gottesglauben). Diese geht eine enge Verknüpfung mit dem Gesundheitsbewusstsein ein. Auch der ausgreifende Wertaspekt des Umweltbewusstseins gehört in diese Wertegruppe. Das Gesundheitsbewusstsein mag auf den ersten Blick nicht so übergreifend erscheinen wie die Orientierung auf Gott oder die Natur. Dennoch ordnet es sich, offensichtlich auch weil es ein »Bewusstsein« darstellt, eng in diesen Wertekomplex ein.[26]

Einen vierten Faktor bilden die Sekundärtugenden mit ihren Facetten Respekt gegenüber Gesetz und Ordnung, Streben nach Sicherheit sowie Fleiß und Ehrgeiz. Interessanterweise gesellt sich (innerhalb der Gesamtstruktur des jugendlichen Wertesystems) die Toleranz (»Meinungen tolerieren, denen man eigentlich nicht zustimmen kann«) zur Wertgruppe der Sekundärtugenden hinzu. Toleranz in einem auf diese Weise angesprochenen Sinne wird offensichtlich von vielen Jugendlichen auch als eine Art soziale »Tugend« verstanden und entwickelt von daher eine Nähe zu den Sekundärtugenden.

Eine fünfte Wertegruppe, »Öffentliches Engagement«, setzt sich aus den Werten des politischen und sozial-karitativen Engagements zusammen, von denen Letzteres durch die Jugendlichen deutlich höher bewertet wird als Ersteres.

Vier weitere Orientierungen versammeln sich in der sechsten Wertegruppe »Materialismus und Hedonismus«. Inhaltlich am typischsten für diese »robusteste« Wertegruppe der Jugendlichen ist der Wunsch nach »Macht und Einfluss«, auch wenn diese Wertorientierung von Jugendlichen eher mäßig bewertet wird. Sie war von allen Wertorientierungen der größte »Aufsteiger« des Jahres 2002. Deutlich höher in Geltung stehen bei Jugendlichen allerdings der Wunsch nach einem »hohen Lebensstandard« sowie die Durchsetzung eigener Bedürfnisse. Die am stärksten unter den Jugendlichen ausgeprägte Wertorientierung dieses Komplexes ist allerdings der Hedonismus (»Die guten Dinge des Lebens in vollen Zügen genießen«).

Wir hatten bereits in der 14. Shell Jugendstudie hervorgehoben, dass sich Jugendliche mit ihrer Bewertung der gesamten Wertegruppe »Materialismus und Hedonismus« deutlich von der Bevölkerung abheben, während sie bei den meisten anderen Wertorientierungen stärker mit dieser übereinstimmen. Die bei Jugendlichen im Vergleich zur Bevölkerung niedrigere Bewertung des Gottesglaubens kann gewissermaßen als das Gegenstück der Höherbewertung der »diesseitigen« Lebensqualität angesehen werden. Die ausgeprägte hedonistisch-materialistische Ausrichtung des jugendlichen Wertesystems hat neben der das Leben erobernden Daseinsfreude junger

---

[26] Es ist vor allem der außerordentlich enge Zusammenhang (Korrelation: 0.51) des Gesundheitsbewusstseins mit dem Umweltbewusstsein, der es in diesen Wertekomplex hineinzieht.

Abb. 5.6 Wertkomplexe nach Geschlecht im Trend

Jugendliche im Alter von 12 bis 25 Jahren (Mittelwerte 1 bis 7)

	Jungen, junge Männer 2002	Jungen, junge Männer 2006	Frauen, junge Frauen 2002	Frauen, junge Frauen 2006
Private Harmonie				
gute Freunde haben, die einen anerkennen und akzeptieren	6,4	6,5	6,4	6,7
einen Partner haben, dem man vertrauen kann	6,2	6,3	6,4	6,6
ein gutes Familienleben führen	5,7	5,9	5,9	6,1
eigenverantwortlich leben und handeln	5,6	5,8	5,8	5,9
viele Kontakte zu anderen Menschen haben	5,6	5,6	5,7	5,8
Individualität				
von anderen Menschen unabhängig sein	5,5	5,6	5,6	5,7
die eigene Phantasie und Kreativität entwickeln	5,5	5,5	5,8	5,7
sich bei seinen Entscheidungen auch von seinen Gefühlen leiten lassen	5,1	5,2	5,5	5,5
Übergreifendes Lebensbewusstsein				
an Gott glauben	3,5	3,5	3,9	3,8
gesundheitsbewusst leben	5,0	5,1	5,4	5,6
sich unter allen Umständen umweltbewusst verhalten	4,7	4,7	5,0	4,9
Sekundärtugenden				
Gesetz und Ordnung respektieren	5,4	5,5	5,6	5,7
nach Sicherheit streben	5,3	5,4	5,6	5,6
fleißig und ehrgeizig sein	5,4	5,5	5,4	5,6
auch Meinungen tolerieren, denen man eigentlich nicht zustimmen kann	4,8	4,8	5,1	5,0
Öffentliches Engagement				
sich politisch engagieren	3,3	3,3	3,2	3,1
sozial Benachteiligten und gesellschaftlichen Randgruppen helfen	4,5	4,4	4,8	4,7
Materialismus und Hedonismus				
Macht und Einfluss haben	4,1	4,1	3,8	3,7
einen hohen Lebensstandard haben	4,9	5,1	4,8	4,8
die eigenen Bedürfnisse gegen andere durchsetzen	4,8	4,7	4,8	4,5
die guten Dinge des Lebens in vollen Zügen genießen	5,3	5,4	5,2	5,2
Tradition und Konformität				
am Althergebrachten festhalten	3,2	3,2	3,2	3,1
das tun, was die anderen auch tun	2,9	2,9	2,9	2,8
stolz sein auf die deutsche Geschichte	3,6	3,7	3,4	3,4

Mittelwerte einer 7er-Skala von 1 = unwichtig bis 7 = außerordentlich wichtig

Shell Jugendstudie 2006 – TNS Infratest Sozialforschung

Menschen auch etwas mit ihrer Verankerung in der modernen Konsum- und Erlebniswelt zu tun, die wir bereits bei der Analyse des jugendlichen Zeitgeistes gesehen hatten.

Die siebente Gruppe der Wertorientierungen enthält drei Werte, die von den Jugendlichen besonders niedrig eingestuft werden. »Tradition und Konformität« ist offensichtlich ein Wertekomplex, mit dem die Jugend relativ wenig anfangen kann, sei es als »Festhalten am Althergebrachten«, als »Tun, was die anderen auch tun« oder als »Stolz auf die deutsche Geschichte«. Solche Traditionsbestände der Werte trifft man vor allem bei älteren Menschen an.

5.2.3 Mehr Wertebewusstsein in der weiblichen Jugend

In der 14. Shell Jugendstudie wurde bei der weiblichen Jugend »allgemein ein intensiveres Verhältnis zu Wertorientierungen« erkennbar. Mehr noch, Mädchen und junge Frauen zeigten einen speziellen Bezug zu den »besonders ›werthaltigen‹ Orientierungen, die sich auf das Soziale, die Natur und die Religion beziehen«. Wie hat sich das männliche und weibliche Wertesystem der Jugendlichen über die letzten vier Jahre verändert? (vgl. nochmals Abbildung 5.6 und für die Geschlechterunterschiede von 2006 auch Abbildung 5.7)

Wir erkennen zunächst, dass Mädchen bzw. junge Frauen und Jungen bzw. junge Männer zu beiden Zeitpunkten besonders hohe Bewertungen für alle Einzelaspekte der »Privaten Harmonie« vorgenommen haben. Mädchen und junge Frauen überhöhen diese Bewertungen allerdings noch einmal. Im Zeitverlauf hat sich die weibliche Jugend bei der Wertegruppe der »Privaten Harmonie« weiter von der männlichen abgesetzt, da bei ihr über die meisten Werte hinweg stärkere Zunahmen stattfanden.

Bei der Bewertung der einzelnen Facetten der zweiten Wertegruppe, der »Individualität«, erkennen wir eine weitgehende Stabilität bei beiden Geschlechtern.[27] Die Entwicklung der Kreativität und die Aufmerksamkeit für die eigenen Gefühle wurden bei weiblichen Jugendlichen 2002 und werden auch 2006 höher geschätzt als bei der männlichen Jugend. Insgesamt bewertet somit die weibliche Jugend weiterhin die Wertegruppe der »Privaten Harmonie« und mehr noch die Gruppe der »Individualität« höher als die männliche.

Die Wertegruppe »Übergreifendes Lebensbewusstsein« zeigt in beiden Geschlechtern insgesamt stabile Verhältnisse an. Man erkennt allerdings, dass dieser Typ ausgreifenden Wertebewusstseins weiterhin in allen Dimensionen (Religiosität, Gesundheit, Ökologie) von Mädchen und jungen Frauen stärker vertreten wird als von Jungen und jungen Männern. Außerdem ging der allgemeine Trend wachsenden Gesundheitsbewusstseins unter den Jugendlichen stärker von der weiblichen Jugend aus. Die Wertegruppe »Übergreifendes Lebensbewusstsein« zeigt somit den größten Wertunterschied zwischen den Geschlechtern an. Mit einem theoretischen Mittelwert von 4,4 tendiert deren Bewertung bei männlichen Jugendlichen zu einer nur mäßigen Bewertung, mit 4,8 bei weiblichen Jugendlichen zu einer eindeutig positiven Bewertung.

Auch der Gruppe der Sekundärtugenden steht die weibliche Jugend näher als die männliche. Ausnahme sind »Fleiß und Ehrgeiz«, die beiderseits etwa ähnlich bewertet werden, wobei allerdings

---

[27] Rundungseffekte verdecken in der Abbildung einen höheren Anstieg der Bewertung der »Unabhängigkeit« bei weiblichen Jugendlichen, die letztlich auch für den insgesamt signifikanten Anstieg in der gesamten Jugend verantwortlich sind.

Abb. 5.7 Wertorientierungen nach Geschlecht

Jugendliche im Alter von 12 bis 25 Jahren (Mittelwerte 1 bis 7)

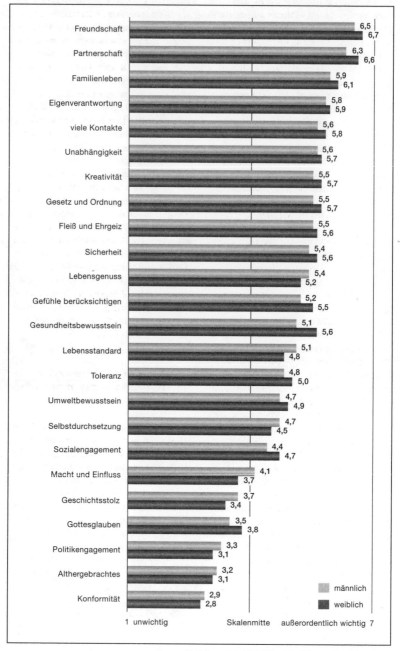

Shell Jugendstudie 2006 – TNS Infratest Sozialforschung

Mädchen und junge Frauen den Trend der Zunahme seit 2002 stärker bestimmt haben. Bei Legalität, Ordnung und Sicherheit setzen weibliche Jugendliche nach wie vor stärkere Akzente als männliche. Die Einordnung der Toleranz als »Tugend« in diese Wertegruppe wird auch daraus plausibel, dass Mädchen und Frauen in dieser Hinsicht eine nachdrücklichere Wertsetzung vornehmen als Jungen und junge Männer, wie sie auch den ganzen Komplex wichtiger nehmen als diese.

Die sozial-karitative als die höher bewertete der beiden Orientierungen des »öffentlichen Engagements« wird von der weiblichen Jugend höher bewertet als von der männlichen. Politisches Engagement wird inzwischen durch die männliche Jugend signifikant wichtiger genommen als von Mädchen und jungen Frauen, allerdings von der Ausprägung her auf einem niedrigen Niveau.

Die Wertegruppe »Hedonismus und Materialismus«, die die Jugendlichen besonders von der Bevölkerung abhebt, ist der einzige Wertebereich, in dem die männliche Jugend gegenüber der weiblichen durchgehend »führend« ist. Es ist dies ein Orientierungskomplex, dem man wohl die geringste »Werthaltigkeit« im anspruchsvollen Sinne zuschreiben würde. Dennoch gehören diese Orientierungen zum modernen Leben dazu und stellen notwendige mentale Elemente einer Leistungs- und Wettbewerbsgesellschaft dar, etwa in Form von Durchsetzungsfähigkeit. Diese Dinge bewerteten Jungen und junge Männer bereits 2002 höher als Mädchen und junge Frauen. Das Ungleichgewicht hat sich seitdem sogar verstärkt, besonders bei der Selbstdurchsetzung und der materiellen Orientierung. Die weibliche Jugend hat somit inzwischen ein weniger »robustes« Wertesystem als 2002.

Am niedrigsten wird in beiden Geschlechtern der Wertekomplex »Tradition und Konformität« bewertet. Das »Althergebrachte« aktiviert beiderseits genauso wenig wie die Konformität des »Tuns, was die anderen auch tun« die Werteenergien. Patriotisches Geschichtsbewusstsein ist bei männlichen Jugendlichen etwas mehr zu beobachten als bei weiblichen, erreicht jedoch auch bei diesen nicht das Niveau einer wenigstens mäßigen Wertschätzung.

Wir können somit die Ergebnisse der 14. Shell Jugendstudie bestätigen. Typische Werteunterschiede der Geschlechter haben sich sogar verstärkt, weil weibliche Jugendliche ihre Durchsetzungsfähigkeit inzwischen nicht mehr so deutlich betonen wie noch 2002. Das heißt, bei den Leitlinien ihrer Lebensführung setzen auch 2006 Mädchen und junge Frauen mehr als Jungen und junge Männer auf Werte im übergreifenden und sozialen Sinne sowie mehr auf die Sekundärtugenden. Ihre Lebensauffassung ist außerdem vermehrt auf die Entwicklung ihrer Individualität hin ausgerichtet. Jungen und junge Männer betonen dagegen vermehrt robuste Wertaspekte im Sinne von Macht und Selbstdurchsetzung.

5.2.4 Mehr Wettbewerbsorientierung in der männlichen Jugend

Wir haben in der aktuellen Shell Jugendstudie ein Instrument verwendet, mit dem wir über die Darstellung von Wertorientierungen hinaus etwas über die Persönlichkeit junger Menschen aussagen können. Die Jugendlichen wurden gebeten, sich Merkmale zuzuordnen, die ihnen in Form einer Liste teils »positiv«, teils »negativ« gefärbter Eigenschaften vorgegeben wurden.

Aus diesem Test geht die Jugend von 2006 als ausgeprägt lernfreudig hervor (Abbildung 5.8). Besonders viele Mädchen bzw. junge Frauen und Jungen bzw. junge Männer gaben an, »dass sie

Abb. 5.8 Persönlichkeitsmerkmale nach Geschlecht
Jugendliche im Alter von 12 bis 25 Jahren (Mittelwerte)

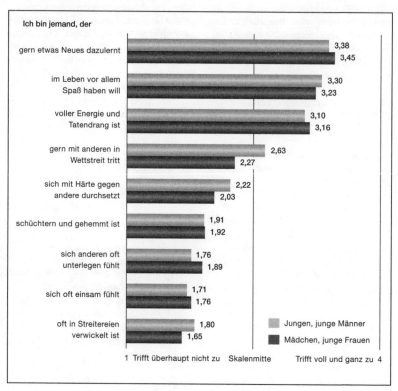

Shell Jugendstudie 2006 – TNS Infratest Sozialforschung

gerne etwas Neues dazulernen«. Wenn aus den PISA-Studien immer wieder Bildungsmängel deutscher Schüler abgeleitet werden, dann liegen diese also nicht unbedingt an der fehlenden Lernmotivation junger Leute. Mit etwa gleicher Intensität stellt die weibliche wie die männliche Jugend eine ausgesprochene Lebensfreude zur Schau, indem sie angeben, »im Leben vor allem Spaß« haben zu wollen. Bei genauerem Hinsehen setzt allerdings die weibliche Jugend vor den Spaß am Leben eine Priorität bei der Lernfreude. Bei männlichen Jugendlichen sind die Verhältnisse dagegen eher ausgeglichen. Beide Geschlechter charakterisieren sich außerdem als aktive Jugendliche und beschreiben sich als Menschen, die »voller Energie und Tatendrang« sind. Bei Jungen und jungen Männern ist dieser Tatendrang allerdings dem Spaß am Leben etwas nachgeordnet, während Mädchen und junge Frauen bei der Abwägung von Spaß und Tatendrang mehr zu einem Ausgleich neigen.

Auch bei den meisten »negativ« gefärbten Persönlichkeitseigenschaften ähneln sich die Geschlechter weitgehend. Mädchen und junge Frauen lehnen es ebenso wie Jungen und junge Männer ab, sich als »schüchtern und gehemmt« zu kennzeichnen oder als mit Unterlegenheitsgefühlen belastet. Sie sehen sich auch nicht als »einsam« oder streitlustig an. Die männliche Jugend präsentiert sich allerdings deutlich *wettbewerbsfreudiger* als die weibliche. Jungen und junge Männer geben zu 57 % an, dass sie »gerne mit anderen in Wettstreit« treten, Mädchen und junge Frauen sind in dieser Hinsicht mit 38 % zurückhaltender.[28] Eine gewisse Analogie zeigt sich darin, dass sich die männliche Jugend als »härter« bei der Interessendurchsetzung beschreibt als die weibliche (31 % zu 25 %). Allerdings wird die Vorgabe auch von Jungen und jungen Männern zu mehr als zwei Dritteln abgelehnt und der Unterschied zu den Mädchen und jungen Frauen ist deutlich geringer als bei der Wettbewerbsneigung.

Da die Neigung zum Wettstreit in engem Zusammenhang mit der Wertegruppe des »Materialismus und Hedonismus« steht und von den anderen Wertegruppen unabhängig ist, erklärt sich auch die höhere Ausprägung bei Jungen und jungen Männern und die niedrigere bei Mädchen und jungen Frauen. In der Tendenz gilt das auch für die »Härte« der Selbstdurchsetzung. Bestimmte Veranlagungen der Geschlechter und die geschlechtsspezifische Sozialisation führen demnach auch heute zu einem vermehrt wettbewerbsorientierten Profil bei der männlichen Jugend.

> **»Spaß muss schon sein im Leben, aber nicht nur. Es muss alles ein bisschen ausgewogen sein. Spaß haben und der Ernst des Lebens, das muss alles in Balance sein.«**
> (Student, 19 Jahre)

Fassen wir die Erkenntnisse zu den männlichen und weiblichen Werte- und Persönlichkeitsstrukturen zusammen. Der Hauptunterschied der Geschlechter liegt auch 2006 darin, dass Mädchen und junge Frauen weiterhin und sogar verstärkt auf Werte für ihre Lebensführung setzen und weniger wettbewerbsorientiert sind als Jungen und junge Männer. Da heute viel über den zunehmenden Bildungserfolg der weiblichen Jugend und den abnehmenden der männlichen diskutiert wird, ist das ein wichtiger Befund. Für die Umsetzung des Bildungserfolges in beruflichen Erfolg braucht es auch Durchsetzungskraft, um im Wettbewerb mit anderen zu bestehen. Trotz ihres geringeren Bildungserfolges haben Jungen und junge Männer in dieser Hinsicht weiterhin einen Vorsprung. Insbesondere wenn junge Frauen in vom Fach oder von der Position her männlich geprägte Bereiche vordringen wollen, haben sie somit einen Nachteil. Wenn man aber will, dass Frauen zunehmend in solchen Bereichen tätig werden, bedarf es besonderer Unterstützung, damit dieser Unterschied ausgeglichen werden kann. Man sollte diese Unterstützung aber positiv verstehen, als Chance, dass Frauen ihre »weiblicheren« Lebenshaltungen auch in männlich dominierte Bereiche hineintragen können. Diese Sektoren können von weiblicher Zuverlässigkeit und Mitmenschlichkeit sowie deren übergreifendem Wertebewusstsein durchaus profitieren.

---

[28] Man beachte, dass es nunmehr um Unterschiede auf einer 4er-Skala geht, nicht mehr wie bei den Werten um Differenzen auf einer breiter ausgezogenen 7er-Skala. Deshalb zeigen auch kleinere Abweichungen der Mittelwerte signifikante Unterschiede an.

5.3 Vielfalt jugendlicher Lebenshaltungen: Vier Wertetypen

5.3.1 Idealisten und Materialisten, Macher und Unauffällige

Die 14. Shell Jugendstudie 2002 hatte im Wertesystem der Jugendlichen eine grundsätzliche Scheidelinie zwischen Idealismus und Materialismus festgestellt. Durch die Werte der Jugendlichen zog sich ein tiefer Graben, je nachdem, ob Jugendliche bereit waren, sich für andere Menschen oder ideelle Werte zu engagieren, oder ob sie den Besitz und Genuss der materiellen Güter des Lebens als Dreh- und Angelpunkt ihrer Lebensgestaltung bewerteten. Wie eben erkennbar wurde, hängt diese Scheidelinie auch mit den unterschiedlichen Wertsetzungen der weiblichen und männlichen Jugend zusammen. Die letzte Shell Jugendstudie 2002 stellte sich aber auch die Frage, ob es jenseits solcher Unterschiede bei den Jugendlichen auch eine Brücke über diesen Wertegraben gibt. Mit anderen Worten, gab es Jugendliche, die gleichzeitig nach materieller Lebensqualität strebten und sich dennoch an höheren Werten und mitmenschlicher Verantwortung orientierten? Wie kommt es zu einer solchen Lebenshaltung und was hat diese für Konsequenzen?

Das Ergebnis dieser Überlegungen war die Unterscheidung von vier jugendlichen Persönlichkeitstypen; zum einen der beiden Kontrastpaare der *pragmatischen Idealisten* und der *robusten Materialisten,* zum anderen der *selbstbewussten Macher* und der *zögerlichen Unauffälligen.* Wir wollen den Lesern in vier kurzen Portraits diese Wertetypen in Erinnerung rufen, wie sie in der 14. Shell Jugendstudie ermittelt wurden.[29] (Abbildung 5.9)

Idealisten und Materialisten stehen als Wertetypen exemplarisch für die grundlegende Trennungslinie der Werte innerhalb der Jugend. Idealisten haben sich das Humane im weitesten Sinne auf die Fahnen geschrieben; Kultur und Bildung, Interesse an öffentlichen Themen, menschliches Mitgefühl innerhalb und außerhalb ihres Kulturkreises. Materialisten verfolgen dagegen eine egozentrische Lebensperspektive. Ihr Horizont sind nicht die Öffentlichkeit, der Mitmensch, das Gute, Wahre, Schöne, sondern die materiellen Güter des Lebens. Materialisten verfolgen vor allem persönliche Zwecke, die in Konkurrenz zu anderen durchgesetzt werden sollen. Diese Konkurrenzorientierung tendiert dazu, die Regeln des fairen Wettbewerbs und des sozialen Zusammenlebens zu vernachlässigen. Wenn Fähigkeiten oder Leistungsmotivation nicht ausreichen, versuchen manche Materialisten, sich mit unlauteren Mitteln das zu nehmen, was sie im sozial geregelten Wettstreit nicht erhalten können. Wie nach dem Bisherigen zu erwarten, fanden sich in der Gruppe der Idealisten vermehrt weibliche Jugendliche und unter Materialisten vermehrt männliche.

Neben der Achse »Humanität versus Egozentrik«, auf der Idealisten und Materialisten die Extreme einnehmen, zeigte das Datenmaterial von 2002 eine zweite Scheidelinie, die man als die Achse »Aktivität versus Passivität« bezeichnen kann. Die Enden dieser Achsen wurden durch die Wertetypen »selbstbewusste Macher« und »zögerliche Unauffällige« bestimmt. »Selbstbewusste Macher« wollen einen breit angelegten Wertekanon, der die Scheidelinie zwischen Idealismus und Materialismus

---

[29] Diese Wertetypen wurden 2002 selbstverständlich nicht neu erfunden, sondern aus den langjährigen Erfahrungen der Werteforschung in einer angepassten Form in die Jugendforschung eingebracht. Vgl. Klages/Gensicke 2005 und Klages/Gensicke 2006.

Abb. 5.9 **Schema der vier Wertetypen**

	Pragmatische Idealisten	Robuste Materialisten	Selbstbewusste Macher	Zögerliche Unauffällige
Idealismus/Engagement (Kreativität, öffentliches Engagement, Toleranz)	++	– –	++	– –
Materialismus/Hedonismus (Macht, Lebensstandard, Lebensgenuss)	– –	++	++	– –
Sekundärtugenden (Ordnung, Leistung, Sicherheit)	+	–	++	– – –

Shell Jugendstudie 2006 – TNS Infratest Sozialforschung

überbrückt, mit Energie und Tatkraft umsetzen. Entweder aus mangelnder Anregung oder bewusstem »Minimalismus« heraus fehlt Unauffälligen dieser ausgreifende Wertekanon und damit auch der für Macher typische *Impuls der Freude am Tätigsein*. Bei Unauffälligen kommen damit auch die »höheren« Antriebe des Idealismus nicht zum Zuge. Auch die Impulse der Egozentrik, die Materialisten (wenn auch nicht gerade sozialverträglich) antreiben, sind bei Unauffälligen nur schwach entwickelt. Das Resultat ist ein Persönlichkeitsprofil, dass von Apathie und Passivität gekennzeichnet ist. Da Macher und Unauffällige jenseits der Werteachse »Idealismus versus Materialismus« zu finden sind, verwundert es nicht, dass sie sich vom Geschlecht her nicht wesentlich unterscheiden. Vor allem Macher sind gleichermaßen unter Mädchen und jungen Frauen sowie Jungen und jungen Männern vertreten.

Mit diesen vier Wertetypen stellte die 14. Shell Jugendstudie idealtypisch[30] den Kontrast grundsätzlicher Werthaltungen Jugendlicher heraus. Idealisten realisieren ein besonders »reines« Werteverständnis bevorzugt in Form von Bildungsstreben und kulturell-ästhetischer Aktivität, in gemeinnützigen oder kreativen Berufen sowie im freiwilligen bzw. ehrenamtlichen Engagement. Materialisten entfernen sich am weitesten von diesem Werteverständnis und machen vor allem die eigene Bedürfnisbefriedigung zum Maßstab ihres Handelns. Macher wollen vor allem handeln und produktiv tätig sein. Bei ihnen scheint näherungsweise etwas auf, was die deutsche Klassik als Ideal der »allseitigen Entwicklung der Persönlichkeit« formulierte. Allerdings geht es nicht um eine ästhetische Idee. Ganz im Goetheschen Sinne[31] muss sich die vielseitig veranlagte und angeregte Persönlichkeit in der gesellschaftlichen Praxis bewähren und Begrenzungen, die dadurch gesetzt werden, einrechnen. Bei Unauffälligen herrscht dagegen eine typische Misserfolgsorientierung vor. Ziele werden von vornherein niedrig angesetzt, um Enttäuschungen zu vermeiden. Es besteht die Tendenz zu einer Reduktion auf einem schmalen Set von Rumpfwerten.

[30] Diese Idealtypik ist zu berücksichtigen, da die Persönlichkeitstypen in der Realität nur selten in Reinform vorkommen, sondern in einer großen Vielfalt und Variation.
[31] Exemplarisch dafür der Entwicklungsroman »Wilhelm Meisters Lehrjahre« von 1795.

Abb. 5.10 Persönlichkeitsmerkmale bei Idealisten und Materialisten
Jugendliche im Alter von 12 bis 25 Jahren (Mittelwerte)

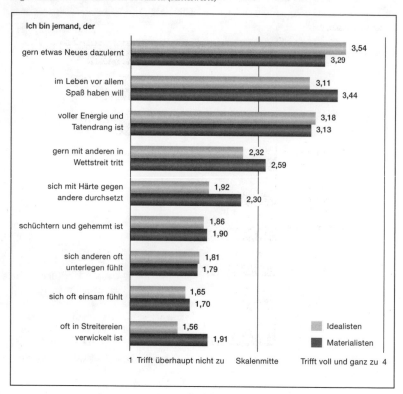

Shell Jugendstudie 2006 – TNS Infratest Sozialforschung

Die folgenden zwei Abbildungen 5.10 und 5.11 zeigen auf Basis der aktuellen Daten Eigentümlichkeiten der vier Wertetypen in jeweils zwei Kontrastanalysen. Idealisten unterscheiden sich von Materialisten durch ihre ausgeprägte Lernfreude, Materialisten von Idealisten durch ihre dominante Orientierung auf den »Spaß am Leben«. Beide Persönlichkeitstypen beschreiben sich gleichermaßen als »voller Energie und Tatendrang«, nur richtet sich beides auf anders gewichtete Ziele und speist sich aus anderen Antrieben. Materialisten geben sich konkurrenzorientierter als Idealisten, vor allem betonen sie von allen Wertetypen am deutlichsten, sich »mit Härte« gegen andere durchsetzen zu wollen.[32] Macher und Unauffällige kontrastieren in anderer Weise miteinander.

[32] Die Selbsteinschätzungen der »Härte« werden durch die Angaben der Wertetypen zu ihrer Gewalterfahrung gedeckt. 34 % der Materialisten waren in den letzten 12 Monaten in gewaltsame Auseinandersetzungen (Schlägereien) verwickelt, aber nur 12 % der Idealisten. Die Vergleichswerte für Macher sind 19 % und für Unauffällige 24 %. Zwar wurde die Frage anders gestellt als 2002, um wirkliche Gewalt von »normalen« Streitigkeiten unter Jugendlichen zu trennen. Dennoch ist

Abb. 5.11 Persönlichkeitsmerkmale bei Machern und Unauffälligen

Jugendliche im Alter von 12 bis 25 Jahren (Mittelwerte)

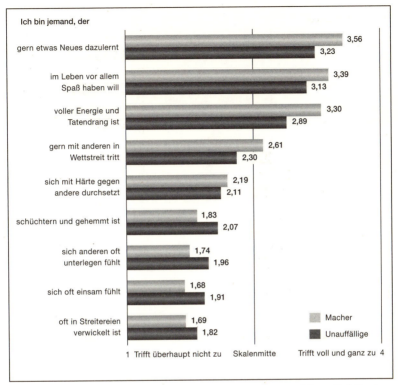

Shell Jugendstudie 2006 – TNS Infratest Sozialforschung

Der größte Unterschied zeigt sich in der deutlich geringeren Selbstzuschreibung von »Energie und Tatendrang« bei Unauffälligen und der besonders hohen bei Machern.[33] Man erkennt gegenüber der

die Reihenfolge der Wertetypen in Bezug auf ihre Gewalterfahrung bei der veränderten Fragestellung gleich geblieben bzw. das Bild ist sogar noch plausibler geworden.
[33] Die Neigung von Machern zu »Energie und Tatendrang« zeigt sich besonders anhand der Wahl der Antwortmöglichkeit »voll und ganz«. Die Reihenfolge der Wertetypen ist folgende: Macher: 40 %, jeweils 31 % bei Idealisten und Materialisten, Unauffällige: 19 %.

vorigen Abbildung, dass bei Machern die Alternative von Lernfreude und Spaßorientierung, die durch Idealisten (Lernen) und Materialisten (Spaß) repräsentiert wird, weniger auftritt, indem bei einem leichten Vorrang der Lernfreude beides besonders hoch ausgeprägt ist. Die Neigung von selbstbewussten Machern zum Wettstreit ist ebenso deutlich ausgeprägt wie bei Materialisten. Nur geht bei ihnen die Wettbewerbsneigung weniger mit einer erhöhten »Härte« der Interessendurchsetzung einher, obwohl wir sehen werden, dass Macher ihre Durchsetzungsfähigkeit höher bewerten als alle Wertetypen. Man hat bei Machern hier wie auch bei anderen Punkten den Eindruck, dass durch einen besonderen psychischen Mechanismus die Vorteile des einen (Streitbarkeit) zum Tragen kommen, soziale Unverträglichkeiten (Härte) aber neutralisiert werden.

Bei Unauffälligen wird eine Tendenz zu erhöhten sozialen und mentalen Handicaps auffällig. Sie bekunden vermehrt Schüchternheit und Gehemmtheit sowie Unterlegenheits- und Einsamkeitsgefühle. Hintergrund einer zögerlichen Vertretung von Wertorientierungen und einer passiven Lebenshaltung dürften somit auch soziale Zurückweisungen sein, die offensichtlich Unauffällige besonders betreffen. Somit hat dieser Typus auch den höchsten Förderbedarf, wobei die Stärkung des Selbstbewusstseins und eine bessere soziale Integration wohl das Nötigste wären. Bei Materialisten geht es vor allem darum, überbordender Egozentrik soziale Grenzen zu setzen und deren Antriebe nutzbringend in die soziale Umwelt einzubinden. Für Idealisten ist die Orientierung an der gesellschaftlichen Praxis am wichtigsten. Macher sollten danach streben, ihre Vielseitigkeit in den Begrenzungen der Praxis so weit möglich zu erhalten.

5.3.2 »Konservativere« Idealisten?

Wir müssen dem Leser nunmehr einen etwas schwierigeren Abschnitt zumuten, schon um empirisch klarzustellen, dass wir zu beiden Zeitpunkten (2002 und 2006) auch über die gleichen Wertetypen sprechen. Zu diesem Zweck haben wir das Werteprofil der Persönlichkeitstypen in Abbildung 5.12 aufgelistet. Die Darstellung umfasst gegenüber Abbildung 5.6 eine engere Auswahl von 11 Werten, die zur Typenbildung herangezogen wurden. Diese werden in einer verfeinerten Aufgliederung abgebildet. Es geht dabei ausschließlich um Wertorientierungen, die eine enge Beziehung zum Wertewandel haben, weil sie entweder Repräsentanten für Selbstentfaltungswerte oder für Pflicht- und Akzeptanzwerte darstellen.

Die Wertegruppen »Toleranz und Kreativität« sowie »öffentliches Engagement« bilden Facetten des sozialen *Idealismus* ab, der gleichzeitig die (»höhere«) Dimension der Selbstentfaltungswerte darstellt. Die Untergruppen »Macht und Selbstdurchsetzung« sowie »Lebensstandard und Lebensgenuss« bilden als Facetten des hedonistischen *Materialismus* eine zweite (»robuste«) Dimension der Selbstentfaltungswerte. Die Abbildung stellt zusätzlich dar, in welchen Zusammenhang sich die Sekundärtugenden einordnen.[34] Die Sekundärtugenden sind in der Sprache der Wertewandelsforschung typische und vitale Repräsentanten der Pflicht- und Akzeptanzwerte.

Bisher hatten wir unsere Persönlichkeitstypologie bevorzugt anhand des Wertegegensatzes »Idealismus« und »Materialismus« dargestellt. Die 14. Shell Jugendstudie hatte 2002 herausgearbeitet, dass sich bei Jugendlichen eine neuartige Affinität zwischen idealistischen Selbstentfaltungswerten (insbesondere Toleranz und Kreativität) und den Sekundärtugenden herausgebildet hatte. Unsere Interpretation war, dass inzwischen die Sekundärtugenden von vielen Jugendlichen als Wertegerüst der Ordnung, der Leistung und der Sicherheit in den Dienst ihrer persönlichen Selbstentfaltung gestellt worden waren. Die Jugend tendierte dazu, in Form von Kreativität und Toleranz einen Teil

---

[34] Die Toleranz erscheint nunmehr nicht mehr wie in Abbildung 5.6 unter den Sekundärtugenden, weil sie in der engeren Auswahl der in Abbildung 5.12 verwendeten 11 Werte eine stärkere Beziehung zur Kreativität entwickelt.

ihrer »höheren« Selbstentfaltungswerte unmittelbar mit Pflicht- und Akzeptanzwerten zu verknüpfen (»Wertesynthese«). Dieses neuartige Phänomen können wir auch in der aktuellen Studie wieder beobachten. Abbildung 5.12 führt uns anhand der vier Wertetypen vor Augen, dass es dennoch sehr unterschiedliche Variationen des Verhältnisses Jugendlicher zu den Sekundärtugenden gibt.

Zunächst muss hervorgehoben werden, dass alle Wertetypen über die Zeit ein weitgehend stabiles Werte-Profil zur Schau stellen. Betrachten wir das Verhältnis zu den Sekundärtugenden, fallen die besonders hohen Ausprägungen bei den *Machern* ins Auge. Kein anderer Wertetyp schätzt diese so außerordentlich hoch, vor allem das Streben nach Sicherheit sowie Fleiß und Ehrgeiz. Es

Abb. 5.12 Werteprofil der Wertetypen
Jugendliche im Alter von 12 bis 25 Jahren (Mittelwerte 1 bis 7)

	Idealisten 2002	Idealisten 2006	Unauffällige 2002	Unauffällige 2006	Macher 2002	Macher 2006	Materialisten 2002	Materialisten 2006
Sekundärtugenden								
Gesetz und Ordnung respektieren	6,0	6,2	4,8	4,7	6,3	6,3	5,0	5,1
nach Sicherheit streben	5,7	5,7	4,4	4,4	6,3	6,4	5,2	5,3
fleißig und ehrgeizig sein	5,6	5,8	4,3	4,5	6,3	6,4	5,2	5,4
Toleranz und Kreativität								
abweichende Meinungen tolerieren	5,7	5,7	4,3	4,3	5,7	5,5	4,1	3,9
Die eigene Phantasie und Kreativität entwickeln	6,0	6,0	4,8	4,8	6,4	6,3	5,5	5,3
Öffentliches Engagement								
sozial Benachteiligten helfen	5,5	5,2	4,0	4,1	5,3	5,2	3,7	3,4
sich politisch engagieren	3,7	3,5	3,0	2,9	3,8	3,7	2,7	2,6
Macht und Selbstdurchsetzung								
Macht und Einfluss haben	3,1	3,2	3,1	3,1	5,0	4,8	4,7	4,7
sich gegen andere durchsetzen	4,3	3,9	4,0	3,9	5,6	5,5	5,1	5,0
Lebensstandard und Lebensgenuss								
einen hohen Lebensstandard haben	4,1	4,2	4,0	4,0	5,8	5,8	5,7	5,8
Die guten Dinge des Lebens in vollen Zügen genießen	4,7	4,6	4,7	4,8	5,8	5,8	6,0	6,0

Mittelwerte einer 7er-Skala von 1 = unwichtig bis 7 = außerordentlich wichtig

Shell Jugendstudie 2006 – TNS Infratest Sozialforschung

erscheint nahe liegend, diesen Sekundärtugenden eine Brückenfunktion zwischen Idealismus und Materialismus zuzuschreiben. Die Sekundärtugenden binden zum einen die Werte des humanistischen Idealismus in ein Gerüst praktischer Ordnungs- und Leistungszusammenhänge ein. Gleichzeitig begrenzen sie die Egozentrik des hedonistischen Materialismus und nutzen dessen Energie für produktive und sozialverträgliche Aktivitäten.

Auch bei Idealisten haben die Sekundärtugenden inzwischen eine wichtige Bedeutung. Bei Idealisten ist aber das Problem nicht so sehr die wertemäßige Rahmung der Egozentrik. Sekundärtugenden scheinen bei diesem Persönlichkeitstyp vor allem die Funktion der Einbindung des Idealismus in praktische Ordnungszusammenhänge zu erfüllen. Darauf deutet die hohe Ausprägung des Ordnungswertes hin und die im Vergleich zu Machern nicht so hohe bei Sicherheit und Fleiß und Ehrgeiz. Die 14. Shell Jugendstudie hatte bereits auf das Novum hingewiesen, dass idealistisch gesinnte Jugendliche Sekundärtugenden offensiv vertraten. Das war und ist ein deutlicher Unterschied zu den Idealisten der mittleren Generationen, deren Werteverständnis auch heute in der Infragestellung solcher Tugenden in den 70er und 80er Jahren wurzelt. Niedrige Bewertungen der Sekundärtugenden nehmen unter Jugendlichen daher nicht mehr die »pragmatischen«[35] Idealisten vor, sondern die Unauffälligen. Unauffällige zeigen auch eine vergleichsweise niedrige Bewertung der Kreativität.

Wie bereits 2002 fällt auch 2006 bei den Materialisten die deutlich höhere Gewichtung des Lebensgenusses und des Lebensstandards gegenüber allen Sekundärtugenden auf, auch gegenüber Fleiß und Ehrgeiz. Das bei Materialisten durch begrenzende Werte wenig gerahmte materielle Streben kann zusammen mit der ausgeprägten Egozentrik ein problematisches Gemisch bilden. Wie es eigentlich sein müsste, zeigt sich anhand der Macher, die Tugend und Leistung deutlich höher bewerten als Belohnungen. Als eine singuläre Besonderheit der Macher kann neben der sehr hohen Bewertung der Sekundärtugenden auch die starke Betonung der eigenen *Durchsetzungsfähigkeit* eingestuft werden. Zwar bewegt sich diese etwa in einer ähnlichen Bewertungshöhe wie die Neigung zur Toleranz, ist aber viel höher ausgeprägt als bei jedem anderen Wertetyp, auch als bei Materialisten. Ebenso ist die auf einem sehr hohen Niveau etwa gleich gewichtete Bewertung der Kreativität und der Sekundärtugenden eine Besonderheit von Machern. Bei Idealisten behält die Kreativität zumindest gegenüber Sicherheit sowie gegenüber Fleiß und Ehrgeiz die Priorität.

Ein Blick auf Veränderungen im Profil der Wertetypen zwischen 2002 und 2006 zeigt, dass sich am ehesten bei Idealisten Akzente verschoben haben. Vor allem Sekundärtugenden sind in dieser Gruppe wichtiger geworden, Selbstdurchsetzung weniger wichtig. Das ist eine auffällige Parallele zur weiblichen Jugend. Durchweg abgenommen hat für Idealisten auch die Bedeutung des öffentlichen Engagements. Das Profil der Materialisten hat sich ebenfalls etwas verändert, allerdings deutlicher in Form der Verstärkung des eigenen Profils. Die ohnehin ausgeprägte Distanz zum Idealismus ist noch größer geworden. Am

---

[35] Der Zusatz von »pragmatisch« zur Bezeichnung der jugendlichen Idealisten sollte bereits 2002 auf das neuartige Phänomen hinweisen, dass diese besonders am humanen Idealismus orientierte Gruppe aus Gründen der Zweckmäßigkeit Sekundärtugenden relativ hoch bewertete. Dass wir dieses Adjektiv, das wir auch für die gesamte Generation verwenden, in einem engeren Sinne auch dem Typus der Idealisten zuschreiben, soll aber nicht heißen, dass nur diese Gruppe für die Typik der ganzen Generation steht.

wenigsten hat sich beim Profil von Unauffälligen und Machern getan.

Betrachtet man die nicht zur Typenbildung herangezogenen weiteren Wertorientierungen (nicht in Abbildung 5.12), erkennt man, dass alle Wertetypen am Trend zur Aufwertung von Familie und Freundeskreis beteiligt waren und das umso mehr, weniger sie diese Werte 2002 vertreten hatten. Dasselbe gilt für das Gesundheitsbewusstsein. Unauffällige bewerten inzwischen Eigenverantwortung und Unabhängigkeit höher, allerdings nach wie vor auf einem deutlich niedrigeren Niveau als die anderen Wertetypen. Unauffällige haben immerhin seit 2002 einen Aktivierungsschub vorzuweisen, bleiben allerdings auch 2006 der Wertetyp, der Wertorientierungen in der ganzen Bandbreite am fernsten steht.

5.3.3 Pragmatischere Studenten, resignierende Auszubildende?

Was für das qualitative Profil der Wertetypen gilt, muss noch nicht für deren Größenordnung gelten. Abbildung 5.13 zeigt die quantitative Entwicklung der Wertetypen in der Jugend an. Man erkennt allerdings, dass ebenso wie das qualitative Profil auch die quantitative Verteilung der Wertetypen zwischen 2002 und 2006 eine hohe Stabilität aufweist.[36] Das geht vor allem auf die stabilen Verhältnisse in den alten Ländern zurück. Insgesamt enthält die Stichprobe von 2006 etwas mehr Idealisten. Trotz dieser geringen Veränderungen auf der Ebene der gesamten Jugend gab es dennoch eine Reihe von Verschiebungen in einzelnen Gruppen, denen wir uns nunmehr zuwenden wollen. Mehr Bewegung als in Westdeutschland erkennt man z.B. bei Jugendlichen in Ostdeutschland. Dort gibt es 2006 deutlich mehr Macher und deutlich weniger Unauffällige. Die Jugend in den neuen Ländern hat damit inzwischen ein aktiveres Profil gewonnen als die in den alten Ländern.

Ein besonderes Element der Stabilität über die Zeit waren die Geschlechter. Die vermehrte Vertretung von Mädchen und jungen Frauen unter den Idealisten und die vermehrte der Jungen und jungen Männer unter den Materialisten ist praktisch unverändert geblieben. Instabiler ist das Bild bei den Altersgruppen. Bei den jüngeren Jugendlichen zwischen 12 und 17 Jahren gab es einen deutlichen Rückgang der Gruppe der Unauffälligen und eine Zunahme der Gruppen der Materialisten und der Macher. Das Profil der Jüngeren erscheint somit 2006 aktiver, aber nicht wie bei allen Jugendlichen idealistischer. Gegenläufig zu den Jüngeren war die Entwicklung bei den erwachsenen Jugendlichen, die idealistischer und weniger materialistisch geworden sind.

Die Ergebnisse nach sozialer Schichtung zeigen uns zunächst, dass der leichte Trend zu den Idealisten zwischen 2002 und 2006 besonders in der mittleren Schicht zu beobachten ist und hier mit einer deutlichen Abnahme der Unauffälligen einherging. Ansonsten ergibt die schichtbezogene Sichtweise ein eher stabiles Bild. Weiterführend ist die Verwendung einer differenzierten Statusvariable, die zunächst die große Gruppe der Schüler anhand des Schultyps in drei Gruppen unterscheidet. Wir erkennen bei den Hauptschülern die auffälligste Bewegung. Es gibt in dieser statusniederen Gruppe eine deutliche Verschiebung von der wertepassiven Gruppe

---

[36] Die in der Abbildung enthaltenen Prozentwerte für 2002 sind nicht völlig mit denen vergleichbar, die wir in der letzten Shell Jugendstudie 2002 ausgewiesen haben, liegen aber in deren Nähe. Das liegt daran, dass die Analyse nunmehr über zwei verbundene Datensätze durchgeführt wurde und nicht mehr nur über einen Datensatz. Die Wertetypen sind nunmehr zu den Mittelwerten beider verbundenen Datensätze gebildet.

der Unauffälligen zu den Materialisten. Dass heißt, die Gruppe hat zwar ein aktiveres Profil gewonnen, allerdings in einer Weise, die eher als problematisch einzustufen ist. Man hat den Eindruck, dass ein Teil der Unterprivilegierten im Blick auf Verteilungs- und Behauptungskämpfe die Ellenbogen mobil macht. Auf der nächsten Ebene, der Realschule, ist ebenfalls ein deutlicher Trend zu erkennen. Auch hier wurde die passive Gruppe der Unauffälligen kleiner, nunmehr aber zugunsten der aktiven Gruppe der Macher, ein Befund, den man positiv bewerten kann. Fast völlig stabil ist die Situation auf der dritten Ebene, bei den Gymnasiasten.

Der Überblick über die Bildungsstufen der Schüler macht deutlich, dass es sowohl 2002 als auch 2006 erkennbar

Abb. 5.13 Wertetypen nach verschiedenen Gruppen
Jugendliche im Alter von 12 bis 25 Jahren (Angaben in Prozent quer)

	Idealisten		Unauffällige		Macher		Materialisten	
	2002	2006	2002	2006	2002	2006	2002	2006
gesamt	24	26	26	25	27	27	23	22
Region								
West	25	26	26	25	26	26	23	23
Ost	24	26	24	22	27	30	25	22
Geschlecht								
männlich	20	21	27	24	26	28	27	27
weiblich	29	30	25	26	28	27	18	17
Alter								
12 bis 17 Jahre	23	23	28	23	25	27	24	27
18 bis 24 Jahre	26	28	24	26	28	27	22	19
Soziale Schicht								
untere Schicht	24	26	26	25	25	24	25	25
mittlere Schicht	23	27	29	24	26	26	22	23
obere Schicht	26	25	23	25	29	30	22	20
Sozialer Status								
Hauptschüler	17	18	31	21	25	27	27	34
Realschüler	22	21	30	24	22	29	26	27
Gymnasiasten	25	26	25	24	28	27	22	23
Studenten	37	31	27	26	22	28	14	15
Auszubildende	23	27	22	27	33	23	22	23
Erwerbstätige	24	30	23	23	29	29	24	18
Arbeitslose*	19		34		19		28	
Nicht-Erwerbstätige*	28		28		22		22	

Angaben in Prozent (quer), * kumuliert wegen geringer Fallzahl

Shell Jugendstudie 2006 – TNS Infratest Sozialforschung

von der schulischen Stellung Jugendlicher abhing, ob sie als Idealisten oder als Materialisten eingestuft werden konnten. Der Faktor Bildung ist also für diese Kontrastgruppen besonders erklärungskräftig, allerdings in entgegengesetzter Richtung. Durch die Veränderungen in den Schülergruppen seit 2006 hat sich dieser Effekt sogar deutlich verstärkt. Im Jahre 2002 setzte sich diese »Bildungslogik« der Wertetypen noch einmal deutlich bei Einbeziehung der Studenten fort, von denen damals sogar 37 % als Idealisten eingestuft werden konnten und nur 15 % als Materialisten. Diese Logik ist in abgeschwächter Form auf 2006 noch zu erkennen. Allerdings hat seit 2002 der Anteil der Idealisten unter den Studenten um sechs Prozentpunkte abgenommen, die vollständig der Zunahme der Gruppe der Macher zugute kamen, welche nunmehr in allen vier Gruppen (Schüler und Studenten) ähnlich vertreten sind. Insgesamt steht damit 2006 vor allem wegen der Änderungen bei den Hauptschülern und den Studenten einer inzwischen verringerten »Aufwärtslogik« der Bildung bei Idealisten eine erhöhte »Abwärtslogik« bei Materialisten gegenüber.

Es verbleiben diejenigen Gruppen, die bereits im Arbeitsprozess stehen bzw. in Ausbildung sind, sowie Arbeitslose und sonstige Nicht-Erwerbstätige. Diese »arbeitsmarktnäheren« Gruppen zeigen bei der Verteilung der Wertetypen vermehrt Instabilität. Zum einen haben sie den deutlichen Rückgang von Idealisten in der Gruppe der Studenten ausgeglichen und damit in der gesamten Jugend sogar für eine leichte Zunahme gesorgt. Das ging in beiden Gruppen mit verschiedenen anderen Veränderungen einher. Am bedenklichsten ist der Trend bei den Auszubildenden. Diese wiesen 2002 einen besonders hohen Anteil an Machern auf, sodass man sagen konnte, dass diese Gruppe damals besonders exemplarisch für diese aktive Gruppe stand. Das ist 2006 nicht mehr der Fall, indem bei den Auszubildenden eine starke Passivierung des Profils zu erkennen ist. Hintergründe dafür könnten die angespannte Lage am Lehrstellenmarkt ebenso sein wie die Verschlechterung der Übernahmemöglichkeiten in einen regulären Job.[37] Bei den bereits Erwerbstätigen verlief die Entwicklung dagegen anders. Eine deutliche Zunahme der Gruppe der Idealisten ging bei ihnen in gleicher Höhe mit einer Abnahme der Gruppe der Materialisten einher. Somit sind die Studenten praktischer geworden, die Auszubildenden teils idealistischer, vor allem aber passiver, und die Erwerbstätigen idealistischer.

Nur in kumulierter Form für 2002 und 2006 können wir (wegen zu kleiner Fallzahlen) die arbeitslosen Jugendlichen ausweisen. Der ungünstige Status dieser Gruppe geht auch mit einem besonders hohen Anteil Unauffälliger einher. Das kann sowohl bedeuten, dass Personen, die arbeitslos werden, ihre Wertansprüche reduzieren, als auch, dass bevorzugt Personen arbeitslos werden, die nur mäßige Wertmaßstäbe (und damit auch Antriebe) haben. Dass es aber nicht automatisch heißt, Unauffälliger und gleichzeitig sozialer »Verlierer« zu sein, zeigt die Vertretung der Unauffälligen in allen anderen Gruppen. Geringere Artikulation von Wertansprüchen kann auch eine Mentalitäts- oder

[37] Bei den Auszubildenden kann man festhalten, dass auch 2006 mit 74 % etwa ähnlich viele ihre Ausbildung gerne machten wie 2002 (77 %). Allerdings fällt besonders in dieser Gruppe auf, dass der Anteil Jugendlicher, die bisher negative Erfahrungen im Übergang von der Schule zum Beruf gemacht hatten, zugenommen hat. 30 % (2002: 23 %) geben an, dass sie wegen nicht ausreichender Schulnoten nicht den gewünschten Beruf erlernen konnten, 28 % (2002: 22 %), dass für den Wunschberuf der erforderliche Schulabschluss fehlte. Beides war in dieser Gruppe bei Machern ganz besonders wenig der Fall, aber bevorzugt und stark zunehmend bei Unauffälligen sowie bei Materialisten.

Temperamentsfrage sein oder eine vorübergehende Anpassung an bestimmte weniger chancenreiche Situationen. Solche Situationen müssen aber nicht unbedingt Schwierigkeiten im Bildungssystem oder berufliche Schwierigkeiten bedeuten. Bei Arbeitslosen müssen wir allerdings oft von einer Ballung solcher Problemlagen ausgehen.

Es gibt allerdings mit den Materialisten noch eine zweite typische Zuordnung eines Wertetyps zur Gruppe der arbeitslosen Jugendlichen. Hier werden materielle Ansprüche erhoben, ohne durch Erwerbstätigkeit bzw. guten Verdienst befriedigt werden zu können. Das dürfte Spannungen erzeugen, die kritische Verhaltensweisen am Rande der Legalität begünstigen oder sich in Frustration entladen können. Insgesamt kann man mit der nötigen statistischen Vorsicht sagen, dass sich bei Arbeitslosen seit 2002 das Gewicht der Wertetypen von den Materialisten zu den Unauffälligen hin verschoben hat. Das ist ein auffällig gegenläufiger Prozess gegenüber den Veränderungen bei den Hauptschülern, einer Schülergruppe, die das höchste Arbeitslosigkeitsrisiko aufweist. Ebenfalls kumuliert können wir diejenigen Jugendlichen ausweisen, die sich als nicht erwerbstätig, aber nicht als arbeitslos einstufen. Im Vergleich zu den Arbeitslosen ist das Werteprofil dieser Gruppe aktiver, vor allem idealistischer und weniger materialistisch. Das liegt wohl auch daran, dass der Schichtungsstatus dieser Gruppe günstiger ist als bei den Arbeitslosen. Allerdings liegt der soziale Status auch dieser Gruppe unter dem durchschnittlichen Schichtstatus aller Jugendlichen.

5.3.4 Wertetypen in der Jugendforschung: Das Beispiel »Gewalt«

Am Beispiel der Frage der Gewalt wollen wir noch etwas über die sinnvolle Interpretation der in der Shell Jugendstudie verwendeten Wertetypologie sagen. Diese Persönlichkeitstypen stellen angesichts der großen Vielfalt individueller Schicksale und Charaktere der Jugendlichen sehr vereinfachte »Charaktermasken« dar, die in Bezug auf den individuellen Fall nicht überinterpretiert werden dürfen. Ihr Zweck ist es, die wenig überschaubare Vielfalt der Wertorientierungen der Jugendlichen in ein vereinfachtes Ordnungsschema zu bringen, dieses Schema auf verschiedene Gruppen anzuwenden und im Zeitverlauf zu verfolgen. Dabei ist zu beachten, dass innerhalb dieser Charakterschemen eine große Bandbreite individueller Abweichungen vorhanden ist. Nicht wenige Individuen befinden sich in einer Übergangsposition zwischen verschiedenen Wertetypen. Zum anderen ist nicht festgeschrieben, dass ein Jugendlicher stets derselbe Wertetyp bleibt, Übergänge sind somit möglich. Das ist gerade bei Jugendlichen der Fall, die sich noch am Anfang ihrer Entwicklung befinden. Es handelt sich also stets um gewisse Wahrscheinlichkeiten, dass Jugendliche zu einem bestimmten Zeitpunkt unter einen Wertetyp fallen.

Weiterhin zeigt die Typenanalyse, dass die Zugehörigkeit zu bestimmten Gruppen, z. B. zu den Mädchen und jungen Frauen, es wahrscheinlicher macht, zu einem bestimmten Wertetyp zu gehören. In dieser Hinsicht hat es sich bisher über die Zeit als stabiler Befund erwiesen, dass ein solcher Zusammenhang für die weibliche Jugend und den Typus der Idealisten gegeben ist, andererseits für die männliche Jugend und den Typus der Materialisten. Ähnliches konnten wir bei Schülern und Studenten anhand des Zusammenhangs dieser Wertetypen mit den Stufen des Bildungssystems erkennen. Ein weiterer Typ an Erkenntnissen besteht darin, dass mit der Zugehörigkeit von Jugendlichen zu einem bestimmten Wertetyp auch das Auftreten bestimmter *Einstellungen* wahrscheinlich wird. Wir hatten das z. B. daran gesehen, dass das Vorhandensein ideeller Werte bei Idealisten und Machern auch mit einer erhöhten Lernfreude einhergeht, andererseits ein ausgeprägter materialistisch-hedonistischer Wertkomplex bei Materialisten und Machern mit vermehrter Wettbewerbsorientierung verbunden ist.

Bei Materialisten trat erhöhtes Konkurrenzdenken auch mit erhöhter »Härte« der Lebenseinstellung auf. Das war in dieser Gruppe wiederum verbunden mit erhöhten Gewalterfahrungen. Das darf nicht so verstanden werden, dass *alle* Materialisten besonders hart oder gewaltsam an die Dinge des Lebens herangehen. Es ist aber wahrscheinlicher und wird noch wahrscheinlicher, wenn sich ein Bündel an Faktoren, die in der Gruppe von Materialisten vermehrt auftreten, zusammen einstellt. Man denke an die Kombination von erhöhten materiellen Ansprüchen, Männlichkeit, niedrigem sozialen Status und ungünstiger sozialer Einbindung, und denke sich dazu noch frustrierende Erlebnisse in Schule, Ausbildung oder Beruf. Meist treten diese Faktoren aber nicht in »explosiver« Kumulation auf. Es gibt auch Materialisten, die über einen guten Lebensstandard verfügen, oder solche, die vom Temperament her eher »sensibel« sind.

Gerade das Beispiel der Gewalt macht eine zusätzliche Aufgliederung der Wertetypen nach Geschlecht nötig, da Gewalterfahrung stark davon abhängig ist. Man erkennt in Abbildung 5.14, dass bei allen Wertetypen männliche

Abb. 5.14 **Jugendliche, die in den letzten 12 Monaten in gewaltsame Auseinandersetzungen (Schlägereien) verwickelt waren (nach Geschlecht)**
Jugendliche im Alter von 12 bis 25 Jahren (in %)

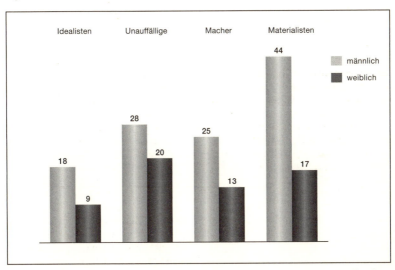

Shell Jugendstudie 2006 – TNS Infratest Sozialforschung

Jugendliche deutlich mehr Verwicklung in Gewalt angeben als weibliche. Allerdings ist dieser Unterschied bei Idealisten deutlich geringer (männlich: 18 %, weiblich: 9 %) als bei Materialisten (männlich: 44 %, weiblich: 17 %). Weibliche Materialisten waren somit in den letzten Monaten etwa im selben Umfang in gewaltsame Auseinandersetzungen verwickelt wie männliche Idealisten. Das Zusammentreffen von Männlichkeit und Materialismus ist also bereits eine Art »Kumulation« gewaltverstärkender Faktoren. Dieses Zusammentreffen ist allerdings auch vermehrt wahrscheinlich, ebenso wie das »deeskalierende« Zusammentreffen von Weiblichkeit und Idealismus. Wenn es so etwas wie eine Neigung des männlichen Geschlechtes zur Gewalt gibt, dann erweist sich das Wertmuster des Idealismus in dieser Hinsicht als besonders mäßigend.

Materialisten bilden ein gutes Beispiel für den Sinn der Typenanalyse. Die Zuordnung von Jugendlichen zu einem solchen eher negativ gefärbten Typus soll allerdings nicht einzelne Jugendliche oder Milieus stigmatisieren. Die quantitative und qualitative Entwicklung der Wertetypen gibt vielmehr Hinweise auf das allgemeine Werteklima unter Jugendlichen und in bestimmten Gruppen. Sie nimmt in vereinfachter und schnell sichtbarer Form Veränderungen auf, die gesellschaftliche Warnsignale darstellen können. Wenn die Wertetypen der Materialisten oder auch der Unauffälligen ihr Profil beibehalten und sich gleichzeitig auf Kosten der anderen Typen ausbreiten, ist das ein solches Warnsignal. Dann müssten wir insgesamt z. B. mit steigender Gewaltneigung oder vermehrter Passivität bei den Jugendlichen rechnen.

Phänomene wie Gewaltneigung, Passivität etc. könnte man zwar auch direkt messen. Die Typenanalyse ermöglicht es jedoch, diese Dinge von der Oberfläche des alltäglichen Verhaltens auf tiefer liegende Wertekonstellationen bzw. Werteveränderungen zurückzuführen. Es können Maßnahmen entwickelt werden, die an dieser Stelle ansetzen und längerfristig gegensteuern. Gleichzeitig ermöglicht es diese Typenanalyse, den völlig anderen Fall zu unterscheiden. Es kann sich bei den Jugendlichen über die Zeit eine Einstellung ändern, ohne dass sich die zu Grunde liegende Wertekonstellation wesentlich verändert hat. Ein solcher Fall scheint die bereits erwähnte Veränderung der Einstellungen der Jugendlichen zur *Zuwanderung* nach Deutschland zu sein. Obwohl sich die Wertestruktur der Jugendlichen nicht wesentlich verschoben hat und die zuwanderungsfreundlichste Gruppe von 2002 (Idealisten) sogar größer geworden ist, bekunden die Jugendlichen von 2006 eine wesentlich abweisendere Einstellung zur Zuwanderung. Was sich dahinter verbirgt, soll, neben der Kontrolle anderer Einstellungen, abschließend der nächste Abschnitt zeigen.

5.3.5 Striktere Haltung zur Migration: Wertewandel oder neue Sicht der Situation?

Wir hatten gesehen, dass seit 2002 der Anteil derjenigen Jugendlichen von 48 % auf 58 % gestiegen ist, die der Meinung sind, Deutschland sollte weniger Zuwanderer aufnehmen als bisher. Wenigstens die bisherige Praxis beizubehalten forderten 2002: 34 %, 2006: 28 % der Jugendlichen. 18 % bzw. 14 % waren in dieser Frage unsicher bzw. hatten keine Meinung dazu. Das Meinungsklima gegenüber der Zuwanderung war also bereits 2002 recht ablehnend und diese Tendenz hat sich 2006 deutlich verstärkt. Diese Haltung der Jugendlichen geht im gleichen Zeitraum mit einer Zunahme der Besorgtheit über die Zuwanderung einher und mit abnehmenden Sorgen über die hiesige Ausländerfeindlichkeit. Wir können damit bei Jugendlichen ein insgesamt kritischeres Meinungsklima gegenüber der Zuwanderung feststellen und eine abnehmende Beunruhigung gegenüber migrantenfeindlichen Handlungen. Woher stammt diese Tendenz und woraus erklärt sie sich?

Die Abbildungen 5.15 und 5.16 machen deutlich, dass der zunehmende Wunsch nach Begrenzung der Zuwanderung ganz besonders von denjenigen Wertetypen stammt, die 2002 eine eher aufgeschlossene bzw. auch unentschiedene Haltung zur Zuwanderung einnahmen, von Idealisten und Unauffälligen. Macher und noch mehr Materialisten plädierten bereits damals entschieden für eine Begrenzung der Zuwanderung. Bei den Idealisten ist auffällig, dass nicht nur die Gruppe der Aufgeschlossenen, sondern auch der Unentschiedenen kleiner geworden ist und beides zur zunehmend ablehnenden Haltung beigetragen hat.

Mit 16 Prozentpunkten war diese Zunahme der Forderung nach Zuwanderungsbegrenzung unter allen Wertetypen die höchste. Mit diesen Veränderungen bei Idealisten passt zusammen, dass bei dieser Gruppe am ungleich stärksten die Besorgnis gegenüber der Zuwanderung angestiegen ist. Vom niedrigsten Stand aller Wertetypen stieg diese Besorgnis um 11 Prozentpunkte an. Gleichzeitig sahen inzwischen Idealisten die Ausländerfeindlichkeit weniger als Problem an (2002: 62 %, 2006: 50 %).

Was die beiden Gruppen, bei denen die Haltung zur Zuwanderung viel ablehnender geworden ist, verbindet, ist eine besonders stark gestiegene Besorgnis darüber, keinen Ausbildungs- oder Arbeitsplatz zu finden bzw. arbeitslos zu werden. Da wirtschaftliche Besorgnisse insgesamt mit Sorgen über die Zuwanderung zusammenhängen, scheint ein Zusammenhang beider Trends plausibel zu sein.

Abb. 5.15 **Wie viele Zuwanderer Deutschland zukünftig aufnehmen sollte**
Jugendliche im Alter von 12 bis 25 Jahren (in %)

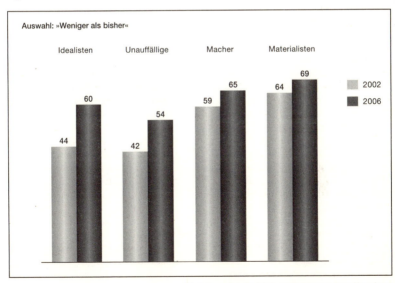

Shell Jugendstudie 2006 – TNS Infratest Sozialforschung

Abb. 5.16 Einstellungen der Wertetypen

Jugendliche im Alter von 12 bis 25 Jahren (in %)

	Idealisten 2002	Idealisten 2006	Unauffällige 2002	Unauffällige 2006	Macher 2002	Macher 2006	Materialisten 2002	Materialisten 2006
Künftige Aufnahme von Zuwanderern								
mehr oder so wie bisher	39	31	39	30	31	25	25	22
weniger als bisher	44	60	42	54	59	65	64	69
weiß nicht/k.A.	17	9	19	16	10	10	11	9
Was ein großes Problem ist, was Angst macht								
Globalprobleme								
Umweltverschmutzung	72	70	58	58	67	66	51	48
Krieg in Europa	63	55	54	44	64	57	51	49
Ausländerfeindlichkeit	62	50	51	39	52	47	35	29
Terroranschläge	75	73	63	59	80	72	63	65
Kriminalität								
bedroht, geschlagen werden	44	38	40	36	45	44	40	39
bestohlen werden	33	28	35	24	42	39	36	37
Wirtschaftsprobleme/Zuwanderung								
Zuwanderung	24	35	27	28	40	37	35	39
schlechte Wirtschaftslage, zunehmende Armut	73	81	60	63	73	76	58	67
kein Ausbildungsplatz, kein Arbeitsplatz, arbeitslos werden	54	70	50	68	59	70	59	71
Toleranzindex gegenüber abweichenden Gruppen								
keine Vorbehalte*	63	57	54	46	48	48	38	33
Aussiedlerfamilie aus Russland: Ablehnung als Nachbarn								
als Nachbarn nicht gewünscht	14	23	26	30	29	27	35	44
Europa längerfristig als einheitlicher Staat?								
Ja	51	35	43	29	58	35	44	30
Nein	26	45	26	42	26	44	33	48
weiß nicht/k.A.	23	20	31	29	16	21	23	22
EU-Beitritt der Türkei								
fände ich gut	25		16		16		16	
fände ich nicht gut	55		60		66		66	
weiß nicht/k.A.	20		24		18		18	

Angaben in Prozent (quer); * 6 Gruppen, die potenzielle Nachbarn sein könnten: Homosexuelles Paar, Aussiedlerfamilie, deutsche kinderreiche Familie, deutsche Familie mit Sozialhilfe, dunkelhäutige Familie, Studentenwohngemeinschaft.

Shell Jugendstudie 2006 – TNS Infratest Sozialforschung

Wir hatten 2002 die erhöhte Aufgeschlossenheit von Idealisten für Migranten und andere Kulturen aus deren humanistischem Werteprofil erklärt. Wie bereits erkennbar wurde, haben sich einige Akzente der Mentalität von Idealisten verschoben (gestiegene Ordnungs- und Leistungswerte, sinkende öffentliche Engagementbereitschaft). Das kann einen gewissen Teil der vermehrt distanzierten Haltung gegenüber der Zuwanderung erklären, reicht aber dafür nicht aus. Die Grundstruktur der Mentalität von Idealisten hat sich ja nicht wesentlich verändert. Diese grundsätzliche Werthaltung lässt jedoch offensichtlich Raum für eine *veränderte Interpretation der gesellschaftlichen Situation*.

Es könnte sein, dass Idealisten (abgesehen von ihren gestiegenen wirtschaftlichen Besorgnissen) mit der Migration zunehmend Gefahren für die Realisierung humaner Werte in Deutschland verbinden. Solche Gefahren erwachsen z. B. durch das Ausufern illegaler Beschäftigungspraktiken, durch die Aushöhlung der legalen und damit auch der demokratischen Ordnung, durch das Hereintragen kultureller Orientierungen, die mit dem westlichen Humanismus (Christentum, Aufklärung usw.) nicht vereinbar sind, wie etwa die Unterdrückung von Frauen, der Einsatz von Gewalt zur Durchsetzung politischer und persönlicher Ziele. An diesem Punkt müssen Humanisten, insbesondere, wenn sie wie die jungen Idealisten zunehmend Träger von Stabilitäts-, Sicherheits- und Leistungswerten sind, sich fragen, ob die Geltung der humanen Werte bei Fortbestand der gegenwärtigen Rahmenbedingungen noch hinreichend gesichert ist. Es muss darauf hingewiesen werden, dass dieses Einstellungsmuster bei der

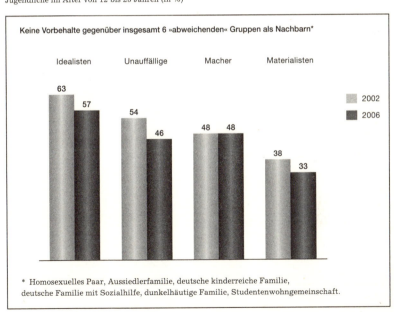

Abb. 5.17 **Toleranzindex gegenüber abweichenden Gruppen**
Jugendliche im Alter von 12 bis 25 Jahren (in %)

* Homosexuelles Paar, Aussiedlerfamilie, deutsche kinderreiche Familie, deutsche Familie mit Sozialhilfe, dunkelhäutige Familie, Studentenwohngemeinschaft.

Shell Jugendstudie 2006 – TNS Infratest Sozialforschung

zweiten Gruppe, die Träger humaner Werte ist, den Machern, bereits 2002 vorhanden war. Idealisten haben sich somit diesem Denkmuster angenähert.

In Abbildung 5.16 wird erkennbar, dass besonders Aussiedler aus Russland eine Zuwanderergruppe sind, gegenüber der die Toleranz der Jugendlichen nachgelassen hat. Auch hier konnten sich die Idealisten dem Sog der Veränderung nicht entziehen, bleiben allerdings die toleranteste Gruppe. Wiederum hat die Nähe der Idealisten zu den Machern zugenommen, weil Letztere seit 2002 sogar leicht toleranter gegenüber Aussiedlern geworden sind. Überdeutlich fallen allerdings Niveau und Trend der Ablehnung bei Materialisten aus. Bei allen Wertetypen außer den Machern ist der in der Abbildung ausgewiesene Toleranzindex gefallen. Das lag hauptsächlich an der erhöhten Abneigung gegenüber den Aussiedlern. Idealisten blieben allerdings der insgesamt toleranteste Wertetyp (Abbildung 5.17).

Bei allen Wertetypen findet 2006 die Idee, dass sich die EU längerfristig zu einem einheitlichen Staat entwickeln und zusammenschließen sollte, viel weniger Anhänger als noch 2002. Wie bei der Einstellung zu den Aussiedlern dürfte hier ein Faktor wirken, der etwas mit der zunehmenden Öffnung Ostmitteleuropas in Richtung der EU zu tun hat und der offensichtlich zunehmend Unbehagen auslöst. Noch weiter über diese Einbeziehung Ostmitteleuropas hinaus greift die Perspektive, in Zukunft mit der Türkei das erste islamisch geprägte Land in die EU aufzunehmen. Dafür finden sich selbst bei dem aufgeschlossensten Wertetyp, den Idealisten, nur 25 % Befürworter, bei den anderen Wertetypen noch weniger.

Unsere Untersuchung ist damit gewissermaßen wieder zum anfangs angesprochenen Thema des Zeitgeistes zurückgekehrt. Die abweisende Haltung zur Migration ordnet sich in einen jugendlichen Zeitgeist ein, der Ordnung und Stabilität im Großen wie im Kleinen wichtig nimmt und auf die angespannte wirtschaftliche Lage mit Leistungsanstrengungen reagiert. Die Migration, so wie sie sich heute darstellt, wirkt auf die Jugendlichen im Moment vor allem bedrohlich. Sie gewinnt offensichtlich auch nicht dadurch an Attraktivität, dass sie theoretisch als Lösung für die demografischen Probleme in Frage kommt.

Jugendliche Skepsis gegenüber der Migration, wie diese heute *praktisch* verläuft, hat durchaus einen wahren Kern. Solange die Migration nicht besser gesteuert und kontrolliert bzw. die Integration der Migranten nicht deutlich verbessert wird, führt sie unweigerlich zur Herausbildung einer frustrierten Unterschicht bzw. unterläuft den legalen Arbeitsmarkt. In dieser Perspektive müssen die Sozialkassen zukünftig nicht nur immer mehr Rentner versorgen. Durch illegale Beschäftigung wird ihre Finanzkraft weiter ausgehöhlt und gleichzeitig müssen sie immer mehr auf dem Arbeitsmarkt chancenlose und im Alter unversorgte Migranten alimentieren.

Thomas Gensicke

6 Jugend und Religiosität

6.1 Religion wieder im öffentlichen Fokus

In der Öffentlichkeit ist das Thema »Jugend und Religiosität« wieder stärker präsent geworden. Im Zusammenhang mit dem Tod von Papst Johannes Paul II. reisten zahlreiche Jugendliche aus ganz Europa nach Rom. Der Besuch des neuen Papstes Benedikt XVI. auf dem Katholischen Weltjugendtag in Köln zog neben großer internationaler Präsenz auch viele einheimische Jugendliche, vor allem aus Westdeutschland, an. Im Zusammenhang mit solchen Großereignissen wird in der Öffentlichkeit über eine »Wiederkehr der Religion« unter Jugendlichen nachgedacht.[38] Das Thema »Jugend und Religiosität« hat aber noch andere Facetten. Inzwischen befinden sich Jugendliche mit Migrationshintergrund verstärkt im Blickpunkt der Öffentlichkeit. Im Speziellen wird befürchtet, Jugendliche mit islamischem Hintergrund würden zunehmend unter den Einfluss von Islamisten geraten. Ein weiteres Thema betrifft die Jugendlichen in Ostdeutschland. Obwohl dort vier Fünftel der Jugendlichen konfessionslos sind, scheint es Anzeichen dafür zu geben, dass sich auch in den neuen Ländern die religiöse Kultur wieder belebt.[39]

Die Shell Jugendstudie stellt mit diesem Kapitel der interessierten Öffentlichkeit aktuelle empirische Informationen und Interpretationen zur Frage »Jugend und Religiosität« zur Verfügung. Wir wollen dazu beitragen, dass das Verhältnis Jugendlicher zur Religiosität, worüber heute in der Öffentlichkeit viel spekuliert wird, sachlich diskutiert werden kann. Ein zweites Ziel besteht darin, die Verbindung von Religiosität und Wertorientierungen bei Jugendlichen zu beschreiben. Wie wir im Abschnitt über die Werte der Jugendlichen sahen, ist das Wertesystem der Jugendlichen heute in erster Linie säkular ausgerichtet. Die engste Verknüpfung der Religiosität war im Rahmen eines »übergreifenden« Wertemusters mit dem Umwelt- und Gesundheitsbewusstsein erkennbar geworden. Wir wollen in einem vertieften Kon-

---

[38] Nach einer aktuellen Studie des IFD Allensbach vom März/April 2006 interessieren sich inzwischen 21 % der 16- bis 29-Jährigen »sehr« oder »ziemlich« für religiöse Fragen. 1994 waren das erst 14 %. »Gar nicht« interessierten sich vor 12 Jahren noch 47 %, 2006 nur noch 38 % (Rest: »etwas, aber nicht besonders«). In der gesamten Bevölkerung lag das Interesse 1994 bei 24 % und 2006 bei 33 %, bei Menschen ab 60 Jahren 1994 bei 42 % und 2006 bei 44 %. Die längerfristige Analyse legt nahe, dass die Säkularisierung in der Mitte der 90er Jahre auf weit fortgeschrittenem Niveau zum Stillstand gekommen zu sein scheint, »so als sei der Kreis religiös Gebundener auf einen stabilen Kern abgeschmolzen«. Vgl. Köcher 2006.

[39] So zeigt der Freiwilligensurvey (1999 bis 2004) inzwischen mehr freiwillige Aktivität ostdeutscher Jugendlicher im Bereich »Religion und Kirche« an. Vgl. Picot 2006.

text untersuchen, was heute das Wertesystem der Jugendlichen fundiert und stabilisiert. Was füllt die Lücke, wenn unter den heutigen Bedingungen die Religiosität diese Funktion immer weniger erfüllen kann?

6.2 Was ist Religiosität?

Die Forschung ist sich weitgehend einig, dass Religiosität nicht mit Konfessionsgebundenheit gleichzusetzen ist, auch wenn beides naturgemäß miteinander zusammenhängt. Als konfessionsgebundenen bekannten sich insgesamt 75 % der in der aktuellen Shell Jugendstudie befragten Jugendlichen, 31 % als katholisch, 35 % als evangelisch (inklusive 1 % Jugendlicher in evangelischen Freikirchen; Abbildung 6.1). 5 % der Stichprobe sind islamische Jugendliche, 3 % gaben eine »andere« christliche Gemeinschaft an, wohinter sich wohl vor allem orthodoxe Christen verbergen. Der geringe Rest der kirchlich-religiös gebundenen Jugendlichen verteilt sich auf andere Konfessionen bzw. Religionen. Über die letzten Shell Jugendstudien hinweg kann die jugendliche Konfessionsbindung insgesamt als stabil eingestuft werden.

In den alten Bundesländern lebende

Abb. 6.1 Konfessionszugehörigkeit nach verschiedenen Gruppen
Jugendliche im Alter von 12 bis 25 Jahren (in %)

	katholisch	evangelisch	andere Christen	islamisch	andere Religionen	keine Konfession
gesamt	31	35	3	5	1	25
Region						
West	37	39	4	6	2	12
Ost	4,5	15	0,5	0,5	0,5	79
Geschlecht						
männlich	30	34	3	5	2	26
weiblich	31	35	3	4	2	25
Soziale Schicht						
untere Schicht	32	35	3	10	1	19
mittlere Schicht	29	35	3	1	1	31
obere Schicht	31	35	3	2	3	26
Migrationsstatus						
in Deutschland geboren und Deutsche	31,5	38	2	1	0,5	27
Deutsche, aber nicht in Deutschland geboren	32	28	4	6	13	17
Ausländer	21	5	14	42	6	12

Angaben in %, zeilenweise Addition zu 100 %

Shell Jugendstudie 2006 – TNS Infratest Sozialforschung

Jugendliche ordneten sich zu 37 % als katholisch und zu 39 % als evangelisch ein. Nur 12 % gaben an, konfessionslos zu sein, etwas mehr als 2002. Von den Jugendlichen in den neuen Ländern sind 79 % konfessionslos. Die neuen Länder sind damit, abgesehen von kleinen Enklaven (z. B. das katholische Eichsfeld), ein weitgehend konfessionsfreies Gebiet und bringen damit eine völlig andersartige Komponente in die religiöse Kultur Deutschlands ein.[40] 15 % der ostdeutschen Jugendlichen sind evangelisch und nur 4,5 % katholisch. Andere Religionen spielen praktisch keine Rolle. Daran zeigt sich indirekt, dass Jugendliche mit engerem Migrationshintergrund[41], die vermehrt solchen Religionen zugehören, vorwiegend in den alten Ländern leben.

Bei Jugendlichen, die im Ausland geboren sind, aber die deutsche Staatsbürgerschaft besitzen, ist der Anteil der Konfessionslosen mit 17 % deutlich geringer als bei Deutschen ohne Migrationshintergrund. Am niedrigsten ist dieser Anteil mit 12 % bei ausländischen Jugendlichen. Die größte Gruppe unter den ausländischen Jugendlichen stellen Jugendliche islamischer Religionszugehörigkeit (42 %), 21 % sind katholisch und nur 5 % evangelisch. Man erkennt bei den ausländischen Jugendlichen indirekt den hohen Anteil von türkischstämmigen und aus dem romanischen Südeuropa stammenden Jugendlichen. 14 % der ausländischen Jugendlichen sind anderweitig christlich Gebundene, wohl vor allem Osteuropäer und Griechen.

> »Glaube ist mir relativ wichtig. Damit meine ich nicht Religiosität, sondern den Glauben an bestimmte Werte, an bestimmte Ideale und dass man die erreichen kann.«
> (Student, 19 Jahre)

Die Religionswissenschaft sagt über ihren Forschungsgegenstand aus, dass für »Religion« eine Vielzahl von Definitionen möglich sind, die alle eine theoretische Berechtigung hätten.[42] Für die hier interessierende subjektive Seite der Religion, die Religiosität, führt uns die religionssoziologische Definition von Meulemann (1998) an das Thema heran. Ausgangspunkt seiner Überlegung ist, dass im menschlichen Leben die religiöse Frage am stärksten herausgefordert wird, wenn es um den Umgang mit dem Tod geht. Das beunruhigende Problem der biologischen Endlichkeit kann die Frage aufwerfen, ob es darüber hinaus für den Menschen irgendeine Weiterexistenz gibt. Diese Frage religiös zu beantworten, bedeute die »Neigung, auf ein Jenseits zu blicken«. Das Objekt der Religiosität wäre somit der »Bereich jenseits der gegebenen Welt«. Betrachtet man diesen Glauben bereits als Religiosität (wogegen einiges spricht), findet man ihn unter Jugendlichen relativ weit verbreitet, messbar etwa in Form des Glaubens an

---

[40] Pollack (2003, S. 92) weist darauf hin, »dass seit der Wiedervereinigung Deutschlands … Konfessionslosigkeit nicht mehr tabuisiert ist und eine Normalität erlangt hat, die ihr früher nicht zu eigen war«. Dazu Köcher 2006, S. 4: »Die Selbstverständlichkeit, mit der viele Westdeutsche ihrer Konfessionsgemeinschaft angehören, selbst wenn ihre religiösen Bindungen nur schwach oder nicht existent waren, ist spätestens seit 1990 in Frage gestellt.«

[41] Die Migrantenstichprobe der 15. Shell Jugendstudie besteht vor allem aus Ausländern (N = 208) sowie aus Deutschen, die im Ausland geboren sind (N = 98). Gewichtet hat die erste Gruppe einen Anteil von 9 % an der gesamten Stichprobe, die zweite einen Anteil von 4 %. Nach dem Geburtsland der Eltern wurde nicht gefragt.

[42] Pollack widmet dieser Vielfalt ein Kapitel seines Grundlagenwerks über Säkularisierung. Vgl. Pollack 2003. Man findet in diesem Buch außerdem eine umfassende Kritik am abwegigen Versuch der funktionalen Religionstheorie, jedwede menschliche Sinnsuche, etwa philosophisches Denken oder ästhetisches Erleben, bereits als religiös einzustufen.

ein »Leben nach dem Tode«. Je nach Fragestellung und Erhebungsmethode kann man diesen Glauben bei etwa der Hälfte bis zu zwei Dritteln der Jugendlichen nachweisen. Ausnahme sind allerdings Jugendliche in den neuen Bundesländern, die nicht nur zum Christentum in Distanz stehen, sondern auch zum Glauben an ein Leben nach dem Tode.[43]

Alle vorliegenden Studien zeigen allerdings, dass weitergehende Formen von Religiosität, wie sie den großen Religionen zuzuordnen sind, von Jugendlichen deutlich weniger bekannt werden. Beispielsweise geht die bei westdeutschen Jugendlichen verbreitete Vorstellung vom Leben nach dem Tode nur sehr eingeschränkt mit der Auffassung einher, man müsse sich nach dem Tode für seinen Lebenswandel rechtfertigen. Im Gegensatz dazu lehrt das Christentum, dass sich Gläubige für ihre Daseinsführung vor Gott verantworten müssen. Es erhebt damit den Anspruch, sozusagen vorauswirkend die diesseitige »Moralität« der Lebensführung von Gläubigen zu prägen.[44] Man muss jedoch konstatieren, dass dieser religiöse Typ moralischer Prägung des Lebens heute nur noch eingeschränkt gegeben ist, insbesondere bei Jugendlichen. Das heißt letztlich, dass von den diffusen Vor- oder auch Restformen von Religiosität[45], die Jugendliche heute vertreten, nur eine diffuse Prägung des Wertesystems ausgeht. Es bleibt von daher offen, ob überhaupt und welche Werte prägenden Verbindungen zwischen geglaubtem Jenseits und gelebtem Diesseits vorhanden sind.

> »Meine Kirche, mein Glaube, das ist einfach etwas Standhaftes, was auch schon immer da war und mir nie jemand versucht hat zu nehmen oder besser, was ich mir nie nehmen habe lassen.«
> (Auszubildende, 18 Jahre)

> »Hm, mein Papa ist auch Atheist, und der wollte auch nicht, dass ich getauft werde, weil er auch nicht getauft ist. Und deswegen, ich glaube auch nicht so an den Gott. Mein Bruder dagegen ist sehr gläubig.«
> (Schüler, 16 Jahre)

Die großen Kirchen als Träger der christlichen Glaubenslehren spüren die physische und geistige Abwesenheit der jungen Leute in ihrem eigentlich religiösen Kreis seit längerem (vgl. Barz 1992/93).[46] Welche Rolle können die christlichen Kirchen spielen, wenn ein Bedürfnis nach christlich-religiöser Durchdringung des Lebens nur wenig gegeben ist oder wie in den neuen Ländern nicht einmal an allgemein-religiöse

---

[43] Dieser Standpunkt und seine Konsequenzen wurden bereits von Epikur im 4. Jahrhundert vor der Zeitrechnung klar herausgearbeitet: »Gewöhne dich an den Gedanken, dass der Tod uns nichts angeht. Denn alles Gute und alles Übel beruht auf Empfindung, der Tod aber ist der Verlust der Empfindung. Daher macht die rechte Einsicht, dass der Tod uns nichts angeht, das sterbliche Leben genussvoll, indem sie diesem nicht ein Dasein von unbegrenzter Dauer hinzufügt, sondern indem sie das Verlangen nach Unsterblichkeit beseitigt.« (Griechische Atomisten 1977: 236, vgl. auch das Lehrgedicht des Römers Lukrez aus dem ersten Jahrhundert vor unser Zeitrechnung, Lukrez 1957).

[44] Das gilt übrigens ebenso für den Islam, heutzutage sogar in einer besonders strikten Form.
[45] Das betrifft auch Vorstellungen der Seelenwanderung, verschiedene Arten des Geisterglaubens und vieles anders mehr. Vieles stammt aus obskuren Medienprodukten, die bevorzugt an ein jugendliches Publikum gerichtet sind.
[46] Köcher 2006 dokumentiert diese geringe Kirchenbindung der jungen Leute. Auf einer Skala von 0 = »Kirche bedeutet mir gar nichts« bis 10 = »sehr starke Bindung an die Kirche« erreichten die jungen Leute zwischen 16 und 24 Jahren im März/April 2006 lediglich einen Mittelwert von 3,7; Menschen ab 60 Jahren einen Mittelwert von 6,8.

Bedürfnisse angeknüpft werden kann? Wird dort bereits ein Zukunftsszenario vorgelebt, in dem die Kirchen letztlich auf rituelle und soziale Serviceeinrichtungen reduziert werden?

Der Gesetzgeber hat im Laufe der Modernisierung den Kirchen Europas eine Rolle zugeschrieben, die einer weitgehenden Durchdringung des Lebens deutliche Beschränkungen auferlegt.[47] Während heute in islamischen Staaten der Koran als Quelle von Gesetzen verwendet wird, wäre das in Europa (mit wenigen Ausnahmen) anhand der Bibel undenkbar. Der Dekalog ist eben nicht die wesentliche Grundlage unserer Verfassung, sondern vielmehr die Werte der Aufklärung und die Idee der unveräußerlichen Menschenrechte. In Brandenburg, Berlin und Mecklenburg-Vorpommern gibt es sogar keinerlei Gottesbezug in der Landesverfassung. Im Text der angestrebten europäischen Verfassung wird auf das kulturelle, religiöse und humanistische Erbe Europas hingewiesen, »aus dem sich die unverletzlichen und unveräußerlichen Rechte des Menschen sowie Freiheit, Demokratie, Gleichheit und Rechtsstaatlichkeit als universelle Werte entwickelt haben«. Es gibt keinen Gottesbezug, nicht einmal einen Hinweis auf das Christentum.

Die religiöse Durchdringung des Lebens scheint in Deutschland und Europa vor allem in den Migrantenkulturen eine Tatsache zu sein und zuzunehmen, insbesondere bei islamischem Hintergrund. Ein anderer Fall als Europa sind die USA. Obwohl deren verfassungsrechtliche Situation derjenigen Europas weitgehend ähnelt, gibt es dort eine ausgeprägte christliche Religiosität, die das gesellschaftliche Leben in vieler Hinsicht durchdringt. Eine bewusste Einflussnahme, etwa auf Wahlentscheidungen, geschieht inzwischen mit großem Erfolg, vor allem von evangelikaler Seite. Es gibt Hinweise darauf, dass gerade für Jugendliche Konflikte zwischen ausgeprägter Diesseitsorientierung und religiösen Forderungen entstehen.[48]

6.3 Religiosität, Glaubensunsicherheit und Religionsferne

6.3.1 Persönlicher Gott oder höheres Wesen?

Die vorliegende Shell Jugendstudie geht von einer eher strikten Definition an das Thema »Religiosität« heran. Die weitere Analyse wird zeigen, dass das auch nötig ist, wenn man überhaupt signifikante Zusammenhänge zwischen der Religiosität und dem Wertesystem von Jugendlichen nachweisen will. Vorauseilend wollen wir darauf hinweisen, dass diffuse Vor- oder Restformen von »Religiosität« praktisch keine Erklärungskraft für die jugendlichen Werte haben. Deshalb nimmt unsere Analyse eine Typisierung der jugendlichen Religiosität in kirchennah und kirchenfern vor. Außerdem erfasst sie, in welchem Maße unter

---

[47] Dennoch hat Meulemann (1998, S. 282) Recht, wenn er auf Folgendes hinweist: »In der ... Bundesrepublik begünstigt das Staatsrecht die Kirchen und sind die politischen Parteien den Kirchen wohl gesonnen.«

[48] Zur Religiosität von Jugendlichen wurde unlängst eine repräsentative Studie im Internet veröffentlicht, durchgeführt in den USA im Herbst 2004 bei ca. 1400 18- bis 25-Jährigen. 23 % der Befragten identifizierten sich mit keiner Konfession (»Denomination«). Die Studie kommt zu einer Typologie von 27 % »Godly« und 27 % »Godless«. Dazwischen bewegen sich 46 % »Undecided«. Die jüngeren Wähler waren die einzige Altersgruppe, die bei der letzten Präsidentschaftswahl John Kerry, den Gegner des bekennenden Evangelikalen George Bush, mehrheitlich wählten. Vgl. Die OMG! How Generation Y is defining faith. Download unter der Adresse: http://www.rebooters.net/poll/rebootpoll.pdf.

Abb. 6.2 Einstellungen zur Religiosität bei Jugendlichen

Jugendliche im Alter von 12 bis 25 Jahren (in %)

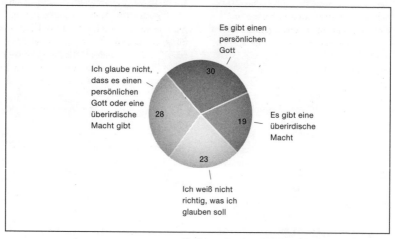

Shell Jugendstudie 2006 – TNS Infratest Sozialforschung

den Jugendlichen Glaubensunsicherheit vorhanden ist und wie groß der Anteil der Jugendlichen ist, die als glaubensfern eingestuft werden können.[49] Ziel ist es vor allem, zu untersuchen, welche Auswirkungen solche unterschiedlichen Einstellungen auf das Wertesystem der Jugendlichen haben. Schwächen Glaubenszweifel bzw. Glaubensferne das Wertesystem der Jugendlichen? Welche anderen Quellen und Ressourcen stützen die Wertorientierungen von Jugendlichen?

Etwa die Hälfte der Jugendlichen kann als religiös eingestuft werden (49 %).[50] Diese teilen sich auf in 30 % der Jugendlichen, die an die Existenz eines persönlichen Gottes, und in weitere 19 %, die an die Existenz einer überirdischen Macht glauben. (Abbildungen 6.2 und 6.3) Weitere 23 % der Jugendlichen »wissen nicht richtig, was sie glauben sollen«. 28 % geben an, dass sie weder an einen persönlichen Gott noch an eine überirdische Macht glauben. Ziehen wir anhand anderer Befragungen[51] einen Vergleich zur Bevölkerung, fällt auf, dass etwa ein ähnlicher Anteil der Jugendlichen an die Existenz eines »persönlichen Gottes« glaubt. Dieser Glaubenstypus kann als »kirchennahe Reli-

49 Die folgende Analyse bindet Religiosität an den Glauben an *Gott* oder an eine *höhere Macht* bzw. ein *höheres Wesen*. Diffuse Vor- und Restformen von Religiosität stellen in dieser Sicht ein Übergangsfeld zwischen Religiosität und Nicht-Religiosität dar. Selbst der griechische Atomismus als streng materialistische Lehre kannte Götter, die jedoch in keiner Beziehung zur diesseitigen Welt stehen und mit denen eine als sterblich gedachte menschliche Seele nicht in Kontakt kommt. Bereits die frühchristlichen Kirchenlehrer kritisierten, eine solche »Gottesvorstellung« laufe praktisch auf dasselbe wie Atheismus hinaus. Vgl. Griechische Atomisten 1977, Lukrez 1957.

50 Das passt in etwa zu einer weiteren repräsentativen Grundlagenstudie, die bereits 1997 für das »Sonntagsblatt« durch EMNID durchgeführt wurde und nach der etwa die Hälfte der Befragten zwischen 14 und 29 Jahren im allgemeinen Sinne an eine »göttliche Kraft« glaubten. Vgl. EMNID 1997.

51 Infratest dimap 2002, ALLBUS 2002.

giosität« eingestuft werden. Mit 64 % glauben die islamischen und mit 69 % die »sonstig« christlichen Jugendlichen besonders häufig an einen persönlichen Gott. Bei katholischen Jugendlichen ist der Glaube an einen persönlichen Gott dagegen nur zu 41 % vorhanden, bei evangelischen Jugendlichen mit 30 % noch weniger. Das bedeutet, dass der »kirchennahe« Glaube bei denjenigen Jugendlichen, die Mitglied der beiden großen christlichen Kirchen sind, insgesamt nur leicht überdurchschnittlich ausgeprägt ist. Das ändert allerdings nichts daran, dass der Glaube an einen persönlichen Gott der wichtigste christliche Glaubensinhalt ist, den die beiden einheimischen christlichen Kirchen lehren.

Diejenigen 19 % der Jugendlichen, die an das Vorhandensein einer unpersönlichen »überirdischen Macht« glauben, können als »kirchenfern« Gläubige eingestuft werden. In der Bevölkerung ist gerade dieser kirchenferne Glaube an eine »überirdische Macht« besonders ausgeprägt und zwar sogar deutlich mehr als der persönliche Gottesglaube. Wenn man die Glaubensvorstellung einer unpersönlichen höheren Macht als ein religiös gemeintes Ausweichen vor einer persönlichen Gottesvorstellung interpretiert, kann man festhalten, dass dieses Phänomen für die breite Bevölkerung typisch ist, aber eher weniger typisch für Jugendliche.[52] Im Vergleich zur Bevölkerung sind Jugendliche dagegen in auffälligem Maße glaubensunsicher. Mehr als ein Fünftel der Jugendlichen weiß nicht so richtig, was sie glauben sollen. Eine solche Glaubensunsicherheit zeigen bevorzugt evangelische Jugendliche. Auch sehr junge Menschen sind häufig glaubensunsicher (12- bis 14-Jährige: 29 %, 22- bis 25-Jährige: 19 %), wobei man den Eindruck hat, dass Jugendliche dieser Altersgruppe vermehrt der klaren Beantwortung dieser »heiklen« Frage ausweichen.

Neben der Glaubensunsicherheit ist auch die Glaubensferne bei Jugendlichen stärker ausgeprägt als in der gesamten Bevölkerung. Mit 66 % ist bei konfessionslosen Jugendlichen erwartungsgemäß die Distanz zur Religiosität besonders groß. Immerhin gehen aber auch 18 % der konfessionell nicht Gebundenen von der Existenz eines persönlichen Gottes oder einer höheren Macht aus, der Rest ist glaubensunsicher. Glaubensferne hängt mit dem Alter zusammen. In der jüngsten Gruppe bekennen sich nur 19 % der Jugendlichen als glaubensfern, bei den 22- bis 25-Jährigen aber 32 %. Dagegen glauben 39 % der jüngsten Gruppe an einen persönlichen Gott, aber nur 26 % der 22- bis 25-Jährigen. Die Reduktion von Glaubensunsicherheit mit dem Lebensalter führt aber nicht nur zur Glaubensferne, sondern auch zur »Ersatzreligion« der »höheren Macht«. Nur 13 % der jüngsten, aber 23 % der ältesten Gruppe glauben in dieser Weise. Das sind nicht viel weniger als diejenigen, die in dieser Altersgruppe an einen persönlichen Gott glauben (26 %).

Wir können somit festhalten, dass Jugendliche, wenn sie religiös sind, am ehesten an der klassischen Vorstellung eines persönlichen Gottes festhalten und nicht wie breite Kreise der Bevölkerung auf die Vorstellung einer abstrakten höheren Macht ausweichen. Zu dieser Konstellation tragen besonders Jugendliche mit Migrationshintergrund bei. Wenn Jugendliche an der Existenz eines persönlichen Gottes Zweifel haben,

---

52 Der ALLBUS 2002 verwendete eine verfeinerte Formulierung für die »überirdische Macht«. Innerhalb des gleichen Frageformats heißt dort die zweite Alternative: »Es gibt irgendein höheres Wesen oder eine geistige Macht.« Bei dieser Formulierung weicht die jüngste dort befragte Vergleichsgruppe der 18- bis 25-Jährigen etwas stärker auf diese Alternative zum »persönlichen Gott« aus. Der gesamte Anteil der religiösen Jugendlichen verbleibt allerdings bei etwa 50 %.

Abb. 6.3 Einstellung zur Religiosität nach verschiedenen Merkmalen
Jugendliche im Alter von 12 bis 25 Jahren (in %)

	Persönlicher Gott existiert	Überirdische Macht existiert	Weiß nicht, was ich glauben soll	Weder Gott noch überirdische Macht
gesamt	30	19	23	28
Konfessionszugehörigkeit				
katholisch	41	22	23	14
evangelisch	30	22	28	20
islamisch	64	15	16	4
andere Christen	69	8	17	6
konfessionslos	6	12	16	66
Alter				
12 bis 14 Jahre	39	13	29	19
15 bis 17 Jahre	29	18	22	31
18 bis 21 Jahre	30	19	22	29
22 Jahre und älter	26	23	19	32
Geschlecht				
männlich	28	18	23	31
weiblich	33	19	22	26
Soziale Schicht				
untere Schicht	31	19	25	25
mittlere Schicht	29	16	23	32
obere Schicht	31	21	20	28
Migrationsstatus				
in Deutschland geboren und Deutsche	28	19	23	30
Deutsche, aber nicht in Deutschland geboren	44	14	30	13
Ausländer	52	14	19	15

Angaben in %, zeilenweise Addition zu 100 %

Shell Jugendstudie 2006 – TNS Infratest Sozialforschung

geht das entweder mit Glaubensunsicherheit einher oder mit einer Distanz sowohl zur persönlichen Gottesvorstellung als auch zur »Ersatzvorstellung« einer irgendwie gearteten »überirdischen« Macht.

Insgesamt muss angesichts dieser Zahlen und des Vergleichs zur gesamten Bevölkerung von einer besonders *heterogenen* Situation der Religiosität unter den Jugendlichen in Deutschland gesprochen werden. Es gibt vier große

Gruppen: Knapp die größte Gruppe bilden die kirchennah Gottesgläubigen, deren Glauben man zumindest für Europa mit den Begriffen »klassisch« oder »traditionell« einstufen kann, weil sie einen persönlichen Gottesglauben pflegen, der für das Christentum typisch ist. Unter den für Europa untypischen, vor allem unter Migranten verbreiteten Religionen kommt die Glaubensvorstellung eines Gottes dem Islam besonders nahe, wobei sich die Frage der »Persönlichkeit« dieses Gottes und die Möglichkeit, diese zu erfahren, deutlich von der christlichen unterscheidet.[53] Auf jeden Fall hat heutzutage unabhängig von inhaltlichen Vorstellungen bei islamischen Jugendlichen die »klassisch-traditionelle« Gottesvorstellung einen deutlich stärkeren Rückhalt als bei katholischen und erst recht als bei evangelischen Jugendlichen.

Die zweitgrößte Gruppe unter den Jugendlichen sind diejenigen, die konsequent angeben, dass sie weder an die Existenz eines persönlichen Gottes noch einer überirdischen Macht glauben. Diese Gruppe kann, wie wir noch zeigen werden, als ganz besonders wenig religiös, zum größten Teil als areligiös eingestuft werden. Es gibt somit heute eine ausgeprägte quantitative Polarisierung zwischen besonders religionsnahen und besonders religionsfernen Jugendlichen. Zwischen diesen Kontrastgruppen der kirchennah Gläubigen und den glaubensfernen Jugendlichen stehen die kirchenfern religiösen und die glaubensunsicheren Jugendlichen.

Im Folgenden soll zunächst geklärt werden, was die konsequente Ablehnung der Gottesvorstellung bzw. einer überirdischen Macht bei Jugendlichen bedeutet bzw. auch die Unsicherheit über diese Glaubensdinge, die unter Jugendlichen ebenfalls weit verbreitet ist. Dazu lohnt es sich, sich bei den vier identifizierten Gruppen der Jugendlichen mit einer verschiedenen Stellung zur Religiosität zu erkunden, wie sie zu anderweitigen Glaubensformen, die nicht an bestimmte Religionen gebunden sind, stehen. Die Religionssoziologie beschäftigt sich über Glaubensinhalte bestimmter Religionen hinaus auch mit Formen diffuser Religiosität, wie sie z. B. im Schicksals- und Vorbestimmungsglauben oder verschiedenen Formen des Aberglaubens zum Ausdruck kommen (wir wollen diese Formen in der Folge Para-Religiosität nennen).

6.3.2 Vom Schicksal, von Geistern und Sternen

Zunächst führen uns die Abbildungen 6.4 und 6.5 vor Augen, dass para-religiöse Glaubensformen[54] unter Jugendlichen weit verbreitet sind. Die Art und Weise unserer Fragestellung verstärkt diesen Befund, da die Jugendlichen nicht nur allgemein nach dem Glauben an das Vorhandensein solcher para-religiösen Phänomene gefragt wurden. Wir haben vielmehr danach gefragt, ob die Jugendlichen der Meinung sind, die angesprochenen Phänomene hätten tatsächlich einen Einfluss auf ihr Leben.

Immerhin 46 % der Jugendlichen in Deutschland glauben, ihr Leben würde von irgendeiner Art Schicksal oder Vor-

---

[53] Der islamische Gott und der Umgang der Gläubigen mit diesem unterscheiden sich deutlich vom christlichen Gott. Das beginnt damit, dass Allah nicht in bildlicher Darstellung erscheint. Zum anderen ist dieser eine eher abstrakte Allmacht, der man sich unterwerfen muss. Der christliche Gott wird dagegen als dreieinige Person vorgestellt, die sich in Jesus Christus in einer versöhnenden Form offenbart und für die Menschheit aufopfert.

[54] Para-Religiosität umfasst Glaubensformen, die sozusagen »neben« den Religionen vorhanden sind. Wir sehen allerdings, dass es dabei auch eine deutliche Überschneidung mit der gebundenen Religiosität gibt.

Abb. 6.4 Para-religiöse Glaubensformen bei Jugendlichen
Jugendliche im Alter von 12 bis 25 Jahren (in %, Mehrfachnennungen)

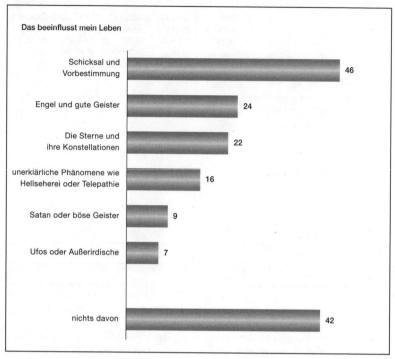

Shell Jugendstudie 2006 – TNS Infratest Sozialforschung

bestimmung gelenkt bzw. beeinflusst. Andere para-religiöse Glaubensformen, wie etwa der Geisterglaube, der Glaube an die Astrologie, Telepathie und Hellseherei usw. sind zwar nicht so weit verbreitet. Dennoch ergibt die Streuung dieser verschiedenen Glaubensformen über die Population der Jugendlichen, dass immerhin 58 % der Jugendlichen wenigstens einem dieser in der Abbildung dargestellten Phänomene Einfluss auf ihr Leben zuschreiben.[55] Bei Mädchen und jungen Frauen trifft man diese Para-Religiosität sehr häufig an (67 %), während Jungen und junge Männer diesbezüglich zurückhaltender sind (50 %). Wir verfügen zwar über keine Vergleichswerte für die Bevölkerung und wissen auch nichts über die Stärke und die konkreten Inhalte dieser Glaubensformen, die große Verbreitung unter Jugendlichen ist jedenfalls bemerkenswert.

Abbildung 6.5 ermöglicht es uns, anhand unserer vier Gruppen, die eine unterschiedliche Stellung zu Religiosität einnehmen, ein wenig Licht in das

[55] Rechnet man die nur bedingt als para-religiös einzustufende Vorstellung des Einflusses von »Ufos und Außerirdischen« auf das Leben von Jugendlichen aus dem Index der Para-Religiosität heraus, sinkt dieser nur geringfügig um einen Prozentpunkt auf 57 %.

Abb. 6.5 Religiosität und Para-Religiosität
Jugendliche im Alter von 12 bis 25 Jahren (in %)

	Alle Jugendlichen	Es gibt einen persönlichen Gott	Es gibt eine überirdische Macht	Weiß nicht, was ich glauben soll	Glaube weder an Gott noch an überirdische Macht
Das beeinflusst mein Leben ...					
Schicksal/Vorbestimmung	46	55	67	46	24
Engel/gute Geister	24	39	35	17	6
Die Sterne und ihre Konstellationen	22	23	37	23	11
unerklärliche Phänomene wie Hellseherei/Telepathie	16	15	26	17	9
Satan/böse Geister	9	13	13	6	3
Ufos/Außerirdische	7	6	12	7	4
keines dieser Dinge	42	28	22	43	66

Angaben in %, Auswahl »ja«

Shell Jugendstudie 2006 – TNS Infratest Sozialforschung

Dunkel der Para-Religiosität und ihrer verschiedenen Formen bei Jugendlichen zu bringen. Man erkennt anhand des Para-Religiositäts-Indexes ganz eindeutig, dass es eine klare Abhängigkeit vom religiösen Selbstverständnis der Jugendlichen gibt. Die beiden religiösen Glaubenstypen, die entweder an einen persönlichen Gott oder an eine überirdische Macht glauben, sind gleichzeitig auch die am meisten para-religiösen. 72 % der kirchennah Gläubigen schreiben wenigstens einem dieser Phänomene einen Einfluss auf ihr Leben zu und sogar 78 % der kirchenfern Gläubigen. Diejenige Gruppe religiöser Jugendlicher, die die »klassisch-traditionelle« Gottesvorstellung vermeidet, hat somit einen noch höheren Index der Para-Religiosität als die Gruppe der Gottesgläubigen. Es scheint sich darin, wie auch die Bevorzugung der einzelnen Glaubensinhalte zeigt, tatsächlich ein Ausweichen auf einen Ersatz für Elemente der kirchennahen Religiosität auszudrücken. Insbesondere der Schicksals- bzw. Vorbestimmungsglauben scheint eine solche »kompensierende« Funktion zu übernehmen.

Insgesamt bestätigt der Vergleich der kirchennah und kirchenfern religiösen sowie der glaubensunsicheren und glaubensfernen Jugendlichen die These von Pollack und Pickel, nach der es einen engen Zusammenhang von Glaubensneigungen religiösen und para-religiösen Inhalts gibt. Die Autoren wiesen nach, dass die Neigung zu gebunden-religiösen Glaubensformen empirisch eng mit der Zuwendung zu anderen Glaubensformen zusammenhängt. Dahinter verberge sich *ein Bedürfnis nach Glauben überhaupt,* das beide Glaubenstypen übergreift. Es gilt jedoch auch der Umkehrschluss:

Eine große Gruppe von Menschen steht zum Phänomen des Glaubens in allen Formen in deutlicher Distanz. Der auch in der aktuellen Shell Jugendstudie wieder erhärtete empirische Befund zeigt einmal mehr die Fragwürdigkeit einer in der Religionswissenschaft hartnäckig vertretenen Theorie: Danach suchten Menschen, die den klassischen Glaubensinhalten fern stehen, bevorzugt nach einem »Ersatz« in diffusen oder abergläubischen Formen der Religiosität.[56] Wir werden sehen, dass diese »Surrogat-Theorie« zwar innerhalb der Gruppe der religiösen Menschen sinnvoll ist, aber nur teilweise für Glaubensunsichere und auf keinen Fall für glaubensferne Personen.

Die Probe auf dieses Exempel stellt jene Gruppe von Jugendlichen dar, die weder an Gott noch an eine höhere Macht glauben. Von diesen räumen 66 % auch keiner der para-religiösen Erscheinungen, die in irgendeiner Weise über ihre »gegebene Welt« hinausreichen, einen Einfluss auf ihr Leben ein. Dieser Befund gilt für alle inhaltlich recht unterschiedlichen Phänomene gleichermaßen. Mit Pollack und Pickel kann man davon ausgehen, dass es sich hier bevorzugt um Menschen handelt, für die »Transzendenz«, also das Überschreiten der gegebenen Welt, kein Thema ist, die kein Bedürfnis haben, an solche Phänomene zu glauben oder sich überhaupt damit zu beschäftigen.

Es stellt sich auch für die Gruppe der Jugendlichen die Frage, ob man die Neigung zu einer generellen Distanz zur Gläubigkeit in allen Formen aus Faktoren der gesellschaftlichen Modernisierung und der damit verbundenen kulturellen Individualisierung (Tendenz zur Selbstbestimmung) erklären kann, wie es Pollack und Pickel überzeugend anhand der gesamten Bevölkerung vorgeführt haben (vgl. Pollack und Pickel 1999). Wir werden später sehen, dass auch in der Jugend solche Individualisierungsphänomene, wenn auch in abgeschwächter Form, einen gewissen Erklärungsgehalt haben.

Von den Jungen und jungen Männern glauben 50 % an keines der para-religiösen Phänomene, aber nur 33 % der Mädchen und jungen Frauen. Für die Erklärung der Geschlechterunterschiede hauptsächlich die gesellschaftliche Modernisierung ins Spiel zu bringen hieße, die Sache nur zu einem Teil zu erklären. Dagegen spricht schon, dass bei den Geschlechtern die Unterschiede bei den Indikatoren der Religiosität im engeren Sinne bei weitem nicht so groß sind wie bei der Para-Religiosität. In Abbildung 6.3 war erkennbar geworden, dass 52 % der weiblichen Jugendlichen im engeren Sinne als religiös eingestuft werden können gegenüber 46 % der männlichen Jugendlichen, davon jeweils 33 % bzw. 28 % im Sinne eines persönlichen Gottesglaubens. Diese Unterschiede sind zwar signifikant, aber deutlich geringer als bei der Para-Religiosität. Das gilt umso mehr, wenn man sich vergegenwärtigt, dass nur 38 % der Jungen und jungen Männer dem Schicksal und der Vorbestimmung einen Einfluss auf ihr Leben einräumen, aber 54 % der Mädchen und jungen Frauen. Für die Sterne bzw. deren Konstellationen lauten die Zahlen 15 % zu 30 % und für die Engel bzw. guten Geister 18 % zu 30 %.

Wir wollen an dieser Stelle festhalten, dass Lebenssituation und Mentalität weiblicher Jugendlicher zwar offensichtlich mehr Anlass und Raum für Religiosität, besonders aber für Para-Religiosität bieten. Das erklärt sich allerdings nur zu einem gewissen Teil aus einem »Modernisierungsvorsprung« der Jun-

---

[56] Pollack zeigt, dass die Liste der para-religiösen Glaubensinhalte noch deutlich verlängert werden kann und diese dennoch einen starken Zusammenhang aufweisen. Wir mussten uns aus Platzgründen auf einige wesentliche Merkmale beschränken.

gen und jungen Männer.[57] Den Kontrast der Religiosität bzw. Para-Religiosität zwischen Migranten und Nicht-Migranten scheint das Muster »Modernisierung und Individualisierung« ebenfalls nur teilweise, wenn auch besser als bei den Geschlechtern zu erklären. Bei Migranten ist Religiosität oft auch ein Kultur tragendes Element in einer fremden Umgebung. Die Distanz zum Glauben bei Jugendlichen in den neuen Ländern bringt eine durch die Vorgeschichte der DDR bestimmte und nachwirkende Teilkultur Ost zum Ausdruck.[58] Bevor wir uns allerdings Unterschieden dieser Art zuwenden, muss noch auf die Gruppe der glaubensunsicheren Jugendlichen eingegangen werden und auf einzelne interessante Unterschiede zwischen den beiden Gruppen der religiösen Jugendlichen.

Wir hatten schon darauf hingewiesen, dass diejenigen Jugendlichen, die an eine überirdische Macht glauben, insgesamt sogar den höchsten Anteil an para-religiös Gläubigen aufweisen. In diesem Zusammenhang fiel bereits die überragende Bedeutung des Schicksals- und Vorbestimmungsglaubens ins Auge, der von etwas mehr als zwei Dritteln der Jugendlichen, die an eine überirdische Macht glauben, geteilt wird (67 %), von der gottesgläubigen Gruppe »nur« zu 55 %. Dagegen wird der Glaube an den Einfluss von Engeln und guten Geistern in der gottesgläubigen Gruppe etwas mehr vertreten (39 % zu 35 %), da diese Vorstellung wohl am kompatibelsten mit den offiziellen Lehren der Kirchen bzw. Religionen ist. Außerdem hat die gottesgläubige Gruppe zu der Vorstellung, ihr Leben würde von den »Sternen und ihren Konstellationen« und von »Hellseherei und Telepathie« beeinflusst, nur eine durchschnittliche Nähe. In diesen Punkten weichen diejenigen Jugendlichen, die an eine überirdische Macht glauben, von allen Gruppen am stärksten nach oben hin ab. Das gilt auch für die Frage der »Ufos bzw. Außerirdischen«.

Insgesamt bestätigt sich die These, dass der Glaube an eine höhere Macht als eine Art religiöses »Ausweichen« von den offiziellen Lehren der Kirchen und Religionsgemeinschaften verstanden werden kann, wobei dieses Ausweichen am stärksten in die Richtung der Vorstellung des »Schicksals« bzw. der »Vorbestimmung« zu gehen scheint.[59]

Abbildung 6.5 hilft uns auch beim Verständnis der Glaubensneigung der glaubensunsicheren Jugendlichen weiter. Immerhin 43 % dieser Gruppe teilen keine der einzelnen para-religiösen Glaubensvorstellungen. Dieser para-religiöse Glaube der glaubensunsicheren Jugendlichen konzentriert sich wie bei den Jugendlichen insgesamt auf den Einfluss des Schicksals und der Vorbestimmung bzw. denjenigen der Sterne und ihrer Konstellationen. Gemessen an den Mittelwerten für alle Jugendlichen ist diese Gruppe deutlich zurückhalten-

---

[57] Eine hinreichende Erklärung müsste einen breiten Ansatz wählen, in dem das komplizierte Geflecht Faktoren der Veranlagung, der Erziehung und der Lebenssituation der Geschlechter analysiert und aufgeklärt wird. Vieles hängt auch von der Bewertung der Para-Religiosität ab, d. h., ob man diese als einen spielerisch-phantasievollen Umgang mit übergreifenden Lebensaspekten oder als schwerwiegender für die Lebensführung einstuft.

[58] Pollack und Meulemann haben dazu einschlägige Analysen vorgelegt.

[59] Religiöser Glaube an ein allmächtiges Schicksal erscheint bereits in der Antike als Gegensatz oder Ergänzung zum Götterglauben. In einer anspruchsvollen intellektuellen Form (Macht des »Logos«) wurde der Schicksalsglaube besonders durch den Stoizismus entwickelt. Nicht zu vergessen, dass der klassische griechisch-römische Glaubenskanon eine den eigentlichen Hauptgöttern übergeordnete Macht der drei göttlichen Moiren (römisch: Parzen) kennt, die das Schicksal jedes einzelnen Menschen bestimmen.

der, wenn es darum geht, ob Engel oder gute Geister bzw. Satan oder böse Geister Einfluss auf ihr Leben nehmen. Das heißt, die Glaubensneigung ist insgesamt niedriger als bei religiösen Jugendlichen und richtet sich in diesem Rahmen vermehrt auf kirchen- bzw. religionsferne Inhalte. Interessant ist auch eine Betrachtung der wenigen para-religiösen Glaubensinhalte bei glaubensfernen Jugendlichen. Im Verhältnis zu den Durchschnittswerten aller Jugendlichen gehen diese noch weniger als Glaubensunsichere davon aus, Engel oder gute Geister würden ihr Leben beeinflussen, noch auffälliger betrifft das den Einfluss des »Satans« bzw. böser Geister. Das heißt, para-religiöse Glaubensinhalte, die am ehesten mit den kirchenkonformen Glaubensinhalten vergleichbar sind, werden besonders deutlich zurückgewiesen.

6.3.3 Was haben die Kirchen Jugendlichen heute zu geben?

Die Abbildungen 6.6 und 6.7 zeigen, dass insgesamt 69 % der Jugendlichen angeben, sie fänden es gut, dass es die Kirche gibt. Dieses wohlwollende Votum, das sich teilweise sogar bis in die Gruppe der Glaubensfernen hinein erstreckt, überrascht zunächst angesichts der Tatsache, dass nur 30 % der Jugendlichen kirchenkonform glauben und nur 49 % in einem engeren Sinne als religiös eingestuft werden können. Nur 23 % der Jugendlichen verneinen diese Frage und 8 % haben keine Meinung dazu. Insgesamt haben also mehr als zwei Drittel der Jugendlichen eine grundsätzlich positive Einstellung zur Institution der Kirche. Diese positive Einstellung erkennt man in konsequentester Ausprägung bei Jugendlichen, die an einen persönlichen Gott glauben (89 %). Diese

Abb. 6.6 Einstellungen zur Kirche bei Jugendlichen
Jugendliche im Alter von 12 bis 25 Jahren (in %)

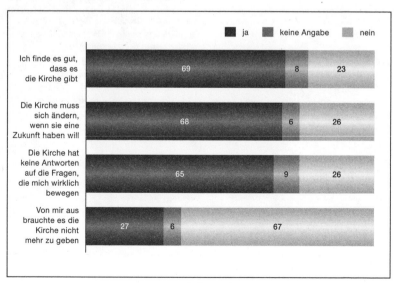

Shell Jugendstudie 2006 – TNS Infratest Sozialforschung

Jugendlichen als kirchennah einzuschätzen, hat also seine Berechtigung. Es folgen mit etwa durchschnittlicher Zustimmung die Gruppen derjenigen Jugendlichen, die an eine überirdische Macht glauben und auf etwa ähnlichem Niveau die der glaubensunsicheren Jugendlichen. Nur bei den glaubensfernen Jugendlichen ist das Meinungsbild geteilt und besonders polarisiert: Eine etwas größere Gruppe findet es gut, dass es die Kirche gibt (47 %), eine etwas kleinere findet das nicht (44 %). Der Rest hat keine Meinung zu dieser Frage.

Fast ebenso viele Jugendliche, die sagen, sie fänden es gut, dass es die Kirche gibt, stimmen jedoch der eher kirchenkritischen Aussage zu: »Die Kirche muss sich ändern, wenn sie eine Zukunft haben will.« Diese Einforderung von Veränderung ist in allen Gruppen zu finden, allerdings unter kirchenfern religiösen Jugendlichen am deutlichsten ausgeprägt. Kirchennahe religiöse Jugendliche äußern diese Kritik verhaltener, aber dennoch mit großer Mehrheit. 27 % der Jugendlichen insgesamt drücken sogar unmissverständlich die Meinung aus, dass es, wenn es nach ihnen ginge, die Kirche nicht mehr zu geben brauchte. Erwartungsgemäß ist diese Meinung bei Jugendlichen, die weder an einen persönlichen Gott noch eine überirdische Macht glauben, am stärksten ausgeprägt (54 %). Ebenso erwartungsgemäß finden sich unter den Gottesgläubigen nur wenige Jugendliche mit dieser Meinung.

Die Kirche als Institution kann also insgesamt auf das prinzipielle Wohlwollen vieler Jugendlicher bauen, insbesondere der Jugendlichen, die an einen persönlichen Gott glauben. Dieses Wohlwollen der Jugendlichen erstreckt sich auch auf die Gruppen der kirchenfern Gläubigen und auf die Glaubensunsicheren, vermischt sich in diesen

Abb. 6.7 Religiosität und Einstellungen zu den Kirchen
Jugendliche im Alter von 12 bis 25 Jahren (Angaben in %)

	Alle Jugendlichen	Es gibt einen persönlichen Gott	Es gibt eine überirdische Macht	Weiß nicht, was ich glauben soll	Glaube weder an Gott noch an überirdische Macht
Ich finde es gut, dass es die Kirche gibt	69	89	71	69	47
Die Kirche muss sich ändern, wenn sie eine Zukunft haben will	68	60	77	72	68
Die Kirche hat keine Antworten auf die Fragen, die mich wirklich bewegen	65	40	69	73	84
Von mir aus brauchte es die Kirche nicht mehr zu geben	27	8	21	25	54

Angaben in %, Auswahl »ja«

Shell Jugendstudie 2006 – TNS Infratest Sozialforschung

Gruppen jedoch stärker mit Kritik. Die glaubensfernen Jugendlichen sind tief gespalten, wenn es um die generelle Anerkennung der Kirchen geht.

Insgesamt können die Kirchen somit auf eine recht breite Anerkennung ihrer Existenzberechtigung bei den Jugendlichen blicken, sehen sich allerdings gleichzeitig mit einer ernsthaften Kritik konfrontiert. Gerade diese Kritik begrenzt unter den Bedingungen einer liberalen religiösen Kultur nicht nur ihren religiösen, sondern auch ihren moralischen Einfluss auf die Jugendlichen. Die Jugendlichen finden nämlich zu einem großen Teil (65 %), dass »die Kirche auf die Fragen, die sie wirklich bewegen, keine Antworten hat«. 26 % der Jugendlichen sind nicht dieser Meinung, 9 % haben dazu keine Meinung. Dem Sog dieser jugendlichen Mehrheitsmeinung können sich nur die kirchennah Gläubigen entziehen, die diese Aussage zu 49 % ablehnen. Hier trennen sich die Wege derjenigen Jugendlichen, die als Gläubige an eine höhere Macht noch eine engere Beziehung zur Religiosität haben, von denen der Gottesgläubigen. Man kann ihre Antworten auf diese Frage direkt als kritisches Votum zur Schnittstelle der kirchlichen Angebote zu ihrem Wertesystem interpretieren. Das kirchenkritische Meinungsbild kirchenfern Gläubiger und Glaubensunsicherer ähnelt in dieser Hinsicht viel mehr der Meinung der glaubensfernen Jugendlichen, die weder an Gott noch an eine überirdische Macht glauben.

Die Beantwortung dieser Frage zeigt den tiefen Graben der institutionalisierten Religion zum Wertesystem der großen Mehrheit der Jugendlichen auf. Dem, was die Jugendlichen in ihrem Leben wirklich bewegt, stehen die Kirchen und ihre Lehren ziemlich fern und sie erreichen in dieser Hinsicht selbst ihre Kerngruppe, die Gottesgläubigen, nur zum Teil. Zwar fehlen bei den Jugendlichen, die kirchenkonform glauben, nur 2 Prozentpunkte an einer absoluten Mehrheit, wenn es darum geht, ob sie sich in wichtigen Lebensfragen durch die Kirche unterstützt sehen. Aber auch in dieser Gruppe vermissen immerhin 40 % der Jugendlichen eine zeitgemäße kirchliche Unterstützung ihres Lebenswegs.

6.3.4 Hat Gott die Welt erschaffen?

Wir haben diejenigen Jugendlichen, die an einen persönlichen Gott oder eine überirdische Macht glauben, sowie die glaubensunsicheren Jugendlichen nach einigen konkreteren Glaubensinhalten gefragt, um eine Vorstellung zu gewinnen, welches Verhältnis diese Gruppen zu wichtigen kirchlich-religiösen Glaubensformen haben. Den glaubensfernen Jugendlichen wurden diese Fragen nicht gestellt. Unter Einrechnung der fehlenden Angaben dieser Jugendlichen sind insgesamt 31 % aller Jugendlichen der Meinung: »Die Welt ist von Gott geschaffen.« (Abbildung 6.8, in Abbildung 6.9 nur die drei befragten Gruppen) Dass Jugendliche zu dieser mit den Naturwissenschaften nur schwer kompatiblen Auffassung neigen, hängt in starkem Maße davon ab, ob sie an einen persönlichen Gott glauben. In diesem Fall glauben 69 % an den religiösen Schöpfungsmythos, aber immerhin lehnen auch 22 % diese Vorstellung der Weltentstehung ab.

Glauben Jugendliche »kirchenfern«, also an eine überirdische Macht, dann lehnen sie den religiösen Schöpfungsmythos mehrheitlich ab. Es nimmt in dieser Gruppe auch die Unsicherheit über diese Frage bzw. die Neigung zu, sich zu dieser Frage nicht zu äußern. Diese Neigung ist bei Jugendlichen allerdings am größten, wenn ohnehin Glaubensunsicherheit vorhanden ist.

Abb. 6.8 **Glaubensinhalte bei Jugendlichen**
Jugendliche im Alter von 12 bis 25 Jahren (in %)

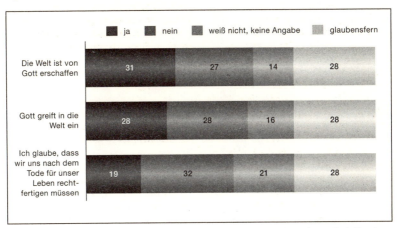

Shell Jugendstudie 2006 – TNS Infratest Sozialforschung

34 % der Glaubensunsicheren kommen in dieser Frage nicht zu einer Meinung. Das insgesamt geteilte Meinungsklima bei Gläubigen bzw. Glaubensunsicheren führt dazu, dass innerhalb dieses Lagers der Schöpfungsmythos etwas stärker bejaht als verneint wird.

In der Frage, ob Gott in den Lauf der Welt eingreift, gibt es ein fast genaues Patt der Meinungen. Die deutliche Bejahung in der Gruppe der Gottesgläubigen (60 %) reicht nicht aus, um wie beim Schöpfungsmythos im Lager der Gläubigen bzw. Glaubensunsicheren ein insgesamt bejahendes Meinungsbild durchzusetzen, insbesondere, weil in dieser Frage 50 % der Glaubensunsicheren diesen Glaubenssatz ablehnen. Geht es allerdings um die noch weitergehende kernchristliche (aber auch kernislamische) Idee, der Mensch müsse sich für seinen Lebenswandel nach dem Tode rechtfertigen, dann verschiebt sich das Meinungsklima insgesamt deutlich in den ablehnenden Bereich. Auch bei den Gottesgläubigen findet sich keine absolute Mehrheit der Zustimmung mehr, auch wenn die Zustimmungen leicht die Ablehnungen überwiegen. Unter den drei Glaubensinhalten ist bei den Jugendlichen, die an einen persönlichen Gott glauben, die Unsicherheit über diese Frage einer postmortalen Rechtfertigung am höchsten. Bei Jugendlichen, die auch im Allgemeinen ihres Glaubens nicht sicher sind, wird mit 40 % allerdings der höchste Grad an Unschlüssigkeit aller Gruppen erreicht und mit 9 % die niedrigste Zustimmung.

Man kann somit festhalten, dass auch im kernreligiösen Bereich der jugendlichen Gottesgläubigkeit Religiosität inhaltlich nur noch recht eingeschränkt mit einer Vorstellung eines jenseitigen »Tribunals« über die diesseitige Lebensführung zusammenhängt. Diesen Faktor hatte Meulemann als eine entscheidende »außerweltliche« Prägungsmöglichkeit kernchristlicher Religiosität auf die diesseitige »Moralität« eingestuft. Moralisches Handeln der Gläubigen ist in dieser Hinsicht bereits im Diesseits eng mit einem Versprechen einer Belohnung im Jenseits verknüpft, umgekehrt un-

Abb. 6.9 **Religiosität und bestimmte Glaubensinhalte**
Jugendliche im Alter von 12 bis 25 Jahren (in %)

	Jugendliche: ohne Glaubensferne	Es gibt einen persönlichen Gott	Es gibt eine überirdische Macht	Weiß nicht, was ich glauben soll
Die Welt ist von Gott erschaffen				
stimme zu	43	69	29	21
stimme nicht zu	37	22	51	45
weiß nicht, k. A.	20	9	20	34
Gott greift in die Welt ein				
stimme zu	38	62	27	15
stimme nicht zu	39	23	53	50
weiß nicht, k. A.	23	15	20	35
Ich glaube, dass wir uns nach dem Tode für unser Leben rechtfertigen müssen				
stimme zu	26	41	23	9
stimme nicht zu	45	36	50	51
weiß nicht, k. A.	29	23	27	40

Shell Jugendstudie 2006 – TNS Infratest Sozialforschung

moralisches Handeln mit der Androhung von Strafe.[60]

Abgesehen vom Islam[61] gibt es heute christliche Kulturen in hoch entwickelten Ländern, in denen große Mehrheiten von der Existenz eines religiösen Himmels bzw. eines Paradieses sowie von der Existenz der Hölle und des Teufels überzeugt sind, etwa die USA. Solche Vorstellungen sind jedoch in Mittel- und Nordeuropa nur noch selten zu beobachten. Am ehesten konnte sich hier noch eine abstrakte Vorstellung eines religiösen »Himmels« halten.[62]

6.3.5 Zwischenresümee

An dieser Stelle wollen wir den Überblick über Indikatoren der Religiosität in der Jugend resümieren. Obwohl bis zu zwei Drittel der Jugendlichen diffuse Formen von Religiosität vertreten, kann bei einer verbindlichen religiösen Fragestellung nur etwa die Hälfte als religiös eingestuft werden (49 %). Erhöht man diesen Anspruch und verlangt, dass jugendliche Religiosität kirchennah sein soll, reduziert sich dieser Prozentsatz weiter auf 30 %.[63] Dieser Prozentsatz wird durch die Jugendlichen mit Migrationshintergrund besonders gestützt.

---

[60] Auch hier gibt es eine strukturelle Parallele zum Islam, wenn sich auch die Vorstellung der Moralität und Vorstellungen über Belohnungen und Bestrafungen unterscheiden.
[61] Bei den islamischen Jugendlichen glaubt mit 58 % eine große Mehrheit an die moralische Rechtfertigung nach dem Tode.

[62] Vgl. Denz (2002: 28 f). Diese Studie kommt bei der Bildung einer europaweiten Glaubenstypologie nur auf 22 % »Christen«, aber 47 % »Glaubenskomponisten« und 30 % »Atheisierende/Nichtglaubende«.

Ohne diese vom statistischen Gewicht her zwar relativ kleine, aber eifrig gottesgläubige Gruppe würde dieser Anteil auf 27 % sinken. Andererseits würde dieser Anteil ohne die statistisch gewichtigere Gruppe der ostdeutschen Jugendlichen (unter Einrechnung der Jugendlichen mit Migrationshintergrund) auf 34 % steigen. Allerdings bleibt durch solche Verschiebungen der Mainstream der Ergebnisse, der durch die westdeutschen Jugendlichen ohne engeren Migrationshintergrund gesetzt wird, unverändert.

In dieser Situation können die Kirchen als Institution zwar auf ein grundsätzliches Wohlwollen bei den meisten Jugendlichen bauen. Das gilt ohnehin für religiöse Jugendliche, aber auch deswegen, weil glaubensunsichere Jugendliche sie in dieser Hinsicht stützen. Dennoch sind die Kirchen mit einer weit verbreiteten Kritik seitens der meisten Jugendlichen konfrontiert. Viele Jugendliche sehen einen Veränderungsbedarf bei den Kirchen und zweifeln an deren Zukunftsfähigkeit, falls sie dem nicht nachkommen. Gravierender ist es jedoch, dass sich die große Masse der Jugendlichen mit ihren Problemen und Fragen bei den Kirchen nicht aufgehoben fühlt und nicht das Gefühl hat, von diesen hilfreiche Antworten auf drängende Lebensfragen zu erhalten. Auch wenn es in der Öffentlichkeit angesichts religiöser Großereignisse manchmal so

---

63 Bevölkerungsumfragen, die direkt mit dem Stichwort »religiöser Mensch« operieren, kommen zu vergleichbaren Ergebnissen. Fragt man auf einer vierstufigen Skala danach, ob sich Menschen als »religiös« einstufen, dann kommt man bei jungen Leuten auf eine Größenordnung von insgesamt 25 % bis 30 %, die sich entweder als »sehr religiös« (sehr kleine Gruppe) oder als »ziemlich religiös« (die deutlich größere Gruppe) einstufen. Die ungleich größte Gruppe sieht sich als »weniger religiös« und ein etwa mit unserer »glaubensfernen« Gruppe vergleichbarer Prozentsatz als »überhaupt nicht religiös«. Vgl. Infratest dimap 2002.

erscheinen mag, von einem wirklichen moralischen Einfluss der Kirchen auf die Jugendlichen sind diese, zumindest im Sinne ihrer *religiösen Lehren*, auch heute weit entfernt. An der Schnittstelle zum handlungsleitenden Wertesystem und der praktischen Moralität der Jugendlichen findet der Einfluss der Kirchen im religiösen Sinne meist ein Ende.

6.4 »Religion light« im Westen, ungläubiger Osten und die »echte« Religion der Migranten

Wir wollen uns nunmehr mit dem Phänomen beschäftigen, dass es in Deutschland drei verschiedene Kulturen der Religiosität gibt. Den Mainstream der Daten unserer Studie bestimmt die Mehrheitskultur westdeutscher Jugendlicher, die man insgesamt als mäßig religiös einstufen kann (»Religion light«). Zweitens gibt es seit der Wiedervereinigung eine Teilkultur ostdeutscher Jugendlicher, die nur in geringem Maße religiös ist (die allerdings wiederum eine kleine, kräftig religiöse Teilkultur einschließt, die wir hier aber nicht im Detail analysieren können). Eine dritte ausgeprägt religiöse Kultur bilden die Jugendlichen mit Migrationshintergrund, die besonders von islamischen, anderen nicht christlich gebundenen sowie christlich-orthodoxen Jugendlichen getragen wird, aber auch nicht unwesentlich von katholischen und evangelischen Migranten. In der Literatur wird gelegentlich von der »harten« Religion der Migranten gesprochen, nicht im Sinne irgendeiner Unerbittlichkeit, sondern um den Kontrast zur westdeutschen »Religion light« zu betonen.

Bevor wir die jugendliche Kultur der Religiosität auf die jugendliche Wertekultur beziehen werden, wollen wir

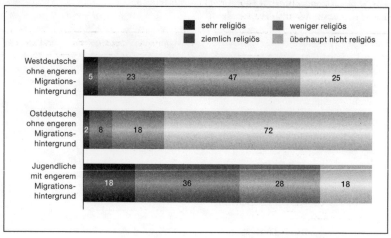

Abb. 6.10 **Religiosität des Elternhauses bei Jugendlichen**
Jugendliche im Alter von 12 bis 25 Jahren (in %)

Shell Jugendstudie 2006 – TNS Infratest Sozialforschung

diesen Zwischenschritt einfügen. Zum einen sind die vorzuführenden Daten für die religiösen Kulturen an sich schon von Interesse. Zum anderen wollen wir darauf aufmerksam machen, dass es ein großer Unterschied ist, ob glaubensunsichere oder nicht gläubige Jugendliche in den alten Bundesländern in einer Umgebung mit einer institutionell-religiösen Prägung aufwachsen oder ob religionsferne Jugendliche Träger einer Mehrheitskultur sind wie in den neuen Ländern. Wiederum etwas anderes bedeutet es, wenn bei Jugendlichen mit Migrationshintergrund die Integration in eine religiöse Kultur auch die sozialkulturelle Integration in ihr Migrantenmilieu bedeutet. Besonders, wenn die Religionen für das Gastland untypisch sind, wie bereits die christlich-orthodoxe, vor allem aber die islamische, erhalten diese eine besondere Kultur tragende und die Migrantenmilieus integrierende Funktion. Damit steigt jedoch die Gefahr, dass diese stark integrierten Milieus sich gegenüber der einheimischen Kultur isolieren. Wir wollen daher für die in unserer Stichprobe befragten Jugendlichen mit Migrationshintergrund untersuchen, inwiefern trotz einer besonderen religiösen Kultur auch kulturelle Brücken zur Jugendkultur des Einwanderungslandes bestehen.

Die Abbildungen 6.10 und 6.11 zeigen, wie unterschiedlich die familiären Umfeldbedingungen in den 3 religiösen Kulturen sind. Während 54 % der in der 15. Shell Jugendstudie befragten Jugendlichen mit Migrationshintergrund aus Elternhäusern stammen, die »sehr religiös« oder »ziemlich religiös« sind, trifft das gerade einmal auf 10 % der ostdeutschen Jugendlichen zu.[64] Westdeutsche Jugendliche ordnen sich in dieser Hinsicht mit 28 % etwa in der Mitte ein, allerdings näher bei den ostdeutschen Jugendlichen. Geht es allerdings um die jeweiligen Anteile »überhaupt

[64] Bei islamischen Jugendlichen liegt dieser Prozentsatz mit 73 % noch weit über dem der Jugendlichen mit Migrationshintergrund.

Abb. 6.11 **Religiosität, Para-Religiosität, Kirchennähe und Häufigkeit des Betens bei Westdeutschen, Ostdeutschen sowie bei Jugendlichen mit Migrationshintergrund**
Jugendliche im Alter von 12 bis 25 Jahren (in %)

	Westdeutsche	Ostdeutsche	Migranten
Religiosität des Elternhauses			
sehr religiös	5	2	18
ziemlich religiös	23	8	36
weniger religiös	47	18	28
überhaupt nicht religiös	25	72	18
Glaubensüberzeugung			
Es gibt einen persönlichen Gott	31	12	48
Es gibt eine überirdische Macht	22	9	13
Ich weiß nicht, was ich glauben soll	25	14	21
Ich glaube weder an einen persönlichen Gott noch an eine überirdische Macht	21	64	14
keine Angabe	1	1	4
Das beeinflusst mein Leben ...			
Schicksal/Vorbestimmung	48	30	57
Engel/gute Geister	25	12	33
Die Sterne und ihre Konstellationen	23	16	28
unerklärliche Phänomene wie Hellseherei/Telepathie	16	12	17
Satan/böse Geister	8	5	17
Ufos/Außerirdische	7	6	7
keines dieser Dinge	39	58	31
Einstellungen zur Kirche			
Ich finde es gut, dass es die Kirche gibt	72	56	76
Die Kirche muss sich ändern, wenn sie eine Zukunft haben will	72	60	54
Von mir aus brauchte es die Kirche nicht mehr zu geben	25	40	17
Die Kirche hat keine Antworten auf die Fragen, die mich wirklich bewegen	65	77	47
Wie oft man betet			
nicht religiös/k.A.	24	66	20
nie	21	18	18
ein oder mehrmals im Jahr	22	7	15
ein oder mehrmals im Monat	15	3	15
mindestens einmal die Woche	18	6	32

Angaben in %, senkrechte Addition zu 100 %

Shell Jugendstudie 2006 – TNS Infratest Sozialforschung

nicht religiöser« Elternhäuser, dann sind die neuen Bundesländer der extreme Ausnahmefall. Während ostdeutsche Jugendliche zu 72 % angeben, aus »überhaupt nicht religiösen« Elternhäusern zu stammen, trifft das nur auf 25 % der westdeutschen Jugendlichen und nur auf 18 % der Jugendlichen mit Migrationshintergrund zu. Die Mehrheit der westdeutschen Jugendlichen ordnet ihre Eltern bei der Kategorie »weniger religiös« ein.

Angesichts dieses so stark abweichenden familiären Hintergrundes kann es nicht verwundern, dass auch die persönliche Religiosität zwischen den drei religiösen Kulturen stark abweicht. Treffen wir bei den Migranten auf 61 % religiöse Jugendliche, so bei den Westdeutschen auf 53 % und den Ostdeutschen auf nur 21 %. Zwischen den westdeutschen Jugendlichen und den Jugendlichen mit Migrationshintergrund gibt es jedoch einen deutlichen Unterschied, was den kirchen- bzw. religionskonformen Glauben betrifft: Glauben 48 % der Migranten an die Existenz eines persönlichen Gottes, so ist das nur bei 31 % der westdeutschen Jugendlichen der Fall. Bei westdeutschen Jugendlichen ist die Tendenz, religiös vom persönlichen Gottesglauben auf eine höhere Macht auszuweichen, am stärksten. Besonders ausgeprägt ist auch die Glaubensunsicherheit, die allerdings bei den Jugendlichen mit Migrationshintergrund ebenfalls recht hoch ist.

Angesichts der relativ hohen Prozentsätze gläubiger Jugendlicher unter westdeutschen Jugendlichen muss es verwundern, wie sich diese angesichts einer Situation erklären, in der von den westdeutschen Jugendlichen nur 28 % der Elternhäuser in einem einigermaßen verbindlichen Sinne als religiös eingestuft werden. Die Situation bei den Ostdeutschen, teilweise auch bei den Jugendlichen mit Migrationshintergrund, stellt sich dagegen auf die jeweils eigene Weise vergleichsweise schlüssiger dar. Leider stand uns aus Platzgründen die entsprechende Frage für die Selbsteinschätzung der Jugendlichen nicht zur Verfügung. Andere Befragungen, die die Frage in einem ähnlichen Format gestellt haben, und zwar jeweils bezogen auf das Elternhaus und auf die Person der Befragten, weisen eine leichte Abnahme der religiösen Selbsteinschätzungen von der Familie in Richtung der eigenen Religiosität aus (vgl. Fußnote 63).

Es gibt allerdings die Möglichkeit, die Beurteilung der Religiosität des Elternhauses mit der Frage der eigenen Religiosität, wie sie in der 15. Shell Jugendstudie gestellt wurde, zu kreuzen (Abbildung 6.12). Fasst man die oberen Grade »sehr religiöses« und »ziemlich religiöses« Elternhaus zusammen (Position 1), dann zeigt sich, dass in allen drei Kulturen Jugendliche aus solchen Elternhäusern ein hohes Niveau an Religiosität, insbesondere kirchennaher Religiosität aufweisen. Bei den Jugendlichen mit Migrationshintergrund glauben 62 % solcher Jugendlicher an einen persönlichen Gott, bei den Ostdeutschen 60 % und bei den Westdeutschen 58 %.[65] In diesen Familien gibt es bei Migranten nur 6 % Glaubensferne, bei Westdeutschen nur 7 %, sogar bei Ostdeutschen nur 10 %. In der großen Gruppe der »weniger religiösen« westdeutschen Elternhäuser (Position 2) funktioniert dieser religiöse »Transfer« schon wesentlich schlechter. Nur 27 % der westdeutschen Jugendlichen aus solchen Elternhäusern glauben in kirchenkonformer Weise an einen persönlichen Gott und mit 26 % weicht ein fast ebenso hoher Prozentsatz

[65] Bei den westdeutschen Jugendlichen sind das in der Gruppe mit »sehr religiösen« Eltern sogar 78 %. In den anderen Gruppen ist die Fallzahl zur Kontrolle zu klein, die Tendenz geht aber in die gleiche Richtung.

Abb. 6.12 Religiosität des Elternhauses und Stellung zur Religiosität
Jugendliche im Alter von 12 bis 25 Jahren (in %)

	Westdeutsche			Ostdeutsche			Migranten		
	1	2	3	1	2	3	1	2	3
persönlicher Gott existiert	58	27	11	60	11	5	62	48	16
überirdische Macht existiert	18	26	21	17	14	7	16	13	7
weiß nicht, was ich so recht glauben soll	17	30	24	13	25	11	16	25	36
weder persönlicher Gott noch überirdische Macht	7	17	44	10	50	77	6	14	41

Angaben in %, senkrechte Addition zu 100 %,
1 = Elternhaus »sehr religiös / ziemlich religiös«, 2 = Elternhaus »weniger religiös«,
3 = Elternhaus »überhaupt nicht religiös«

Shell Jugendstudie 2006 – TNS Infratest Sozialforschung

auf den Glauben an eine »überirdische Macht« aus. Mit 30 % herrscht auch besonders häufig Glaubensunsicherheit. Diese Gruppe ist damit sogar die größte in diesem bei Westdeutschen mit 47 % größten elterlichen Milieu. Bei den Jugendlichen mit Migrationshintergrund gelingt auch in diesem zweitgrößten elterlich-religiösen Milieu der religiöse »Transfer« noch relativ gut. Immerhin glauben noch 48 % dieser Jugendlichen an einen persönlichen Gott.

In Ostdeutschland funktioniert in der Gruppe der »weniger religiösen« Eltern die Übertragung auf die nächste Generation nur noch selten, nur 11 % der Jugendlichen mit einem solchen familiären Hintergrund glauben an einen persönlichen Gott. Solch ein gravierender Abriss der religiösen Tradition ist bei westdeutschen Jugendlichen erst in derjenigen Gruppe der Elternhäuser zu beobachten, die von den Jugendlichen als »überhaupt nicht religiös« eingeschätzt werden (Position 3). Hier springt der Anteil der glaubensfernen Gruppe von einem unterdurchschnittlichen Prozentsatz von 17 % bei den »wenig religiösen« Elternhäusern auf eine Größe von 44 % bei Jugendlichen aus »überhaupt nicht religiösen« Elternhäusern.

Zwei weitere Fragen sollen uns interessieren: Wie steht es in den drei religiösen Kulturen mit der Neigung zur Para-Religiosität und wie mit dem Verhältnis zu den Kirchen? Gelten die Zusammenhänge, die wir über die gesamte Jugend hinweg nachweisen konnten, auch für die verschiedenen Kulturen?

Abbildung 6.11 zeigt ein weitgehend eindeutiges und mit dem bisherigen konformes Bild. Die Jugendlichen mit Migrationshintergrund als religiöseste Gruppe vertreten auch im stärksten Maße para-religiöse Glaubenselemente.[66] Umgekehrt ist es bei den ostdeutschen

---

[66] Islamische Jugendliche liegen mit einem Para-Religiositäts-Index von 71 % etwas über dem Durchschnitt der Jugendlichen mit Migrationshintergrund.

Jugendlichen. Hiermit lässt sich auch auf der Ebene des Migrationshintergrundes bzw. der west- und ostdeutschen Jugendlichen der Zusammenhang zwischen Religiosität und Para-Religiosität zeigen. Dabei stehen die westdeutschen Jugendlichen den Migranten insgesamt deutlich näher als den ostdeutschen Jugendlichen. Betrachtet man allerdings die kirchennahe Religiosität (Glaube an einen persönlichen Gott), erkennt man, dass westdeutsche Jugendliche etwa genauso von den Jugendlichen mit Migrationshintergrund wie von den Ostdeutschen distanziert sind und sich in der Mitte zwischen beiden Gruppen einordnen. Nur wenn man diejenigen Jugendlichen einrechnet, die an eine überirdische Macht glauben, stehen die westdeutschen Jugendlichen den Jugendlichen mit Migrationshintergrund bei der Religiosität deutlich näher.

Das heißt, bei der Para-Religiosität ist die Nähe der religiösen Mainstream-Kultur der westdeutschen Jugendlichen zur religiösen Migrantenkultur besonders evident, aber weniger bei der Religiosität, insbesondere der kirchennahen Religiosität. Damit herrschen bei diesen Gruppen umgekehrte Verhältnisse wie bei jungen Männern und Frauen. Weibliche Jugendliche weichen gerade bei der Para-Religiosität deutlich von männlichen ab, während die Unterschiede bei der kirchennahen Religiosität zwischen den Geschlechtern nicht so deutlich sind. Jugendliche mit Migrationshintergrund sind allerdings nicht nur religiöser und para-religiöser als westdeutsche Jugendliche und erst recht als ostdeutsche Jugendliche. Sie haben auch ein positiveres Verhältnis zur Kirche bzw. ihrer Religionsgemeinschaft und ihre Kirchenkritik ist wesentlich zurückhaltender.

Das bedeutet, dass sich auch auf der Ebene des Migrationshintergrundes bzw. der west- und ostdeutschen Jugendlichen der Kreis der religiösen Logik schließt. Religiosität und Para-Religiosität stehen im Zusammenhang und diese generelle Glaubensneigung hängt ihrerseits wiederum mit einer positiveren Einstellung zur Kirche bzw. Glaubensgemeinschaft[67] zusammen. Auch die persönliche religiöse Praxis bestätigt diese Logik. Jugendliche mit Migrationshintergrund beten häufiger als westdeutsche Jugendliche. In Ostdeutschland ist bei Jugendlichen häufiges Beten eine seltene Erscheinung.

6.5 Religiosität und Werte: Was hat beides heute miteinander zu tun?

6.5.1 Gottesgläubige als Werte-Elite?

Nachdem wichtige Elemente der religiösen Logik bei Jugendlichen insgesamt und auf der Ebene religiöser Kulturen untersucht wurden, soll nunmehr der Zusammenhang von Religiosität und Wertorientierungen bei Jugendlichen direkt ins Auge genommen werden. Die Forschung sagt dazu aus, dass religiöse Menschen vermehrt pro-soziale und karitative Werte vertreten und z. B. auch häufiger freiwillig bzw. ehrenamtlich engagiert sind.[68] Außerdem sind sie »moralischer« in dem Sinne, dass sie Normen wichtiger nehmen und deren Übertre-

---

[67] Auffällig ist, dass auch islamische Jugendliche die Fragen relativ »kirchenunkritisch« beantworten. Doch weichen sie vermehrt auf »keine Angabe« aus. Allerdings liegen sie mit ihrer Zustimmung auf die Frage »Ich finde es gut, dass es die Kirche gibt« mit 63 % deutlich unter dem Wert der Jugendlichen mit Migrationshintergrund, aber deutlich über dem Wert der Ostdeutschen.
[68] So zeigt auch der aktuelle Freiwilligensurvey, dass die Variable »Kirchenbindung« eine deutliche Erklärungskraft dafür hat, dass Jugendliche freiwillige bzw. ehrenamtliche Tätigkeiten übernehmen. Vgl. Picot 2006.

tung als schwerwiegender einschätzen.[69] Solche Elemente der »Moralität« lassen sich aus den religiösen Lehren und Geboten ableiten bzw. sind gelegentlich wörtlich in der Bibel oder im Koran niedergeschrieben. Nicht so direkt damit im Zusammenhang stehen Erkenntnisse, nach denen religiöse Menschen gesundheitsbewusster sind als nicht religiöse. Allerdings gibt es zahlreiche religiöse Anregungen, die die Lebensführung von Gläubigen in eine gemäßigte und damit gesundheitsförderliche Richtung orientieren.

Insgesamt sollten in der Moralität und im Gesundheitsbewusstsein die wesentlichen Abweichungen zwischen kirchennah religiösen Jugendlichen (Gottesgläubige) und glaubensfernen Jugendlichen zu finden sein. Es fragt sich jedoch, wie groß diese Unterschiede sind bzw. ob von der Religiosität auch andere Wertvorstellungen der Jugendlichen beeinflusst werden. Außerdem ist es von Interesse, wo sich zwischen den beiden Kontrastgruppen der kirchennah gläubigen und der glaubensfernen Jugendlichen die beiden anderen Gruppen der kirchenfern Religiösen (die an eine überirdische Macht glauben) und der Glaubensunsicheren einordnen.

Abbildung 6.13 listet sämtliche erfassten Wertorientierungen geordnet nach Gruppen ihrer Verknüpfung[70] für die Vergleichsgruppen der Religiosität auf. Zunächst können wir festhalten, dass kirchennaher Glaube sich auch in einer deutlich erhöhten *Wichtigkeit* des Gottesglaubens selbst für die Lebensgestaltung auswirkt. Mit 5,3 wird ein gegenüber dem durchschnittlichen Wert aller Jugendlichen (3,7) herausragender Wert erreicht. Das trifft für Jugendliche, die an eine überirdische Macht glauben, nicht mehr zu. Mit einem Mittelwert von 3,9 liegen sie nur relativ wenig über dem Durchschnittswert aller Jugendlichen. Falls sich hinter der Vorstellung einer überirdischen Macht dennoch in irgendeiner Weise eine Gottesvorstellung verbergen sollte, dann ist diese nur von mäßiger Prägekraft für die Lebensführung Jugendlicher. Bei glaubensunsicheren Jugendlichen sinkt dieser Mittelwert leicht unter den Durchschnitt ab (3,5). Bei nicht religiösen Jugendlichen spielt der Gottesglaube erwartungsgemäß keine Rolle für die Lebensgestaltung (1,9).

Wie schlägt sich nun dieser erhebliche religiöse Wertunterschied in den anderen Wertorientierungen der Jugendlichen nieder? Wenn wir nach der Höhe der Abweichungen vom Durchschnitt aller Jugendlichen gehen, dann sind kirchennah religiöse Jugendliche deutlich familienorientierter, traditionsorientierter (Althergebrachtes) sowie respektvoller gegenüber Gesetz und Ordnung und gesundheitsbewusster. Nicht mehr so viel größer, aber noch erkennbar höher, ist bei ihnen die Hilfsbereitschaft für sozial Benachteiligte.

Wir können somit auch für die Jugendlichen die Prognosen der religionssoziologischen Forschung bestätigen, die eine stärkere Sozial- und Normorientierung sowie ein ausgeprägteres Gesundheitsbewusstsein[71] bei kirchennah religiösen Jugendlichen vorhersagt. Ergänzen können wir noch eine erhöhte Orientierung an der Tradition, welche allerdings wegen des mäßigen Mittelwerts her relativ wenig lebensprägend zu sein scheint. Im Vergleich zu den

---

69 Vgl. Meulemann 1998.
70 Zu diesen Verknüpfungsstrukturen vgl. Kapitel 5.2.2 zu den Werten in dieser Shell Jugendstudie.

71 Die Aussagen zum Wert »Gesundheitsbewusstsein« lassen sich auch durch Indikatoren des Gesundheitsverhaltens bestätigen. Danach rauchen deutlich weniger kirchennah religiöse als glaubensferne Jugendliche, sie trinken weniger alkoholische Getränke und treiben auch regelmäßiger Sport. Diese Befunde behalten auch bei einer Kontrolle nach Alter und Geschlecht Bestand.

Abb. 6.13 Wertorientierungen und Einstellung zur Religiosität
Jugendliche im Alter von 12 bis 25 Jahren (in %)

	Glaube an persönlichen Gott	Glaube an überirdische Macht	Weiß nicht, was ich glauben soll	Weder Gott noch überirdische Macht
Private Harmonie				
gute Freunde haben, die einen anerkennen und akzeptieren	6,7	6,6	6,6	6,6
einen Partner haben, dem man vertrauen kann	6,5	6,5	6,3	6,3
ein gutes Familienleben führen	6,3	5,9	5,9	5,8
Eigenverantwortlich leben und handeln	5,8	5,9	5,7	5,9
viele Kontakte zu anderen Menschen haben	5,8	5,7	5,6	5,7
Individualität				
von anderen Menschen unabhängig sein	5,6	5,7	5,6	5,8
Die eigene Phantasie und Kreativität entwickeln	5,7	5,8	5,5	5,6
sich bei seinen Entscheidungen auch von seinen Gefühlen leiten lassen	5,4	5,4	5,3	5,2
Übergreifendes Lebensbewusstsein				
An Gott glauben	5,3	3,9	3,5	1,9
Gesundheitsbewusst leben	5,6	5,3	5,3	5,2
sich unter allen Umständen umweltbewusst verhalten	5,0	4,9	4,8	4,6
Sekundärtugenden				
Gesetz und Ordnung respektieren	5,8	5,6	5,5	5,4
nach Sicherheit streben	5,6	5,5	5,4	5,4
fleißig und ehrgeizig sein	5,6	5,6	5,5	5,6
Auch Meinungen tolerieren, denen man eigentlich nicht zustimmen kann	5,0	5,1	4,8	4,8
Öffentliches Engagement				
sich politisch engagieren	3,2	3,4	3,1	3,2
sozial Benachteiligten und gesellschaftlichen Randgruppen helfen	4,7	4,7	4,4	4,4
Materialismus und Hedonismus				
Macht und Einfluss haben	3,9	3,9	4,1	3,9
einen hohen Lebensstandard haben	5,0	4,9	4,9	5,0
Die eigenen Bedürfnisse gegen andere durchsetzen	4,6	4,5	4,6	4,7
Die guten Dinge des Lebens in vollen Zügen genießen	5,2	5,3	5,2	5,4
Tradition und Konformität				
am Althergebrachten festhalten	3,4	3,1	3,3	2,9
Das tun, was die anderen auch tun	2,8	2,6	3,2	2,8
Stolz sein auf die deutsche Geschichte	3,6	3,5	3,6	3,6

Mittelwerte 1 = unwichtig bis 7 = außerordentlich wichtig

Shell Jugendstudie 2006 – TNS Infratest Sozialforschung

anderen Jugendlichen erhält in dieser Gruppe außerdem auch die Institution der Familie einen deutlichen Wertaufschlag. Für diejenigen Jugendlichen, die an eine überirdische Macht glauben, gelten diese Befunde nur sehr eingeschränkt und in auffälliger Form nur für die erhöhte karitative Orientierung.

Bei der Interpretation der Ergebnisse muss beachtet werden, dass sich die kirchennah gläubigen Jugendlichen mit ihren Wertorientierungen durch ein besonderes Profil deutlich aus dem Mainstream der Jugendlichen herausheben. Die kirchenfern gläubigen, glaubensunsicheren und glaubensfernen Jugendlichen entsprechen dagegen mit ihrem Werteprofil (mit jeweils bestimmten Sonderakzenten) weitgehend diesem »Normalwertesystem«, indem ihre Wertorientierungen stets in der Nähe der Mittelwerte aller Jugendlichen liegen. Wir können damit zum einen festhalten, dass es auch heute eine besondere werteprägende Rolle kirchennaher Religiosität gibt. Auf der anderen Seite führt jedoch das weitgehende Fehlen von Religiosität auch bei Glaubensfernen nicht zu einem anderen Werteprofil als dem der Jugendlichen insgesamt.

Kirchennahe Religiosität *überhöht*[72] sozusagen das heutige »normale« Werteprofil der Jugend in einer besonderen jugendlichen Teilgruppe durch eine stärkere Familien-, Norm-, Gesundheits- und Sozialorientierung. Wie wir gesehen hatten, lässt sich das gut aus den religiösen Inhalten bzw. deren Konsequenzen für die Lebensführung erklären. Diese spezifisch religiöse Quelle der Werte steht bei kirchenfern religiösen Jugendlichen (Glaube an »überirdische Macht«) bereits wesentlich weniger zur Verfügung und äußert sich dort nur noch in einer erhöhten Karitativität. Bei den beiden anderen Teilgruppen, insbesondere den glaubensfernen Jugendlichen, ist eine spezifisch religiöse Bindung des Wertesystems (zumindest anhand der Mittelwerte) kaum noch zu erkennen.

Abbildung 6.14 fasst die Einzelwerte zu den bereits im Kapitel 5.2.2 über die Wertorientierungen der Jugendlichen gebildeten Wertekomplexen zusammen (vgl. Abbildung 5.6). Die Werteähnlichkeit zwischen den verschiedenen Untergruppen der religiösen, glaubensunsicheren und religionsfernen Jugendlichen wird in dieser konzentrierten Sicht noch deutlicher. Der sehr große Unterschied im Wertekomplex »Übergreifendes Lebensbewusstsein« zwischen den vier Gruppen hat nur geringfügige Unterschiede bei den anderen Wertekomplexen zur Folge. Das zeigt auf Gruppenebene deutlich, dass der Wertekomplex »Übergreifendes Lebensbewusstsein« bei Jugendlichen sehr unterschiedlich ausgeprägt sein kann, ohne dass das gesamte andere Wertesystem dadurch wesentlich modifiziert wird.

6.5.2 Wo haben Gottlose ihre Werte her?

Ob die schwach ausgeprägte Wertbedeutung der Religiosität auch bei den glaubensfernen Jugendlichen noch eine gewisse Rolle spielt, lässt sich anhand der vorliegenden Daten überprüfen. Fasst man sämtliche einzelnen Wertorientierungen (außer der Wichtigkeit

---

[72] Wir verwenden die Metapher der »Überhöhung«, um das empirische Bild annäherungsweise zu beschreiben, dass sich eine bestimmte Gruppe mit einer Reihe ausgewählter Werte aus dem Mainstream der Jugendlichen deutlich »heraushebt«. Es ist anhand der vorliegenden Daten nicht zu entscheiden, ob vor Jahrzehnten, als die gottesgläubige Gruppe vielleicht noch die Mehrheit der Jugendlichen stellte, auch ein solcher »Überhöhungs-Effekt« auftrat und ob mit dem Rückgang dieser Gruppe allmählich ein »Verfall« dieser Werte einsetzte. Es könnte auch so sein, dass die Gruppe sich heute ihrer Besonderheit stärker bewusst ist und daher bestimmte Werte, die in religiöser Hinsicht bedeutsam sind, besonders kultiviert.

Abb. 6.14 Wertekomplexe nach Religiosität
Jugendliche im Alter von 12 bis 25 Jahren (in %)

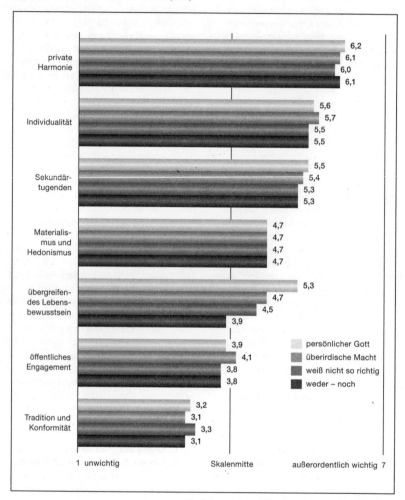

Shell Jugendstudie 2006 – TNS Infratest Sozialforschung

des Gottesglaubens) in eine Sammelvariable zusammen und korreliert diese zunächst bei den kirchennah Religiösen mit der Wichtigkeit des Gottesglaubens, erhält man mit .24 ein deutliches Zusammenhangsmaß.[73] Bei der Kontrastgruppe der Glaubensfernen beträgt

[73] Korrelationen sind standardisierte Zusammenhangsmaße und können Werte von −1 (völlig negativer Zusammenhang) bis +1 (völlig positiver Zusammenhang) annehmen. 0 bedeutet das Fehlen jedes Zusammenhangs.

dieses Maß jedoch nur .08. Das heißt, der niedrige Wert des Gottesglaubens ist in dieser Gruppe auch weitgehend unabhängig von den anderen Wertorientierungen, während die hoch ausgeprägte Wichtigkeit des Gottesglaubens bei den kirchennah Religiösen auch eng mit den anderen Werten korreliert ist. Allerdings verbleibt auch bei den Glaubensfernen noch eine Restbeziehung, die wir in der Folge im Kontrast zu den kirchennah gläubigen Jugendlichen näher darstellen wollen.

Wir wollen zunächst allerdings untersuchen, wo bei glaubensfernen Jugendlichen alternative Grundlagen für das Wertesystem vorhanden sind als diejenigen der Religiosität. Auch bei den kirchennah gläubigen Jugendlichen fällt auf, dass die Korrelation des Wertes »An Gott glauben« mit dem gesamten übrigen Wertesystem von .24 zwar kräftig, aber dennoch nicht sehr hoch ist. Nicht nur bei Glaubensfernen, sondern auch bei Gottesgläubigen ist es daher nahe liegend, nach der Rolle der *Familie* zu fragen. Dabei sind bei Glaubensfernen Überschneidungen beider Aspekte wahrscheinlich, da ja die Herkunftsfamilie wiederum selbst meist religiös ist. Die Familie ist heute die wichtigste Sozialisationsinstanz für Kinder und Jugendliche und damit auch entscheidend für die Wertevermittlung. Wie hoch oder niedrig junge Menschen, die ja meist noch zu Hause leben, den Wert »ein gutes Familienleben führen« bewerten, sollte somit indirekt anzeigen, in welchem Maße sie sich mit den in der Familie vermittelten Werten identifizieren. Wir können also an der Korrelation der 23 anderen Werte mit dem Wert »gutes Familienleben« indirekt deren Bindungskraft für die Werte der Jugendlichen ablesen.

Insbesondere für die Bevölkerungsgruppe der Jugendlichen kommt zusätzlich noch die so genannte *Peergroup* in Frage, wenn es um die Einbindung und Stützung ihrer Wertorientierungen geht, vor allem in Bezug auf die für die Jugendkultur typischen Orientierungen. Jugendliche lernen ja nicht nur in der Familie, was wichtig ist, sondern auch in ihren Bezugsgruppen der Gleichaltrigen, insbesondere in ihrem Freundeskreis. Wir wollen diesen Typ der Wertbindung anhand der Korrelation des Wertesystems der Jugendlichen mit dem Wert »Gute Freunde haben, die einen anerkennen und akzeptieren« untersuchen.

Zunächst muss auf die überragende Rolle der Familie für die Einbindung und Prägung des Wertesystems der Jugendlichen hingewiesen werden, die in der besonders hohen Korrelation des gesamten jugendlichen Wertesystems mit dem Wert »Familienleben« zum Ausdruck kommt. Diese betrug für die Jugend insgesamt .56 im Jahr 2002 und .53 im Jahr 2006. An zweiter Stelle folgt die Prägekraft der Peergroup, wenn man diese am Freundeskreis der Jugendlichen festmacht. Die Korrelationen sind ebenfalls beträchtlich, .41 für 2002 und .38 für 2006. Die Vergleichswerte für die Bindungskraft der Wichtigkeit des Gottesglaubens sind .26 für 2002 und .21 für 2006. Zwar erkennt man zwischen 2002 und 2006 in allen Fällen rückläufige Korrelationen, dieser Rückgang wird allerdings beim Gottesglauben am deutlichsten erkennbar.

In Abbildung 6.15 wird für die Kontrastgruppen der kirchennah gläubigen Jugendlichen und der glaubensfernen Jugendlichen ein Vergleich der Verknüpfung des Wertesystems insgesamt und der einzelnen Wertorientierungen dargestellt. Man erkennt, dass bei glaubensfernen Jugendlichen das gesamte Wertesystem deutlich enger an den Wert »Gute Freunde haben«, also an die Peergroup geknüpft ist, als bei kirchennah gläubigen Jugendlichen (Korrelationen von jeweils .44 und .28). Auch die Bindung an den Wert »Gutes Familienleben« ist bei glaubensfernen Jugendlichen etwas höher. Einer geringeren Anbindung der Werte an das Familien-, vor allem an das Freundesnetzwerk steht bei kirchennah gläubigen Jugendlichen (wie bereits gesehen) eine deutlich höhere an den Wert des »Gottesglaubens« gegenüber.

Die Abbildung lässt nunmehr auch erkennen, auf welchen Korrelationen mit einzelnen Wertorientierungen die höhere bzw. niedrigere Bindungskraft der Aspekte Gottesglauben, Familie und Freunde in den beiden Kontrastgruppen beruht. Die einzelnen Korrelationswerte sind in der Abbildung nach der Bindungskraft des Gottesglaubens bei den kirchennah gläubigen Jugendlichen ranggeordnet. Man sieht, dass sich diese Bindungskraft in der Tat bevorzugt auf diejenigen Wertorientierungen bezieht, die bei kirchennah gläubigen Jugendlichen, insbesondere im Vergleich zu den glaubensfernen Jugendlichen, besonders hoch ausgeprägt sind, allen voran das Gesundheits- und Umweltbewusstsein, gefolgt von der Familienorientierung. Die besondere Prägekraft ist auch noch bei der Karitativität und bei der Traditionsorientierung zu erkennen. Beim Respekt vor Gesetz und Ordnung ist diese spezifisch religiöse Verbindung allerdings relativ schwach ausgeprägt. Diese Normorientierung ist deutlich stärker an den Wert des Familienlebens und interessanterweise auch an die Orientierung auf den Freundeskreis geknüpft, wodurch diese Verankerung des Normenrespektes bei kirchennahen Jugendlichen ähnlich ausgestaltet ist wie bei glaubensfernen Jugendlichen.[74]

Bei den glaubensfernen Jugendlichen zeigt sich die Ferne des Wertesystems von der Religiosität an den zahlreichen Wertorientierungen, die keine oder sogar eine leicht negative Beziehung zur Wichtigkeit des Gottesglaubens haben. Allerdings fällt auf, dass bei einigen Werten, die bei kirchennah religiösen Jugendlichen eine deutliche Verknüpfung zur Wichtigkeit des Gottesglaubens aufweisen, auch bei glaubensfernen Jugendlichen noch Beziehungen zu erkennen sind. Das betrifft besonders das Umwelt- und Gesundheitsbewusstsein, die auch bei glaubensfernen Jugendlichen mit der (wenn auch viel geringeren) Wichtigkeit des Gottesglaubens zusammenhängen. Im Falle der Karitativität und der Traditionalität sind die Zusammenhänge sogar ähnlich wie bei kirchennah religiösen Jugendlichen ausgeprägt. Man erkennt also auch bei der glaubensfernsten Gruppe noch typische »Rudimente« religiöser Verknüpfungsstrukturen mit Werten.

Woraus erklärt sich aber im Einzelnen die im Vergleich zu kirchennah gläubigen Jugendlichen viel höhere Verknüpfung des Wertesystems der glaubensfernen Jugendlichen mit der Peergroup-Orientierung (Wichtigkeit des Freundeskreises)? Die Erklärungen dafür liegen im mittleren und unteren Teil der Abbildung. Besonders hohe Abweichungen zwischen beiden Kontrastgruppen erkennt man zunächst bei vier Wertorientierungen, die vermehrt etwas mit der Autonomie und Individualität der Person bzw. mit deren Akzeptanz zu tun haben, allen voran bei der Unabhängigkeit, gefolgt von der Toleranz, der Eigenverantwortung und der Kreativität. Diese Orientierungen sind bei glaubensfernen Jugendlichen viel stärker als bei kirchennah gläubigen Jugendlichen mit der Orientierung auf die Peergroup verknüpft. Unabhängigkeit und Eigenverantwortung sind bei

[74] Das ist ein besonders schwerwiegender Befund, wenn wir annehmen, in dem entsprechenden Wert die emotionale Verankerung der Akzeptanz des legalen bzw. gesellschaftlichen Ordnungsrahmens bei Jugendlichen vor Augen zu haben. Wir erkennen auch bei den gottesgläubigen Jugendlichen, wie gering dafür inzwischen die Religiosität in direktem Sinne zu Buche schlägt, und in beiden Kontrastgruppen, wie wichtig die Bindungskräfte von Familie und Peergroup dafür geworden sind.

Abb. 6.15 Korrelationen von jeweils 23 Wertorientierungen mit den Werten »Gottesglauben«, »Gutes Familienleben« und »Gute Freunde haben«

Jugendliche im Alter von 12 bis 25 Jahren (in %)

	Glaube an persönlichen Gott			Glaube weder an persönlichen Gott noch höhere Macht		
	Glauben	Familie	Freunde	Glauben	Familie	Freunde
Alle (23) Wertorientierungen*	.24	.46	.28	.08	.53	.44
Einzelne Wertorientierungen						
Gesundheitsbewusstsein	.32	.30	.23	.15	.43	.26
Umweltbewusstsein	.30	.17	.09	.19	.31	.18
gutes Familienleben	.25	*	.35	n.s.[1]	*	.33
sozial Benachteiligten helfen	.18	.14	n.s.	.16	.10	.12
am Alten festhalten	.18	.10	n.s.	.16	.22	n.s.
sich auch nach seinen Gefühlen richten	.18	.26	.25	n.s.	.32	.28
viele Kontakte haben	.17	.23	.35	n.s.	.17	.41
Stolz sein auf die deutsche Geschichte	.15	.10	n.s.	n.s.	.18	n.s.
Gesetz und Ordnung respektieren	.11	.28	.28	n.s.	.34	.25
nach Sicherheit streben	.11	.35	.17	n.s.	.36	.30
von anderen unabhängig sein	.10	.09	.13	−.13	.18	.33
Vertrauensvolle Partnerschaft	.10	.42	.50	n.s.	.47	.54
sich durchsetzen	.08	n.s.	n.s.	n.s.	.08	.12
hoher Lebensstandard	.08	.15	.16	n.s.	.12	.20
fleißig und ehrgeizig sein	n.s.	.26	.14	n.s.	.40	.31
gute Freunde haben	n.s.	.35	*	−.10	.33	*
eigenverantwortlich leben	n.s.	.29	.26	−.11	.34	.40
voller Lebensgenuss	n.s.	.16	.19	n.s.	.13	.28
Kreativität und Phantasie	n.s.	.19	.17	n.s.	.23	.32
sich politisch engagieren	n.s.	n.s.	n.s.	.09	n.s.	n.s.
andere Meinungen tolerieren	n.s.	n.s.	n.s.	n.s.	.16	.17
Macht und Einfluss haben	n.s.	n.s.	.14	n.s.	.12	.n.s.
Das tun, was die anderen auch tun	n.s.	n.s.	n.s.	.12	n.s.	−.10

* jeweils ohne Eigenkorrelation von »Familienleben« und »Gute Freunde haben«
1 n.s. = nicht signifikant

Shell Jugendstudie 2006 – TNS Infratest Sozialforschung

glaubensfernen Jugendlichen sogar negativ mit der Wichtigkeit des Gottesglaubens verknüpft, was außerdem auf die Peergroup-Orientierung (Freunde) selbst zutrifft.

Die Peergroup sowie die Wertvorstellung der Individualität der Person stoßen sich somit bei glaubensfernen Jugendlichen in einem gewissen Maße von der Wertorientierung des Gottesglaubens ab.[75] Aber auch Werte der Konvention wie »Fleiß und Ehrgeiz« sowie die Sicherheitsorientierung sind bei glaubensfernen Jugendlichen viel enger mit dem Wert der Peergroup, der Wert »Fleiß und Ehrgeiz« auch enger mit dem Wert »Familie« verknüpft als bei kirchennah gläubigen Jugendlichen.

Zusammenfassend kann somit festgehalten werden: Die jugendlichen Kontrastgruppen der Religiosität, »kirchennah Gläubige« und »Glaubensferne«, weisen deutliche Unterschiede in ihrem Wertesystem auf. Diese gehen darauf zurück, dass sich die kirchennah gläubigen Jugendlichen in wichtigen Punkten deutlich vom Mainstream des Wertesystems der Jugendlichen abheben. Sie »überhöhen« dieses jugendliche Wertesystem, indem sie sozusagen eine »Wertelite« besonders familienorientierter, regelkonformer und gesundheitsbewusster Jugendlicher bilden. Die religionsfernen Jugendlichen stehen dagegen dem Mainstream der jugendlichen Werte näher, wobei sie beim Umweltbewusstsein eine gewisse Zurückhaltung zeigen. Dennoch teilen auch die kirchennah religiösen Jugendlichen die meisten Werte des jugendlichen Mainstreams. Besonders auffällig ist, dass sie sich insbesondere in den für Jugendliche typischen hedonistischen und materiellen Werten nicht von der jugendlichen Wertekultur unterscheiden.[76] Auch die Verknüpfungsstrukturen dieser Orientierungen weichen nicht wesentlich von denen bei den anderen Jugendlichen ab.

Die in einigen wichtigen Punkten besonders intensiven Wertsetzungen kirchennah gläubiger Jugendlicher kann man daraus erklären, dass sie neben den Wertequellen der anderen Jugendlichen (Familie und Peergroup) in ihrer kirchennahen Religiosität eine zusätzliche, den jugendlichen Mainstream »überhöhende« Werteressource besitzen. Das heißt, was kirchennah gläubige Jugendliche für ihre Lebensführung wichtig finden, wird nicht nur durch die familiäre Sozialisation und die Einbindung in die Peergroup der Freunde bestimmt, sondern erwächst auch aus einer spezifisch religiösen Wertequelle. Diese Quelle steht den meisten Jugendlichen heute jedoch nur noch bedingt zur Verfügung, ohne dass man sagen kann, damit wäre deren Wertesystem ernsthaft gefährdet oder breche gar zusammen. Das zeigt besonders der Fall der glaubensfernen Jugendlichen. Obwohl bei diesen nur noch geringe Reste religiöser Werteprägung vorhanden sind, beziehen sie ihre Werte im Ausgleich vermehrt aus der Peergroup der Freunde und aus der Familie. Das schafft zwar keinen

---

[75] Hierin scheint sich die Bedeutung der kulturellen Individualisierung für den Unterschied von kirchenfern gläubigen und glaubensfernen Jugendlichen auszudrücken, auf die Pollack und Pickel (1999) hingewiesen haben. Diese scheint mit einer Verlagerung der Wertevermittlung und Wertebindung in Richtung von Familie und Peergroup einherzugehen.

[76] Köcher 2006 weist für religiöse Jugendliche niedrigere materielle bzw. hedonistische Werte aus als für nicht religiöse. Überhaupt sind bei ihr die ausgewiesenen Werteunterschiede größer. Das liegt offensichtlich am Erhebungsinstrument. Es wurde ein Kartenspiel mit einer Vielzahl einzelner Werte zur Auswahl vorgegeben. (Was den Probanden »ganz besonders wichtig« war, sollte herausortiert werden.) In unserer Studie wurden jedoch alle einzelnen Werte unabhängig voneinander auf einer Skala von 1 bis 7 bewertet. Wir schätzen unseren Typ der Wertemessung (»Rating«) als genauer ein, weil die einzelnen Wertorientierungen sich bei der Bewertung gegenseitig weniger beeinflussen.

vollständigen »Ausgleich«, führt aber dennoch zu einem durchaus kraftvollen Wertesystem, das sich weitgehend in den Mainstream aller Jugendlichen einordnet.

Insbesondere der Fall der ostdeutschen Jugendlichen, von denen zwei Drittel glaubensfern sind, wird bestätigen, dass sich Wertesysteme auch ohne religiöse Quelle reproduzieren können. In den neuen Ländern, wo glaubensferne Jugendliche die große Mehrheit stellen, ist deren Wertesystem kraftvoller als bei glaubensfernen Jugendlichen in den alten Ländern, die sich kulturell in eine Minderheitenposition gedrängt sehen.

6.5.3 Unglaube und Unglaube ist nicht überall dasselbe

Abschließend sollen die Erkenntnisse der 15. Shell Jugendstudie über das Verhältnis des Wertesystems der Jugendlichen zu ihrer religiösen Haltung mit Daten zu den religiösen Kulturen in Deutschland verbunden werden. Wir wollen vier wichtige Gruppen miteinander vergleichen:
– Westdeutsche, die kirchennah gläubig sind
– Jugendliche mit Migrationshintergrund, die kirchennah bzw. gottesgläubig sind
– Westdeutsche, die glaubensfern sind
– Ostdeutsche, die glaubensfern sind

Wir wollen also zunächst die Gruppe der kirchennah Gläubigen unterteilen. Zum einen vergleichen wir die kirchennahen Jugendlichen aus Westdeutschland (ohne Migrationshintergrund) mit denjenigen mit Migrationshintergrund (gesamtdeutsch). Die kirchennahen bzw. gottesgläubigen[77] Jugendlichen sind die ungleich größte Gruppe unter den Migranten (48 %) und stehen somit besonders für deren Typik. Die kirchennah gläubigen westdeutschen Jugendlichen sind zwar nicht so typisch für die westdeutschen Jugendlichen insgesamt, sollen uns aber als Vergleichsgruppe für die Jugendlichen mit Migrationshintergrund dienen. Die mäßig religiösen Jugendlichen des westdeutschen Mainstreams würden uns an dieser Stelle nicht weiterhelfen, weil ihr Wertesystem weitgehend dem gesamtdeutschen Durchschnitt der Jugendlichen entspricht. Unter den glaubensfernen Jugendlichen interessieren uns sowohl diejenigen in Westdeutschland (ohne Migrationshintergrund) als auch diejenigen in Ostdeutschland (ohne Migrationshintergrund), die für die dortige Jugend besonders typisch sind.

Zum einen soll uns mit diesen Unterscheidungen die Frage beantwortet werden, ob kirchennahe Gläubigkeit bei westdeutschen Jugendlichen und bei Jugendlichen mit Migrationshintergrund verschiedene Konsequenzen für das Wertesystem hat. Mit umgekehrten religiösen Vorzeichen interessiert uns diese Frage beim Vergleich westdeutscher und ostdeutscher glaubensferner Jugendlicher. Die Frage lautet hier: Was bedeutet es für das Wertesystem einer Minderheit von Jugendlichen, in einer kirchlich-religiös beeinflussten Umwelt glaubensfern zu sein? Wie stellt sich diese Situation in einer alternativen Umwelt dar, in der glaubensferne Jugendliche die Masse der Jugendlichen stellen?

In Abbildung 6.16 sind zunächst diejenigen Wertorientierungen von Interesse, von denen nach dem Bisherigen bereits bekannt ist, dass sie bei kirchennah religiösen Jugendlichen eine besondere Rolle spielen. Zunächst betrifft das naturgemäß die Wichtigkeit des Gottesglaubens. Man erkennt zwei interessante Befunde. Zum einen ist die lebensprägende Bedeutung der Religiosität bei

---

[77] Wegen der islamischen Jugendlichen drücken wir uns hier besonders genau aus.

Jugendlichen mit Migrationshintergrund deutlich ausgeprägter als bei gottesgläubigen westdeutschen Jugendlichen. Mit 5.8 erreichen die kirchennah gläubigen Migranten einen extrem hohen Mittelwert, demgegenüber der Mittelwert der westdeutschen Vergleichsgruppe deutlich zurückbleibt (5.2).

Es stellt sich von daher die Frage, inwiefern diese hohe Bedeutung des Wertes des Gottesglaubens bei den gottesgläubigen Jugendlichen mit Migrationshintergrund mit weiteren Wertunterschieden zu den kirchennah religiösen Westdeutschen einhergeht. Werden die ohnehin bei kirchennahen Jugendlichen deutlich erhöhten Wertorientierungen bei gottesgläubigen Jugendlichen mit Migrationshintergrund noch weiter »überhöht«? Im letzteren Sinne werden wir in zwei Fällen fündig, davon allerdings nur in einem Fall in prägnanter Form. Die kirchennah gläubigen Migranten sind deutlich traditionsbewusster[78] als die entsprechende Vergleichsgruppe der Westdeutschen. Auch beim Gesundheitsbewusstsein ist noch ein signifikanter, allerdings eher moderater Unterschied in die prognostizierte Richtung festzustellen.

Es gibt allerdings noch weitere Unterschiede zwischen kirchennah gläubigen Westdeutschen und gottesgläubigen Jugendlichen mit Migrationshintergrund, die aber nicht jene Werte betreffen, die bei kirchennahen Jugendlichen insgesamt »überhöht« auftreten. Diese Unterschiede sind vor allem bei den materiellen Wertorientierungen zu erkennen, insbesondere beim Wunsch nach einem hohen Lebensstandard. In dieser Hinsicht heben sich allerdings alle Untergruppen innerhalb der Migranten

[78] Der höchste in den Untergruppen gemessene Wert der persönlichen Wichtigkeit des »Althergebrachten« beträgt 4,2 bei gottesgläubigen islamischen Jugendlichen und ist damit absolut gesehen nur mäßig ausgeprägt.

von den Einheimischen ab, so dass wir es mit einem Phänomen zu tun haben, das nicht mit der erhöhten Religiosität zusammenhängt. Man kann diese besondere materielle Wertsetzung eher aus dem Wunsch der meist statusniedrigeren Jugendlichen mit Migrationshintergrund erklären, es wirtschaftlich in Deutschland zu etwas zu bringen.

Außer ihrer deutlich stärkeren Orientierung an der Tradition, ihrem stärkeren Gesundheitsbewusstsein und ihrer vermehrt materiellen Orientierung teilen die kirchennah gläubigen Migranten im Wesentlichen die Wertorientierungen der entsprechenden westdeutschen Gruppe, insbesondere die hohe Familienorientierung sowie die erhöhte Karitativität. Dass die Normorientierung bei den kirchennah religiösen Jugendlichen mit Migrationshintergrund nicht so hoch ausgeprägt ist wie im Vergleich zu den Westdeutschen, dürfte an dem Umstand liegen, dass sich die Migranten in dieser Frage zu den Gesetzen ihres Einwanderungslandes positionieren müssen, mit denen sie sich wohl nicht so eng wie die kirchennah religiösen Westdeutschen identifizieren.

Das Profil der glaubensfernen Westdeutschen zeigt, dass wir es in dieser Gruppe mit einigen Besonderheiten zu tun haben, die zunächst in einer ganzen Reihe abgesenkter Wertorientierungen erkennbar werden. Obwohl der niedrig ausgeprägte Wert des Gottesglaubens in dieser Gruppe dennoch über demjenigen der glaubensfernen Ostdeutschen liegt, der sich mit 1,5 bereits an der Grenze zur Nachweisbarkeit bewegt, erzielen die Ostdeutschen bei einigen eigentlich religiös »gefärbten« Werten höhere Ausprägungen als glaubensferne Westdeutsche, etwa beim Familienleben, beim Gesundheitsbewusstsein und beim Gesetzesrespekt. Die glaubensfernen Westdeutschen bewegen sich bei diesen Werten erkennbar unter den Durchschnittswerten aller Jugendlichen, wäh-

Abb. 6.16 Wertorientierungen bei verschiedenen Kontrastgruppen

Jugendliche im Alter von 12 bis 25 Jahren (in %)

	Westdeutsche: kirchennah Gläubige	Migranten: Gottesgläubige	Westdeutsche: Glaubensferne	Ostdeutsche Glaubensferne
Private Harmonie				
gute Freunde haben, die einen anerkennen und akzeptieren	6,7	6,5	6,6	6,6
einen Partner haben, dem man vertrauen kann	6,5	6,6	6,3	6,3
ein gutes Familienleben führen	6,3	6,3	5,7	6,0
eigenverantwortlich leben und handeln	5,8	5,8	6,0	5,9
viele Kontakte zu anderen Menschen haben	5,8	5,9	5,7	5,6
Unabhängigkeit				
von anderen Menschen unabhängig sein	5,6	5,8	5,8	5,8
Die eigene Phantasie und Kreativität entwickeln	5,7	5,6	5,6	5,6
sich bei seinen Entscheidungen auch von seinen Gefühlen leiten lassen	5,4	5,4	5,2	5,2
Übergreifendes Lebensbewusstsein				
an Gott glauben	5,2	5,8	2,2	1,5
gesundheitsbewusst leben	5,5	5,7	5,1	5,3
sich unter allen Umständen umweltbewusst verhalten	5,0	4,9	4,6	4,7
Konventionen und Sekundärtugenden				
Gesetz und Ordnung respektieren	5,9	5,6	5,3	5,6
nach Sicherheit streben	5,6	5,7	5,2	5,5
fleißig und ehrgeizig sein	5,6	5,6	5,5	5,7
auch Meinungen tolerieren, denen man eigentlich nicht zustimmen kann	5,0	4,9	4,8	4,9
Öffentliches Engagement				
sich politisch engagieren	3,1	3,1	3,3	3,1
sozial Benachteiligten und gesellschaftlichen Randgruppen helfen	4,7	4,7	4,4	4,4
Materialismus und Hedonismus				
Macht und Einfluss haben	3,9	4,2	3,9	3,8
einen hohen Lebensstandard haben	4,9	5,4	4,9	5,0
Die eigenen Bedürfnisse gegen andere durchsetzen	4,5	4,9	4,6	4,8
Die guten Dinge des Lebens in vollen Zügen genießen	5,2	5,4	5,5	5,3
Tradition und Nationalstolz				
am Althergebrachten festhalten	3,3	3,8	2,8	3,2
Das tun, was die anderen auch tun	2,7	2,9	2,5	3,0
Stolz sein auf die deutsche Geschichte	3,7	3,4	3,3	4,0

Mittelwerte 1 = unwichtig bis 7 = außerordentlich wichtig

Shell Jugendstudie 2006 – TNS Infratest Sozialforschung

rend die glaubensfernen Ostdeutschen sich stets genau im Durchschnitt positionieren. Nur bei der Karitativität liegen beide glaubensfernen Gruppen (leicht) unter dem Durchschnitt der gesamten Jugend.

Obwohl also die glaubensfernen Jugendlichen in Ostdeutschland noch weniger religiös sind als die glaubensfernen Jugendlichen in Westdeutschland, scheinen sie die ausfallende Werteressource »Religiosität« besser ausgleichen zu können, wobei diese Funktion wohl vor allem die Familie (teils auch die Peergroup) zu übernehmen scheint. Dagegen wirkt das Wertesystem der glaubensfernen Jugendlichen in Westdeutschland weniger kraftvoll, nicht nur im Vergleich zu den gottesgläubigen Westdeutschen und Jugendlichen mit Migrationshintergrund, sondern auch im Vergleich zu den glaubensfernen Ostdeutschen.

Man kann vermuten, dass eine ausgeprägte Glaubensferne in den noch stärker kirchlich-religiös geprägten alten Bundesländern entweder dazu führen kann, dass Jugendliche in eine gewisse Opposition zur herrschenden »Leitkultur« geraten oder dass eine solche glaubensferne Haltung vermehrt von Jugendlichen bewusst eingenommen wird, die sich ohnehin in einer gewissen Opposition zu dieser Kultur sehen.[79] Eine in dieser Gruppe zu beobachtende erhöhte Non-Konformität und ein geringerer Nationalstolz, ein besonders abgesenktes Traditionsbewusstsein scheinen in diese Richtung zu deuten, ebenso wie die weniger ausgeprägte Orientierung an den »deutschen« Leitwerten der Ordnung und Sicherheit. Allerdings kann man auch bei diesen Jugendlichen nicht von einem anderen Wertesystem sprechen, allenfalls von einer im Vergleich zu anderen Jugendlichen gewissen »oppositionellen« Färbung dieses Wertesystems.[80]

6.6 Ausblick: Die Pluralität anerkennen

Unsere Analyse hat gezeigt, dass in der heutigen Jugend eine deutliche Polarisierung zwischen religionsnahen Jugendlichen (Gottesgläubige und Gläubige an ein höheres Wesen) und religionsfernen Jugendlichen (Glaubensunsichere und Glaubensferne) zu beobachten ist. Beide Gruppen umfassen jeweils etwa die Hälfte der Jugendlichen. Dieser Unterschied ist aber nicht identisch mit markanten Wertegrenzen innerhalb der Jugend. Nur diejenigen 30 % der Jugendlichen, deren Glaube kirchennah ist, vertreten im Vergleich zur gesamten Jugend ein besonders akzentuiertes Wertesystem, indem sie familienorientierter, gesetzestreuer, gesundheitsbewusster und etwas traditioneller als andere Jugendliche eingestellt sind. Glaube an ein höheres Wesen, Glaubensunsicherheit sowie Glaubens-

---

[79] In diese Opposition dürften oft bereits die Eltern geraten sein, insbesondere wenn sie »überhaupt nicht religiös« eingestellt sind, wie es bei Eltern glaubensferner Jugendlicher oft der Fall ist. Vgl. Abbildung 6.12.

[80] Dem Leser wird im Vergleich zum Kapitel 5 in dieser Studie aufgefallen sein, dass die dort verwendete Wertetypologie im Kapitel 6 nicht vorkommt, sondern sehr detaillierter sämtliche einzelnen Wertorientierungen untersucht wurden. Die Tatsache, dass unter westdeutschen glaubensfernen Jugendlichen der Typus der Unauffälligen vermehrt vertreten ist, hätte zu der voreiligen These führen können, in dieser Gruppe würde es bevorzugt apathische oder passive Jugendliche geben. Es sind aber spezifische Werteabweichungen, die dieser Gruppe vermehrt ein *werteoppositionelles* Profil verleihen. Die glaubensfernen ostdeutschen Jugendlichen haben dagegen ein völlig durchschnittliches Verteilungsprofil der Wertetypen. Das zeigt noch einmal deren »normale« Situation als kulturelle Majorität an. Man erkennt an diesem Beispiel die Notwendigkeit, mit Typologien wegen der Tendenz zum Schematismus überlegt und kontrolliert umzugehen.

ferne führen dagegen zu überwiegend ähnlichen Wertesystemen, die weitgehend dem Mainstream der gesamten Jugend entsprechen. Das Wertesystem der Jugendlichen wird heute weit mehr durch die Familie und die Peergroups der Freundeskreise reproduziert und gestützt als durch eine spezifisch religiöse Quelle.

Viele Werte, die Jugendliche heute vertreten, stammen aus einer ursprünglich religiösen Tradition bzw. wurden durch die Religionen besonders gestützt. Die heutige Distanz vieler Jugendlicher zur Religion führt jedoch nicht dazu, dass sie diese Werte aufgeben. Werte sind inzwischen fest in weltliche Zusammenhänge verwoben und werden von daher weiter reproduziert. Traditionen, Normen, Gewohnheiten und Umgangsformen der Familien und Peergroups haben heute für Jugendliche zum großen Teil die Werte stützende Funktion der Religion übernommen, was in eingeschränktem Maße auch für kirchennahe Jugendliche gilt. In dieser Gruppe kommt allerdings eine zusätzliche Werte prägende Funktion der Religion hinzu, so dass diese Jugendlichen das »normale« Werteprofil der großen Mehrheit der Jugendlichen überhöhen. Das bedeutet, dass es heute im Zweifelsfall auf die Religion zur Wertereproduktion nicht mehr ankommt, wie insbesondere das Beispiel der neuen Bundesländer zeigt.

In der Öffentlichkeit ist dieser Befund der weitgehend säkularen Selbstreproduktion der Werte allerdings noch immer nicht wirklich präsent und anerkannt. Insbesondere die Kirchen und ihnen wohlgesinnte öffentliche Entscheidungsträger müssen es erst lernen, die gleichberechtigte Pluralität religiöser und weltlicher Wertesetzung anzuerkennen. Der »stillschweigende Generalverdacht« gegen die »Gottlosen«, sie hätten Defizite bei der Wertbindung oder bei der Wertereproduktion, kann diese tatsächlich in eine ungesunde Werteopposition treiben, wie es gelegentlich in den alten Ländern der Fall zu sein scheint. Dabei wäre ein lebendiger Austausch zwischen beiden (gesamtdeutsch gesehen) großen Lagern sehr nützlich und auch der Integration der ostdeutschen Wertekultur dienlich. Eine fruchtbare Zusammenarbeit kann aber nur bei echter wechselseitiger Anerkennung gelingen, die erst noch erreicht werden muss.

Sibylle Picot, Michaela Willert

7 Jugend in einer alternden Gesellschaft
Die Qualitative Studie:
Analyse und Portraits

7.1 Thematischer Schwerpunkt und Methode

7.1.1 Thematischer Schwerpunkt 2006

Die Shell Jugendstudie hat stets ihre Aufgabe darin gesehen, gesellschaftlich relevante Themen aus der Perspektive der Jugendlichen zu präsentieren. Die Überzeugungskraft der Studie basierte dabei wesentlich auf der engen Verbindung von repräsentativen Befragungsergebnissen mit sorgfältiger qualitativer Analyse und lebendigen themenbezogenen Portraits Jugendlicher. Die Shell Jugendstudie 2006 setzt diese Tradition fort. Der qualitative Teil ist dem Schwerpunktthema »Jugend in einer alternden Gesellschaft« gewidmet. Wir fragen, wie Jugendliche ihre derzeitige Situation und ihre Zukunftschancen beurteilen, nach dem Verhältnis der Generationen aus Sicht der Jugend und welchen Blick die junge Generation auf die alternde Gesellschaft hat.

Jugend und demografischer Wandel

Es ist eine relativ gut begründete, vor allem aber eine inzwischen allenthalben öffentlich diskutierte Prognose, dass Deutschland immer älter wird. Die Zahl der Geburten geht deutlich zurück, die Lebenserwartung ist gestiegen und steigt weiter. Der Anteil der Kinder und Jugendlichen sinkt entsprechend.[81] 2030 wird jeder Dritte im Rentenalter sein. Auf die Jugendlichen kommen damit erhebliche Lasten zu. Gleichzeitig sehen sie sich mit Jugendarbeitslosigkeit, Lehrstellenmangel, sinkenden Sozialleistungen, geringeren Rentenerwartungen und – soweit sie Arbeit haben – mit geringerem Verdienst konfrontiert. Zu fragen ist, wie sich der demografische Wandel im Lebensgefühl der Jugendlichen niederschlagen wird und wie Jugendliche darauf reagieren werden, dass ihre Chancen und Benefits geringer und ihre Belastungen größer werden.

Das politische Geschehen in den vergangenen Jahren war durch Anstrengungen gekennzeichnet, die sozialen Sicherungssysteme auf den steigenden Anteil von Rentnerinnen und Rentnern in der Gesellschaft vorzubereiten. Dabei wird immer wieder die große Bedeutung von Generationengerechtigkeit in der zukünftigen Ausgestaltung der Rente und des Gesundheitssystems betont. Es geht darum, die finanziellen Lasten der Alterung gerecht zwischen den Generationen aufzuteilen. Eine Diskussion über eine neue Form des gesellschaftlichen Zusammenlebens oder über die künftige Ausgestaltung eines Genera-

---

[81] 1950 waren nach Daten des Statistischen Bundesamtes noch 37,9% der Bevölkerung unter 25 Jahren, 2004 waren es noch 27,4%. Für 2030 wird ein Stand von 21,8% prognostiziert.

tionenvertrages, der mehr umfasst als die Finanzierung der Sicherungssysteme, fehlt bislang. Das könnte daran liegen, dass eine solche Debatte auch mit der nachfolgenden Generation geführt werden müsste: mit den heutigen Jugendlichen.

Im qualitativen Teil der Studie fragen wir ergänzend zum quantitativ-repräsentativen Teil, ob Jugendliche bereits eine entsprechende Problemwahrnehmung haben. Was erwarten sie für das eigene Rentenalter? Entwickeln sie ein geschärftes Bewusstsein für eine sich abzeichnende bzw. zu befürchtende Generationen*un*gerechtigkeit? Welche Erwartungen hat die junge Generation an die alte? Gibt es Hinweise darauf, dass sich ein Antagonismus zwischen Jung und Alt entwickeln könnte?

Mit unserer Themenwahl reagierten wir auf eine aus jugendsoziologischer Sicht hoch relevante Entwicklung, von der wir ursprünglich jedoch vermutet haben, dass sie in den Köpfen der Jugendlichen noch keine wesentliche Rolle spielt. Die quantitativen Ergebnisse scheinen diese Annahme nun zu widerlegen. So hält z. B. ein ganz beträchtlicher Teil von Jugendlichen es für ein großes (44 %) oder ein sehr großes (26 %) Problem, wenn es in Zukunft »immer mehr alte und weniger junge Menschen geben wird«. Die Bewertung dieses Ergebnisses fällt derweil noch schwer. Immerhin hat seit einiger Zeit die Überalterung der Gesellschaft eine erhebliche mediale Präsenz. Diese und die relativ dramatische Aufbereitung des Themas machen erklärlich, dass bei Jugendlichen Aufmerksamkeit für das Thema geschaffen wurde. Aber tangiert es sie wirklich? Haben Jugendliche den Eindruck, dass diese Entwicklung sie individuell betrifft, und verursacht oder verstärkt dies Ängste? Solche Fragen lassen sich besonders gut qualitativ erforschen, denn hier erschließt sich besser die emotionale Bedeutung einer Thematik, und es lässt sich an jeweils individuellen Fällen quasi die Binnenstruktur von Erfahrungen, Einstellungen und Motiven aufzeigen.

Diesem Thema gelten auch eine Reihe von Fragen im repräsentativen Teil der Untersuchung, was eine Verknüpfung methodisch unterschiedlich gewonnener Informationen ermöglicht. Qualitativer und quantitativer Teil sind sich dabei Ergänzung und Korrektiv.

Die junge und die alte Generation

Die Situation am Arbeitsmarkt kann derzeit für Jugendliche mit dem Gefühl verbunden sein, nicht gebraucht zu werden. Dies ist eine zentrale Problematik im Werdegang Jugendlicher, denn gelingende Integration in die Erwachsenenwelt hängt immer noch nahezu ausschließlich vom Erlangen einer Berufsidentität und der Möglichkeit ab, seinen eigenen Lebensunterhalt mit einer adäquaten Beschäftigung zu finanzieren.

Auf der einen Seite bestehen also möglicherweise Ängste um berufliche Zukunftschancen, auf der anderen Seite müssen Jugendliche zur Kenntnis nehmen, dass sie als zukünftige Leistungsträger der Gesellschaft gesehen werden und für die Renten der alten Generation aufkommen sollen. Eine widersprüchliche Situation, denn viele Jugendliche wären wohl bereit, Leistungen zu erbringen, wenn man sie nur ließe. Nehmen Jugendliche dies als Dilemma wahr? Wie reagieren sie darauf? Wie erleben die Jugendlichen die Erwartungen der alten Generation an *die* Jugend, auf deren Leistungen die Älteren zunehmend angewiesen sind, der sie aber Verständnis und Toleranz nicht selten schuldig bleiben?

Und welche Erwartungen haben die Jugendlichen an die alte Generation? Ist ihr Bild von alten Menschen eher das der Hochbetagten, die noch Krieg und Nachkriegszeit miterlebten und den Wiederaufbau mitgestalteten? Oder wird es durch das Bild der »Jungen Alten« abgelöst? Diesen begegnen sie vermehrt in Lebensbereichen, die früher durch die junge und mittlere Generation geprägt waren, im Sport- und Freizeitbereich, im Bildungssektor und hier auch in Institutionen, die früher ihnen vorbehalten waren, wie z. B. den Universitäten. Junge Alte hören Rockmusik, sie adaptieren die Mode der Jungen und andere Elemente der Jugendkultur. Vor allem bleiben sie länger leistungsfähig. Ein Heraufsetzen des Rentenalters wurde bereits beschlossen. Für Jugendliche sind dagegen bisher die Ausbildungszeiten immer länger geworden. Sie verharren lange in ökonomischer Unselbständigkeit, und ihr später Start ins Berufsleben ist zudem mit großen Unsicherheiten verbunden. Ältere bestimmen das Geschehen im Wirtschaftsleben und besetzen länger einflussreiche Positionen. Dies gilt auch für die Politik. Hier ist zudem zu konstatieren, dass die Wählerschaft immer älter wird. Der Schwerpunkt politischer Entscheidungen verschiebt sich dann weiter zugunsten der älteren Wähler. Erleben Jugendliche dies als Einschränkung ihres eigenen Einflusses und ihrer Möglichkeiten? Sehen sie sich in Konkurrenz zur älteren Generation?

In der alternden Gesellschaft werden andererseits Jugendliche vermehrt Verantwortung für alte Menschen übernehmen müssen, die Generationenfrage ist also äußerst vielschichtig. Die innerfamiliären Beziehungen der Generationen spielen bei der Wahrnehmung des Problems vermutlich eine wichtige Rolle. Hier formt sich das Bild, das die Jungen von den Alten haben. Angesichts unsicherer Zukunftsperspektiven werden für Jugendliche soziale Ressourcen, wie die Familie sie bietet, zunehmend bedeutsam. Jugendliche orientieren sich mehr an sozialen Strukturen, die ihnen Sicherheit und Kontinuität versprechen. Wichtig werden die kleinen Netzwerke, allen voran die Familie und der Freundeskreis. Sie erhalten als Auffangstrukturen wachsende Bedeutung, die Familie wohl noch mehr als die Peergroup, weil sie eher zuständig ist für Probleme und Fragen, die mit der eigenen beruflichen Zukunft verknüpft sind, und auch wirtschaftlichen Rückhalt bietet. Die Intensivierung familiärer Beziehungen wirkt vermutlich zurück auf die Generationenthematik, denn durch in der Familie gelebte Generationenbeziehungen bleibt der Kontakt zur alten Generation erhalten, eine Entfremdung oder Konfrontation wird unwahrscheinlicher.

7.1.2 Methodisches Vorgehen

Fallbeispiele als Quellen qualitativer Forschung

Die skizzierten Themenaspekte sind dort zu untersuchen, wo auf unterschiedlicher Ebene, im privaten, im halböffentlichen und öffentlichen Bereich, Menschen verschiedener Generationen aufeinander treffen. Zu denken ist an die Beziehungen zu alten Menschen in der Familie oder in Pflegeberufen, in Altenheimen und Krankenhäusern. Zu denken ist an den jungen Bauern, der drei Generationen auf dem Hof erlebt hat und Hoferbe ist, an die Jugendgemeinderätin einer überalterten Stadt, an die Studentin, die in ihrem Fach mit sehr hoher Präsenz von Seniorenstudenten konfrontiert ist. Zu denken ist an Jugendvertreter verschiedener Organisationen, die versuchen, die Interessen Jugendlicher durchzusetzen, während Ältere die einflussreichen Positionen innehaben.

Solche Fallbeispiele werden in der qualitativen Studie untersucht. Dabei ermöglicht uns die Analyse des Einzelfalles eine ganzheitliche Betrachtung. Anders als die merkmalsbezogene Analyse, bei der Korrelationen zwischen unterschiedlichen Merkmalsausprägungen untersucht und entsprechende Untersuchungsgruppen gebildet werden, nimmt die qualitative Analyse das Individuum mit seiner sehr spezifischen Biografie in den Blick und beschreibt und analysiert Einstellungen vor dem Hintergrund von Kontextvariablen auf Personenebene. Erschließt man die biografischen Zusammenhänge, wird eine dynamische Betrachtung vorgefundener Phänomene möglich, zum Beispiel ist die Entstehung bestimmter Einstellungen oder Motive mit Bezug auf den Lebenslauf besser zu erklären. Zu betonen ist, dass die fallorientierte Methode eine eigene Herangehensweise darstellt und keine »nur« abgeleitete oder unvollkommene Variante des variablenorientierten Zugangs ist (Ragin 2004).

Wir setzen zwei Schwerpunkte: einen biografischen und einen thematischen. Die Jugendlichen, die wir befragt haben, sind auf unterschiedliche Weise und in unterschiedlichen Kontexten mit der Generationenthematik konfrontiert. Das kann wie gesagt in der Familie sein – der Kontakt zu den Großeltern oder ein Pflegefall in der Familie –, im beruflichen Bereich, in der Universität oder im Bereich des freiwilligen Engagements in unterschiedlichen organisatorischen Zusammenhängen. Auswahlprinzip ist nicht Homogenität, sondern Heterogenität. Es liegt uns daran, die Leser mit der Vielfalt und Breite von Erscheinungsformen jugendlichen Lebens, mit der Buntheit der Realität zu konfrontieren. Hier sehen wir einen ganz wesentlichen Auftrag der qualitativen Untersuchung und verstehen sie an dieser Stelle durchaus als Korrektiv: Wer die Portraits am Ende der Studie liest, dem soll es explizit noch einmal schwer gemacht werden, von »der« Jugend zu sprechen.

Wir stellen 20 Jugendliche in Portraits vor. Es handelt sich dabei um eine thematisch gegliederte Darstellung von Einzelfällen. Darüber hinaus haben wir die insgesamt 25 durchgeführten Leitfadengespräche inhaltsanalytisch ausgewertet und kommen auf dieser Basis zu vorsichtigen Generalisierungen zu unserem Themenschwerpunkt: Generationenbeziehungen, Lebensgefühl und Zukunftsperspektiven Jugendlicher in einer alternden Gesellschaft.

Das Thema Generationenbeziehungen ist dabei auch eine besonders fruchtbare Ergänzung unseres biografischen Schwerpunkts. Die Portraits profitieren von den Berichten über das Verhältnis der verschiedenen Generationen in der Familie, aber auch sehr stark von der Reflexion über das eigene Alter sowie über Jugend und Alter im Allgemeinen. Umgekehrt bereichert die biografische Perspektive die Analyse der Generationenbeziehungen, man denke nur an die Frage, welche Kontakte zwischen Jung und Alt bestehen, welche Bilder von alten Menschen es gibt und wie sie zustande kommen.

Explorative Interviews und Netzwerkanalyse

Mit den Jugendlichen wurden sehr ausführliche, zwei- bis dreistündige, leitfadengestützte Interviews geführt. Diese wurden auf Band aufgenommen und wörtlich transkribiert. Bei der von uns angewandten problemzentrierten explorativen Befragungsmethode wird eine Gesprächssituation geschaffen, in der erzählende Phasen und stärker strukturierende Nachfragen sich abwechseln.[82] Das Gespräch folgt innerhalb eines angeschnittenen Fragenthemas weitgehend den Einfällen und Gedankengängen der oder des Befragten.

[82] Zum problemzentrierten Interview bzw. der problemzentrierten Forschungstechnik vgl. Lamnek 2005.

Die Jugendlichen sollen sich dabei sprachlich in der ihnen angemessenen Weise ausdrücken können.

Zusätzlich haben wir ein Erhebungsinstrument herangezogen, mit dem wir die sozialen Kontakte der Jugendlichen erfassen und analysieren können. Die Art und Anzahl der sozialen Beziehungen und Kontakte der Jugendlichen sowie die Frage, wie sie sich selbst im Netzwerk ihrer Kontakte verorten, sind im qualitativen Interview normalerweise schwer zu ermitteln. Dabei ist dies ein Aspekt, der für die Biografie einer Person höchst bedeutsam ist. Aus diesem Grund haben wir ein Instrument zur Visualisierung der sozialen Kontakte in das qualitative Interview integriert.

Die qualitative Netzwerkanalyse bedient sich, um die soziale Einordnung zu erfassen, unter anderem egozentrisch aufgebauter Schemata (Straus 2002). Wir haben für unsere Untersuchung ein solches Schema in Anlehnung an bereits empirisch erprobte Beispiele weiterentwickelt und eingesetzt.[83]

Die Jugendlichen geben zunächst die Lebensbereiche an, die für sie derzeit wichtig sind, und ordnen sie nach ihrer Bedeutung bzw. Wichtigkeit. Jeder Lebensbereich erhält ein seiner Bedeutung entsprechendes Teilsegment im Schema. Anschließend werden die sozialen Kontakte pro Lebensbereich in das Schema eingezeichnet, je nach ihrer Wichtigkeit näher oder ferner zur eigenen Person, die im Mittelpunkt steht (vgl. die Abbildungen im Anhang). Der »Wichtigkeit« fügten wir die Dimensionen »Sympathie« und »Alter« der Kontaktperson hinzu. Letzteres war für die Analyse der Generationenbeziehungen fruchtbar. Auf diese Weise erhält man einen Überblick über die relevanten Lebensbereiche und das soziale Netzwerk der Befragten, was bei der rein narrativen Wiedergabe meist an der Komplexität des Vorhabens scheitert. Für die Interviewsituation ist das Ausfüllen der Schemata sehr anregend und fördert den Dialog. Interviewer und Befragte haben einen gemeinsamen Bezugspunkt. Das Ausfüllen macht den Befragten in aller Regel Spaß, und die Interviewsituation bekommt eine spielerische Note.

Das von uns in der Pretestphase erprobte und weiterentwickelte Instrument wurde schließlich ergänzt um einen weiteren Aspekt: Wir verwandten ein analog aufgebautes Schema zur Erfassung des Wertesystems der Jugendlichen. Hier wurden in das egozentrierte Schema ausgewählte Werte je nach ihrer Wichtigkeit für den Befragten eingeordnet. Bei den 18 einzuordnenden Wertbegriffen orientierten wir uns an der im quantitativen Teil verwandten Werteskala.[84]

Die Einbettung dieses methodischen Instruments in ein qualitatives Interview eröffnet die Möglichkeit, die Schemata zu reflektieren und zu erläutern. Die Überlegungen, die den Befragten dazu veranlassen, das Schema in einer bestimmten Weise auszufüllen, fließen in das Interview ein. Sehr erhellend sind – um nur ein Beispiel zu nennen – die Erläuterungen zu den Werten, denn sie fördern unterschiedliche und zum Teil höchst unkonventionelle Begriffsdefinitionen zutage. So wird »Sicherheit« nicht unbedingt im Sinne der Sicherheit vor kriminellen Übergriffen verstanden, sondern häufiger als Sicherheit der Zukunftsperspektiven oder als wirtschaftliche Sicherheit. Auch Begriffe wie »Wohlstand« oder »Glauben« (an Gott, an mich selbst, an meine Werte) werden sehr unterschiedlich verstanden. Besonders interessant ist im Übrigen auch die Verknüpfung unterschiedlicher Werte,

---

[83] Vgl. hierzu die Darstellung im Anhang, Seite 495 ff.

[84] Vgl. Kapitel 5.

die von den Befragten erläutert wird, sodass Bedeutungszusammenhänge bzw. Cluster von Werten erkennbar sind.

Die Ergebnisse der Netzwerk- und Werteanalyse werden im Folgenden vor allem für die Portraits genutzt. Die Schemata sind neben den Interviewtranskripten eine wertvolle Hilfe bei der Interpretation der Einzelfallstudien. Im Rahmen des Analysekapitels ist uns die Netzwerkanalyse ein wichtiges Instrument, um die sozialen Ressourcen der Jugendlichen zu erfassen.[85]

Zur Auswahl der befragten Jugendlichen

Alle Jugendlichen sollten einen Kontakt zur älteren Generation aufweisen bzw. in einer relevanten Beziehung zur Generationenthematik stehen. Einige Beispiele wurden bereits genannt. Häufig waren auch mehrere Beziehungen zur älteren Generation gegeben. Es kamen unterschiedliche Konstellationen vor: Beziehungen in der Familie, in Familie und freiwilligem Engagement, im Job bzw. Beruf und Familie sowie Beziehungen ausschließlich im beruflichen Bereich. Wie erwähnt, war es uns wichtig, die Vielfältigkeit der Generationenbeziehungen zu illustrieren.

Bei verschiedenen anderen Merkmalen sollte eine möglichst gleichmäßige Repräsentanz erreicht werden, so beim Merkmal Geschlecht. Von unseren 25 Befragten sind 12 weiblich und 14 männlich. Wir befragten Jugendliche im Alter von 15 bis 25 Jahren, davon waren 13 Befragte 15 bis 19 Jahre und 12 Befragte 20 bis 25 Jahre alt.

Was den formalen Bildungsstatus angeht, so gelang es, Jugendliche aller Bildungsniveaus zu erreichen. Es wurden mehrere Jugendliche mit einem Migrationshintergrund in die Befragung einbezogen.

Außerdem spielte die regionale Verteilung eine nicht unwichtige Rolle. Es wurden Interviews im dörflichen Bereich wie in Metropolen geführt. Jugendliche aus den neuen Bundesländern sind mit 9 Interviews repräsentiert, 16 Befragte leben in den alten Bundesländern. Die Befragung führte uns im Winter 2005/2006 durch das gesamte Bundesgebiet, von Hamburg bis Grainau am Fuß der Zugspitze und von Baden-Baden bis Dresden.

3 der 25 durchgeführten Interviews waren Pretestinterviews. 20 Interviews wurden als Portraits ausgewählt. Bei der Auswahl spielte zum einen eine Rolle, ob es sich um ein Pretestinterview handelte oder ein Interview mit bereits voll entwickeltem Frageinstrument, zum anderen wollten wir eine möglichst heterogene Auswahl treffen und Wiederholungen bzw. Dopplungen vermeiden.

Die Portraits der 20 Jugendlichen im zweiten Teil dieses Kapitels wurden den Jugendlichen vorgelegt und mit ihnen abgestimmt.

Die Interviews wurden von den Autorinnen persönlich durchgeführt. Wir bedanken uns bei den Jugendlichen für die Offenheit und Freundlichkeit, mit der sie uns Einblick in ihr Leben nehmen ließen.

---

[85] Zu den Ergebnissen der Netzwerk- und Werteanalyse planen wir weitere Veröffentlichungen.

7.2 Situation und Chancen der Jugend

7.2.1 Arbeitsmarkt und Zukunftsperspektiven

Schlechte Lage

Ihre Chancen am Arbeitsmarkt sind *das* Thema der Jugendlichen. Die allgemein gestellte Frage, wie es Jugendlichen in Deutschland denn gehe, wird meist auf die Arbeitsmarktlage bezogen, und diese wird in aller Regel als schlecht eingeschätzt. Wäre dieses Menetekel nicht, meinen immerhin einige Jugendliche, ginge es der Jugend doch ganz gut, sie hätte Freiheiten, hätte Möglichkeiten, »ihr Ding zu machen«. Allerdings sollte man eben einen Ausbildungs- oder Arbeitsplatz haben und »eigenes Geld in der Hand«.

- »Denen geht es gut, denk ich mal. Ist jetzt ihre Kultur, sie hören ihre Musik und machen ihr Ding, haben ihren Style irgendwo. Haben es aber auch nicht leicht grade durch die Arbeitslosigkeit. Ich denk mal, da ist dann auch viel Frust dabei, grad auch bei denen, die es nicht leicht gehabt haben im Leben, die es auch nie leicht haben werden.« (Zivi, 18 Jahre)
- »*Und wie geht's Jugendlichen heute?* Eigentlich gut. Im Gegensatz vielleicht auch … zu dem, was mir meine Oma so erzählt, ist es so, dass es den Jugendlichen heute richtig gut geht. Man verdient sein eigenes Geld, man kann damit machen was man will. Das ist halt wirklich einem selber überlassen. Ja, schade natürlich, dass nicht alle Jugendlichen die Möglichkeit bekommen, das zu tun, indem man 'ne Ausbildung und dafür Geld bekommt. Das ist halt leider nicht mehr gegeben. Aber so kann man eigentlich schon machen was man will. Vieles Neue ausprobieren.« (Angestellte, 23 Jahre)

Vor allem wird deutlich, dass sehr viele befragte Jugendliche Bedenken haben, wie sie unter den gegebenen Voraussetzungen selbst einmal einen adäquaten Beruf ausüben können. Denn einen Platz in der Gesellschaft zu finden ist wesentlich darüber definiert, einen passenden Arbeitsplatz zu finden. Einige Jugendliche kommen auf unsere allgemeine Frage nach der Situation der Jugendlichen ganz ohne Umwege direkt auf die schlechten Arbeitsmarktperspektiven zu sprechen.

- »*Wie geht es Jugendlichen heute bei uns?*
Nicht gut. Also, ich finde, dass die Zeiten für Jugendliche so hart sind, wie ich mir nicht vorstellen kann, dass das schon vorher oft war. Wenn man sich die Arbeitsmarktlage anschaut, dass es kaum Ausbildungsplätze gibt, kaum Berufschancen. Man kann ja quasi fast lernen, was man will. Ob man dann was bekommt und man da auch nicht wieder gefeuert wird, gekündigt wird, weiß man nicht. Ich glaube, Jugendliche stehen unter einem ziemlich großen Leistungsdruck, und uns wird immer vorgeworfen, dass wir nur an uns denken und nur an Spaß denken. Dafür haben wir auch einen schwierigen Stand.« (Studentin, 19 Jahre)
- »Ganz schlecht. Das sehe ich jetzt an meiner Situation selber auch. Es ist teilweise so, dass die Jugendlichen noch nicht mal einen Ausbildungsplatz bekommen, wenn sie den aber bekommen haben, wahrscheinlich nach der Ausbildung auf der Straße stehen.« (Angestellte, 23 Jahre)

Exemplarisch ist die Antwort eines 17-jährigen Fachoberschülers.

- »Und die Arbeitsplatzsituation in Deutschland ist unglaublich schlecht, da kannst du machen, was du willst. Ich habe Freunde, die haben schon bis 50 Bewerbungen abgeschickt, und es ist nichts passiert. Ich denke, jeder sollte irgendwie aus seiner Situation das Beste machen, ein bisschen Kreativität hilft immer. Das Ding ist, dass dann die Lustlosigkeit wieder da ist, nichts zu machen. Die denken dann, okay, schreib ich halt eine Bewerbung und schicke die ab. Es geht halt um Einsatz. Wenn jemand etwas wirklich haben will, sollte er darum kämpfen. Aber für mich ist die Arbeitsmarktsituation nicht so schlimm. Klar, es ist teilweise schlecht. Ich habe auch Schiss, dass meine Eltern arbeitslos werden und dann nichts mehr läuft hier.« (Schüler, 17 Jahre)

Zumindest einzelne Elemente dieser Antwort tauchen in praktisch allen Interviews auf, wenn auch nicht so konzentriert und gebündelt. Diese Elemente – hier etwas verallgemeinert – sind:
- Die Lage ist schlecht.
- Man muss und kann etwas tun, kann seine Lage verbessern oder verschlechtern, jedenfalls beeinflussen.
- Meine *eigene* Lage muss (deshalb) so schlimm nicht sein.
- Dennoch habe ich Angst und bin mir insgesamt recht unsicher.

Nur ein einziger Befragter wehrt sich ganz explizit gegen eine so negative Beurteilung der Lage. Dieser Jugendliche kommt aus einer Familie, in der ein Elternteil aus einem arabischen Land eingewandert ist. Er akzentuiert die Freiräume, die jugendliches Leben in Deutschland für ihn ausmacht.

- »Den Jugendlichen geht es ausgesprochen gut. Sie haben viele Entfaltungsmöglichkeiten. Ich weiß nicht, ob das so das Ziel ist, aber sie haben viel Selbstverantwortung. Schon von klein auf haben sie eine hohe Wahlmöglichkeit bzw. ist da wenig Druck hinter, wenig Zwänge, in gewisse Traditionen zu passen. Man lässt ihnen viele Freiräume. Wie gut oder schlecht das für einen jungen Menschen ist, sei mal dahingestellt. Aber ich denke, im Allgemeinen ist es eher besser, mehr Freiräume als zu wenige zu haben.« (Zivi, 19 Jahre)

Er fürchtet sich nicht vor einer *angeblich* schlechten Lage, sondern vor der *definitiv* schlechten Stimmung. Auf die Frage nach den Chancen am Arbeitsmarkt für junge Menschen in Deutschland:

- »Die finde ich eigentlich durchweg gut. Ich habe nicht solche Existenzängste oder so was. Ich sehe nicht alles so negativ. Mir macht das eher Angst, dass andere Menschen ihre Perspektiven sehr negativ sehen.« (Zivi, 19 Jahre)

Was folgt daraus?

In der insgesamt als schlecht eingeschätzten Lage sind hohe formale Bildungsabschlüsse besonders wichtig. Als Hauptschüler habe man schon verloren, ist die Einschätzung etlicher Befragter. Arbeitslosen Jugendlichen droht dann teilweise ein Abrutschen ins soziale Abseits.

- »Also ich sehe hier in Frankfurt einige Jungs, mit denen ich Kontakt habe, wo es wirklich kritisch ist. Wo ich sage, mit 'nem Hauptschulabschluss hast du *echt* verloren. Also, was heißt verloren, aber du hast halt echt ein Problem, irgendwas zu finden. Und da wär schon besser ein Real oder ein Abi. Und wenn ich dann manche Leute sehe, die ohne Abschluss aus der Schule gehen … Ich meine, der Weltuntergang ist es nicht. Die werden weiterleben und die werden weiter ihre Sachen machen, aber ob sie wirklich damit glücklich werden, ist die Frage. Und ob sie dann wirklich einen guten Job finden, ist die Frage. Und das bringt viele Leute auch in die Illegalität. Dass halt, wenn da mal was besorgt werden muss, wird's halt besorgt. Wie auch immer.« (Student, 23 Jahre)

Ein 19-jähriger Auszubildender, der unter anderem aufgrund seiner Nähe zum rechtsradikalen Milieu derzeit von einem Streetworker betreut wird, meint auf die Frage, wie es Jugendlichen in Deutschland gehe:

- »Scheiße. Zumindest dem Großteil so, bin ick der Meinung. Zu wenig Jugendclubs, zu teuer alles. Wat soll sich ein Schüler oder ein Azubi mit 320 Euro ... wenn dat Kino schon 7 Euro kostet oder die Fahrkarte 48,50 Euro. So wat, dit sollte man ändern auf jeden Fall. Da fängt's schon an, man kann nichts mehr machen. Natürlich muss man hinten in der Ecke stehen, also nicht natürlich, ich kann auch vorm Computer sitzen, und holt sich dann irgendwo bei Extra dit Bier, weil's da billiger ist als in einer Bar oder in einer Bowlinghalle, und setzt sich dann auf irgendeinen Marktplatz. Und wenn man betrunken ist, ist man auch lauter, und dit is dit, wenn die Polizei kommt. Jugendeinrichtungen, dit fehlt auf jeden Fall, bin ick der Meinung.
Wie ist denn das mit der Arbeitsmarktsituation für Jugendliche?
Noch beschissener. Ick hab einen Realschulabschluss und ein Jahr zu Hause gesessen. Da möchte ick mal Leute sehen mit nem Hauptschulabschluss. Gibt ja nun mal solche Leute, die aus'm bekloppten Elternhaus kommen, wo die Eltern sich überhaupt nicht kümmern und die Kinder dann vielleicht schon mit 12 anfangen zu saufen oder so wat. Oder auch nicht, kann ja wirklich sein, dass da zum Teil auch ein paar kluge Köpfe sind, die nur zu faul sind, weil keener denen sagt: Hier mach mal. Die dann eben wen brauchen, der denen dat sagt. Find ick ein bisschen traurig. Der janze Arbeitsmarkt, das ist doch für'n Arsch so. Vor allen Dingen in Berlin, find ick, ist es janz schlimm.« (Auszubildender, 19 Jahre)

Die Tatsache gestiegener Bildungsanforderungen wird sehr deutlich als ein Problem wahrgenommen, und zwar von Jugendlichen jeden Bildungslevels. Jugendliche mit hohem Bildungsabschluss sind zwar auch besorgt, ob es ihnen gelingt, einen passenden Beruf zu bekommen, sie rechnen sich aber deutlich bessere Chancen aus.

- »Die Statistik beweist ja, dass die Arbeitsmarktchancen für Jugendliche ganz unterschiedlich sind. Leute ohne Bildungsabschluss oder mit ganz niedrigem Bildungsabschluss haben große Probleme, auf den Arbeitsmarkt zu kommen. Da hat es große Verschiebungen gegeben. Für Sachen, für die man früher einen Hauptschulabschluss brauchte, braucht man jetzt Abitur, mal überspitzt dargestellt, aber letztendlich ist es doch so. Und je höher die Bildung ist, desto mehr Chancen sind auch da, einen Job zu kriegen. Das kann nicht richtig sein, dass viele überhaupt keine Chance haben, eine Lehrstelle zu bekommen.« (Student, 19 Jahre)
- »Und wenn man mal schaut im Internet, da war ein Betrieb, der wollte für einen Tischler Abitur haben, das kriegt doch kein normaler Mensch hin. Also für Tischler Abitur ... Hallo? Das geht ja wirklich nicht.« (Schüler, 15 Jahre)
- Die Schulabgänger von den niedrigen Schulen haben Probleme, dass sie keine Arbeit mehr bekommen, weil die von den Realschulen und Gymnasien auf den Arbeitsmarkt drücken, jetzt auch beim Handwerk. Früher war's halt so, die Hauptschüler ma-

chen ein Handwerk und die anderen gehen auf weitere Schulen und so was. Und mittlerweile ist das so weit, dass auch solche von Gymnasien oder mit Abitur Handwerker lernen. Und ich denk, dass das in Zukunft noch ein größeres Problem wird.« (Landwirt, 23 Jahre)

Absurd muss es Jugendlichen erscheinen, wenn ihnen Berufserfahrung verweigert und sie gleichzeitig verlangt wird.

- »Kurz nach meiner Lehre, da wurde ich dann erstmal arbeitslos, und dann hab ich zu hören gekriegt ›keine Berufserfahrung‹. Dann hat man sich gefreut, dass man 'ne Lehre hatte, hat die durchgezogen, und dann kommt das nächste, dass sie einem dann ankreiden, keine Berufserfahrung zu haben.« (Handwerker, 25 Jahre)
- »Es scheitert nicht unbedingt an der Qualifizierung. Vielleicht dass es hier nicht unbedingt so viele Arbeitsplätze gibt. Eine Freundin von mir, die hatte nun immer Pech, die hatte eine Stelle immer nur in der Zeit, in der sie vom Arbeitsamt gefördert worden ist und hinterher, wenn das weg war, ist sie wieder entlassen worden. Dadurch kann man dann auch schwer Erfahrungen sammeln. Wenn man sich wieder bewirbt und die dann fragen, wie viel Berufserfahrungen man hat, und als Antwort kommt dann ›drei Monate‹ oder so, super, dann stellen die keinen ein. Und das ist ja das Blöde, wenn einen keiner einstellt, woher soll man denn die Berufserfahrung kriegen?« (Angestellte, 25 Jahre)

Etliche Jugendliche erkennen strukturelle Probleme des Arbeitsmarktes. Sich dennoch den Anforderungen zu stellen gibt ihnen ein wenig Zuversicht, dass sie die Lage meistern können. Die erste Folgerung, die Jugendliche aus der Arbeitsmarktlage ziehen, ist, dass gute Bildungsabschlüsse notwendig sind, eine weitere Folgerung, dass Mobilität und Flexibilität vonnöten ist.

- »Das ist immer so, was ich im Hinterkopf habe, dass ich mich jetzt sehr anstrengen muss, eine gute Ausbildung zu bekommen usw., dass ich später wirklich was kriegen kann und flexibel bin auch mit den Ländern, wo ich hingehen kann, damit ich auch wirklich irgendwo unterkomme, wenn es vielleicht auch in Deutschland dann eben nicht geht.« (Abiturientin, 19 Jahre)

Die Frage der Mobilität ist besonders bei Jugendlichen aus den östlichen Bundesländern heiß diskutiert. Dort realisieren Jugendliche, dass viele Freunde und Bekannte in die alten Bundesländer ziehen, was noch stärker zur Überalterung im Osten beiträgt.

- »Also, hier bei uns: schlecht. Bei uns ist kaum einer, der hier bleiben kann. Wie das mit dem Rest von Deutschland aussieht, damit hab ich mich noch nicht so befasst. Aber im Osten: Generell schlecht. Man hört ja auch viel im Fernsehen oder im Radio, dass viele weggehen, und ich denke, das wird auch weiterhin so bleiben. Also, das wird sich eher verschlechtern anstatt verbessern.« (Angestellte, 23 Jahre)
- »Es können nicht alle fortmachen. Wenn alle wegmachen, wer ist dann noch hier? Dann sind im Prinzip nur noch Ältere hier, und das geht nicht.« (Angestellte, 25 Jahre)

Zum Kanon der Beschwörungsformeln gehört die Folgerung, die Lage erfordere eine besonders hohe Motivation. Wenn man nur »Ehrgeiz und Eifer« zeige, wenn man »viel Energie« investiere, wenn man sich »sehr anstrenge«, dann müsse es doch etwas werden mit der beruflichen Zukunft.

Verantwortung beim Einzelnen

Hieraus ergibt sich für manche das Naheliegende: Dass nämlich diejenigen, die es nicht schaffen, am Arbeitsmarkt unterzukommen, *nicht* den nötigen Eifer mitbringen. Andererseits ist man selbst sich sicher, über genügend Motivation zu verfügen. Tatsächlich ist in einer ganzen Reihe von Interviews die Rede von mangelnder Motivation anderer oder von mangelnder Einsicht. Die Rede ist auch von unangemessen hohen Ansprüchen mancher Jugendlicher. Über Arbeitslose aus ihrem Bekanntenkreis sagt eine 18-jährige Jugendliche.

- »Das sind hauptsächlich junge Leute, wobei ich sagen muss, die tun auch nichts dafür, dass sie irgendwie was bekommen würden. Die haben ihre Traumwelt. Die stellen sich vor, dass sie das machen und dass sie da soundso viel Geld verdienen, und das geht einfach nicht.« (Auszubildende, 18 Jahre)

Man hört von Arbeitslosen, die »nicht die Fleißigsten« seien, von Schülern, die »null Bock« hätten und deshalb keine guten Abschlüsse machten. Oder von Jugendlichen, »die nur zu faul sind, weil keener denen sagt: Hier mach mal.«

Eine türkischstämmige Jugendliche meint, dass eigenes Verhalten, zum Beispiel Unzuverlässigkeit, ein Grund für Arbeitslosigkeit sei.

- »Arbeitslos, ja wenn man immer zu spät kommt, viele Verspätungen hat, denk ich mal so. Oder viele versäumte Tage und unentschuldigt.« (Schülerin, 18 Jahre)

Ähnlich ein junger Landwirt:
- »Wenn jemand Ehrgeiz hat und Eifer, denke ich, dass es für so einen kein Problem ist, eine Arbeit zu finden oder weniger ein Problem ... Ich habe selbst die Erfahrung gemacht damit durch einen Bekannten, der wollte jemand einstellen und der ist einen Tag gekommen und dann: ›Ja, nein, das möchte ich nicht machen und das kann ich nicht machen.‹ Das ist dann logisch, dass jeder Arbeitgeber sagt: ›Tut mir leid, aber das ist kein Arbeitsverhalten‹ ... Es gibt welche, die wirklich unbeschuldet arbeitslos worden sind. Die ham nichts dafürkönnen. Aber ich denke, das ist die Minderheit.« (Landwirt, 23 Jahre)

Die Berichte und Ausführungen aus unterschiedlichen Milieus beziehen sich durchaus auf reale Erfahrungen. Allerdings dienen sie – so hat man den Eindruck – auch zur eigenen Beruhigung. Wer es nicht schafft, ist schließlich zumindest in gewissem Umfang selber schuld. Mit dieser Auffassung begeben sich die Jugendlichen, offenbar ohne es selbst zu realisieren, auch in einen Widerspruch zu ihrer Einschätzung der Arbeitsmarktlage.

- »Ich glaube, jeder ist selbst dafür zuständig, ob er arbeitslos ist oder nicht. Es kann schon sein, dass jemand sucht und dann nichts findet. Aber persönlich kenn ich so was bis jetzt nicht. Die, die arbeitslos sind, die haben auch keine Lust, was zu machen. Und die, die arbeiten gehen wollen, haben auch alle was gefunden und arbeiten auch alle.« (Schüler, 15 Jahre)

Die Risiken werden individualisiert, was allerdings auch bedeutet, dass die Jugendlichen bereit sind, selbst Verantwortung zu übernehmen. Das Gleiche beobachten wir beim Thema Rente, worauf später eingegangen wird.

Angst

Die Mehrzahl der befragten Jugendlichen antwortet auf die Frage, ob sie Angst vor der Zukunft haben, mit Ja. Einige schränken dies allerdings ein. Sie hätten »teilweise« Angst oder »manchmal« oder »im Moment nicht«, sie hätten nicht Angst, sondern »Respekt«. Mit der Unbeschwertheit, die von einigen als das typische Charakteristikum der Jugend betrachtet wird, ist es alles in allem zur Zeit nicht weit her.

Ähnliches zeigt die repräsentative Befragung. Knapp 70 % der Jugendlichen haben hier angegeben, sie hätten Angst, den Arbeitsplatz zu verlieren oder keinen Ausbildungs- oder Arbeitsplatz zu finden.[86] In den qualitativen Interviews stellten wir die Frage allgemein, wir fragten nach der Angst vor der Zukunft und überließen es den Jugendlichen, dies auszulegen. Häufig sind es jedoch die als schlecht empfundenen Chancen am Arbeitsmarkt, die den Jugendlichen Angst machen bzw. diese sind der hauptsächliche Grund für Ängste.

- »*Hast du manchmal Angst vor der Zukunft?*
  Ja, auch gerade jetzt. Ich weiß, okay, bis jetzt waren 13 Jahre geregeltes Schulleben, und danach muss ich selber mich um alles kümmern. Da kann mir im Prinzip niemand helfen. Ich meine, ich kann zum Arbeitsamt gehen oder so. Aber da habe ich jetzt auch nicht so das Gefühl, dass die mir weiterhelfen können. Da war ich jetzt auch schon öfters. Und zu entscheiden, was will ich machen, was studier ich, studier ich überhaupt, mach ich eine Ausbildung, wo studier ich? Das sind alles so Sachen, da hat man schon Angst vor.« (Schülerin, 19 Jahre)

- »Ich hab Angst vor Arbeitslosigkeit, weil ich mal später eine Familie haben will, dann Kinder und vielleicht mal einen Hund oder so. Und dann möchte ich halt mir auch mal etwas an teureren Klamotten holen. Und deswegen hätte ich dann gerne Arbeit, sonst kann ich das alles nicht finanzieren. Deswegen hab ich etwas Angst vor Arbeitslosigkeit.« (Schüler, 16 Jahre)

Viele Jugendliche geben aber auch Hinweise darauf, wie sie mit der Angst umgehen oder welche anderen Gefühle hier auch noch eine Rolle spielen. Damit hellt sich das düstere Bild dann doch etwas auf, auch wenn es sich beim einen oder anderen nach »Pfeifen im Dunkeln« anhört.

- »*Und hast du manchmal Angst vor der Zukunft?*
  Ja. Manchmal denke ich, dann habe ich keinen Beruf und sterbe als alte Jungfer und habe bis dahin in einer Sozialwohnung gewohnt. Klar, aber da ist eher ein großes Vertrauen, dass es gut wird.« (Studentin, 19 Jahre)

- »Angst nicht direkt. Einerseits freue ich mich so ein bisschen, sind ja auch neue Erfahrungen. Aber auf der anderen Seite würde ich gern in meiner Zeit stehen bleiben.« (Schüler, 15 Jahre)

- »*Hast du Angst vor der Zukunft?*
  Teilweise ja. Ich versuche keine Angst zu haben. Ich versuche neugierig zu sein, und versuche, ja auch zu akzeptieren was kommt. Also, nee, ich versuche da keine Angst zu haben. Klar, die Zukunft ist was Neues, was Fremdes und in jedem Menschen ist so 'n kleiner Fremdenhass drinnen, sag ich immer. Und dadurch, klar ist da 'ne Angst. Aber die Angst versuch ich doch schnell zu kontrollieren und ich denke, ich krieg's auch ganz gut hin.« (Student, 23 Jahre)

---

86 Vgl. hierzu die Auswertung in Kapitel 2.4.

Ein 17-jähriger Jugendlicher hat Angst, seinen eigentlichen Berufswunsch in der Musikbranche nicht verwirklichen zu können, aber er findet ein schönes Motto, das den konstruktiven Umgang mit der Situation in Worte fasst.

- »Und ich stehe dann mit 30 oder 40 da, habe keine Ausbildung und nichts, und keiner nimmt mich mehr an. Ich bekomme kein Geld mehr, weil das Arbeitslosengeld vielleicht komplett weg ist und ich auch keine Ausbildung habe. Dann stehe ich mit gar nichts da. Und davor habe ich schon Angst. Aber ich denke mehr oder weniger, dass das nicht passieren wird. Ich blicke immer mit einem Lächeln in die Zukunft, meine Situation jetzt ist schon nicht die beste, ich denke also immer, es kann nur noch besser werden. Wenn die Aktien tief gefallen sind, sollte man kaufen, dann können sie nur wieder steigen. So nach dem Motto.« (Schüler, 17 Jahre)

Dass Zukunftsängste bei ihren Altersgenossen sehr verbreitet sind, beobachten auch die Jugendlichen selbst.

- »Also, ich sehe jetzt eigentlich, dass total viele junge Leute irgendwie Angst haben, noch einen Job zu bekommen, und das alles sehr genau nehmen, wenn irgendwo ein Arbeitsamtsmitarbeiter an die Schule kommt oder da einen Besuch macht und sagt: ›So und so sieht die ideale Bewerbung aus‹ und ›So und so geht das‹, dass so was schon irgendwie wichtig genommen wird ... Ich denke, dass die Jugend heutzutage mehr in Angst lebt als vielleicht überhaupt jemals zuvor in der Nachkriegszeit.« (Student, 22 Jahre)

Die Ängste Jugendlicher richten sich heute mehr auf die persönliche Zukunft. Anders als zum Beispiel in den 80er Jahren, wo Ängste stärker mit Umweltfragen und generellen politischen Entwicklungen verknüpft waren. Das hat, wie dieser Jugendliche bemerkt, auch Auswirkungen zum Beispiel auf die Umweltbewegung und die Bereitschaft, sich hier zu engagieren:

- »Vielleicht gibt es auch deshalb nicht mehr so viel Jugendbewegungen, weil auch die Angst sich mehr auf Persönliches richtet und nicht mehr so sehr auf das Kollektive. Wie jetzt ›die Umwelt kackt ab‹ oder irgendwie ›wir haben zehnmal so viele Atomreaktoren und Atombomben, die genügen, um das ganze Leben auf der Erde zu vernichten‹ usw., sondern viel mehr die eigene persönliche Zukunftsangst, dass die stärker wird als die kollektive Zukunftsangst momentan.« (Student, 22 Jahre)

Auch Angst vor der Angst ist, wie erwähnt, ein Thema. Weniger um die wirtschaftliche Entwicklung, die Arbeitsmarktsituation und die persönlichen Aussichten müsse man sich sorgen, viel eher darum, von lauter Ängstlichen umgeben zu sein, meint ein 19-Jähriger. Wie verschiedene andere Jugendliche ist er der Meinung, diese Ängste seien durch die mediale Aufbereitung geschürt.

- »Es gibt diese Angst, und zwar nicht zu knapp leider. Und diese Angst verstärkt sich nur durch die Presse, die das noch ein bisschen befeuert. Und wenn man sieht, dass ein Elternteil vielleicht arbeitslos geworden ist, dann verliert man natürlich so ein bisschen die Hoffnung, dass es für einen selber besser wird. Wenn die große Perspektive nur ist: ›Bitte lass es nicht schlechter werden, als es heute ist!‹ Es ist einfach nichts, wenn man in die Zukunft gehen kann mit der Hoffnung: ›Werd nicht schlechter!‹« (Zivi, 19 Jahre)

7.2.2 Der eigene Weg

Strategien

Angesichts der Herausforderungen einer allgemein als sehr problematisch wahrgenommenen Arbeitsmarktsituation, angesichts der Unsicherheit, ob sie ihren Platz in der Gesellschaft finden, ob sie ihre Berufswünsche realisieren können, reagieren Jugendliche mit einer Vielfalt von Strategien. Die Frage, wie kann ich meine Chancen optimieren, bringt Jugendliche dazu, vieles auf Verwertbarkeit hin abzuklopfen und in Termini der eigenen »Marktgängigkeit« zu denken.

Was die Verbesserung ihrer beruflichen Startchancen angeht, so sind etliche Konzepte im Umlauf. Über die zentralen Folgerungen, die Jugendliche aus der Situation ziehen, wurde schon berichtet: Sie betreffen Bildung, Mobilität und auch Motivation. Die eigene Qualifikation steht im Zentrum sehr konkreter Überlegungen. Praktika, Auslandsaufenthalte, Sprachkenntnisse, auch freiwilliges Engagement dienen zur »Gestaltung« der Biografie. Stets ist der Gedanke an den Lebenslauf im Hintergrund vorhanden. Auch die Verwertbarkeit von Beziehungen ist dabei z. B. ein Thema.

- »Ich selbst merke bei mir, weil ich eben nicht aus einem reichen Elternhaus komme, dass ich ja auch irgendwie versuche, gut zu sein an der Uni oder Praktika mache, um auch einen guten Lebenslauf zu haben. Dass mir mein Lebenslauf auch durchaus wichtig ist, obwohl ich es eigentlich gar nicht so wichtig nehmen will.« (Student, 22 Jahre)
- »Ja im Hintergrund ist die *(Angst)* immer da, aber man legt sich so Strategien zurecht. Wie: man muss jetzt mehr dafür tun. Also, so hat eine Freundin sich jetzt überlegt, wie sie das am cleversten anstellt, dass sie schon mal bei einer Zeitung Probe schreibt. Man versucht immer so Beziehungen zu knüpfen und so. Eine andere Mitstudentin von mir, die wohnt im Studentenwohnheim und schreibt sich immer fleißig alle Nummern mit von den Mitbewohnern, die irgendwie Beziehungen in andere Länder haben, um dann nachher ... Die überlegt sich halt kluge Strategien.« (Studentin, 19 Jahre)

Und für den Fall, dass alles nichts nützen sollte, legen Jugendliche sich eine Art »Rückfallstrategie« zurecht, einen Plan B, oder sie fahren sicherheitshalber zweigleisig.

- »Ich sag, wenn alle Stricke dann reißen mit der Arbeit, wenn ich keine kriege, dann würde ich, glaube ich, echt dahin gehen, zum Bund. Man kann da ja umsonst seinen Führerschein machen beim Bund, und deswegen ist es eigentlich gar nicht so schlecht. Es sei denn, ich komm dann irgendwo zum Hindukusch, wo ich dann eingesetzt werde. Da habe ich auch keine große Lust darauf.« (Schüler, 16 Jahre)
- »*Was möchtest du nach der Schule machen?*
Also irgendwas im handwerklichen Bereich. Hauptsache, dass ich was finde, weil mein Abschluss, der ist ja auch nicht so. Ich mein, im größten Notfall könnte ich auch zu meinem Onkel in den Betrieb.« (Schüler, 15 Jahre)
- »Ich weiß nicht, ob ich Pastorin werde. Ich könnte mir auch vorstellen, Chefsekretärin zu werden.« (Studentin, 19 Jahre)
- »*Könntest du dir auch eine Parteilaufbahn vorstellen?*
Weiß nicht, aber wenn es mir sinnvoll erscheinen würde, auf einen Posten zu kandidieren, in dem ich meine Vorstellungen besser oder gut umsetzen könnte, würde ich das in Erwägung ziehen.

Oder sagst du jetzt erst mal, eigentlich ist Studium wichtiger?
Ja, das Studium ist schon wichtig. Ja. Aber man weiß auch nie was kommt.« (Student, 19 Jahre)

Neben solchen, alles in allem recht nahe liegenden Überlegungen scheint es eine eher subkutan wirkende Anpassung der eigenen Zukunftsperspektiven an die als negativ eingeschätzte Lage zu geben. Auch wenn viele Befragte davon ausgehen, die Lage sei zwar schlecht, aber ihre eigenen Konsequenzen, ihre Strategien, würden der Wahrung ihrer Chancen schon erfolgreich dienen: Befürchtungen bleiben dennoch bestehen. Darum erscheint es zum einen sinnvoll, sich bescheidene und erreichbare Ziele zu setzen. Dies lässt sich bei vielen der von uns befragten Jugendlichen beobachten. Und zum anderen erleben wir eine Orientierung an den eigenen sozialen Ressourcen. Diese drückt sich aus im Festhalten an den eigenen kleinen Netzwerken: Freunde, die Clique, aber allen voran die Familie. Im Moment ist es die Herkunftsfamilie, im Blick ist schon die zukünftige eigene Familie.

- »Also, ich möchte schon so meine Ziele haben, die ich auch erreiche. Aber ich weiß, ich setz mir keine unerreichbaren Ziele. Und Karriere ... ich möchte, dass meine Arbeit anerkannt wird. Dass ich das auch finanziell sehen kann, dass es einfach gut läuft. Aber so auf dem Teppich bleiben, sag ich mal noch. Und dass man nicht nur dieses Materielle und ›Karriere‹ und hoch hinaus, sondern ich finde so zwischenmenschlichen Kontakt eigentlich viel wichtiger.« (Schülerin, 19 Jahre)
- »Wenn ich halt glücklich bin und mit dem auskomme, was ich hab, dann würde ich auch sagen: Okay, ich hab jetzt was erreicht in meinem Leben, ich bin glücklich, meine Familie ist zufrieden und gesund, dann würde ich das nicht aufs Spiel setzen, um noch ein paar Scheine mehr zu verdienen.« (Zivi, 18 Jahre)
- *»Wie wichtig ist es für dich, Karriere zu machen?*
Eigentlich gar nicht wichtig. Ich will arbeiten gehen, ich will Geld verdienen und irgendwann will ich auch ein Kind haben. Dass man grade so durchs Leben kommt und dem Kind auch irgendwas liefern kann. Aber so, Karriere, so wie einige da mit sonst wie viel Geld ... Geld alleine ... was hat man davon? Nichts.« (Handwerker, 25 Jahre)

Nicht von ungefähr scheint das Konzept der Familie im Lebensplan so vieler Befragter einen ganz zentralen Stellenwert zu haben, verspricht doch die Familie Rückhalt und Orientierung angesichts unsicherer Zukunftsperspektiven. Familie als »Bewältigungsstrategie«, dies soll hier nur kurz erwähnt werden, ausführlicher gehen wir darauf etwas später ein.

Berufswahl

Die Wahl von Ausbildungsweg und Beruf unterliegt – wie schon gezeigt – strategischen Überlegungen, mit denen Jugendliche und ihre Eltern versuchen, den Anforderungen des Arbeitsmarkts Rechnung zu tragen. Dabei muss beinahe zwangsläufig zweckrationales Denken mit persönlichen Neigungen und Träumen konfligieren. Für die Jugendlichen ist es schwierig, unterschiedliche Entscheidungskriterien miteinander in Einklang zu bringen. Entscheiden sie stärker nach ihren Neigungen, so müssen sie größere Unsicherheit ertragen, treffen sie eine reine Vernunftsentscheidung, so führt dies eventuell zu geringerem Engagement und, wie ein Jugendlicher beobachtet, zu einer Art »Absplittung« von Beruf und Leben.

- »Man hört weniger von Leuten, dass

sie sagen: Ich möchte Fußballstar werden oder so was, sondern dass sie eher so nach 'ner Gehaltstabelle gehen und gucken, wo Leute gebraucht werden und wie viel verdienen die da. *Also, ganz pragmatisch?*
Ja, dass die da wenig aus Emotionen einen Job ergreifen würden oder weil sie sich mit dem Arbeitgeber oder mit der Arbeit so verbunden fühlen, weil sie denken, dass sie irgendwas bewegen können, sondern eher einfach aus Angst vor der Arbeitslosigkeit sagen, lieber einen sicheren Job, wo sie jeden Morgen mit hängenden Mundwinkeln ankommen, als einen unsicheren Job, wo ein bisschen Herzblut dahintersteckt.« (Zivi, 19 Jahre)

Der 19-jährige Zivildienstleistende hat dies bei seinen Freunden erlebt und beschreibt weiter:
- »Es gibt eine strikte Trennung zwischen Beruflichem und Privatem, wo sie sagen, hier bin ich ich und da muss ich durch. Das ist für die so: Ich fühl mich wie reingerasselt. Also ich weiß nicht, wie sie sich fühlen, aber ich sag jetzt einfach mal so, dass sie da halt nicht dahinterstehen, was sie tun oder was sie arbeiten, sondern dass sie das wirklich nur als Existenzsicherung sehen.

Aber das Leben findet eigentlich woanders statt?
Das findet außerhalb statt. Es gibt da eine ganz strikte Trennung zwischen Privatem und Beruflichen.
Und glaubst du, dass sie das durchhalten können?
Ich glaube nicht, nein. Ich denke, dass ... *(zögert)*. Also ich würde es nicht ausschließen, vielleicht können sie es durchhalten. Aber ich finde es sehr schade, wenn man ein Drittel seines Tages in einem Büro sitzt und Dinge tut, die man absolut nicht will, und dann immer auf die Uhr schaut, um den restlichen Tag dann ein bisschen unbeschwerter zu verbringen. Das, finde ich, ist keine besonders anstrebenswerte Lebensperspektive. Für mich wäre das nichts.« (Zivi, 19 Jahre)

Anhänger findet auch die Einstellung, dass man gerade angesichts allgemeiner Unsicherheit, wie die Arbeitsmarktlage sich entwickelt und ob man später einen adäquaten Arbeitsplatz findet, primär nach Eignung und Neigung entscheiden sollte.
- »Also, als wir überlegt haben, was werden wir denn mal, was machen wir, was studieren wir, da haben wir natürlich irgendwie nachgedacht, was ist am ökonomischsten, wo kriege ich einen Arbeitsplatz? Und die allgemeine Stimmung war dann eher: das weiß man nie. Deswegen studiere ich lieber was, worauf ich auch Lust habe, was mich interessiert, und versuche, was Gutes irgendwie daraus zu machen, und denke erst einmal nur bis zu meinem Studium, und dann gucken wir mal weiter. Man kann sich heute bei nichts mehr sicher sein, überall.« (Studentin, 19 Jahre)

Über ihre eigene Studienwahl und ihren Berufswunsch, der mit unsicheren Aussichten verbunden ist, sagt die Studentin:
- »Weil man eben heute nicht mehr weiß, wo man überhaupt was machen kann. Da mache ich lieber was, wo ich Lust zu habe und wo ich weiß, dafür kann ich mich engagieren. Da kämpfe ich für, dass ich das auch mache.« (Studentin, 19 Jahre)

Alles in allem überwiegt der Eindruck, dass bei Ausbildungs- und Berufsentscheidungen sorgfältig zwischen Neigungen und wahrgenommenen Chancen ausbalanciert wird. Im Zweifelsfall hält man sich aber doch an das, was man für eine vernünftige, sprich: marktorientierte Entscheidung hält, wobei die schlechte Vorhersehbarkeit der Entwicklungen am Arbeitsmarkt eher verdrängt wird. Auffallend ist, dass viele, auch jüngere Jugendliche, letzten Endes ganz konkrete Berufs- und Ausbildungsziele benennen konnten.

Allgemein scheinen die von uns befragten Jugendlichen darauf eingestellt, dass es schwierig sein wird, ihre beruflichen Vorstellungen zu verwirklichen: schwierig, aber nicht unmöglich. Im repräsentativen Teil der Studie wurde gefragt, wie »sicher« sich die Jugendlichen seien, »dass Ihre beruflichen Wünsche in Erfüllung gehen«. Immerhin 50 % gaben an, sich »eher sicher« zu sein, 14 % waren sich sogar »sehr sicher«. Ein Drittel der befragten 12- bis 25-Jährigen waren sich unsicher. Der Anteil der Unsicheren hat dabei seit 2002 deutlich zugenommen.[87] Das sieht auf den ersten Blick positiver aus, als wir angenommen hätten. Allerdings zeigten die von uns befragten Jugendlichen ja die Zuversicht, man werde es schon schaffen – vielleicht mit gewissen Abstrichen und *obwohl* es schwierig werde. Insofern kann man zusammenfassen, dass die Jugendliche zu einer vorsichtigen, aber nicht resignativen Einschätzung ihrer Chancen neigen.

Karriere und Familie

»Karriere«, diesen etwas hochgestochenen Begriff würden Jugendliche von sich aus kaum wählen. Aber er hat sich eingebürgert im Gespann mit »Familie«, wenn es darum geht, beides zu realisieren. Und darum geht es den Jugendlichen. An die berufliche Karriere allein denken die wenigsten für ihre Zukunft. Im Gegenteil spielt die Familie bzw. die Familiengründung eine große Rolle, nach dem Motto: Karriere ist nicht alles. Das muss vor dem Hintergrund der verbreiteten Unsicherheit über das Gelingen von beruflicher Zukunft gesehen werden. Familie als Rückfallstrategie? Das trifft es nicht ganz, eher als sozialer Halt. Die Jugendlichen sind sich der Tatsache bewusst, dass ihre Vorstellungen etwas recht Traditionelles, vielleicht Rückwärtsgewandtes haben. Besonders Jugendliche mit höherem Bildungsniveau kommentieren ihren Wunsch nach Familie als »im Grunde ganz konservativ«, »ganz traditionell« und »solide«.

- *»Welche Wünsche und Träume hast du für deine Zukunft?*
  Also, ich möchte eine Aufgabe haben, die mich erfüllt. Ich möchte auch irgendwann eine Familie haben und möchte ein gesichertes Einkommen, mit dem ich gut leben kann. Das sind eigentlich so ganz solide Sachen. Ich glaub, das wünschen sich viele Deutsche.« (Schülerin, 19 Jahre)
- »Ja, auch relativ konservativ. Also, auf jeden Fall später Familie und Kinder, auf jeden Fall auch mehrere Kinder, weil Einzelkindfamilien für das Kind nicht gut sind und auch für die Gesellschaft nicht.« (Student, 22 Jahre)
- »Für mein persönliches Leben? Das ist ganz traditionell und ganz konventionell. Ich wünsche mir ein Haus, einen Mann und ein Kind. Aber mir ist auch wichtig, dass ich einen Beruf habe, der mir Spaß macht.« (Studentin, 19 Jahre)

Die Parallele zur quantitativen Untersuchung: Mit 72 % meinen noch mehr Jugendliche als schon vor 4 Jahren, dass man »eine Familie braucht, um wirklich glücklich zu sein«, weibliche Jugendliche mit 76 % noch etwas häufiger als männliche mit 69 %.[88]

---

[87] Vgl. die Auswertung in Kapitel 2.2.

[88] Vgl. Kapitel 2.1.

Das Ziel einer beruflichen Karriere wird häufig relativiert zugunsten der Familie.

- »Für mich persönlich ist Karriere nicht so wichtig. Ich habe andere Ziele in meinem Leben, außer meiner Karriere. Das hat man auch bei dem Werteschema gesehen. Da sind mir andere Sachen wesentlich wichtiger als Karriere machen. Karriere heißt ja wiederum vielleicht auch, dass man nicht genug Zeit hat für die Familie später und so was. Und da setz ich halt dolle meine Priorität. Karriere ist auf der einen Seite wichtig, um später die Familie zu ernähren. Aber persönlich sage ich nicht, ich muss Karriere machen.« (Angestellte, 22 Jahre)

Für junge Frauen hat der Begriff »Karriere machen« immer noch einen besonderen Klang. Der Beruf gehört selbstverständlich dazu, aber das Wunschbild von der Zukunft spiegelt eher eine Familienidylle.

- »Auf der einen Seite stelle ich mir natürlich vor, dass ich 'ne eigene Familie später gründe, dass ich selber Kinder habe, um die ich mich dann sorgen kann. Möchte aber wiederum trotzdem weiter arbeiten. Also das ist nicht so, dass ich dann nur zu Hause bleiben möchte, weil ich auch einfach Angst vor der Langeweile habe. Dass ich dasitze und einfach nicht weiß, was ich machen soll. Ich möchte auch weiter arbeiten, mich auch weiter engagieren, dass ich da weiter Leuten helfe ... Meine Zukunft stelle ich mir einfach toll vor. *(Lacht)*
Wie viele Kinder? Zwei, drei, vier, fünf?
Nee, zwei Kinder würden mir auch reichen. Am besten zwei Kinder, ein Junge und ein Mädchen. Und der Junge ist ein Jahr älter als das Mädchen, damit er auf das Mädchen aufpassen kann. *(Lacht)* Das ist halt so 'ne kleine Wunschvorstellung ...
Und der Hund und die Katze.
Und das Haus *(lacht)* ja, so was. Das ist halt so die Zukunft, da ich ein totaler Familienmensch bin, wie ich sie mir halt vorstelle.« (Angestellte, 22 Jahre)

Der Wunsch, Karriere zu machen, kann auch bedeuten, dass man gerade als Frau unabhängig sein möchte. Aber was ist, wenn man Karriere gemacht hat? Dann könnte es zu spät sein für die Familie und man wäre im Alter allein, für viele Jugendliche eine schreckliche Vorstellung.

- »Karriere machen *(lacht)*. Also, da habe ich auch schon drüber nachgedacht, weil ja, eine Freundin von mir, die möchte keine Kinder haben nämlich und die möchte gerne nur Karriere machen. Da hatten wir so ein Gespräch da drüber. Also, für mich ist Karriere machen schon wichtig, weil ich gerne unabhängig sein möchte. Ich denk, das ist auch später, wenn man eine längere Beziehung hat, ziemlich wichtig. Wenn man eine Familie gründen möchte, dass man nicht unbedingt so abhängig ist vom Partner, damit man freiwillig beieinander bleibt. Ich glaub, das bringt Probleme mit sich, wenn da einer abhängig ist vom andern. Das ist nicht so gut. Auf der anderen Seite denke ich aber, dass Familie genau so wichtig ist, weil ohne dass man die Basis hat ... Ich würde das wahrscheinlich auch brauchen. Wenn ich nicht zu Hause was habe, wo was Festes und Solides da ist, dann wäre irgendwann nach ein paar Jahren einfach auch ... Karriere machen ist ja nicht für immer. Irgendwann hat man dann ja auch mal Karriere gemacht. Und was ist dann? Ich denke, man ist dann später auch wahnsinnig allein, und das möchte ich auf keinen Fall sein.« (Abiturientin, 19 Jahre)

Viel also ist in den Interviews von Familiengründung und von eigenen Kindern die Rede, und das gilt bei den von uns befragten Jugendlichen in ganz ähnlichem Maß für die weiblichen wie für die männlichen Jugendlichen. Auf die Frage nach den Wünschen für ihr späteres Leben wird von Jungen und jungen Männern sogar fast immer der Kinderwunsch erwähnt.

- »Dann will ich auch mein Glück finden, von wegen Freundin und so, später auch mal Kinder haben. Dass ich in meinem Beruf erfolgreich bin, dass mir mein Beruf Spaß macht. (Zivi, 18 Jahre)
- »*Möchtest du eine Familie haben?* Ich glaube schon, ja. Es ist halt so ein Gefühl, dass, wenn ich kleine Kinder sehe, denke ich: So was, das wär's doch, davon drei. Ich will auf jeden Fall Kinder haben und 'ne Familie. Aber so ansonsten ... berufliche Ziele ...« (Zivi, 19 Jahre)
- »Ich weiß nicht, kleine Kinder machen mir einfach Spaß irgendwie. Also, da hoff ich schon, dass ich mal die passende Frau dazu find, damit ich Familie hab.« (Landwirt, 23 Jahre)

Mit der Familiengründung nicht zu lange zu warten, ist dabei auch eine Option.

- »Also, die nähere Zukunft wäre, anfangen zu studieren und dabei weiter auf jeden Fall mit Familie in Kontakt bleiben, und vor allem auch mit der Freundin, dass ich da möglichst viel noch Zeit für habe und mit meiner Freundin auch zusammenziehen kann. Auf jeden Fall dann auch relativ bald irgendwo einen weiteren Schritt zu gehen, zum Beispiel heiraten. Und wenn es irgendwie eine Möglichkeit gibt, dass es auch vom Staat vielleicht die Unterstützung dafür gibt, dass man auch nicht wartet bis man z. B. ein fünfjähriges Studium beendet hat, dass man vielleicht dann schon eine Familie gründen kann. Da hätte ich nicht so das Interesse drauf zu warten, erst die berufliche Bildung abschließen und dann die Kinder ...« (Schüler, 19 Jahre)

Wünsche für später

Zum Wunschbild vom Familienleben gehört natürlich auch die nötige Hardware. Die Anspruchsniveaus sind verschieden, manchem reicht eine schöne Wohnung, viele träumen schon vom eigenen Häuschen. Dies wird dann als Herberge der Familie mit den beiden Wunschkindern vorzugsweise in einer kleinen Gemeinde oder am Stadtrand stehen.

Wir fragten die Jugendlichen auch nach ihren *Träumen* für die Zukunft, in der Erwartung, nun auch etwas weniger bodenständige Wunschvorstellungen zu hören. Bei dem ausgeprägten Realismus dieser Generation wundert es aber nicht, dass das Träumen häufig nur die »normalen« Wunschvorstellungen ein bisschen steigert. »Wenn Du richtig träumen könntest« ... nun, dann wird alles eben eine Nummer größer: Das Haus ist »riesig« oder wird zur »Villa mit Schwimmbad«, die Wohnung ein schickes Loft. Träume beziehen sich außerdem, relativ unverbunden mit dem Alltagsleben, auf das Reisen.

- »*Und wenn du so richtig spinnen kannst und träumen kannst? Was würdest du dann sagen, wenn das Leben richtig gut läuft?* Weltreise. Aber nicht 'ne Weltreise einmal um den Äquator, sondern dann in jedes Land mal für 'ne Woche rinkiecken. Dit wär auf jeden Fall mal wat. Dit wär cool ja. Und ein großes Haus. Und 'ne Putze *(lacht)*. Ja, dit wär schon wat Schönes.« (Auszubildender, 19 Jahre)

- »Ja, auf Amerika möcht ich mal. Also, andere Länder auch kennen lernen. Ich sag: andere Menschen, andere Kulturen. Ich möchte von der Welt noch was sehen, das schon. Spezielle Träume eigentlich nicht.« (Landwirt, 23 Jahre)

Es sind schon eher die männlichen Jugendlichen, die sich überhaupt zu träumen trauen. Ein junger Rapper ist wenigstens ein bisschen unsolide und sein Traum passt nicht ganz ins Bild von der Kleinfamilie.
- »Klingt naiv, aber ich hätte gern mal ein Haus in Spanien und eine kleine Penthousewohnung in Frankfurt, am besten auf einem Wolkenkratzer, und natürlich eine Freundin, jede Woche eine neue *(lacht)*, ach was. Keine Ahnung. Es geht um Geld und Wohlstand.« (Schüler, 17 Jahre)

Erträumter Wohnort und Lebensstil von zwei weiteren Jugendlichen entsprechen auch nicht ganz dem Standardbild.
- »Also, ich würde mir wünschen, in einer richtig freien Kommune zu leben und halt mit tollen Menschen zusammen, mit denen ich alles machen kann. Zu schreiben, würde ich mir wünschen, Bücher schreiben und vielleicht auch ab und zu mal irgendwas veröffentlichen. Vielleicht zuerst mal ein paar Jahre forschen irgendwo und danach erst aussteigen. So erst mal ein bisschen auf die Gesellschaft Einfluss nehmen und danach aussteigen.« (Student, 22 Jahre)

So wie ein 19-jähriger Jugendlicher sich das erträumt, könnte er sich das Leben auch im Alter vorstellen:
- »Ich hätte in ganz ferner Zukunft gern ein kleines Eckhäuschen in einer kleinen französischen Stadt. Und zwar den ganzen Tag von morgens bis abends lesen und auf der Terrasse Wein trinken. *(Lachen)* Das habe ich den Sommer gemacht. Mit meiner Freundin war ich in Frankreich, und das hat mir gut gefallen. Und die Nachbarn waren auch ältere Leute, die wie ich den ganzen Tag auf dem Balkon gesessen haben bei trockenen 30 Grad und ihr Leben genossen haben. Das fand ich schon sehr erstrebenswert.« (Zivi, 19 Jahre)

Im Alter, da sind sich die Jugendlichen einig, möchten sie vor allem nicht ins Altersheim. Sie wünschen sich, dass sich ihre Kinder um sie kümmern. Die Familie soll ihnen auch im Alter Rückhalt bieten.
- »*Und wenn du alt bist, wie wird dein Leben dann aussehen?*
Dann hab ich ja Kinder, die sich um mich kümmern. Ich hoffe, ich werde nicht allein sein.« (Schülerin, 19 Jahre)
- »Wenn ich alt bin, dann hoffe ich doch, dass meine Kinder mich auch nicht ins Altersheim abschieben *(lacht)* oder so, sondern dass ich mit denen zusammen wohnen kann und sie entlasten kann. Und wenn ich dann so alt bin, dass ich Pflege brauche, dass sie dann für mich da sind und dass man sich hoffentlich nicht zu sehr auf den Wecker fällt *(lacht)*. Das passiert ja schon oft. Und dass man eine Familie zusammen bildet, eine Einheit.« (Abiturientin, 19 Jahre)
- »Ich hoffe mal, dass es mal so wird, dass man durch die Kinder und eventuell Enkel schon noch Leute um sich drum hat. Ich meine, sicherlich nicht alle, ich sehe es ja durch die Arbeit, dass viele weggehen. Aber dass man trotzdem noch ein bissel Familie um sich hat. Dass man nicht irgendwo alleine wohnt und wartet, bis es wieder Abend ist und man wieder ins Bett gehen kann. Schon das Familiäre noch.« (Angestellte, 25 Jahre)

- »Wenn ick alt werde. Ja, soweit kann man nicht denken, also ick nicht. Soweit, weeß ick nicht, dann sitz ick vorm Fernseher. Keene Ahnung, dann hab ick das Haus von meinen Eltern geerbt, vermiete wahrscheinlich unten an meinen Bruder, weil der Geld braucht. Mir geht's auch vom Geld her gut, hoff ick ... Ja, und dit war's, und meine Frau sitzt neben mir und mein Kind kommt einmal die Woche mich besuchen und hat noch ein Enkel, also ick hab ein Enkel *(lacht)*. Ja, dit is meine Zukunft.« (Auszubildender, 19 Jahre)

Was Jugendliche heute am Beispiel der »Jungen Alten« sehen, beeinflusst auch ihre Vorstellung vom eigenen Alter. Möglichst lange gesund und aktiv bleiben, noch interessiert »am Leben teilnehmen«. Die Wunschvorstellungen sind derweil ungetrübt von den eigenen prekären Rentenerwartungen. Einige Jugendliche sehen auch bei alten Familienmitgliedern Beispiele von durchaus angenehmem Leben im Alter.

- »*Würdest du dir so ein bisschen ein Beispiel an deiner Omama nehmen?* Ja, die rennt immer hin und her, die rennt immer von A nach B, ist egal, wie lang das ist. Die hat so einen eigenen Club, und da geht sie auch immer hin, hat sie ihre Freundinnen, unterhält sich da drinnen, trinkt einen Eierlikör, ein Weinchen abends immer. So würde ich gerne leben.« (Schüler, 16 Jahre)

Als Jugendlicher kann man sich das Leben im Alter offenbar durchaus als erstrebenswert vorstellen, in gewisser Weise sogar erstrebenswerter als das eigene Leben als Jugendlicher. Alte Menschen müssen sich zumindest keine Sorgen mehr um die Zukunft machen.

- »Eigentlich müsste man ja denken, dass sind Leute, die alt sind und sich *mehr* Angst um die Zukunft machen. Also je älter man wird, desto mehr Angst hat man, ist man auch angepasst, weil man vielleicht Angst hat, im unangepassten Weg nicht mehr sich ausdrücken zu können und jetzt nicht mehr die Möglichkeit zu haben, mehr als das blanke Überleben zu haben. Wenn man Familie hat, will man denen ja auch was bieten. Oder halt auch natürlich die Angst, wenn ich körperlich nicht mehr so fit bin und ... angepasster werde und mich diesen traditionellen Werten eher hingebe. Dagegen wenn ich jung bin, müsste ich eigentlich noch voller Zuversicht sein, voller Hoffnung, aber das ist nicht mehr. Das ist momentan nicht mehr so.
Wie wird dein Leben aussehen, wenn du alt bist?
Ja, hoffentlich so ähnlich wie wenn ich jung bin, und vielleicht sogar noch besser wie wenn ich jung bin. Wenn ich vielleicht noch weniger Angst haben muss, mich voll auszuleben, meine Meinung immer zu sagen zum Beispiel, ohne Angst haben zu müssen, dadurch keinen Job mehr zu bekommen.« (Student, 22 Jahre)

Sollte es noch so weit kommen, dass die Jungen die Alten beneiden?

7.3 Generationenkonflikt?

7.3.1 Alte Menschen aus Sicht der Jungen

Die Lebensrealität der von uns befragten Jugendlichen ist auf vielfältige Weise mit jener der alten Generation verwoben. Jugendliche erleben alte Menschen ...
  - ... als Großeltern: Die Jugendlichen wurden als Kinder von ihnen betreut und verwöhnt. Der Kontakt bleibt auf dem Weg ins Erwachsenenleben bestehen. Finanzielle Unterstüt-

zung aus Kindertagen spielt auch im weiteren Leben der Jugendlichen eine Rolle, aber die Jugendlichen versuchen ihrerseits die Alten zu unterstützen. Wenn der Kontakt zu den Großeltern nicht vorhanden ist, wird fast entschuldigend die größere räumliche Distanz erwähnt, die den Kontakt zu ihnen erschwert. Nur in Ausnahmefällen besteht der Kontakt deshalb nicht, weil die Beziehung zwischen den Eltern und den Großeltern eher lose ist oder weil die Großeltern einen zu autoritären Erziehungsstil haben. Allerdings gibt es auch Großeltern, die einfach zu aktiv sind, um den Enkeln jederzeit zur Verfügung zu stehen.

- ... als Pflegebedürftige: Jugendliche begegnen pflegebedürftigen alten Menschen als Zivildienstleistende, als Beschäftigte oder Auszubildende im expandierenden Gesundheits- und Pflegebereich und in der Familie, wenn die Großeltern pflegebedürftig werden. Dann verkehrt sich das Großeltern-Enkel-Verhältnis, nun müssen die Jugendlichen sich mit um die Senioren kümmern. Die Pflegesituation in der Familie ist nicht immer frei von Konflikten und wird von den Jugendlichen als sehr schwierig erlebt. Zivildienstleistende empfinden diese Arbeit eher als Herausforderung für ihre persönliche Entwicklung, da sie sich mit den Werten und Einstellungen der Senioren auseinandersetzen müssen. An der direkten Reaktion der Pflegebedürftigen können sie sehen, was sie geleistet haben.
- ... als Patienten und Kunden: Das Verhältnis der Jugendlichen zu den Alten in anderen Berufen ist weniger emotional. Alte stellen unter Umständen zwar andere Anforderungen an die Inhalte der Tätigkeit, doch dies wird von den Jugendlichen nicht als besondere Herausforderung oder gar Belastung angesehen.
- ... als Kollegen: Sie werden als Ratgeber oder als (beeindruckende) Persönlichkeiten geschätzt. Zum Teil wird ein distanziertes Verhältnis zu älteren Kollegen beklagt, die keinen freundschaftlichen Umgang, sondern rein sachliche, arbeitsbezogene Beziehungen pflegen.
- ... beim freiwilligen Engagement: Von uns befragte Jugendliche engagieren sich in Strukturen, die meist durch die mittlere und ältere Generation geprägt sind: in Vereinen, in der Kirche, beim Deutschen Roten Kreuz, in Gewerkschaften oder in Parteien. Die Jungen fühlen sich in ihren jeweiligen Zusammenhängen ernst genommen und akzeptiert, der Altersunterschied zu den anderen Engagierten spielt eigentlich keine Rolle. Dies scheint jedoch nur so lange der Fall zu sein, wie die Jugendlichen keine eigenständigen politischen Positionen verfolgen, denn dann sehen sich die befragten jungen Engagierten mit Widerständen konfrontiert.
- ... nur wenig: Werte und historischer Erfahrungshorizont verursachen ein Gefühl der Distanz zwischen den Generationen, die Alten verstehen den jugendlichen Alltag nicht. Fehlt es an Interaktion mit der älteren Generation, z.B. durch ein enges Verhältnis zu den Großeltern, bleibt den Jugendlichen die Welt der Alten fremd.

Die Sicht der Jungen auf die alte Generation ist durch diese Kontakte stark beeinflusst. Ihre Beobachtungen, also ›empirisch‹ gewonnene Bilder, mischen sie mit Idealbildern und Stereotypen. Welches Bild der alten Generation entsteht daraus?

»Süße Omas« und »Junge Alte«

Der wichtigste Unterschied in der Wahrnehmung der alten Generation ist zunächst der zwischen Hochbetagten und den inzwischen schon zum Begriff gewordenen »Jungen Alten«. Auch wenn sie nicht immer so genannt werden, lassen sich aus den Interviews diese beiden Typen alter Menschen erkennen.

- »Also ich finde, es gibt ja nicht nur alte Leute, sondern es gibt ja auch verschiedene Generationen. Jetzt zum Beispiel die, die 90 sind, da habe ich das Gefühl, in meiner Umgebung, dass die sich noch viel mehr um Kleinere kümmern ... Für mich war das immer so, dass die mittlere Generation die Eltern sind, die auch viel arbeiten, und da sind auch die Älteren da, die sich auch mal liebevoll um die Kleinen kümmern. Und dafür benehmen die sich gut. Aber jetzt für die 60-Jährigen ... Hier vor allen Dingen habe ich so das Gefühl, dass die noch so rüstig sind und dass die eher so wie eine eigene Gruppe sind, wie ein Gruppenclan. Die gehen ins Museum. Die gehen da hin. Ich habe manchmal richtig Bedenken, dass ich denen mal einen Arm anbiete, wenn ich sehe, es funktioniert gerade nicht so, dass sie nicht gut laufen können, weil das kommt dann wie: Ich kann doch noch, ich brauch das nicht *(imitiert)*. Die 90-Jährigen sind so typisch wie Oma, Opa eher. *Diese Hochbetagten.* Genau. Die auch noch ordentlich Krieg miterlebt haben. Und dann die, die jetzt so vielleicht 60 sind und in der Nachkriegszeit aufgewachsen sind ... *Die so genannten Jungen Alten?* Ja, genau, die sind halt noch ziemlich rüstig und auch vielleicht, ich weiß das noch von früher, da waren die Älteren auch richtig noch abgearbeitet, also, dass sie dann auch schlecht laufen konnten und krumm gelaufen sind und so, weil sie ordentlich geschuftet haben während dem Krieg und so die ganze Zeit. Die, die jetzt 60 sind, die sind noch ziemlich fit. Meine Oma auch. Die ist auch so um den Dreh.« (Abiturientin, 19 Jahre)

Die »alten Alten« entsprechen also mehr dem Bild, das man sich von der Großelterngeneration macht. Wenn Jugendliche sich auf die Hochbetagten beziehen, dann ganz häufig mit der Charakterisierung, diese Generation hätte »viel erlebt« und teilweise »noch den Krieg mitgemacht«.

Geschätzt wird der Erfahrungshintergrund dieser Generation. Die alten Menschen können als Zeitzeugen Geschichten erzählen und Jüngeren Geschichte nahebringen. Insbesondere die Kriegserfahrungen haben etwas Spektakuläres und üben offenbar eine besondere Faszination auf die Jugendlichen aus. »Die heftigsten Geschichten habe ich von meinem Opa gehört«, und solche Geschichten handeln von Vertreibung und von Kriegserlebnissen. Die Jugendlichen finden, dass solche Erzählungen ihre eigene Sicht der Dinge auf sinnvolle Weise relativieren. Seien es die »10 Pfennig«, die damals so viel wert waren, seien es die »schrumpeligen Äpfel«, die man damals noch zu schätzen wusste. Typische Geschichten, die die Kinder der Nachkriegsgeneration eher nervten, werden heute positiv erlebt. Dass sie die Kriterien spannender Unterhaltung erfüllen, tut ihrer Akzeptanz sicher keinen Abbruch. Überhaupt werden die Hochbetagten nicht oder selten negativ erlebt, zumindest wenn die Kontakte auf der persönlichen Ebene bestehen. Für die Jugend der 68er Jahre hatte die Kriegsgeneration, zu der ihre Eltern und Großeltern gehörten, den Krieg nicht nur erlebt, sondern auch verschuldet. Heute hochbetagte Menschen waren zu Beginn des Naziregimes eher noch Kinder, in

Kriegszeiten gerade einmal Jugendliche. Vielleicht deshalb spielt die Schuldfrage in keinem einzigen Interview eine Rolle. Es vermischen sich im Übrigen Wahrnehmungen von der Kriegs- und der Aufbaugeneration, zu der die Großeltern der heute 15- bis 25-Jährigen ja viel eher gehören. Sehr alte Menschen haben jedenfalls »viel mitgemacht« und vor allem »ein Leben lang gearbeitet«, sie verdienen einen schönen Lebensabend.

- »Die sollen das machen, was ihnen gefällt. Sie haben ihr Leben gehabt, und wenn das besonders 'ne ganz alte Generation ist, so die Menschen, die ab 70, 80, 90 sind, die haben den Krieg miterlebt, die haben genug schlimme Sachen miterlebt. Jedenfalls die meisten.« (Student, 23 Jahre)
- »Diese Generation hat viel dafür getan, dass es jetzt so ist, wie es ist. Dass sie jetzt noch Geld haben, mussten sie sich auch verdienen. Die haben auch hart gearbeitet und nichts umsonst gekriegt.« (Angestellte, 23 Jahre)

Wenn es um die eigenen Großeltern oder sogar Urgroßeltern geht, wird bei etlichen Jugendlichen große Verbundenheit und Zuneigung deutlich. Die Enkel schildern das Verhältnis als gut und entspannt, vor allem weil es »frei von Erziehung« ist. Für die Einhaltung von Regeln und Normen sind nicht die Großeltern, sondern die Eltern zuständig – Oma und Opa verwöhnen die Enkelkinder.

- »Großeltern sind immer so ein Stück weit lockerer als die eigenen Eltern und sind auch auf jeden Fall lockerer, als sie selber bei ihren eigenen Kindern waren. Das ist auch, denk ich, ganz logisch, da die Großeltern ja nie die direkte Verantwortung für die Enkelkinder haben. Das heißt, die Großeltern sind eigentlich nur zum Nettsein da. Also sozusagen ein Ausgleich zu den Eltern. Die Eltern müssen einem natürlich auch Sachen verbieten, sind ja für die Erziehung direkt verantwortlich und dann kommt vielleicht die Oma von der Seite und sagt: ›Ach, lass den Jungen doch oder lass das Mädel doch.‹« (Student, 19 Jahre)
- »Generell würde ich sagen, das ist halt eine andere Art von Beziehung, als man zu seinen eigenen Kindern hat, von Seiten der Großeltern, weil man nicht mehr diese große Verantwortung hat. Man kann sich, glaube ich, vollkommen auf das Positive konzentrieren, mit denen Spaß zu haben und vielleicht denen Freude zu machen mit irgendwelchen Geschenken oder zu spielen. Man hat aber nicht mehr die ganze Erziehungsarbeit. Aber man kann trotzdem stolz sein, wenn die Enkel irgendwas erreichen.« (Studentin, 21 Jahre)

Zum Verwöhnen gehört meist auch, dass die Großeltern ihren Enkeln mal ein bisschen Geld zustecken oder Spielsachen kaufen, die sie von den Eltern nicht bekommen. Wenn die Jugendlichen größer werden, ist ihnen das durchaus auch unangenehm, weil sie doch eigentlich auf eigenen Beinen stehen wollen, oder weil die Oma selbst nicht so viel übrig hat.

- »Das war einem schon immer richtig unangenehm, wenn man dann zu Besuch gekommen ist ›hier, haste ein bisschen Geld für Sprit und alles‹. Und dann hat man das schon immer auf'm Küchentisch liegen gelassen.« (Handwerker, 25 Jahre)
- »*Unterstützen die dich auch mal finanziell?*
Ja, tun sie. Weihnachten, zu Geburtstagen und so. Und das finde ich erstaunlich, weil meine Oma – mein Opa mütterlicherseits ist gestorben – hat nur eine ganz kleine Rente und spart dann das ganze Jahr, um irgendwie mir zum Geburtstag was

in den Briefumschlag zu legen. Das finde ich toll. Da habe ich auch oft ein schlechtes Gewissen.« (Studentin, 19 Jahre)

Großeltern und Urgroßeltern werden zwar respektiert, aber auch auf liebevolle Weise nicht so ernst genommen.
- »Die ist ganz klein, die geht mir ungefähr bis hier und hat so 'ne Knaufnase. Und sie geht immer so wie ein Model, immer so mit dem Po rumschwenken *(lacht)*. Das finden meine Freunde und ich voll cool *(lacht)*, und deswegen hat sie hat den Spitznamen ›Model‹ gekriegt.« (Schüler, 16 Jahre)
- »Meine Oma hat so einen trockenen Humor. Da saßen wir am Essen und meine Mutter will anstoßen und alle heben das Glas bis auf meinen Opa. Und meine Oma, die eh gebrechlich ist, nimmt das Glas von meinem Opa und sagt, der Opa hat keine Zeit, und stößt mit uns an mit dem Glas. Das fand ich soo süß. *(Lachen)* Du weißt, die sind auf jeden Fall für Dich da, einfach weil die so viel mitgemacht haben und weil die immer alles für den anderen auch geben. Mein Opa nimmt so oft Leute bei sich auch auf. Das ist einfach ein wahnsinnig liebevoller Mensch. Der lebt noch mit ganz anderen Werten. Das ist halt das Schöne an ihm, deswegen sind die auch süß.« (Schülerin, 19 Jahre)

Bilder von alten Menschen sind manchmal Vorbilder. Bestimmte Haltungen und Einstellungen der Großeltern gelten Jugendlichen als vorbildlich, zum Beispiel eine soziale Haltung. Das klang im letzten Zitat schon an. Im Interview geht es folgendermaßen weiter:[89]
- »*Und was sind das für Werte, mit denen dein Opa lebt?*

[89] Zum Image alter Menschen als sozial engagiert vgl. auch die repräsentativen Ergebnisse in Kapitel 4.

Dass man halt immer zusammenbleibt und sich net scheiden lässt, nur weil man jetzt eine andere Frau getroffen hat, die vielleicht netter aussieht oder so. Dass man der Nachbarin was hilft, auch wenn man gerade selber was zu tun hat. Und dass man immer für seine Kinder da ist. Und dass man auch, selbst wenn man krank ist – meine Oma ist sehr krank und die steckt das aber immer zurück und möchte immer für die anderen noch Plätzchen backen und was weiß ich –, dass man selbst seine Bedürfnisse zurücksteckt und eben mehr für das Allgemeinwohl sorgt.« (Schülerin, 19 Jahre)
- »Mein Opa der hat auch jedem Menschen geholfen und immer Obdachlosen Geld gegeben halt. Der hat immer jedem geholfen, der irgendwelche Probleme hatte, mir auch immer, meinem Bruder. Er hat immer mit uns geübt für die Schule und deswegen, ich mach das dann auch immer, mit Helfen.« (Schüler, 16 Jahre)

Zum Bild hochbetagter alter Menschen gehört auch die Gebrechlichkeit, gehören Krankheiten und die Nähe zum Tod. Als Kontrapunkt dazu ist das Bild der Jungen Alten vor allem durch deren »Rüstigkeit« geprägt. Dieses Merkmal ist durchaus nicht immer auf die Altersgruppe der de facto »jungen« Alten beschränkt, eher geht es hier um einen Typus.
- »Die sind teilweise schon ganz aufgeschlossen und ganz flott und sausen mit ihren 70, 80 durch die Gegend und erzählen, dass sie wandern waren und so und so viele Kilometer. Wo ich dann denke, da hätt ich Muskelkater hinterher.« (Angestellte, 25 Jahre)
- »Ich finde es gut, wenn ich mitkriege, dass Leute sich z. B. einfach noch mit Leuten treffen, für 'ne Gymnastik z. B. oder solche Geschichten. Einen habe ich dabei, der ist der Sportfan:

Handball und guckt sich die Spiele von ›seinem‹ Verein an, fährt mit auf die Auswärtsspiele in der näheren Umgebung und ist davon total begeistert. Das finde ich super. Man kriegt mit, wer macht was und wer macht nichts; welche Leute sind noch mit drin und wie weit die zurückgezogen sind.« (Schüler, 19 Jahre)

Von rüstigen alten Menschen wird erzählt, wie fit sie seien, von ihrer Unternehmungs- und Reiselust, ihrer Sportlichkeit. Sogar eine Bungee springende Oma hat ein Jugendlicher vorzuweisen. Dies wird bewundernd vorgetragen, oft in dem Zusammenhang, dass Jugendliche sich für ihr eigenes Alter ähnliche Fitness und lange körperliche und geistige Beweglichkeit wünschen. Besonders betont wird die Unabhängigkeit der »jung gebliebenen Alten«, und diese Selbständigkeit und Unabhängigkeit wird durchaus als Entlastung der nachfolgenden mittleren und jungen Generation erlebt.

Von den Alten lernen

Aus den Erwartungen der Jungen an die ältere Generation lässt sich ableiten, welche Rolle sie den Alten in der Gesellschaft und in ihrem Leben zuweisen. Erwartungen sind aber nicht nur normativ, sie spiegeln ebenso die Erfahrungen der Jungen mit den alten Menschen und deren Anforderungen an sie wider. Ein entscheidender Unterschied ist hier, ob die Erwartungen dem direkten, persönlichen Kontakt entspringen oder auf Verallgemeinerungen beruhen. Jugendliche, die in den Genuss der »Geschichten« der Großeltern oder der Pflegebedürftigen gekommen sind, äußern häufig die Erwartung, vom Rat alter Menschen profitieren zu können. Die Alten sollen ihre Lebenserfahrung an die Jungen weitergeben.

- »Manchmal erwarte ich von alten Menschen, dass sie mehr wissen als ich und dass sie mir den Plan fürs Leben sagen können, obwohl sie das wahrscheinlich nicht können.« (Studentin, 19 Jahre)
- »Und für mich persönlich ist es so, wenn ich das auf die Familie beziehe, dass man schon drauf hören sollte, wenn alte Leute mal was sagen, meine Oma oder auch mal andere. Die geben einem dann Ratschläge, die man dann beim ersten Mal nicht so wahr haben will, aber hinterher ist es dann doch immer so.« (Angestellte, 23 Jahre)
- »Bei den Kollegen, wenn ich da gucke, hab ich zwei ältere dabei. Das sind dann auch die, die mal sagen: ›Pass mal auf, du kannst halt nicht soviel wissen, aber ich zeig dir jetzt mal, wie das läuft.‹ Die ihre Erfahrung auch weitergeben.« (Zivi, 18 Jahre)

Eine ganz andere Erwartung erzeugt hingegen die Erfahrung, dass die »Aufbaugeneration« auf ihren alten Lösungen beharrt und die Jugend möglichst alles so machen solle wie sie. Dies beantworten die Jungen mit der Forderung, Innovationen zuzulassen und sich endlich auf Neues einzustellen. Das Lernen von den Alten rückt dann in den Hintergrund. Eher umgekehrt sollen die Senioren von ihnen lernen, aber am besten die Jungen doch mal machen lassen.

- »Es ist zwar schön, dass man die Erfahrungen weitergibt, aber jeder Mensch muss seine eigenen Erfahrungen machen und das find ich halt wichtig. Und so was verstehen ältere Menschen nicht. Das sind vielleicht meine Erwartungen an ältere Menschen, dass sie die Jugend machen lassen. Dass sie die machen und eigene Erfahrungen sammeln lassen. Ohne Erfahrungen kann man nicht leben, man muss Erfahrungen

sammeln im Leben.« (Angestellte, 22 Jahre)
- »Insofern erwarten die Alten Respekt von den Jungen und dass sie sich an ihre Erfahrungen halten. Das ist zum Teil auch berechtigt, aber andererseits ist es nicht berechtigt, wenn es eben darum geht, Innovationen anzuerkennen.« (Student, 19 Jahre)

Vorsichtig äußern die Jugendlichen auch die Erwartung, die Alten mögen doch Respekt vor ihnen haben und sollten etwas toleranter sein. Die Ursache dafür sind stereotype Vorwürfe der Alten, die Jugend sei faul und unhöflich, sowie ihre Kritik an jugendlichem Verhalten und Aussehen.[90] Für die Jungen sind diese Vorwürfe lebensfremd, das Leben heutzutage sei nun mal anders, das sollten die Alten doch bitte einsehen. Zum Teil verbirgt sich hinter der Erwartung von Respekt auch das Bedürfnis, die eigenen Leistungen von den Alten anerkannt zu sehen, denn Jugendliche haben durchaus mit Akzeptanzproblemen zu kämpfen.

- »Ich erwarte von denen eigentlich, dass die mich respektieren, so wie ich bin. Dass sie keine Vorurteile haben, wenn sie so jemanden Jungen wie mich sehen. Sprich: Junge Menschen taugen doch eh nix oder so was. Das erwarte ich.« (Auszubildende, 18 Jahre)
- »Es sind immer mal welche dabei, die so ein bissel mit Skepsis rangehen, weil ich sehe auch nicht unbedingt ›alt‹ aus. Dass sie dann erst mal denken ›Ist die denn auch schon fertig?‹«. (Angestellte, 25 Jahre)
- »Einsicht haben und, was könnt man noch sagen, dass sie vielleicht auch offen sind für was Neues.« (Landwirt, 23 Jahre)

Nur selten wird an alte Menschen die Erwartung herangetragen, die Familie zu unterstützen oder gesellschaftliches Engagement zu zeigen. Eher ist es die Aufgabe der Gesellschaft und der Familien, die Alten zu integrieren und für sie zu sorgen. Die Großeltern sollen lange leben und dabei soll es ihnen möglichst gut gehen, sie sollen ihre alten Tage genießen, nachdem sie so viel in ihrem Leben durchgemacht und gearbeitet haben bzw. einfach mal die anderen machen lassen.

- »Das kommt darauf an, in welchem Stadium sie sich befinden. Wenn es, sagen wir mal, irgendwas Kleines ist, ein ›Wehwehchen‹ ist, dann finde ich, sollten sie sich die Hoffnung bewahren, dass sie für ihr Alter noch lange leben können. Für mich sollten sie einfach eine Freude ausstrahlen. Glückliche Menschen sollten es eigentlich sein.
Warum ›eigentlich‹?
Weil ich mir denk, die haben so viel durchlebt und überlebt und sollten darüber einfach glücklich sein.« (Auszubildende, 18 Jahre)
- »Meiner Meinung nach sollen die sich ausruhen und sollen das machen, wozu sie Lust haben, weil genug gearbeitet haben sie. Und irgendwo haben sie sich ihre Rente auch verdient und sollen auch mal ein bisschen was erleben.« (Handwerker, 25 Jahre)
- »Also, wat soll ick von Alten erwarten? Nichts mehr. Dass die ihr Leben leben, dat es denen jut jeht. Jetzt sind wir da.« (Auszubildender, 19 Jahre)
- »Ach ich erwarte nichts von alten Menschen. Keine Ahnung, die sollen den Rest ihres Leben genießen und mich in Ruhe lassen.« (Schüler, 17 Jahre)

Dass die Alten etwas erleben sollen, ist dabei durchaus als Aufforderung zu verstehen. Sie sollen sich weiter mit Neuem beschäftigen, neue Kontakte aufbauen

---

[90] Darauf gehen wir ausführlich im Kapitel 7.3.2 ein.

und möglichst lange fit und unabhängig sein. Auch im hohen Alter sollen sie »mit ihrer Zeit was Sinnvolles anstellen«. Selbstmitleid oder Jammern über Altersbeschwerden sind für die Jugendlichen schwer zu akzeptieren, so sollten die Alten nicht alt werden.

- »Ich finde es einfach wichtig, auch im Alter noch ein Ziel vor Augen zu haben, vielleicht so eine Vorstellung, ein Idealbild, woran man glaubt, was man auch für wichtig hält. Es muss nicht irgendeine Organisation sein, die jetzt der Allgemeinheit dient, sondern auch wenn es einfach mit den besten Freundinnen ein Kaffeekränzchen ist, finde ich das einfach wichtig und sich nicht darauf zu verlassen, andere sorgen schon für mich. Ich denke, es liegt jedem selbst in der Hand, wie ich mein Alter gestalte und wenn ich niemanden zum Reden habe, dann liegt das nicht an den anderen, sondern es liegt an einem selber, d. h., sie müssen selbst darauf kommen, dass sie ... ja, Seniorenkreis gibt's hier in der Umgebung ... da mal hinzugehen ... und sich einfach mit Leuten wieder auseinandersetzen. Das erwarte ich auf jeden Fall schon von den Leuten, weil sonst geht man ja ein.« (Schüler, 19 Jahre)
- »Also eigentlich, sie sollten auch aufgeschlossen sein dem Neuen gegenüber. Das kann ich mir gut vorstellen, dass das nicht einfach ist. Aber ich finde das bewundernswert, wenn alte Leute dem Neuen gegenüber aufgeschlossen sind.« (Studentin, 19 Jahre)
- »Meine Oma hatte immer Leute da, die haben ehrenamtlich beim Gericht mitgearbeitet, das fand ich gut. Also ich denke, wer eine Aufgabe hat, wird auch nicht so schnell alt. Weil einfach die Zeit nicht da ist, über sich selber nachzudenken und sich zu bemitleiden, dass man schon so alt ist und nicht mehr gebraucht wird oder so.« (Zivi, 18 Jahre)

Alte Menschen als Studierende: Ein Beispiel?

Die Aktivitäten der Jungen Alten sollen sich, etwas zugespitzt formuliert, auf »altersgerechte« Handlungsbereiche beschränken und nicht zu sehr in die Domäne der Jugend verlagert werden. Man kann dies am Beispiel des Seniorenstudiums sehr gut zeigen. Dass Senioren Bildungsangebote wahrnehmen, »um fit zu bleiben«, wird positiv bewertet, ebenso wie die persönlichen Erfahrungen, die diese in das Studium einbringen können. Problematisch wird es offenbar spätestens dann, wenn, wie ein Geschichtsstudent berichtet, der Vorlesungssaal zur Hälfte mit Senioren besetzt ist. (»Ich habe einmal mitgezählt, und da war es ganz genau halbe-halbe. Ich habe mir den Spaß mal gemacht.«)

Die jugendlichen Studenten gehen dann zur Verteidigung über, denn sie sehen eine Institution, die vorwiegend der Ausbildung junger Menschen dienen soll, teils sehr großem Andrang von alten Studierenden und Gasthörern ausgesetzt. Die von uns befragten jungen Studierenden sind dabei keineswegs nur ablehnend, ihr Bemühen um eine konstruktive Haltung ist aber harten Proben ausgesetzt.

- »Das ist halt das typische Klischee: Die Rentner haben halt mehr Zeit, und die Studierenden müssen ein bestimmtes Pensum ableisten. Und wenn man halt noch ein Seminar besuchen muss und ist dann relativ knapp dran, um in die Vorlesung zu kommen, dann sitzen die ganzen Rentner schon da mit ihrem Kaffee und ratschen. Dann kriegen die jungen Studenten – die werden auch oft als reguläre Studenten bezeichnet, wobei die anderen auch reguläre Studenten sind, denn die zahlen ja auch dafür – also, die jungen Studenten haben dann oft keinen Platz, vor allem in den begehrten Vorlesungen wie ›Frühe Neuzeit‹. Und die Rentner, na ja, sie sagen es nicht so, aber sie gehen offenbar davon aus und zeigen das auch: ›Ich mit meinen alten Knochen kann mich nicht auf den Boden setzen und die jungen Hupfer, die können sich durchaus gern mal auf den Boden setzen.‹ Aber dass die jungen Hupfer diese Vorlesung eigentlich eher brauchen und vor allem auch für ihr späteres Leben, wogegen die Senioren da eigentlich nur drin sitzen, wie böse Zungen sagen, weil die Volkshochschule mehr kostet …« (Student, 22 Jahre)

- »Die gehen dann möglicherweise nur zu einer Vorlesung und haben den Rest der Woche Zeit, sich darauf vorzubereiten und sind dann total vorbereitet und stellen Fragen, die der Professor noch nicht mal beantworten kann, und niemand anderes interessiert sich dafür, und fangen Diskussionen an oder so. Es gibt tatsächlich auch welche, die sind geistig nicht mehr so fit und halten das dann auch ein bisschen auf. Aber eigentlich finde ich, dass im Gespräch eben auch zwischen Generationen ja Fragen beleuchtet werden.« (Studentin, 19 Jahre)

Offenbar beobachtet man bei den Senioren eine Mentalität des »Das steht uns doch zu«. Die jugendlichen Studierenden sehen dies zwar kritisch, nehmen aber insgesamt die Situation hin.

- »*Erzeugt das jetzt auch Spannungen zwischen den Jungen und den Alten? (lacht)* Das kann man *durchaus* so formulieren! Also, Paradebeispiel ›Weimarer Republik‹. Wenn der Dozent vorne etwas erklärt, dann meldet sich prompt einer und sagt: Das war aber ganz anders. Das ist dann das Typische: ›Jetzt geht das schon wieder los!‹ Oder auch wenn der Vorlesungssaal brechend voll ist von Rentnern, und man kriegt als Junger keinen Platz mehr, dann erzeugt das schon Spannungen, weil man sich einfach sagt: Also, volkswirtschaftlich gesehen brauchen wir diese Ausbildung, um deren Rente zu finanzieren. Das ist schon etwas, was man dann oft hört. Ich bin nicht ganz dieser Meinung, aber ich kann es auch sehr gut nachvollziehen.
Und wie verhalten sich die Senioren den jungen Studenten gegenüber? Also, das ist auch sehr unterschiedlich. Ich muss sagen, ich habe mit einem Großteil der Senioren gute Erfahrungen gemacht. Also, ich muss sagen, zum Teil haben diese Zeitgenossen ja auch was für sich, aber man macht auch schon negative Erfahrungen mit den Senioren. Also, wenn die dann die Studenten rumkommandieren, oder wenn man ein bisschen was sagt, dann sind sie gleich beleidigt. Oder wenn die Senioren dann ankommen und gleich mal eine ganze Reihe besetzen für ihre Freunde.« (Student, 22 Jahre)

- »Ich kam am Anfang dieses Semesters in eine Vorlesung und machte die Tür auf und sah ungefähr 40 alte Menschen über 50 mindestens und zehn in meinem Alter und dachte: Bin ich hier richtig, das hier ist doch eine Universität? Hier sind doch Studenten oder? Das finde ich verwunderlich irgendwie, weil man ja denkt, wenn ich an die Uni gehe, dann treffe ich Menschen in meinem Alter. Dann kann ich mit Gleichgesinnten das studieren. Manchmal habe ich das Gefühl: Ist Theologie vielleicht nur was für Ältere? Ist das veraltet hier, weil im Gegensatz zu den Alten so wenig Junge da sind? Aber was soll man machen? So ist das halt.« (Studentin, 19 Jahre)

Von Ausnahmen wird berichtet, in denen ältere Studierende Hemmungen haben, jugendlichen Studierenden quasi den Platz wegzunehmen.

- »Wenn jetzt alle Seniorenstudenten das Bewusstsein hätten, dass das Studium primär so ausgerichtet ist, dass die regulären Studenten, die Jungen also, ausgebildet werden und das andere eher ein Extraservice ist – also, ich sehe es als sinnvollen Extraservice – aber nicht als Primärziel. Primärziel ist eben Forschung und Lehre für die jungen Studierenden, und das andere ist ein Service, der da nebenher läuft. Wenn dieses Bewusstsein bei allen Seniorenstudenten verankert wäre, dann würde es auch keine Probleme geben.
Und findest du diese Haltung bei den älteren Studierenden auch vor?
Ja, das gibt es schon. Es gibt z.B. einen älteren Studenten, der zieht dann keine Anzughosen an, sondern Jeans, damit er sich auch mal auf den Boden setzen kann. Und in gewisser Weise sind die Seniorenstudenten auch eine Bereicherung, wie ich schon sagte. Alles ist Gift, es kommt nur auf die Dosis an.« (Student, 22 Jahre)

Die Gefühle sind ambivalent: Hier der Wunsch, verständnisvoll und tolerant zu sein, dort der Zorn, weil »ihre« Institution von den Alten usurpiert wird.

- »Aber wenn es auffällt und wenn es anstrengt und wenn es irgendwie das Lernen negativ beeinträchtigt, dann überfällt mich manchmal die Wut und ich denke, was suchen die jetzt hier? Brauchen die jetzt noch mal einen Kick?« (Studentin, 19 Jahre)

Die Situation »Seniorenstudium« wird so ausführlich geschildert, weil hier exemplarisch deutlich wird, wie sich die Situation zwischen den Generationen vor dem Hintergrund knapper Ressourcen verschärfen könnte. Die Forderung der jungen Studenten könnte deshalb lauten: Alte in die Volkshochschule. Dort sind sie richtig mit ihrer umfangreichen Vorbereitungszeit und dem Selbstbewusstsein, mit dem sie den Unterricht mitgestalten, wie es von einer Befragten (positiv konnotiert) geschildert wird:

- »Die Älteren lernen wirklich und die machen mit. Also, da ist jetzt nicht so: ›Nee, ich will jetzt nicht, ich trau mich nicht.‹ Das ist eigentlich ganz locker, das macht auch richtig Spaß mit denen.
Lernen die anders als du?
Ich denk mal. Die haben ja Zeit. Die haben wirklich den ganzen Tag Zeit. Und der eine von uns, der schlägt jeden Montag sein Buch auf und sagt: ›Das hab ich alles gemacht.‹ Und ich sitze dann da und habe das mal kurz überflogen, aber richtig viel Zeit zum Lernen hab ich nicht gehabt. Die sind da vielleicht mehr hinterher.« (Angestellte, 23 Jahre)

Als *Zwischenfazit* lässt sich Folgendes festhalten:

Studierende alte Menschen entsprechen von Lebensalter, Lebensstil und Anspruch her eher dem Klischee der Jungen Alten. Sie sind eben nicht jene netten und freundlichen Hochbetagten, die auf der Bank vor ihrem Haus sitzen und auf den Besuch der Enkel warten. So, wie wohl manche Jugendliche sich alte Menschen wünschen würden. Und so, wie sich zum Beispiel eine 25-jährige Jugendliche aus den neuen Bundesländern »den perfekten alten Menschen« vorstellt:

- »Dunkle Haut, Falten, Schirmmütze auf und mit Zigarre vor dem Haus sitzend ... Eine lockere Art, dass er vielleicht auch mal vor sich hin brubbelt und mal meckert. Aber der auch noch herzlich lachen kann. Der ein bisschen aufpasst auf die Jugend, dass sie auch alles richtig machen aus seiner Sicht. Mit dem man auch zusammen lachen kann.« (Erwerbslose, 25 Jahre)

Dagegen wollen die Jungen Alten manchmal nicht einsehen, was ihrem Alter angemessen wäre, z. B. bei der Kleidung. »Furchtbar« sei das, wenn »die sich dann noch mal 'ne ganz schrille Figur mit irgendwelchen komischen Farben zusammenbasteln«, meint ein 19-jähriger Schüler.

Insgesamt zeigt sich ein gespaltenes Bild der Jugendlichen von der alten Generation. Es gibt die Hochbetagten, mit denen ein idealisiertes Bild der verwöhnenden, wenig autoritären Omas und Opas verbunden ist. Diese Generation konnte einen Aufbau- und Arbeitsmythos etablieren, den die Jugendlichen absolut verinnerlicht haben. An diesem Mythos stricken vor allem die eigenen Großeltern und die Pflegebedürftigen in Altenheimen mit ihren Berichten über Krieg, Vertreibung und Leben in einer anderen, schlechteren Zeit. Von ihnen möchten die Jugendlichen lernen, wie sie ihr eigenes Leben führen sollen. Um ihre Großeltern kümmern sich die Jungen gern, auf keinen Fall würden sie sie in ein Heim abschieben. Gesellschaftlich spielen diese Hochbetagten keine wichtige Rolle mehr, ihr Leben spielt sich, manchmal nachsichtig belächelt, weitestgehend außerhalb des normalen jugendlichen Alltags ab.

Auf der anderen Seite stehen die Jungen Alten, die fit und aktiv das Leben genießen und offen für Neues sind. Eigentlich genau so, wie es sich die Jugendlichen wünschen. Aber hoppla, dabei stellen diese Jungen Alten auf einmal Ansprüche, wollen den Jungen sagen, wo es langgeht, stehen Schlange im Museum oder sitzen in den Hörsälen der Universitäten. Diese anspruchsvollen Alten passen nicht ins Bild lieber Großeltern. Sie lassen die Jungen eben nicht »machen«, sondern üben noch Einfluss aus und mischen sich ein. In einer alternden Gesellschaft werden sich die Jugendlichen an diesen Zustand wohl gewöhnen müssen. Und die Alten könnten es ihnen mit Respekt und Toleranz erleichtern.

7.3.2 Jugend: Eine Frage der Perspektive

Jugend als Lebensabschnitt

Wie sehen die Jugendlichen ihre gegenwärtige Lebensphase? Sehen sie die Zeit der Jugend tatsächlich als einen Freiraum, in dem sie sich unbeschwert ausprobieren können, bevor der Ernst des Lebens beginnt? Oder beeinflussen die schlechten Zukunftsaussichten für »die Jugend« ihre Wahrnehmung dieser Lebensphase?

Die Phase des Übergangs von der Kindheit ins Erwachsenenleben bewegt sich zwischen dem Genuss größerer Freiheiten, dem Bewusstwerden von Verantwortung und dem Erleben körperlicher Veränderung. Dass diese Entwicklung nicht an ein bestimmtes Alter gebunden ist, darüber sind sich die befragten Jugendlichen einig.

- »Es gibt Leute, die sind mit 19 wirklich vom Verhalten her noch ein Kind. Und die anderen sind mit 18 oder 17 schon vom Verhalten erwachsen.« (Landwirt, 23 Jahre)
- »Das finde ich jetzt ganz individuell. Einige sind das mit 30 noch und andere fangen mit 19 an, erwachsen zu sein. Ich glaube, das ist ein fließender Übergang.« (Studentin, 19 Jahre)

Die Phase der Kindheit konnotieren die Befragten mit Verspieltheit, Unernst und Naivität. Kinder bedenken viel weniger die Konsequenzen ihres Handelns und tragen keine Verantwortung. Aber man bleibt auch Kind, »solange man Eltern hat«. Da sollte man doch eigentlich diese kindlichen Verhaltensweisen ruhig ins Erwachsenenleben integrieren, finden einige Jugendliche.

- »Ein gewisses Kindisch hat man immer in sich, dass man mal Blödsinn macht.« (Landwirt, 23 Jahre)
- »Man hört nie auf, ein Kind zu sein. Das ist einfach so. Mein Vater sagt

immer: Ich bin ein großes Kind. Denn aufhören, Kind zu sein, tut man nicht. Man macht ja auch so noch Streiche, und Streiche wird ja immer gleich mit Kind gesetzt, also jedenfalls meistens. Und ich bin der Meinung, wieso soll man aufhören, sich als Kind zu fühlen, wenn man es doch gerne möchte?« (Angestellte, 23 Jahre)

Gerade an diesem Punkt aber Grenzen ziehen zu können, Spaß von Ernst zu unterscheiden und entsprechend zu handeln, ist für die Jugendlichen ein wichtiger Schritt auf dem Weg zum Erwachsenwerden. Dazu gehört für sie, die Konsequenzen von Streichen abschätzen zu können.

- »Also, ich liebe es, auch mal das Kind raushängen zu lassen und einfach mal so zu sein wie früher und einfach so einen Scheiß zu machen wie früher, aber natürlich im Hinterkopf immer noch so 'ne Grenze zu haben. Also, wenn ich merke, beispielsweise, ich beleidige einen, oder ich merke, dass er sich beleidigt fühlt durch irgendwelche Sachen, die ich sage aus Quatsch, dann kommt wieder das andere Ich und sagt: Moment!« (Student, 23 Jahre)
- »Man muss wissen, wo man manchen Spaß aufhören soll, bei welchen Sachen man Spaß machen sollte. Und es hat eine Grenze, so gesagt.« (Schülerin, 18 Jahre)
- »Genau, wenn man jederzeit einen Punkt machen kann und jetzt ist der Spaß vorbei, jetzt wird wieder ernsthaft gearbeitet. Ich denke, dass das schon ein großer Schritt ist, wenn man das schon mal geschafft hat. Das geht jedem so, dass der Spaß durchbricht. Aber dass man einfach dann wieder sagen kann, so jetzt ist der Spaß vorbei, jetzt wird wieder gearbeitet.« (Landwirt, 23 Jahre)

Besonders wichtig ist den Heranwachsenden der sich über die Jahre stetig vergrößernde Handlungsspielraum, den sie gewinnen, wenn sie »bis elf, zwölf« ausgehen dürfen, außerdem dann Moped oder später Auto fahren. Damit verbunden: das Leiden an der Pubertät, aber auch die erste Liebe, »'ne sehr spannende Zeit«. Und was ist mit Spaß und Rebellion, die der Jugend doch so gern zugeschrieben werden? Klar wird beides auch genannt. Das Leben zu genießen, zu feiern, die Probleme des Lebens erst später zu bewältigen ist zwar ein wichtiger, jedoch nur bei wenigen Jugendlichen der dominante Aspekt dieser Lebensphase.

- »Jugendlich ist man so lange, wie man feiern geht. Wie man regelmäßig am Wochenende feiern geht.« (Auszubildender, 19 Jahre)
- »Laut Gesetz heißt es ja, ab 18 ist man erwachsen. Dem würde ich aber so gar nicht zustimmen. Ich finde, man soll seine Jugend genießen, solange man noch jugendlich ist. Probleme und alles kommen später eh auf einen zu.« (Angestellte, 22 Jahre)
- »*Und wie ist das, wenn sich jemand jugendlich verhält?* Wenn jemand noch Spaß am Leben hat und immer mit einem Lächeln losgeht.« (Schüler, 17 Jahre)

Rebellion gehört auch dazu, aber nicht für alle Befragten. Wieso sollte man auch, wenn die Freiheiten größer werden? Dass man länger »um die Häuser zieht«, ist zwar für die Alten ein Problem, nicht aber für die eigenen Eltern, die sonst das potenzielle Ziel der Rebellion waren.

- »Na dass halt Jugendliche heute auch mal in der Schule einen Eintrag kriegen oder aus dem Klassenraum fliegen. Bei älteren Menschen gibt es ja so was absolut nicht. Das war total tabu. Das verstehen die nicht. Oder, dass man mal länger draußen bleibt,

nicht schon um 10 zu Hause zu sein, nicht beim Essen da sein.« (Schüler, 15 Jahre)
- »Meine Eltern sind schon so Mitte 60. Aber ich habe das Gefühl … In einigen Hinsichten merkt man einfach, aus was für einer Generation sie stammen. Da haben sie ganz klare Ansichten, wo man merkt, Mensch, da werden die jetzt aber echt schon ganz schön alt. Aber ich glaube, weil ich irgendwie noch da war, sind sie auch ein bisschen jung geblieben. Sie wissen, was man heutzutage so macht und dass man heutzutage mit 18 schon um die Häuser zieht oder auch schon mit 16.« (Studentin, 19 Jahre)

Wie rebellisch sind denn Jugendliche nun noch? Die Einschätzungen darüber sind sehr verschieden. Ist Auflehnung ganz normal oder nur in einer bestimmten Phase, oder gibt's die nur bei Studierenden?
- »Also, ich glaube, das ist das Allertypischste. Also, rebellieren, wenn es da jemand gibt, der das nicht macht, das kann ich mir gar nicht vorstellen. Ja. Also, der muss schon sehr autoritär erzogen worden sein.« (Auszubildende, 18 Jahre)
- »Zum einen ist es, glaub ich schon, irgendwo natürlich, als Jugendlicher gegen sein Elternhaus zu rebellieren. Also einfach ein psychologischer Prozess, wenn man irgendwie ein Elternhaus hat, was alle Werte vorgibt, was wie gottgleich gilt. Und auf einmal kommt so ein junger Mensch mit 14, 15, wann auch immer, das ist ja unterschiedlich, bei mir war es später, in Kontakt mit der großen weiten Welt da draußen. Man sieht, dass die ganzen Werte des Elternhauses doch sehr relativ sind, und dann begehrt man erst mal auf, um den Eltern klar zu machen: So, eure Werte, das ist gar nicht so das Nonplusultra. Da gibt es natürlich Krach und Zoff zwischen Eltern und Kindern, und das kann man natürlich als rebellische Phase bezeichnen. Aber dann nimmt das irgendwann wieder ab in einem, meiner Meinung nach, ganz natürlichen Emanzipationsprozess. Man erkennt dann halt irgendwann, okay, das sind die Werte meiner Eltern, die ich annehme, und das sind die, die ich anders mache.« (Student, 22 Jahre)
- »Ich verbinde jugendlich immer … also, ich denke da immer an solche Jugendbewegungen. Ich denke an rebellisch sein. Zum Beispiel Studenten, würde ich eher noch sagen, die sind eher jugendlich als erwachsen.« (Studentin, 19 Jahre)

Nicht der Kampf gegen Altes, sondern die Offenheit für Neues wird von der Jugend für sich in Anspruch genommen. Sich auszuprobieren und Risiken einzugehen (»Immer nach dem Motto rangehen: passt schon«) gehören ebenso dazu wie das Offenlassen künftiger Lebenswege. »Man hat ja noch alle Möglichkeiten offen, man ist noch jung genug, vieles zu erleben.« Auch alte Menschen werden als jung tituliert, wenn sie denn offen für Neues sind. Innovative Ideen für die Gesellschaft zu haben sehen besonders die engagierten Jugendlichen als geradezu konstitutiv für die Jugend und die Generationenbeziehungen an.
- »Innovation ist eine Voraussetzung für ein Vorankommen der Gesellschaft. Man kann ja nicht ewig so weitermachen. Und dafür ist die Jugend eben da. Und Erfahrungen muss auch jeder für sich allein machen und neue Ideen haben, nicht wahr.« (Student, 19 Jahre)

Auf dem Weg zum Erwachsenwerden nehmen die Anforderungen zu, die Jugendlichen müssen sich um sich selbst kümmern. Die Jobsuche steht an, die Planungshorizonte werden länger. Reife und Verantwortung sind zunehmend gefordert.

- »Also bei uns auf der Schule ist das auch so, wir machen auch viel mit der Hand, auch mal Umzüge oder so. Das ist ja fast schon wie arbeiten, da denkt man auch total anders. Das ist halt nicht wie Schule, den ganzen Tag nur rumsitzen und in der Pause was machen. Man denkt ja doch schon an die Zukunft irgendwie. Bei mir ist ja jetzt auch nur noch ein halbes Jahr, dann muss ich auch schon eine Lehre oder sonst was machen. Die Eltern verlangen dann auch mehr von dir. Man kann sich nicht mehr jeden Abend bekochen lassen, so selber Wäsche waschen und so was. Dadurch wird auch alles ein bisschen härter, nicht mehr so schön.« (Schüler, 15 Jahre)
- »Es wird eher verantwortungsvolles Handeln. Es ist weniger ›in den Tag hinein leben‹. Man hat ein geplantes Leben auch mit anderen Zielen, wovon man früher etwas hielt. Ziele verändern sich halt auch. Man kommt weg von eher kurzfristigen Perspektiven und richtet sich langfristig ein. Das beginnt auch schon damit, dass man in eine Versicherung einbezahlt oder so was macht.« (Zivi, 19 Jahre)

Sich selbst um ein Bankkonto zu kümmern, auf das auch selbst verdientes Geld fließt, mit Behörden umgehen zu können, aber auch verantwortungsvoll Auto zu fahren, markieren das Ende der Jugendzeit. Der Auszug gehört ebenfalls dazu, obwohl viele der noch bei den Eltern wohnenden Jugendlichen für sich in Anspruch nehmen, eigenständig und erwachsen zu sein, denn »Erwachsensein hat was mit dem Kopf zu tun«.

- »Na, erwachsen ist man, wenn man Verantwortung trägt. Na ja, wenn man halt für sich selber sorgt und dann Verantwortung für sich selber trägt. Vorher haben die Eltern die meiste Verantwortung für einen, die haben alles übernommen und jetzt muss man das auf einmal selber machen.« (Auszubildender, 19 Jahre)
- »Ich denke, man hat es dann auch geschafft, wenn man dann so lebt, wenn man ohne die Eltern klarkommt. Dass man sein eigenes Geld verdient, dass man nicht immer auf andere angewiesen ist, sei es jetzt auch was Bankgeschäfte betrifft oder so, dass man sich auch dafür interessiert. Dass man sich halt nicht immer drauf verlässt, dass einem andere weiterhelfen, sondern dass man sich auch mal selber einen Kopf machen muss. Dass man sich um sich selber kümmert und auf eigenen Beinen steht.« (Zivi, 18 Jahre)

Die Lebensphase Jugend ist für die befragten Jugendlichen der fließende Übergang vom Kindsein zum Erwachsenenleben. Kind darf man ruhig weiter sein, ganz unbeschwert von Gedanken an die Konsequenzen, aber nur mal zwischendurch. Der Ernst des Lebens steht bevor, und auf den müssen sich Jugendliche auch ernsthaft vorbereiten. Im Bewusstsein kommender großer Eigenverantwortung wachsen die Jugendlichen heran. Selbständigkeit und Unabhängigkeit sind Versprechen und Drohung zugleich an der Schwelle zum Erwachsensein. Rebellion? Mal sehen, ob es denn überhaupt noch nötig ist. Und wenn nicht, dann ist man eben offen für alles und flexibel und hofft, dass es alle anderen auch sind.

»Die« Jugend: Stereotype und Erwartungen

In dieser Lebensphase sehen sich die Jugendlichen mit einer Reihe Erwartungen seitens der Erwachsenen konfrontiert. Diese beziehen sich z. B. auf das Verhältnis zwischen Alt und Jung oder ganz allgemein auf die gesellschaftlichen Anforderungen an die Jugendlichen. Wie sehen

Jugendliche die Erwartungen der alten Generation und das Verhalten Älterer ihnen gegenüber?

Sich zu bilden ist eine ganz wesentliche Forderung der Alten an die Jugend – mit Hinweis auf die Ergebnisse der Pisa-Studie. Zumindest sollen sich die Jungen aber Mühe geben, einen Arbeitsplatz zu bekommen.

- »Ich denke, von Jugendlichen wird erwartet heutzutage, dass man regelmäßig in die Schule geht, seine Bildung auffrischt und immer weiter, bis man dann ins Berufsleben starten kann.« (Schüler, 19 Jahre)

Nur im Einzelfall wird noch die Forderung des sozialen Aufstiegs an die Jugendlichen formuliert. Sie sollen dafür sorgen, dass es insgesamt »bergauf geht« und dass sie selbst »weiterkommen«.

Gegenüber den Alten sollen die Jugendlichen Respekt zeigen und auch Rücksicht nehmen. Dazu zählen Hilfsbereitschaft und die Erwartung, dass sich die Jungen um die Alten kümmern werden.

- »Ich denke, das Wichtigste ist Respekt zu haben. Das muss nicht sein, ich hole dir alles vom Himmel, sondern das heißt einfach, ich akzeptiere dich so wie du bist. Und ich denke, dass das auch das Wichtigste für ältere Menschen ist. Dass sie halt nicht von irgendwelchen Leuten dumm angemacht werden, wenn sie halt langsam über die Straße gehen oder ein bisschen langsamer und die Ampel ist halt rot, und die Autos haben schon Grün, und die Oma ist halt immer noch auf der Straße. Ja, dann denke ich mir, okay, ist 'ne Oma, die brauch halt ein bisschen länger, und dann ist das auch okay.« (Student, 23 Jahre)
- »Dass sich später um sie gekümmert wird. Da ist ja schon dieser Generationsvertrag irgendwo, und da denk ich auch, dass es den irgendwo gibt.« (Zivi, 18 Jahre)

Dies sind Erwartungen, die von den Jungen als durchaus angemessen wahrgenommen werden, wie auch das letzte Zitat zeigt. Schwieriger wird es hingegen, wenn die Jugend in den von den Alten eingefahrenen Bahnen weitermachen soll.

- »Na ja, ich denk die Alten erwarten, dass die Jugend so wird wie sie. Ich glaube, das würden sie am liebsten so sehen. Weil was Neues ist ja was Fremdes, und was fremd ist, ist ja irgendwo … da hat man erst mal Respekt und man greift ja doch lieber auf das zurück, was man kennt, und sieht dann auch lieber irgendwo was, wo man das Gefühl hat, man hat es irgendwo unter Kontrolle.« (Zivi, 18 Jahre)
- »Die alten Menschen machen den Jungen schon ein bisschen das Leben schwer, weil sie oft erwarten, dass sie auf die Alten hören. Die Alten sind ja meistens eher konservativ, die haben schon immer ihre Sachen so gemacht und haben ihre Erfahrungen. Von den Jungen erwarten sie, dass sie diese Erfahrungen immer berücksichtigen und sich daran halten. Dass die Jungen manchmal viel innovativere Ideen haben, erkennen sie dann nicht an.« (Student, 19 Jahre)

Dies widerspricht dem jugendlichen Anspruch auf Innovation und Eigenständigkeit. Jugend bedeutet für viele eben, selbst Erfahrungen zu sammeln.

- »Wie ich auch meinte, so war es früher und so muss es auch bleiben, es darf sich nicht ändern. Sind halt in ihrer Sichtweise sehr …
Konservativ?
Genau, sehr eingeschränkt. Leider. Aber man muss auch mal bisschen neue Sachen auf sich zukommen lassen.« (Angestellte, 22 Jahre)
- »Und ich denke, dazu sind wir auch da, dass wir unsere eigenen Erfahrungen machen. Und da gehört auch

mal dazu, dass man auf die Gusche fällt. Und dann muss man hinterher wieder aufstehen und dann geht's auch weiter. Das gehört dazu. Und die Anforderungen sind schon irgendwo gerechtfertigt. Aber den Konflikt wird es immer geben. Es wird immer so sein, dass die Älteren sagen: ›Hach, mach es doch so, und ich sag dir, das ist besser so‹ und die Jungen sagen: ›Nein, ich mach das anders!‹.« (Angestellte, 25 Jahre)

Über diese zum Teil recht konkreten Erwartungen hinaus sehen sich die Jugendlichen in vielen Situationen mit Negativbildern über »die Jugend« konfrontiert und haben sich damit auseinanderzusetzen. So positiv die persönlichen Kontakte zwischen den Generationen oft verlaufen, man denke an die Enkel-Großeltern-Beziehung, so problematisch ist das Aufeinanderprallen von Stereotypen. Dies geschieht besonders dann, wenn die Begegnungen zwischen Jung und Alt sich im halböffentlichen oder öffentlichen Raum abspielen. Wenn man die Vertreter der anderen Generation unpersönlich als Gruppe oder Teil einer Gruppe sieht, bestimmen gegenseitige Klischees die Wahrnehmung. Dabei betrachten sich Jugendliche häufiger als Reagierende denn als Agierende. Die Beispiele von alten Menschen, die sich bemüßigt fühlen, Jugendliche in ihre Schranken zu weisen, sind zahlreich.

- »Die erste Begegnung, die ich hier hatte, wo ich wirklich so den ersten Schock hatte, wo ich in der fünften Klasse hier in den Supermarkt gegangen bin, da wird man voll, weil man einen Rucksack aufhat, geschubst und angeschnauzt von einer Oma: ›Geh mal weiter.‹ Also, das ist schon unangenehm manchmal. Oder im Bus, wenn der ganze Bus leer ist und da sind vorn die Plätze direkt am Eingang. Da ist eine Seite für die Rentner oder Behinderte und die andere Seite eben nicht. Wenn man da sitzt, und dann kam halt zum Beispiel eine ältere Frau und hat gemeint: ›Ja, gehen Sie mal da weg, das ist für mich bestimmt‹ *(imitiert Stimme)*, obwohl der restliche Bus komplett leer ist. Und ich musste schon mal, weil der Hund auf dem Platz sitzen musste, aufstehen. Ältere Dame mit Hundi und Kinder dürfen dann stehen derweil. Das fand ich schon krass. Das regt einen wahnsinnig auf.
Hast du da auch mal was gesagt, oder macht man das in der Situation dann doch lieber nicht?
Nee, das macht man eher nicht. Das sind ja nur ältere Leute und mehr Respektspersonen auf der einen Seite, auch wenn es nicht in Ordnung ist. Man ist ja nicht zum Streiten da. Das geht mir zumindest immer so. Man wollte jetzt nicht irgendwie Streit anfangen mit älteren Leuten dann auch noch. Das muss nicht sein.« (Abiturientin, 19 Jahre)

Die Jugendlichen reagieren nach eigener Darstellung erstaunlich defensiv. Immer wieder erwähnen Jugendliche aller Schichten, dass alte Menschen Respekt verdienen.

- »Da fängt dit schon an so. Respekt vorm Alter. Dass man Respekt vorm Alter zeigt. Dit ist, glaub ick, einer der wichtigen Punkte.
Ist das richtig?
Ja, also seh ick so. Also, das hakelt zwar auch ein bisschen so. Zum Beispiel, wo wir in Tunesien waren, da haben mich Rentner aus der Reihe geschubst, nur damit sie Essen kriegen. Da musste dann mein Vater kommen und den aus der Reihe schubsen, aber ... Es gibt halt solche und solche. Aber vom Prinzip her sollte man, vor allen Dingen vor den Alten, sollte man Respekt haben. Trümmerfrauen und sowat halt. Die haben ihr Leben durch, die sollen in Ruhe sterben und

nicht noch solche Nervensägen wie uns haben.« (Auszubildender, 19 Jahre)

Bei den beinahe schon rituellen Konfrontationen der Generationen in der Öffentlichkeit geht es häufig um simple Verhaltensregeln.

- »Viele sagen immer: Diese Jugend von heute! Sie wissen nicht, wie sie sich zu benehmen haben und so was. Dabei bin ich der Meinung, dass auch ziemlich viele Ältere nicht wissen, wie man sich wirklich benehmen sollte. Es ist ganz einfach so. Bei uns ist es jetzt hier so auf dem Dorf; da nehmen die Jugendlichen Rücksicht darauf, wenn ältere Leute mal vorbeigehen wollen oder einkaufen gehen, dass sie mal Platz machen oder so was. Ab und zu vergessen sie dann mal ›Guten Tag‹ zu sagen. Und darüber regt sich dann die ältere Generation etwas heftig auf, dass mal jemand nicht ›Guten Tag‹ sagt.« (Angestellte, 23 Jahre)
- »Also ich kenne manche ältere Leute, die sind halt böse, sag ich jetzt mal grob ausgedrückt, und sind gemein und helfen keinem, und das finde ich etwas schade, denn die sollten ruhig der Jugend mal als Vorbild dastehen ... Aber die sagen ja immer, dass die Jugend heutzutage so schlimm wäre und alles.
Erlebst du das auch gelegentlich, dass alte Leute zu dir und deinen Freunden fies sind?
Ja, also auf der Straße öfters. Wenn man zum Beispiel einmal irgendwo steht, und da will einer vorbeigehen, die sagen nicht einfach mal, dürfte ich mal bitte vorbei, sondern dann entweder rennen sie dich um oder schreien dann halt, warum ich keinen Platz gemacht hätte. Und deswegen sollten die einfach mal fragen, ob sie vorbeikönnen. Das ist einfacher wie als wenn man rumschreit oder so.

Und warum machen die das?
Weiß ich nicht. Habe ich keine Antwort drauf.
Haben die vielleicht auch Angst, wenn so 'ne Gruppe von Jugendlichen da steht und die sind ein bisschen laut oder so?
Ja, also mir fällt das immer auf bei uns hier in der Siedlung nebenan, da ist eine ältere Dame und wenn ich da mit meinen Freunden langgehe, wechselt sie schon die Straßenseite mit ihrem Hund, hat Angst und alles. Sie will auch den Hund beschützen irgendwie dadurch. Ich weiß nicht warum. Aber das stimmt schon, ja.« (Schüler, 16 Jahre)
- »Wenn ich mir angucke, wie das in S-Bahnen abläuft, dann ist das wirklich so, dass die Älteren den Jüngeren überhaupt nichts zutrauen und immer nur Vorwürfe machen.
So nach dem Motto, sie würden sich nicht anständig benehmen oder was?
Ja, genau. Und das wird immer verallgemeinert, aber das ist, glaube ich, auch andersrum genauso. Also, wenn ältere Menschen dasitzen und sagen: ›Ach, die Jugend von heute ist ja überhaupt nicht mehr höflich.‹ Und die Jugendlichen sagen: ›Die alten Leute sind so verknöchert und stimmen uns gar nicht zu oder so‹.« (Studentin, 19 Jahre)

Diese Berichte von Jugendlichen zeigen, wenn auch eher indirekt, ein Bild von den alten Menschen als relativ verständnislos und wenig tolerant, eher also das Bild von den »meckernden« Alten. Ein Vorurteil, das Jugendlichen offenbar häufiger begegnet, besagt, die Jugend sei »faul«.

- »Klischees sind halt immer noch: Jugendliche sind faul. Ich finde, es gibt viele negative Klischees: Die machen nichts, sind auch unmotiviert zum Teil. O Gott, ich könnte jetzt vieles aufzählen.« (Angestellte, 23 Jahre)

- »Und ich denke auf der anderen Seite ist es so, dass die Alten sagen, die Jungen werden immer fauler. Dadurch, dass wir die so genannte Spaßgesellschaft bloß noch haben, dass die Alten sagen, dass der Ehrgeiz der Jungen nicht mehr da ist. So heißt es.« (Landwirt, 23 Jahre)

Stereotype sind der Falsifikation schwer zugänglich. Jugendliche erzählen, wenn alten Menschen ihr Verhalten als höflich oder fleißig auffiele, würden sie als eine Ausnahme hingestellt, die eher die Regel bestätigt.

- »Ich bin auch immer höflich zu älteren Damen und dann sagen sie auch immer, die meisten so, ›ja es gibt auch noch höfliche Jugendliche heutzutage‹.« (Schüler, 16 Jahre)
- »Wie ich das auch mitbekommen habe bei der einen älteren Dame, wo wir ein Bad saniert haben, wo ich als Aushilfe da war, die hat dann gesagt: ›Oh, das find ich ja gut.‹ Weil die Frau dachte wirklich so: Die Jugend ist faul und macht nichts.« (Handwerker, 25 Jahre)

Angesichts der Zukunftsängste der Jugendlichen bzw. der verbreiteten Sorge, einen Arbeitsplatz zu finden, und ihrer großen Leistungsbereitschaft erscheint der Pauschalvorwurf der Faulheit recht absurd. Zu erklären ist er aus dem Selbstverständnis der alten Generation als der Generation, die »ihr Leben lang gearbeitet hat«, ein Bild, das Jugendliche ja auch bereitwillig übernehmen. Die weiter oben von Jugendlichen geschilderten Szenen, die zeigen, wie Vertreter der alten Generation gelegentlich gegenüber jungen Menschen agieren, offenbaren eine Art Verteidigungshaltung, so als sähen alte Menschen sich in ihren Rechten bedroht, als müssten sie ihren Platz gegenüber Jugendlichen verteidigen (ein Platz im Bus, ein Platz in der Warteschlange, Platz auf dem Bürgersteig). Von Jugendlichen wird vor allem Wohlverhalten erwartet und vielfach auch, dass sie den Alten quasi automatisch ein Vorrecht einräumen. Diese haben es sich schließlich durch »ein Leben voller Arbeit« verdient.[91] Den zu erwartenden Respekt mit selbstverständlichem Vorrecht gleichzusetzen ist zweifellos eine problematische Erwartungshaltung, und solche Einstellungen bringen wohl der alten Generation den Ruf der Intoleranz ein.

7.3.3 Jugend und Gesellschaft

Generationengerechtigkeit und Rente

Uns interessiert im qualitativen Teil der Untersuchung, inwieweit die in der Sozialpolitik geführte Diskussion um »Generationengerechtigkeit« bei den Jugendlichen eine Rolle spielt. Durch den demografischen Wandel kommen höhere finanzielle Belastungen auf die Bevölkerung zu, vor allem im Gesundheitssystem und der Rentenversicherung. Jung und Alt sollen diese Belastungen möglichst gleichmäßig tragen. Dieser Sachverhalt ist bei den Jugendlichen durchaus angekommen, wenn auch nicht immer mit der entsprechenden Begrifflichkeit. Passend zu den oben geschilderten Erfahrungen über die Vorurteile der Alten gegenüber der Jugend assoziieren Jugendliche, die das Schlagwort aus der Politik nicht kennen, mit Generationengerechtigkeit, »dass ältere Menschen zu jüngeren Menschen gerechter sein sollten«, dass man »Kinder bestimmen« lässt. Würde die Jugend also in die Debatte über Generationengerechtigkeit einbezogen, würde sie zunächst wohl vor allem einen fairen Umgang der Generationen miteinander fordern.

[91] Vgl. auch Kapitel 7.3.4.

- »Generationengerechtigkeit ist vielleicht, dass man vielleicht einfach mal drum herum guckt und nicht verallgemeinert. Dass man vielleicht einen Jugendlichen sieht, der besoffen Auto fährt, und nicht denkt: alle Jugendlichen fahren besoffen Auto. Oder man sagt, dass die Rentner alle verbittert sind, aber das kann man gar nicht sagen. Dass man jeden Einzelnen sieht und nicht verallgemeinert.« (Erwerbslose, 25 Jahre)
- »Ich könnt mir halt nur denken, dass die einzelnen Generationen mit den anderen halt so umgehen sollen, dass deren Werte respektiert werden, allerdings auch nicht die Augen vor Neuem oder anderen Dingen verschlossen werden sollen, dass also eine gewisse Toleranz noch da ist.« (Zivi, 18 Jahre)

Was denken angesichts dieser Diskussion Jugendliche über ihre künftige Rente? Welche Erwartungen haben sie an das soziale Sicherungssystem? Finden sie, dass Jugendinteressen in der Politik hinreichend berücksichtigt werden?

Erstaunlicherweise haben sich sehr viele der von uns befragten Jugendlichen, vielleicht auch durch die mediale Präsenz des Themas, schon Gedanken über ihre Rente gemacht, wobei »sich Gedanken machen« noch nicht heißen muss, dass ihnen das Thema derzeit schon Sorgen bereitet. Allerdings: in den Tag hinein, ohne Gedanken an die Zukunft, leben die Befragten jedenfalls nicht. Ausnahmen finden sich hier nur unter den Jugendlichen aus niedrigeren sozialen Schichten oder mit niedrigerem Bildungsniveau. Aber ihnen ist es verständlicherweise auch wichtiger, erst einmal Arbeit zu bekommen.

Die Jugendlichen sind sich einig: Genügend Rente zahlt ihnen die gesetzliche Rentenversicherung nicht mehr. Sie erwarten entweder gar nichts oder nur »eine Art Zuschuss«. Völlig selbstverständlich konstatieren sie, dass sie selbst etwas tun müssen, um für das Alter vorzusorgen – als ob es nie das Versprechen der Lebensstandardsicherung durch die Rentenversicherung gegeben hätte.

Dies deckt sich mit den Ergebnissen der repräsentativen Befragung, wo 91 % der Jugendlichen dem Statement zustimmten »Meine Generation wird einmal deutlich weniger Rente bekommen«, 65 % stimmten sogar »voll und ganz« zu.[92]

- »*Und wie sieht das mit der Rente später mal für die Jugendlichen von heute aus?*
  Ja, schwierig. Ich hab da auch schon drüber nachgedacht. Man muss ja ziemlich früh anfangen, wenn man nebenher noch was aufbauen möchte, dann muss man schon früh investieren, und ich denke, da braucht man auf jeden Fall was, wo man nebenher ein Standbein schafft. Mir wäre es am liebsten, ja am liebsten ... ich glaube in der Schweiz ist das so, dass man viel auch selber machen muss, also das nicht so läuft, dass man wirklich so viel vom Gehalt abgezogen kriegt für Rente, dass man am Ende nicht mehr genug selber machen kann, weil das Geld halt in diese Rentenkasse fließt.« (Abiturientin, 19 Jahre)
- »Ich sage mal, bis ich mal in Rente gehe, lass ich mich überraschen, ob wir mal noch Rente bekommen oder nicht. Wichtig ist, dass man sich selbst absichert.« (Landwirt, 23 Jahre)
- »Also meine Eltern haben noch einigermaßen Glück gehabt mit der Rente. Aber ich denk mal, jetzt die Generation von heute, die Jugendlichen werden es echt schlecht haben für später mit der Rente, sodass die kaum noch was rausbekommen.« (Schüler, 16 Jahre)

---

92 Vgl. Kapitel 4.1.

Die Aussagen spiegeln teilweise ein hohes Wissen über die Zusammenhänge in der Rentenversicherung wider, wie zum Beispiel, dass die jetzt eingezahlten Beiträge die jetzigen Rentner finanzieren und nicht etwa »angespart« werden. Etliche Jugendliche verfügen bereits über eine private Absicherung, und sei es, weil die Eltern sie bereits abgeschlossen haben. Wenn nicht, dann gibt es zumindest konkrete Pläne, die Eigenvorsorge mit dem ersten Gehalt oder »so ab 30« zu beginnen. Nur wenige äußern sich kritisch, weil sie sich das Sparen als junge Menschen nicht leisten können oder weil auch die Privatvorsorge ihre Tücken haben könnte.

- »Alleine mit der Rente, das ist schon so ein Pokerspiel, was schließt man da ab? Weil was ist in 40, 50 Jahren das Geld noch wert? Das ist das ganze Problem.«

Ist es wichtig, dass die Gesellschaft für einen sorgt, wenn man alt ist?
Na ja, die Gesellschaft macht es ja mehr oder weniger nicht. Irgendwo hat ja jeder schon in die Rente eingezahlt. Die Leute, die jetzt auch Rente kriegen. Und irgendwo haben die das ja beim Staat eingezahlt, und der Staat hat es gleich wieder dementsprechend ausgegeben für die Rente. Aber hätten die das damals anders angefangen, wenn sie damals für jeden sein separates Konto gemacht hätten, und das was der eine nicht mehr brauchen tut, das kriegt dann der Staat zugute, dann wär es anders gelaufen. Aber so, wie es jetzt ist, denn momentan, wenn man sich privat selber rentenversichert, zahlt man zweimal für seine Rente. Um im Endeffekt nachher gar nichts zu kriegen oder bloß 'nen Appel und 'n Ei.« (Handwerker, 25 Jahre)

Die in dem Zitat ausgedrückte Skepsis gegenüber staatlichen Vorsorgeformen findet sich durchaus auch bei anderen Jugendlichen. »Lieber selbst absichern, dass ich im Alter was hab, bevor ich mich wieder auf jemand Fremden verlasse.« Neben der völlig selbstverständlichen Eigenvorsorge spielt die Familie eine wichtige Rolle für das eigene Alter. Allerdings nicht im finanziellen Sinne, denn auch auf die Unterstützung durch die eigenen Kinder wollen sich die Jugendlichen nicht verlassen. Wichtig ist ihnen, dass sie nicht den Lebensabend einsam verbringen müssen.

- »Weil der Staat, wie er funktioniert hat, sieht man ja jetzt: die Einschnitte werden immer gravierender und der Abstand zwischen Arm und Reich immer größer. Da muss man schon ein Stück über den Tellerrand rausblicken, dass man dann sagt: Kümmere dich um dich selber, verlass dich nicht irgendwo drauf, dass die Generation, die dann kommt, so stark ist oder so revolutionär, dass dann auf einmal wieder fünf Millionen Arbeitsplätze mehr da sind und es uns allen wieder gut geht.« (Zivi, 18 Jahre)

- »Es ist schon nicht schlecht, wenn man selbst mal Kinder hat, die sich um einen kümmern. Es muss ja nicht immer finanziell sein, es kann ja auch Unterstützung im Haushalt und solche Sachen sein.« (Angestellte, 25 Jahre)

In dieses Bild passt, dass die Rente mit 67 für die befragten Jugendlichen kein Grund zur Aufregung ist. Immerhin ist dies etwas, das ihnen selbst ein Mittel in die Hand gibt, um den Lebensabend abzusichern. Als problematisch wird nur gesehen, dass jetzt erst einmal die Älteren länger arbeiten und so Arbeitsplätze für Junge blockieren würden.[93]

---

[93] Allerdings weisen die Ergebnisse der Arbeitsmarktforschung im europäischen Vergleich nicht darauf hin, dass eine hohe Quote erwerbstätiger Alter zu Jugendarbeitslosigkeit führt.

Jugendinteressen und Politik

Altersvorsorge ist naturgemäß nicht das drängendste Problem der Jugendlichen, auch wenn ihre intensive Auseinandersetzung mit dem Thema überrascht. Welche Interessen formulieren die Jugendlichen, die die Verantwortlichen in der Politik berücksichtigen sollen? Eine häufige Reaktion auf diese Frage war Überraschung oder langes Überlegen. Dass Jugendliche eigene Interessen haben könnten, scheint nicht selbstverständlich zu sein. Dies erklärt sich zum einen daraus, dass sich die Jugendlichen wohl nicht als eine Gruppe sehen, die bestimmte gemeinsame Interessen haben könnte. Teilweise herrscht Einzelkämpfermentalität: Ich muss doch allein klarkommen. Zum anderen formulieren sie keine Ansprüche an die Politik, weil ihnen Parteien oder Politiker als ungeeignete Ansprechpartner für die Durchsetzung erscheinen.

- »*Werden deine Interessen durch die Politik in der Gesellschaft vertreten oder nicht?*
  (Pause) Gute Frage. *(Rätselt)* Was könnten denn meine politischen Interessen sein?« (Schülerin, 19 Jahre)
- »Ick hab an sich ... Interessen ... ick geh arbeiten, ick lebe so, wie es mir kommt.« (Auszubildender, 19 Jahre)
- »Also, Interessen als Jugendlicher? Das kann man eigentlich schlecht zusammenfassen. In der Jugend ist inzwischen ein solcher Pluralismus an Meinungen da, dass es *die* Interessen der Jugendlichen eigentlich gar nicht gibt.« (Student, 22 Jahre)
- »Ich kümmer' mich um mein Leben, was ich irgendwo hab, womit ich klarkommen muss. Die Politik ist zwar schon ein wichtiger Teil davon, aber viel bedeutender ist, dass ich mit mir selber klarkomme, dann kommen vielleicht auch andere mit mir klar und dann klappt das irgendwo.« (Zivi, 18 Jahre)

Genannt werden dann aber doch Investitionen in die Bildung und dass Arbeitsplätze geschaffen werden. Auch die Familiengründung sollte erleichtert werden. Zudem fehlt es an Freizeiteinrichtungen für Jugendliche.

- »Da wird immer nur geredet und geredet, aber letztendlich passiert zu wenig für die Jugendlichen, und es wird gerade im Bildungsbereich immer mehr gespart. Das ist eigentlich das Wichtigste für die Jugendlichen.« (Student, 19 Jahre)
- »Also ich seh's, dass beispielsweise viele Jugendhäuser schließen. Viele, wo auch wirklich Sammelstellen sind oder wo auch dann in diesen Jugendhäusern mal geholfen werden kann ... Es kann soziale Arbeit dort geleistet werden. Wo, wenn nicht da?« (Student, 23 Jahre)
- »Weil Eigenheimzulage ist weg, dadurch passiert auch wieder weniger auf'm Bau, dadurch können sich auch immer mehr junge Leute kein eigenes Heim leisten, obwohl sie sich das eigentlich wünschen, auch später für die Kinder.« (Handwerker, 25 Jahre)
- »Also, für die Jugendlichen wird so wenig getan. Jugendliche brauchen Beschäftigung, und die kriegen sie teilweise überhaupt nicht. Deswegen sind einige Jugendliche so, dass sie rumrandalieren, dass sie irgendwelche Sachen mit Graffiti übersprühen, weil ihnen einfach langweilig ist, weil sie nicht wissen, weil sie einfach nicht wissen, was sie mit sich anfangen sollen.« (Angestellte, 23 Jahre)

Fast niemand kümmert sich um Jugendbelange, so das allgemeine Fazit der Befragten. Das ist erstaunlich, denn sie sehen sich als wichtige politische Zielgruppe. Die Jugend ist die Zukunft des Landes, Jugendliche sind die zukünftigen Wähler. Außerdem sind sie es doch, die wieder mehr Kinder in die Welt setzen sollen. Deswegen sind die Jugendlichen fest davon überzeugt, dass auch in einer Gesellschaft mit einem größeren Anteil Alter genügend finanzielle Mittel für Jugendbelange bereitgestellt werden und nicht alles den Senioren zufließt.

- »Man muss ja gucken, wenn diese Themen, so wie sie jetzt sind, weiterlaufen sollen, dass man gerade auch was für junge Leute tut, weil, wenn man möchte, dass die Wirtschaft weitergeht, muss man natürlich in Bildung investieren, weil das sind Zukunftsinvestitionen.« (Studentin, 21 Jahre)
- »Ich hoffe einfach mal, dass jedem Politiker, wie ich auch vorhin schon sagte, bewusst ist, dass einfach in der Familie und in der Jugend die Zukunft liegt. Das heißt, es ist ein Generationenvertrag mit der Rente beispielsweise, und wenn ich die Jugend verunstalte sozusagen durch eine schlechte Bildung, durch schlechte Sozialmaßnahmen beispielsweise … Wenn z. B. irgendein Gesetz verabschiedet würde, was bei vielen Jugendlichen auslösen würde: ›Ach, ich scheiß auf die Gesellschaft. Mir ist es jetzt scheißegal, ich hab keine Lust mehr auf Schule.‹ Dann würde das sicher auch auf sie widerspiegeln.« (Schüler, 19 Jahre)

Es klafft eine Lücke zwischen der Eigenwahrnehmung als wichtige Zielgruppe und der politischen Ignoranz der Jugendbelange. Dies wundert allerdings nicht angesichts des Mangels an gesellschaftlichen Einflussmöglichkeiten, den die jugendlichen Befragten wahrnehmen. Kaum ein Bereich fällt ihnen ein, in dem Jugendliche den Ton angeben dürfen, allenfalls in der Musik, der Mode oder in von Lehrern organisierten Schulprojekten. Die Politiker sind viel zu alt, um die Interessen der Jugendlichen zu verstehen, so ein häufig verwendetes Argument für die mangelnde Berücksichtigung der Jugendinteressen.

- »Also, die Menschen, die da drinsitzen, die Politiker, die sind Mitte 40 und aufwärts, glaub ich, wenn das reicht, und ein paar jüngere. Aber die paar können nichts ausrichten und die vorn an der Spitze sitzen, das sind Ältere.« (Auszubildende, 18 Jahre)
- »Weil viele Politiker gar nicht wissen, wie es in den Köpfen der meisten Jugendlichen vorgeht. Die denken vielleicht immer noch, dass es so ist, wie es in ihrer Kindheit mal war. Viele Politiker sind ja auch schon bisschen älter, sind ja auch nicht mehr die Jüngsten.« (Schüler, 15 Jahre)

Nur vereinzelt wird bemerkt, dass sich in dieser Hinsicht etwas getan haben könnte.

- »Das Einzigste was ich positiv finde ist, dass mittlerweile auch immer mehr Jugendliche in die Parteien reinkommen und das ist ja dann doch auch bisschen frischerer Wind. Wenn da bloß zwei oder drei Leute sitzen und ein bisschen dagegenhalten, dann denken die anderen Leute vielleicht doch mal bisschen nach.« (Handwerker, 25 Jahre)

Es fällt die sehr individualisierte Betrachtungsweise auf: einzelne junge Menschen sollen es richten. Jugendorganisationen, gar eine Jugendpartei? Dies kommt ihnen nicht in den Sinn. Nur freiwillig Engagierte beklagen den Mangel an großen Aktionen oder einer Jugendbewegung, wie es sie in der jüngeren Geschichte gab.

- »Das Einzige, wo das wirklich extrem war, fand ich, war bei den 68ern. Das war das, was man so als großes Bild hat von früher noch, wo halt viel gemacht wurde. Aber das ist ja heute nicht mehr so, mit Demos und so.« (Abiturientin, 19 Jahre)
- »Also, ich denk mal, momentan ist der Einfluss, den Jugendliche haben, ziemlich verschoben und auch

ein bisschen entfremdet, weil ich irgendwie nicht so das Gefühl habe, es gibt so eine richtig große Jugendbewegung, die irgendwie sagt, es wird mal alles anders, so wie vielleicht die Jugendumweltbewegung vor 15 Jahren war und wo die gesagt haben, nein, wir wollen keine Dosen in unserem Haus und wollen Jute statt Plastik usw. Das fehlt momentan ein bisschen.« (Student, 22 Jahre)

Die engagierten Befragten relativieren und verstärken zugleich den Eindruck, keinen Einfluss ausüben zu können. Zwar kennen sie die entsprechenden Jugendgremien und Möglichkeiten, sich einzubringen. Sie selbst fühlen sich in ihren Organisationen als gleichberechtigte Mitglieder.

- »Die Jugend hat noch nicht *so* viel Einfluss. Obwohl es immer heißt, die Jugend ist doch unsere Zukunft, wird da aber nicht viel gemacht, leider. Deshalb stehe ich hinter der IG Metall, dass man da was macht. Ja, Politik fängt ja auch schon bei dem an, was ich mache, in der IG Metall. Das ist etwas, wo man ein bisschen politisch engagiert sein kann einfach. Und sonst geht es halt weiter in den einzelnen Gremien oder auch bei der SPD-Jugend. Es gibt ja alles, wo man sich eigentlich doch engagieren kann.« (Angestellte, 22 Jahre)

Doch mit der Umsetzung ihrer Ideen hapert es unter Umständen, wie die Jugendlichen einräumen. Sei es, weil ihre Ideen dann doch nicht angehört werden (»Wenn man ständig Ideen reinbringt und dann werden die verworfen oder gar nicht erst angeguckt«) oder weil die Positionen der Jugendorganisationen zu weit von denen der Parteien abweichen.

- »*Du bist ja nun in einer politischen Jugendorganisation. Hast du das gelegentlich mal so empfunden, dass die Jüngeren in der Politik durch die Älteren ausgebremst werden?* Das ist sicherlich oft so. Also, gerade wenn die Jüngeren etwas innovativere Forderungen aufstellen, die jetzt vielleicht nicht in das aktuelle Handeln der Partei oder in die strategische Planung reinpassen, dann ist es sicherlich so. Was inhaltliche Sachen angeht, auf jeden Fall. Nicht immer, oft werden Sachen auch aufgegriffen oder durchgekämpft. Aber das ist sicherlich so. Ob das dann zwangsläufig daran hängt, dass das von den Jüngeren kommt, ist eine andere Frage. Es liegt vielleicht auch da dran, dass Jüngere eine andere Sichtweise haben oder dass sie innovative oder härtere, krassere Forderungen aufstellen.« (Studentin, 21 Jahre)

- »Als Juso kann man nicht immer seine Ideen in die SPD einbringen, aber immer häufiger, das stimmt schon. Aber das liegt daran, dass sich die Positionen der Jusos schon von der der Mutter-SPD unterscheiden. Die Jusos sind immer ein Stück linker als die Älteren in der SPD.« (Student, 19 Jahre)

Eine wesentliche Rolle spielen wahltaktische Überlegungen. Ältere Wähler bilden die Mehrheit, ihre Interessen werden deshalb eher berücksichtigt. Die Annahme der nichtengagierten Jugendlichen, die Politik müsse sich um sie als zukünftige Wähler kümmern, zeugt vielleicht doch eher von jugendlichem Optimismus als von Realitätssinn. Engagierte Jugendliche sind jedenfalls deutlich skeptischer.

- »Ich glaube, dass es den Alten schon gut gelingt, ihre Interessen durchzusetzen. Allein schon deshalb, weil sie ein großes Wählerpotenzial darstellen und alte Stammwähler sind. Die großen Parteien werden einen Teufel tun und ihr Stammwählerpotenzial vergraulen. Junge sind erstens nicht so viele und sind nicht so stark an die

Partei gebunden, und deshalb muss man nicht so viel Rücksicht auf sie nehmen. Also, ich glaube, dass das alles sehr von Wahlinteressen beeinflusst ist.« (Student, 22 Jahre)
- »Die Jugend ist leider nur 1 %. Und warum soll man sich in dem Moment mehr auf die Jugend konzentrieren, wenn es noch so viele andere gibt?« (Angestellte, 22 Jahre)
- »Es ist schon jetzt, glaube ich, teilweise in parteistrategischen Diskussionen so, dass sich die Leute überlegen: Ach, der Großteil unserer Wähler, und gerade auch die Leute, die auch wirklich definitiv wählen gehen, das sind die Älteren, und deswegen muss man gucken, dass man dementsprechend denen auch was anzubieten hat und dafür vielleicht auf der anderen Seite jüngere Forderungen, die sie für zu radikal vielleicht bewerten, zurückstellt. Ich glaube schon, dass es so ist, ja.
Was wird das für die Jugendorganisationen bedeuten?
Das ist sicherlich ein politischer Einflussverlust, sowohl was Inhalte als auch was Personalien angeht.« (Studentin, 21 Jahre)

Mit den Jugendinteressen steht es somit nicht zum Besten, sei es von der Seite der Parteien bzw. der Politik, sei es von der Seite der Jugendlichen selbst, die über ihre Interessen offenbar noch wenig nachgedacht haben. Sie zu formulieren fällt ihnen schwer. Aber warum sollten sie dies auch tun, wo sie doch kaum an politischen Einfluss glauben? Gedanken gemacht haben sie sich über die Rente, für die sie bereit sind, selbst Verantwortung zu übernehmen. Von der gesetzlichen Rentenversicherung erwarten sie kaum noch etwas. Stattdessen wird von frühester Jugend an in Renten- und Lebensversicherungen investiert.

Verschiedene Jugendliche artikulieren den Wunsch, als »Zukunft der Gesellschaft« auch angemessen behandelt zu werden. Man sieht eine Generation, die alle Erwartungen der Gesellschaft nach Eigenverantwortung, Leistungsbereitschaft und Familiensinn erfüllt. Angesichts von so viel Wohlverhalten erscheinen die vorgetragenen Wünsche nach gesellschaftlichen Rahmenbedingungen für Bildung, für Ausbildungs- und Jobchancen sowie für Familiengründung sehr moderat. Die Jugendlichen vertrauen im Großen und Ganzen darauf, dass ihre Einstellung belohnt wird. Nur gelegentlich wird der Verdacht laut, in einer Gesellschaft, in der die Mittelalten und Alten die einflussreichen Positionen innehaben und in der es immer mehr Ältere geben wird, könnten sie nachgerade zu kurz kommen.

7.3.4 Alte und Gesellschaft

Lebenssituation alter Menschen

Wie schätzen die Jugendlichen die Lebenssituation der alten Generation ein? Stellen die Jugendlichen ihre eigenen Interessen gegen deren Ansprüche?

Wenn nach der Situation der Alten gefragt wird, denken die Jugendlichen als Erstes an die sozialen Kontakte und nicht etwa an die öffentlich viel diskutierte Rentenhöhe. Alte (damit meinen sie eher die Hochbetagten) sind oft einsam, leben zurückgezogen, haben kaum Kontakt zu anderen Menschen, so die Beobachtung der Jugendlichen. Den Jugendlichen tun diese Alten leid, umso mehr, wenn sie dann auch noch im Altenheim leben müssen.
- »Also, ich finde einerseits, wenn man alleine ist und man hat keine Kinder, finde ich das sehr traurig, wenn man so was mitbekommt, so was sieht. Die haben dann vielleicht noch Nachbarn, die sich um einen kümmern, aber wenn die dann selber auch nicht mehr so mobil sind, geht es denen

schon schlecht.« (Schülerin, 19 Jahre)
- »Ich denke, alte Leute haben es ziemlich schwer, weil sie in einer anderen Zeit aufgewachsen sind. Grade wenn ich jetzt so Omas auf der Straße sehe, da ist der Verkehr, der Lärm, das viel Bunte ... Wenn so eine Oma vor einem Dönerladen steht, sie weiß doch überhaupt nicht, was Sache ist irgendwo. Ich glaube das ist auch erdrückend. Deshalb sind viele alte Leute auch einsam, weil sie sich dann viel in ihrer Wohnung aufhalten, in dem Gebiet, das sie halt jahrelang kennen, was ihnen vertraut ist, und dadurch dann unbewusst immer mehr abschotten. Und wenn dann keine intakte Familie da ist, die sagt: ›So Oma, wir nehmen dich jetzt mal mit, wir sind da und du brauchst keine Angst haben.‹« (Zivi, 19 Jahre)
- »Aber so das, was ich höre, scheint nicht so rosig zu sein. Also ich denke, wichtig für alte Menschen ist es, dass sie ein gutes Umfeld haben, viele Kontakte haben; und ich glaube zu wissen, dass es einige Personen gibt, die das halt nicht haben; und wenn's dann einfach nicht mehr geht, dann alte Menschen ins Altersheim geschickt werden.« (Student, 23 Jahre)
- »Was sicherlich richtig ist, ist, dass im Bereich der Pflege, also für kranke Menschen oder auch für kranke ältere Menschen – es betrifft ja leider oft ältere Menschen – das Angebot noch nicht so groß ist und dass da auch durch die niedrigen Gelder, die da gezahlt werden, es oft Probleme geben kann.« (Studentin, 21 Jahre)

Ein weiterer negativer Aspekt des Altseins ist die fehlende Mobilität, die Langeweile zu Hause.
- »Das seh ich auch an meiner Oma zum Teil, dass die dann öfter mal zu Hause einfach sitzt. Ja, und das stelle ich mir zum Teil irgendwann langweilig vor. Eintönig ganz doll.« (Angestellte, 23 Jahre)
- »Als alter Mensch kannst du nicht mehr so viel tun. Teilweise sehe ich das bei meiner Oma, die ist zu Hause und freut sich, wenn ich oder mein Cousin mal vorbeikommen. Sie wartet im Grunde den ganzen Tag nur darauf. Und so was will ich nicht erleben, den ganzen Tag nur auf etwas warten und mich langweilen. Und irgendwann wartest du nur noch darauf, dass du stirbst.« (Schüler, 17 Jahre)

Die stärkere Einbindung der Alten in die Familie und die Gesellschaft ist deswegen aus Sicht der Jugendlichen eine wichtige Maßnahme, damit es den Alten in der Gesellschaft besser geht. Der größere Respekt vor Alten in anderen Gesellschaften wird in diesem Zusammenhang ebenfalls betont.
- »Ich denke, es geht vielleicht einfach, dass die Gesellschaft auch versucht, von den alten Leuten zu profitieren. Das ist auf jeden Fall noch möglich; schon allein wenn es darum geht, das sind Zeitzeugen vom zweiten Weltkrieg z. B., dort einfach gewisse Erfahrungen noch mal mit weiterzugeben. Dass solche Projekte in Schulen, im Geschichtsunterricht auch gemacht werden.
Diese Integration, glaube ich, die alten Leute noch ein bisschen mit zu integrieren und Treffen zu organisieren, die wirklich die alten Leute auch annehmen, um wieder in Gesellschaft zu kommen. Das halte ich für wahnsinnig wichtig.« (Schüler, 19 Jahre)
- »Ältere Menschen ziehen sich trotzdem immer mehr zurück. Ich erlebe das auch hier in der Nachbarschaft. *Die sind nicht so ins Leben integriert wie zum Beispiel in Jordanien?* In Jordanien haben sie halt immer irgendwelche Kinder um sich oder sonst irgendwas. Es ist halt ein ande-

res Leben, als wenn man da nur das Haus verlässt zum Einkaufen. Dann kennen einen vielleicht zwei, drei Leute, je nachdem wie gut man mit denen kann, grüßen sie freundlich. Vielleicht gibt es eine Unterhaltung, aber einen großen Teil der Zeit ist man als Frau in Deutschland allein, dadurch dass die Männer früher sterben, weil die durchschnittliche Lebenserwartung nicht so hoch ist. Das ist eine gewisse Vereinsamung, die ich in Jordanien so nicht kenne.« (Zivi, 19 Jahre)

Altersversorgung

Die Einkommen der jetzigen Rentner bewerten die von uns befragten Jugendlichen sehr unterschiedlich. Die Situation der eigenen Großeltern sehen die meisten nicht besonders kritisch. Diese kommen mit ihrer Rente aus, und eine Kleinigkeit für die Enkel ist meist auch noch drin.

- »Die sind immer damit ausgekommen. Was sollen sie auch machen.« (Handwerker, 25 Jahre)
- »Und im Moment ist es noch so, wenn ich jetzt meine Eltern oder meine Oma angucke, da ist nicht viel, aber da ist noch irgendwo Geld. Denen geht es eigentlich gut und es ist nun keiner, der jetzt sagen muss, er muss bald auf die Straße.« (Angestellte, 23 Jahre)

Wenn die Jugendlichen genereller über »die Alten« reden und nicht über die eigenen Großeltern, ist die Wahrnehmung extremer. Entweder geht es den Alten dann sehr gut, und sie meckern völlig unbegründet über Renten-Nullrunden. In diesem Zusammenhang ist die eigene finanzielle Situation der Vergleichsmaßstab, sei es, dass die Jungen momentan zu wenig Geld haben oder dass sie selbst einmal keine Rente mehr bekommen werden. Zudem wird die Rente als ein sicheres Einkommen wahrgenommen, die derzeitige schwierige Arbeitsmarktsituation müssen die Senioren nicht mehr mitmachen.

- »Aber man muss auch bedenken, dass die sozusagen die höchste Rente seit langem haben. Früher gab es nicht so viel Rente. Da versteh ich dann zum Beispiel auch wieder nicht, dass sie sich dann teilweise aufregen, wenn irgendwas gekürzt wird. Sicher, für manche ist es schwer, von Fall zu Fall auch. Aber für viele, die haben doch eine Menge. Also, ich kann nicht permanent in ein Museum rein oder ins Kino oder was weiß ich. Da ist auch nicht das Geld da.« (Abiturientin, 19 Jahre)
- »Wenn ich mir die Rentner teilweise angucke, denke ich, haben's die nicht schlecht. Auch wenn die immer über ihre Rente schimpfen. Es gibt sicherlich auch welche, die nicht viel Rente kriegen. Aber die haben den Faktor Arbeit nicht mehr, dass die sagen, wie geht's morgen weiter, behalte ich meine Arbeit, kriege ich morgen vielleicht meine Entlassung? Die kriegen jeden Monat ihre Rente, auch wenn die jetzt mal ihre Nullrunden kriegen. Aber wir kriegen auch nicht jedes Jahr unsere Gehaltserhöhung. Die kriegen jeden Monat ihr geregeltes Einkommen und wenn es sich gesundheitlich noch einrichten lässt, können sie verreisen und alles.« (Angestellte, 25 Jahre)

In der anderen Extremposition sind »die Rentner« in einer schlechten finanziellen Lage. Manche Jugendliche betonen, künftigen Entwicklungen vorgreifend, dass es bald kaum noch Rente geben wird, und leiten daraus eine schwierige Lage der heutigen Rentner ab.

- »Die haben auch sehr wenig Geld, schätze ick mal. Wenn man überlegt, dass ich z. B. keene Rente mehr kriege

vom Staat höchstwahrscheinlich, also is so. Und die meisten haben nicht vorgesorgt. Denen geht's natürlich beschissen, die müssen auch auf jeden Cent achten. Auch nicht grad das tolle Leben.« (Auszubildender, 19 Jahre)
- »Die leben meistens alleine in einer kleinen Wohnung und jammern darüber, dass ihre Enkel sie nicht besuchen kommen – und zu Recht – und kriegen wahrscheinlich viel zu wenig Rente.« (Studentin, 19 Jahre)
- »Viele leben am Existenzminimum und es werden immer mehr. Den jetzigen Rentnern wird es wohl einigermaßen gut gehen, aber es wird ja immer schlimmer.« (Arbeitslose, 25 Jahre)

Und wie reagieren die Jugendlichen, wenn man konkreter danach fragt, was für Alte eigentlich getan werden soll, was ihnen »zusteht«? Wie reagieren sie auf die bewusst provokante Frage, ob den sehr alten Menschen aus Kostengründen ein künstliches Hüftgelenk verweigert werden sollte? Sie antworten mit einhelliger Entrüstung. Sie finden das »Quatsch«, »schwachsinnig« und »menschenunwürdig«. Maßgeblicher Grund ist die hier schon oft zitierte Auffassung, dass die Senioren nach einem arbeitsreichen Leben und aufgrund ihrer Beitragszahlungen ein würdiges Alter inklusive der besten medizinischen Versorgung verdient hätten. Viele Jugendliche stößt aber auch einfach das kalkulierende Denken ab, wenn es um die Gesundheit geht. Und schließlich gibt es noch die Perspektive der Betroffenheit: Die Eltern oder Großeltern wurden bereits mit künstlichen Hüften oder Knien versorgt und außerdem wird man ja selbst auch mal alt.

- *(Wer so etwas vorschlägt)* »... sollte einfach mal in die Sicht des Alten sich verdenken. Wie es so einem geht, wo er vielleicht Schmerzen oder so was hat. Und der soll auch was haben vom Leben, wenn er sein Leben lang gearbeitet hat. Also, ich möchte auch noch was haben, wenn ich mal in Rente gehe. Also, ich möchte net arbeiten bis ich umfall. Aus der Sicht vom Staat her wäre das das Beste, arbeiten und dann umfallen und tot. Aber ich denke, wenn ich ein Leben lang arbeite, dann steht mir auch noch was zu, dass ich auch in meinem Alter noch was hab.« (Landwirt, 23 Jahre)
- »Das muss man für jeden speziell so betrachten, weil die alten Leute ja auch ihre Beiträge zahlen, und warum sollen ihnen dann die Leistungen irgendwo verweigert werden. Wenn man dann später selber betroffen ist, dann ärgert man sich, wenn man gesagt hat, dass man das nicht will.« (Angestellte, 23 Jahre)
- »Scheiß. Dit ist blöde. Sollen die jetzt im Rollstuhl rumfahren oder so wat? Wenn ick alt bin, möchte ick auch ein künstliches Hüftgelenk haben *(lacht)* oder sonst irgendwat. Einen Herzschrittmacher oder ...« (Auszubildender, 19 Jahre)
- »Das Kosten-Nutzen-Verhältnis ist das eine, aber es gibt dann auch immer noch die andere Seite. ... Also die Nachkriegsgeneration oder auch die, die den Krieg miterlebt haben, die haben dann halt auch wirklich dafür gesorgt, dass Deutschland sich in 40 Jahren stabilisiert hat und das ist, was es heute ist. Dass die dann halt wirklich irgendwo in den Arsch getreten werden ...« (Zivi, 18 Jahre)

Die Lebenssituation der Alten bewerten die Jungen nur zum Teil aufgrund monetärer Faktoren. Die Jugendlichen finden, den Alten geht es schlecht, wenn die gesellschaftliche und familiäre Einbindung fehlt. Wenn es dann tatsächlich ans Geld, an die Einschätzung der Rente geht, sind die Meinungen gespalten. »Die

Alten« haben entweder die »höchste Rente, die es je gab«, oder sind nahe an der Armutsgrenze, was jedoch seltener geäußert wird. Durchweg finden die Jugendlichen die Sicherheit der Rentenzahlung verlockend, wenn sie von der schlechten Arbeitsmarktsituation oder dem eigenen Budget ausgehen. Zum »Wohlstand« gehört ja auch mehr als die Rente: Die alten Menschen haben es in den Augen der Jugendlichen zu etwas gebracht, haben ein Häuschen, haben andere materielle Ressourcen. Besonders krass wird Jugendlichen das in manchen Städten vor Augen geführt, in denen viele alte, gut situierte Menschen leben (man denke an unser Fallbeispiel aus Baden-Baden). Auch bei Jugendlichen, die sich für Jugendbelange einsetzen und darum kämpfen, ihre Interessen durchzusetzen, ist von Neid auf den Wohlstand der alten Generation wenig zu spüren. Negativ besetzt allerdings ist das Jammern der Alten über zu niedrige Renten und Nullrunden.

7.3.5 Blick auf die alternde Gesellschaft

Wie beurteilen Jugendliche angesichts der eigenen Einflusslosigkeit und angesichts des relativen Wohlstands der Rentner das Altern der Gesellschaft? Die quantitative Analyse zeigt bereits, dass die Mehrzahl der Jugendlichen darin ein Problem sieht.[94] Dies tun sie – allerdings aus anderen Gründen, als man annehmen könnte. Nur wenige Äußerungen beziehen sich auf Probleme, die daraus entstehen, dass jugendliche Interessen nicht berücksichtigt würden. Probleme sehen sie nicht für die Jugend, sie sorgen sich vielmehr um die Alten in der alternden Gesellschaft. Dass wenige Junge dann viele Alte versorgen müssen, ist den Jugendlichen bewusst. Sie schlussfolgern

[94] Vgl. Kapitel 4.1.

daraus aber erst einmal, dass für die Alten dann zu wenig Geld da sei. Die alternde Gesellschaft verbinden sie in erster Linie mit möglicher Altersarmut und vereinzelt auch mit einem Versorgungsnotstand bei den Pflegebedürftigen.

- »Also, wir gehen ja eigentlich für die alten Leute arbeiten, wir bezahlen dafür Beiträge und wenn dit nicht mehr ist, dann ist das ganz schön doof. Rente gibt es dann nicht mehr, dann müssen die kiecken, wo sie bleiben.« (Auszubildender, 19 Jahre)
- »Die größten Probleme in einer alternden Gesellschaft, finde ich, sind, dass immer weniger junge Leute die Alten finanzieren müssen und dass die Renten niedriger werden. Es kommt also ein Problem der Altersarmut.« (Student, 19 Jahre)
- »Irgendwas kriegt jeder Mensch im Alter ein bisschen und dadurch entstehen mehr Kosten und dadurch entstehen natürlich auch Nachteile, weil wie sollen die Jungen, die weniger sind, das alles reinbringen? Das funktioniert nicht. Das geht nicht.« (Auszubildende, 18 Jahre)
- »Je weiter sich der Fortschritt entwickelt, auch in medizinischer Hinsicht, umso älter werden die Menschen, umso mehr wird erfunden, dass sie dann auch noch weiterleben. Es kostet ja auch Geld, so einen alten Menschen im Krankenhaus, im Pflegeheim unterzubringen, das kostet ja auch alles Geld. Und wer soll das nachher machen? Wenn keine Jungen mehr da sind, dann können ja nicht die Alten die Alten pflegen.« (Angestellte, 23 Jahre)

Die Jugendlichen befürchten, dass durch die ungleiche finanzielle Lastenverteilung Probleme zwischen Jung und Alt entstehen.

- »Die Jungen, die jetzt noch Arbeit haben, die arbeiten ja nur noch. Und die Alten sind zu Hause, und man hat

dann irgendwann keine Zeit mehr, sich umeinander zu kümmern und miteinander Zeit zu verbringen. Die einen sind nur noch dazu da, um zu arbeiten und Geld zu verdienen, und die anderen sitzen eigentlich nur rum und warten, dass jemand kommt oder dass es irgendwann zu Ende ist.
Das heißt, es gibt eigentlich keine Probleme, sondern die entfernen sich einfach voneinander?
Ja, denk ich mal schon.« (Angestellte, 23 Jahre)

- »*Was würdest du sagen, wird es in Zukunft mehr Probleme zwischen Jungen und Alten geben?*
Ich denke ja, weil junge Menschen mehr auf den alten rumhacken, weil sie eben sagen: Mensch, und wir müssen für euch arbeiten gehen, und wir zahlen für euch, und wir bekommen gar nichts. Irgendwas wie ein Missverständnis entsteht, weil die Menschen, die im Moment alt sind, haben ja für die davor auch bezahlt. Die können ja nichts dafür, dass das jetzt so läuft alles im Grunde. Also, ich denk schon.« (Auszubildende, 18 Jahre)

Das letzte Zitat verdeutlicht wieder die hohe Wertigkeit der alten Generation und Verständnis des Generationenprinzips. Die alten Menschen haben ihr ganzes Leben in die Sozialversicherung eingezahlt, und zwar für die Generationen vor ihnen. Dann muss man ihnen die Leistungen auch gewähren, auf die sie vertrauen. Nur wenige sind der Meinung, dass die Alten künftig ihre Ansprüche zurückschrauben sollten. Wenn möglich, sollen alle gleichermaßen Abstriche machen. Die Alten sollen bekommen, »was sie brauchen«, denn sie »haben ihr Soll schon erfüllt«.

In der repräsentativen Studie wurde zu genau dieser Problematik eine Frage gestellt. Die Ergebnisse können einen Anhaltspunkt geben, wie unsere qualitativen Befunde einzuordnen sind. Gefragt wurde, »wie es heute mit der Verteilung des Wohlstands zwischen den Generationen aussieht«. Dass dieser gerecht verteilt sei, meinen 43 % der Jugendlichen. Das entspricht in etwa der Einstellung, wenn nötig, müssten alle gleichermaßen Abstriche machen. Dass »die Älteren zugunsten der Jüngeren zurückstecken sollten«, meinen immerhin ein Drittel der Befragten. »Die Jüngeren sollten ihre Ansprüche reduzieren« ist eine seltener vertretene Meinung (12 %).[95] Das bestätigt im Großen und Ganzen unsere Einschätzungen. Der hohe Anteil von Jugendlichen, die sich der Meinung anschließen, »die Älteren« sollten »zurückstecken«, lässt jedoch aufhorchen und relativiert möglicherweise unseren Eindruck, dass die Jugendlichen der alten Generation ihre eher als gut eingeschätzte Situation gönnen und sie für angemessen halten.[96]

Die Möglichkeit eines heraufziehenden Generationenkonflikts sprechen auch einige unserer Befragten an. Sie versuchen, das Thema konstruktiv zu betrachten oder zu entdramatisieren. Vielleicht findet sie neue Modi der gegenseitigen Unterstützung, oder die Gegensätze sind geringer, als sie erscheinen.

- »Vielleicht müsste man sich auch zusammentun.
Wie könnte das aussehen?
Dass es einfach Organisationen gibt ... vielleicht auch, dass man eben stärker für ältere Menschen arbeitet, dass dieser Dienstleistungsbereich

---

[95] Vgl. Kapitel 4.1.
[96] Wir vermuten allerdings, dass die Frageformulierung »die Älteren«/»die Jüngeren« von etlichen Befragten nicht auf die wirklich alten Menschen und die Jugendlichen bezogen wird, sondern die Bevölkerung eher zweigeteilt wahrgenommen bzw. die mittlere Generation quasi eingerechnet wird. Dann ist diese Antwortverteilung sehr viel eher erklärlich. Sie wäre vermutlich anders ausgefallen, hätte man explizit nach »den Jungen« und »den Alten« gefragt.

vielleicht mehr bewertet wird.« (Schülerin, 19 Jahre)
- »Hier in Baden-Baden zum Beispiel, wenn man das als kleines Modell sieht, ist das nicht so schön, dass sich eben die Alten so wenig um die Jungen kümmern und ihre Aufgabe irgendwo an der Türe abgegeben haben. Aber ich denke, wenn man das so machen kann und es vor allen Dingen schafft, dass die Alten wieder mehr wert sind, auch Erfahrung einbringen können, arbeiten können, wieder mehr machen können, dass das dann nicht unbedingt sein muss, dass es Konflikte gibt.« (Abiturientin, 19 Jahre)
- »Ich glaube, das sind jetzt keine Gruppen, die sich gesellschaftlich irgendwie bekriegen.« (Studentin, 21 Jahre)

Eventuell werden die Gegensätze zwischen Alt und Jung sogar geringer, weil sich deren Wertemuster und Einstellungen einander annähern oder jedenfalls weniger stark altersspezifisch ausgeprägt sind.
- »Und das mit diesem Altenberg, dass das immer mehr Wähler werden, wird vielleicht auch gar nicht mehr so schlimm sein, wenn irgendwann die 68er so richtig alt sind, weil dann halt diese Grenze zwischen alt = konservativ = CDU und jung = progressiv = Grün, was weiß ich, halt einfach wegfallen wird. Weil sich meiner Meinung nach mit dem Ende der 60er ein relativ starker kultureller Wandel vollzogen hat, der danach irgendwie zu einer ziemlich starken Ausdifferenzierung der ganzen Gesellschaft geführt hat. Seitdem kann man eigentlich nicht mehr sagen, dass irgendeine bestimmte Altersgruppe irgendwelche bestimmten Werte hat.« (Student, 22 Jahre)

Ganz pragmatisch sehen vor allem jene Jugendliche die alternde Gesellschaft, die als Zivi im Pflegebereich oder in Gesundheitsberufen arbeiten. Für sie bringt der demografische Wandel Beschäftigungschancen.
- »Für meine Arbeit ist es gut *(lacht)*. Weil es ist halt einfach so, wenn es jetzt weniger ältere Leute geben würde, würden wir das an der Arbeit auch merken.« (Angestellte, 25 Jahre)
- »Aber irgendwo muss man auch sagen, je mehr alte Menschen, umso mehr Arbeit entsteht ja auch vielleicht. Die Pflege, das ist ein Bereich, der kann durch Maschinen nicht ersetzt werden. Das hat sehr positive Hintergründe auch, das Seelische, das kann man nur persönlich pflegen. Und ich denke, mit den alten Menschen, das hat Vor- und Nachteile, aber die Sache mit der Pflege kann auch eine Chance sein irgendwo.« (Zivi, 18 Jahre)

Auch beim Thema demografischer Wandel und alternde Gesellschaft ist von Unernst und Unbekümmertheit der Jugend wenig zu merken. Nur im Zitat eines 17-jährigen Schülers klingt noch etwas davon an:
- »Leute werden älter, junge Leute machen weniger Babys. Is klar, passiert halt. Sollen die Leute aus China kommen, ist mir egal. Da denke ich nicht drüber nach. So in 50 Jahren habe ich vielleicht einen größeren Freundeskreis von alten Leuten. Passt schon, was soll daran so schlimm sein? Ist doch die Gesellschaft selber dran schuld, wenn sich die jungen Leute nicht mehr trauen, Kinder zu machen.«

Vernachlässigung, Vereinsamung und Altersarmut der alten Generation sehen die befragten Jugendlichen als primäre Probleme in einer alternden Gesellschaft. Der vorherrschende Eindruck aus den Interviews: Die Alten, die doch die

Bundesrepublik zu dem gemacht haben, was sie nun ist, die in die Sozialversicherung schon für ihre Eltern eingezahlt haben, sollen gut versorgt werden und den Lebensabend genießen können, immerhin verlassen sie sich darauf. Dieses Leistungsversprechen wurde der jungen Generation nicht gegeben. So fühlen sie sich im Endeffekt für beide Generationen zuständig: für sich selbst mit privater Vorsorge und für die Alten.

7.4 Soziale Netzwerke als Ressource

Die starke Familienorientierung der Jugendlichen wurde bisher an verschiedenen Stellen der Analyse deutlich, so auch im quantitativen Teil der Studie. Dort wurde das sehr gute Verhältnis heutiger Jugendlicher zu den Eltern festgestellt.[97] Mehr als die Hälfte der Jugendlichen kommt mit den Eltern trotz gelegentlicher Meinungsverschiedenheiten klar, ein Drittel der Jungen und ca. 40 % der Mädchen verstehen sich mit den Eltern sogar »bestens«. Zudem würden mehr als 70 % der Jugendlichen ihre eigenen Kinder ungefähr oder genauso erziehen, wie sie selbst von ihren Eltern erzogen wurden. Mehrheitlich fanden die im repräsentativen Teil der Studie Befragten, dass sie »nicht besonders« oder »gar nicht« streng erzogen wurden. Auf Konflikte zur Generation der Eltern sowie mit deren Normen und Werten deuten diese Ergebnisse keineswegs hin.

Die explorativen Interviews bestätigen dies, häufig wurden die guten Beziehungen zur Familie thematisiert. Deutlich wurde zudem das enge Verhältnis zu den verwöhnenden und als nichtautoritäre Ratgeber geschätzten Großeltern.

Familie und Freunde bilden soziale Netzwerke, die eine wichtige Ressource für Jugendliche sind, um die wachsenden Anforderungen in einer alternden Gesellschaft zu meistern. Beispielsweise sind Eltern eher als Freunde Ansprechpartner für die langfristige Zukunfts- und Berufsplanung (Hurrelmann 2005). In der Jugendsoziologie wird allgemein davon ausgegangen, dass durch die verlängerte Jugendphase die Bedeutung der Peergroups zugenommen hat, während entsprechend die der Familie eher zurückging. Bei prinzipieller Richtigkeit dieser Aussage sehen wir Anzeichen für eine zumindest zeitweise gegenläufige Tendenz: In Zeiten nämlich, die als verunsichernd erlebt werden, in denen sich Jugendliche Sorgen um Ausbildungsplatz und Berufschancen machen, könnte der familiäre Rückhalt wieder wichtiger werden.[98] Als Frage formuliert: Verlassen sich Jugendliche eher auf soziale Kontakte in der Familie, Ausbildung oder Nachbarschaft, also jene, die sich in relativ fest gefügten Strukturen quasi von selbst bilden, dafür aber verlässlicher sind? Oder erweitern sie ihre Netzwerke aktiv durch einen großen Freundeskreis, Freizeitaktivitäten oder freiwilliges Engagement? Welche Ressourcen bieten ihnen Familie und Freundeskreis?

Die explorativen Interviews erschließen, was Familie und Freunde für die Jugendlichen bedeuten. Die Analyse der sozialen Kontakte zeigt, über welche Netzwerke die Jugendlichen verfügen. Kombiniert man diese Informationen mit der Verortung von Familie und Freundschaft im Wertesystem der Jugendlichen, zeigt dies die Wertigkeit dieser beiden Lebensbereiche über die aktuelle Situation hinaus.[99]

---

[97] Vgl. Kapitel 2.1.3.
[98] Über Wandel können wir uns an dieser Stelle nur sehr begrenzt Aussagen erlauben. Weitere Untersuchungen sind hier notwendig.
[99] Vgl. unsere einleitenden Ausführungen zur Methode der Netzwerkanalyse in Kapitel 7.1.

7.4.1 Die Bedeutung von Familie und Freunden

Die Familie ist den befragten Jugendlichen sehr wichtig. Wie aus den Interviews ersichtlich wird, gibt sie Rückhalt und Unterstützung. Die Eltern sind für die Jugendlichen da. Dabei spielt es keine Rolle, ob die Befragten bereits Trennungen oder familiäre Konflikte erlebten.

- »Also das Wichtigste ist wirklich meine Familie. Ohne die wäre ich am Arsch, sagen wir mal so. *(Lacht) Warum das?*
Na, ohne meine Mutter ... weeß ick nicht, da jeht man hin zum Quatschen. Die helfen eenem, wenn man Schwierigkeiten hat. Nicht bei allen Sachen, aber bei den meisten. Das ist halt wichtig so. Man wird lieb gehabt.« (Auszubildender, 19 Jahre)
- »Ich verstehe mich mit meinen Eltern absolut gut. Keine Frage. Ich weiß, ich kann mich absolut verlassen und auch zu 100 % zurückfallen lassen. Da weiß ich, da bin ich gut aufgehoben und die würden für mich alles tun.« (Angestellte, 23 Jahre)

Hält man sich die landläufigen Thesen von der Lösung der Jugendlichen aus traditionellen Zusammenhängen vor Augen, so wird klar: Die befragten Jugendlichen äußern sich im genau entgegengesetzten Sinn. Unabhängigkeit und Eigenständigkeit sind zwar wichtig, aber die Emanzipation von den Eltern ist nicht das drängendste Problem.

- »Wenn ich mir jetzt vorstelle, also das ist für uns auch schon immer klar gewesen, dass wenn mein Bruder dann Kinder hat oder ich, dass dann halt meine Mutter auch auf die Kinder aufpassen kann, damit wir arbeiten gehen können. Das ist ja wichtig, auch um unabhängig zu sein, dass man da als Familie zusammenhält. Jetzt, wo es auch wirtschaftlich in Deutschland nun mal nicht mehr so toll funktioniert, da ist auch, denke ich, wichtig, dass man sich so orientiert, wie es auch in anderen Ländern schon die ganze Zeit normal ist.« (Abiturientin, 19 Jahre)

Die Familie wird in wirtschaftlich schwierigen Zeiten und angesichts mangelnder gesellschaftlicher Rahmenbedingungen für die Kinderbetreuung als Ressource gesehen, die es erst ermöglicht, auf dem Arbeitsmarkt flexibel und dadurch ökonomisch unabhängig zu sein. Dazu zählt auch, dass Familienkontakte bei der Verwirklichung beruflicher Pläne als hilfreich angesehen werden, sei es, dass die Mutter oder der Vater Verbindungen herstellen können oder der Onkel einen Betrieb hat, in dem man »im Notfall« unterkommen könnte.

Die Bedeutung des Freundeskreises ist hingegen weit weniger eindeutig als jene der Familie. Freunde stehen zum einen für Spaß, für »Weggehen« und Freizeitgestaltung.

- »Das ist auf jeden Fall wichtig für mich, sich mit denen regelmäßig zu treffen, d. h., oft treffen wir uns am Wochenende in der Bar, trinken ein bisschen was gemeinsam, aber haben dann wirklich auch, dass Unterhaltung stattfindet.« (Schüler, 19 Jahre)
- »Wie jeder andere auch mache ich meine Sache, und wo wir zusammenkommen, ist halt, wo wir jeweils gemeinsam Spaß haben.« (Zivi, 19 Jahre)

Weiterhin gibt es die Motivation, einen sehr vielfältigen Freundeskreis zu suchen, um Anregungen und Bestätigung jenseits der eigenen Lebenswelt zu bekommen.

- »Ich hab verschiedene Freundeskreise, also ich glaub, wenn ich zu einem Geburtstag alle Leute einladen würde, die ich kennen würde, die ich mag, die mich mögen, das würde im

übelsten Fall zu Mord und Totschlag führen *(lacht)*. Also, es ist wirklich sehr extrem und trotzdem genieß ich's.« (Student, 23 Jahre)
- »Und was mir dann noch Spaß macht, ich bin der Einzige, der einen Betrieb hat. Es hat sonst keiner einen Betrieb zu Hause, bin ich der Einzige. Und da liegt mir eigentlich viel dran, dass ich mit anderen Berufen zusammenkomme, das sind nicht nur immer Gleichgesinnte, sondern einfach auch andere Berufe.« (Landwirt, 23 Jahre)

Und schließlich haben für sehr viele der befragten Jugendlichen Freundschaften eine große emotionale Bedeutung. Es wird »wahre« Freundschaft beschworen, die wichtiger sei, als viele Freunde zu haben. Da wird betont, wie schön es sei, »wenn man sich schon seit 20 Jahren kennt« oder dass der beste Freund sozusagen zur Familie gehöre. Dazu passt, dass andersherum auch die eigenen Geschwister als Freunde bezeichnet werden.
- »Also richtige Freunde ... bevor ich sage, das ist ein Freund von mir, muss da schon eine gewisse Basis da sein. Manche sagen, sie haben zehn Freunde oder so, das kann ich dann irgendwie immer nicht so ganz glauben.« (Zivi, 18 Jahre)
- »Aber ich habe halt meine ›Sister in mind‹, mit der ich gut klarkomme, praktisch wie eine beste Freundin, nur dass das tiefer geht irgendwie. Auch wenn ich sie nicht so lange kenne, ist das so, dass sie wie meine Schwester ist.« (Schüler, 17 Jahre)
- »Was auch noch wichtig ist, Freundschaften. Freundschaften sind fürs Leben, heißt es so schön. Wie heißt es auch so schön: lieber einen wahren Freund als mehrere Freunde. Ich denke, dass das auf jeden Fall wichtig ist, zumindest für mich auf jeden Fall.« (Landwirt, 23 Jahre)

Derartige Freundschaften bieten den Jugendlichen ein Maß an Vertrautheit und Stabilität, das an familiäre Strukturen erinnert. Diese Erwartungen lassen sich aber angesichts der beruflichen Mobilitätsanforderungen kaum noch realisieren. Zahlreiche Befragte – besonders aus strukturschwachen Regionen – berichten vom Wegzug der Freunde, sodass sich das Netzwerk der Daheimgebliebenen verkleinerte. »Mittlerweile sind alle weggezogen«, hört man von Daheimgebliebenen. Es fällt anscheinend im Vergleich zu familiären Kontakten schwerer, enge und vertraute freundschaftliche Beziehungen über größere Entfernungen aufrechtzuerhalten. Es ist eben so ...
- »... dass es über die Entfernung nicht mehr so sein kann, wie es mal war, wenn man zusammen zur Schule gegangen ist und sich öfter gesehen hat und so.« (Zivi, 18 Jahre)

Doch auch wenn die Freunde dageblieben sind, scheint es gerade in der Phase beginnender Berufstätigkeit und Familiengründung schwierig, Kontakte nicht abreißen zu lassen. Sei es, dass »wir unterschiedliche Arbeitszeiten haben«, sei es, dass einige Freunde schon Kinder haben.

Alle drei Facetten von Freundschaften – Spaß, Vielseitigkeit, Emotionalität – schließen sich natürlich nicht aus, sondern können nebeneinander bestehen. Spaß und Vielseitigkeit als Aspekte der Freundschaft könnten aber dann, wenn die eigene Zukunftsperspektive als prekär wahrgenommen wird, an Relevanz verlieren. Besonders wichtig werden dann jene Freunde, die wie die Familie Stabilität, Kontinuität und emotionale Unterstützung vermitteln. Ziehen diese dann auch noch weg, bleiben die Familie, die eigene Partnerschaft und weitere »institutionalisierte« Kontakte als größte Bestandteile des sozialen Netzwerkes.

Einiges in den Interviews deutet darauf hin, dass die sozialen Kontakte im Rahmen des freiwilligen Engagements ebenfalls eine derartige emotionale Bedeutung haben können. Über ihr Engagement in der Kirche sagt eine Jugendliche:
- »Mittlerweile ist es so, dass ich es als mein zweites Zuhause, als meine zweite Familie sehe. Die Menschen, die da sind, sind mir wichtig. Ich bin da gerne. Es ist ein Ort, wo man Mensch sein kann, ganz normal.« (Studentin, 19 Jahre)
- »Das DRK ist eine große Familie. Also, wenn einer ein Problem hat und die anderen um Hilfe bittet, dann sind die da. Das kann man wirklich als große Familie bezeichnen.« (Angestellte, 23 Jahre)

Es ist weniger eine Ersatz- als eine Zusatzfamilie gemeint. Hier geht es um die familienähnliche, emotionale Bedeutung des Kontakts, der darüber hinaus den Wert eines selbst gewählten Kontakts hat. »Familie« wird dabei als begriffliches Konzept für soziale Nähe benutzt, gelegentlich fällt auch der Begriff »Heimat« in diesem Zusammenhang.

7.4.2 Soziale Netzwerke

Um etwas über die Struktur der sozialen Netzwerke der Jugendlichen und ihre soziale Einbindung zu erfahren, benutzten wir als Instrument ein visualisierendes Schema.[100] Zunächst erfragten wir, welche Bereiche im Leben der Jugend besonders wichtig seien. Je nach Bedeutung der Lebensbereiche (sieben konnten maximal eingetragen werden) wurden ihnen eigene, unterschiedlich große Segmente im Schema zugeordnet. In die einzelnen Lebensbereiche trugen die Jugendlichen anschließend jene Personen ein, die in ihrem Leben eine wichtige Rolle spielen. Je wichtiger die Kontakte für die Jugendlichen waren, desto näher am Mittelpunkt des Schemas wurden sie eingetragen.

Wichtigkeit wurde dabei nicht nur im positiven Sinne berücksichtigt, denn es können durchaus auch konfliktträchtige Beziehungen eine bedeutende Rolle im Leben spielen. Um auch diese Ebene zu erfassen, baten wir um Bewertungen, wie sympathisch die eingetragenen Personen sind. Außerdem wurden Informationen zu deren Alter ergänzt.

Wir arbeiten bei der folgenden Auswertung der Netzwerkanalyse auch mit Quantifizierungen, das heißt, wir nehmen Auszählungen vor, auf deren Basis sich eine Typologie erstellen lässt. Dies geschieht vor dem Hintergrund der sorgfältigen qualitativen Inhaltsanalyse der Interviews, unter Berücksichtigung der dort erschlossenen Bedeutungszusammenhänge.

Die Analyse zeigt, dass bei den meisten Jugendlichen fünf oder sechs verschiedene Lebensbereiche eine wichtige Rolle spielen. Dazu gehören bei allen die Familie, Freunde sowie der gegenwärtige Tätigkeitsbereich, also Schule, Arbeit, Zivildienst, die Ausbildung oder das Studium. Weitere wichtige Bereiche sind Freizeitaktivitäten, die individuell ausgeübten ebenso wie die im Verein organisierten. Bei einigen Jugendlichen gehört zudem freiwilliges Engagement zu den relevanten Lebensbereichen. Von Bedeutung ist auch das regionale Umfeld, Kontakte in der »Nachbarschaft«, im Haus, Wohnblock, der Siedlung oder im Dorf, in der Gemeinde, im Stadtteil.

Eine sehr häufig benannte Rangfolge der Lebensbereiche ist:
1. Familie,
2. Freunde,
3. Ausbildung (Schule, Uni, Lehre) bzw. die Arbeit,
4. Freizeitaktivitäten,
5. die Nachbarschaft.

---

[100] Vgl. hierzu Fragetext und Abbildungen im Anhang des Buches.

Abweichend davon betrachten einige Jugendliche ihre Freunde als wichtigsten Lebensbereich, die Familie ist dann auf dem zweiten Rang. Einige engagierte Jugendliche weichen von der typischen Reihenfolge ab, indem sie ihre gesellschaftliche Aktivität als drittwichtigsten Lebensbereich einordnen, vor ihrer Ausbildung bzw. Arbeit.

Die Jugendlichen haben in ihr Kontaktschema insgesamt zwischen 8 und 61, im Extremfall 95 Personen eingetragenen. Nicht alle Lebensbereiche enthalten Kontakte zu anderen Menschen. So spielt für einige der Jugendlichen die freie Zeit, die sie für sich allein nutzen können, eine wichtige Rolle im Leben. Als Lebensbereiche werden manchmal auch Dinge benannt wie der Hausbau, der Tanzkurs, das Klavierspielen. Diese sind dann meist mit nur wenigen relevanten sozialen Kontakten verbunden.

Die weitere Analyse der Netzwerke dient der Beleuchtung von zwei Fragen, die sich aus der bisherigen Untersuchung ergeben:

1. In welchem Maße bewegen sich Jugendliche entweder in sozialen Netzwerken, die ihnen vor allem Halt und Unterstützung bieten können, in fest gefügten Strukturen, die sie in ihrem Nahraum vorfinden? In welchem Umfang erweitern sie andererseits aktiv ihre Netzwerke durch einen ausgedehnten, heterogenen Freundeskreis und vielfältige Aktivitäten? Beide Möglichkeiten bergen unterschiedliche Zugänge zu Ressourcen, um die vielfältigen Anforderungen im Leben von Jugendlichen zu meistern.
2. Die Analyse der Generationenbeziehungen zeigte, dass persönlicher Kontakt zu Alten eher Verständnis für die alte Generation und ein positives Bild vom Alter vermittelte.[101] Umgekehrt gingen unpersönliche Beziehungen eher mit negativen Stereotypisierungen der Alten einher. In welchen Lebensbereichen gehören Alte zum Netzwerk Jugendlicher? Anzunehmen ist, dass Konflikte zwischen den Generationen in einer alternden Gesellschaft durch enge Beziehungen zur Herkunftsfamilie abgemildert werden.[102]

Nahraumorientierung und Multi-Vernetzung

Um die erste Frage nach der Art der sozialen Netzwerke zu beantworten, wird zunächst die Summe der Kontakte betrachtet. Außerdem werden die Kontakte der Jugendlichen nach dem Grad ihrer Freiwilligkeit unterschieden, danach, ob sie quasi in bestimmten Strukturen vorgegeben sind oder »vorgefunden« werden (»institutionalisierte« Kontakte) oder ob sie stärker selbst gewählt und selbst gesucht sind (»nicht-institutionalisierte« Kontakte).[103] »Institutionalisierte« Kontakte spielen sich in Lebensbereichen ab, die bei den Jugendlichen quasi »unvermeidlich« dazugehören und weitgehend festgelegt sind. Das sind die Familie, die Nachbarschaft sowie die Schule oder Arbeit. Die Beziehungen zu Verwandten, Klassenkameraden und Kollegen sind nur bis zu einem gewissen Grad frei gestaltbar, sie folgen bestimmten »institutionalisierten« Interaktionsregeln. Dies macht sie zugleich stabiler.

Im Gegensatz dazu sind »nicht-institutionalisierte« Kontakte freier wählbar und freier gestaltbar. Freundschaften

---

[101] Vgl. Kapitel 7.3.1 und 7.3.2.
[102] Anhaltspunkte dafür liefert bereits Kapitel 7.3.4.
[103] »Kontakte« sind hier nicht mit »Personen« gleichzusetzen, denn die gleiche Person kann in verschiedenen Lebensbereichen eine Rolle spielen. Dies zeigt die Vernetzung der sozialen Beziehungen. Da Netzwerke durch Querverbindungen gestärkt und so als Ressource noch besser wirksam werden können, ist diese Betrachtungsweise für unsere Fragestellung gut geeignet.

sucht man sich selbst und gestaltet sie. Entsprechend sind Freunde, aber auch die sozialen Kontakte in der Universität, in der im Gegensatz zu (Berufs-)Schule oder Arbeitsstelle Bekanntschaften leicht geschlossen und wieder beendet werden können, bei Freizeitaktivitäten und freiwilligem Engagement »nicht-institutionalisierte« Kontakte. Für das freiwillige Engagement ist, wie andere Untersuchungen zeigen, ein Hauptmotiv, dort mit anderen, gleich gesinnten, sympathischen Menschen zusammen zu sein.[104] Hier entstehen, wie auch die qualitativen Interviews zeigen, häufig neue Kontakte, die über das Funktionale weit hinausreichen. Es ist daher angemessen, die »Freiwilligkeit« dieser Kontakte in den Vordergrund zu stellen.[105]

Ergänzend wurde für die Unterscheidung von verschiedenen Netzwerk-Typen einbezogen, ob und in welchen Lebensbereichen die Jugendlichen ihnen sympathische oder unsympathische soziale Kontakte in dieses Schema eingetragen haben. Wichtig ist schließlich, in welcher Relation Familie und Freundschaft im Wertesystem der Jugendlichen stehen und welche der Bedeutungszuschreibungen zur Freundschaft – Spaß, Vielseitigkeit oder Emotion – bei ihnen tendenziell zu finden sind.

Die Kombination dieser vielfältigen Informationen ergab vier verschiedene Netzwerk-Typen (Abb. 7.1):
– die Nahraum-Orientierten
– die Hoch-Vernetzten
– die Multi-Vernetzten
– sowie die Prekären.

Die Abbildung 7.1 zeigt, dass die überwiegende Zahl (ca. ein Drittel) der von uns befragten Jugendlichen eine Nahraumorientierung aufweist. Deswegen beginnen wir die Darstellung der vier Netzwerk-Typen mit dieser Gruppe, um anschließend auf die Hoch- und Multi-Vernetzen sowie diejenigen mit prekären Netzwerken einzugehen.

Nahraum-Orientierte

Ihr wichtigster Lebensbereich ist zumeist die Familie. Auf Rang zwei und drei folgen die Freunde und die Schule bzw. die Arbeitsstelle.

Die Zahl der Kontakte, die diese Jugendlichen in ihr Netzwerkschema eingetragen haben, schwankt zwischen 27 und 54. Davon gründet sich die Mehrzahl auf institutionalisierte bzw. festgelegte Strukturen wie Familie, Schule/Arbeitsstelle oder Nachbarschaft. Diese Kontakte werden um einen überschaubaren Freundeskreis ergänzt, der meist fünf bis zehn Personen umfasst. Hinzu kommen regelmäßige Kontakte bei Freizeitaktivitäten und in Sportvereinen. Die Jugendlichen nutzen die Freiwillige Feuerwehr, ihre Band oder den Sprachkurs an der Volkshochschule, um ihr soziales Netzwerk zu vergrößern. Insgesamt haben sie zwischen 10 und 18 Kontakte aus nicht-institutionalisierten Zusammenhängen.

Es scheint sich dabei um ein sehr harmonisches Umfeld zu handeln, wurden doch kaum Personen in die vorgelegten Netzwerk-Schemata eingetragen, die den Befragten gleichgültig oder gar unsympathisch sind. Allenfalls sind die Jugendlichen in der Schule oder am Arbeitsplatz mit weniger sympathischen Menschen konfrontiert, nur im Einzelfall in einem großen Familienverband. Und auch in der Wertehierarchie scheinen diese Jugendlichen auf Ausgleich bedacht: ihnen sind Familie und Freund-

---

[104] Vgl. hierzu den Freiwilligensurvey (Gensicke, Picot, Geiss 2006).
[105] Gewerkschaften, Parteien, Kirchen stellen zwar einen organisatorischen oder institutionellen Zusammenhang dar, dennoch bleiben wir hier bei unserer Definition und der Benennung der Kontakte als »nicht-institutionalisiert« im oben erklärten Sinn.

Abb. 7.1 **Soziale Kontakte der Jugendlichen und Netzwerktypen**

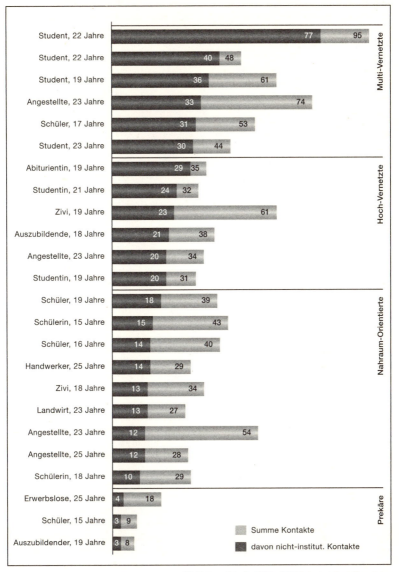

Shell Jugendstudie 2006 – TNS Infratest Sozialforschung

schaft in ihrem Wertesystem gleichermaßen wichtig.

Wenige Freunde sowie Kontakte durch Freizeitaktivitäten: da verwundert es nicht, dass Jugendliche, die zu dieser Gruppe zählen, häufig äußern, dass ihnen Spaßhaben, aber auch der emotionale Aspekt einer Freundschaft sehr wichtig ist.

Hoch-Vernetzte

Die Gruppe der Hoch-Vernetzten umfasst etwa ein Viertel der Befragten. Sie besteht zum Großteil aus jungen Frauen, die neben Universität oder Ausbildung freiwillig engagiert sind. Ihr soziales Netzwerk ist nicht viel größer als jenes der Nahraum-Orientierten, es besteht aus 31 bis 61 Kontakten. Davon stammt allerdings ein größerer Anteil aus selbst gewählten Zusammenhängen. Neben einem Freundeskreis, der mit sechs bis zehn Personen etwas größer als jener der Nahraum-Orientierten ist, sind sie im Jugendgemeinderat, in der Kirche, Partei oder Gewerkschaft aktiv und vergrößern so ihr soziales Netzwerk ganz beträchtlich. Zwischen 20 und 29 Kontakte ihres sozialen Netzes lassen sich solchen Lebensbereichen zurechnen, in denen die Kontakte in nicht per se vorgegebenen, nicht-institutionalisierten Bereichen stattfinden.

Wie bei der größten Gruppe der Nahraum-Orientierten ist für die Hoch-Vernetzten die Familie der wichtigste Lebensbereich. Es folgen die Freunde, vereinzelt aber auch das Engagement auf dem nächsten Rangplatz. Im Vergleich zu den Nahraum-Orientierten, denen Familie und Freunde gleich wichtig sind, räumen sie jedoch der Familie in ihrem Wertesystem Vorrang gegenüber der Freundschaft ein. Das aktiv gesuchte soziale Umfeld, Freunde und freiwilliges Engagement, darf dann durchaus weniger harmonisch als bei den Nahraum-Orientierten sein. In beiden Lebensbereichen wurden ins Kontaktschema nicht nur sympathische Personen eingetragen. Die familiären Beziehungen sind jedoch (außer in großen Familienverbänden) durch große Sympathie gekennzeichnet.

Die jungen Frauen dieser Gruppe betonen überwiegend die emotional stützende Funktion ihrer Freundschaften.

Multi-Vernetzte

Schließlich gibt es die Gruppe der Multi-Vernetzten, ebenso groß wie die der Hoch-Vernetzten, die überwiegend aus jungen Männern besteht. Sie haben sehr vielfältige Kontakte, zwischen 44 bis 74, und es gibt einen Extremfall mit 95 Kontakten. Diese fanden sie überwiegend in nicht-institutionalisierten Lebensbereichen. Mehr als 30 Kontakte in ihrem Netzwerk zählen dazu. Kontakte in der Universität, aber auch beim freiwilligen Engagement in der Partei, Kirche, Jugendorganisation, Studentenfachschaft oder beim DRK bilden einen Großteil ihres sozialen Netzwerkes. Die Universitätskontakte sind dabei ein wesentlich größerer Teil ihres sozialen Netzes als bei den hochgradig vernetzten jungen Frauen. Zusätzlich haben die Multi-Vernetzten weitere Freizeitaktivitäten, oft im sportlichen Bereich. Auch Nebenjobs vergrößern ihr soziales Netzwerk. Sehr groß ist ihr Freundeskreis: 15 bis 20 Personen gehören dazu.

Die Freunde sind in dieser Gruppe häufig der wichtigste im Netzwerkschema eingetragene Lebensbereich. Dies spiegelt sich bei den Werten wider: Freundschaft wird höher bewertet als die Familie.

Klar, dass bei der Größe dieser Netzwerke und den unterschiedlichen Lebensbereichen nicht nur Harmonie herrscht. In die Schemata dieser Gruppe sind zahlreiche Personen eingetragen, die den Befragten gleichgültig oder sogar unsympathisch sind. Häufiger als in den anderen beiden Gruppen finden sich weniger sympathische Personen unter den Familienmitgliedern. Dafür sind sie allerdings unter den Freunden die seltene Ausnahme.

Der Aspekt möglichst vielfältiger Freunde spielt für die Jugendlichen in dieser Gruppe eine größere Rolle als in den anderen Gruppen. In dem großen Freundeskreis ist es einfach, alle drei Facetten von Freundschaft auszuleben.

Prekär Vernetzte

Es bleibt eine sehr kleine Gruppe von Jugendlichen, deren soziale Netzwerke als prekär einzuschätzen sind. Sie haben weniger als 20 Kontakte, die meisten davon in der Familie. Drei bis vier Freunde sind in ihr Netzwerkschema eingetragen. Ein gemeinsames Merkmal dieser Jugendlichen ist, dass sie biografische Brüche erlebt haben. Das Analyseinstrument erweist sich damit als sehr sensibel gegenüber schwierigen Lebenslagen Jugendlicher.

Bei der Analyse der Einzelfallstudien zeigt sich eine deutliche Zweiteilung der sozialen Netzwerke der befragten Jugendlichen je nach ihrer Ausbildungs- bzw. Erwerbssituation. Studierende und Auszubildende gestalten ihre sozialen Netzwerke anders als Schüler und erwerbstätige Jugendliche. Am ehesten ist die eingangs gestellte Frage danach, ob sich die Jugend stärker auf stabile Netze im sozialen Nahraum verlässt, für erwerbstätige Jugendliche zu bejahen. Allerdings mit der Einschränkung, dass die Größe des Freundeskreises nicht unbedingt freiwillig gewählt ist, sondern durch höhere Mobilitätsanforderungen an die Jugendlichen verkleinert wird.

Die befragten Studierenden und Auszubildenden vergrößern ihr soziales Netzwerk aktiv im Rahmen gesellschaftlichen Engagements. Die Gruppe der jungen Frauen tut dies vor dem Hintergrund einer starken Familienorientierung und einer hohen emotionalen Bindung an ihre Freunde. Sie verbinden eine starke Nahraum-Orientierung mit aktiv erweiterten Netzwerken. Es gibt Anzeichen dafür, dass freiwilliges Engagement für sie eine ähnliche emotionale Funktion erfüllt. Dies wäre jedoch genauer zu untersuchen.

Im Gegensatz dazu sind den multivernetzten männlichen jungen Studenten ihre zahlreichen Freundschaften wichtiger als die Familie. Werden soziale Netzwerke als Ressource für die Bewältigung gesellschaftlicher Anforderungen gesehen, so verfügen Studierende durch größere Netzwerke zusätzlich zu ihrem hohen Bildungsniveau über einen weiteren Vorteil gegenüber Jugendlichen mit geringerem Bildungsniveau.

Soziale Kontakte zu alten Menschen

Die zweite Frage, die wir mit der Netzwerkanalyse beantworten wollen, bezieht sich auf den persönlichen Kontakt zur alten Generation.[106] Fast alle Jugendlichen pflegen Generationenbeziehungen innerhalb ihrer eigenen Familie. Bei einigen Jugendlichen handelt es sich nicht um die leiblichen Großeltern. Patchworkfamilien findet man mittlerweile auch in der Großeltern-Generation.

Im Arbeitsleben und in der Nachbarschaft spielen Alte ebenfalls eine wichtige Rolle in den sozialen Netzen Jugendlicher. Die Arbeitskontakte beziehen sich überwiegend auf Beziehungen zu älteren Arbeitskolleginnen und -kolle-

---

[106] Einen solchem Kontakt haben alle unsere Befragten, dies war ein Auswahlkriterium für die Einzelfallstudien. Es geht hier um eine Qualifizierung der Kontakte, quantitative Rückschlüsse auf die Jugend generell lassen sich nicht ziehen.

gen, weniger zu Kunden, Patienten oder Pflegefällen. Vor allem die stabilen, »institutionalisierten« Sozialbeziehungen verbinden Junge und Alte miteinander. Besonders für jene Jugendlichen, die zum Netzwerktypus der Nahbereich-Orientierten gehören, sind Alte in der Nachbarschaft von Bedeutung.

Einige Jugendliche zählen alte Menschen zu ihren Freunden, haben zu ihnen im Rahmen von Freizeitaktivitäten, freiwilligem Engagement oder an der Uni Kontakt. Alte spielen für Jugendliche also auch in nicht-institutionalisierten Sozialbeziehungen eine wichtige Rolle, dies kommt allerdings weniger häufig vor.

Der alten Generation angehörende Personen sind nicht immer nur als sympathische Kontakte im Netzwerkschema eingetragen. Allerdings überwiegen die sympathischen Alten bei weitem jene, denen die Jugendlichen indifferent gegenüberstehen oder die ihnen unsympathisch sind.

So finden sich in größeren Familienverbänden Alte, die weniger sympathisch sind. Einige Jugendliche haben im Arbeitsleben, Schule oder Uni mit ihnen unsympathischen alten Menschen zu tun. Älteren in der Nachbarschaft stehen die Befragten eher indifferent gegenüber.

Alte spielen in jugendlichen Netzwerken besonders im Rahmen institutionalisierter Sozialbeziehungen eine wichtige und überwiegend positive Rolle. Da institutionalisierte Kontakte bei der Mehrzahl der befragten Jugendlichen, bei den Nahraum-Orientierten ebenso wie bei den Hoch-Vernetzten, eine große Bedeutung haben, können wir von engen und stabilen Beziehungen zwischen den Generationen ausgehen. Diese machen Antagonismen zwischen den Generationen auch bei wachsendem Konfliktpotenzial in einer alternden Gesellschaft unwahrscheinlicher.

7.5 Fazit

Ausgangspunkt der Analyse waren zwei zentrale Fragen:
– Inwieweit wird das Altern der Gesellschaft von Jugendlichen als Problem wahrgenommen, und zwar als Problem, das sie persönlich betrifft?
– Nehmen Jugendliche den Widerspruch wahr, dass sie um ihren Platz in der Gesellschaft bangen müssen und andererseits als Leistungsträger der Gesellschaft gelten?

Auf der Basis der qualitativen Untersuchung, deren Ergebnisse durch die Daten der repräsentativen Befragung untermauert werden, kommen wir zu folgendem generalisierenden Fazit:

Jugendliche sehen heute vielfach ihre Zukunftsperspektiven als höchst unsicher an. Die Hauptsorge gilt ihrer beruflichen Entwicklung, ihren Chancen auf einen sicheren Arbeitsplatz und damit auf einen Platz in der Gesellschaft. Sie reagieren mit Anpassung an die Bedingungen und einer ausgesprochenen Leistungsorientierung. Sie konzentrieren sich auf jene Parameter, die sie meinen, direkt kontrollieren zu können, der wichtigste ist die eigene Ausbildung. Ihre Ansprüche an Karriere und Wohlstand schrauben sie auf ein für sie realistisches Maß herunter. Träume und große Entwürfe erlaubt sich die pragmatische Generation kaum.

Kompensatorische Leistungen werden zum einen der Herkunftsfamilie zugeschrieben, in der auch die Kontakte zu den Eltern und Großeltern sehr wichtig genommen werden, zum anderen der zukünftigen eigenen Familie. Der Wunsch nach einer eigenen Familie – und das schließt den Kinderwunsch ein – ist stark ausgeprägt. Familie scheint stärker noch als Freundeskreis bzw. Peergroup geeignet, in als unsicher erlebten Zeiten Halt und Unterstützung zu bieten, zumal erhöhte Mobilitätsanforderungen den Freundeskreis oft verkleinern. Familie bietet demgegenüber die stabilere Struktur.

Die alte Generation spielt im Leben der Jugendlichen eine wichtige und überwiegend positive Rolle. Das Bild der befragten Jugendlichen von der alten Generation ist zweigeteilt. Zum einen gibt es die Hochbetagten, mit denen ein idealisiertes Bild der verwöhnenden, wenig autoritären Großeltern verbunden ist. Diese Generation hat das Image der Aufbaugeneration, sie hat »ihr Leben lang gearbeitet« und genießt die Achtung der Jugendlichen. Auf der anderen Seite stehen die Jungen Alten, die teils noch einflussreiche Positionen innehaben, die aber auch fit und aktiv das Leben genießen und offen für Neues sind. Dies sehen die Jugendlichen grundsätzlich positiv, es wird aber dann problematisch, wenn die Senioren sich einmischen, wenn sie zur Konkurrenz werden, wenn sie vermehrt in Bereichen auftauchen, die früher der Jugend vorbehalten waren.

Das Altern der Gesellschaft macht sich in der Lebenswirklichkeit Jugendlicher bemerkbar, aber bislang nehmen sie es nicht als mögliche Einschränkung ihrer eigenen Ressourcen wahr. Die Problematik der demografischen Entwicklung ist ihnen bewusst und somit, dass für zunehmend mehr alte Menschen gesorgt werden muss. Sie sind informiert und besorgt über Probleme wie Pflegenotstand und möglicherweise zunehmende Altersarmut.

Derzeit wird von vielen Jugendlichen die relativ gute finanzielle Versorgung der Rentner gesehen, und zwar als etwas, das ihnen zusteht. Was das eigene Alter angeht, so rechnen die Jugendlichen mit im Vergleich zu heute drastisch reduzierten Rentenzahlungen. Viele haben sich in erstaunlichem Maß bereits mit der Frage der eigenen Rente befasst und gehen davon aus, dass sie selbst für ihr Alter vorsorgen müssen, denn sie trauen Staat und Politik nicht zu, die Probleme in ihrem Sinne zu lösen. Sie formulieren aber nicht den Anspruch, ihre Interessen dann stärker selbst, möglicherweise auch gegen die ältere Generation durchzusetzen. Im Gegenteil: Sie verweigern der jetzigen Generation von Rentnern nicht die Solidarität und übernehmen somit im Endeffekt Verantwortung sowohl für sich selbst mit privater Vorsorge als auch für die Alten.

Bei ausgeprägtem Verantwortungsgefühl und großer Leistungsbereitschaft beanspruchen Jugendliche durchaus den ihnen angemessenen Platz in der Gesellschaft: als Zukunft der Gesellschaft, als Träger von gesellschaftlicher Entwicklung und Innovation. Allerdings ist offenbar nur wenigen bislang aufgefallen, dass ihnen dieser Platz nicht ohne Weiteres gewährt wird.

Damit waren schon frühere Generationen von Jugendlichen konfrontiert und ebenso mit Vorurteilen gegenüber *der* Jugend. Aber wenige trafen dabei auf Ältere, die es ihnen so schwer machten, sich abzugrenzen. Sie haben ja weder Widerstand erfahren noch ihn selbst geprobt. Die eigenen Eltern haben einen Erziehungsstil gepflegt, den die Jungen als nachahmenswert empfinden, die Großeltern werden hoch geschätzt und die Mitengagierten in Organisationen nehmen sie ernst. Und was die Alten geleistet haben beim Aufbau der bundesdeutschen Gesellschaft, soll ihnen als Rentner vergolten werden.

Angesichts negativer Beurteilung der Zukunftsperspektiven werden strukturelle Rahmenbedingungen von den Jugendlichen teilweise zwar kritisiert, aber auch hingenommen bzw. als nahezu unveränderbar erlebt. Die Einschätzung der eigenen Mitwirkungsmöglichkeiten ist häufig resignativ, es fällt schwer, Interessen klar zu identifizieren, die über den rein individuellen Rahmen hinausgehen. Als selbstverständlich wird angenommen, dass für die Jugend schon genug Raum da wäre und die Alten sich zum Genuss der Früchte ihres Lebens zurückziehen würden. »Junge Alte« konterkarieren dieses Bild bereits.

Was sind die Konsequenzen für die Gesellschaft? Zunächst lässt sich fragen, ob eine so angepasste Generation tatsächlich der Motor für Innovation sein kann. Aber wo sollen die Jugendlichen lernen, ihre Ideen durch- und umzusetzen? Der berufliche Bereich bietet nur wenigen wirklich die Spielräume dafür. Eigene Wirksamkeit erleben Jugendliche vielleicht am ehesten im freiwilligen Engagement. Doch generell scheint sich eher Anpassung als Strategie anzubieten. Die Erwartungen und Ansprüche an die eigene Unabhängigkeit und Leistungsfähigkeit drohen auch bei den Motiviertesten enttäuscht zu werden. Zweitens beruht die Bereitschaft, für die Rentner zu sorgen, auf dem Aufbaumythos der alten Generation. Was passiert, wenn erst die Generationen in Rente gehen, die im Wirtschaftsboom der Nachkriegszeit groß wurden und von ihm profitierten? Werden diese Alten eine ähnlich wohlwollende Jugend antreffen?

7.6 Die Portraits

Jonas, 18 Jahre
Zivildienstleistender im Seniorenpflegeheim.
»Das Beste aus seinen Möglichkeiten machen.« 305

Katharina, 19 Jahre
Abiturientin. Lange im Jugendgemeinderat.
»Politik fängt an, wenn man sich für etwas einsetzt.« 313

Martin, 23 Jahre
Jungbauer und Hoferbe.
»Drei Generationen unter einem Dach – nie wieder!« 323

Niklas, 16 Jahre
Realschüler. Familie mit 4 Generationen.
»Meine Uroma und ich sind eher so wie Freunde.« 330

Sarah, 19 Jahre
Studentin. Berufswunsch Pastorin.
»Kirche – ein Ort, wo man Mensch sein kann.« 335

inDex, 17 Jahre
Fachgymnasiast. Rapper.
»Rap ist mein Ventil.« 342

Nicole, 23 Jahre
Kommunikationselektronikerin.
»Fünf bis sechs Paar Großeltern – das geht doch gar nicht!« 349

Thomas, 15 Jahre
Hauptschüler in einer Jugendwerkstatt.
»Schule? Ich wollte da einfach nicht hin.« 356

Aslihan, 18 Jahre
Gesamtschülerin.
»Also ich sag immer Ja.« 361

Holger, 25 Jahre
Heizungsbauer. Zurzeit erwerbslos.
»*Hier hat man wirklich seine Ruhe.*« **366**

Katja, 23 Jahre
Jugend- und Auszubildendenvertreterin bei VW.
Mitglied in der IG-Metall.
»*Ich lass mir meine Wege offen.*« **372**

Mandus, 22 Jahre
Student. Engagiert bei der BUNDjugend.
»*Wir wollen eben die Erde retten.*« **380**

Antje, 23 Jahre
Angestellte bei der Rentenversicherung. Pflegende.
»*Nun bin ich eben wieder hier.*« **389**

René, 18 Jahre
Azubi zur Fachkraft für Lagerwirtschaft.
»*Ick war noch nie in Neukölln.*« **396**

Judith, 18 Jahre
Krankenschwesterschülerin.
»*Wenn man was will, dann wird es schon.*« **404**

Marius, 19 Jahre
Student. Engagiert bei den Jusos.
»*Immer an's große Ganze denken.*« **410**

Laura, 21 Jahre
Studentin. Engagiert bei den JuLis.
»*Freiheit – der höchste Wert.*« **415**

Matthias, 19 Jahre
Schüler. Berufswunsch Lehrer.
»*Vor allem die Familie zählt.*« **424**

Sandra, 25 Jahre
Physiotherapeutin.
»*Eine Region ohne Junge – das geht nicht.*« **431**

Munir, 19 Jahre
Zivildienstleistender im Seniorenpflegeheim.
»*Besser mehr Freiräume als zu wenige.*« **437**

Jonas, 18 Jahre, Zivildienstleistender im Seniorenpflegeheim.

»Das Beste aus seinen Möglichkeiten machen.«

Dresden, Januar 06

In einem Villenvorort Dresdens findet in einem ehemaligen Kurhotel das Gespräch mit Jonas statt. Heute ist das Hotel ein Seniorenpflegeheim. Vor der Tür des kleinen Büros, in dem wir sitzen, befinden sich der große Speisesaal und die so genannte »Ergo«, der zentrale Punkt des Heims. Dort murmelt der Fernseher, einige Bewohner sitzen davor. Jonas ist hier seit letztem August Zivi.

Weil zwischen dem Abi und dem Zivildienst kaum Zeit war und man dabei »kein großes Geld« verdient, wohnt er weiter bei seinen Eltern und seiner jüngeren Schwester. Er ist »froh«, dass er Dresdner ist, weil ihm die Stadt »richtig gut gefällt«.

Als Kind war er artig und ruhig, hat sich immer von Ärger fern gehalten. Vergesslichkeit, aber auch Ehrgeiz sind Eigenschaften, die er noch heute für sich typisch findet. Das, was er sich in den Kopf gesetzt hat, will er auch unbedingt erreichen.

In der Freizeit: Sport

In der Grundschule hat Jonas gern Fußball gespielt, allerdings nicht in einem Verein. Dort war ihm der Sport mit zu viel Druck verbunden, der Umgangston hat ihm nicht gefallen. Spaß stand für ihn im Mittelpunkt des Spiels, »und nicht weil ich diesen Druck hab, besser zu sein als irgendwer anders«. Ein bisschen hat er nach der Schule noch mit Klassenkameraden gekickt, »aber dadurch, dass jetzt jeder was anderes macht und woanders ist, hat sich das verlaufen«. Jetzt geht Jonas regelmäßig ins Fitness-Studio. Außerdem ist er ein großer Eishockey-Fan. Nach den ersten Freikarten, die er im Jahr 2001 bekam, hat ihn das Fieber nicht mehr losgelassen.

»Der Dresdner Verein war dann grad in der Saison Pleite gegangen. Ein Haufen Spieler hat den Verein verlassen, auch während der Saison. Aber es hat mir trotzdem gefallen, die ganze Atmosphäre. Der ganze Sport auch an sich, also es ist schon was anderes als im Fernsehen, wenn man das live sieht. Die Stimmung, der ganze Sport, das kommt im Fernsehen eigentlich nicht so richtig rüber.«

Weil Jonas im Internet-Forum aktiv schrieb und diskutierte, sprach ihn irgendwann der Webmaster an. Seitdem verfasst Jonas für die Stadionzeitschrift Spielberichte und interviewt Spieler. Seit seinem Zivi ist aber das Engagement für den Eishockeyverein etwas eingeschlafen, es mangelt an Zeit. In der Saison sind die wöchentlichen Heimspiele natürlich Pflichttermine, seit vier Jahren ist er Besitzer einer Dauerkarte. Um auch zu den Freitagsspielen gehen zu können, hat er mit seiner Chefin im Pflegeheim einen passenden Dienstplan vereinbart.

Soziales Netzwerk und Werte

Freunde sind Jonas sehr wichtig, auch wenn er den Begriff mit Vorsicht verwendet. Sein Bekanntenkreis ist zwar groß, aber die Leute trifft er eher bei Partys oder beim Eishockey.

»›Freunde‹ ist für mich sowieso ein Begriff, mit dem viele ziemlich sorglos umgehen. Also richtige Freunde ... bevor ich sage, das ist ein Freund von mir, muss da schon eine gewisse Basis da sein. Manche sagen, sie haben zehn Freunde oder so, das kann ich dann irgendwie immer nicht so ganz glauben.«

Wir baten die Befragten, in einer schematischen Darstellung zunächst die Lebensbereiche, in denen sich ihre sozialen Kontakte abspielen, nach ihrer Wichtigkeit zu ordnen. Für Jonas sind es die Freunde, denen er das größte und wichtigste Segment in seinem Kontaktschema zuteilt. Allerdings sind nur seine wirklich engen Freunde eingetragen. Der zweitwichtigste Bereich ist seine Familie. Auch hier hat Jonas nur die für ihn wichtigsten Familienmitglieder eingezeichnet. Das drittgrößte Segment heißt bei Jonas »Freizeit«. Damit meint er jene Zeit, die er für sich allein braucht, um »abzuschalten, bissel vor dem Computer zu hängen und einfach mal nichts zu machen«. In diesem Segment hat Jonas deswegen lediglich seine Freundin als Person eingezeichnet, ansonsten Dinge wie den PC.

Danach erst folgen der Lebensbereich »Zivildienst« und schließlich, als fünfter und sechster Bereich, die Kontakte, die er beim Eishockey und im Fitness-Studio hat. Beim Zivildienst trennt Jonas zwei Gruppen von Kolleginnen und Kollegen, indem er zwischen ihnen eine Lücke lässt.

Die Wichtigkeit der einzelnen Kontakte bemisst sich an der Entfernung zum Mittelpunkt des Schemas, je wichtiger, desto näher am Mittelpunkt, in dem der Name des Befragten steht. Jonas trägt Familienmitglieder wie auch Freunde ausschließlich in naher und mittlerer Distanz zu sich selbst in das Schema ein. Bei seinen Kolleginnen und Kollegen differenziert er etwas stärker. Dabei ist die Wichtigkeit der Beziehung auch vom Alter abhängig. In naher und mittlerer Entfernung zu sich zeichnet Jonas vor allem jüngere Kolleginnen und Kollegen ein, die er sehr sympathisch findet. Allerdings findet sich auch eine als »alt« eingestufte Person unter diesen wichtigen Arbeitskontakten. In größtmöglicher Distanz zu sich selbst platziert er Kolleginnen und Kollegen überwiegend mittleren Alters, denen er indifferent gegenüber steht bzw. die ihm unsympathisch sind. Er trägt keinen Bewohner des Pflegeheims in sein Schema ein.

In einem ähnlichen egozentrierten Schema sollten die Jugendlichen 18 vorgegebene Werte je nach ihrer Wichtigkeit einordnen. Jonas lässt hier etwas Platz um sich herum. Nur zwei Werte finden sich in seiner unmittelbaren Nähe, sind also ganz besonders wichtig für ihn: Freundschaft und Phantasie.

»Phantasie ist ganz wichtig. Ich glaube, wenn man halt ein phantasievoller Mensch ist, dass man den anderen das Gefühl gibt, man macht sich halt 'nen Kopf und so, das hängt auch viel mit Liebe zusammen, denk ich. Weil wenn man eine Freundin hat, dann ist das schon viel wert, wenn man merkt, dass sie phantasievoll ist, oder man selber und man sich dann irgendwas einfallen lässt, um ihr zu zeigen, dass sie was Besonderes ist.«

Die größtmögliche Distanz hat Jonas ebenfalls nur für zwei der vorgegebenen Werte genutzt: Glaube und Tradition. Beide Werte sind ihm »vollkommen fern«. Alle weiteren Vorgaben konzentrieren sich auf den zweiten und dritten Rang, sind ihm also fast gleichermaßen wichtig. Wohlstand, Ordnung und Fleiß als eher konservative Werte haben für Jonas geringfügig weniger Bedeutung. Auch »Seinen Mund aufmachen« ordnet er etwas entfernter ein.

»Ich hätte es gern noch ein bissel näher ran gemacht, aber aufgrund der anderen Dinge, die es noch gibt, steht das halt ein bissel weiter hinten an. Ich bin eigentlich keiner, der auf Konfrontationen aus ist. Na ja, ich lass mir vielleicht auch zu viel gefallen, aber irgendwann reicht es dann auch. Aber ich bin niemand, der bei jedem bissel seinen Standpunkt klar macht gegenüber den anderen.«

Zur Rolle des Engagements äußert er sich ausführlicher, da es ihn auch persönlich betrifft:

»›Sich engagieren‹ ist eigentlich auch, was ich grade mache. Ich hätte ja auch zur Bundeswehr gehen können und irgendwelche Kasernen bewachen am Wochenende oder so. Ist aber überhaupt nicht meine Einstellung, weil ich lieber aktiv irgendwo helfen will.
Man muss halt mit gutem Vorbild vorangehen und sich um andere kümmern. Ich mein, wenn sich niemand engagiert und jeder nur an sich denkt, dann ist zwar an jeden gedacht, aber irgendwie kommt man dann nicht weiter. Da fehlt dann auch das Zwischenmenschliche.«

Engagement als Zivildienstleistender

Im Pflegeheim macht er »eben die kleinen Aufgaben«: er betreut die Bewohner beim Essen, achtet darauf, dass sie ihre Medikamente einnehmen und genügend trinken, hilft beim Mittagessen, transportiert sie von den Unterkünften in die Gemeinschaftsbereiche, liest Bettlägerigen vor.

»Ich versuche, es den Leuten hier so angenehm wie möglich zu machen, aber es ist zu wenig Personal für zu viele Leute. Also die reine Arbeit, die wird schon gut gemacht, muss ich sagen. Nach den Erfahrungen die ich hab. Nur das für den Geist, das kommt halt zu kurz. Ich kann mich ja, wenn ich allein hier bin morgens früh, höchstens mit zehn Leuten gleichzeitig beschäftigen und im Heim wohnen 80 Leute. Da gibt es auch viele, die an der Sonde liegen, denen man dann maximal was vorlesen geht. Es ist halt schwer, da alle zu erreichen.«

Akzeptanz und Anerkennung durch die Bewohner empfindet Jonas als Lohn seiner Arbeit. Zudem sieht er die Wirksamkeit seiner Tätigkeit, hat kleine Erfolgserlebnisse.

»Und das ist eigentlich das Schönste, wenn man sieht, dass die Leute einen annehmen und mögen und dir auch mal sagen, dass du dein Ding gut machst. Ich mein, ich bin grad aus der Schule raus, ich hab eigentlich null Plan. Ich hab es halt immer alles so gemacht, wie es mir gezeigt wurde oder wie ich es mir vorgestellt hab. Wenn man dann sieht, dass man damit nicht komplett falsch liegt, dann ist das schon ein schönes Gefühl. Wenn ich eine Frau da draußen sehe, die am Anfang nicht essen wollte, ihren Arm nicht bewegen konnte, immer um Hilfe gerufen hat – die sitzt jetzt selber da und isst und trinkt wieder und unterhält sich mit jemandem. Also die streichelt dir früh die Wange und freut sich, dass man da ist. Da merkt man, man hat da irgendwo was bewegt und das ist schon ein schönes Gefühl. Das klingt jetzt vielleicht doof, aber wenn man nicht gewesen wäre, dann wäre sie jetzt vielleicht schon tot.«

Doch auch mit dem Tod wurde Jonas bereits konfrontiert.

»Ist dann auch traurig, wenn Leute sterben, die man von Anfang an kennt, weil es dann ganz rapide bergab ging mit denen, das hatte ich auch schon.«

Der weitere berufliche Weg – strategisch geplant

Die Erfahrungen im Pflegeheim veranlassten ihn zu der Überlegung, beruflich auch im Gesundheitsbereich zu arbeiten. Die Ausbildung wird jedoch nur berufsbegleitend angeboten, sodass er einen Pflegeberuf erlernen müsste. Doch so weit geht die Begeisterung für die Arbeit dann doch nicht.

»Ich gebe mich zwar gern so mit Menschen ab, aber jetzt direkt pflegen, mit denen aufs Klo gehen, waschen und so ... wenn es nicht sein muss, würde ich es nicht machen.«

Bereits vor dem Zivildienst bewarb er sich an einer Fachhochschule für Medienmanagement. Erst das Schreiben in der Eishockey-Zeitung, dann ein Studium in Medienmanagement: Tritt er damit in die Fußstapfen der Eltern, die beide Journalismus studiert haben?

»Ja, das lag mir schon immer irgendwo. Vielleicht ist es die Erbmasse.«

Die Bewerbung ist zwar gescheitert (»Die hatten 400 Bewerber und 80 haben sie genommen, und da bin ich nicht druntergefallen«), jedoch hat Jonas jetzt erfahren, dass er seinem Ziel durch eine Ausbildung in dem Bereich näher kommt, »weil man nicht mehr ganz so unbefleckt ist«.

Konsequent hat er sich jetzt auf die Suche nach einer Lehrstelle als Verlagskaufmann gemacht, sowohl in Dresden als auch in München und Heidelberg. Die kaufmännische Ausbildung soll dann der Grundstein für das Studium sein. Dabei konnte er in der Schule mit Mathe überhaupt nichts anfangen.

»Naturwissenschaften, Mathe und so, war nie so mein Ding. Das steht jetzt im Widerspruch zu dem, was ich vorhin gesagt habe, so mit Verlagskaufmann. Aber ich denke, mit was Kaufmännischem sollte man sich schon mal auseinander gesetzt haben. Wenn ich was Managementmäßiges mache, kann das auf jeden Fall nicht verkehrt sein. Und ich kann mich ja dann immer noch spezialisieren auf irgendeine Richtung, die mir dann ganz dolle zusagt.«

Trotz des Gedankens an eine Tätigkeit im Management misst er dem Wert »Einfluss« keine besondere Bedeutung bei. Auch Karriere ist für ihn nicht so wichtig, weil er »nicht so gern im Mittelpunkt« steht. Allerdings möchte er etwas erreichen, um später seinen Kindern ein Vorbild zu sein: »Damit ich sagen kann, wenn ich alt bin, ich hab nie nur so vor mich hin gelebt.« Jonas ist jedoch nicht dazu bereit, in anderen Lebensbereichen für die Karriere große Abstriche zu machen.

»Wenn ich halt glücklich bin und mit dem auskomme, was ich hab, dann würde ich auch sagen: Okay, ich hab jetzt was erreicht in meinem Leben, ich bin glücklich, meine Familie ist zufrieden und gesund, dann würde ich das nicht auf Spiel setzen, um noch ein paar Scheine mehr zu verdienen. So weit sollte ich dann schon differenzieren können, was meine Werte sind.«

Angst vor der Zukunft hat Jonas nicht, aber Respekt, weil sie eben ungewiss ist. Neben dem gewissen Maß an Planung, das Jonas selbst an den Tag legt, hält er individuellen Einsatz für sehr wichtig, um beruflich voranzukommen.

»Ich glaube, wenn man Ehrgeiz und Stolz in sich hat, das rauszuholen, was man in sich hat, um das Maximale zu erreichen, dann kann man es schon weit bringen. Sicher gehört auch ein bissel Cleverness dazu, man muss sich umhören und vielleicht auch Kontakte haben. Man muss halt wirklich gucken, dass man aus seinen Möglichkeiten das Beste macht. Und wenn es dann halt nicht zu mehr reicht, dann muss man sich das auch eingestehen.«

Generationenbeziehungen

Danach, ob sie nach ihren Möglichkeiten leben, bewertet Jonas auch die ältere Generation. Die in Dresden lebende Großmutter hat »ein volles Programm«: Sauna, Kaffeekränzchen, Besuche.

»Ich glaub manchmal, dass sie als Rentner noch mehr zu tun hat als früher, als sie noch arbeiten war. Also da kann ich nicht klagen. Ich hab da niemanden in meiner Familie in dem Alter, mittleres Alter und älter, wo ich sage, die tun mir leid oder die könnten mehr aus ihren Möglichkeiten machen.«

Sich noch Aufgaben zu suchen sieht Jonas als wichtige Strategie, um nicht zu altern, »weil einfach die Zeit nicht da ist, über sich selber nachzudenken und sich zu bemitleiden, dass man schon so alt ist und nicht mehr gebraucht wird«. Die berufliche Leistung prägt seine positive Einschätzung der heutigen älteren Generation.

»Und wenn ich mir dann irgendwo erzählen lasse, was die Leute früher so gemacht haben … von Flugzeugwerft über Gefängniswärter hat jeder hier ehrlich gearbeitet. Es kann auch sein, dass sich das jetzt ändert, dass, wenn ich im Altersheim bin, mit mir Leute am Tisch sitzen, die mir dann erzählen, sie haben sich ihr ganzes Leben vom Staat bezahlen lassen. Das fänd ich dann auch nicht toll. Denen könnte ich dann nicht den Respekt entgegenbringen wie jemandem, der eine eigene Gaststätte hatte, der, bis er 60 war, gebuckelt hat und sich den Rücken kaputtgemacht hat, um dann das Ding für ein paar Piepen zu verkaufen.«

Allerdings findet er auch, dass es alte Menschen in der Gesellschaft ziemlich schwer haben, da sie viele neue Entwicklungen nicht mehr verarbeiten können. Daraus folgen Rückzug und Isolation, wenn es keine funktionierenden Familienbande gibt.

»Wenn so eine Oma vor einem Dönerladen steht, sie weiß doch überhaupt nicht, was Sache ist irgendwo. Ich glaube das ist auch erdrückend. Deshalb sind viele alte Leute auch einsam, weil sie sich dann viel in ihrer Wohnung aufhalten, in dem Gebiet, das sie halt jahrelang kennen, was ihnen vertraut ist, und dadurch dann unbewusst immer mehr abschotten. Und wenn dann keine intakte Familie da ist, die sagt: ›So Oma, wir nehmen dich jetzt mal mit, wir sind da und du brauchst keine Angst zu haben.‹«

Alte erwarten von den Jüngeren vor allem, dass diese sich um sie kümmern. Umgekehrt sollen die Alten ihre Erfahrungen an die Jungen weitergeben – daraus besteht für Jonas der Generationenvertrag, den er selbst auch erfüllen möchte.

»Wenn die Alten ›ihre Pflicht tun‹ und irgendwo jemanden großziehen, die Welt zeigen, Werte vermitteln, dann denke ich, dass man erwarten kann, dass da was zurückkommt. Von dem Standpunkt aus gesehen würde ich jetzt nicht sagen, ich fühl mich damit total überfordert oder dass ich es unverschämt finde, dass da Forderungen an mich gestellt werden.«

Die alternde Gesellschaft bereitet ihm vor diesem Hintergrund kein Kopfzerbrechen. Er hätte es »zwar gerne anders« und findet, dass es an ihm und seiner Freundin ist, »dass auch wieder andere Zeiten kommen«. Er sieht jedoch ebenso Chancen für neue Arbeitsplätze, wenn immer mehr Menschen gepflegt werden müssen, denn als Zivi weiß er, dass Pflege »nicht durch Maschinen ersetzt werden« kann.

Seine sozialpolitischen Schlussfolgerungen sind dann auch völlig unaufgeregt, dass man zum einen die »Nachkriegsgeneration« absichert, da diese dafür gesorgt hat, »dass Deutschland sich in den 40 Jahren stabilisiert hat und wirklich das ist, was es heute ist«. Zum anderen findet Jonas zusätzliche private Vorsorge wichtig, da er weder den Staat noch folgende Generationen in der Lage sieht, künftig für genügend Wohlstand zu sorgen.

»Gut, die Jugend ist irgendwo die Zukunft, aber die Alten haben das Verdienst, dass die Jugend überhaupt erst mal da ist und dass das Land so ist, wie es jetzt ist. Bei alten Menschen kann man sagen, okay, die belasten irgendwo die Rentenkasse und wenn sie weg sind, ist halt ein Platz mehr für einen Jugendlichen und dann kommt der ganze Lebensbaum wieder ins Gleichgewicht. Aber das ist ja auch eine Frage von Würde und Anstand. Die alten Menschen sind ja kein Wegwerfprodukt, die ihre Arbeit und ihren Dienst getan haben. Und dann zu sagen: ›Okay jetzt taugst du nichts mehr, jetzt nehmen wir einen Neuen …‹ Das sind Gedanken, mit denen ich mich nicht anfreunden kann.

Und ich denke schon, dass es wichtig ist, dass man sich jetzt kümmert, damit man später wirklich mal paar Grundlagen hat. Weil der Staat, wie der funktioniert hat, sieht man ja jetzt: Die Einschnitte werden immer gravierender und der Abstand zwischen Arm und Reich immer größer. Da muss man schon ein Stück über den Tellerrand rausblicken, dass man dann sagt: Kümmere dich um dich selber, verlass dich nicht irgendwo drauf, dass die Generation, die dann kommt, so stark ist oder so revolutionär, dass dann auf einmal wieder fünf Millionen Arbeitsplätze mehr da sind und es uns allen wieder gut geht.«

Bei den Generationenbeziehungen ist Jonas jedoch wichtig, dass Alte und Junge gegenseitig ihre Werte respektieren, »dass also eine gewisse Toleranz da ist«. So konnte er bei vielen Alten im Seniorenheim eine Abneigung gegen Neues feststellen. Diese erklärt er sich so, dass Neues als fremd und unkontrollierbar erlebt wird und Alte deshalb an Gewohntem festhalten. Sein Kollege, der mit bunten Haaren herumläuft, eckt bei einigen Bewohnern schon mal an. Gerade beim Thema Gleichberechtigung sieht Jonas in dieser Hinsicht Probleme:

»Haben wir Gleichberechtigung in der Gesellschaft erreicht?
Ich denke, dass es erst noch kommen *wird*. Grad wenn man jetzt Chefs hat, die ein bissel älter sind und so, die

haben dann auch andere Ansichten, so von früher oder so. Ich sehe es ja bei meinem Opa, der ist auch sehr dominant halt.«

Viel gravierender als die Wertkonflikte mit den ganz Alten scheinen jedoch die Differenzen mit der noch erwerbstätigen mittleren Generation zu sein (siehe auch oben).

»Meine ehemalige Chefin hier hat auch immer gesagt, ›wenn die dir wegen deiner Arbeit nichts ankönnen, dann einfach nur, weil du jung bist, weil du anders bist und einfach diesen Trott noch nicht in dir hast, oder weil du nicht rauchst‹. Es werden halt Angriffsflächen gesucht, grad im Haus. Wenn Du einen Pflegeberuf machst, ist halt eine Frauendominanz irgendwo und da ist halt Tratsch, das ist zum Teil wirklich nicht schön. Aber das ist auch eine Lebenserfahrung irgendwo. Ich mein, man ist oft das letzte Glied in der Kette, dem dann auch mal ordentlich in den Arsch getreten wird, wenn mal irgendwas nicht läuft, wenn irgendwo einer Frust hat oder so.«

Die Jugend von heute

Die Unterschiede der Jugendlichen zur älteren Generation schätzt Jonas als sehr groß ein.

»Ich denk schon, dass die Jugend heute anders ist als damals. Das ist auch durch die Umstände, Mauerfall und Krieg. Heute ist natürlich eine ganz andere Zeit, von wegen auch Musik und die ganzen Existenzängste, die es jetzt gibt, mit Arbeitslosigkeit und so. Und jede Jugend hat wohl ihren eigenen Stil und das finde ich auch in Ordnung.«

Da Jugendliche ihren eigenen Stil und die Jugendkultur haben, geht es ihnen gut, findet Jonas. Allerdings verursacht Arbeitslosigkeit bei einigen Frust und Aggression, was er irgendwie verstehen kann. »Die neue Jugend ist aggressiver und irgendwie mehr auf Konfrontation aus.« Dabei denkt Jonas besonders an Fußball-Hooligans, die es in Dresden reichlich zu geben scheint.

»Und grad hier in Dresden ist man da am Nabel, sag ich mal, da kracht es ja andauernd. Und das sind die Umstände, die auch durch die Politik geschuldet sind. Das heißt Arbeitslosigkeit und Frust irgendwo, das spielt da halt auch alles mit rein. Da gibt die Jugend schon einen drastischen Weg vor. Ich kann es nicht gutheißen, bloß man muss sich in die Leute auch mal reinversetzen und das verstehen, was sie damit erreichen wollen. Und solang das so ist, dass sich nur die Leute aufs Maul hauen, die das auch wollen, ist das doch okay.«

Politik ist wichtig, aber ...

Eigentlich findet Jonas, dass er sich schon wegen seines Berufswunsches mehr für Politik interessieren sollte. Auch sein Vater versucht, ihn zur Zeitungslektüre zu animieren, allerdings erfolglos. Das Interesse an der Politik fehlt, weil das Resultat politischer Prozesse zu ungewiss und wenig nachvollziehbar erscheint. Zudem ist abends nach der Arbeit die Müdigkeit zu groß, um die uninteressante Politik zu verfolgen. Für Jonas ist es wichtiger, das eigene Leben in die richtigen Bahnen zu lenken.

»Nee, also ich kann jetzt nicht sagen, die und die Partei wähle ich, weil die sich für das und das einsetzt, für was weiß ich, mehr Sportanlagen. Es ist ja nicht so, dass eine Partei einen Vorschlag macht und der wird dann umgesetzt. Es wird ja dann geredet und abgestimmt, dann wird es aufgeschoben, dann gib es eine einstweilige Verfügung und dann zieht sich das raus. Irgendwann liest man dann was in der Zeitung … Ich kümmer' mich um mein Leben, was ich irgendwo hab, womit ich klarkommen muss. Die Politik ist zwar schon ein wichtiger Teil davon, aber viel bedeutender ist, dass ich mit mir selber klarkomme, dann kommen vielleicht auch andere mit mir klar und dann klappt das irgendwo.«

Jonas denkt, dass die Industrie viele politische Entscheidungen beeinflusst. Das bezieht er auf Streiks, aber auch auf die konkrete Gesetzgebung. Als Beispiel dafür nennt er die Kampagne gegen Raubkopierer.

»Ich sehe es immer nur an den Kampagnen, zum Beispiel fünf Jahre Haft für Raubkopierer. Und wenn man dann liest, für eine Vergewaltigung gibt es zwei Jahre auf Bewährung, da stimmt irgendwo die Relation nicht. Die Industrie hat halt die Finger wirklich oft mit drin in Dingen, wo sie nicht so die Ahnung haben, sondern einfach mehr den Profit sehen. Und der Vergewaltiger, okay, solang er keine CDs brennt, kann er machen was er will, dann interessiert uns das nicht.«

Ausgeschlossen aus dem politischen und zivilgesellschaftlichen Leben fühlt Jonas sich und die Jugend im Allgemeinen nicht. So ist er sich zum einen sicher, dass er als Zivildienstleistender gebraucht wird. Andererseits möchte er gar nicht bei Angelegenheiten mitreden, die ihn nicht betreffen. Und schließlich kennt er genügend Möglichkeiten, um gegebenenfalls doch aktiv zu werden.

»Für mich persönlich habe ich nicht den Eindruck, dass ich zu wenig Mitspracherecht habe. Ich finde, wenn im Westen irgendwelche Brücken gebaut werden, dann müssen die mich nicht fragen, weil mich das hier irgendwo auch nicht betrifft. Das klingt jetzt so provinziell, dass ich jetzt denke, ich sitz in meinem Dorf und alles andere ist Fernsehen, das hat mich nicht zu jucken. So ist das nicht … Aber ich hab auch nicht das Gefühl, ich werde überhaupt nicht eingebunden in die Gesellschaft und ich könnt viel aktiver werden. Die Leute, die wirklich aktiv werden wollen, die finden da auch was, sei es Greenpeace, irgendwelche Parteien oder irgendwelche wohltätigen Verbände, die nehmen dich ja mit offenen Armen an. Solche Leute werden auch immer gebraucht. Oder Zivis auch, ich kenne keinen Zivi, der nicht eingezogen wurde.«

Zukunft nehmen, wie sie kommt

Obwohl Jonas ziemlich genau weiß, was er alles tun muss, um seinen Traumberuf zu erreichen (Lehre, dann Studium), und wofür er sich eigentlich noch interessieren müsste, um dort zu arbeiten (Politik), sagt er von sich, dass er nicht gern sein ganzes Leben durchplant. »Man muss es halt nehmen, wie es kommt. Es ist eigentlich in meinem Leben bisher immer anders gekommen, als ich dachte.«

Trotzdem hat Jonas aber Wünsche: Gesundheit, das Glück finden »mit Freundin und so, später auch mal Kinder haben«, einen Beruf, der Spaß macht, und etwas von der Welt sehen,

»… dass ich meine Träume, die ich hab, auch verwirkliche, sei es, mal nach Kanada fahren oder allgemein die Welt sehen. Das finde ich wichtig, dass man am Ende seines Lebens nicht bloß 50 Jahre in seinem kleinen Dorf gelebt hat und nicht weiß, was außerhalb passiert ist.«

Katharina, 19 Jahre, Abiturientin. Lange im Jugendgemeinderat.

»Politik fängt an, wenn man sich für etwas einsetzt.«

Baden-Baden, März 06

Katharina lebt seit 10 Jahren in Baden-Baden. Geboren ist sie in Heilbronn, wo sie die frühe Kindheit verbrachte, dann lebte die Familie, zu der neben den Eltern noch Katharinas älterer Bruder gehört, einige Jahre in Sachsen. Als Katharina 9 Jahre alt war, zog ihre Familie nach Baden-Baden, und dort kam sie in die 5. Klasse des Gymnasiums. Das Gymnasium hat einen musischen Zweig, was Katharina entgegenkam, denn sie macht von klein auf Musik. Mit dem Klavier hat sie mit 7 Jahren angefangen und lange Zeit sehr viel gespielt. Eine Weile wollte sie Musikerin werden, aber inzwischen ist klar, dass die Musik Hobby bleibt.

Die Familiengeschichte ist ein wenig kompliziert. Katharinas Großvater mütterlicherseits stammt aus Mali und kam nach Deutschland zum Studieren. Im Studium lernte er Katharinas Großmutter kennen. Die beiden verliebten sich und bekamen ein kleines Mädchen, Katharinas Mutter. Er wollte zurück nach Mali, wollte heiraten, Frau und Kind mitnehmen, aber sie entschloss sich zu bleiben. Für Katharina ist sie »eine starke Frau« ...

»... und die ist auch ein wirkliches Vorbild, denn sie hat dann mit meiner Mutter allein dort gelebt, also in Brandenburg und Sachsen, mit einem farbigen Kind. Das war nicht leicht. In den 60er Jahren war das gar nicht leicht.«

Zu ihrem Großvater in Mali hat Katharina E-Mail-Kontakt, war aber noch nie dort und hat ihn bis jetzt nur auf Fotos gesehen.

Katharinas Mutter heiratete später einen Deutschen. Während die Mutter und der Bruder farbig sind, sieht man Katharina ihre Farbigkeit nicht an. Ihr Vater ist weiß. In Sachsen war die Familie immer wieder rassistischen Ressentiments begegnet. Der Umzug nach Baden-Baden war ein wichtiger Schritt.

»Also, Freunde habe ich eigentlich schnell gefunden, weil da noch ein anderes Mädchen war, die auch ganz neu da war. Und dann haben wir uns schnell zusammengetan ... Es ist für mich schon ein Unterschied gewesen von Sachsen hierher. Aber das wissen die anderen auch, und das ist eigentlich okay so ... Man lebt sich

Die Portraits

doch schnell ein, weil die Leute hier sehr freundlich sind, so direkt von vornherein sehr aufgeschlossen, und deswegen fühlt man sich da eigentlich relativ schnell aufgenommen. Vor allem meiner Mutter und meinem Bruder ging es besser, weil sie farbig sind und das in Sachsen oft ein Problem war. Mein Großvater ist aus Mali und meine Mutter ist farbig, mein Bruder auch, ich auch, aber man sieht es mir sehr wenig an. Mein Vater und meine Großmutter mütterlicherseits sind Deutsche, also weiß. In Meerane, wo wir aufgewachsen sind, hatten wir ganz krass mit Rassismus zu tun. Meine Mutter ist auch in Sachsen aufgewachsen und hat sich schon als Kind manchmal richtig prügeln müssen, um sich zu wehren. Für meinen Bruder war es dann hier in Baden-Baden wie im Paradies. Und auch meine Mutter hat hier überhaupt keine Probleme. Man ist ja hier nahe an Frankreich und da wird sie eher mal für eine Französin gehalten. Dort in Sachsen war das schon extrem mit den Skinheads. Man kann die Hautfarbe und die krausen Haare ja auch nicht verstecken, und dann haben die tatsächlich manchmal das Auto so auf den Bürgersteig gezogen, bloß wenn da jemand Farbiges vorbeiging.

Und wie war das für dich dann in Meerane? Bist du da auch hineingezogen worden?

Ja, das war auch ziemlich schlimm. Mein Bruder, der ist 5 Jahre älter, hat zwar immer versucht, mich da rauszuhalten, aber mitbekommen habe ich es. Und als ich dann hier in Baden-Baden mal einen Skinhead gesehen habe, was hier natürlich überhaupt kein Problem ist, hab ich gleich gedacht, wie komm ich da denn bloß vorbei auf der Straße, wo geh ich denn jetzt hin.«

Katharina erzählt offen und lebhaft, und man glaubt ihr sofort, dass sie auch ein sehr lebhaftes Kind war.

»Ich hab sehr viel gemacht als Kind, weil ich ziemlich zappelig war und ziemlich aufgedreht und sehr aktiv, sagen wir es mal so. Deswegen hat meine Mutter geguckt, dass ich möglichst viel mach.«

Also spielte sie im Akkordeonorchester und moderierte Aufführungen. Schauspielern, Ballet, Jazzdance und das Klavier – »jeden Tag irgendwas«, damit sie beschäftigt war. In der Schule hatte sie keine Probleme.

Mit 14 begann ihr Engagement im Jugendgemeinderat. Wie es dazu kam?

»Es war wieder Wahl zum Jugendgemeinderat und die kamen in der Schule relativ kurzfristig rein und sind durch die Klassen gelaufen, weil unsere Schule anscheinend so ein bisschen zum Schluss dran war. Dann haben sie uns das kurz erklärt und gesagt: Wenn ihr euch bewerben möchtet, dann könnten wir euch jetzt gleich auch schon einen Bewerbungszettel dalassen ... Da war ich, glaube ich, 14 und bin dann 15 geworden. Das war so eine spontane Reaktion. Da hab ich gesagt, okay, das mach ich. Weil ich eh gerne organisiere und so weiter. Hab da gesagt, das tät mich interessieren.«

Mit 15 wurde sie Vorsitzende des Jugendgemeinderats und blieb dies knapp zwei Jahre lang. Insgesamt war sie vier Jahre im Jugendgemeinderat.

Inzwischen hat sie Abitur gemacht. Zurzeit jobbt sie, um sich Geld für ein Studium im Ausland zu verdienen. Im Jugendgemeinderat ist sie noch aktiv, soweit es ihre Zeit zulässt.

Im Herbst dieses Jahres beginnt sie ein Studium an der University of London, wo sie sich für »European Studies« beworben hat, ein Studium, das auf

Englisch und Französisch absolviert wird und das gesellschaftswissenschaftliche Fächer mit Wirtschaftswissenschaften kombiniert.

Soziales Netzwerk und Werte

Den größten Platz in Katharinas Kontaktschema nimmt die Familie ein. Neben den Freunden bekommt auch die Universität bereits ein eigenes Segment. Hier greift sie ein bisschen vor, allerdings gehen auch verschiedene Freunde schon auf die Universität. Das Klavier besetzt einen eigenständigen Lebensbereich. Daneben ist derzeit das Jobben ein relativ wichtiger Bestandteil ihres Lebens. Der Jugendgemeinderat ist in seiner Wichtigkeit bereits ein bisschen verdrängt worden. Er spielt in ihrem Leben schon keine so große Rolle mehr.

Katharinas Bekanntenkreis ist erheblich größer, sie trägt in ihr Kontaktschema aber nur wirklich wichtige Personen ein, und es fällt ihr relativ leicht, hier zu differenzieren. Sie verteilt die Personen unter weitgehender Ausnutzung des Platzes auf das Kontaktschema, schart sie also nicht eng um sich herum, sondern unterscheidet deutlich zwischen wichtig und weniger wichtig. Dabei lässt sie um sich herum Raum.

Sie kann unterscheiden zwischen Wichtigkeit und Sympathie, auch wenn beides korreliert ist. Es sind alle Altersstufen bei ihren Kontakten vertreten, die Großmutter und deren Lebenspartner repräsentieren die alte Generation.

Auch beim Ausfüllen des Werteschemas ist Katharina entscheidungsfreudig, es geht ihr alles leicht von der Hand. Daran zeigt sich, ebenso wie an ihren Kommentaren, auch eine große Sicherheit in der Wertorientierung. Sie hat sich zunächst über das »Angebot« der einzuordnenden Werte (Aufkleber) einen Überblick verschafft und ordnet diese dann in Gruppen, je nachdem, wie sie ihrer Meinung nach zusammengehören, sie geht also systematisch und nicht eklektisch vor.

»Erst einmal Familie, Freundschaft, Sicherheit, das gehört ja irgendwie zusammen, und das ist wichtig. Das braucht man einfach, um überhaupt irgendwas organisieren zu können, sich engagieren zu können, um Spaß zu haben. Da muss erst mal das stimmen als Basis.«

Diese Werte sind also die Grundlage für die ebenfalls wichtigen, sich aber eher daraus ableitenden Werte, nämlich Spaßhaben, sich engagieren und Einfluss, die ebenfalls ein Cluster bilden. Vor allem gilt »sich engagieren ohne Spaß haben geht nicht, sonst hält man es nicht durch«. Nah verwandt und noch etwas wichtiger (also gleichrangig mit Familie, Freundschaft und Sicherheit) sind die Werte Selbstbewusstsein, anderen helfen, seinen Mund aufmachen, Toleranz und Phantasie. Selbstbewusstsein hat Katharina ganz nah bei sich eingeordnet.

»Selbstbewusstsein ist einfach für mich wichtig. Das ist, glaube ich, auch eine Erziehungssache. Wenn man nicht selbstbewusst ist, da muss man sich fragen warum. Und es gibt ja meistens keinen Grund, warum. Man kann ruhig selbstsicher sein. Das gehört auch zu deinem Wesen einfach dazu, damit man sich gut fühlt. Und anderen helfen, Toleranz und seinen Mund aufmachen ist für mich sehr wichtig. Das ist so eine Sache, die mir hier auch oft gefehlt hat, wo ich das sehr schade fand. Einerseits tolerant sein, da muss man sich auch immer wieder dazu anhalten und sich in den anderen reinversetzen und sich fragen, ob das sein muss, dass man sich jetzt darüber aufregt oder ob das einfach nur überflüssig ist. Auf der anderen Seite, anderen helfen und seinen Mund aufmachen; also, wenn irgendwas ist, was nicht stimmt ...

Man hat das auch hier oft erlebt, dass keiner seinen Mund aufmacht, und das finde ich das Allerschlimmste überhaupt. Ich würde mich zu Tode schämen, wenn ich das nicht machen würde. Und das hängt halt zusammen mit ›Anderen helfen‹. Wenn man sieht, dass irgendjemand in einer Misslage ist, auch wenn es einen selber dann vielleicht in eine Misslage bringt – das muss man machen.

Dann gibt es also eine Art Verpflichtung, seinen Mund aufzumachen?
Für mich ist das einfach so, weil ich auch viel mit Rassismus aufgewachsen bin, weil meine Familie eben farbig ist. Und wo wir in Sachsen aufgewachsen sind, hat meine Mutter sich selber auch immer ein bisschen verteidigen müssen. Die hat uns natürlich so erzogen, dass es das nicht gibt, wenn jemand anderes irgendwie schlecht behandelt wird, und das ist ungerechtfertigt und die ganze Gruppe richtet sich gegen einen. Selbst wenn man allein gegen die ganze Gruppe steht. Also, ich mach das immer. Das ist einfach wichtig. Das geht von psychischen Sachen, wo man dann überlegen muss, geht derjenige jetzt heim und heult vielleicht zu Hause, über Sachen, die man selber vielleicht nicht schlimm findet, der andere aber schon, bis hin zu Gruppenauseinandersetzungen, einer gegen alle. Man kann auch eine ganze Gruppe umstimmen. Das hat wieder was mit Selbstbewusstsein zu tun. Auf der anderen Seite bis zu gewalttätigen Sachen, wo man dann einfach, selbst wenn man wie ich nur 1,60 ist, aber wenn man wütend ist, dann kann man was erreichen. Das ist ganz wichtig ... Und Phantasie ist ganz wichtig, weil Phantasie ist so ein Grundding. Ohne das kann man viele Sachen einfach gar nicht machen, die fallen einem gar nicht ein.«

Was ist mit der Liebe los? Sie bekommt einen Einzelplatz für sich, denn sie ist nicht so stabil wie anderes, das verlässlicheren Halt gibt.

»Liebe habe ich ein bisschen weiter rausgerückt. Da habe ich sehr lange überlegt, aber Liebe ist auch was sehr Zerbrechliches. Sagen wir es mal so. Freundschaft, Familie und Sicherheit sind festere Sachen ..., wobei für mich auch Freundschaft mit Liebe zusammengehört. Also, sonst klappt das nicht.«

Eher zu den Sekundärtugenden zählen Tradition, Ordnung, Leistung, Fleiß und das Streben nach Wohlstand. Obwohl auch sie wichtig sind. Aber es gilt zu differenzieren:

»Tradition ist für mich wichtig, und zwar nicht nur Tradition an sich, sondern so das, was man gewöhnt ist. Das ist schön, weil es zur Familie gehört ... Aber ich finde, man sollte Traditionen nicht über gewisse Sachen stellen, wie zum Beispiel Toleranz oder manche Sachen. Das darf man nicht ... Und Tradition ist wichtig, auch um einen gewissen Rhythmus zu haben im Leben, einfach so Traditionen wie, ich mach mir jetzt einen Tee, einfach so kleine Sachen, die einen Rhythmus ins Leben reinbringen.

Leistung und Ordnung: Ordnung ist wichtig, ich schätze aber nur bei mir ist das jetzt so, weil, wenn es bei mir nicht so ordentlich ist, habe ich im Kopf noch mehr Chaos. Ich bin sehr hektisch, rede schnell und mach schnell. Und wenn dann nicht außen rum alles schon mal ordentlich ist, komme ich auch nicht zur Leistung. Und Leistung finde ich wichtiger als Fleiß, weil ich finde, in Deutschland ist das oftmals so, wenn was nicht schon drei Wochen vorher fertig ist und gebacken und gemacht, dann ist es nicht so gut, wie wenn was genau zum Punkt fertig ist. Aber ich denke immer, die Leistung an sich, dass es funktioniert, zählt.«

Katharinas Wertesystem ist ein säkulares, in sich konsistent und klar aufgebaut. Der Glaube an Gott spielt darin keine Rolle. Der ist »gar nicht wichtig, weil ich nicht an Gott glaube. Deswegen hat sich das erledigt.«

Engagiert im Jugendgemeinderat

Sich für den Jugendgemeindrat aufstellen zu lassen war ein spontaner Entschluss von Katharina. Die Mitglieder des Jugendgemeinderats werden von den Jugendlichen der Gemeinde gewählt. Zum Wahlmodus:
»Also, es müssen soundso viele Bewerber da sein und dann wird gewählt. Dann ist das wie eine Gemeinderatswahl. Da gibt es Wahllisten, die werden an die Jugendlichen geschickt, also von 14 bis 21 … Dann hat man auch eine Wahlkarte und dann noch den Zettel, wo man alles ankreuzen kann mit Bildern und Motto daneben. Und dann gibt es vorher noch verschiedene Wahlveranstaltungen. Dann macht man eine Party, wo man sich vorstellt. Dann gibt es einen Stand in der Stadt, wo die Leute fragen können.«

Dazu, wie die Jugendvertreter dann im Gemeinderat agieren, sagt sie:
»Im Gemeinderat haben wir Anhörungsrecht und Antragsrecht, aber wir haben im Jugendhilfeausschuss eine Stimme, und dabei sind die Sachen, die die Jugendlichen betreffen, schon mal vorher abgearbeitet und dann in den Gemeinderat gebracht und dort noch mal abgestimmt worden. Aber meistens wird es dementsprechend abgestimmt. In den Gemeinderatsitzungen sitzt man dann als Vorsitzende und man kann noch jemanden mitnehmen. Das kann der Stellvertretende, kann aber auch jemand anderes sein. Und hinten ist natürlich sozusagen das Publikum; da können so viele sitzen wie gerne möchten, weil es öffentlich ist.«

Dieses Partizipationsmodell gibt es inzwischen in etwa 100 Gemeinden in Baden-Württemberg. Baden-Baden hat seit 1999 einen Jugendgemeinderat. Katharina kam in den 2. JGR, der damals immer noch in einer Phase der Orientierung war. Vor allem musste das Modell den spezifischen Bedürfnissen der Stadt angepasst werden. Und die Jugendvertreter mussten »ihre« Themen finden und Prioritäten setzen. Die Themen waren dadurch bestimmt, dass Baden-Baden »eine sehr überalterte Stadt« ist, »ich glaube, das ist die zweitälteste Stadt in Deutschland«. Das Hauptthema für die Jugendlichen war, mehr Freizeitangebote für Jugendliche zu schaffen, »mehr Veranstaltungen«, oder dafür zu sorgen, dass entsprechende Angebote bestehen bleiben. So begann Katharinas Zeit im Gemeinderat mit dem Einsatz für ein Hallen- und Freibad, das geschlossen werden sollte.

Als langjährige Vorsitzende des Gremiums hat Katharina gelernt, wie politische Prozesse ablaufen. Es ist teilweise ein sehr mühsames Geschäft, die Interessen der Jugendlichen zu vertreten, aber es ist auch sehr notwendig, ihnen gerade in einer »überalterten« Stadt wie Baden-Baden eine Stimme zu geben.

»Also, das ist ja eigentlich ein Ansatz, um Jugendlichen zu einer Stimme zu verhelfen, dass sie ihre Interessen artikulieren können. Hast du den Eindruck, dass es funktioniert?
Ja, ich denke schon, dass das funktioniert. Aber ich glaube, es braucht eine gewisse Weile. Also, nicht nur zwei Jahre oder so, sondern es braucht wirklich längere Zeit, um sich zu etablieren, und ich denke,

es braucht eine gewisse Anleitung. Also Anleitung im Sinne von Hilfe zur Selbsthilfe und nicht Vorschreiben, sondern einfach ... man muss ja zum Beispiel ganz verschiedene Sachen lernen, wie man eine Sitzung hält, dass es viel bringt, eine Gruppe führt usw. Das sind alles Sachen, die man, wenn man 15, 16 ist, nicht selbstverständlich kann. Und dementsprechend braucht man dann eine gewisse Hilfe, und das ist schwierig, weil man Schule hat, Freunde hat ... Das ist dann schon viel. Man muss sich da auch schon sehr reinhängen, und dann muss nicht nur eine Person sich reinhängen, sondern viele von dem Jugendgemeinderat, dass das dann auch zum Schluss ein Bild gibt.«

Wie verhalten sich die Jugendlichen zu ihrer gewählten Interessenvertretung?
»Das ist schwierig. Das war auch die ganze Zeit schwierig. Das Gemeckere ist halt immer erstmal groß. Immer erst mal Gemeckere. Auch wenn man Parties veranstaltet, dann ist das ganz schön, aber ›Ihr hättet ja noch dieses, jenes und das machen können‹ usw. Das Gemeckere ist immer da, weil das so eine Haltung von Personen ist, die selber nicht viel machen, die das einfach nicht kennen, wie viel Aufwand das eigentlich ist. Da bin ich meistens nicht so böse, weil ich immer denke, sie wissen es nicht besser.«

Trotz aller Schwierigkeiten ist Katharina überzeugt davon, dass die Jugendgemeinderäte eine wichtige Einrichtung sind. Vor allem deshalb, weil man hier begreift, wie Politik funktioniert.
»Ich finde das schon super, weil, wenn ich mir überlege, was das für ein Bundesland auch bringt! Das gibt es ja jetzt in Baden-Württemberg hauptsächlich. In anderen Ländern gibt es Jugendparlamente, aber das gibt es nicht so oft in Deutschland. Wir haben ja nun über 100 Jugendgemeinderäte mittlerweile. Und wenn allein bei jedem Jugendgemeinderat alle zwei Jahre fünf oder auch nur drei rausgehen, die dann begriffen haben, was Politik bedeutet, das sind eine Menge Jugendliche, die später mal erwachsen sind und für unser Land dastehen. Ich finde das sehr wichtig. Ich habe keine andere Möglichkeit gefunden, mich so da reinzudenken. Das ist kein Vergleich zum Politikunterricht, sondern so, dass man hinterher wirklich begriffen hat.«

Und was bedeutet Politik für Katharina? Als sie mit 14 anfing, fragte sie erst mal ihre Mutter.
»Meine Mutter meinte: Ja, wenn du irgendwie einen Spielplatz möchtest und setzt dich dafür ein, dann bist du schon in der Politik. So ist das halt. Also, man weiß das am Anfang gar nicht so unbedingt, manche vielleicht schon. Bei mir war es nicht so. Und hinterher ... Jetzt geht ja sogar die Studienrichtung bei mir dorthin. Ich fand das sehr wichtig, einfach nur für die Jugendbildung sozusagen. Ich finde das eine gute Sache.
Was ist denn Politik? Kannst du's mir erklären?
(Lacht) Genau. Ich finde, Politik fängt an, wenn man sich für etwas einsetzt, wenn man über Sachen spricht, wenn man Sachen, die vielleicht nicht so gut sind, anspricht oder Sachen unterstützt. Das kann von Diskutieren gehen, bis dass man wirklich die Ärmel hochkrempelt und ein paar Kisten schleppt usw. Ja, das ist für mich Politik, dass man sich für etwas einsetzt, dass man irgendwas sieht in der Stadt, was verbessert werden könnte, und man hingeht und was dafür macht.«

Es entspricht ihrer Politikdefinition, dass sie keiner Partei nahe steht und an ihrer Überparteilichkeit in der Zeit ihres Engagements immer festgehalten hat. Bloß nicht »die Großen nachspielen« meint sie spöttisch, denn so macht es oft die Parteijugend.

Jung in einer alten Stadt

Jugendliche in Baden-Baden, das ist ungefähr ein kleines Modell für Jugend in einer alternden Gesellschaft. »Weil, wenn man hier in Baden-Baden sitzt, hat man immer das Gefühl, man ist da so unter einer Glocke.«

Das liegt auch daran, dass die Stadt nicht nur alt, sondern reich und alt ist. Woran erkennt man auf Anhieb, dass man in einer »alten« Stadt, einer Stadt alter Menschen ist?

»Man sieht es in Baden-Baden an allem. Es gibt überall Apotheken. Es liegt keiner auf Wiesen rum. Es gibt keine Spielplätze, die eigentlich zugänglich sind, sondern die sind immer so ein bisschen hintenrum versteckt. Bei uns war es ganz krass gewesen, da hat einer sehr viel Geld für einen Spielplatz gespendet und dann wurde so lange darüber gequatscht, dass der nicht in die Lichtentaler Allee darf, weil da Flaniermeile ist, dass der schon das Geld zurückziehen wollte. Das war Wahnsinn. Wir sind ja schon mal froh, dass es einen McDonald's in der Mitte geben darf. Dann gibt es halt keine Basketballplätze in der Stadt, wenn man mal Sport machen will; gar nichts. Das ist alles außerhalb in den Dörfern, die Vereine und das Ganze ...

Ich finde es blöd einfach für die Stadt, weil sie ja irgendwann ausstirbt. Aber nach Baden-Baden ziehen halt immer wieder irgendwelche Rentner nach, die ihren Lebensabend hier verbringen wollen. Ich finde es halt für die Jugendlichen blöd, weil, wie fühlt man sich denn, wenn man hier ins Jugendlichenalter kommt? Man hört hier auch nie Kinder irgendwo spielen. So was hört man nicht. Was woanders ganz normal ist, das kriegt man hier gar nicht mit. Ich war total überrascht, als ich mal nicht in der Schule war und morgens um 11 draußen war, habe ich sogar mal welche mit Kinderwagen gesehen, so zwei, drei.«

Konfliktsituationen zwischen Jung und Alt bleiben nicht aus. Dabei haben alte Menschen oft eine quasi selbstverständliche Anspruchshaltung gegenüber Jugendlichen.

»Man benimmt sich eigentlich als Jugendlicher hier, finde ich – weil ich auch vorher woanders gewohnt habe und das dort auch gesehen habe, wie es vielleicht in anderen Städten abläuft –, eigentlich sehr rücksichtsvoll den Alten gegenüber. Aber die Alten, also ... Die erste Begegnung, die ich hier hatte, wo ich wirklich so den ersten Schock hatte war, als ich in der fünften Klasse hier in den Supermarkt gegangen bin. Da wird man voll, weil man einen Rucksack aufhat, geschubst und angeschnauzt von einer Oma: ›Geh mal weiter.‹ Also, das ist schon unangenehm manchmal. Oder im Bus, wenn der ganze Bus leer ist und da sind vorn die Plätze direkt am Eingang. Da ist eine Seite für die Rentner oder Behinderte und die andere Seite eben nicht. Wenn man da sitzt, dann kam halt zum Beispiel eine ältere Frau und hat gemeint: ›Ja, gehen Sie mal da weg, das ist für mich bestimmt‹ *(imitiert)*, obwohl der restliche Bus komplett leer ist. Und ich musste schon mal, weil der Hund auf dem Platz sitzen musste, aufstehen. Ältere Dame mit Hundi – und Kinder dürfen dann stehen derweil. Das fand ich schon krass. Das regt einen wahnsinnig auf.

Hast du da auch mal was gesagt, oder macht man das in der Situation dann doch lieber nicht?
Nee, das macht man eher nicht. Das sind ja ältere Leute und mehr Respektspersonen auf der einen Seite, auch wenn es nicht in Ordnung ist. Man ist ja nicht zum Streiten da. Das geht mir zumindest immer so. Man wollte jetzt nicht irgendwie Streit anfangen – mit älteren Leuten dann auch noch. Das muss nicht sein.«

Katharina unterscheidet zwischen den rüstigen Alten (»eher so was wie eine eigene Gruppe«) und den hochbetagten alten Menschen. Alte Menschen ins Altersheim abzuschieben, empfindet sie als grausam und die Einsamkeit mancher alter Menschen als bedrückend. Ihr Ideal: Kinder sind respektvoll zu den Alten, und die kümmern sich um die Kleinen, moderieren in der Pubertät zwischen Eltern und Kindern und erzählen aus der Vergangenheit. Das kennt sie auch aus ihrer Familie. Hier gibt es zudem die Berichte aus Mali, wo der Umgang mit alten Menschen »kultivierter« sei als teilweise hierzulande, weil sie nicht in Heime abgeschoben werden.

Dass man sich als Jugendliche durchaus gelegentlich gegen alte Menschen behaupten muss und die Tatsache, dass Katharina sich speziell für die Interessen junger Leute eingesetzt hat, führt nicht zu einer Abwendung von alten Menschen. Generationenbeziehungen sind wichtig und sollen nicht nur in der Familie gelebt werden. Sie kümmert sich um eine alte Dame in der Nachbarschaft und kauft ab und zu für sie ein.

**Emanzipation ja,
aber sind wir nicht schon weiter?**

Katharina sieht fortbestehende Rollenzuschreibungen, und die empfindet sie als »50er-jahremäßig« und sehr ärgerlich.

»Was ich sehr ungerecht finde, ist, dass gerade in Deutschland zwischen Mann und Frau der Unterschied noch sehr stark da ist … Halt jetzt Bundeskanzlerin – eine Frau: Oho! Ja warum nicht? Warum man da überhaupt so extrem darüber reden muss. Das sagt ja schon viel darüber aus, wie das Verhältnis ist. Ich habe manchmal so das Gefühl, dass die Politiker in den Köpfen noch so 50er-jahremäßig aufgewachsen sind: die Frau am Herd und der Mann macht das dann, und dementsprechend das Denken einfach auch so verhaftet ist. Das ist dann auch egal, ob es CDU, SPD oder sonst jemand ist. Das ist eigentlich durchgängig so. In anderen Ländern ist das nicht so extrem. Da werden die Diskussionen gar nicht so geführt. Also, wenn man das dann im Fernsehen sieht: Ja, aber die Frau soll doch auch … Dass das überhaupt überlegt wird, warum das für einen Mann schwerer ist, da zurückzustecken! Das sagt meistens schon eine Menge aus.«

Aber sie will sich keinesfalls als ›Feministin‹ begreifen, diesen Kampfbegriff findet sie unangemessen und zu einseitig. Sie selbst fühlt sich emanzipiert und denkt das weitgehend auch von ihrer Generation.

»Also, ich bin jetzt nicht die Feministin. Das mag ich auch überhaupt nicht, dieses permanente *(imitiert)*: Ha, wir sind doch Frauen und wir müssen … Gleichberechtigt heißt eben, dass es gleich ist, und da muss man weder auf dem Mann rumhacken noch auf der Frau. Für mich ist es so, dass ich eigentlich sehr modern und emanzipiert erzogen bin. Also, ich sag immer, ich bin so emanzipiert, dass ich die Emanzipation nicht mehr nötig habe … Dieses sich emanzipieren und jetzt mach ich mich frei usw., das habe ich nicht mehr nötig,

denn es ist für mich gleich. Und ich habe auch das Gefühl, dass in unserer Generation die Jungs eher so sind, dass die sich auch gerne um die Kinder kümmern wollen.
Wogegen die Emanzipation vorgeht, ist ja die Ungleichheit zwischen Mann und Frau, die aber nicht nur auf Frauen negative Auswirkungen hat, sondern auch auf Männer, z. B. wenn ein Vater sich um seine Kinder kümmern möchte nach der Trennung und die Mutter will es nicht, hat er schlechte Karten.«

Der Emanzipationsbegriff »sollte lieber gegen Ungerechtigkeit allgemein gerichtet sein«, schon die Frage nach der Emanzipation »hat so etwas Antiquarisches, und ich denke, man sollte langsam einen Schritt weitergehen, die Diskussion in eine andere Richtung lenken«.

Karriere und Familie

Die Zukunftschancen für Jugendliche sind nicht mehr so rosig. Katharina spricht auch globale Zusammenhänge an, Arbeitsplatzkonkurrenz aus den asiatischen Ländern. Für sich sieht sie darin eine Chance, da sie international orientiert ist. Sie kann sich auch vorstellen, im Ausland zu arbeiten, muss nicht »hier kleben bleiben«. Angst hat sie »eigentlich nicht« …
 »… weil wir sind so groß geworden, dass immer irgendwas geht. Man muss nur die Augen aufhalten und wenn eine Chance sich bietet, dann muss man auch zugreifen. Man hilft sich untereinander, sodass man auf jeden Fall jemanden hat, der da ist.«

Auf die Frage nach den Chancen für Jugendliche am Arbeitsmarkt:
 »Also, sagen wir mal, es ist sehr viel schwerer geworden als früher. Das ist mir auch bewusst, dass wir viel mehr machen müssen als in der Zeit, die jetzt ausgeklungen ist mit dem Wirtschaftswunder, dass alles nur aufwärts geht und nur Innovation und nur Wachstum und dass das für uns schwieriger wird, auch mit der abnehmenden Bevölkerung usw. Und dass zum Beispiel Asiaten auch irgendwann mal auf unseren Markt drängen. Das ist immer so, was ich im Hinterkopf habe, dass ich mich jetzt sehr anstrengen muss, eine gute Ausbildung zu bekommen usw., dass ich später wirklich was kriegen kann und flexibel bin auch mit den Ländern, wo ich hingehen kann, damit ich auch wirklich irgendwo unterkomme, wenn es vielleicht auch in Deutschland dann eben nicht geht.«

Karriere machen – da ist sie natürlich nicht abgeneigt, aber mehr als Mittel zum Zweck, nämlich zu Unabhängigkeit. Kinder und ein Partner gehören mindestens genauso sehr in ihr Bild von der Zukunft, denn Familie ist »die Basis«.
 »Also, für mich ist Karriere machen schon wichtig, weil ich gerne unabhängig sein möchte. Ich denk, das ist auch später, wenn man eine längere Beziehung hat, ziemlich wichtig. Wenn man eine Familie gründen möchte, dass man nicht unbedingt so abhängig ist vom Partner, damit man freiwillig beieinander bleibt … Auf der anderen Seite denke ich aber, dass Familie genau so wichtig ist … Karriere machen ist ja nicht für immer. Irgendwann hat man dann ja auch mal Karriere gemacht. Und was ist dann?«

In 10 Jahren sieht sie sich – hoffentlich – in einer ersten Arbeitsstelle und hat vielleicht schon zwei Kinder und einen netten Partner. Und im Alter?
 »Wenn ich alt bin, dann hoffe ich doch, dass meine Kinder mich auch nicht ins Altersheim abschieben oder so, sondern dass ich mit denen zusammenwohnen kann und sie entlas-

ten kann. Und wenn ich dann so alt bin, dass ich Pflege brauche, dass sie dann für mich da sind und dass man sich hoffentlich nicht zu sehr auf den Wecker fällt *(lacht)*. Das passiert ja schon oft. Und dass man eine Familie zusammen bildet, eine Einheit.

Schön, und dann ziehst du wieder nach Baden-Baden.
»*(Lachen)* Nee, ich glaube nicht. Obwohl ... das habe ich auch schon gesagt. Hier ist es doch sehr schön. Wenn man alt ist, ist es wundervoll. Na, mal sehen.«

Martin, 23 Jahre, Jungbauer und Hoferbe.

»Drei Generationen unter einem Dach – nie wieder!«

Grainau, Februar 06

Das Interview mit Martin wurde an der Jungbauernschule im oberbayerischen Grainau geführt, wo er gerade an einem Fortbildungskurs teilnahm. Martin lebt auf einem Hof in einem Weiler in Nordbayern, genauer gesagt in der nördlichen Oberpfalz. Den Hof bewirtschaftet er zusammen mit seinen Eltern. Er hat 3 Brüder, von denen einer im Ausland studiert. Martins Ausbildung ist abgeschlossen. Er hat nach dem Hauptschulabschluss die Landwirtschaftliche Fachschule und schließlich noch die Höhere Landbauschule absolviert und ist nun Agrarbetriebswirt und Landwirtschaftsmeister.

Zu dem landwirtschaftlichen Betrieb, den er demnächst übernehmen wird, gehören 80 ha Land, das meiste davon Ackerland, wo Futter für die Tiere angebaut wird. Auf dem Hof wird vorwiegend Bullenmast betrieben. Neben der Aufzucht der Jungbullen spielt noch die Milchwirtschaft eine Rolle. Der gesamte Betrieb wird ausschließlich von der Familie bewirtschaftet. Zusätzlich hat Martin einen Nebenjob, er arbeitet monateweise Teilzeit beim Landwirtschaftsamt. Bei aller Arbeit genießt Martin es, flexibel und weitgehend sein eigener Herr zu sein.

»Na ja, Arbeit ist es schon, aber wir sind sehr gut organisiert und auch technisch sehr gut ausgestattet. Die Arbeitskräfte unseres Betriebes sind mein Vater, meine Mutter und ich. In den Spitzenzeiten, das heißt bei Ernte- arbeiten, helfen meine Brüder noch mit. Das ist hauptsächlich bei der Grassilage- und Maissilageernte. Ich bin einfach flexibel. Früh und abends muss ich zwar in den Stall gehen. Aber ich bin einfach trotzdem tagsüber flexibel. Ich würd sagen, meine festen Arbeitszeiten beziehen sich auf früh und abends und was tagsüber wird bzw. bei der Jahreszeit was gerade ansteht von der Arbeit her, aber wenn ich es heute nicht mach, mach ich es halt morgen ... Ich war ja schon angestellt. Also, ich hab Landespflege schon mitgemacht, war da fest angestellt. Und da muss ich jetzt wirklich sagen, das war für mich eine Riesenumstellung, wenn hinter einem jemand steht immer und schaut, ob du auch wirklich was arbeiten tust ... Mir macht das ein-

Die Portraits 323

fach dann schon Spaß, selbständig zu sein. Es ist auch abwechslungsreich einfach.«

Jugend auf dem Land

Hat er noch Zeit für weitere Aktivitäten? Im Sommer Schwimmen, Radfahren und »Inlinerfahren«, im Winter Skilaufen. Sogar fürs Ehrenamt hat die Energie zeitweise noch gereicht. In der Jungbauernschaft hatte er ein Vorstandsamt inne, jetzt ist er dort noch einfaches Mitglied, ebenso wie bei den Jungzüchtern. Formal ist man bis 35 Jungbauer. Allerdings sind beide Vereinigungen keineswegs nur für junge Leute. Hier ist, wie er sagt, »jedes Alter dabei«. Im Vordergrund steht der Erfahrungsaustausch mit Berufskollegen. Speziell für Jugendliche auf dem Land haben seine Freunde und er einen Freizeitverein gegründet. Hier geht's um Brauchtumspflege (Maibaumaufstellen etc.) und vor allem um die »Gemütlichkeit«.

Martin strahlt viel Fröhlichkeit aus, aber schon ganz zu Beginn des Interviews, auf die Frage, was wichtig sei in seinem Leben, kommt er auf einschneidende Erlebnisse zu sprechen, die ihn sehr mitgenommen haben. Er hat in den letzten Jahren vier Schulkameraden verloren, darunter seinen besten Freund. Drei Jugendliche sind bei Autounfällen ums Leben gekommen.

»Da muss ich sagen, da macht's so einen Ruck in einem, wo du dir sagst, was war jetzt das? Das kann nicht sein. Weil zwei waren meine besten Freunde. Und das finde ich, hat mein Leben fast ein bissel umgestellt. Ich bin vielleicht zum Teil manchmal etwas nachdenklicher geworden, wo man überlegt, ist das jetzt richtig, ist es nicht richtig? Also, mich hat's schon geprägt, auf jeden Fall.
War das jetzt ein Autounfall, bei dem gleich mehrere umgekommen sind?
Nein, war immer einzeln. Da war jeder immer alleine. Also, drei Stück sind mit dem Auto ums Leben gekommen. Und einer, das war mein bester Freund, mit dem hab ich die meiste Zeit zusammengewohnt, der hat eine Virusinfektion oder so was bekommen und ist innerhalb von einer Woche gestorben. Das ist ganz schnell gegangen. Was mir damit dann wehgetan hat: Ich habe den nicht besuchen können im Krankenhaus. Der war auf der Intensiv gelegen und habe ihn auch nicht besuchen können. Und das war schon irgendwie schwer, möcht ich sagen. Aber das ist jetzt so, ich muss damit umgehen.«

Drei Generationen unter einem Dach

Und es gibt Weiteres in Martins Interview, das dem Bild der ländlichen Idylle nicht entspricht. Die Übergabe des Hofes von einer Generation an die andere ist eine Schnittstelle, bei der Konflikte fast unausweichlich sind. Wenn dazu 3 Generationen unter einem Dach leben, wie Martin es als Kind erlebt hat, kann es sehr schwierig werden.

»Meine drei Brüder noch, wir sind insgesamt vier Jungen, keine Schwester. Wir vier, meine Eltern, wir leben auf dem Betrieb, und meine Ureltern, also Oma und Opa, die haben auch direkt am Betrieb mitgelebt, in einem Haus. Damals bei der Übergabe war das so der Brauch, ist das vertraglich fest geregelt worden, die Altenteiler Oma und Opa haben zwei Zimmer, die gehören ihnen. Und Wohnzimmer, Küche und Bad wird gemeinsam genutzt. Also, wir waren alle in einem Haus und das hat eine gemeinsame Nutzung dann.
Und mit dem Bad war das dann mit der Reihenfolge: Einer hat angefangen zum Baden und dann so nach und nach. Da hatten wir schon zwei Bäder gehabt, eins unten und eins oben. Aber die erste Zeit, wo ich

weiß, sind wir eigentlich nur in ein Bad alle. Das war die erste Zeit. Später ist dann etwas umgebaut worden, haben wir dann eine Dusche bekommen. Für uns Kinder war das dann wirklich eine Erleichterung einfach, weil du dann schon mal etwas getrennt warst. Davor war das immer ein Riesenkampf, muss man eigentlich sagen, wer geht zuerst, wer geht als Letztes.

Also da gab es schon ganz schön viele Reibereien?

Ja. Ich hab es selber miterlebt, was dann für Streitigkeiten waren. Und mein Opa, der war etwas stur, muss man sagen. Man hat nie was recht machen können. Das Schwierige, muss ich eigentlich sagen, das war, meine Cousins und Cousinen, die Kinder von den Geschwistern von meinem Vater, die haben alles richtig gemacht, das war okay. Und wir sind die ganze Zeit zusammengehockt mit denen und haben alles falsch gemacht. Man kann es wirklich so sagen, wir waren immer die Bösen, also fast immer. Es war ganz selten, dass wir wirklich mal gelobt worden sind, ganz selten der Fall. Wenn du kleiner bist, kriegst du das nicht so mit. Aber wenn du dann älter wirst, bekommst du das auch so mit, und dann denkst du schon irgendwie, was mache ich falsch? Ich mache auch nichts anders als wie die anderen. Du versuchst halt da schon, das auf gute Art und Weise zu machen, aber manchmal hat es keine Möglichkeit gegeben. Jetzt kann man lachen darüber, aber wenn ich zurückdenke an die Zeit: Es waren wirklich harte Zeiten. Mein Opa hat ein wenig ein Problem gehabt mit meiner Mutter. Warum genau, da bin ich nie daraus schlau geworden.

Aber ich würde jetzt sagen von meiner Kindheit, immer wenn Streitereien waren, mein Vater hat immer zu der Mutter gehalten. Und das muss ich echt sagen, das merke ich mir für die Zukunft, dass das das Wichtigste ist in einer Beziehung auf einem Hof: der Zusammenhalt ... Für mich ist das aber auch wichtig, dass jeder irgendwo selbständig ist und in einem gewissen Abstand von den Eltern ist. Was ich gelernt habe daraus, in Zukunft, wenn ich mal einen Betrieb dann habe und da sind dann auch Junge da, dass das getrennte Wohnungen sind. Nie wieder! Und meine Eltern sagen das selber auch. Nie wieder so was! Weil das ist wirklich Horror. Das muss man echt sagen.«

Nun steht auf dem Hof ein neuer Generationenwechsel an, und Martin versucht, aus den Fehlern der älteren Generation zu lernen. Obwohl er sich gut mit seinem Vater versteht, merkt man, dass ihn die bevorstehende Übergabe belastet.

»Da war vielleicht das Problem bei uns, es war, als mein Vater übernommen hat, ein bissel ein abrupter Wechsel. Das ist relativ schnell gegangen. Mein Opa ist krank geworden, der hat zwar keine Kriegsverletzung gehabt, aber er war einfach gesundheitlich nicht so fit. Und dann ist relativ bald übergeben worden und das glaub ich schon, dass das ein Problem ist, wenn man von heute auf morgen nichts mehr zu sagen hat. Ich seh es zum Beispiel jetzt, wie es derzeit bei uns läuft, weil, wie es ausschaut, ab heuer, ab Juli soll ich den Betrieb haben, wird mir übergeben. Ich merke es jetzt auch schon, mit einem Mal wo es ernst wird, dass der Vater ein wenig so anfangt: ›Mei ah, das könnt ja ich auch noch machen.‹ Dass es schon losgeht ... Und ich denke, dass man von beiden Seiten da drauf schauen muss, dass jeder etwas zufrieden ist. Ich sage mal, ich möcht trotzdem der Chef sein

Die Portraits

dann, weil es mir halt gehört. Dass ich auch dann das machen kann, was ich möchte, aber auch trotzdem wieder eine Rücksprache halten kann, weil einfach manche Sachen, da fehlt trotzdem die Erfahrung. Man meint so als Junger, ja, das kann ich schon, das kann ich schon, aber irgendwo fehlt einfach die Lebenserfahrung. Das ist einfach so. Das hab ich jetzt heuer gemerkt, dass der Kampf schön langsam immer ... Gut, ein Kampf zwischen Jung und Alt ist immer da – aber ich denke, manchmal ist es wichtig, dass man halt drüber reden kann, vernünftig. Und da gehört auch dazu: getrennte Wohnung. Wenn wirklich mal Streit ist, dass jeder seine Türe hinter sich zumachen kann und fertig.«

Soziales Netzwerk und Werte

Die Familie nimmt den wichtigsten Bereich in Martins Leben ein, gefolgt von den Freunden. »Die Familie muss zusammenhalten«, das ist Martins Credo und Schlussfolgerung aus den Generationenkonflikten, die er in seiner Kindheit erlebt hat. Er hat nicht sehr viele Freunde, aber die sind ihm wichtig. Daneben ergeben sich über die Arbeit und das Vereinsleben weitere Kontakte sowie durch nachbarschaftliche Beziehungen im Dorf. Es gibt in Martins Umfeld sehr wenige Menschen, die ihm gleichgültig sind oder die er nicht mag. Die Personen, die für ihn wichtig sind, sind ihm zumeist auch sympathisch.

Wie sehr ihm die soziale Verankerung in Familie und Freundeskreis wichtig ist, lässt sich auch an seinem Werteschema ablesen. Martin sind viele der vorgegebenen und von den Befragten einzuordnenden Werte wichtig, davon aber vier ganz besonders: Liebe, Familie, Freundschaft und Selbstbewusstsein. Dies sind Dinge, die ihm Halt geben. Ohne Selbstbewusstsein würde er wohl seiner zukünftigen Rolle nicht gewachsen sein. Deutlich wird, dass er auch etwas bewegen möchte: sich engagieren, Einfluss haben, jemand sein, dem man Respekt entgegenbringt. Und auf keinen Fall sollte dabei der Spaß zu kurz kommen. Zu diesem Spannungsverhältnis sagt er:

»Spaß haben, denke ich, ist wichtig. Leben ohne Lachen: eher ein langweiliges Leben. Dann Einfluss, also ich bin eigentlich schon der Mensch, der, wenn ich was mache, auch etwas Einfluss haben möchte. Und auch die Persönlichkeit, dass mich auch jemand ernst nimmt, nicht dass nur gelacht wird über mich. Ich mach zwar gerne mal einen Spaß mit, aber ich möchte dann wieder ganz ernst reden können. Ganz wichtig ist auch gegenseitiger Respekt. Für eine Beziehung oder so was. Dann: seinen Mund aufmachen. Ja, ich denke, es ist wichtig, dass man nicht immer nur ›Ja‹ und ›Amen‹ sagt. Dann eben auch mal, wenn man anderer Meinung ist, zu seiner Meinung steht.«

Jung und Alt

Auf die Frage, was er von alten Menschen erwartet, muss Martin nicht lange überlegen:

»Da wären wir bei dem Thema ›tolerant‹. Die Zeit hat sich verändert. Dass sie ein bissel Einsicht haben und – was könnt man noch sagen – dass sie vielleicht auch offen sind für was Neues. Wenn man ihnen was Neues erklärt, dass sie auch mal zuhören und vielleicht mal einfach auch offen sind.«

Angesichts der Situation im Generationenkonflikt, die Martin selbst kennt, liegt es nahe, dass er mögliche zukünftige Probleme durch das Altern der Gesellschaft vor allem darin sieht, dass alte Menschen zu lange Positionen besetzen, die den Jungen somit verwehrt bleiben. Mit Skepsis also sieht er ein Heraufsetzen des Rentenalters.

»Es werden immer mehr Ältere und jeder schreit, er möchte Rente, und wer soll das dann bezahlen? Ich denke, dass dadurch auch viele Streitereien entstehen. Dass es da Probleme gibt. Und wegen der Arbeit einfach: die Älteren müssen länger arbeiten, so ab 2027 bis 67, hab ich mal gehört. Sagen wir mal, wenn ein Älterer in Rente geht, ist ein Arbeitsplatz für einen Jungen da. Und ich denke, dass das dann ein Problem wird in Zukunft, dass die Arbeitsplätze noch knapper werden. Dass das in Zukunft das Problem wird für die Gesellschaft. Nachdem, dass man länger arbeiten muss, werden eigentlich die Arbeitsplätze nicht frei.«

Diese eher skeptische Sicht auf die alternde Gesellschaft bedeutet aber keineswegs, dass Martin alten Menschen den Respekt verweigert oder den Anspruch auf ein gutes Leben im Alter. Infrage zu stellen, ob die Krankenkassen alten Menschen noch neue Hüftgelenke bezahlen sollten, findet er unverschämt.

»Ich denke, wenn ich ein Leben lang arbeite, dann steht mir auch noch was zu, dass ich auch in meinem Alter noch was hab. Ich denke, ein Alter, der hat sein Leben lang gearbeitet, hat in die Krankenkasse gezahlt. Da steht das auch denen zu, dass er auch von seinem Alter noch was hat … Das ist nicht gerecht, finde ich, auch nicht gerechtfertigt, so eine Aussage. Ja, gut als Jungem rutscht einem vielleicht leicht mal so was über die Lippen. Sollte sich einfach mal in die Sicht des Alten verdenken. Wie es so einem geht, wo er vielleicht Schmerzen oder so was hat … Also, ich möchte auch noch was haben, wenn ich mal in Rente gehe. Also, ich möchte nicht arbeiten, bis ich umfall.

Aus der Sicht vom Staat her wäre das das Beste: arbeiten und dann umfallen und tot.«

Ob allerdings junge Menschen noch Rente zu erwarten haben, da ist sich Martin gar nicht sicher. Die oben zitierte Bemerkung ist bei weitem das Kritischste, was Martin hierzu sagt. Ansonsten ist seine Folgerung, dass man sich eben selbst absichern müsse.

»Ich sage mal, bis ich mal in Rente gehe, lass ich mich überraschen, ob wir mal noch Rente bekommen oder nicht. Wichtig ist, dass man sich selbst absichert … Wenn ich was bekomme, ist okay. Oder nicht, muss das auch okay sein, finde ich. Das ist jetzt mal meine Meinung, dass sich jeder selbst absichert. Also, ich bin da eher etwas vorsichtig, als dass ich sag, ja, okay, ich verlass mich da drauf. Ich denke, lieber selbst absichern, dass ich im Alter was hab, bevor ich mich wieder auf jemand Fremden verlasse … Ich habe jetzt für mich selber schon vorgesorgt … Ich hab beispielsweise so eine Lebensversicherung. Da hab ich für die Zukunft schon an die minimale Rente gedacht, dass ich was hab. Man soll das frühzeitig machen, dann ist die Belastung nicht so hoch.«

Vom hohen Wert der Arbeit

Mit der alten Generation verbindet Martin wie viele andere Befragte den Respekt vor einem Leben voller Arbeit: Wer »sein Leben lang gearbeitet hat« erwirbt nicht nur Rentenansprüche, sondern auch die Achtung der Jungen. Laut Martin sagen dagegen die Alten, »die Jungen werden immer fauler, dadurch dass wir die Spaßgesellschaft bloß noch haben«, also das gegenteilige Stereotyp. Martin ist dieser Sichtweise selbst nicht ganz abgeneigt. Auf die Frage danach, ob er Leute kenne, die arbeitslos sind,

Die Portraits 327

fällt ihm gleich jemand ein, der »nicht der Fleißigste ist. Der hat es mit der Arbeit nicht so.« Beim Thema Arbeitsmarktchancen für Jugendliche sagt er: »Wenn jemand Ehrgeiz hat und Eifer, denke ich, dass es für so einen kein Problem ist, eine Arbeit zu finden oder weniger ein Problem als wie jemand, der sagt, ›na ja gut, dann such ich mir halt mal wieder eine Arbeit, dass ich so ungefähr von der Straße weg bin‹. Ich habe selbst die Erfahrung gemacht damit durch einen Bekannten, der wollte jemanden einstellen und der ist einen Tag gekommen und dann: ›Ja, nein, das möchte ich nicht machen und das kann ich nicht machen.‹ Das ist dann logisch, dass jeder Arbeitgeber sagt: ›Tut mir leid, aber das ist kein Arbeitsverhalten.‹«

Er sieht aber auch strukturelle Probleme:
»Ich denk auf der Seite liegen die Anforderungen immer höher, und da entsteht das Schichtensystem. Das ist eines der Probleme, glaube ich, in Zukunft. Die Schulabgänger von den niedrigen Schulen haben Probleme, dass sie keine Arbeit mehr bekommen, weil die von den Realschulen und Gymnasien auf den Arbeitsmarkt drücken, jetzt auch beim Handwerk. Früher war's halt so, die Hauptschüler machen ein Handwerk und die anderen gehen auf weitere Schulen und so was. Und mittlerweile ist das so weit, dass auch solche von Gymnasien oder mit Abitur Handwerker lernen. Und ich denk, dass das in Zukunft noch ein größeres Problem wird.«

Auf die Frage, ob es bei uns in der Gesellschaft sozial gerecht zugehe, antwortet Martin:
»Ich finde halt immer nur ungerecht, auch wenn man den Sozialstaat sieht, wenn ein Arbeitsloser bzw. Sozialhilfeempfänger mehr hat, als wenn einer arbeitet. Das Verhältnis passt vielleicht da nicht ganz. Ich habe es selbst auch schon erlebt. Die haben gesagt: ›Bei euch soll ich arbeiten? Wenn ich arbeite, hab ich weniger, als wie wenn ich von der Sozialhilfe leb.‹ Ich denke eigentlich, da fehlt die Motivation, um zu arbeiten. Dass jemand motiviert wird, dass er wieder arbeitet. Dass das schon ein bissel ein Problem ist. Es muss nicht gleich ein Volltimejob sein, da sind auch viele Halbtagsjobs, was angeboten wird. Das denke ich, ist vielleicht sozial schon ein bissel ungerecht. Und auch mit dem Hartz IV, ich denke, das ist keine Verbesserung gewesen, dass da eine Mordsverbesserung war oder so was, dass das auch gerechter aufgeteilt wird ... Wenn jetzt jemand davor gearbeitet hat, hat sich ein Haus gebaut und gespart und jetzt wird er unbeschuldet arbeitslos, da heißt es ungefähr, ›du kannst mal dein Haus verkaufen, und dann bekommst du erst Arbeitslosengeld‹. Das ist doch eigentlich viel zu unfair: Der eine, wo nix hat, wo der schon sein Leben lang noch nichts geschafft hat, der kriegt trotzdem voll Arbeitslosengeld. Ich denke, das Verhältnis passt da nicht ganz.«

Fragen der Arbeitslosigkeit und der sozialen Gerechtigkeit werden auf die individuelle Arbeits- bzw. Leistungsbereitschaft zurückgeführt. Ähnlich wie bei der Rente sieht Martin die Verantwortung beim Einzelnen.

Zukunftswünsche

Das Allerwichtigste für die persönliche Zukunft ist für Martin das Gründen einer Familie. Er liebt Kinder und wünscht sich ein harmonisches Familienleben auf seinem Hof, den er hofft, halten zu können. Träume beschränken sich auf das Reisen, das Kennenlernen anderer Länder.

»Welche Wünsche und Träume hast du für deine Zukunft?
Glücklich zu sein, die passende Frau dazu finden, Kinder zu haben. Ich habe seit März letztes Jahr eine Nichte. Ich weiß nicht, kleine Kinder machen mir einfach Spaß irgendwie. Also, da hoff ich schon, dass ich mal die passende Frau dazu find, damit ich Familie hab. Gesundheit vor allem, die ganze Familie. Und wenn es möglich ist, dass der Betrieb auch weiterläuft. Aber nur unter normalen Bedingungen, nicht irgendwie, dass es unbedingt sein muss. Also, ich find, es ist auch ein Beruf, und wenn der einfach nicht mehr geht, dann muss ich einfach wie ein anderer auch den Beruf wechseln. Aber das Wichtigste ist, wenn ich ehrlich bin, die Familie, eine Familie zu haben. Ich bin zwar erst 23 bzw. bald 24 und ich denke, ich hab da auch noch ein wenig Zeit. Aber kommt Zeit, kommt Rat. Jetzt schaun wir mal.«

Leider ist es nicht ganz einfach, als Bauer eine Frau zu finden. Das Leben auf dem Hof ist mit viel Arbeit verbunden. Frauen sind heute selbständiger und wollen ihren eigenen Beruf, sagt Martin. Das Leben auf dem Hof mitzumachen, könnte die Aufgabe eigener Pläne und Selbstverwirklichungschancen bedeuten. Auch wenn Martin da offen sein möchte, sieht er ganz klar den Konflikt, der in der Vereinbarkeit der Rolle als »Bäuerin« mit einem modernen weiblichen Selbstverständnis liegt.

»Landwirtschaft ist mit zu viel und harter Arbeit verbunden. Da ist einfach dann schon oft von den Frauen: ›Na, das möcht ich nicht machen, die schwere Arbeit und dreckige Arbeit.‹ Was einfach nur das Problem ist, denk ich mal, jeder hat seine eigene Arbeit, ob männlich oder weiblich. Und wenn es Probleme gibt, dann heißt es: ›Ich verdien mein Geld selbst, ich brauch dich nicht.‹ Früher war das anders. Da war die Frau abhängiger vom Mann. Und dann ist das vielleicht anders geschätzt worden. Und in der heutigen Gesellschaft ist jeder selbständig für sich. Und da heißt es dann schon, wenn es nicht mehr klappt: ›Na gut, dann geh ich halt, ich verdien mein Geld selbst.‹«

Andererseits könnten junge Frauen auch die Sicherheit schätzen, die ein Hof bietet, und den familiären Zusammenhalt. Junge Mädchen, das weiß er, denken eher negativ über ein Leben auf dem Bauernhof. Aber er hofft, dass sie, »wenn sie ein bisschen älter werden, dann anders darüber denken«. Also: »Mal abwarten!«

Im Alter sieht sich Martin »hoffentlich gesund« als Opa im Kreis von Kindern und Enkelkindern auf seinem Hof. Ein Opa, der sich um Toleranz bemüht und um das richtige Maß an Distanz.

Niklas, 16 Jahre, Realschüler. Familie mit 4 Generationen.

»Meine Uroma und ich sind eher so wie Freunde.«

Düsseldorf, Februar 06

Niklas geht in die 9. Klasse der Realschule. Und neben der Schule: die Clique! Zeit mit den Freunden ist das Wichtigste. Er ist aber auch fest in seiner Familie verwurzelt, die 4 Generationen umfasst. Das jüngste Familienmitglied, Niklas, ist besonders eng der Uroma, dem ältesten Familienmitglied, verbunden.

»Freunde, Familie, Spaß haben, Liebe. Anziehsachen sind für mich auch sehr wichtig. Das war's eigentlich so. Nichts richtig Wichtiges. Dann halt die Schule, habe ich vergessen, das ist auch sehr wichtig für mich.

Hast du viele Freunde und Freundinnen?

Ja, also, echt viel. Also, in meiner Schule habe ich eigentlich alle als Freunde da drinnen. Also, ich versteh mich mit jedem gut da. Nur halt meine engsten Freunde sind halt so 13 Stück, sag ich mal. Das sind so meine engsten Freunde, mit denen ich mich auch immer nachmittags treffe. Da ist halt der größte Teil Jungs bei und halt nur fünf Mädchen, glaub ich.«

Fragen des Styling sind in der Freundesclique nicht unwesentlich. Man zieht sich ähnlich an: kaputte Jeans, nach unten gezogen, Weste, Cappies, aber bloß nicht mit dem Schirm nach hinten. Bis vor kurzem hatte Niklas noch lange Haare, »alle so zur Seite«. Man hört

House und Rock. Den Musikgeschmack teilt er zum Teil sogar mit den Eltern, die auch Rock hören, aber natürlich »die älteren Sachen«. Es gibt auch Freunde, die auf Hip-Hop stehen, davon hält Niklas aber gar nichts.

Niklas' Mutter ist Krankenschwester und leitet eine Krankenstation, der Vater ist als Ingenieur im Controlling tätig. Die drei haben eine Wohnung in einem Mehrfamilienhaus in einem Stadtrandgebiet von Düsseldorf. Die Familie wohnte früher bei den Großeltern. Nun leben die Großeltern, der ältere Bruder, die Urgroßmutter in relativer Nähe, jeweils höchstens einen Fußweg auseinander gelegen. Von dieser Nähe macht Niklas regen Gebrauch, denn er hält sich gern bei seiner Uroma, der Omama, auf. Mit ihren 89 Jahren ist sie äußerst munter und, wie Niklas sagt …

»… von außen und von innen happy. Das ist meine Lieblingsoma von allen. Ich bin da auch sehr oft und so. Meine Freunde mögen die auch voll. Die sind da auch immer bei meiner Omama mit mir.«

In der Schule hat Niklas sich nicht immer ganz leicht getan, im Moment hat er im Hinblick auf seine Noten keine Probleme, was das Soziale angeht sowieso nicht. Nach der mittleren Reife möchte er eine Ausbildung zum Koch machen, eventuell beim Bund. Darüber hat er sich bereits informiert.

Soziales Netzwerk und Werte

Niklas' Kontaktschema weist ganz deutlich die Bereiche »Freunde« und »Familie« als die wichtigsten aus. Die Kontakte innerhalb der relativ großen Freundesclique sind ihm alle ähnlich wichtig. Überhaupt stuft er die meisten seiner Kontakte als sehr eng ein. Dazu gibt es noch einige »versprengte« Personen außerhalb des engeren Zirkels.

Betrachtet man dies regional, so zeigen Überschneidungen der freundschaftlichen und familiären Beziehungen mit den Bereichen »Schule« und »Ortsteil«, dass sich Niklas' soziales Leben komplett in seinem Wohnumfeld abspielt.

Für Niklas sind Personen über 35 Jahre »alt«. Daher gibt es in seinem familiären Umfeld praktisch nur ältere Menschen, ebenso in der Nachbarschaft.

Niklas ist »gern unter Menschen«. Das zeigt sein Kontaktschema und auch sein Werteschema. »Soziale« Werte wie Liebe, Freundschaft, Toleranz, anderen helfen stehen eindeutig im Vordergrund, auch Selbstbewusstsein und Spaß haben. Nicht so wichtig sind Glaube, Tradition und Ordnung. Verschiedene andere Dinge bleiben für ihn offenbar zu abstrakt, wie Einfluss und sich engagieren. Und Letzteres, obwohl er ausdrücklich betont, dass es ihm wichtig ist, anderen Menschen zu helfen:

»Immer, wenn einer Probleme hat, wie jetzt in der Freizeit oder auch dann schulisch, helfe ich halt gerne. Oder wenn irgendeiner hingefallen ist, ein Kind oder so, dann helfe ich denen halt auch immer hoch und alles. Ich mag ja auch gerne kleine Kinder. Deswegen, ich helf immer gerne.«

Den Werten Leistung und Sicherheit hat er noch recht hohe Priorität eingeräumt, wobei er Sicherheit als Arbeitsplatzsicherheit interpretiert.

»… weil es ist halt wichtig, dass man später einen sicheren Arbeitsplatz hat oder eine Ausbildung, weil heutzutage wird das ja immer seltener, eine Ausbildungsstelle. Und deswegen werde ich mich da halt erst mal drum bemühen, Sicherheit im Ausbildungsplatz zu bekommen und in der Arbeit. Das ist für mich wichtig.«

Freundschaft zwischen den Generationen

Niklas hat in der Familie viel Kontakt zu alten Menschen, also zu Menschen der Großeltern- und Urgroßelterngeneration, den er ausgesprochen positiv bewertet. Von dieser Generation wird man weniger erzogen, bzw. es ist eine andere Form von »Erziehung«. Ist es das, was für den Enkel so schön ist?

Die Eltern »erzählen mir mehr über schulische Sachen und halt Oma und Opa über Erfahrungen vom Krieg und alles, wie es damals war. Und Oma und Opa schimpfen auch nicht mit mir. Und hier halt *(meint die Mutter)*, wenn ich schlechte Noten kriege, dann sagt sie halt, dass ich das besser machen soll und so. Das ist was anderes wie Erfahrungen mitbringen. Und hier ist halt eher so richtiges Erziehen, sag ich mal.«

Also, sie haben mir auch etwas aus dem Leben mitgebracht. Und ich denk mal, die geben das auch an die Jugendlichen weiter. Und deswegen denke ich mal, dass sie einen auch miterziehen durch die Erfahrungen vom Leben, die sie hatten ... Halt nicht so stark wie die Eltern jetzt das tun, aber halt schon einen großen Teil.«

Niklas' Idealbild von alten Menschen: »... wie ein großer Bruder für die Jugend.«

Ideal ist die Freundschaft zwischen den Generationen und geschätzt wird die Abwesenheit von erzieherischem Impetus. Niklas erlebt das auch mit der mittleren Generation, mit einem seiner Lehrer nämlich, der »noch halb jugendlich« ist und »immer so witzig drauf«.

»Der redet schon in der jugendlichen Sprache, etwas modernere Sprache und nicht so die ältere ... Version, sag ich mal ... Der versteht sich auch mit allen ganz gut, mit allen Jugendlichen. Mit dem hat man gar keine Probleme. Das ist so ein guter Freund, sag ich mal.«

Eine freundschaftliche Beziehung kann man auch zu einem sehr viel älteren Menschen haben, meint Niklas. Das Verhältnis zu seiner Uroma ist von gegenseitiger Liebe und Toleranz geprägt, außerdem wird er nach Strich und Faden verwöhnt.

»Also als kleines Kind hab ich immer jeden Tag eigentlich da geschlafen und alles. Heutzutage ja auch noch, bin ich auch noch öfters bei ihr und schlaf dann da. Und sie verwöhnt mich halt immer. Holt immer alles für mich. Und wenn ich was aus der Stadt will, dann fahr ich mit ihr halt dahin, dann holt sie mir was aus der Stadt, wie zum Beispiel 'ne Hose oder so was, Anziehsachen halt. Das ist eigentlich kein richtiges Oma-Verhältnis, Oma-und-Ur-Enkel-Verhältnis, das ist eher so wie Freunde, finde ich. Das ist locker das Verhältnis und so.«

Dabei ist die Beziehung auch nicht ganz frei von Erziehung im engeren Sinn. Mit Niklas' Outfit ist die Uroma nicht immer zufrieden. Niklas versucht's ihr recht zu machen. »Immer wenn ich da bin, zieh ich dann halt die Hose hoch, und wenn ich draußen bin, zieh ich sie wieder runter.« Und ihretwegen hat er sich sogar die Haare schneiden lassen. Aber das tut der Liebe keinen Abbruch. Niklas findet seine Omama »süß«.

»Meine Freunde auch alle. Die ist ganz klein, die geht mir ungefähr bis hier und hat so ne Knaufnase. Und sie geht immer so wie ein Model, immer so mit dem Po rumschwenken. *(Lacht)* Das finden meine Freunde und ich voll cool *(lacht)*, und deswegen hat sie halt den Spitznamen ›Model‹ gekriegt.«

Konfrontation mit dem Alter

Die hochbetagte Uroma hat eine Vorbildfunktion: Ihre Art zu altern empfinden Niklas und seine Freunde als beispielhaft. Auch sein Opa ist für Niklas ein Vorbild. Er meint, er habe seine soziale Einstellung von seinem Opa.

»Mit dem hab ich mich immer gut verstanden, und er hat mir auch immer viele Geschichten von seinen Kriegserlebnissen erzählt und alles. Und ich hab halt auch etwas von ihm abgefärbt und so, weil mein Opa war sehr sozial ... und ich bin auch sehr sozial. Der hat auch jedem Menschen geholfen und immer Obdachlosen Geld gegeben halt. Der hat immer jedem geholfen, der irgendwelche Probleme hatte, mir auch immer, meinem Bruder ... Er hat immer mit uns geübt für die Schule. Und deswegen: ich mach das dann auch immer, mit Helfen.«

Auf die Frage, ob er in den letzten Jahren etwas erlebt hat, das ihn stark beeindruckt hat, kommt Niklas sofort auf den Tod des Großvaters zu sprechen. Sein Tod hat ihn sehr getroffen. Den Prozess des Sterbens hat er direkt mitbekommen und sich dem auch ausgesetzt. Er hat dabei etwas sehr Wichtiges erfahren.

»Jetzt weiß ich, wie man damit umgehen muss, wenn einer stirbt. Ganz unerwartet hat mich das ja getroffen. Ich wusste ja gar nicht, wie man da reagieren sollte. Aber jetzt weiß ich ja schon, wie das ist, wenn einer stirbt und wie ich damit umgehen muss mit der Situation.
Wie muss man denn damit umgehen?
Ja, ich würde erst mal sagen, man sucht sich den Kontakt zu der Familie und zu seinen Freunden. Da braucht man erst Hilfe und Beistand von denen, und ich denk mal, man sollte nicht so viel darüber nachdenken, auf keinen Fall. Weil dann wird das immer schlimmer.
Mit dem Kranken selbst? Wie soll man mit dem umgehen?
Dem sollte man das Gefühl geben, dass er immer noch nicht so krank ist. Und dem nicht das Gefühl geben, dass er bald sterben wird. Man sollte keine Distanz von ihm halten, nur weil er irgendwie anders aussieht wie damals. Und man sollte ihn halt so lieb haben wie damals, wo er noch gesund war.«

Einen der alten Generation so verbundenen Jugendlichen wie Niklas muss es wundern und ärgern, wenn alte Menschen ihm prima vista negativ begegnen, wie er und seine Freundesclique es oft erleben.

»Also ich kenne manche ältere Leute, die sind halt böse, sag ich jetzt mal grob ausgedrückt, und sind gemein und helfen keinem, und das finde ich etwas schade, denn die sollten ruhig der Jugend mal als Vorbild dastehen und nicht halt als schlechtes Vorbild dastehen für die Jugend. Aber die sagen ja immer, dass die Jugend heutzutage so schlimm wäre und alles. Aber jede Jugend macht halt ihre eigenen Erfahrungen. Da sollten sie ruhig mal Vorbilder sein.
Erlebst du das auch gelegentlich, dass alte Leute zu dir und deinen Freunden fies sind?
Ja, also auf der Straße öfters. Wenn man zum Beispiel einmal irgendwo steht, und da will einer vorbeigehen, die sagen nicht einfach mal, dürfte ich mal bitte vorbei, sondern dann entweder rennen sie dich um oder schreien dann halt, warum ich keinen Platz gemacht hätte. Und deswegen sollten die einfach mal fragen, ob sie vorbeikönnen. Das ist einfach wie als wenn man rumschreit oder so.«

Die Frage, ob die alten Menschen vor einer Gruppe von Jugendlichen vielleicht Angst haben, kommt Niklas zwar ganz plausibel vor, aber diese Angst erscheint ihm kränkend. Natürlich, es gibt »schlimme« Jugendliche, aber er und seine Freunde sind doch »Standardjugendliche«, die z. B. auch keine Drogen nehmen. Bezeichnend: Wenn sein höfliches Verhalten Älteren gegenüber überhaupt bemerkt wird, stellt man ihn stets als Ausnahme hin (»Es gibt auch noch

Die Portraits 333

höfliche Jugendliche ...«) und gewiss nicht als Standard.

Jung sein und Zukunft

Niklas glaubt, dass es den meisten Jugendlichen grundsätzlich nicht schlecht geht. Wäre da nicht die Sache mit der Arbeitslosigkeit. Da ist er sich dann nicht mehr so sicher, wie viele das Thema eigentlich betrifft. Die meisten? Eine Minderheit?

»Also die Leute, die Arbeit suchen – und heutzutage ist ja Arbeit wieder sehr selten geworden – und ich denk mal, dass die meisten auf der Suche sind und dass die kein Glück haben in ihrem Leben mit Arbeit und dass die halt etwas bedrückter sind. Es ist auch immer häufiger Streit mit den Eltern heutzutage, also find ich so. Aber ich denk mal, die meisten sind schon glücklich. Nicht die meisten, eine Minderheit halt ist etwas unglücklicher wie die anderen Jugendlichen.«

Was die Interessen der heutigen Jugendlichen angeht, so hat Niklas den Eindruck, dass für den Bildungsbereich politisch durchaus etwas getan wird. Kritischer sieht es im Hinblick auf die Rentenerwartungen aus. Aber das ist natürlich noch weit weg für seine Altersgruppe.

»Also ich denk mal, heutzutage für die Schule tun sie sehr viel in der Politik. Die haben ja jetzt auch durchgekriegt, dass wir keine Freistunden mehr haben an unseren Schulen. Nur halt das Problem ist, wir haben immer weniger Lehrer an unserer Schule. Und für später mal mit der Rente, wie gesagt, wird immer weniger. Meine Eltern haben noch einigermaßen Glück gehabt mit der Rente. Aber ich denk mal, jetzt die Generation von heute, die Jugendlichen werden es echt schlecht haben für später mit der Rente, sodass die kaum noch was rausbekommen.

Wissen das die meisten Jugendlichen?

Ich glaub nicht. Das kümmert die gar nicht. Die wollen erst mal heutzutage ihr Leben leben und später kommt dann alles einfach spontan auf die zu.«

Für seine persönliche Zukunft hat auch Niklas Angst vor der Arbeitslosigkeit.

»Ich hab Angst vor Arbeitslosigkeit, weil ich mal später eine Familie haben will, dann Kinder und vielleicht mal einen Hund oder so. Und dann möchte ich halt mir auch mal etwas an teureren Klamotten holen. Und deswegen hätte ich dann gerne Arbeit, sonst kann ich das alles nicht finanzieren. Deswegen hab ich etwas Angst vor Arbeitslosigkeit. Ein Haus möchte ich haben später. Oder am liebsten ein Loft möchte ich haben. So eine ausgebaute Industriehalle. Das ist halt so mein Traum, wo ich gerne drin wohnen möchte.«

So sehen seine Wünsche für die Zukunft aus. Und was sein Leben im Alter betrifft, so hat er ja ein Beispiel für gelingendes Altern vor Augen: seine Omama.

»Die rennt immer hin und her, die rennt immer von A nach B, ist egal, wie lang das ist. Die hat so einen eigenen Club, und da geht sie auch immer hin, hat sie ihre Freundinnen, unterhält sich da drinnen, trinkt einen Eierlikör, ein Weinchen abends immer. So würde ich gerne leben.«

Sarah, 19 Jahre, Studentin. Berufswunsch Pastorin.

»Kirche – ein Ort, wo man Mensch sein kann.«

Hamburg, Januar 06

Zum Theologiestudium ist Sarah über das Engagement in der evangelischen Kirche gekommen. Und das Engagement begann früh. Sie fand den Konfirmandenunterricht langweilig, und der Pastor forderte sie auf, an Verbesserungsmodellen mitzuarbeiten.

»Ich bin ganz normal zum Konfirmandenunterricht gegangen – aus Traditionsgründen, macht man halt, Familie, alle konfirmiert – und fand meinen eigenen Konfirmandenunterricht ziemlich langweilig, wollte da auch nie wieder hingehen. Und dann hat mich der Pastor angerufen und gefragt, ob ich an neuen Konfirmandenunterrichtsmodellen mitarbeiten möchte. Da habe ich sofort gesagt: Ja, das muss besser werden, und habe dann angefangen. Und dann das erste Jahr, als ich selber Konfirmandenunterricht gegeben habe und eine kleine Gruppe gehabt habe, das war dann eher wie mein eigener Konfirmandenunterricht. Da habe ich ganz viel gelernt über die Bibel und habe mir immer gedacht, wenn da alle so dabei sind und das so viel Spaß macht, hier zusammen zu sein und zusammen Bibel zu lesen, oder viele was daran gewinnen können, dann muss da doch irgendwie was dran sein. Ich habe dann weiter gefragt, und dann bekam ich immer mehr Aufgaben. Dann hat irgendwann meine Pastorin zu mir gesagt: ›Sarah, werd doch einfach Pastor!‹«

Sarah war ein sehr aufgewecktes Kind, mit viel Spaß am Lernen. In der Grundschule war sie, wie sie ironisch sagt, »ein strebsames, Autorität anerkennendes, großartiges Kind, aber halt eher sozial ziemlich inkompetent«. Sie ist nicht gerade gnädig mit sich selbst als Kind:

»Ich glaube, ich war ganz furchtbar. Sehr dominant. Ich habe entschieden, was die Kinder spielen, sowohl bei mir in der Familie ... als auch in der Schule und mit Schulfreunden. In der Grundschule war ich eher so die Außenseiterin, auch am Anfang auf dem Gymnasium immer noch. Irgendwann hat sich das dann geändert.«

Im Gymnasium hat sie zwei Klassen übersprungen. So richtig wohl gefühlt hat sie sich dann ab der 11. Klasse. Mit 17 machte sie Abitur und begann ein

Die Portraits 335

freiwilliges soziales Jahr in einer Kindertagesstätte. Nach acht Monaten hat sie dort aufgehört und mit dem Studium angefangen:»Ich brauchte das. Ich wollte wieder lesen. Ich wollte wieder irgendwas lernen, Input haben.«

Die Familie ist in Sarahs Leben sehr wichtig. Sarah wurde im Alter von neun Monaten von ihrer Tante und ihrem Onkel aufgenommen und wuchs bei ihnen auf. Sie wurden ihre Eltern, und sie hat zu ihnen eine enge, liebevolle Beziehung. In Sarahs Familie gibt es so etwas wie einen Generationensprung. Ihre Eltern sind Mitte 60 und ihre Schwester ist 40 Jahre alt.

Engagement in der Kirche

Ihre »zweite Familie« ist inzwischen die Kirche geworden.

»Mittlerweile ist es so, dass ich das als mein zweites Zuhause und als meine zweite Familie sehe. Die Menschen, die da sind, sind mir wichtig. Ich bin da gerne. Es ist ein Ort, wo man Mensch sein kann, ganz normal. Viele denken ja, in der Kirche sind nur total fundamentalchristliche Menschen. Aber man kann auch ganz normale Sachen tun. Wir feiern zusammen. Wir essen zusammen. Wir beten zusammen, natürlich. Wir arbeiten zusammen. Es wird auch Kaffee getrunken zusammen und ganz normal geredet über alltägliche Probleme.«

Wie sieht ihr Engagement in der Kirche aus, was macht sie dort zurzeit?

»Ich leite eine Konfirmandengruppe, arbeite da auch mit in der Vorbereitung. Ich bin im Kirchenvorstand und in zwei Untergremien. Ich gestalte Gottesdienste mit, bereite sie mit vor. Und ansonsten bin ich bei größeren Events immer dabei, wenn ich Zeit und Lust habe: z. B. Sommerfahrten und größere Gottesdienste.

Erzähl mal von der Arbeit im Kirchenvorstand!
Da bin ich noch nicht so lange dabei, erst seit einem dreiviertel Jahr, einem halben Jahr. Das ist was ganz Neues für mich. Und vor allem, es hat damit zu tun, irgendwie Demokratie ganz von innen kennen zu lernen. Politik zu machen, immer wissen, was da abläuft und das auch selber mit beeinflussen zu können ...
Hast du das Gefühl, du kannst dort etwas beeinflussen?
Meine Stimme zählt. Ich bin zwar nur eine von 24 Stimmen, aber ich habe immerhin eine.«

Im Kirchenvorstand sind Menschen ganz unterschiedlichen Alters. Sarah erlebt die Zusammenarbeit als gleichberechtigt.

Mit ihrer Freiwilligenarbeit in der Kirche verbringt Sarah in der Woche mindestens 5 Stunden und manchmal mehr. Das Hauptmotiv für ihr Engagement beschreibt sie zusammenfassend so:

»Ich möchte, dass Menschen sich wohl fühlen in der Gemeinde, so wie ich das erlebt habe. Ich habe da ganz viel gelernt und ganz viel schöne Dinge erfahren, und ich fände es schön, wenn das noch mehr Menschen erreichen würde. Ich möchte, dass Kirche ein Thema bleibt, im Gespräch bleibt und nicht so an den Rand der Gesellschaft gedrängt wird.«

Sarah ist überzeugt, dass Kirche heute für Jugendliche wieder attraktiver wird.

»Die Zahlen bestätigen das. Also, jedes Jahr mehr Eintritte. Ich glaube, dass ... weniger Sicherheit da ist, weniger Sicherheit in moralischen Dingen und Werten. Also, man darf ja heute alles. Man kann heiraten. Man kann es auch lassen. Wenn man geheiratet hat, kann man sich auch wieder scheiden lassen. Man kann Kinder kriegen, aber man muss auch nicht. Es ist alles offen und wenig, was Halt gibt. Ich glaube, da wird die Kirche wieder attraktiver.«

Soziales Netzwerk und Werte

Es sind also zwei Lebensbereiche, in denen Sarah sich zu Hause fühlt: die Familie, dort ist sie aufgewachsen, und die selbst gewählte Heimat Kirche. Neben den Kontakten in diesen Bereichen spielen für Sarahs soziales Netzwerk ihre Freunde eine große Rolle und seit einiger Zeit die Universität. Ihre Kontakte sind zahlenmäßig überschaubar. Sie hat relativ wenige, aber enge Freunde. Ihr geht ausdrücklich Qualität vor Quantität.

Wie alle befragten Jugendlichen wurde Sarah gebeten, die Personen in ihrem Umfeld nicht nur nach der Wichtigkeit des Kontakts, sondern auch nach Sympathie zu unterscheiden. Sarah differenziert sorgfältig zwischen unterschiedlichen Graden von Sympathie und ebenfalls zwischen Wichtigkeit und Sympathie. Zwar sind die ihr wichtigen Personen oft auch die, die sie besonders gern mag, es kommen aber auch alle möglichen anderen Konstellationen vor: wenig wichtig und hoch sympathisch, wichtig und relativ gleichgültig, sehr wichtig und unsympathisch etc.

Ebenso differenziert wie andererseits geordnet sieht Sarahs Werteschema aus. Sarah beurteilt die vorgegebenen 18 Werte nicht jeweils für sich nach ihrer jeweiligen Wichtigkeit, sondern bringt es fertig, in relativ kurzer Zeit alle Werte in unserem Schema miteinander in Beziehung zu setzen und so *ein* in sich konsistentes Wertegefüge abzubilden. Auf der ersten Ebene der Wichtigkeit, im Zentrum des Schemas, finden sich Liebe, Familie, Glaube, Freundschaft und Sicherheit, auf der zweiten Ebene Toleranz, sich engagieren, seinen Mund aufmachen, anderen helfen und Tradition. Sarah erklärt ihr Werteschema folgendermaßen:

»Also, Liebe ... habe ich sofort da mit in die Mitte gepinnt *(Aufkleber)*. Wenn ich Liebe dahin gepinnt habe, dann hätte ich die anderen da auch nicht mehr mit hinpinnen müssen, weil das alles mit einschließt. Also, Familie – das ist der Ursprung aller Liebe irgendwie. Glaube, unser christlicher Glaube, basiert ja vor allem auf Liebe, Gottesliebe und Nächstenliebe. Freundschaft ist genau das Gleiche. Meine Freunde liebe ich ... wie? *(Deutet an: sehr stark, sehr viel.)* Und Sicherheit geht damit ja auch immer einher. Das ist halt das, was ich eben meinte: Es gibt immer weniger Sicherheit, einmal, was so Arbeitsmarktlagen betrifft, und einmal, was so Werte und Normen betrifft. Wenn man liebt und geliebt wird, fühlt man sich sicherer, hat man mehr Geborgenheit, eine Konstante im Leben sozusagen, wo alles im Fluss ist, wo alles sich bewegt und morgen was ganz Neues passieren könnte. Da ist eine Sicherheit ganz wichtig.
(Auf die Frage, warum Tradition auf der zweiten Ebene steht:)
Tradition ist irgendwie so ein Mitbringsel aus der Vergangenheit, aber es ist heute immer noch wichtig. Sonst wäre es ja keine Tradition. Und ich glaube, das hat auch was mit Sicherheit zu tun. Also, zu wissen, dieses Jahr feiern wir Weihnachten wie die letzten fünf Jahre vorher, genau so.
Phantasie, da habe ich nicht an Traumreisen oder so gedacht, sondern eher so an Kreativität, Schöpfungskraft. Und das finde ich wichtig, weil ich finde, alles, was weiter weg ist als die, die ganz in der Mitte stehen, resultiert aus dem, was in der Mitte ist. Wo Liebe ist zu einer Sache, da kann auch was kreativ werden und da

engagiert man sich auch. Da macht man auch den Mund auf. Da kann man sich auch tolerieren und einander helfen. Spaß haben – da habe ich mich echt gefragt, wo ich das hinkleben soll, denn ganz weg wollte ich es nicht machen. Natürlich möchte ich auch ein bisschen Spaß haben, aber irgendwie ist Spaß haben auch nicht so der richtige Ausdruck. Für mich ist Glück empfinden oder so schöner. Und Einfluss und Wohlstand, da habe ich auch lange überlegt. Ich entscheide gerne mit. Also ist Einfluss nicht unwichtig. Und unter Wohlstand verstehe ich auch, dass ich wohnen kann, wo ich möchte. Oder mich kleiden kann, wie ich möchte und nicht jeden Tag darauf kommen muss, ob ich nun Essen III oder Essen II aus der Mensa nehme. Das ist mir auch schon wichtig.
Ganz am Rand stehen dann hier noch Leistung und Fleiß und Ordnung. Das hat mich ein bisschen gewundert, weil ich mir schon vorstellen kann, dass du fleißig bist und Leistung auch zählt in deinem Leben ...
Ich finde das furchtbar, über eine Leistung definiert zu werden. Also, das habe ich jetzt ja nun mein ganzes Schulleben lang mitgemacht. Fleiß ist für mich nicht wichtig. Ist für mich überhaupt nicht wichtig. Wenn ich in der Sache aufgehe, mache ich sie gerne. Aber das hat nichts mit Fleiß zu tun. Ich mache die Sachen, die ich gerne mache und die mir wichtig sind, gerne und auch mit Ehrgeiz. Aber ich bin kein Mensch, der fleißig irgendwelche Sachen ordnet.«

Studienwahl und Zukunftsangst

Sarahs Studienwahl und ihr Berufswunsch ergeben sich aus ihrem Engagement und dem, was ihr an Werten im Leben wichtig ist. Das ist ihrer Meinung nach heute keine Selbstverständlichkeit und das war es auch für sie selbst nicht. Die Frage nach dem beruflichen Werdegang wird in ihrem Freundeskreis vorwiegend unter dem Eindruck knapper Chancen diskutiert. Sie schildert die Überlegungen:
»Also, als wir überlegt haben, was werden wir denn mal, was machen wir, was studieren wir, da haben wir natürlich irgendwie nachgedacht, was ist am ökonomischsten, wo kriege ich einen Arbeitsplatz? Und die allgemeine Stimmung war dann eher: Das weiß man nie. Deswegen studiere ich mal lieber was, worauf ich auch Lust habe, was mich interessiert, und versuche, was Gutes irgendwie daraus zu machen und denke erst einmal nur bis zu meinem Studium und dann gucken wir mal weiter. Man kann sich heute bei nichts mehr sicher sein, überall.
Das ist so eine Haltung, die du bei deinen Freunden festgestellt hast. Gibt es auch eine ganz andere Haltung? Also, nach dem Motto: ich gehe auf Nummer sicher?
Ja, ja, doch. Es gibt schon welche, die sagen: ich studiere irgendwie Bauingenieurwesen oder so was. BWL ganz oft, weil Wirtschaft wird es immer geben. Da frage ich mich, wenn wir jetzt alle anfangen, BWL zu studieren, dann gibt es da auch keine Berufschancen mehr.«

Zu ihren eigenen Berufschancen sagt sie: »Ich sehe das alles noch in ganz weiter Ferne. Das dauert noch unendlich lang, bis ich damit überhaupt mal fertig bin. Aber ich glaube, es läuft ja viel über Beziehungen und über gute Referenzen und so, und ich glaube, wenn man dafür genug tut und engagiert ist und nach vorne schaut und sich selbstbewusst nach vorne stellt und dafür kämpft, dann kann man es schaffen. Und außerdem, irgendwie vertraue ich auch so ein bisschen

darauf, dass es schon gut werden wird.
Pastoren und Pastorinnen werden doch auch gesucht oder?
Also, ich kenne ganz viele, die sind jetzt gerade fertig mit Examen und suchen eine Stelle und finden gar nichts. Es werden ganz viele Stellen gestrichen. Also, wo früher drei Gemeinden waren und drei Pastoren dementsprechend, die werden dann zusammengelegt zu einer Gemeinde, und dann braucht man auch nur noch einen Pastor. Der dann zwar von Dorf zu Dorf fahren muss, um da den Gottesdienst zu machen, aber ...
Du hast das gewusst und trotzdem gemacht?
Ja. Genau aus dem Grund, weil man eben heute nicht mehr weiß, wo man überhaupt was machen kann. Da mache ich lieber was, wo ich Lust zu habe und wo ich weiß, dafür kann ich mich engagieren. Da kämpfe ich für, dass ich das auch mache.
Und hast du manchmal Angst vor der Zukunft?
Ja. Manchmal denke ich, dann habe ich keinen Beruf und sterbe als alte Jungfer und habe bis dahin in einer Sozialwohnung gewohnt. Klar, aber da ist eher ein großes Vertrauen, dass es gut wird.«

Die Angst um die berufliche Zukunft führt dazu, dass Jugendliche sich frühzeitig »Strategien zurechtlegen« und alles auf biografische Verwertbarkeit abklopfen.

»*Wie ist es bei deinen Freunden? Hast du das Gefühl, diese Angst ist bei denen auch im Hintergrund da?*
Ja, im Hintergrund ist die immer da, aber man legt sich so Strategien zurecht. Wie: man muss jetzt mehr dafür tun. Also so hat eine Freundin sich jetzt überlegt, wie sie das am cleversten anstellt, dass sie schon mal bei einer Zeitung Probe schreibt. Man versucht immer, Beziehungen zu knüpfen und so. Eine andere Mitstudentin von mir, die wohnt im Studentenwohnheim und schreibt sich immer fleißig alle Nummern mit von den Mitbewohnern, die irgendwie Beziehungen in andere Länder haben, um dann nachher ... Die überlegt sich halt kluge Strategien.«

Die Zeiten für Jugendliche sind schlecht, davon ist Sarah überzeugt. Zum einen die mangelnden Ausbildungs- und Berufschancen, zum anderen aber dennoch hohe Erwartungen und vielfach Unverständnis und Kritik der Älteren.

»Also, ich finde, dass die Zeiten für Jugendliche so hart sind, wie ich mir nicht vorstellen kann, dass das schon vorher oft war. Wenn man sich die Arbeitsmarktlage anschaut, dass es kaum Ausbildungsplätze gibt, kaum Berufschancen. Man kann ja quasi fast lernen, was man will. Ob man dann was bekommt und man da auch nicht wieder gefeuert wird, gekündigt wird, weiß man nicht. Ich glaube, Jugendliche stehen unter einem ziemlich großen Leistungsdruck und uns wird immer vorgeworfen, dass wir nur an uns denken und nur an Spaß denken. Dafür haben wir auch einen schwierigen Stand.
Wie teilt sich einem das mit, diese Erwartungen?
In der Schule zum Beispiel muss man gewisse Leistungen erbringen, um überhaupt wahrgenommen zu werden. Und wenn ich mir angucke, wie das in S-Bahnen abläuft, dann ist das wirklich so, dass die Älteren den Jüngeren überhaupt nichts zutrauen und immer nur Vorwürfe machen.«

Und wenn sie dann mal alt sind, die Jungen von heute? Wie sind die Rentenerwartungen der Jugendlichen?

»So, wie es aussieht, schlecht. Aber da muss man, glaube ich, schon selber vorsorgen ... Am besten im Lotto gewinnen und das gut anlegen. Das wird wohl den wenigsten von uns passieren.«

Jung und Alt

Sarah ist in ihren Erwartungen an alte Menschen eigentlich recht bescheiden. »Aufgeschlossen dem Neuen gegenüber« ist so eine Erwartung, und das bewundert sie an ihrem Vater. Sarah hat durch ihre Eltern, die Mitte 60 sind, und ihre Großeltern in der Familie Kontakt zur älteren Generation, außerdem in ihrer Kirchengemeinde und schließlich in ihrem Studium, das von Seniorenstudenten frequentiert wird. Sie schätzt die Lebenserfahrung alter Menschen, von der sie lernen möchte.

»Ich finde, man kann auch von alten Leuten, älteren Leuten viel lernen. Die haben einfach mehr Lebenserfahrung, haben bestimmt auch früher andere Dinge als wichtig angesehen als heute, und wo man dann vielleicht sagen muss: da ist die Lebenserfahrung, das hat sich geändert, und da ist deine Erfahrung falsch. Aber, was ich immer bewundere an älteren Menschen oder alten Menschen, ist, dass die ganz viel ertragen mussten. Also, meine Familie hat in der Nachkriegszeit gelebt oder hat sogar den Krieg noch mitbekommen. Da bin ich immer irgendwie stolz darauf. Meine Mama hat es geschafft. Meine Mama hat eine schwere Kindheit gehabt und ist trotzdem ein großartiger Mensch geworden oder gerade deswegen ... Sie sollten auch aufgeschlossen sein dem Neuen gegenüber. Das kann ich mir gut vorstellen, dass das nicht einfach ist. Aber ich finde das bewundernswert, wenn alte Leute dem Neuen gegenüber aufgeschlossen sind. Mein Papa, zum Beispiel, hört sich jede CD an, die ich mir neu kaufe, und sagt dann immer: Das finde ich gut oder finde ich nicht so gut. Das finde ich großartig, dass er das macht. Aber ich kann auch verstehen, wenn man das nicht kann. Manchmal erwarte ich von alten Menschen, dass sie mehr wissen als ich und dass sie mir den Plan fürs Leben sagen können, obwohl sie das wahrscheinlich nicht können.«

Die älteren Menschen in ihrer Kirchengemeinde »sind alle noch superaktiv« und sind so etwas wie das Gedächtnis der Gemeinde. Aus gelebter Geschichte etwas zu erfahren, ermöglicht manchmal einen Perspektivenwechsel, relativiert einiges, denn »manchmal nimmt man sich viel zu ernst und viel zu wichtig«.

Im Rahmen ihres Theologiestudiums ist Sarah ebenfalls mit alten Menschen konfrontiert, denn in dieser Fachrichtung gibt es besonders viele ältere Studierende. Auch bei prinzipiell recht positiver Einstellung muss Sarah feststellen, dass die Senioren hier manchmal »anstrengend« sind.

»Die gehen dann möglicherweise nur zu einer Vorlesung und haben den Rest der Woche Zeit, sich darauf vorzubereiten und sind dann total vorbereitet und stellen Fragen, die der Professor noch nicht mal beantworten kann und niemand anderes interessiert sich dafür und fangen Diskussionen an oder so. Es gibt tatsächlich auch welche, die sind geistig nicht mehr so fit und die halten das dann auch ein bisschen auf. Aber eigentlich finde ich, dass im Gespräch eben auch zwischen Generationen ja Fragen beleuchtet werden.«

Wenn man sich dann fragen muss, ob man als junge Studierende hier überhaupt am richtigen Platz ist, wird auch eine freundliche und respektvolle Jugendliche manchmal überstrapaziert.

»Ich kam am Anfang dieses Semesters in eine Vorlesung und machte

die Tür auf und sah ungefähr 40 alte Menschen über 50 mindestens und zehn in meinem Alter und dachte: Bin ich hier richtig, das hier ist doch eine Universität? Hier sind doch Studenten oder? Und da habe ich mich echt gewundert.
(Auf die Nachfrage, wie sie sich dabei fühle:)
Ich fühle mich wohl da drin und denke, das ist toll, dass die sich auch dafür interessieren. Dann muss das wirklich ein gutes Thema sein, was ich mir da ausgesucht habe. Aber wenn es auffällt und wenn es anstrengt und irgendwie das Lernen negativ beeinträchtigt, dann überfällt mich manchmal die Wut und ich denke, was suchen die denn jetzt hier? Brauchen die jetzt noch mal einen Kick? Die sind doch alt genug. Die können doch auch mal zu Hause bleiben. Aber eigentlich ist es nett ... Das finde ich verwunderlich irgendwie, weil man ja denkt, wenn ich an die Uni gehe, dann treffe ich Menschen in meinem Alter. Dann kann ich mit Gleichgesinnten das studieren. Manchmal habe ich das Gefühl: Ist Theologie vielleicht nur was für Ältere? Ist das veraltet hier, weil im Gegensatz zu den Alten so wenig Junge da sind? Aber was soll man machen? So ist das halt.«

Männer sind nicht zu beneiden

Sarah hat nicht den Eindruck, dass Frauen heute noch benachteiligt seien. Das ist vorhergehenden Frauengenerationen zu danken, die die Emanzipation vorangetrieben haben. Sie jedenfalls ist froh, eine Frau zu sein, und sieht darin nur Vorteile. Heute sei es eher so, dass Männer ein Rollenproblem haben.

»Nun ja. Männer wissen nie, was Frauen wollen. Wollen sie jetzt den Macho oder wollen sie den Softi? Eigentlich wollen sie beides nicht. Und: wann ist ein Mann ein Mann? Bei dieser Metrosexualität, wie das heute heißt. Wenn ich mir die Augenbrauen zupfe, bin ich metrosexuell. Ich glaube, das ist schwer für Männer.«

Auf eine kurze Formel gebracht:
»Es ist allen völlig klar, dass Frauen jetzt emanzipiert sind, aber es ist nicht allen klar, was jetzt mit den Männern ist.«

Zukunftswünsche

Welche Wünsche und Träume hat Sarah für die Zukunft?
»Das ist ganz traditionell und ganz konventionell. Ich wünsche mir ein Haus, einen Mann und ein Kind. Aber mir ist auch wichtig, dass ich einen Beruf habe, der mir Spaß macht. Ich weiß nicht, ob ich Pastorin werde. Im Moment glaube ich, ich will das werden. Aber ich könnte mir auch vorstellen, Chefsekretärin zu werden oder irgendwie so. Aber auf jeden Fall einen Beruf, in dem ich aufgehe, in dem ich mich wohl fühle. Aber ganz nach alten Werten und Tradition möchte ich auch heiraten und Kinder kriegen.«

Und wo möchte sie mal leben? Es darf ruhig in Deutschland sein.
»Ich finde die Kultur ganz toll. Es gibt viele alte Bauwerke. Es gibt ganz alte, gute, großartige Schriftsteller, was man in anderen Ländern nicht so hat. Und auch einen ganz eigenen Humor. Ich finde, Deutsche haben einen ganz eigenen Humor.«

inDex, 17 Jahre, Fachgymnasiast. Rapper.

»Rap ist mein Ventil«

Mühlheim/Main, Februar 06

inDex, wie er sich nennt, ist Schüler an einem Gymnasium für Mediengestaltung. Neben den normalen Abiturfächern gibt es Schwerpunktfächer, die zugleich seine Lieblingsfächer sind: Gestaltung, Video und Audio. Und auch Politik, Wirtschaft, Deutsch und Geschichte liegen ihm, »weil das im Grunde Fächer sind, wo ich viel reden kann, und ich mag es zu reden«. inDex ist von der Realschule auf das Gymnasium gewechselt. Warum?

»Ich war auf der Realschule und dachte mir – meine Noten sind gar nicht mal so schlecht – du könntest auf eine weiterführende Schule. Hast du Lust, Bewerbungen zu schreiben? Nein. Und dann bin ich natürlich eine Person, die sich mit nichts zufrieden gibt, ich will immer das Beste haben. Und da dachte ich mir: Du gehst jetzt noch nicht Bewerbungen schreiben und gibst dich mit irgendeinem Beruf zufrieden, der grad so kommt. Und es ist ja im Moment auch sehr schwer, mit Realschulabschluss an einen Beruf ranzukommen, der wirklich gut ist. Da dachte ich mir, geh ich halt aufs Gymnasium und gucke, was da so los ist. Und wenn ich das Abi schaffe, ist super, gute Berufe, viel Geld.«

Geboren wurde inDex in der Ukraine, mit drei Jahren kam er mit seiner Mutter nach Deutschland.

»Was gibt es dazu zu sagen? Meine Mutter hielt anscheinend die Ukraine nicht für den richtigen Ort, an dem ich aufwachsen sollte, und ist dann hier rüber als Spätaussiedler. Wir sind dann wohl auch quer durch Deutschland gereist, ich weiß auch nicht mehr genau, was da alles passiert ist. Und plötzlich war ich in Mühlheim. So ist alles gekommen. Ich habe auch ziemlich schnell Ukrainisch verlernt, was eigentlich ziemlich krass ist, weil ich Ukrainisch fließend sprechen konnte. Aber ich wollte als kleines Kind unbedingt Deutsch lernen.«

Zwei Jahre später bekam er einen Stiefvater, mit dem er sich anfangs nicht so gut verstanden hat. »Aber ich kenne ihn ja jetzt auch schon länger. Er ist halt eine ziemlich nette Person.« Inzwischen geht es also sehr viel besser. Das Ver-

hältnis zu den Eltern ist jedoch nicht ganz frei von Spannungen. Auf der einen Seite sagt inDex:
»Man braucht halt die Leute, die einem nah sind, zu denen man hingehen kann. Und die einen vielleicht auch besser kennen, als du dich selber, weil sie einfach älter sind und mehr mitbekommen haben, als du es jemals könntest.«

Andererseits will inDex langsam selbständig sein, auf eigenen Füßen stehen und mehr Verantwortung für sein Leben tragen, als es seiner Mutter gerade gefällt.
»Natürlich liebe ich meine Mutter und meinen Vater und alles, aber sie gehen einem auf die Nerven. Vor allem in der Zeit, in der ich gerade bin. Und vor allem glaube ich, dass meine Mutter grade nicht damit klarkommt, dass ich älter werde und dass ich irgendwann das Nest verlassen werde. Deshalb gibt es öfter Probleme.
Fühlst du dich noch festgehalten?
Ja, das ist schon ein bisschen so. Wie soll man das sagen? Meine Mutter kommt halt andauernd zu mir und dies und das und im Grunde will ich schon ein bisschen selbständiger sein. Obwohl ich ziemlich froh bin, dass sie meine Wäsche bügelt. Aber es geht mir halt schon so, dass ich das Gefühl hab, dass sie nicht will, dass ich ausziehe. Und ich will langsam raus, mein eigenes Zeug auf die Beine stellen, mein eigenes Leben leben. Aber ich find's cool, dass ich das Angebot von ihr habe. Andere Leute werden von ihren Eltern rausgeschickt. Und ich finde es gut, dass ich hier noch bleiben kann.«

Zu der Patchworkfamilie gehört eine Stiefschwester, die für ein Jahr bei ihnen lebte. Zu ihr hat er allerdings wenig Kontakt, sie lebt ihr eigenes Leben.

Stattdessen fand inDex in seiner neuen Schule eine »Sister in Mind«. Sie ist »praktisch wie eine beste Freundin, nur dass das tiefer geht irgendwie«.

Rap, aber kein Hip-Hop

Seine Jugend sieht inDex kritisch, weil er einen Teil »verschenkt« hat, denn als Kind war er »sehr schüchtern« und hat lange Zeit nichts gemacht. Der Wandel kam durch Musik, genauer durch den Rap.
»Also, zuerst kam halt Rap von Bushido ›Vom Bordstein bis zur Skyline‹, das war halt sehr aggressiv und das war ein selbstbewusster Sound und das war das Erste, bei dem ich dachte: cool. Das habe ich dann nur noch gehört, so ungefähr ein Jahr lang. Das hat mich auch ein Stück weit gefestigt in meiner Substanz. Und da wurde ich auch immer selbstbewusster. Und dann habe ich auch Musik gemacht. Und so kommt das halt und jetzt traue ich mich auch mehr als vorher.
Ich hatte mit 16 eine Menge Aggressionen, die ich rauslassen musste und die habe ich dann alle in Texte verfasst. Ich habe dann ziemlich schnell gelernt zu rappen. Ich hatte ja keine Leute, die das sonst so machen. Taktgefühl hatte ich sofort. Im Grunde kann man sagen, ich bin ein Talent. Aber das ist Ansichtssache.«

Rap ist nur ein Element von Hip-Hop, wie inDex erklärt.
»Hip-Hop ist im Grunde eine Kultur und keine Musikrichtung. Hip-Hop sind die vier Elemente, oder wie auch immer man das nennen will, Breakdance, Rap, Graffiti und DJing. Und dann gibt es noch andere Dinge wie Beatboxen, worüber man sich streiten kann, ob die dazu gehören. Ich lebe halt nur ein Element daraus und das ist der Rap. Ich mag diese Kultur

Die Portraits 343

auch und ich umgebe mich gern mit Leuten, die diese Kultur lieben. Aber im Grunde lebe ich nur ein Element, das Rappen, deswegen bin ich jetzt nicht der Hip-Hopper schlechthin. Es gibt andere, die das mehr leben als ich.«

Vieles im Leben und in den Träumen von inDex dreht sich um Musik. Sein Name leitet sich von einer Comic-Figur ab.
»Ich nannte mich damals nach einer kleinen Comicfigur aus Dexters Labor, weil ich die voll cool fand. Dieser Dexter, der auch ziemlich jung ist in der Comicserie, ist ja auch ziemlich intelligent. Und ich fand mich halt überschlau und dachte, ich nenn mich Dexter. Irgendwann hieß es Dexta. Dann hab ich es irgendwann abgekürzt, dann hieß es nur noch Dex. Irgendwann hab ich angefangen zu rappen und dachte: die Kacke die in mir drin ist, was mich alles beschäftigt, das muss jetzt raus. Deshalb ist alles, was ich rappe, ›in Dex‹, also in mir drin und muss jetzt raus. Und deshalb inDex.«

Zum Rap gehört ein bestimmtes Outfit, und Klamotten sind ihm sehr wichtig. Er läuft »in dieser breiten Mode rum, mit T-Shirts bis zu den Knien«. Aber nur, wenn er grade Lust hat. Es dürfen auch schon mal schickere Sachen sein, »Polohemden, halt auch edle Sachen teilweise«. Die Marke ist nicht so wichtig, Hauptsache, es sieht gut aus, denn »wenn man sich selber gefällt, dann sehen andere Leute das ja, das gibt gleich ein anderes Selbstbewusstsein«.

Soziales Netzwerk und Werte

Nach Musik fragt inDex immer als Erstes, wenn er Leute kennen lernt. Doch auch wenn er relativ schnell Anschluss an die Rap-Szene in Mühlheim gesucht und gefunden hat, sein Freundeskreis ist sehr gemischt. Die engsten Freunde hören gar keinen Rap – von Latino-Pop über Techno bis Punkrock ist alles vertreten. Überhaupt sind Freunde ...
»... mit das Wichtigste in meinem Leben. Und Geld. Aber Geld kommt erst nach Freunden. Es ist immer gut, wenn du Leute hast, die hinter dir stehen und auf dich aufpassen, die dir den Rücken stärken, die dir Backup geben. Das ist vor allem in Mühlheim teilweise so. Das ist eine Stadt mit 25 000 Leuten, aber das ist schon so ein bisschen dorfmäßig. Wenn einer was erzählt, dann weiß es sofort die ganze Stadt. Und deshalb brauchst du überall deine Leute, die sagen, das ist nicht so, sondern so und so. Hier gibt es auch eine Menge gewalttätige Leute und da brauchst du Leute, Kontakte. Du musst halt Hinz und Kunz kennen. So bin ich halt jemand, der viele Kontakte hat in vielen verschiedenen Bereichen. Aber auch einen engen Freundeskreis.«

Dementsprechend sieht auch das Schema zu den sozialen Kontakten aus: inDex hat viele Freunde in das größte Feld des Schemas gezeichnet, das zugleich den wichtigsten Lebensbereich symbolisiert. Danach folgen als wichtige Lebensbereiche die Kontakte in der Familie, durchs Rappen und in der Schule. Hier finden sich weniger Menschen, die ihm sehr nah und wichtig sind, sowie einige, denen er mit indifferenten oder negativen Gefühlen begegnet.

Wie bei den Menschen weiß inDex auch bei den Werten zu differenzieren, die er über das gesamte Schema verteilt. Sehr wichtig auch hier wieder: Freundschaft. Ebenso Toleranz, ohne die nichts geht, und Liebe. Liebe beschränkt er jedoch nicht auf Menschen, sondern bezieht sie auf Dinge, die er mag, und auf Musik. Gerade hat er das Ende einer Beziehung erlebt und urteilt nun:
»Liebe zu einer Person ist halt immer

so ein Ding ... Vor allem ist sie auch oft vergänglich. Aber die Liebe zur Musik besteht bei mir noch lange.«

Ebenfalls sehr wichtig ist es für inDex, seinen Mund aufzumachen, »um zu sagen, was man selber will. Wenn man seinen Mund nicht aufmacht, kann man auch nichts an einer Situation ändern, die einem nicht gefällt.« Für ihn wäre es »die Hölle«, wenn ihm der Mund verboten würde. Das Mundaufmachen verknüpft er eng mit Selbstbewusstsein, denn das braucht man dazu. Und auch hier spielt die Musik wieder eine wichtige Rolle.

»Ich war vor zwei Jahren noch jemand, der kein Selbstbewusstsein hatte und mit dem Kopf nach unten durch die Straßen gelaufen ist. Der sich von jedem hat fertig machen lassen. Dann habe ich angefangen mit dem Rappen und habe auch Musik gehört von verschieden Rappern. Das hat mein Selbstbewusstsein gesteigert und ich wurde selbstsicherer. Seit ich Rap höre und auch richtig gut darin bin, weiß, ich bin im Grunde der Beste, kann ich auch rausgehen mit den Schultern breit und dem Kopf hoch und den Leuten sagen: Ihr könnt mich mal. Selbstbewusstsein ist sehr wichtig. Auch wenn du eine Person ansprichst, oder auch beim Vorstellungsgespräch musst du selbstbewusst sein und auch so wirken. Und eine Person erkennt halt sofort, ob man selbstbewusst ist oder nicht, ich erkenne das zumindest. Und mir ist das schon wichtig. Ich kann mit schüchternen Menschen nichts anfangen. Ich war auch mal schüchtern oder bin es zum Teil noch. Aber ich mag es nicht, weil es von Unsicherheit zeugt und dass man sich selber nicht so mag.«

Und schließlich ist Spaßhaben einer seiner wichtigsten Werte. Das Gegenkonzept zu Spaßhaben ist Sicherheit, die er deswegen in etwas größerer Distanz zu sich selber auf seinem Werteschema verortet.

»Ich bin jugendlich. Ich will meinen Spaß haben, solange ich kann und gesund bin. Spaß steht momentan für mich an oberster Stelle.
Sicherheit ist wichtig. Aber ich bin ein Mensch, vor allem zurzeit, der auf dem Prinzip ›no risk, no fun‹ lebt. Ich könnte jeden Tag Hausaufgaben machen, aber ich leg es halt immer drauf an, dass die letzten Wochen kommen und du die Klausuren schreiben musst und dann wird erst gelernt. Es geht mir momentan mehr um den Spaß als um Sicherheit. Egal ob es um Schule geht oder um Geld.«

Zukunftsaussichten

Dabei sieht er für Spaß bei Jugendlichen im Allgemeinen gar keinen rechten Anlass. Vielmehr ist Partymachen eine Art Flucht vor düsteren Zukunftsaussichten und Entmutigung.

»Die Jugend ist grade derbe am Arsch, wenn man das mal so sagen darf, weil halt von allen Seiten gesagt wird: du schaffst das nicht, du musst das und das machen, gib dich damit zufrieden.
Es gibt halt einmal die Jugendlichen wie ich, die Ziele haben, und dann gibt es eine Menge Jugendliche, die keine Ziele haben. Oder sie haben Ziele, aber werden halt fertig gemacht. Aber das liegt auch an der deutschen Lage allgemein und zweitens an der Lustlosigkeit, die bei jedem herrscht. Finde ich schade.
Wo kommt diese Lustlosigkeit her?
Ich denke von der Arbeitslosigkeit und den Problemen in der deutschen Gesellschaft. Wenn es in der Familie zu Geldproblemen kommt und dann noch zu Konflikten, wie es in der Jugend so ist, in der Liebe oder so

was, dann hast du auch keine Lust
mehr zu arbeiten. Da gehst du lieber
Party machen und trinkst was, anstatt dich um Schule oder sonst was
zu kümmern. Lustlosigkeit besteht
ja auch bei mir. Ich sitze ja auch oft
da und denke: Ach, hast jetzt keine
Lust auf Hausaufgaben, schläfst lieber. Aber Lustlosigkeit ist immer da.
Das ist nicht nur bei Jungen so, aber
die Älteren checken halt, dass es ums
Geld geht. Und die Jungen denken,
sie haben noch Zeit.«

inDex sieht sich demgegenüber durch
seine Fähigkeiten als Rapper, Zielstrebigkeit und Glauben an sich selbst in
einer privilegierten Situation. Er hofft,
dass er mit seiner Musik Einfluss auf
Jugendliche ausüben kann.

»Es ist im Grunde so, dass ich Musik
mache und sage: Glaub an irgendwas,
im Grunde kommst du immer durch,
du musst dich nur durchkämpfen. Ich
hoffe, dass sie halt einsehen, dass sie
kämpfen müssen, egal für was.«

In der Musik sieht er auch seine eigene
berufliche Perspektive. Seine Träume
reichen vom Marketing über das Produzieren, die Videoproduktion bis zum
Modedesign. Ganz pragmatisch ist er
ja bereits auf einem Fachgymnasium
für Mediengestaltung. Seinen Traum,
»großes Geld«, möchte er mit einer Mischung aus »Gunst der Stunde«, Kreativität und Beziehungen erreichen.

»Es ist ja so, die ganzen Berufe, wie
Graphikdesign und so, sind halt momentan ziemlich voll. Und das sind
halt die Berufe, in die ich rein will,
weil es mehr oder weniger was Kreatives ist und nicht so einseitig. Und
die sind halt sehr überlaufen, so habe
ich das gehört. Aber ich glaube, wenn
ich in zwei oder drei Jahren in diesen Beruf reinschlittere, könnte jeder Person gesagt worden sein, dass
es zu voll ist und dann noch Plätze
frei sind oder frei werden. Und die
Arbeitsplatzsituation in Deutschland ist unglaublich schlecht, da
kannst du machen, was du willst. Ich
habe Freunde, die haben schon bis
50 Bewerbungen abgeschickt und es
ist nichts passiert. Ich denke, jeder
sollte irgendwie aus seiner Situation
das Beste machen, ein bisschen Kreativität hilft immer. Das Ding ist,
dass dann die Lustlosigkeit wieder
da ist, nichts zu machen. Die denken dann: Okay, schreib ich halt eine
Bewerbung und schicke die ab. Es
geht halt um Einsatz. Wenn jemand
etwas wirklich haben will, sollte
er darum kämpfen. Aber für mich
ist die Arbeitsmarktsituation nicht
so schlimm. Klar, es ist teilweise
schlecht. Ich habe auch Schiss, dass
meine Eltern arbeitslos werden und
dann nichts mehr läuft hier. Aber
mit so was muss man immer rechnen.
Und ich habe immer noch den Traum,
mit Musik Geld machen zu können.
Das sind die Berufe, die ich anstreben
würde, sei es als Produzent oder etwas in der Art. Marketing wäre auch
noch ein Ding für mich. Ich kann gut
Werbung machen. Wie auch immer,
das sind Sachen, die nie überlaufen
sein werden, denn da kommt man
nur über Beziehungen dran oder über
spezielles Können.«

Ganz so echt ist dieser Optimismus
aber nicht. Neben der allgemeinen Lage
auf dem Arbeitsmarkt spielt die gegenwärtige Entwicklung in der Sozialpolitik
eine Rolle bei seinen Überlegungen.

»Tatsache ist aber schon, das ich
Angst habe, dass es mit meinem Rap-Ding nichts wird, egal ob ich das jetzt
noch zehn oder zwanzig Jahre weitermache. Und ich stehe dann mit
30 oder 40 da, habe keine Ausbildung
und nichts und keiner nimmt mich
mehr an. Ich bekomme kein Geld
mehr, weil das Arbeitslosengeld viel-

leicht komplett weg ist und ich auch keine Ausbildung habe. Dann stehe ich mit gar nichts da. Und davor habe ich schon Angst. Aber ich denke mehr oder weniger, dass das nicht passieren wird.«

Alte Rapper?

Rap ist in Deutschland eher ein Jugendphänomen. inDex begegnete jedoch bei Frankfurter Freestyle Sessions auch Mittdreißigern. Im amerikanischen Rapgeschäft mischen sogar 60-Jährige mit.

»Findest du es nicht merkwürdig wenn es da ein Medium gibt, mit dem sich Jugendliche ausdrücken, und dann kommen da so Alte? Besteht denn da die Gefahr, dass die das an sich reißen, weil die dann auch Kohle haben im Gegensatz zu den Jugendlichen?«

Ich finde nicht, weil die Jungen hören das ja dann im Grunde und nicht die Alten. Es ist alles Geschmackssache. Wenn die Alten daherkommen und machen Rap für Alte, dann hören das eben Alte, aber auch junge Leute, denen das gefällt. Jugendmedium hin oder her, in Amerika gibt es Rap schon seit 30 Jahren oder so und deswegen ist das auch egal. Es gibt Leute, die sind im amerikanischen Rap-Geschäft, die sind 60. Das ist schon krass, aber das macht ja nichts.«

inDex bewundert diese Menschen, weil sie ihre Leidenschaft so lange durchhalten. Dies ist jedoch nicht der Normalfall.

»Es gibt eine Menge Leute, die fangen mit Rappen an und hören dann auf. Oder sie rappen fünf Jahre und hören dann auf, weil sie kein Geld haben und dann eine Arbeit oder Ausbildung machen. Aber so bin ich nicht. Wenn mir Sachen gefallen, dann muss ich sie durchziehen.«

Vom Altern allgemein hat er ein eher negatives Bild. Er verbindet es vor allem mit Einsamkeit und Langeweile und möchte deswegen nicht alt werden. Obwohl er gerade »irgendeinen Vertrag« für seine Rente unterschrieben hat, macht er sich keine Gedanken über das eigene Alter: »Ich glaube, irgendwann sterbe ich den Rockstar-Tod« (grinst). Und auch das Leben in einer alternden Gesellschaft bereitet ihm kein Kopfzerbrechen:

»Ja, Leute werden älter, junge Leute machen weniger Babys. Ist klar, passiert halt. Sollen die Leute aus China kommen, ist mir egal. Da denke ich nicht drüber nach. So in 50 Jahren habe ich vielleicht einen größeren Freundeskreis von alten Leuten. Passt schon, was soll daran so schlimm sein? Ist doch die Gesellschaft selber dran schuld, wenn sich die jungen Leute nicht mehr trauen, Kinder zu machen.«

Rapperinnen?

Die Frauen, die inDex beim Rappen getroffen hat, sind oft »unecht«, also Mädchen, die nur wegen ihrer Freunde rappen und die bei anderen Freunden auch Punkrock machen würden. Es gibt aber auch ein paar »echte«.

»Es gibt auch ein, zwei Rapperinnen, die sind eigenständig und kamen da auch von allein drauf, so wie ich. Das ist cool, supergeil. Weil eine Zeit lang gab es nur diese Rollenverteilung, dass die Frauen singen und die Männer rappen. Ich finde es gut, wenn Frauen da auch mal ein bisschen rappen. Obwohl ich es halt blöd finde, weil die meisten Mädchen machen dann auf männlich. Die rappen und reden dann auch tiefer beim Sprechgesang, als die Stimme eigentlich ist. Und das gefällt mir nicht. Die sollen sich nicht verstellen. So eine Natürlichkeit muss da schon drin sein.«

Frauen haben Vorteile, können in der Disko jemanden abschleppen. Zugleich findet inDex, dass sie viele Möglichkeiten haben, die sie nicht nutzen. Und Gleichberechtigung ist, »was man draus macht«. Hier, findet inDex, sollte man egoistisch denken und nicht einzelne Gruppen gegeneinanderstellen.

»Man sollte nicht sagen, alle Hip-Hopper sind schlechter dran als die Punkrocker, oder alle Frauen sind schlechter dran als die Männer. Ich finde, man sollte da egoistisch denken: *Ich* bin schlechter dran als du, und ich werde besser dran sein als ihr alle.«

Wünsche und Träume

Als »Kind der unteren Mittelschicht« dreht sich bei inDex ziemlich viel ums Geld.

»Was sind deine Wünsche und deine Träume für die Zukunft?

Klingt naiv, aber ich hätte gern mal ein Haus in Spanien und eine kleine Penthousewohnung in Frankfurt, am besten auf einem Wolkenkratzer und natürlich eine Freundin, jede Woche eine neue *(lacht)*, ach was. Keine Ahnung. Es geht um Geld und Wohlstand.

Ich will mein Geld haben und glücklich sein. Und ich denke, Geld macht mich dann schon glücklich für den Moment.«

Wichtig ist es ihm, in einer Stadt zu wohnen, »wo ich rausgehe, wo ich sehe, da bewegt sich was, da lebt was, da verändert sich jede Sekunde etwas«. Die Stadt darf auch gern in Deutschland sein, das er bis auf das Wetter mag.

Im Moment kann inDex sich noch nicht vorstellen, ein Kind zu haben, »aber das kommt wahrscheinlich mit wachsendem Alter«. Und natürlich drehen sich seine Träume für die Zukunft um die Musik.

»Ich wünsche mir auch, dass ich später, wenn ich mal einen Job hab, der nichts mit der Musik zu tun hat, weiter dranbleibe. Rap ist mein Ventil, und ich glaube, ich würde platzen, wenn ich keinen Rap mehr machen würde.«

Nicole, 23 Jahre, Kommunikationselektronikerin.

»Fünf bis sechs Paar Großeltern – das geht doch gar nicht!«

Dögerode, Januar 06

Nicole lebt in einem kleinen Dorf in Niedersachsen. Ihre Familie wohnt im Nachbarort. Im Haus der Eltern leben noch Nicoles jüngere Schwester und deren Freund. Nicole ist vor kurzem aus- und mit ihrem Freund zusammengezogen.

Auf dem Land leben bedeutet in Nicoles Fall, jeden Tag viel Zeit im Auto zu verbringen. Ihr Arbeitsplatz ist im mehr als 35 km entfernten Bad Salzdetfurth. Um pünktlich zur Arbeit zu erscheinen, steht sie jeden Tag um 5 Uhr auf. Nach ihrem Arbeitstag als Kommunikationselektronikerin ist sie am späten Nachmittag wieder zu Hause. »Dann ist es meistens so, dass ich dann erst mal ganz in Ruhe was esse, erst mal mich nur irgendwo hinsetze und meine Ruhe brauche, dass ich erst mal wieder runterkomme von dem Stress von der Arbeit. Dann mit der Family telefonieren oder mit Freunden. Was kommt noch? Zwischendurch stressiges Einkaufen, weil man hat ja nicht mehr so viel Zeit, wenn man so spät nach Hause kommt. Dann im Moment kommt noch dazu, dass ich noch Fahrschule mache. Ich mach gerade noch den LKW-Führerschein. Und halt dann noch das Deutsche Rote Kreuz, weil ich da auch noch aktiv in der Bereitschaft mit bin.«

Nicole hat bis zur mittleren Reife die Realschule besucht, war in der 11. Klasse auf dem Gymnasium und hat dann 3½ Jahre lang die Ausbildung zur Kommunikationselektronikerin gemacht. Seit einem Jahr ist die Ausbildung abgeschlossen, Nicole wurde übernommen. Ihr Beruf, eigentlich ein typischer Männerberuf, wie sie sagt, macht ihr Spaß: eine anspruchsvolle Tätigkeit, die »sehr, sehr vielschichtig« ist. Mit dem früheren »Radio- und Fernsehtechniker« hat der Beruf kaum noch etwas gemein. Allerdings wäre dies »nie im Leben« ihr Traumberuf gewesen. Sie wäre gern Krankenschwester geworden. Diesen Beruf konnte sie nicht ergreifen, weil sie seit ihrer Kindheit an einer seltenen Knochenkrankheit leidet. Sie wurde deswegen schon häufiger operiert und lebt in der Ungewissheit, wie ihre gesundheitliche Situation sich weiter entwickeln wird.

So viele Großeltern?

Nicoles Beziehung zur Familie ist sehr eng. Die beinahe täglichen Telefonate mit den Eltern können auch mal länger werden.

»Das ist dann nicht nur mal ›Guten Tag‹, ›Guten Abend‹ und ›Auf Wiedersehen‹, sondern teilweise telefonieren wir eine halbe Stunde Minimum, wenn nicht sogar manchmal anderthalb bis zwei Stunden. Mein Vater sagt immer schon: ›Es ist doch günstiger, wenn du dich ins Auto setzt und hier runterkommst anstatt andauernd zu telefonieren. Das sind ja nur drei Minuten Fahrt von hier.‹«

Auch zur älteren Generation gibt es regen Kontakt. Wenn Nicole anfängt, von ihren Großeltern zu erzählen, muss man sehr genau aufpassen.

»Meine eine Oma, die 25 km weiter wohnt, die sehe ich eigentlich alle zwei Wochen mindestens einmal. Dann die Oma, die jetzt 9 km weiter weg wohnt, die sehe ich eigentlich fast wöchentlich. Und jetzt, wo mein Opa im Krankenhaus liegt, sehe ich sie teilweise noch etwas öfters. Den Opa, der 10 km weiter weg wohnt, den sehe ich dadurch, dass er selber auch ziemlich viel beschäftigt ist und immer sagt, ›ich bin sowieso nie zu Hause, ihr braucht gar nicht vorbeikommen‹, den sehe ich vielleicht alle vier bis sechs Wochen mal. Der ist meistens on Tour, sitzt irgendwo am See mit seiner Angel, und dann ist er glücklich. Oder fährt mal mit seiner Freundin zum Schwimmen ... Das ist der, der jetzt am Dienstag 70 geworden ist.«

Noch nicht klar geworden? Auf Nachfrage erfährt man: eigentlich ist alles ganz einfach. Die Eltern des Vaters sind geschieden, die Großmutter väterlicherseits ist neu verheiratet, und damit hat sich ein neuer »Opa« dazugesellt. Der Exmann, also der »eigentliche« Opa väterlicherseits, hat eine Freundin. Schließlich gibt es noch die Oma mütterlicherseits, der Großvater ist gestorben. Noch komplizierter war es, als Nicoles Urgroßeltern noch lebten. Auch in dieser Generation gab es neue Verbindungen. Was die Sache nicht unbedingt leichter machte: Alle hießen Oma und Opa.

»Das war früher schon immer schwierig. Wenn man dann gesagt habe, ich hab die Oma und die Oma und den und den Opa eingeladen. Wieso? So viele Großeltern kann man nicht haben. Ich hatte früher auch noch Urgroßeltern und dann hieß das immer: ›Hey, wie kann man fünf bis sechs Paar Großeltern haben, das geht doch gar nicht, Maximum ist doch vier.‹ Ach so, das geht, ja. Es kommt immer ganz darauf an, wie man die Sache sieht. Von den Urgroßeltern haben auch wieder welche mit einem neuen Partner zusammengelebt. Das waren dann auch Oma und Opa.«

Wenn also die Patchworkfamilie in die Jahre kommt, weist sie eine erstaunliche Anzahl von »Omas« und »Opas« auf. Und sogar außerhalb der Familie hat Nicole noch eine Nennoma, die Großmutter einer Freundin. Den Vornamen zur Anrede von Großeltern oder Eltern zu benutzen, findet Nicole »völlig grausam«. »So was könnte ich mir beim besten Willen nicht vorstellen.«

Dass die familiären Beziehungen auch zur älteren Generation so eng sind, hält Nicole in ihrem Umfeld für gar nichts Besonderes.

»Ich würde eher sagen, es ist nicht so, dass das irgendwie ein Sonderfall ist. Bei den ganzen Bekanntschaften, die ich habe, ist das eigentlich prinzipiell so. Teilweise wohnen sie sogar mit ihren Großeltern in einem

Haus und von daher würde ich eher sagen, sind wir ein Sonderfall, dass wir nicht zusammen in einem Haus wohnen.«

Soziales Netzwerk und Werte

Bei der Vielfalt und Intensität der familiären Kontakte wundert es nicht, dass die Familie in Nicoles sozialem Netzwerk das größte und wichtigste Segment einnimmt, in das sie zahlreiche persönliche Kontakte einzeichnet. Es folgen die Freunde und das Deutsche Rote Kreuz, wo sie sich seit Jahren engagiert und ebenfalls viele Kontakte hat. Einen weiteren Lebensbereich stellt die Arbeit dar, schließlich gibt es die Kontakte im Dorf bzw. in der Nachbarschaft. Nicole sieht ihre Kontaktpersonen meist in enger Relation zu sich selbst, sie schart sie eng um sich herum. Es gibt eine Reihe von Überschneidungen im Kontaktschema, vor allem zwischen DRK und Freundeskreis. Auf dem Land, erklärt Nicole, kennen sich per se alle Jugendlichen untereinander und kommen in unterschiedlichen Kontexten zusammen.

Ihr Werteschema ist ähnlich aufgebaut: Viele Werte sind ihr sehr wichtig und folglich im egozentrierten Schema nah um die eigene Person herum eingeordnet. Besonders erwähnenswert sind drei Dinge. Vor allem ist es Nicole sehr wichtig, anderen zu helfen.

»Meine Mutter hat schon früher immer gemeckert, dass ich jedes verletzte Viech mit nach Hause gebracht habe, wie sie sich ausgedrückt hat. Und sie meinte, ich hätte ein sehr ausgewogenes Helfersyndrom. Es ist auch so, wenn ich irgendwo am Straßenrand ein Auto mit Warnblinklicht sehe und es ist nicht gerade dunkel, dann halte ich auch an und frage, ob ich irgendwie helfen kann ... Auch in der Schule hab ich damals immer bei den Hausaufgaben mit geholfen bei anderen, wenn die Schwierigkeiten hatten ... Deswegen bin ich jetzt auch beim DRK, weil ich anderen gerne helfen möchte.«

Von ganz großer Bedeutung ist für Nicole außerdem das Selbstbewusstsein, was sie im Zusammenhang mit ihrer Krankheit sieht. Genau wie ›seinen Mund aufmachen‹ dient es der Selbstbehauptung. ›Einfluss‹ zu haben ist ihr demgegenüber nicht wichtig, denn das »bringt einem nur Ärger«.

»*Aber Selbstbewusstsein und seinen Mund aufmachen, das ist schon wichtig?*
Ja, das ist sogar sehr wichtig. Vor allem, wenn ich an meine Krankheit denke. Wenn ich da kein Selbstbewusstsein gehabt hätte ... und was ich sehr mühsam aufgebaut habe, denn ohne Selbstbewusstsein wäre ich in der Schule damals untergegangen. Dumme Sprüche bis zum Abwinken. Und da muss man dann schon mal selbstbewusst sein, Kopf hoch und fast so tun, als wenn man arrogant ist, damit man dann auch mal in Ruhe gelassen wird. Und dann auch mal den Mund aufmachen, um auch mal dumme Sprüche zu verkraften. Sonst geht man einfach unter.«

Bleibt vielleicht die Frage, welche Rolle der Spaß in ihrem Leben spielt. Nicole hat es nicht leicht gehabt. ›Spaß haben‹ findet sich in ihrem Werteschema ziemlich weit weg von den wirklich wichtigen Dingen.

»*›Spaß haben‹ hast du so ein bisschen weiter weg gerückt.*
Ja. Ich bin der Meinung, das Leben besteht nicht nur aus Spaß ... Da bin ich etwas zu ernsthaft für. Ich kann zwar auch Spaß haben. Ich finde das auch mal ganz lustig, Spaß zu haben, aber ich bin nicht jemand, der sagt, ich muss immer Spaß haben.
Wie ist das so im Allgemeinen bei Jugendlichen?

Ich denke mal, die meisten wollen Spaß haben. Aber ich bin mir da nicht so sicher. Viele tun so, als wenn ihr Leben nur aus Spaß bestehen würde. Dabei haben sie innerlich so viele Probleme, mit denen sie nicht klarkommen, dass sie es einfach überspielen.«

Engagement im DRK – auch beim Oder-Hochwasser

Zu ihrem Engagement beim Deutschen Roten Kreuz kam Nicole durch ihre Eltern, und zwar schon im Alter von 16 Jahren. Die Gruppe ist »wie eine Familie« für sie. Mit ihrer freiwilligen Tätigkeit dort verbringt sie viel Zeit. Für sie bedeutet das Engagement eine ideale Verbindung von Ernst und Spaß, von ›anderen helfen‹ und sozialem Kontakt.

»Also, beim DRK ist es mindestens einmal die Woche, jeden Dienstag, und ansonsten am Wochenende ... Freitagnachmittag fangen die Dienste an, so Sanitätsbetreuung und Kocheinsätze, und das kann dann mal bis Sonntagabend dauern. Man hat zwar zwischendurch Pausen, aber teilweise wird es doch ganz schön stressig. Aber es macht Spaß.«

Das Aufgabenfeld ihrer Gruppe ist die Sanitätsbetreuung im Rahmen des Katastrophenschutzes. Sie helfen z. B. bei Verkehrsunfällen, bei der Personensuche, bei Umweltkatastrophen. Auch beim Oder-Hochwasser war die Bereitschaft des Landkreises im Einsatz.

»Da waren zwei Gruppen abgefordert, als richtig Katastrophenalarm ausgelöst war. Da bin ich aber damals aus arbeitstechnischen Gründen leider nicht mitgefahren ... Aber bei dem zweiten Mal, was dann auf freiwilliger Basis war, wo wir uns Urlaub für nehmen mussten, weil der Katastrophenschutz in dem Gebiet, wo wir hingefahren sind, schon aufgehoben war, da bin ich dann mitgefahren. Da habe ich dann die Leitung für unsere Gruppe übernommen.«

Wie andere jugendliche Engagierte mag Nicole das Gemeinschaftsgefühl, das Eingebundensein in eine Gruppe.

»Das DRK ist eine große Familie. Also, wenn einer ein Problem hat und die anderen um Hilfe bittet, dann sind die da. Das kann man wirklich als große Familie bezeichnen. Es ist ja auch so, wenn irgendwer Geburtstag hat beim DRK, dann werden auch die anderen alle eingeladen, genau wie bei Hochzeiten und sonstigen Feiern. *Und zu so einer Gemeinschaft dazuzugehören, das gibt einem ein schönes Gefühl?*
Ja, doch, das ist sehr schön ... Sie haben mich auch während meiner Krankheit sehr unterstützt und sind dann auch bis nach Göttingen von hier gekommen. Auch wenn sie noch keine 18 waren, haben sie sich in den Zug gesetzt oder in den Bus und sind dann nach Göttingen gekommen und haben mich besucht. Oder haben ihre Eltern gebeten, sie mal nach Göttingen zu fahren.«

Situation der Jugend, speziell auf dem Land

Für die örtliche Jugend spielt auch die Kirche eine große Rolle, zumal es hier einen evangelischen Pastor gibt, der eine einfallsreiche und engagierte Jugendarbeit betreibt. Bei Nicole liegt die Phase, in der sie hier eingebunden war, schon etwas zurück. Besonders gut gefallen hat ihr, dass sie mit den anderen Jugendlichen einen Raum ausbauen durfte, der dann der Jugend als Treffpunkt diente. Allerdings gelang es nicht, alle Jugendlichen durch dieses Angebot anzusprechen.

»Dann hat unser Pastor gesagt: ›Ihr sitzt immer vor der Kirche bei der alten Post, das kann es nicht sein. Wisst ihr was, ich habe hier oben im Pfarrhaus einen kompletten Dachboden frei. Ich habe auch schon mit dem Kirchenvorstand gesprochen. Die sind damit einverstanden. Ihr dürft euch das Ding ausbauen, ihr kriegt bei uns von der Kirche 20 000 Mark dazu und dann sammeln wir Spenden über die Kirche, dass der Klingelbeutel rumgeht für diesen Jugendraum ...‹

Die eine Hälfte des Dorfes von den Jugendlichen ist da immer hingegangen und die andere Hälfte: Nee, da will ich nicht hin. Von den anderen wurde dann auch gesagt: Ihr bleibt weg. Das war so eine Art Zweischichtengesellschaft.«

In ihrer Altersgruppe ist nun die Situation der Jugendlichen geprägt von deren Erwerbssituation. Wer Arbeit in der Gegend gefunden hat, pendelt, also steht früh auf und kommt spät heim, und hat dann wenig Zeit, um sich noch mit anderen zu treffen. Die Jugendlichen, die keinen Arbeitsplatz in erreichbarer Nähe finden, ziehen weg. Nicole hatte »ziemlich engen Kontakt mit den ganzen Jugendlichen, aber mittlerweile nicht mehr so, weil die auch alle weggezogen sind«. Sie leben heute in Flensburg, Stuttgart oder in Frankfurt, was sie dann schon als »näher dran« empfindet. Übrig bleibt eher die mittlere und alte Generation.

Nicole sieht die Situation der Jugendlichen insgesamt sehr kritisch. Das gilt vor allem für die Situation am Arbeitsmarkt. »Ganz schlecht« seien da die Chancen für Jugendliche.

»Es ist teilweise so, dass die Jugendlichen noch nicht mal einen Ausbildungsplatz bekommen, wenn sie den aber bekommen haben, wahrscheinlich nach der Ausbildung auf der Straße stehen. Spätestens aber dann, wenn die Zeitverträge, die man diesem Jugendlichen gegeben hat – oder diesem jungen Erwachsenen, wenn die erfüllt sind und man ihm eigentlich einen Festvertrag geben müsste, dass er spätestens dann auf der Straße steht.«

Auch die schulische Situation sei durch den hohen Lehrermangel katastrophal. Nicole kennt auch einige arbeitslose Jugendliche, die sich zum Teil »mit Nebenjobs über Wasser halten«. Generell wird zu wenig getan für die Jugendlichen, meint sie. Auch das Freizeitangebot auf dem Land sei dürftig. Deshalb sind die Jugendarbeit der Kirche oder Gruppen wie das DRK so wichtig.

Jung und Alt

Das Verhältnis der Generationen sieht Nicole durchaus zwiespältig. Einerseits ist sie eine liebevolle Enkelin, die den Kontakt mit ihren Großeltern pflegt. Andererseits stört es sie, wenn man sie zu sehr mit Ratschlägen traktiert. Und sie findet ganz generell, dass die Erwartungen an die junge Generation zu hoch geschraubt sind und dass die ältere Generation es gelegentlich an Toleranz fehlen lässt.

Ihre Mutter ist Altenpflegerin und hat »in der Erziehung darauf bestanden, dass wir auch Kontakt mit Älteren haben«. Immer fand Nicole die Geschichten interessant, die alte Leute erzählen können. Geschichten »von früher«, wie es den Leuten »während des Kriegs ergangen ist«, Geschichten, die manchmal auch grausam sind.

»Die heftigsten Geschichten habe ich von meinem Opa gehört. Der wurde damals vertrieben aus Vorpommern. Er hat gesagt, da sind sie gegangen, da ist seine Tante zusammengebrochen. Die haben sie vor seinen Augen erschossen, weil sie nicht mehr konnte. So was finde ich schon heftig ... Dann hat er gesagt: ›Ich verstehe es nicht, dass die Leute sich heute davor ekeln, einen Apfel zu essen, der verschrumpelte Haut hat. Wir wären damals froh gewesen, sagt er. Wir haben Äpfel gegessen, die verschimmelt waren.«"

Probleme hat Nicole damit, wenn Erwachsene oder Menschen der alten Generation »rechthaberisch« werden.
»Es gibt viele Leute, die sind so bestimmt und wollen Jugendlichen oder jungen Leuten immer sagen, was sie zu tun und zu lassen haben. Das finde ich auch nicht in Ordnung. Sollen sie die Jüngeren einfach ihre eigenen Erfahrungen machen lassen, damit die selber wissen, wie sie im Leben am besten vorwärtskommen und denen nicht irgendwie die eigene Meinung aufdrücken wollen.«

Was die Erwartungen der Älteren angeht, so kritisiert Nicole, dass die Kinder manchmal die Lebensträume der Erwachsenen erfüllen sollen und dabei heillos überfordert werden. Sie vermisst ein bisschen mehr Achtung gegenüber Jugendlichen.
»Sie werden nicht wirklich akzeptiert. So sehe ich das jedenfalls. Viele sagen: Immer diese Jugend von heute! Sie wissen nicht, wie sie sich zu benehmen haben und so was. Dabei bin ich der Meinung, dass auch ziemlich viele Ältere nicht wissen, wie man sich wirklich benehmen sollte.«

Reibereien zwischen Jung und Alt haben aber keine Bedeutung angesichts der Verpflichtung, sich selbst um die alten Menschen in der Familie zu kümmern. Die alten Menschen haben »ein Recht auf eine schönes Leben«, denn sie haben »ihr Leben lang gearbeitet«.

Nicole hat aufgrund ihrer Krankheit bereits selbst zwei künstliche Hüftgelenke. Die Erwägung, sehr alten Menschen eine solche Operation nicht mehr von der Kasse zu ersetzen, findet sie empörend und reagiert aufgebracht auf die entsprechende Frage:
»Diskriminierend! Absolut diskriminierend! Soll man jetzt sagen, wenn jemand älter ist und braucht noch künstliche Hüftgelenke: He, Alter, du hast selber gesagt, die gibt es nicht für alte Leute, bringt nichts mehr. Und dann ist derjenige auch am Rummeckern und Rummotzen, was das soll. Ich bin der Meinung, jeder Mensch hat ein Recht darauf, die bestmögliche medizinische Versorgung zu bekommen. Egal, ob er 10, 20, 30 oder sogar 80 Jahre alt ist.«

Mann und Frau: typische Berufe

Nicole ist heute ganz zufrieden damit, eine Frau zu sein. Als Kind wäre sie lieber ein Junge gewesen.
»Ich habe früher mal gedacht, wenn ich ein Junge wäre, dürfte ich alles. Obwohl es ja so eigentlich auch nicht stimmt. Aber so, wie es jetzt ist, bin ich eigentlich ganz zufrieden. Ich habe mich als junge Frau in einem Männerberuf durchgeboxt und habe es auch geschafft, ihn abzuschließen. Von daher denke ich doch, es ist okay so.«

Aus ihrer eigenen beruflichen Perspektive interessiert sie an der Frage der Gleichberechtigung vor allem, dass es immer noch geschlechtstypische Berufe gibt. Klischees sind hartnäckig, auch wenn einiges in Bewegung geraten ist.
»Als Beispiel mein Beruf, da ist es nicht selbstverständlich, dass den eine Frau ergreift. In der Altenpflege ist es nicht selbstverständlich, dass diesen Beruf ein Mann ergreift ... Ich würde eher sagen, dass einige Männer diesen Beruf für sich noch nicht entdeckt haben. Dass sie gar nicht wissen, wie sie damit umgehen sollen, weil sie in ihrer Jugend nicht darauf erzogen wurden. Es ist ja so ein

Klischee von früher, der Mann geht arbeiten, die Frau bleibt zu Hause und pflegt die Alten und Kranken. Und das ist jetzt so gesagt, so in einer leichten Umbruchwelle.«

Zukunftswünsche

Es ist eine private Angst, die Nicoles größten Zukunftswunsch diktiert:
»Dass ich nicht irgendwo in einem Rollstuhl lande. Dann, dass mein Leben in halbwegs gesicherten Bahnen läuft und dass nicht irgendwas kommt, was man absolut nicht vorhersehen kann.«

Und dann wäre noch etwas schön: ein eigenes Haus mit Garten. Auf dem Land natürlich:
»Also, ich hätte gern ein eigenes Haus mit Garten, aber ob sich das so umsetzen lässt, weiß ich nicht. Und dann auch nicht in der Stadt. Absolut nicht! In die Stadt will ich nicht.«

So wünscht sie es sich für ihr Leben im Alter:
»… wenn ich dann noch laufen könnte und dann in meinem kleinen Häuschen mit Garten so vor mich hin muckeln könnte … Ein bisschen mal im Garten da pusseln und mal im Haus da pusseln, okay. So wie meine Uroma das gemacht hat. Das fand ich immer ganz toll.«

Thomas, 15 Jahre, Hauptschüler in einer Jugendwerkstatt.

»Schule? Ich wollte da einfach nicht hin.«

Halle/Saale, Februar 06

Thomas wohnt mit seinen Eltern in einem nach der Wiedervereinigung gebauten Eigenheim am Stadtrand von Halle. Die Adresse trägt den Namen »Frohe Zukunft«. Geboren wurde Thomas in Berlin, aber seine Eltern zogen um, als er drei Jahre alt war. Sein älterer Bruder ist bereits 30 Jahre alt, wohnt wieder in Berlin und »kommt dann mal für ein, zwei Wochen her zum Urlaub«. Seine Schwester ist gerade volljährig geworden und hat eine eigene Wohnung in Halle. Zu ihr hat Thomas ein engeres Verhältnis als zum Bruder, denn bei ihr kann er öfter mal vorbeifahren.

Die Mutter ist Geschäftsführerin von zwei Altenpflegeheimen. Auch der Vater war im Pflegebereich tätig, ist zurzeit aber erwerbslos.

Fahrrad und Skateboard fahren sind Thomas' Hobbys. Training in einem Sportverein ist allerdings nichts für ihn. In einem Fußballverein hat er es vor einiger Zeit schon mal versucht:

»War aber nicht so mein Ding. Ich glaub, das lag aber auch am Trainer, dahin laufen und dann dahin rennen und so. Ich war da erst eine Woche dabei, da hat er schon was weiß ich von mir verlangt.«

Schule – jetzt wichtig

Im Leben sind Thomas Freunde, Familie und Schule wichtig. Aber »mit der Schule war das früher nicht so«. Eigentlich war er bis zur 6. Klasse gar nicht schlecht, aber dann fing er an, die Schule zu schwänzen.

»Wäre ich immer da gewesen und hätte ich da richtig mitgemacht, dann hätte ich das auf jeden Fall auch hingekriegt. Aber die Lust und der Nerv dazu ... Ich wollte da einfach nicht hin.

Ich weiß nicht, in der Schule hab ich ja auch sechs Jahre alles gut gemacht. Aber dann war mir plötzlich alles egal, da waren mir plötzlich andere Sachen wichtiger, so Freunde und so. Da hatte ich auch keine Lust, da stundenlang zu sitzen.«

Stattdessen war Thomas zu Hause, hat sich mit Kumpels getroffen, »alles andere, nur nicht in die Schule«. Seit ungefähr einem Jahr geht er wieder regelmäßig in die Schule bzw. in die Jugendwerkstatt, einem speziellen Angebot für Schulverweigerer. Dort hat Thomas die Möglichkeit, im Rahmen eines sehr praxisnahen Unterrichts seinen Hauptschulabschluss zu machen.

»Sechs oder sieben Stunden in der Schule rumzusitzen, das macht keinen Spaß. In der Jugendwerkstatt macht man auch mal was mit den Händen, baut irgendwas. Da sieht man auch, dass man was gemacht hat. Das find ich auf jeden Fall besser.«

Das Schuleschwänzen hat Thomas verändert, sagt er.

»Warum verändert? Weil du Zeit hattest nachzudenken oder weil die anderen sich anders entwickelt haben?
Nein, nicht durch das Nachdenken, ich hab schon viel nachgedacht, das stimmt schon. Irgendwie kam dann bei mir so ein Schalter, der hat dann klick gemacht und ich dachte, so kann es ja nicht weitergehen, den ganzen Tag nur irgendwo rumzusitzen. Irgendwann haste dann auch mal keine Arbeit und nichts, gar nichts. Willst ja auch mal 'ne Lehre, bald ist die Schule auch zu Ende. Und früher in der sechsten Klasse, da war das alles noch weit weg. Da dachte ich noch, dass das ja trotzdem alles noch was werden kann. Und später kamen dann so die Gedanken.«

Zwar haben auch die Eltern versucht, auf ihn einzuwirken, doch auf ihre Meinung hat er nicht viel Wert gelegt. Wichtiger war es, selbst auf die Idee zu kommen, dass es so nicht weitergehen konnte.

Soziales Netzwerk und Werte

Im Kontaktschema kommen bei Thomas nur sehr wenige Menschen vor. Diese sind ihm jedoch alle sympathisch. In seinen wichtigsten Lebensbereich »Familie« sind ausschließlich die Mitglieder seiner Kernfamilie in abgestufter Bedeutung eingetragen. Der zweitwichtigste Bereich wird durch wenige Freunde eingenommen. Am drittwichtigsten ist Thomas die Freizeit, die er allein verbringt. Dort kommt nur der Computer vor. Danach folgt die Schule als viertes Segment. Vor allem Lehrer mittleren Alters spielen hier eine wichtige Rolle für Thomas. Einen der Lehrer zeichnete er auch bei seinen Freunden ein. Dort spielt er die drittwichtigste Rolle, an der Schule jedoch die wichtigste. Die Bedeutung der einzelnen Personen wandelt sich also je nach dem Lebensbereich, in dem sie vorkommen. Die Beziehung zum Lehrer verdeutlicht zudem das besondere Konzept des Jugendwerkhofes.

»Du hast einen Freund, den du als ›mittleres Alter‹ eingetragen hast?
Der Direktor von der Jugendwerkstatt ist das. Der ist eher so wie ein Freund, mit dem kann man über alles reden. Der ist weniger wie ein Lehrer, sondern eher wie ein Kumpel.
Das ist ja ganz gut, dann auch jemanden als Ansprechpartner zu haben, der sich schon ein bisschen auskennt im Leben, oder?
Er ist halt nicht wie andere Lehrer, die sagen, ›du musst das und das machen‹ oder so. In der Schule ist das sowieso alles ganz anders, auch das Verhältnis von Lehrer und Schüler. Ist halt nicht wie in einer normalen Schule. Da hast du eine Stunde mit dem und dann war es das auch schon wieder. Bei uns bist du in den Pausen auch mit den Lehrern zusammen und dann redet man über Familie, Freizeit und alles was man so macht.«

Die Portraits

Thomas trägt außerdem »Arbeit« als wichtigen Lebensbereich ein. Damit meint er jedoch keinen aktuellen Job, sondern den Wunsch, nach dem Abschluss Arbeit zu bekommen. Entsprechend sind dort keine Personen eingetragen. In das kleinste im Schema vorhandene Segment trägt Thomas die Nachbarschaft als eher nachrangigen Lebensbereich ein. Auch hier kommen keine wichtigen Personen vor. Alte Menschen spielen in Thomas' Leben keine wichtige Rolle, obwohl er noch Großeltern hat.

Bei den Werten nutzt Thomas das gesamte Spektrum des Schemas, das heißt, es gibt Werte unterschiedlichster Wichtigkeit für ihn. Besonders wichtig sind: Familie und Freundschaft, aber auch Selbstbewusstsein und Spaß haben sowie Wohlstand und Glaube. Glaube versteht Thomas dabei jedoch nicht im religiösen Sinne (»Na an Gott und so halt nicht«), sondern eher den Glauben an sich selbst. Den Wert »Leistung« findet er auch ziemlich wichtig, auch wenn er ihm nicht ganz so nah steht, denn »ohne Leistung kommt ja nichts«.

Mit Tradition kann Thomas hingegen »nicht viel anfangen«, das steht am weitesten von ihm entfernt. Alle anderen Werte sind Thomas mittelmäßig wichtig: Er »ist nicht total abgeneigt, aber auch nicht so dafür«.

Alte – in der Welt von früher

Seine Großeltern sieht Thomas selten, im Kontaktschema kommen sie nicht vor. Sie wohnen in einer anderen Stadt. Früher hat Thomas die Ferien ab und zu dort verbracht, doch heute »sträube ich mich dagegen«. Er kommt mit den rigiden Vorstellungen der Oma über den Tagesablauf nicht klar.

»Meine Oma ist irgendwie komisch. Die lebt in ihrer eigenen Welt. Wenn es nicht nach ihren Vorstellungen geht, wird die total grantig. Da musst du nach der Schule zu Hause sein, dann musst du was essen, dann musst du deine Hausaufgaben machen, dann hast du 'ne Stunde Freizeit und dann musst du Abendbrot essen und dann sollst du schlafen gehen, ihrer Meinung nach. Und so was kann ich absolut nicht ab.«

Thomas hat ein distanziertes Verhältnis zu alten Menschen, weil sie die heutige Welt und besonders die Jugendlichen nicht mehr verstehen. Bei Jugendlichen heute »ist das ja schon bisschen anders, wenn man da Mist baut, das ist alles schon ein bisschen härter«. Alte kommen damit nicht klar, wollen »Zucht und Ordnung«, wie früher.

»Ich weiß ja nicht wie das früher war, ich glaube, irgendwie würden die gern noch in der Welt von früher leben. Dass alles Recht und Ordnung hat. Das ist irgendwie eine Welt für sich, das ist total komisch. Die verstehen auch viele Sachen nicht, wie zum Beispiel was Jugendliche heutzutage so machen.

Fällt dir da grade ein Beispiel ein für Sachen, die sie nicht verstehen?

Na, dass halt Jugendliche auch mal in der Schule einen Eintrag kriegen oder aus dem Klassenraum fliegen. Bei älteren Menschen gibt es ja so was absolut nicht. Das war total tabu. Das verstehen die nicht. Oder, dass man mal länger draußen bleibt, nicht schon um zehn zu Hause zu sein, nicht beim Essen da sein. Keine Ahnung, so was halt. Wenn man halt doch mal Mist baut ... ist total komisch bei denen.«

Politiker zählt Thomas ebenfalls zu jener Generation, die nicht weiß, »was in den Köpfen der meisten Jugendlichen vorgeht«. Aus diesem Grund glaubt er nicht, dass die Interessen von Jugendlichen heute in der Politik vertreten werden. Zur Verteilung des Wohlstandes zwischen den Generationen hat er eine ganz klare Position:

»Um ehrlich zu sein, die Älteren sollten sich ein bisschen zurückziehen. Viele Ältere, die ich kenne, Oma und Opa, die haben für ihr restliches Leben, das sie noch haben, ja schon vorgesorgt. Die können damit glücklich leben. Und bei Jüngeren ist es ja heutzutage so, dass da eher das Geld fehlt als bei irgendwelchen älteren Menschen.«

Doch die Aufforderung zum Verzicht gilt nur bis zu einem gewissen Grad. Bei der Frage, ob Hochbetagte noch ein künstliches Hüftgelenk bekommen sollten, relativiert er seine Position. Einerseits würden sie ja wirklich nicht mehr lange leben. Anderseits hätten die Alten »ihr Leben lang gearbeitet. Dann sollen sie ja nicht mit einer kaputten Hüfte leben, nur weil sie älter sind.«

Kontakt zu dieser Altersgruppe und zu Pflegebedürftigen hatte Thomas im Pflegeheim, das seine Mutter leitet. Er machte dort ein Praktikum und strich die Wände. Die Alten, die er dort gesehen hat, tun ihm leid: »Dann liegen die da, wissen zum Teil schon nicht mehr, was sie machen.«

Das Erwachsensein ist nicht mehr fern

Thomas ist viel lieber jung. Im Moment empfindet er seine Lebenssituation als »perfekt«, es sollte am besten so bleiben.

»Wenn man noch zur Schule geht, hat man noch ein einfaches Leben. Am Wochenende kann man feiern gehen, sonst was machen, da ist man noch jung. Schule ist noch nicht so wichtig wie Arbeit – na ja, auch schon. Man lebt noch bei den Eltern, braucht sich um nichts kümmern, außer um die Schule, vielleicht noch Haushalt ein bisschen. Das ist ein perfektes Leben eigentlich, wenn man es so nimmt.«

Doch der Ernst des Lebens ist nicht mehr weit, das weiß auch Thomas. Schon jetzt bekommt er durch die Jugendwerkstatt einen Vorgeschmack, wie es mal werden kann.

»Also bei uns auf der Schule ist das auch so, wir machen auch viel mit der Hand, auch mal Umzüge oder so. Das ist ja fast schon wie arbeiten, da denkt man auch total anders. Das ist halt nicht wie Schule, den ganzen Tag nur rumsitzen und in der Pause was machen. Oder man denkt ja doch schon an die Zukunft irgendwie. Bei mir ist ja jetzt auch nur noch ein halbes Jahr, dann muss ich schon eine Lehre oder sonst was machen. Die Eltern verlangen dann auch mehr von dir. Man kann sich nicht mehr jeden Abend bekochen lassen, selber Wäsche waschen und so was. Dadurch wird auch alles ein bisschen härter, nicht mehr so schön.«

Nach der Schule möchte Thomas etwas Handwerkliches machen, »Tischler, Maler, Schlosser, alles so was«. Dass seine Chancen mit dem Hauptschulabschluss nicht gut stehen, weiß er. Im Internet hat er schon eine Stellenausschreibung für einen Tischler gefunden, für die Abitur verlangt wurde, wie er empört berichtet. Zum Glück hat sein Onkel einen eigenen Betrieb, in dem er »im größten Notfall« arbeiten könnte.

Die Arbeitsmarktsituation für Jugendliche schätzt Thomas als »nicht so rosig« ein. Zugleich wirft er seinen Altersgenossen jene »Null-Bock«-Mentalität vor, die ihn damals zum Schuleschwänzen veranlasste, die er aber mittlerweile überwunden hat.

»Bei den meisten Jugendlichen ist die Einstellung auch ›null Bock‹. Die haben zu nichts richtig Lust und dann sind auch die Abschlüsse dementsprechend. Ich weiß nicht, ob sie sich großartig Gedanken gemacht haben, wie das

Die Portraits 359

später ist, aber die haben nicht großartig Lust zu irgendwas. Die gehen zwar noch zur Schule, aber auch nur wenn es sein muss.
Also manchmal lasse ich schon paar Sätze ab, was das soll oder wie dumm man eigentlich sein kann.«

Arbeitslosigkeit hängt mit dieser Unlust zusammen und ist aus dieser Perspektive selbst verschuldet.
»Die, die arbeiten wollen, haben alle was gefunden und arbeiten auch alle.«

Persönlich ist es ihm sehr wichtig, Karriere zu machen. Mit seiner Mutter hat er dafür ein Vorbild in der Familie.
»Wenn ich die Chance hätte, ich würde es auf jeden Fall probieren. Bis jetzt bin ich für alles offen. Wenn es nicht klappt, Pech gehabt, aber sonst wäre das natürlich schön.
Was bedeutet das, wenn man Karriere macht? Was verbindest du damit?
So was halt wie meine Mutter, von nichts zu zwei Heimen zu kommen, Geschäftsführerin sein. Seine eigene Truppe zu haben, ordentlich Geld zu verdienen und nicht schlecht zu leben, das ist für mich Karriere.«

Liegt es vielleicht auch am mütterlichen Vorbild, dass Thomas mehr Chancen für Mädchen auf dem Arbeitsmarkt sieht?
»Ich denke, Mädchen haben da schon mehr Chancen. Wenn die da mal ein schönes Lächeln aufsetzen, im Gegensatz zu einem Jungen, bei vielen ist es dann halt das Mädchen, das was bekommt.«

Sein Erwachsenenleben möchte Thomas am liebsten in Halle verbringen, auch im gleichen Stadtteil, um sich nicht umgewöhnen zu müssen. Ein Haus, so schön wie das seiner Eltern, ein guter Verdienst, Frau und Kinder, so stellt sich Thomas ein schönes Leben vor. Und wenn er träumen darf? Dann das Gleiche, bloß »alles ein bisschen größer, bisschen mehr«.

Aslihan, 18 Jahre, Gesamtschülerin.

»Also ich sag immer Ja.«

Berlin, Februar 06

Aslihan wurde in der Türkei geboren, ist aber schon im Alter von zwei Monaten nach Deutschland gekommen. Ihre Mutter ist Kurdin, der Vater Türke: »Ich bin so multi-kulti.« Als Kind war Aslihan sehr lebhaft, hat viel rumgetobt. Inzwischen ist sie ruhiger, denn sie ist ja »aus der Kindheit raus«.

Aslihan geht in die 10. Klasse einer Gesamtschule, in diesem Jahr wird sie ihre Abschlussprüfung haben. Schafft sie drei der Prüfungen in den Hauptfächern, wird sie einen Realschulabschluss erhalten.

In ihrer Freizeit spielt Aslihan mit Freunden Volleyball, ab und zu gehen sie auch gemeinsam ins Internetcafè, um zu chatten. Außerdem hilft sie ihrer Mutter im Haushalt. Etwas Schönes zu kochen macht ihr besonders Spaß.

Fast jeden Tag geht Aslihan in einen Mädchenclub in der Nähe ihrer Schule im Wedding. Dort macht sie ihre Hausaufgaben, kann mit anderen Mädchen quatschen und macht bei einer Gruppe mit, die kurdische Volkstänze übt. Sie findet dort schön, dass ihr viele Sachen beigebracht werden.

Soziales Netzwerk

Mit ihrer Mutter versteht sich Aslihan gut, es kommt nur gelegentlich beim gemeinsamen Shoppen zu Meinungsverschiedenheiten. Der Vater geht viel arbeiten, weswegen das Verhältnis zu ihm weniger eng ist. Außerdem hat Aslihan einen älteren Bruder. Noch wohnt er zu Hause, doch bald wird er heiraten und ausziehen. Mit ihm versteht sich Aslihan erst seit kürzerer Zeit besser. Es nervt sie, dass er von ihr immer wissen will, wo sie war und mit wem.

»Weil immer, wenn ich so um sieben oder acht Uhr nach Hause komm, der fragt immer so: ›Ja, wo warst du? Wohin bist du gegangen? Warum kommst du so spät nach Hause? Mit wem warst du oder mit wem hast du dich getroffen?‹ Der fragt immer so, von A bis Z fragt der alles. Aber jedes Mal so. Wenn ich keine Antwort gebe, dann macht er so: ›Ja, sag mal jetzt!‹«
Das ist anstrengend, ja.
Ja, aber wie!
Und sagt deine Mutter nichts, dass er damit aufhören soll?
Nee, sie denkt, dass wir so Spaß oder

so machen. Aber manchmal macht er das so ernst irgendwie, ich weiß nicht.«

Wichtige Bezugspersonen sind Tante und Onkel, die in der Nachbarschaft leben. Für Aslihan sind sie bereits alt, obwohl die Tante erst 45 ist und der Onkel 60. Zu ihnen kann Aslihan mit allen Sorgen und Problemen gehen.

Ein großer Teil der Verwandtschaft lebt in einem Dorf in der Türkei. Dorthin fährt die Familie im Sommer, um sie zu besuchen. Auch die Großmutter lebte dort. Obwohl Aslihan kein enges Verhältnis zu ihr hatte, da die Oma nur Kurdisch sprach und kein Türkisch, bedeutete ihr Tod im vergangenen Jahr einen Einschnitt in Aslihans Leben. Die Mutter hatte ein sehr inniges Verhältnis zur Oma, rief regelmäßig dort an und schickte Geld.

»Sie ist so ganz anders geworden. Sie redet nicht so viel wie früher. Also, schon, aber sie weint so ab und zu mal, dann red ich mit ihr so, damit sie Moral hat. Also ich versuch immer, was ich kann.«

Wichtiger als die Familie ist Aslihan jedoch die Schule, um hinterher eine Ausbildung zu bekommen. Allerdings versteht sie sich nicht so gut mit ihren Klassenkameradinnen. Das liegt vor allem am Altersunterschied, denn Aslihan musste eine Klasse wiederholen, und die meisten Mädchen in der Klasse sind ein bis zwei Jahre jünger als sie.

»Man versteht sich nicht so. Es gibt z. B. eine 15-Jährige, also mit der habe ich keine so Kontakte, weil ich ... Keine Ahnung, das kommt so nicht. Ich hab das auch versucht ... Sie hat so andere Meinungen, ich hab so andere Meinungen, das geht irgendwie nicht, die Beziehung.«

Freundinnen hat Aslihan deswegen vor allem im Mädchenclub, auch wenn außerhalb der Clubräume wenig gemeinsam unternommen wird.

Schließlich besucht Aslihan gern ihre alten Nachbarn, wenn sie Zeit hat. Sie ist nicht so gern allein und bei den Nachbarn »sieht man ein Gesicht. Man redet und man erfährt was.« Dabei ist die freie Zeit, in der Aslihan liest, Musik hört und Filme guckt, ein wichtiger Bereich in ihrem Leben.

Werte

Ordnung ist Aslihan wichtig, und so sieht auch ihr Werteschema aus. Sehr sorgfältig sind die vorgegebenen Werte zu einem Stern geklebt. Außerdem sind die eher konservativen Werte Fleiß und Leistung von großer Bedeutung. Leistung verschafft ihr Respekt bei der Familie und später bei der Familie ihres zukünftigen Mannes. Zu beiden Familien gute Beziehungen zu haben, sieht Aslihan als einen wesentlichen Bestandteil von »Leistung«. Fleiß ist besonders in der Schule wichtig und trägt außerdem dazu bei, dass sie ordentlich ist.

Weitere sehr wichtige Werte sind Familie, Freundschaft und Liebe. Außerdem ist ihr als Muslimin der Glaube sehr wichtig.

»Im Koran steht, dass in diesen Glaube gehört, man kann nicht den Glauben verändern, sonst gibt's, wenn man stirbt, eine größere Strafe von Gott. Und deshalb muss man Angst haben. Und dass man Angst vor Gott haben muss und dass man nicht den Glauben verändern kann. Also, Glaube muss so gesagt ganz wichtig sein für die moslemischen Menschen.«

Sogenannte Selbstentfaltungs- und Engagementwerte spielen bei Aslihan kaum eine Rolle. Phantasie und Toleranz sind bei ihr ebenso nachrangig wie ›sich

engagieren‹ und ›seinen Mund aufmachen‹. Letzteres interpretiert Aslihan als »Streit«, und sie streitet sich nicht so gern. Für gesellschaftliches Engagement findet sich Aslihan zu jung.
»*Wann denkst du, dass man das machen kann?*
So mit 25 oder 24. Also jetzt bin ich noch zu Hause, ich gehe noch zur Schule, ich hab jetzt keine Zeit übrig, solche Sachen zu machen, denk ich mal so.«

Tradition und Freiheit

Zur Tradition hat Aslihan ein sehr widersprüchliches Verhältnis. Die Traditionen, über die sie berichtet, hängen eng mit dem Glauben zusammen und prägen das Geschlechterverhältniss. Die Möglichkeit, in der Bundesrepublik in der Schule und im Beruf Kopftuch zu tragen, nimmt Aslihan als große Freiheit wahr, obwohl sie selbst keins trägt. Sie arrangiert sich mit glaubensbezogenen Traditionen, vor allem mit dem Gebot der Jungfräulichkeit.
»Also, bei uns ist so, z. B. ein Mädchen, wenn sie 18, 19 ist, dann kann sie nicht so einfach mit einem Jungen ausgehen, sondern die Eltern von dem Jungen müssen kommen und sagen: Die kennen sich, die wollen heiraten und so kann man erst heiraten. Also nicht dass man, bevor man heiratet, so ausgeht und dann Schluss macht und dann mit dem anderen wieder ausgeht und Schluss macht – so was gibt's nicht. Und Jungfrau zu sein ist für die Eltern wichtig und für den Mann, der Moslem und Türke ist, auch wichtig. Also, bevor die heiraten, Jungfrau zu sein, ist wichtig. Das geht auch so in ›Glaube‹ rein.
Findest du das gut, dass das so ist?
Am Anfang traf das meine Meinung nicht so, da hatte ich andere Vorstellungen. Aber jetzt so denke ich bisschen reifer. Ich denk z. B., wenn es im Koran steht, dass man seine Jungfräulichkeit schützen sollte bis man heiratet, bis man eine richtige Person, also Ehemann findet, sollte man seine Jungfräulichkeit schützen.«

Zugleich empfindet sie diese Ansichten jedoch als »zurückgeblieben«, fühlt sich als junge Frau im Vergleich zu ihren männlichen Altersgenossen unter Druck und in ihrer Freiheit eingeschränkt.
»Ja. Und meine Tante sagt mir: ›Wenn ich dich mit einem Jungen sehe, auf der Straße oder irgendwo, dann bring ich dich um.‹ *(Lacht)*
Genauso die gleiche Meinung haben auch mein Bruder, meine Eltern. Ich kann nichts dafür. Ich meine, okay, wenn ich jetzt mit demjenigen nicht ausgehe, also mit der Person nicht ausgehe, woher soll ich denn wissen, was für eine Charaktereigenschaft er hat oder was für ein Typ der ist? Bei Jungen ist das so, der Junge kann kommen, zu welcher Uhrzeit er möchte. Bei Mädchen ist das anders. Ist so offen für Jungs. Man fragt nicht so viel, wo du warst, was du da gemacht hast und so … Aber bei Mädchen ist so bisschen … unter Druck sozusagen.
Das heißt, du hättest gern mehr Freiheit?
Genau.«

Dabei findet es Aslihan eigentlich viel besser, eine Frau zu sein.
»Frauen sind noch klüger und die haben irgendwie gute Vorstellungen, die können so gut träumen und so. Die Männer sind irgendwie hart.«

In der Partnerschaft möchte Aslihan Gleichberechtigung.
»Die sollen gleich bestimmen. Der eine soll nicht sagen: So ich will, das ist so, das machen wir so, obwohl die Frau nicht möchte. Obwohl die Meinungen nicht gefragt wurden.«

Alte und Junge

Ambivalent ist auch ihr Verhältnis zur älteren Generation. Die Themen, die in gemeinsamen Gesprächen erörtert werden (»die reden von Geschichte«), findet Aslihan langweilig. Auch das Leben alter Menschen findet sie langweilig, weil sie die meiste Zeit zu Hause sind und fernsehen. Von den Alten wünscht sie sich jedoch, dass sie ihre Enkel lieben und mit denen viel unternehmen. Trotz der kritischen Einstellung zur Tradition möchte sie, besonders von den weiblichen Familienmitgliedern, Ratschläge für ihr Leben, die sie unhinterfragt annimmt.

»Dass ich bisschen so Ahnung habe, von meiner Zukunft, wie ich so sein soll. Z. B. rede ich manchmal mit meiner älteren Tante über später, wenn ich heirate, wie ich mich zu meinem Mann verhalten soll. Oder ich rede auch mit meiner Mutter eigentlich so. Ja, solche Sachen oder von der Schule her oder im Leben, so gesagt. Oder wie ich so auf der Straße laufen soll oder wie ich auf mich aufpassen soll.
Und findest du das immer gut, was die dir dann sagen oder sagst du auch manchmal: Nee, ich sehe das anders?
Nee, also ich sag immer Ja. Also ich bin auch dann der Meinung, sozusagen.«

Eine alternde Gesellschaft sieht Aslihan jedoch als Problem, weil die Älteren den Jüngeren Vorschriften machen: »Weil die sagen so: Mach das nicht, mach das nicht.«

Die Erwartungen der Älteren gegenüber den Jungen hat Aslihan voll internalisiert: Respekt vor den Eltern. Sie selbst hat diesen Respekt und streitet sich beispielsweise nicht mit den Eltern, wann sie wieder zu Hause sein soll, obwohl sie bereits volljährig ist. Diese Anforderung zu erfüllen ist für Aslihan sogar ein zentrales Kriterium bei der Unterscheidung zwischen Kindheit und Jugend, zwischen ihr und ihren jüngeren Klassenkameradinnen.

»Ich hab erstens so Respekt zu meinen Eltern. Man muss wissen, wo man manchen Spaß aufhören soll, bei welchen Sachen man Spaß machen sollte. Es hat eine Grenze, so gesagt.«

Zum Leben der Jugendlichen fallen Aslihan nur »schlechte Sachen ein eigentlich«.

»Viele Jugendliche, die oft zu treffen sind so auf der Straße, z. B. Jungs sag ich mal, die versauen ihr Leben, so gesagt. Die rauchen zu viel, die nehmen Kokain oder so was. Die drogen zu irgendwie.«

Bildung und Beruf

Aslihan ist es hingegen sehr wichtig, einen Beruf zu erlernen. Sie will auf eigenen Füßen stehen: »Wenn ich keine Arbeit habe, das ist Käse.« Der erste Schritt dorthin ist ein Schulabschluss (»nicht so einen Abgang haben von der Schule«), für den sie viel tut. Allerdings hat sie Sprachprobleme und fühlt sich von den Lehrern wenig unterstützt.

»So zwei Ausfälle hab ich bei den Fächern. Aber ich übe und lerne so viel, aber mein Problem ist, wenn ich nicht verstehe, wenn ich das Thema nicht begreife. Das kommt auch von den Lehrern. Z. B. habe ich eine Geschichtslehrerin. Ich stelle z. B. eine Frage, irgendeine Frage, die ich nicht verstanden habe im Thema. Sie sagt: ›Aslihan, frag mich jetzt nicht das. Du musst das verstehen. Warum verstehen alle anderen und du nicht?‹ Sie ist immer so. Man hat dann irgendwie Angst, man hat dann keinen Bock. Man hat dann keinen Bock, das Thema zu hören, wenn man immer so irgendwie beschimpft wird. Und vor allem, sie beleidigt immer so vor der Klasse. Das find ich auch nicht so schön. Und dann, na ja, dann kriegt man halt die schlechten Noten. Aber fleißig bin ich schon. Ich übe zu Hause, ich tue viel. Ich versuche immer Hilfe von den anderen zu haben, z. B. im Mädchentreff. Also, sag ich mal so, das hängt immer von den Lehrern ab.«

Um im Arbeitsleben zu bestehen, braucht Aslihan zum einen den Schulabschluss, zum anderen Zuverlässigkeit und weitere Eigenschaften, wie sie von der Arbeitslehre-Lehrerin in der Schule weiß.
»Man sollte so ordentlich sein, so nett sein, auch bisschen schleimen. *(Lacht)*
Meine Arbeitslehre-Lehrerin in der Schule gibt uns Ratschläge. Sie sagt: Wenn ihr später in der Arbeit seid, dann müsst ihr auch manchmal ein bisschen schleimen können. *(Lacht)* Keine Ahnung, ich zeige mich so, wie ich kann, ich bin so, wie ich bin. Aber schleimen, das kann ich nicht.«

In ihrem Umfeld sieht Aslihan nicht viele Jugendliche, die ihr Bildungsziel teilen und einen anspruchsvollen Job bekommen möchten.
»Heutzutage ist es bei Mädchen so, die werden entweder Frisörin oder Arzthelfer. Mehr nicht, also, ich meine in Wedding gibt's nicht so viele Jugendliche oder Erwachsene, die mehr ausgebildet werden möchten. Z. B. Ärzte oder Richter oder Rechtsanwälte. Die werden nicht so höchste Berufe haben. Die Jungen gehen immer in Richtung Kfz oder irgendwas, das mit Autos zu tun hat. Oder die arbeiten im Imbiss.«

Beide »Mädchenberufe« möchte Aslihan nicht ausüben, weil ihr der enge körperliche Kontakt zu fremden Menschen »irgendwie eklig« ist. Auch ihre Eltern haben davon abgeraten. Stattdessen möchte sie Pharmazeutisch-Technische Assistentin werden. Vorbilder dafür hat sie bei ihren Verwandten in der Türkei.
»Aber PTA, denk ich mal so, ist so ganz sauber. Du gibst Medikamente, du schreibst öfter, du redest, du gibst so einfach Medikamente. Und meine Mutter fand diesen Beruf irgendwie schöner, intelligenter.
Ich habe gehört, dass man viel Verantwortung hat bei PTA und es ist schwierig. Also man hat auch so mit Labor so zu tun, glaub ich.«

An Karriere denkt Aslihan dabei nicht, Chef möchte sie nicht sein, »Hauptsache, ich kann mit den Kollegen gut umgehen. Wie eine normale Freundin, die ich so treffe.«

Zukunft

Aslihan wünscht sich einen guten Job, möchte »unbedingt PTA werden«. Außerdem träumt sie von einem gebildeten Mann, mit dem sie sich gut versteht. Und ein bisschen reich werden möchte sie auch, um sich eine kleine Villa mit Spielplatz und Schwimmbecken für den Sommer in der Türkei zu kaufen.
Ein wenig Angst hat sie vor der Zukunft:
»Wenn ich später heirate, dann will ich nicht Streit mit meinem Mann haben und dass die Kinder nicht irgendwie so verletzt werden. Getrennt werden ist auch eine verletzliche Sache für die Kinder. Die werden anders. Am Ende, wenn ich keine Ausbildung oder so habe, dann verletzt mich das auch, weil ich bin viele Jahre in die Schule gegangen und dann am Ende hab ich nichts. Davor hab ich auch ein bisschen Angst.«

Holger, 25 Jahre, Heizungsbauer. Zurzeit erwerbslos.

»Hier hat man wirklich seine Ruhe.«

Ostbrandenburg, Januar 06

Holger wohnt mit seiner Freundin im Haus der zukünftigen Schwiegereltern, ganz im Osten Brandenburgs, die Oder ist nicht weit. Seine Freundin und er haben sich in der Nähe der Schwiegereltern ein altes Haus gekauft, das sie jetzt sanieren. Leerstehende Häuser gibt es in der Gegend genug, da viele Leute wegziehen. Berlin ist zwar nicht so weit entfernt, jedoch sind Arbeitsplätze rar. Auch Holger ist im Moment arbeitslos, wie üblich im Winter, wenn man in der Baubranche arbeitet.

»Ist ja immer so, dass man zum Winter entlassen wird, es sei denn, da ist wirklich irgendein großer Auftrag, dass man mal einen Winter durcharbeiten kann, aber ansonsten sieht das schlecht aus.«

Dafür hat er jetzt aber umso mehr Zeit, am Haus zu arbeiten. Das junge Paar freut sich schon sehr darauf, dass es endlich fertig wird.

»Wir sehnen uns beide eigentlich nach unserem Eigenen. Irgendwo will man ja auch mal ab und zu richtig seine Ruhe haben. Wir haben hier die obere Etage, bei meinen Eltern die obere Etage, aber das ist dann doch was anderes, wenn man raus geht und sein Eigenes sieht. Auch wenn man auf seinem eigenen Grundstück ist, das ist was anderes. Das ist schön. Da kann man auch mal alle viere von sich lassen.«

Dass die Gegend etwas abgelegen ist, stört Holger nicht, im Gegenteil:

»Ich sag mal so, hier hat man wirklich seine Ruhe. Das ist es. Damals konnte man sich das zwar nicht vorstellen, aber jetzt momentan möchte man dann doch bisschen seine Ruhe haben.«

Da seine Eltern ebenfalls im Eigenheim wohnen, ist Holger das Bauen gewohnt. Er hat als Kind schon miterlebt, wie seine Eltern am Haus herumwerkelten, und »Bauen« war sein Lieblingsspiel.

»Ich weiß noch, da muss ich noch ganz klein gewesen sein, da haben sie 'ne Garage gebaut. Da sind immer noch im Beton ein paar Fußtapsen von mir drin, was ganz lustig ist. Was mir meine Eltern damals übel genommen hatten, die hatten 'ne

Trauerweide gepflanzt und die haben gebaut. Ich habe auch gebaut ... Die Trauerweide hat das nicht überlebt, weil der Stamm danach mit Beton voll war.«

An seine Kindheit auf dem Dorf hat Holger schöne Erinnerungen. Mit seinen Freunden hat er sich am Dorftümpel getroffen, später wurde der Keller des eigenen Hauses zum inoffiziellen Jugendclub, »da hat sich dann das halbe Dorf getroffen«. Einen Sportverein oder Ähnliches gab es nicht, dazu war das Dorf wohl zu abgelegen. »Haben uns einfach so getroffen und Scheiße gebaut. Buden gebaut und was weiß ich nicht alles.«

Einen Einschnitt ins Leben bedeutete für Holger der Unfall-Tod seiner Schwester vor sieben Jahren, »da war erst mal mächtig der Bruch drinne«.

»Das war die Zeit gewesen, wo auch viele andere Leute Unfälle hatten und da hat man sich dann erst mal gesagt: Kann ja nicht so schlimm werden, sie wacht ja wieder aus'm Koma auf, die anderen haben das ja auch alle geschafft. Das ist dann doch was, was einen mächtig geprägt hat. *Dass man dann auch über den eigenen Tod vielleicht nachdenkt?* Das weniger, aber man geht halt anders mit dem Leben um. Man fährt anders Auto und man hängt auch ein bisschen mehr an seinem Leben als vorher. Vorher ist das alles irgendwie so 'ne Selbstverständlichkeit. Wenn man so was erlebt hat, ist man ein bisschen vorsichtiger.«

Soziales Netzwerk mit Freunden und Feuerwehr

Mit den alten Freunden versucht Holger, so gut es geht, Kontakt zu halten, aber das ist nicht einfach. Etliche sind weggezogen, um woanders Arbeit zu finden.

»Die haben mir auch alle gesagt, ich mach es nur drei Jahre und dann komm ich wieder. Da hab ich von Anfang an gesagt, ›wenn du das sagen tust, dann kommst du eh nicht wieder‹. Weil da baust du dir in drei Jahren was auf und dann haste dir da irgendwo 'nen Freundeskreis angeschafft, und dann sollste wiederkommen – das kannste vergessen. Wollten sie dann alle nicht wahr haben, aber jetzt ist es schon so. Und das ist grade mal eineinhalb, zwei Jahre her.«

Die anderen Freunde hingegen sind mit Arbeiten oder der eigenen Familiengründung beschäftigt, sodass sie sich nicht mehr so regelmäßig sehen können. »Kontakte hat man immer noch. Das will man ja auch nicht abreißen lassen, um Gottes willen.«

Deshalb, um den Kontakt zu halten, bleibt Holger weiterhin Mitglied der Freiwilligen Feuerwehr in seinem Heimatort. Seit knapp sieben Jahren ist er dabei. Sein Vater ist Wehrführer, sodass es für Holger nahe lag, ebenfalls mitzumachen.

»Wenn der alte Mann drin ist, dann riecht man da doch ein bisschen rein und ich sag mal so, ist ja auch irgendwie schön. Einmal im Monat trifft man sich ja auch zur Versammlung oder irgendwas besprechen. Außerdem sind da auch Feiern und Wettkämpfe. Ist ja nicht bloß, dass du irgendwas löschst oder Erste-Hilfe-Leistung, sondern hauptsächlich haben wir ja zum Glück das andere.«

Heute fällt es ihm manchmal schwer, abends noch die 40 Kilometer zu den Terminen zu fahren. Aber »in den nächsten drei, vier Jahren« will er auf jeden Fall Mitglied bleiben, die Freiwillige Feuerwehr am neuen Wohnort ist vorerst keine Alternative.

»Zumindest im Verein wollte ich auf alle Fälle drinnebleiben. Zwar vielleicht so aus der Feuerwehr austreten, aber im Verein auf alle Fälle drinnenbleiben und dann das ganze Wettkampfmäßige noch machen ... Hauptsächlich ist es, um nicht den Kontakt abzubrechen. Dass man immer noch die Leute kennt und auch mit denen mal quatschen kann ...«

In das Netzwerkschema zur Veranschaulichung der sozialen Kontakte trägt Holger die Familie als wichtigsten Lebensbereich ein. Neben der Freundin gehören die eigenen Eltern und Großeltern sowie Angehörige der Schwiegerfamilie dazu. Der zweitwichtigste Bereich sind die Freunde, gefolgt von der Arbeit und den ehemaligen Kollegen, die er trotz Arbeitslosigkeit immer noch regelmäßig trifft. Der vierte wichtige Bereich wird vom Hausbau eingenommen, auf dem fünften Rang folgt die Freiwillige Feuerwehr. Seine Kontakte sieht Holger alle in großer Nähe oder höchstens in mittlerer Distanz zu sich selbst. Die meisten Menschen seines Netzwerks findet Holger sympathisch, in der Feuerwehr steht er einigen indifferent gegenüber. Kontakt zu alten Menschen hat Holger in der Familie. Die Arbeitskollegen und die Bekannten in der Feuerwehr sind überwiegend mittleren Alters.

Werte

In das Werteschema trägt Holger die meisten Werte sehr nahe im Zentrum ein, sie sind ihm sehr wichtig. Nur mit zweien kann er überhaupt nichts anfangen, mit Glaube und Tradition.

»Meine Eltern waren zwar damals in der Kirche gewesen, aber sind sie jetzt auch schon Ewigkeiten nicht mehr. Ich sag mal so, man hört sich das auch mal gerne an, einige Gesichtspunkte, aber so im Großen und Ganzen ... für mich ist es nichts. Und Tradition: Nicht alles was damals war, ist schlecht, ist alles vor- und nachteilig und von daher ...

Ich sag mal so, jeder ist des Lebens eigener Schmied.«

In mittlerem Abstand zu sich selbst, aber immer noch mit deutlicher Distanz zu den ihm wichtigen Werten stehen Wohlstand und Einfluss. Statt Wohlstand zu erstreben, reicht es Holger, wenn es ihm gut geht. »Das beste Geld hilft nichts, wenn man keine Freunde hat.«

Mit Einfluss verbindet Holger »Chef-Spielen«. Dies entspricht nicht seiner Philosophie von Zusammenarbeit:
»Ich sag mal so, wo es hingehört, dann ja, aber ansonsten sollte jeder das machen, was er will, und auch jeder irgendwie mit anpacken.«

Ganz wichtige Werte sind für Holger hingegen Liebe (»Liebe hätte ich eigentlich hier ganz in die Mitte kleben müssen«), Familie und Freundschaft. Nur geringfügig weniger wichtig sind Sicherheit, anderen helfen und Phantasie. Wobei Holger zugibt, dass für die Phantasie bei der Gestaltung des eigenen Hauses eher die Freundin zuständig ist. Die so genannten Sekundärtugenden Leistung, Fleiß und Ordnung, aber auch Toleranz und »seinen Mund aufmachen« folgen noch einmal mit geringfügigem Abstand.

»Ostalgie«

Für Holger spielen zwar Traditionen keine große Rolle, dennoch spricht er häufiger über früher. Seine gegenwärtige Situation vergleicht er mit dem Leben in der DDR, obwohl er zur Wende erst neun Jahre alt war. Damals sei beispielsweise besser gewesen, dass Kindern in der Schule Markensachen weniger wichtig waren und sich darum nicht »gekloppt« wurde. Außerdem stellt er erfreut fest, dass es neuerdings, wie zu DDR-Zeiten, im Dorf seiner Eltern jährliche Arbeitseinsätze gibt, um den Ort zu reinigen.

»Ich vergleiche das auch immer mehr mit DDR-Zeiten, dass das alles auch wieder zurückkommt. Weil bei meinen Eltern ist jetzt wieder einmal im Jahr, wo sie alle mit anpacken und das Dorf sauber machen. Das kommt alles wieder und das ist auch irgendwo gut so, denn andere Leute müssen bezahlt werden und so fasst jeder an einem Tag mal was an und dann ist das am Nachmittag in Ordnung.«

Besonders aber verbindet er mit »damals« die Arbeitsplatzsicherheit und die bessere Infrastruktur auf dem Land.

»Da war es besser zu DDR-Zeiten, da hatte jeder Arbeit, da waren die Verkehrsanbindungen auch besser, öffentliche Verkehrsmittel. Und da mussten die Leute auch nicht sonst wie weit fahren. Aber heute, um wettbewerbsfähig zu bleiben, müssen immer neue Maschinen angeschafft werden, sind weniger Leute da, dadurch können auch weniger Leute krank werden … Irgendwo versteht man das ja, aber irgendwo graben wir uns selber das Wasser ab.«

Arbeitsplatzunsicherheit

Diese Aussage steht in unmittelbarem Zusammenhang mit seiner eigenen Erwerbsbiografie. Den Beruf als Sanitär-Heizungs-Lüftungsbauer hat er nach mehreren Schüler-Praktika in der gleichen Firma erlernt und er macht ihm Spaß. Danach konnte ihn die Firma jedoch nicht übernehmen. Der Einstieg in den Beruf war ausgesprochen schwer, wie er beschreibt:

»Kurz nach meiner Lehre, da wurde ich dann erst mal arbeitslos und dann hab ich zu hören gekriegt ›keine Berufserfahrung‹. Dann hat man sich gefreut, dass man 'ne Lehre hatte, hat die durchgezogen, und dann kommt das Nächste, dass sie einem dann ankreiden, keine Berufserfahrung zu haben.«

Zum Glück stellte ihn seine ehemalige Firma wieder ein. Dies war jedoch nicht von Dauer, Arbeitsbeschaffungs-Maßnahmen und Qualifizierungen folgten. Seinen Freunden geht es ähnlich. Jedoch stellt er fest: den Arbeitsplatz im Bau-Sektor sichert nicht einmal ein unbefristeter Arbeitsvertrag.

»'ne Freundin zum Beispiel, die hat sich gefreut, als sie 'nen unbefristeten Arbeitsvertrag bekommen hat. Die hat jedes Jahr gebangt: werde ich nun übernommen oder werde ich nicht übernommen. Weil heutzutage 'nen unbefristeten Arbeitsvertrag zu kriegen, das ist schwierig. Ich meine, auf'm Bau ist das kein Problem, da kriegt man 'nen unbefristeten Arbeitsvertrag und dann kriegt man 14 Tage vorher die Kündigung und dann kann man gehen. Das war es gewesen.«

Selbständigkeit, etwa in Form einer von der Arbeitsagentur geförderten »Ich-AG«, ist keine Option für Holger. Geringer Verdienst, das finanzielle Risiko, wenn man mal krank wird, und der Ärger als Unternehmer (»Man hat mehr Ärger als alles andere«) schrecken ihn ab. An Karriere traut sich Holger unter diesen Umständen gar nicht erst zu denken.

»Ich will arbeiten gehen, ich will Geld verdienen und irgendwann will ich auch ein Kind haben. Dass man grade so durchs Leben kommt und dem Kind auch irgendwas bieten kann. Aber so, Karriere, so wie einige da mit sonst wie viel Geld … Geld alleine … was hat man davon? Nichts.«

Erfahrungen mit Alten

Sehr gemischte Eindrücke vom Leben alter Menschen gewann Holger durch die Bautätigkeit. So ist er zum einen als junger Mann Stereotypisierungen und Klischees ausgesetzt.

»Wie ich das auch mitbekommen habe bei der einen älteren Dame, wo wir ein Bad saniert haben und ich als Aushilfe da war, die hat dann gesagt: ›Oh, das find ich ja gut.‹ Weil die Frau dachte wirklich so: die Jugend ist faul und macht nichts.«

Zum anderen erlebte er einsame alte Menschen, die sich darüber freuen, mit ihm reden zu können, und die seine Arbeit anerkennen.

»Das merkt man dann auch teilweise, wenn man irgendwo bei einigen Leuten beim Bauen ist, die haben dann manchmal richtig das Bedürfnis zu reden, weil da sonst keiner vorbeikommt. Und das ist auch schade. Ich hatte letztes Mal 'ne ältere Dame, der hab ich dann auch noch 'nen Schrank zusammengebaut gehabt und die hat sich auch zehn Mal bedankt und ›Wollen sie hier noch was und ich hab ihnen hier noch was zu Trinken hingestellt‹. Also, ich sag mal so, von älteren Leuten wird man besser umsorgt. Das ist einfach so, denk ich mal, auch drinne. Man freut sich dann auch, wenn man dann mal ein Trinkgeld bekommt. Weil es ja irgendwo auch ein Beweis ist, dass man vernünftige Arbeit gemacht hat, dass die Arbeit auch geschätzt wird. Grade auch mit den Chefs, das ist ja nicht mehr so, dass für alles Danke gesagt wird. Das ist eine Selbstverständlichkeit und dann war's das gewesen. Das ist dann immer schön, gerade bei älteren Leuten, die hören gar nicht mehr auf sich zu freuen.«

In Holgers eigener Familie ist der Zusammenhalt zwischen den Generationen jedoch da.

»Ist jetzt nicht, dass man da ständig vorbeifahren tut, aber dann hilft mal der Opa oder dann hilft man selbst mal dem Opa, fährt man auch mal so vorbei.«

Zukunft

Holger hat sich Ziele gesetzt, auf die er stetig hinarbeitet. Er findet, so groß die individuellen Ziele auch sein mögen, man sollte sich immer erreichbare Zwischenziele setzen. So hat er es schon sein junges Leben lang gehalten:

»Mein erstes Ziel war aus der Schule raus, die Lehre zu machen, nach der Lehre dann 'ne Arbeit zu finden und jetzt mit dem Grundstück und mit dem Haus. Das nächste Ziel wird dann ein Kind sein und irgendwo 'ne Familie aufzubauen und irgendwo auch ein bisschen unabhängig zu sein. Das war auch ein großes Ziel, weil man ja doch immer seinen Eltern auf der Tasche gesessen hat. Das sind dann immer solche kleinen Ziele. Ich hab schon früher als kleines Kind vom Haus geträumt und hab schon immer gesagt, ich werd ein Haus haben und jetzt ist es so weit. Da arbeitet man immer sachte darauf hin.«

Als »stolzen Papa« sieht Holger sich in 10 Jahren. Und er möchte für seine Familie verantwortlich sein, denn er findet, das ist man als Mann, selbst wenn es ein altes Klischee ist.

»Das ist irgendwo noch das alte Klischee, der Mann sorgt für die Familie. Obwohl das ja auch nicht ganz so ist, weil die Frau geht ja auch arbeiten. Aber irgendwo ist das immer noch drin. Ich denke mal, weil man mehr oder weniger auch so erzogen wurde.«

Aber eine Partnerin, die nur Hausfrau ist? Das kann nicht gut gehen, befindet Holger.

»Weil ob *die* richtig zufrieden und glücklich ist, weiß ich auch nicht. Und ich denke mal, Beziehungen, wo die Frau nur zu Hause ist und gar nichts anderes sehen tut, gehen eher in die Brüche, als wo die Frauen arbeiten sind.«

Auch wenn sein Motto ist: »Vorankommen«, seine Ansprüche ans Leben wie ans Auto hat Holger der schwierigen Arbeitsmarktsituation angepasst:

»Was mir vorher wichtig war – wie damals als man 18 war, was fährt man für ein Auto – das ist ja alles nicht mehr. Man ist da ja ganz bescheiden geworden. Es muss fahren und muss mich von A nach B bringen, das muss jetzt im Winter ein bisschen heizen und das war es gewesen. Und muss noch billig sein in der Unterhaltung und in der Anschaffung.«

Katja, 23 Jahre, Jugend- und Auszubildendenvertreterin bei VW. Mitglied in der IG-Metall.

»Ich lass mir meine Wege offen.«

Grußendorf, Februar 06

Aufgewachsen ist Katja in dem »wunderschönen Ort Grußendorf, eher so auf dem Land«. Sie erinnert sich an eine Kindheit, in der sie auf der Straße spielen und mit Kreide malen konnte. Das »war perfekt«. Sie lebt dort auch heute noch, im Haus ihrer Eltern, die ältere Schwester wohnt in der Nähe. Aber für dieses Jahr ist der Auszug geplant, »dann halt schon in Stadtnähe«, weil man dort mehr erleben kann.

In der Schule war Katja gern, das Lernen hat ihr Spaß gemacht.

»Wenn ich jetzt nicht im Werk angenommen worden wäre, dann hätte ich auch gern Gymnasium weitergemacht, ich war schon angemeldet und dann wollt ich auch studieren. Aber jetzt bin ich halt was ganz anderes.

Hast du dir dann gesagt: lieber erst mal einen Beruf lernen?

Genau. Erstmal Ausbildung machen. Denn zur heutigen Zeit ist es wichtig, eine Ausbildung zu haben. Und dann gucken, was dann noch kommt. Dann kann ich immer noch einen anderen Weg einschlagen.«

Im »Werk« hat Katja etwas »ganz Frauenuntypisches« gelernt: Konstruktionsmechanikerin. »So alles mit Feinblech, mit Metall.« Eigentlich hatte sie sich als Industriekauffrau beworben. Weil sie aber beim Einstellungstest so gut bei den physikalischen und mathematischen Aufgaben abschnitt, wurde sie von VW gefragt, ob sie nicht lieber diesen Beruf erlernen möchte.

»Hab mir diesen Beruf dann angeguckt, bin da mal hingefahren. Fand ich eigentlich nicht schlecht, mal so 'ne ganz andere Richtung einzuschlagen, mal so was kennen zu lernen, weil jetzt hab ich da auch 'ne Menge Erfahrungen gesammelt.«

Als so frauenuntypisch erwies sich die Sache dann gar nicht, sie waren 14 Frauen und 12 Männer, das »fanden alle sehr komisch«. Eigentlich lässt Katja solche Zuschreibungen auch gar nicht gelten.

»Ich finde, in der heutigen Zeit ist das gar nicht mehr so, dieses frauentypischer, männertypischer Beruf. Ich find, das hat sich eigentlich von selbst geregelt. Man macht das, worauf man Lust hat heutzutage.«

Mittlerweile ist sie doch im Büro gelandet, denn »Jugendvertreter ist ja mehr Büro«. Gleich zu Beginn ihrer Ausbildung im Jahr 2000 wurde sie von ihrer Auszubildendengruppe als Vertrauensfrau und im Jahr 2002 dann zur Jugend- und Auszubildendenvertreterin gewählt. Mittlerweile ist sie dafür von ihrer Tätigkeit als Konstruktionsmechanikerin »quasi freigestellt«. In diesen Beruf wird sie wahrscheinlich nicht zurückkehren, da sie gerade eine Weiterbildung zur Personalkauffrau anstrebt.

Parallel entwickelte sich ihr Engagement in der IG Metall. Gleich zu Beginn der Ausbildung trat sie in die Gewerkschaft ein und wurde dort »außerbetrieblich« aktiv. Im Jahr 2001 in den Ortsjugendausschuss gewählt, wirkt Katja heute in dessen Leitung mit und wurde außerdem in den Ortsvorstand der Gewerkschaft gewählt, in dem sie die Interessen von ca. 7000 Jugendlichen vertritt.

Soziales Netzwerk und Werte

Obwohl für Katja diese Arbeit ein großer Teil ihres Lebens ist, sind die Familie, die Freunde und der Freund das Allerwichtigste in ihrem Leben.

»Ich verstehe mich mit meinen Eltern absolut gut. Keine Frage. Ich weiß, ich kann mich absolut verlassen und auch zu 100 % zurückfallen lassen. Da weiß ich, da bin ich gut aufgehoben und die würden für mich alles tun.

Und deine Schwester?

Auch. Keine Frage, mit ihr kann ich über alles sprechen, sie ist zwei bis drei Jahre älter, kommt immer auf das Datum an *(lacht)*. Ich hab ihr schon früher vieles einfach nachgemacht, weil alles immer für mich richtig war, was meine Schwester gemacht hat. Sie war für mich schon immer einer der wichtigsten Menschen, wird immer der wichtigste Mensch mit in meinem Leben bleiben. Also, sie ist auch 'ne gute Freundin für mich.

Eine Oma hab ich noch, auch hier im Dorf. Auch gute Verbindung. Also, von der Familie her ist alles toll bei mir.«

Mit den Kindern aus dem Dorf ging sie in die Grundschule, mit einigen noch weiter auf die Realschule. Sie findet das schön, dass sie Freunde hat, mit denen sie schon im Kindergarten war, »wenn man sich schon wirklich 20 Jahre kennt«. Diese Nähe schätzt und braucht sie, wie sie sagt.

»Ich hatte mal überlegt, nach Hamburg zu gehen, um da zu studieren. Aber ich kann halt auch nicht so weit weg sein von meinen Freunden, von meiner Familie. Da brauche ich halt einfach diese Nähe. Das ist auch ein Grund hier zu bleiben.«

Im Kontaktschema ordnet Katja das größte und wichtigste Segment der Familie zu. Die wichtigsten Personen entstammen der Kernfamilie, die Katja nur um die Großmutter und zwei weitere Personen ergänzt, die in ihrem Alter bzw. etwas älter als sie sind. Der zweitwichtigste Bereich sind ihre Freunde, die sie alle in große Nähe zu sich eintrug.

Es folgt das freiwillige Engagement in der Gewerkschaft. Hier finden sich, im Gegensatz zu den Bereichen Familie und Freunde, auch Personen, die Katja in mittlerer bis größerer Distanz zu sich sieht. Diesen steht sie überwiegend indifferent gegenüber. Durch die Arbeit im Jugendausschuss sind die von ihr eingezeichneten Personen meist so jung wie Katja oder ein bisschen älter.

Im vierten wichtigen Lebensbereich, in der Arbeit, gibt es zahlreiche ältere Personen, die ihr ferner stehen. Insgesamt bewegt sich das Altersspektrum der Personen im Werk von 15 bis 55. In ihrer Rolle als Jugendvertretrin »entstehen dort schon die größten Konflikte eigentlich, die ich in meinem Leben habe«. Deswegen zeichnete sie auch eine unsympathische Person in das Schema ein.

Schließlich trug Katja noch einen sechsten Lebensbereich in ihr Schema ein, die Weiterbildung, mit relativ wenigen Kontakten.

Das Werteschema spiegelt ebenfalls die große Rolle der Familie in Katjas Leben wider: Familie, Liebe und Freundschaft sind die wichtigsten Werte in ihrem Leben. Katja hat alle Werte in geringer bis mittlerer Distanz zu sich in das Schema eingetragen, weil sie sich nur schwer zwischen ihnen entscheiden konnte.

Ein sehr enger Zusammenhang besteht für Katja zwischen den Werten Toleranz, Engagement und »anderen helfen«. Von den dreien ist Toleranz am wichtigsten.

»Engagieren ist mir halt wichtig. Auf jeden Fall, das ist auch meine Arbeit. Somit halt auch Toleranz. Man muss tolerant sein. Das find ich auch ganz, ganz wichtig, dass man Toleranz allen Menschen gegenüber zeigt und somit auch ›anderen helfen‹.«

Ohne Phantasie kann man keinen Spaß haben, kann man nicht träumen, »man braucht das einfach im Leben«. Deswegen stehen beide Werte auf dem gleichen Rang wie das Engagement.

Mit Einfluss kann sie hingegen weniger anfangen, da hat sie »andere Prioritäten«. Allerdings kann man nichts bewegen ohne Selbstbewusstsein, ein Wert, der ihr deshalb etwas näher ist. »Genau wie den Mund aufmachen. Das sollte man schon, aber nicht an den falschen Stellen.«

Weniger anfangen kann sie mit Tradition. Auch der Glaube steht ihr nicht so nah, obwohl sie von sich sagt, dass sie gläubig sei. Eher konservative Werte wie Leistung, Fleiß und Wohlstand (»mir reicht schon der Mittelstand, dass ich leben kann«) spielen ebenfalls eine untergeordnete Rolle in ihrem Wertesystem.

Engagement in Beruf und Gewerkschaft

Begonnen hat Katjas Engagement mit dem Schützenverein, weil sie es »toll« fand, »dass man das irgendwie so im Verein macht«. Außerdem war sie im Turnverein, in dem sie dann mit 14 Jahren auch Kinder betreute.

»Das fand ich schon damals total toll, denen zu helfen, wie man da richtig turnt und so. Das hab ich dann gemacht, bis ich im Werk angefangen hab. Dann hab ich keine Zeit mehr gehabt, weil dann hat IG Metall angefangen.«

Anderen zu helfen ist auch heute noch ihr Hauptantrieb bei der Arbeit als Auszubildendenvertreterin.

»Ich habe mich schon immer so gerne für andere eingesetzt, dass ich doch da vielleicht Probleme lösen kann. Für mich ist es einfach ein schönes Gefühl, wenn ich den Leuten halt irgendwas helfen kann, ich Informationen weitergebe, weil wir halt auch eine Informationsquelle zwischen Betriebsrat und zwischen den Auszubildenden sind. Das find ich gut. Halt so Menschen einfach zu helfen auf irgendeine Art und Weise.«

Jetzt ist sie eine von 15 Jugendvertretern, die für ca. 1800 Auszubildende da sind. Katja ist zwar für eine bestimmte Berufsgruppe zuständig, will aber »für alle Jugendlichen da sein, wenn man da irgendwelche Probleme hat«. Die Art der an sie herangetragenen Probleme ist sehr vielfältig.

»Beruflich oder auch privat kommen viele zu uns. Wenn da irgendwas zu Hause mit der Familie los ist oder Ähnliches. Dann halt natürlich auch im Beruflichen, viele Probleme mit den Ausbildern. Mobbing, sogar Diskriminierung, auch so etwas. Dass die Ausbilder alle tariflichen Sachen einhalten. Diese ganze Palette. Wir sind eigentlich für alles da, was die Jugend betrifft. So groß und breit mal gesagt.« *(Lacht)*

Der Eintritt in die Gewerkschaft war nahe liegend, Vater und Schwester sind beide schon Mitglied.
»Das war so: ›Okay, alle drin, dann trete ich auch in die IG Metall ein.‹ *(Lacht)* Mein Papa hat auch immer gesagt: ›Die IG Metall ist was Gutes, mach das.‹ Er war selber jahrelang Vertrauensmann, wirklich jahrelang. Und so kam das dann halt, dass ich das eigentlich einfach deshalb gemacht habe.
Und das kam erst, dass ich meine eigenen Gedanken gefasst habe, als ich selber Vertrauensfrau und diese ganze Schiene gemacht habe. Erst im Kopf: ›IG Metall ist doch echt gut, die bewirken doch was‹ und jetzt im Endeffekt bin ich selber mit im Ortsvorstand und kann selber mit entscheiden.«

Dort gefällt ihr, dass Aktionen gemacht werden, wie zum Beispiel sich in die Innenstadt zu stellen und andere Jugendliche zu motivieren sowie bei Themen wie Rassismus zu sensibilisieren. Gewerkschaft steht bei Katja für Solidarität, aber auch für Toleranz.

Katjas politische Präferenzen sind eng mit ihrem Engagement als Jugend- und Auszubildendenvertreterin und in der Gewerkschaft verbunden. Ihr ist besonders der Schutz der Arbeitnehmerrechte wichtig.
»Ich will ja nicht sagen, da ich in der IG Metall bin, dass es automatisch die SPD ist. Aber da stimmen halt einfach viele Forderungen und vieles überein. Ich sag ja nicht, dass ich von der SPD überzeugt bin. Aber das ist am ehesten die Partei, die meine Interessen vertritt. Weil die halt einfach sozial denken, *noch*.
Gibt's 'ne Partei, mit der du so gar nichts anfangen kannst oder die du ablehnst?
Eigentlich dementsprechend gleich die CDU. Da sind Sachen, die ich einfach nicht nachvollziehen kann. Die sind wahnsinnig arbeitgeberorientiert. Arbeitnehmer sollen gar keine Rechte mehr haben und das ist der Grund für mich zu sagen: absolut unsozial. Und davon halte ich in dem Moment nichts.«

Nach dem Regierungswechsel befürchtet sie, dass durch die »neue Politik« die Gesellschaft unsozialer wird. Die Mitgliedschaft in der Gewerkschaft gibt ihr dabei das Gefühl, etwas dagegen zu tun: »Aber wir kämpfen ja ums Soziale.«

Wie es mit ihr persönlich in der Gewerkschaft weitergehen soll, darüber hat sich Katja schon Gedanken gemacht, jedoch ohne Ergebnis.
»Ich muss ganz ehrlich sagen, da hab ich mir zwar schon oft Gedanken gemacht, aber ich bin bis heute noch nicht auf irgendeinen Weg gekommen, den ich gerne gehen möchte. Also, ich lass mir schon noch meine Wege offen. Ich sage: Es kommt, was kommt, und wo ich weiteres Interesse habe, das mache ich dann weiter.«

Den Begriff Karriere verbindet Katja überhaupt nicht mit der Gewerkschaft. Für sie ist es »ein Schritt weiter«, wo sie mehr machen kann, andere Leute kennen lernt und andere Dinge diskutiert. Auch beruflich ist es Katja »nicht wahnsinnig wichtig, unbedingt Abteilungsleiter zu werden«. Zum einen liegt das daran, dass sie andere Ziele im Leben hat, die ihr wichtiger sind als Karriere.
»Karriere heißt ja wiederum vielleicht auch, dass man nicht genug Zeit hat für die Familie später. Und

Die Portraits 375

da setz ich halt dolle meine Priorität. Karriere ist auf der einen Seite wichtig, um später die Familie zu ernähren. Aber persönlich sage ich nicht, ich muss Karriere machen.«

Zum anderen ist das Leben zu ungewiss, bestehen zu viele Unwägbarkeiten, als dass es realistisch wäre, sich solche Ziele überhaupt zu stecken.

»Es kann sich komplett alles verändern, mein Leben kann sich ja komplett verändern. Von daher setze ich mir eh keine großartigen Ziele, sondern es kommt halt das, was kommt.«

Jung sein ist toll – mit Einkommen

Jung zu sein ist für Katja mit Freiheit und Flexibilität verknüpft. Das ganze Leben liegt noch vor einem und kann entdeckt werden. Katja betont bei der Beschreibung der Lebenslage von Jugendlichen, wie schön es ist, dass man sein eigenes Geld verdient und damit tun und lassen kann, was man will. Eingeschränkt werden die Möglichkeiten Jugendlicher, wenn sie keine Ausbildung finden.

»Als Jugendlicher ist man nicht unbedingt angewiesen auf irgendwas. Da ist man ganz flexibel. Man kann überall hinfahren. Man kann halt vieles machen, wenn man die Möglichkeiten dazu hat. Alleine wenn man ein Auto hat, wenn man bisschen mehr Einkommen hat, dann kann man so viel *erleben*. Was man auch erleben muss, weil man einfach Erfahrungen sammeln muss. Als Jugendlicher hat man so viele Möglichkeiten, sein Leben zu gestalten, und das find ich einfach toll. Ja, schade natürlich, dass nicht alle Jugendlichen die Möglichkeit bekommen, das zu tun, indem man 'ne Ausbildung und dafür Geld bekommt. Das ist halt leider nicht mehr gegeben.«

In ihrem eigenen Bekanntenkreis finden sich keine erwerbslosen Jugendlichen, sondern »die überlegen: mach ich jetzt ein Studium oder mach ich vielleicht doch 'ne Ausbildung. Wo sie einfach noch nicht wissen, was sie aus ihrem Leben machen sollen.« Bei den Auszubildenden, die sie vertritt, steht die Frage der Übernahme nach der Ausbildung im Vordergrund.

»Es wurden alle übernommen, jedoch nicht bei Volkswagen. Das ist ein Punkt, der Auszubildende wahnsinnig beschäftigt. Wenn man bei einem Betrieb anfängt, möchte man auch bei dem Betrieb bleiben und nicht dann zu einem anderen Betrieb rübergeschickt werden. Das ist halt ein Thema, was uns grade wahnsinnig beschäftigt.«

Allenfalls in ihrem Engagement bei der IG Metall spielt Jugendarbeitslosigkeit eine Rolle, gibt es »immer irgendwelche Aktionen«, damit Unternehmen mehr ausbilden.

Generationenkonflikte

Als Vertreterin der Auszubildenden ist es für Katja eine wichtige Aufgabe, zwischen Jung und Alt zu vermitteln. Dabei wird sie häufig mit negativen Klicheevorstellungen über junge Menschen konfrontiert.

»Klischees sind halt immer noch: Jugendliche sind faul. Ich finde, es gibt viele negative Klischees: Die machen nichts, sind auch unmotiviert zum Teil. O Gott, ich könnte jetzt vieles aufzählen. Und wenn man diesen Satz hört: ›Früher war alles anders.‹ *Und die waren alle viel besser ...* Ja, genau, die waren alle besser, die waren alle viel hilfsbereiter, die waren jetzt nicht so ... dumm ist auch ein Vorurteil für viele Jugendliche.«

Konflikte zwischen Ausbildern und Jugendlichen entstehen, so Katjas Beobachtung, vor allem deshalb, weil die Älteren in ihren Gewohnheiten eingefahren sind und wenig Neues zulassen: »Es ist schon immer so gewesen, und so muss es auch immer sein.« Entsprechend sind Katjas Erwartungen an Ältere.

»Es ist zwar schön, dass man die Erfahrungen weitergibt, aber jeder Mensch muss seine eigenen Erfahrungen machen, und das find ich halt wichtig. Und so was verstehen ältere Menschen nicht. Das sind vielleicht meine Erwartungen an ältere Menschen, dass sie die Jugend machen lassen und eigene Erfahrungen sammeln lassen. Ohne Erfahrungen kann man nicht leben, man muss Erfahrungen sammeln im Leben.«

Die Vertretung von Jugendinteressen in der Gewerkschaft hält sie für schwierig, obwohl sie zunächst das Bild der IG Metall als »Altherren-Verein« zurückweist. Außerdem sei es »IG-metallerisch«, dass sich Jung und Alt miteinander verstehen und gut zusammenarbeiten. Ihr gewerkschaftliches Engagement sieht Katja deswegen als einen Weg, nicht nur im Betrieb, sondern auch in der Politik mehr für Jugendliche zu tun. Allerdings birgt dies ob der Mehrheitsverhältnisse zwischen Jung und Alt großes Frustrationspotenzial.

»Die Jugend hat noch nicht *so* viel Einfluss. Obwohl es immer heißt, die Jugend ist doch unsere Zukunft, wird da aber nicht viel gemacht, leider. Deshalb stehe ich hinter der IG Metall, dass man da was macht. Es gibt schon überall diese Jugendgremien und man kann sich als Jugendlicher auch äußern. Aber ob es dann angenommen wird ... Meistens muss dann eh die Jugend zurückstecken im Endeffekt. Obwohl man wiederum sagt, die Jugend ist unsere Zukunft. Ja, dann soll man mal was dafür machen, wenn die Jugend die Zukunft ist.
Ist das eigentlich nur 'ne Parole?
Ja. ›Mensch Jugend, macht doch mal was, ihr seid doch die Zukunft.‹ Ja und dann macht man da was und dann ...
Das heißt, du hast dann, wenn du da als Delegierte für die Jugendlichen sitzt, schon damit zu kämpfen, dass du sagst: Jetzt guckt mal wieder auf die Jugendlichen?
Zum Teil, weil es einfach viel mehr Erwachsene sind. Die Jugend ist leider nur 1 %. Und warum soll man sich in dem Moment mehr auf die Jugend konzentrieren, wenn es noch so viele andere gibt? Und dann heißt es aber wiederum ›Jugend macht doch mal‹. Das ist wie so 'n Teufelskreis, aus dem man dann leider nicht rauskommt. Es ist halt schade, dass dann die Interessen der Jugend nur so wenig vertreten werden. Man muss mal ein paar mehr Ideen der Jugend mit einfließen lassen.
Das demotiviert natürlich auch Jugendliche, oder?
Ja klar. Absolut. Wenn man ständig Ideen reinbringt und dann werden die verworfen oder gar nicht erst angeguckt. Dann denkt man sich: Mensch wozu mach ich das denn, wenn sich das dann eh keiner anguckt? Klar, das ist absolut demotivierend. Trotzdem gibt man ja nicht auf, man versucht es ja immer wieder.« *(Lacht)*

Durch Gewerkschaftsarbeit und »weil man selber einzahlt in die Rente« ist Katja der Begriff der »Generationengerechtigkeit« durchaus geläufig. Dass der Generationenvertrag schon so lange hält, obwohl er nirgendwo schriftlich geschlossen wurde, findet Katja »Wahnsinn«. Aber trotzdem denkt sie, dass der Vertrag »irgendwie umstrukturiert« werden muss. Sie hat darauf schon reagiert und ihre »private Rente abgeschlossen«.

Auf jeden Fall drohen aus Katjas Sicht Generationenkonflikte über die Rentenfrage.
»Die Älteren haben auch damals eingezahlt. Die haben sich auch darauf verlassen. Da würde ich nicht sagen, dass die Alten zurückstecken sollen. Auf der anderen Seite ist es aber jetzt auch so: warum sollen die Jugendlichen immer mehr zahlen. Ich weiß nicht, wie die sich das denken, das ist auch wieder unfair, denn so viel kriegt man später auch nicht mehr raus. Und da entsteht dieser Konflikt. Und da muss irgendwas passieren. Obwohl ich es wirklich nicht weiß, wie man diesen ganzen Vertrag anders machen kann. Also mir fällt da gar nichts ein.«

Zwei Zukunftsperspektiven

Katjas Blick in die Zukunft ist zweigeteilt. Auf der einen Seite sieht sie die ungewisse politische Entwicklung unter der großen Koalition.
»Man weiß nicht, was auf einen zukommt. Man weiß nicht, was in drei oder fünf Jahren mit der Politik ist. Wie das Land aussieht. Es kann sich einfach so vieles ändern, wie Arbeitnehmerrechte, Mitbestimmung aussehen. Es kann sich halt wahnsinnig viel ändern jetzt, und davor hab ich Angst, bin ich neugierig, bin ich einfach gespannt.«

Auf der anderen Seite steht ihre ganz private Zukunft, die sie sich »einfach toll« vorstellt. Ihre Wünsche und Träume sind sehr realitätsnah und konzentrieren sich auf die Gründung einer eigenen Familie. Sie hat »nicht so viel Phantasie, dass ich sagen kann, dass ich mir ein Haus auf 'nem anderen Planeten baue«. Die Vorstellungen vom Familienleben sind dafür umso konkreter.
»Am besten zwei Kinder, ein Junge und ein Mädchen. Und der Junge ist ein Jahr älter als das Mädchen, damit er auf das Mädchen aufpassen kann. *(Lacht)* Das ist so 'ne kleine Wunschvorstellung ...
Und der Hund und die Katze.
Und das Haus *(lacht)* ja, so was. Das ist halt so die Zukunft, da ich ein totaler Familienmensch bin, wie ich sie mir vorstelle.«

Den Beruf und das Engagement aufzugeben kommt für sie allerdings nicht in Frage, aus Angst vor Langeweile, aber auch um einen gewissen Wohlstand erreichen zu können.
»Obwohl mir in dem Moment vielleicht Karriere nicht so wichtig ist, wünsche ich mir schon, später in einer Art Wohlstand zu leben. Dass man halt sich und der Familie, den Kindern, was bieten kann. Das ist vielleicht auch dieser Traum, dass man sich halt irgendwann vielleicht mal mehr leisten kann.«

Das Leben im Alter ist bei Katja und ihren Freunden bereits Gesprächsthema. Katja träumt davon, Kontinuität und Neues miteinander zu verbinden.
»Ich hab Angst vor der Langeweile, dass mir nichts mehr einfällt. Mein Leben noch zu leben, auch wenn ich alt bin. Dass ich dann noch Sachen mache, die ich früher nicht gemacht habe. Weiterhin was Neues ausprobiere.
Was halt auch noch ein Traum wäre, dass ich mit den guten Freunden, die ich habe, mein ganzes Leben lang befreundet sein werde. Ich find's toll, wenn ich mit 60 sagen kann, ich kenne diese Person seit 58 Jahren und davon dann Kindern, Enkeln erzählen kann. So was find ich toll, wenn solche Freundschaften einfach ein Leben lang halten. Darüber reden meine Freundinnen und ich öfter, dass wir später einfach dasitzen, unsere Kinder sind da und wir früh-

stücken miteinander und erzählen einfach. Dass ich später mit denen Kaffee trinken gehe. Oder so einen Spontantrip machen kann: Kommt, wir fahren mal kurz nach Berlin zum Shoppen. Dass ich einfach sagen kann: Kommt, wir setzen uns in den Zug und fahren einfach hin.«

Mandus, 22 Jahre, Student. Engagiert bei der BUNDjugend.

»Wir wollen eben die Erde retten.«

Stuttgart, März 06

Mandus studiert in Tübingen im vierten Semester Politische Wissenschaften. Seine Nebenfächer sind Philosophie und Neuere Geschichte. Er wohnt in einer WG in der Nähe von Tübingen. Sein Umweltengagement führt ihn fast jedes Wochenende, manchmal auch unter der Woche nach Stuttgart ins Umweltzentrum, wo er sich sehr zu Hause fühlt. Unter einem Dach mit verschiedenen Umweltinitiativen sitzt hier die BUNDjugend, die Jugendorganisation des Bundes für Umwelt und Naturschutz, kurz BUND genannt, und die Redaktion der »Kritischen Masse«, einer bundesweiten Zeitung der BUNDjugend.

»Also, ich bin halt nun mal einfach hier im Umweltzentrum sozialisiert, weil ich irgendwann mal hierher gekommen bin und gemerkt hab, wie toll sich das Leben anfühlen kann, wenn man gemeinsam kocht und wie einfach es manchmal ist und dass man nicht irgendwie immer alles perfekt können muss, so wie es der Vater vielleicht von einem verlangt daheim. So, dass man halt irgendwie lernt, dass das Leben auch Spaß machen kann. Da hat dieses Haus einfach für mich so ein Flair gehabt.«

Das Umweltzentrum hat Mandus schon während seiner Arbeit für einen Jugendpresseverband kennen gelernt. Dann erfuhr er, dass man beim Bund für Umwelt- und Naturschutz »Zivi machen kann«. Nach dem Abitur bewarb er sich dafür und wurde beim Regionalverband angenommen. Inzwischen ist er bei der BUNDjugend im Landesvorstand von Baden-Württemberg und Redakteur bei der »Kritischen Masse«.

Mandus wuchs in Ludwigsburg auf. In seinen ersten Lebensjahren war er viel bei seiner Oma – »eine schwäbische Oma, absolut liebenswürdig, absolut liebenswert« und »kein bisschen alternativ«. Mehrere Jahre lang war sie für ihn so etwas wie eine Tagesmutter, »weil meine Mutter damals noch studiert hat und mein Vater hat gearbeitet.« Zu den Großeltern hat Mandus noch viel Kontakt. Seine Eltern, die Mutter Bauingenieurin, der Vater selbständiger Geometer, wohnen im Großraum Stuttgart, und er sieht sie ca. alle 2 Wochen. Er hat einen jüngeren Bruder, der noch zur Schule geht.

Die Erinnerungen an seine Kindheit sind etwas zwiespältig, denn Mandus kam teilweise nicht so gut mit anderen Kindern zurecht. Er meint, seine besondere Art, sich Dingen zu nähern, hätte dazu beigetragen.

»Zum Beispiel haben einmal alle in meiner Klasse irgendwie geschrien: ›Igitt, da liegt 'ne tote Maus!‹ Und ich hab die mir einfach angeschaut und so ein bisschen beobachtet, wie so eine tote Maus halt aussieht. Und irgendwann haben alle gerufen: ›Löwenzahn, die Blume ist giftig!‹ Diese gelbe Blume, die ich, weil ich halt wusste, dass sie nicht giftig ist, einfach gegessen habe. Solche und ähnliche Verhaltensweisen haben halt ziemlich schnell dazu geführt, dass ich ein ziemlich krasses Mobbingopfer wurde.«

Mandus' Eltern waren »eher alternativ«, z. B. wurde zu Hause sehr selten und selektiv ferngesehen.

»Insofern war es so ein komisches Wissensungleichgewicht, teilweise wusste ich relativ viel und teilweise aber auch relativ wenig, weil ich einfach überhaupt kein Medienkind war. Ich hab einfach, bevor ich vier war, nie Fernsehen geguckt. Da haben meine Eltern auch den Fernseher vor mir irgendwie verborgen. Der stand zwar irgendwo rum, aber der war nie an. Insofern wusste ich gar nicht, dass wir so einen haben. Es war mehr oder weniger wie unsichtbar. Der stand zwar im Haus, aber er war wie unsichtbar.«

An das erste Mal fernsehen kann er sich deshalb genau erinnern. Als er vier Jahre alt war …

»… haben wir dann irgendwann Rüdiger Nehbergs Floßfahrt über den Atlantik angeschaut … Der ist halt mit dem Floß über den Atlantik gefahren, um auf die Probleme der Yanomami-Indianer aufmerksam zu machen.«

Er ist »in verschiedenen Kulturen groß geworden«, wie er sagt, und das hat es ihm nicht leicht gemacht, sich zurechtzufinden.

»Die Kultur meiner Oma, schwäbisch angepasst, liebenswürdig, irgendwie gemütlich, aufgeräumt, aber halt schon in gewisser Weise engstirnig, also dass meine Oma zum Beispiel ein schlechtes Gewissen hat, wenn halb drei nachmittags ist und das Geschirr ist noch nicht abgespült. Und bei meinen Eltern war halt das Geschirr oft längere Zeit nicht abgespült oder irgendwas. Und es war halt irgendwie immer eine andere Atmosphäre, halt immer so ein bisschen Baustelle, weil meine Eltern immer irgendwas umgebaut haben am Haus. Es war nie irgendwie aufgeräumt in dem Sinne. Das, was irgendwie meine Oma gelebt hat, war eher das, womit man in der Schule nicht geoutet wurde, weil es irgendwie nicht so anders war. Ich war auch sehr offen immer. Ich hab mich einfach getraut alles zu sagen, was mir im Kopf rumging. Das gehört halt auch zu mir dazu, dass ich da kein Blatt vor den Mund nehme.«

Was die Schulleistungen betrifft, hatte Mandus keine Probleme. Mathe war nicht sein Fall, aber in Deutsch war er besonders gut, machte »das beste Deutschabi der Schule«. Schon früh, »in der sechsten, siebten Klasse«, wurde er für die Schülerzeitung aktiv und blieb dabei bis zum Ende der Schulzeit. Sein Interesse an Politik wurde bereits in der Schulzeit geweckt. Besonders gern erinnert er sich an ein Projekt …

»… das hieß ›Schule als Staat‹. Und da hab ich mit ein paar Freunden zusammen eine Partei gegründet, die hieß ›Demokratische Neue Aufklärung‹. Ich würde sagen, wir waren so tendenziell grünennah, aber unser Ziel war es halt, so zu sein, ohne unsere Ideale zu verraten. Und wir haben einen ziemlich guten Wahlkampf gemacht. Also, ich hab eine ziemlich mitreißende Rede gehalten bei der Bürgervollversammlung, wo alle Parteivertreter eine Rede halten durften. Und ich habe mich da wochenlang drauf vorbereitet, deswegen war die halt auch die mitreißendste von den Reden. Dann hatten wir noch einen Layouter, der dann später auch Layouter von unserer Schülerzeitung geworden ist, der richtig supertolle Plakate gemacht hat. Wir haben halt dann gewonnen mit der absoluten Mehrheit der Stimmen, und dann war ich Präsident vom Staat, und wir hatten die Hälfte der Sitze im Parlament. Aber so richtig viel verändern konnten wir natürlich trotzdem nicht, weil einfach die Verfassung schon vorgegeben war ... Da sieht man mal, dass das, wenn man das symbolisch für repräsentative Demokratie sieht, eigentlich sehr realistisch ist, weil die heutigen Parteien ja auch keinen Einfluss haben auf das System, was schon vorgegeben ist.«

Sehr wichtig ist für Mandus der Punkt Ernährung. Er ist Veganer, wenn auch kein ganz strikter, »zwischen Lust und Idealen«. Er kocht selbst vegan, auswärts macht er Ausnahmen. Seine Kleidung ist bunt zusammengewürfelt, hier macht er sich den Zufall zu Eigen, zieht an, was in der WG so herumfliegt, denn »sobald man konsumiert, indem man einkauft, unterstützt man schon das kapitalistische System«.

»Wenn ich irgendwie Dinge finde in meinem Lebenswandel, wie dieses T-Shirt oder diese Pulswärmer, die mir über den Weg laufen, dann nehme ich die irgendwie an und integrier die in mein Äußeres. Das ist ein bisschen situationistisch ... Also, ich nehme einfach, was ich so bekomme. Viele Dinge sind auch ausgeliehen.«

Soziales Netzwerk

Mandus' soziales Netzwerk ist stark durch sein Engagement geprägt. Er ist kontaktfreudig und trifft viele Leute, denn er führt, wie er sagt, eine Art »Vagabundenleben«, ist auf vielen Treffen und Kongressen der Jugendumweltbewegung in der ganzen Bundesrepublik. Seine Freundin, er hat sie bei einer Veranstaltung von Attac kennen gelernt, lebt in Minden bei Hannover.

Da Mandus sich für die globalen Zusammenhänge der Umweltthematik interessiert, führt sein Engagement ihn gelegentlich auch ins Ausland. Vor einiger Zeit hat er z. B. an einem Umweltkongress in Indonesien teilgenommen. In seinem sozialen Netzwerk gibt es auch internationale Kontakte.

In Mandus' Kontaktschema sind sehr viele Kontakte eingezeichnet. Am wichtigsten sind ihm die Freunde, das größte Feld sozialer Kontakte, gefolgt vom Engagement in den verschiedenen Umwelt- und politischen Initiativen. Die »Kritische Masse« bekommt ein Segment für sich. Weitere Bereiche, in denen sich seine sozialen Kontakte abspielen, sind die Universität, die Familie und die WG.

Im Segment »Freunde« hat er sehr viele Personen eingetragen, beim »Engagement« sind es nicht ganz so viele, und in beiden Bereichen gibt es Kontakte unterschiedlichster Wichtigkeit. Die anderen Bereiche sind weniger stark besetzt. Zwar trägt Mandus die Personen meist nur in einem Lebensbereich (Segment) ein, aber er weist auf den hohen Grad von Vernetzung hin.

»Ich kenne viele Leute von ganz vielen Seiten und Ecken und diese Querverbindungen werden mehr und mehr, und ich bin immer häufiger überrascht, wie viele Leute ich kenne, die ›jemanden kennen, der jemanden kennt, den ich von da und da kenne‹. Wenn ich zwischen all den Segmenten Verbindungslinien ziehen würde, würden mir überall Leute einfallen, die auf diesen Linien sitzen.«

Sympathie und Wichtigkeit seiner Kontakte sind keinesfalls immer kongruent, hier differenziert er deutlich. Es gibt wenige Menschen, denen er indifferent gegenübersteht. Leider hat er mit einer Person in der Redaktion der Zeitung gerade einen Konflikt, der ihm nahe geht.

Er hat Kontakte in allen Altersgruppen. Zwar überwiegen Jugendliche in seinem Alter, aber es gibt auch viele jüngere, viele »mittelalte« Personen und einige alte Menschen, wobei die Kontakte zu Alten (ab 60) nicht auf die Familie beschränkt sind, er hat nämlich auch Freunde im Seniorenalter.

Mandus hatte Grund, beim Ausfüllen der Kontaktschemas zu stöhnen: Immer noch fielen ihm neue Kontakte ein, und er wollte gern allen Freunden und Kontaktpersonen gerecht werden.

Werte

Die wichtigsten Werte sind für Mandus Phantasie, Toleranz, Liebe und Freiheit. Dass ›Freiheit‹ unter den 18 einzuordnenden Werten unseres Werteschemas nicht enthalten war, wollte Mandus nicht hinnehmen, sodass dieser Wert ergänzend hinzugefügt wurde. Mit Freiheit assoziiert er äußere und innere Freiheit.

»Also Freiheit ist für mich einfach so ziemlich das Wichtigste, weil das Freiheitsgefühl, einfach mal loszutrampen irgendwo ... so wegzureisen, ist einfach unbeschreiblich. Und auch mal keine Pflicht zu haben, unabhängig zu sein und keine Angst zu haben. Freiheit von Angst ist auch ganz wichtig, sowohl Angst vor sich selber, psychisch, vor den eigenen Krankheiten und wie man es nennen mag, also Angst um sich selbst. Aber auch Angst vor anderen Menschen, davor angefallen zu werden und all diese Dinge. Diese Angst abzulegen, sich davon zu befreien und so, ist unglaublich wichtig.«

Mandus bildet (wie verschiedene andere Befragte) bei der Einordnung der Werte Gruppen oder Cluster. Die oben genannten wichtigsten Werte bilden ein Cluster. Ein weiteres, das zweitwichtigste, sind typische Engagementwerte: Sich engagieren, Einfluss, seinen Mund aufmachen, anderen helfen. Diesen etwa ranggleich sind Freundschaft und Spaß haben. Es gibt im Übrigen auch Zusammenhänge zwischen unterschiedlichen Gruppen von Werten. Mandus möchte gern alle Werte einbinden in ein schlüssiges Wertesystem.

»Ja, also Phantasie, Toleranz, Liebe und Freiheit stehen als ziemlich zentrale Werte im Mittelpunkt. An zweiter Stelle vielleicht so was wie sich engagieren, andern helfen, aber auch Spaß haben, was sich für mich gegenseitig auch bedingt, weil es macht mir Spaß, mich zu engagieren, meistens. Ich helfe auch anderen dadurch, dass ich halt versuche Liebe auszustrahlen, versuche Toleranz auszustrahlen, Phantasie zu wecken. Im Prinzip möchte ich eigentlich dadurch, dass ich ich bin, anderen Menschen helfen. Ich möchte nicht von oben herab irgendwie jetzt den ›armen Negern‹ helfen. Ich war jetzt auch in Indonesien und hab mitbekommen, dass viele Europäer so ein bisschen dieses ›Ja, wir helfen jetzt mal den armen Indonesiern‹ im Kopf haben. Aber für mich sind das meine Freunde. Ich habe die Leute kennen gelernt, das sind meine Freunde, mit denen kommuniziere ich, wie ich mit Leuten hier kommuniziert habe.«

Andere Werte sind für ihn allenfalls Mittel zum Zweck, also Sekundärtugenden, dazu da, die Realisierung der primären Werte zu unterstützen, und ansonsten unbedeutend oder sogar kontraproduktiv. Dies sind z. B. Fleiß, Leistung und Wohlstand.

»Also, in gewisser Weise bin ich natürlich auch gezwungen, durch Leistung und Fleiß Wohlstand in einem gewissen Rahmen zu bekommen, weil natürlich sonst die ganzen anderen Dinge teilweise auch nicht mehr möglich sind, wie zum Beispiel Einfluss haben. Wenn ich irgendwie nicht viel leiste, dann funktionieren die übrigen Dinge, wo ich mich engagiere, natürlich auch nicht so sehr.«

Mit einigen Begriffen hat er Probleme, weil ihm die Formulierung nicht gefällt.

»Ja, weil Spaß heutzutage meistens als Freizeitpark und action, adventure, events etc. gesehen wird und ich das jetzt eigentlich nicht unbedingt so toll finde und mir das auch nicht so viel Spaß macht. Mir macht Spaß zum Beispiel irgendwann mitten in der Nacht mit Freunden eine spontane Trommelsession zu starten oder zu tanzen oder irgendwie.«

Zum Teil interpretiert er die Begriffe in einer weniger geläufigen Weise, wie z. B. den Begriff ›Selbstbewusstsein‹, den er eher im Sinne von ›sich seiner selbst bewusst sein‹ auffasst. Dieser Wert spielt für ihn eine besondere Rolle.

»Ja, ich habe es relativ weit in die Mitte geklebt, weil es mir wichtig ist, bewusst zu leben, zum Beispiel sich bewusst zu ernähren …
Also, ich persönlich gebe mir selbst auch einen hohen inneren Wert, wenn ich mich selbst mit mir beschäftige, wenn ich mich selbst kenne. Insofern ist Selbstbewusstsein schon wichtig für mich, weil ich mich auch viel mit mir selbst beschäftige, mich mit meiner eigenen Psyche beschäftige …
Es hängt irgendwo zusammen, das Selbstbewusstsein im Sinne von Bewusstsein und das Selbstbewusstsein im Sinne von ›Stärke ausstrahlen‹. Also je bewusster ich werde, desto mehr strahle ich auch Kraft aus und werde dadurch auch nicht mehr so schnell Opfer von Angriffen. Ich merk das bei mir ganz klar. Ich bin früher auf der Straße dauernd angemacht worden von irgendwelchen Jugendgruppen, so wie ›Eh, was suchst du so, eh, Scheißmütze‹ oder irgendwas und heute überhaupt nicht mehr. Dabei laufe ich wahrscheinlich noch wesentlich nonkonformer rum, aber einfach die Ausstrahlung ist anders geworden.«

Mandus verbindet mit dem Begriff ›Sicherheit‹ nicht Sicherheit vor Kriminalität, sondern Sicherheit vor dem Überwachungsstaat.

»Manchmal habe ich so ein bisschen kafkaeskes Bauchgefühl, wenn ich irgendwie an die politische Entwicklung denke, so wie biometrische Pässe und Telefon-, E-Mail-Überwachung und so was … Ohne zu wissen – wie hat das Kafka im Prozess ausgedrückt – ohne sich einer Schuld bewusst zu sein, ist man irgendwie trotzdem so in einem System drin … Diese Mischung aus Bürokratie, Überwachungsstaat und Leistungsdruck sorgt dafür, dass Leute sich immer weniger engagieren und meiner Meinung nach auch viel Angst haben. *Also, Sicherheit ist für dich nicht Sicherheit durch den Staat, sondern Sicherheit vor dem Staat?* Ja, vor dem System. Wenn es einen Nutzen gibt, den ein Staat hat, dann eigentlich die Schwachen vor den Starken zu schützen. Soweit ich das beobachten kann, ist das momentan nicht so der Fall.«

›Glaube‹ hat für Mandus ganz geringe Relevanz. Er sagt, er sei »ohne Glauben, aber mit viel Liebe« erzogen worden.

Jugend und Umwelt: Engagement im Wandel

Wie schon erwähnt, begann bei Mandus (wie im Übrigen bei all unseren engagierten Befragten) das freiwillige Engagement sehr früh, nämlich zu Beginn der Gymnasialzeit. Ohne Zweifel ist er ein hochengagierter Jugendlicher, sowohl was den zeitlichen Einsatz als auch was das Commitment angeht. Ganz besonders gepackt hat ihn die Aufgabe, die Zeitung »Kritische Masse« zu gestalten.

»Die *Kritische Masse* gibt es seit 1988. Ich hab halt ab der etwa 50. Ausgabe angefangen da mitzumachen, also noch gar nicht so lange. Aber mich hat es eben eine ganze Weile dort gehalten, weil ich mich da einfach irgendwo wohl gefühlt hab und das natürlich mit der Zeit dann auch ein bisschen zu einem eigenen Kind geworden ist. Also, man kann schon sagen, dass es ein bisschen wie mein Kind ist, weil ich mich einfach auch verantwortlich fühle für die *Kritische Masse* ... Es sorgt natürlich auch immer wieder für Konflikte, weil ich wirklich ziemlich viel mache und eigentlich gar nicht so viel machen will und auch teilweise das Gefühl habe, gar nicht aufhören zu können, viel zu machen. Vielleicht fühle ich mich an dem Punkt fast ein bisschen wie ein Unternehmer, der irgendwie dauernd in seiner Firma hängt.«

Mandus möchte etwas bewegen, etwas verändern durch sein Engagement. Die Vorstellung, sein Engagement könnte als jugendliche Spielwiese betrachtet werden, passt ihm überhaupt nicht. Dennoch wünscht er sich selbst manchmal, es wäre alles etwas »lockerer« und damit vielleicht doch jugendgemäßer. Letzteres gilt auch für sein Projekt, die Umweltzeitung, die sich ja immerhin vorwiegend an eine jugendliche Leserschaft wendet.

»Das versuchen wir gerade als Redaktion der *Kritischen Masse* auch rauszufinden, weil wir ja in letzter Zeit viel zu oft sehr ernste Artikel geschrieben haben, weil wir ja selber als junge Menschen eigentlich keine Lust haben, nur auf spielerischer Ebene aktiv zu werden, sondern wir wollen ja wirklich was verändern. Wir wollen nicht die Veränderung simulieren, sondern wir wollen eben die Erde retten oder die Welt verändern, wie man es sehen mag. Insofern heißt das mit dem jugendspezifisch dann ... das ist schwierig, weil es natürlich der Fall ist, dass wir als Gruppe halt allesamt ziemlich junge Leute sind und dass wir nicht so professionell sind, dass uns auch noch verziehen wird, so im Gegensatz zu vielleicht anderen Zeitungen. Und dass wir natürlich versuchen, möglichst viel Spaß daranzuziehen, an unsere Redaktionsarbeit, was momentan uns aber irgendwie auch nicht immer gelingt. Ich glaube, momentan sind relativ viele Leute in der *Kritischen Masse*, die es sehr ernst nehmen. Ich versuche gerade, es selbst ein bisschen zu ändern. Manchmal habe ich es total ernst genommen und es ist immer noch so, aber ich weiß mittlerweile, dass ich eigentlich auch mal anfangen könnte, das ein bisschen lockerer zu sehen.«

Ein spezielles Problem der Jugendumweltbewegung liegt darin, dass ›Umwelt‹ als Thema heute bei Jugendlichen »relativ out« ist.

»... weil die Umweltbewegung unsere Elterngeneration war und deswegen Umwelt gar nicht mehr als das Rebellische gilt, sondern vielleicht eher als was Moralisierendes, Restriktives, so ›ich muss jetzt Strom sparen‹, ›ich muss jetzt auf meine Ernährung achten oder dass ich nicht aus Dosen trinke‹ oder so was.«

In der *Kritischen Masse* hat Mandus einen Artikel zu genau diesem Thema geschrieben und es dort noch einmal anders ausgedrückt.

Wenn »›... dooferweise ›öko‹ heute mit unserer Elterngeneration verbunden wird, dann ist ein Jugendlicher, der heute öko ist, nicht mehr der Rebell gegen den Wirtschaftswunder-Papa, sondern ein braver Nachkomme und ›zu lieb für diese Welt‹. Heute ausgelassen ums Lagerfeuer zu tanzen und Vollkornbrot mit selbstgemachten Aufstrichen zu essen, heißt, ein Image, ein Klischee von ›Öko‹ weiterzufördern, auch wenn man nichts Weitergehendes im Sinn hat, als ausgelassen zu feiern bzw. sich gesund und möglichst nachhaltig zu ernähren.«

Andererseits scheint »das Rebellische« heute gar nicht mehr so typisch für Jugendliche und nicht einmal für jugendliche Engagierte. Mandus beobachtet, dass sich auch bei Engagierten immer stärker »Pragmatismus« verbreitet. Jugendliches Engagement nimmt eher zu in Bereichen ...

»... wo man das Engagement für die Karriere nützlich machen kann. So, also sprich: so was wie junge Journalisten oder Parteijugenden ... Oder Börsenspiel, es gibt auch junge Unternehmer. Es gibt jetzt total viele von diesen Sachen, die irgendwie von der Regierung auch gesponsert sind oder von irgendwelchen Konzernen. Da nimmt es zu. Aber da, wo ich eben keinen persönlichen Nutzen draus ziehe, nimmt es eher ab.«

Kritisch sieht Mandus entsprechend auch »Jugendbeteiligungskampagnen«, wo jugendliches Engagement ins »System der Erwachsenen« eingepasst wird.

»Es gibt ja so Kampagnen wie Jugendbeteiligungskampagne oder Jugendnetz oder Jugendpresse, wo ich ja früher auch ein bisschen mit dabei war. Da ist eben dann der Mainstream der Jugend, der irgendwie dann Jugendmedienkongresse im Bundestag macht und solche Dinge. Ich weiß nicht, wie weit die da Einfluss haben, weil letztlich ist es ja eigentlich dann die Jugendlichkeit, die sich dem System der Erwachsenen anpasst. Wenn ich irgendwie auf einen Parteitag von irgendeiner Partei in der Jugendpresselounge sitze und über die Politiker berichte, kann ich zwar auch kritisch berichten, aber die ganze Kultur, die ich übernehme, ist die Kultur dieser Leute. So, ich lauf dann auch im Anzug rum, und ich gebe mich so pseudoprofessionell und muss alles ganz korrekt machen, obwohl ich erst 18 oder 19 bin.«

Die Frage bleibt offen, ob dieses auf Erwachsen getrimmte Engagement eher in die Zeit passt bzw. zu einer Jugend passt, für die laut Mandus in der Kritischen Masse »Selbstinszenierung DER zentrale Wert geworden ist«.

Jung und Alt: Verkehrte Welt

Macht die Angst um die persönliche Zukunft Jugendliche heute angepasster und in gewisser Weise sogar konservativer als alte Menschen? Und könnte das auch die Wahl der Themen beeinflussen, für die sie sich engagieren? Jugendliche müssten doch, so Mandus, »eigentlich noch voller Zuversicht sein, voller Hoffnung, aber das ist nicht mehr. Das ist momentan nicht mehr so.«

»Also, ich sehe jetzt eigentlich, dass total viele junge Leute irgendwie

Angst haben, noch einen Job zu bekommen und das alles sehr genau nehmen, wenn irgendwo ein Arbeitsamtsmitarbeiter an die Schule kommt oder da einen Besuch macht und sagt: ›So und so sieht die ideale Bewerbung aus‹ und ›So und so geht das‹, dass so was schon irgendwie wichtig genommen wird. Ich selbst merke bei mir, weil ich eben nicht aus einem reichen Elternhaus komme, dass ich ja auch irgendwie versuche, gut zu sein an der Uni, oder Praktika mache, um auch einen guten Lebenslauf zu haben. Dass mir mein Lebenslauf auch durchaus wichtig ist, obwohl ich es eigentlich gar nicht so wichtig nehmen will. Ich denke, dass die Jugend heutzutage mehr in Angst lebt als vielleicht überhaupt jemals zuvor in der Nachkriegszeit. Nur die eigene Angst, weil ich glaube, die Angst vor einem atomaren Overkill oder so was war vielleicht in den 80ern eher ... Vielleicht gibt es auch deshalb nicht mehr so viel Jugendbewegungen, weil auch die Angst sich mehr auf Persönliches richtet und nicht mehr so sehr auf das Kollektive. Wie jetzt ›die Umwelt kackt ab‹ oder irgendwie ›wir haben zehnmal so viele Atomreaktoren und Atombomben, die genügen, um das ganze Leben auf der Erde zu vernichten‹ usw., sondern viel mehr die eigene persönliche Zukunftsangst, dass die stärker wird als die kollektive Zukunftsangst momentan.«

Angesichts der Ängste und Sorgen, die heute die junge Generation beschäftigen, haben es alte Menschen eigentlich leichter, meint Mandus. Zumindest, wenn er an die alten Menschen denkt, die er außerhalb seiner Familie noch kennt. Das sind häufig »Alt-68er«, er nennt einige auch »Altanarchisten«. »Leute aus verschiedenen Spektren«, die »unkonventionell geblieben« oder »in einer Bewegung aktiv sind«.

Diese alten Menschen sind manchmal jugendlicher als die Jugendlichen von heute.

»In gewisser Weise sind sie teilweise jugendlicher, weil sie nicht so die starke Angst haben vor dem Verlust ihrer materiellen Güter oder ihres Ansehens, ihres Einflusses, ihres Wohlstandes. Dass sie einfach angstfreier leben und vielleicht viel stärker die Motivation der Liebe haben oder Liebe und Freiheit, um sich zu engagieren. Hat vielleicht auch was damit zu tun, dass sie nicht mehr so jung sind, dass sie nicht mehr so viel Angst haben abzustürzen.«

Eine verkehrte Welt also, in der ›jung‹ nicht mehr rebellisch und progressiv heißt und ›alt‹ nicht mehr automatisch traditionell und konservativ. Wo »Altsein nicht mehr unbedingt mit den typischen Attributen von Altsein verbunden sein muss« und Jugend nicht mit denen des Jungseins. Deshalb fragt sich Mandus: »Muss Jugend zwangsläufig irgendwie diese Werte Freiheit, Liebe, Phantasie usw. haben? Muss Jugend zwangsläufig rebellisch sein oder ist vielleicht dieser Wert, dass Jugend gleich alternativ und aufmüpfig sein muss, vielleicht heutzutage gar nicht mehr so eindeutig feststellbar? Weil ich zum Beispiel beim Trampen so die Erfahrung mache, dass ich total oft von eher mittelalten Leuten mitgenommen werde, also Leuten zwischen 35 und 50, als von wirklich jungen Leuten. Wo man eigentlich denken müsste, die jungen Leute müssten andere junge Leute allein schon aus Solidarität mitnehmen. Aber das ist gar nicht so oft der Fall, sondern da treffe ich immer wieder Jugendliche, wo ich echt denk, krass, dass die genau so alt sind wie ich. Zum Beispiel der Nachbarsjunge, der in meiner Straße wohnt, wo ich aufgewachsen bin, der ist jetzt auch 22 und fährt irgendwie dicke Autos. Ich weiß nicht, was der macht, weil ich mit dem schon ewig kein Wort mehr gewechselt habe. Das sind schon krasse Unterschiede so zwischen Jugend und Jugend.«

Mann und Frau

Bei der Frage, ob die Gleichberechtigung zwischen Mann und Frau schon weitgehend erreicht sei, verweist Mandus auf die globale Perspektive. Noch unter dem Eindruck seiner Indonesienreise, ist er überzeugt, dass hier in vielen Teilen der Welt noch eine große Aufgabe liegt.

Für sich selbst hält er wenig von »Männlichkeitsgebaren« und probiert dann schon mal aus, wie rote Fingernägel aussehen, wenn im Büro gerade Nagellack herumsteht. Ein gewisses Maß an Bisexualität sei ganz natürlich und:
»Es macht auch Spaß, einfach Mensch zu sein, unabhängig davon, welchem Geschlecht ich zugehörig bin.«

Zukunftswünsche und Träume

Mandus traut sich zu träumen. Für die Zukunft würde er sich wünschen …
»… in einer richtig freien Kommune zu leben und halt mit tollen Menschen zusammen, mit denen ich alles machen kann. Zu schreiben würde ich mir wünschen, Bücher schreiben und vielleicht auch ab und zu mal irgendwas veröffentlichen. Vielleicht zuerst mal ein paar Jahre forschen irgendwo und danach erst aussteigen. So erst mal ein bisschen auf die Gesellschaft Einfluss nehmen und danach aussteigen, aber immer noch ein bisschen Einfluss nehmen.«

Dabei möchte er aber auch weiter sein »Nomadenleben« führen.
»Eigentlich möchte ich nicht mein ganzes Leben an irgendeinem Ort fixiert leben. Ich glaube, ich bin da eher der Nomade. Ich glaube, das sind auch viele junge Leute, zumindest vielleicht nicht eine Mehrheit, aber ein wachsender Anteil, eine wachsende Minderheit, die eher so dieses Nomadenleben, dieses räumlich entgrenzte Leben so lebt.«

Was das Alter angeht, ist Mandus ziemlich guten Mutes. Im Idealfall ist das dann eine Zeit ohne Angst, jedenfalls ohne die Zukunftsangst, die er mit vielen heutigen Jugendlichen gemeinsam hat.
»Wie wird dein Leben aussehen, wenn du alt bist?
Ja, hoffentlich so ähnlich wie wenn ich jung bin und vielleicht sogar noch besser wie wenn ich jung bin. Wenn ich vielleicht noch weniger Angst haben muss, mich voll auszuleben, meine Meinung immer zu sagen zum Beispiel, ohne Angst haben zu müssen, dadurch keinen Job mehr zu bekommen.«

Er möchte lange geistig arbeiten und hofft, dann immer noch einen entsprechenden Beruf ausüben zu können. Wie sieht es dann mit der Rente aus? »Hoffe das Beste und erwarte das Schlimmste!«
»Mein Ziel ist schon irgendwie, bevor ich in das Alter komme, wo ich nicht mehr ohne Hilfe anderer leben kann, eine Art Kommune aufgebaut zu haben, wo ich weiß, das sind Freunde, die zu mir stehen.«

Antje, 23 Jahre, Angestellte bei der Rentenversicherung. Pflegende.
»Nun bin ich eben wieder hier.«
Süderholz, Januar 06

Antje lebt in einem kleinen Ort in Nordvorpommern. Momentan sitzt sie auf gepackten Kartons, denn sie wird bald ins Souterrain des Doppelhauses ziehen. Der Ausbau ist nach sieben Monaten, in denen ihr Onkel und der Lebensgefährte ihrer Mutter anpacken, endlich so gut wie abgeschlossen. In dem Haus spielt sich ein sehr buntes Familienleben ab.

»Also, ich muss mal ein bisschen weiter ausholen, das ist so: Meine Eltern sind noch verheiratet, lassen sich auch nicht scheiden. Mein Papa wohnt nebenan in der anderen Haushälfte. Und das Haus gehört meinen beiden Eltern. Früher hat hier meine Oma gewohnt. Und im Moment wohnt wieder meine Schwester hier mit ihrem Freund. Und die Mutti und ihr Freund. Die sind Ostern ein Jahr zusammen.

Meine Mutter sagt immer: Bei uns läuft das alles anders, wir sind eine etwas ungewöhnlichere Familie als die andern. Und es können auch nicht alle Leute nachvollziehen, dass hier jetzt meine Mutti und ihr Freund wohnen, nebenan mein Papa. Aber die verstehen sich alle gut untereinander und das ist wichtig. Sonst würde das auch nicht funktionieren mit uns.

Ich mein, wenn wir uns nicht verstanden hätten, hätte ich auch nicht gesagt, sie sollen den Keller ausbauen, ich will hier bleiben. Sonst hätte ich auch wieder woanders hinziehen können, aber das wollte ich eben nicht. Ja, nun bin ich eben wieder hier.«

Zwischendurch war Antje nach dem Realschulabschluss in Berlin, um dort ihre Ausbildung zur Sozialversicherungsfachangestellten bei der Rentenversicherung zu machen. Über diesen Schritt ist sie aus zwei Gründen glücklich. Zum einen, weil sie sich persönlich entwickelt hat, zum anderen, weil sie zu einem späteren Zeitpunkt nach der Ausbildung nicht mehr übernommen worden wäre.

»Das war das Beste, was mir passieren konnte. Dann bin ich drei Jahre nach Berlin gegangen, bin dann vom kleinen Dorfmädchen, das ich war *(lacht)*, in die große Stadt, hab mich dann dort sehr gut entwickelt.

Die Portraits 389

Hätte ich erst Abitur gemacht und dann die Ausbildung, wäre ich nicht mehr übernommen worden. So sieht's aus.«

Inzwischen wurde Antje nach Stralsund versetzt, wo sie auch eine Weile wohnte. Dort, in einem Plattenbau, hat es ihr aber nicht gefallen. So ist sie nach der Trennung vom Freund wieder zur Familie ins Grüne zurückgekehrt. Und wenn sie nicht berufsbedingt wegmuss, bleibt sie auch in Süderholz, wo sie sich wohl fühlt und die unmittelbare Nähe zur Familie hat.

Neben dem Beruf bleibt Antje Zeit für ihre Hobbys. Sie lernt Polnisch und geht drei Mal in der Woche mit ihrer Mutter und deren Freund schwimmen.

Ein wenig Sorge hat Antje, ob das Zusammenleben mit der Mutter nach ihrer Phase der Selbständigkeit so reibungslos klappt. Während Antje als Kind »klein und lieb und artig«, manchmal sogar »schüchtern und ängstlich« war, ist die Mutter ein Energiebündel. Als die beiden Töchter 14 und 15 waren, fuhr sie mit ihnen in die Disko.

»Meine Mutti ist so jemand, der auch mal gerne gucken geht und die Türen aufmacht und sagt: ›So, hier bin ich!‹ Ich bin eigentlich gleich nach der Schule ausgezogen und ob man dann noch so damit klarkommt, weiß ich nicht, das muss man abschätzen. Man muss Kompromisse schließen und dann muss der eine auf den anderen Rücksicht nehmen, sonst geht das nicht.«

Die Oma in der Familie

Schwierige Bedingungen, die Kompromisse erforderlich machten – das kennt Antje aus der Zeit, als in der Familie die Großmutter gepflegt wurde. Nach dem Kauf eines Doppelhauses wurde dieses ausgebaut, und die Oma zog mit 82 Jahren in die zweite Haushälfte ein. Vor allem Antje und ihr Vater haben sich um sie gekümmert.

»Meine Mutter war dann als Werbedame sehr viel unterwegs. Also, die war entweder tagelang gar nicht zu Hause oder erst spätabends. Meine Schwester war zu der Zeit im Internat, und da waren ich und mein Papa für die Oma da.

Sie war schon den ganzen Tag alleine und immer nur Fernsehgucken wollte sie auch nicht. Und wir sind mit ihr rausgegangen. Die erste Zeit konnte sie noch laufen, danach dann mit dem Rollstuhl. Das war so Alltag, das gehörte nachher irgendwo mit dazu. Das war auch nicht immer so einfach, weil sie dann Dinge gesehen hat, die eigentlich gar nicht da waren. Oder den Herd angelassen hat und das wollte sie dann aber nicht gewesen sein. Also das war nicht immer so einfach und daran musste man sich gewöhnen.«

Neben diesen krankheitsbedingten Problemen kam es zu Schwierigkeiten, weil die Familie versuchte, trotz der Pflegesituation ein unabhängiges Familienleben zu wahren.

»Zu Anfang konnte man durch die beiden Häuser durchgehen. Dann ist sie morgens immer zum Frühstück rübergekommen und musste dazu immer durch mein Zimmer und durch das meiner Eltern. Und sie ist immer zum Mittag rübergekommen und zum Abendbrot. So hatten wir als Familie, wir vier, eigentlich gar kein normales Familienleben mehr. Meine Eltern haben sich das zwei Monate angeguckt und dann gesagt: ›Also Oma, jeder für sich! Frühstück musst du schon alleine essen, Mittag können wir am Wochenende zusammen essen und Abendessen ist auch kein Problem.‹ Zum Frühstück, sie ist ja auch immer sehr früh aufgestanden am Wochenende, das muss nicht sein.

Und das war dann für sie immer wie: Ihr wollt mich nicht. Ja, es war nicht immer so einfach. Meine Eltern haben sich oft in die Wolle gekriegt, meine Schwester und ich haben das natürlich mitgekriegt. Aber es war halt so, es war halt Oma. Daran hatte man sich dann irgendwann gewöhnt.«

Mit 90 Jahren kam die Großmutter ins Krankenhaus. Für Antje war die Zeit sehr schwer, da die Oma sich stark veränderte. Danach stand die Frage im Raum: »Pflegeheim oder nach Hause?« Durch die hohen Pflegeanforderungen (Magensonde) und die Selbständigkeit der Mutter nahm schließlich eine Tante, die Krankenschwester ist, die Oma zu sich. Dort verstarb sie nach drei Wochen.

»Das hätten wir auch einfach nicht gekonnt, also damit wäre meine Mutti glaub ich einfach überfordert gewesen. Sie hat sich das hinterher immer so vorgeworfen und gesagt: ›Hätten wir das vorher gewusst, dass es nur drei Wochen sind, dann hätten wir das vielleicht auch machen können‹, aber das weiß man ja vorher nicht. Es hätte ja auch noch ein halbes, ein dreiviertel oder ein Jahr sein können. Und das ging auch einfach finanziell nicht.«

Soziales Netzwerk und Werte

Die Familie ist Antje in ihrem Leben am wichtigsten. Viele Angehörige wohnen in der Nähe. Antjes Kontakte zu der großen Familie sind vielfältig, doch sie werden nicht nur positiv bewertet: Nähe und Distanz, starke Sympathie bis Antipathie kommen in diesem Lebensbereich vor. Etwas weniger wichtig sind die Freunde. Es sind nicht so viele, aber die Beziehung zu ihnen ist umso enger.

»Viele Freunde hatte ich nie. Aber ich bin auch kein ganz einfacher Mensch und ich such mir dann immer die Menschen. Die, die ich dann hab, das sind dann aber auch richtige Freunde. Und das waren dann auch immer nur so drei, vier, fünf.«

Als weitere wichtige Bereiche in Antjes Leben folgen die Arbeit, ihre Hobbys (Schwimmen und der Polnisch-Kurs) und schließlich die Nachbarn. Die meisten Menschen sind für Antje so wichtig, dass sie sie in ihre Nähe oder höchstens in mittlerer Distanz zu sich in das Kontaktschema eingetragen hat. Nur in der Nachbarschaft und in der Arbeit gibt es Kontakte zu ihr unsympathischen Menschen, die sie dann auch in großer Distanz zu sich sieht. Unter den für Antje wichtigen Menschen sind alle Altersgruppen vertreten.

Es gibt relativ viele Werte, die ihr sehr wichtig sind. Zudem hängen einige Werte miteinander zusammen, sodass Antje sie entsprechend gruppiert. Von sehr großer Bedeutung sind für sie Familie und Freunde, die zugleich ›Sicherheit‹ vermitteln: »dass man sich so wohl fühlt und geborgen und dass man irgendwo Halt hat«. Auch ›Liebe‹ und ›anderen helfen‹ zählt sie zu ihren wichtigsten Werten, die ebenfalls mit Familie und Freunden zu tun haben. Zur Familie gehören zudem Traditionen, Dinge, die man gemeinsam macht, »was sich jedes Jahr wiederholt«, wie zum Beispiel der Osterspaziergang.

Ein weiterer sehr wichtiger Wert ist »Spaß haben«. Diesen verknüpft Antje mit ›Phantasie‹:

»Spaß haben und Phantasie, das kann man nicht nur auf die Familie oder nur auf die Freunde beziehen. Man sollte eigentlich im ganzen Leben versuchen Spaß zu haben. Und Phantasie gehört irgendwie dazu, um das Leben zu gestalten, damit man nicht immer das macht, was andere machen, sondern immer auch mal was anderes.«

Die Portraits

Weniger relevant sind Fleiß und Leistung. Diese sind zwar für den Beruf bedeutsam, »aber außerhalb der Arbeit ist mir das eigentlich nicht so wichtig«.

Werte, die in Antjes Leben eine untergeordnete Rolle spielen, sind Glaube, Wohlstand (»Hauptsache, ich habe was zu essen und komm über die Runden«), Ordnung und Einfluss (»hab ich nicht«).

Eine exponierte Rolle in Antjes Leben spielt »Selbstbewusstsein«. Ein Leistungseinbruch in der Schule, durch den sie vom Gymnasium auf die Realschule wechselte, die Trennung vom Freund im Privatleben – beides waren Ereignisse, die Antje sehr zu schaffen machten. Dies wirkte sich auch körperlich aus, was wiederum negative Rückwirkungen auf das Selbstwertgefühl hatte.

»Selbstbewusstsein, das ist für mich so ein Thema … Das ist jetzt letztes Jahr so ein bisschen zurückgegangen. Und dass ich dadurch dann auch etwas in die Breite gegangen bin. Jetzt bin ich aber wieder dran, das etwas zu reduzieren. Da wird man einfach selbstbewusster. Man geht dann anders, als wenn man korpulenter ist. Am Selbstbewusstsein arbeite ich eigentlich schon mein ganzes Leben. Ich bin eigentlich eher jemand, der sich das immer erst anguckt, bevor er seinen Mund aufmacht. Also, das ist so ein Punkt, da muss ich mich manchmal überwinden. Das ist nicht immer ganz einfach, aber man kann nicht immer nur seinen Mund halten und muss auch mal den Mund aufmachen.«

In der Region:
Keine Chance für junge Menschen

Außer ihrer zwei Jahre jüngeren Schwester gibt es in Süderholz derzeit keine Jugendlichen in Antjes Altersklasse. Das Leben ohne Jugend im Ort findet sie zwar etwas komisch, aber so richtig stört es sie nicht, selbst wenn es in der Nachbarschaft manchmal Ärger gibt, »wenn die Autos in der Auffahrt stehen und dann z. B. die alten Damen mit ihren Wägelchen nicht vorbeikommen«. Die Nachbarn kennen sie von klein auf, sie ist mit ihren Kindern aufgewachsen. Vielleicht stört es sie auch deshalb nicht, weil sie sich eher schon der mittleren Generation zugehörig fühlt als der Jugend und ihr der Abstand zwischen den Generationen dadurch geringer erscheint?

»Ich war schon immer ein bisschen frühreif, ich war schon immer ein bisschen weiter als die, die in meinem Jahrgang waren. Und ich fühl mich jetzt eigentlich nicht mehr so unbedingt als Jugendlicher.«

Ursache für den Weggang der Jugend sind die schlechten Aussichten auf dem Arbeitsmarkt, kaum jemand kann in der Heimat bleiben.

»Die allermeisten sind weggegangen. Eine Freundin von mir ist ganz weggegangen, nach Wuppertal. Und auch die anderen sind alle verstreut, wegen der Arbeitssituation, Schule, Studium … das ist hier einfach nicht gegeben.«

Mobilität ist die einzige Möglichkeit, Arbeit zu finden. Für Antje ist es deswegen ein umso größeres Glück, dass sie in der Heimat beschäftigt ist. Sie hält ihren Job »in den nächsten fünf, zehn Jahren« für sicher. Ihre Schwester und die Mutter sind hingegen erwerbslos. Die Schwester »bewirbt sich überall. Das ist ihr eigentlich ziemlich egal, wo sie hinkommt, Hauptsache: Arbeit.« Auch die Mutter ist »da ganz flexibel«, trotz des Hauskaufs und der familiären Bindung. Ihre Erwerbsbiografie ist von Phasen der Selbständigkeit geprägt. Seit sie die Gaststätte im Dorf schließen musste, sucht sie nach einer neuen Tätigkeit, notfalls auch als Saisonkraft in Österreich oder in der Schweiz.

So verschieden die Ursachen für Arbeitslosigkeit auch sein mögen und so schlecht die Aussichten in der Region, so ist sich Antje doch sicher, neue Arbeit zu finden »hängt von jedem auch selber ab«. Von der Politik fordert sie, dass gegen Arbeitslose, »die einfach nicht wollen«, etwas unternommen wird.

»Ja, nicht wollen ist für mich, wenn man kein Interesse daran zeigt, eine Arbeit zu finden.

Es gibt ja auch Leute, die setzen sich hin und sagen: Wofür soll ich arbeiten? Ich habe in meinem Bekanntenkreis jemanden, der kriegt 900 Euro Hartz IV. Und der sagt: Wofür soll ich arbeiten gehen? Das find ich ziemlich dreist. Das ärgert einen schon. Du stehst jeden Morgen auf und hast vielleicht 200 bis 300 Euro mehr und gehst aber 40 Stunden die Woche arbeiten, und er sitzt zu Hause und macht nichts und kriegt trotzdem das Geld. Das ärgert einen natürlich schon. Ich finde, dagegen sollte man auch irgendetwas machen. Bloß das können nicht wir, das können nur die Politiker.

Es kann nicht sein, dass man sein Leben lang nur zu Hause sitzt und nur vom Staat lebt. Das kann ich nicht nachvollziehen und das würde für mich persönlich auch nie in Frage kommen. Für mich war immer klar: Schule, Ausbildung, Lehre, Arbeit.«

Entsprechend wichtig findet es Antje, beruflich voranzukommen und sich zu entwickeln (»das ist ja auch von jedem eigentlich das Ziel«). Mit Karriere verbindet sie jedoch weniger einen größeren Einflussbereich, und auch der Einkommenszuwachs ist für sie eher nachrangig. Viel wichtiger ist es ihr, dass sie in einer höheren Position besser vor Stellenabbau geschützt wäre.

»Aber man weiß ja nicht, ob Stellen abgebaut werden. In der Position, in der ich jetzt bin, kann es eben durchaus auch passieren, dass da Leute abgebaut werden und man will ja auch ein bisschen höher, damit man noch fester drinne ist.«

Karriere zu machen ist bei der Rentenversicherung nicht so einfach, dazu müssen weitere Abteilungen von Berlin nach Stralsund verlegt werden. Aber Antje wird sich dann auf jeden Fall für eine höhere Position bewerben. Die Rückendeckung von ihrem Teamleiter hat sie dafür zumindest.

Alt und Jung in der Gesellschaft

Aufgrund der schlechten Arbeitsmarktchancen schätzt Antje die gegenwärtige Situation der Jugendlichen als schlecht ein. Daraus leitet sie ab, dass der Wohlstand zwischen den Generationen zu ungunsten der Jugend verteilt ist.

»Es fängt ja schon damit an, wenn ich keine ordentliche Schulbildung hab, hab ich keine ordentliche Ausbildung, hab ich auch keinen Wohlstand. Dann bin ich arbeitslos, arbeite irgendwo für wenig Geld und kann mir nicht viel leisten. Und im Moment ist es noch so, wenn ich jetzt meine Eltern oder meine Oma angucke, da ist nicht viel, aber da ist noch irgendwo Geld. Denen geht es eigentlich gut und es ist nun keiner, der jetzt sagen muss, er muss bald auf die Straße.«

Ob das ungerecht ist, wagt Antje nicht zu beurteilen, sie ist eher der Meinung, »das verlagert sich gerade«. Denn die Großelterngeneration …

»… hat viel dafür getan, dass es jetzt so ist, wie es ist. Dass sie jetzt noch Geld haben, mussten sie sich auch verdienen. Die haben auch hart gearbeitet und nichts umsonst gekriegt.«

Als Angestellte bei der Rentenversicherung betrachtet Antje die Anforderungen

der Gesellschaft an die Jugend aus einem spezifischen Blickwinkel:
»Wenn man jetzt von meinem Job her denkt, dann sind die Jugendlichen diejenigen, die die Beiträge ranschaffen müssen, damit meine Eltern z. B. später in Rente gehen können. Ja, weiß ich nicht, vielleicht erwartet man auch zu viel, so wie es jetzt im Moment gerade ist, dass immer gesagt wird: Ihr müsst, ihr müsst. Und dass man das dann vielleicht nicht so erfüllen kann, wie man das soll.«

Vor diesem Hintergrund sieht sie große Probleme in einer alternden Gesellschaft. Sie befürchtet, dass es ohne Junge keinen Fortschritt mehr geben wird und die Gesellschaft nicht mehr funktioniert.
»Je weiter sich der Fortschritt entwickelt, auch in medizinischer Hinsicht, umso älter werden die Menschen, umso mehr wird erfunden, dass sie dann auch noch weiterleben. Es kostet ja auch Geld, so einen alten Menschen im Krankenhaus, im Pflegeheim unterzubringen, das kostet ja auch alles Geld. Und wer soll das nachher machen? Wenn keine Jungen mehr da sind, dann können ja nicht die Alten die Alten pflegen.«

Generationentrennung?

Für die Generationenbeziehungen bedeutet dies, dass sich Alte und Junge immer weiter voneinander entfernen. Allerdings nicht, weil sich die Jungen bewusst von den Alten abwenden, sondern weil einfach keine Zeit füreinander bleibt.
»Die Jungen, die jetzt noch Arbeit haben, die arbeiten ja nur noch. Und die Alten sind zu Hause und man hat dann irgendwann keine Zeit mehr, sich umeinander zu kümmern und miteinander Zeit zu verbringen. Die einen sind nur noch dazu da, um zu arbeiten und Geld zu verdienen, und die anderen sitzen eigentlich nur rum und warten, dass jemand kommt oder dass es irgendwann zu Ende ist.«

Dies kann Antje in ihrem eigenen Leben bereits beobachten. Sie arbeitet in einem sehr jungen Team, in dem sie mit 23 Jahren die Jüngste ist und der Älteste gerade 32. Mit der Verlegung der Abteilungen sind nur Junge nach Stralsund gekommen.
»Da siehst du entweder nur Leute in meinem Alter oder Schwangere. Im Moment ist es ganz verschärft, weil jetzt die Jahrgänge dort arbeiten, die vor fünf oder sechs, sieben Jahren eingestellt worden sind und die hatten alle das gleiche Alter. Also, wir sind alle gleichzeitig gekommen und wir werden auch alle wieder gleichzeitig gehen.«

An sich findet Antje das sehr angenehm, da der Kontakt unter den jungen Kollegen persönlicher und weniger distanziert ist als bei Älteren.
»Da ist noch alles mit ›Sie‹, nicht mit ›Du‹, da ist noch alles sehr zurückhaltend, wird auch nicht so viel Privates erzählt. Und das ist bei uns halt anders. Wir treffen uns auch nach der Arbeit regelmäßig, machen viel zusammen, rufen uns nach dem Feierabend mal an oder sehen uns, machen irgendwas zusammen.«

Außerdem fällt es Antje in der offeneren Atmosphäre leichter, Konflikte anzusprechen. Dass sie es in ihrer Arbeit nur mit alten Klienten zu tun hat, stört sie hingegen überhaupt nicht: »Wir müssen ja sowieso immer freundlich sein.«

In ihrer Freizeit hingegen ist Antje beim Polnisch-Lernen nur von Kursteilnehmern im Rentenalter umgeben. Aber »das macht auch richtig Spaß mit denen«, da sie Zeit haben, sich auf den

Kurs vorzubereiten und engagiert mitzumachen.

Erwartungen an ältere Leute leitet sie daraus nicht ab. Sie freut sich jedoch, wenn sie von betagteren Familienangehörigen Ratschläge bekommt.

»Die geben einem dann Ratschläge, die man dann beim ersten Mal nicht so wahr haben will, aber hinterher ist es dann doch immer so.«

Zukunft

Antjes Zukunftsträume sind nicht hochfliegend: glücklich möchte sie werden. Konkret bedeutet dies, dass sie einen Partner finden möchte, mit dem sie eine Familie gründen kann, dass sie ihre Arbeit weitermachen kann und gesund bleibt.

Durch die eigene Pflege-Erfahrung weiß sie, wie wichtig Familie im Alter ist. So wünscht sie sich für das eigene Alter den gleichen Familienzusammenhalt, den sie in der eigenen Verwandtschaft genießt. Auf keinen Fall möchte Antje dann allein sein: »Ich glaube, das ist so mit das Schlimmste, was einem passieren kann, wenn man so ganz alleine ist.«

René,[107] 18 Jahre, Azubi zur Fachkraft für Lagerwirtschaft.

»Ick war noch nie in Neukölln.«

Berlin, Februar 06

René wuchs in Berlin-Treptow auf. Beide Eltern sind in leitenden Positionen, »haben so an sich viel Geld«. Außerdem hat er einen älteren Bruder, mit dem er sich gut versteht. René wohnt zwar noch im gleichen Stadtbezirk, inzwischen aber in einer WG mit zwei Kumpels. Zusammengezogen sind sie vor einem halben Jahr, »weil die mich gefragt haben und ick das nett fand, dass die mich gefragt haben und die einen gebraucht haben«. Nun bewohnt er das größte Zimmer, mit Balkon. Er hatte schon einmal eine eigene Wohnung, besitzt dadurch den größten Fernseher und die größte Couch, und daher ist sein Zimmer »sozusagen auch das Wohnzimmer«. Das Zusammenwohnen klappt gut, außerdem ist der Kühlschrank immer voll,«auch wenn man mal 'ne Woche keen Geld hat, einer hat schon Geld«.

So ein richtiges Hobby hat René nicht, »hauptsächlich so mit Freunden, Kino, Feiern. Ja, hauptsächlich feiern, auf Partys gehen.« Bis vor zwei Jahren hatte René eine richtige Clique, mit der er sich regelmäßig getroffen hat (an der »›Bretterbude‹, so haben wir das damals genannt«). Heute hat er mehrere Freundeskreise. Dort an der »Bretterbude« kam er das erste Mal mit einem Streetworker in Kontakt, der ihn seit dieser Zeit dabei unterstützt, das Leben zu meistern.

»Wir waren an der Bretterbude und dat war schon bisschen auffällig, dass wir da gestanden haben und einen gepichelt haben. Und dann kam er zu uns und dann waren wir auf einmal im Kino mit ihm *(lacht).* Da hat er gesagt: ›Macht nicht immer das Gleiche, an der Bretterbude, dat sieht schlimm aus.‹ Und hat so ein bisschen den Weg gerichtet, hab mit ihm Bewerbungen geschrieben und so was. Ist schon ein guter Wegbegleiter für's Leben, so an sich.«

Nach seinem Realschulabschluss hat René ein Jahr lang eine Lehrstelle gesucht. Die Zeit dazwischen überbrückte er mit Praktika. Nun wird er zur Fachkraft für Lagerwirtschaft ausgebildet (»Dit ist Spedition, Buchhaltung und Lager. Also Routenplanung und so wat«). In der Schule war René »faul«, aber seine Noten reichen ihm. Er ist sogar ein bisschen stolz darauf, dass er überhaupt den Abschluss gemacht hat,

[107] Der Name des Interviewpartners wurde auf dessen Wunsch geändert.

denn im letzten Schulhalbjahr wohnte er nicht mehr zu Hause.
»Das letzte halbe Jahr hab ick selber gemacht. Also, da war ick nicht mehr zu Hause, da gab's Stress, und da bin ick alleene hinjegangen. Da hatt ick auch keenen, der mal gesagt hat: Lern mal ein bisschen.
Ick wusste, das ist wichtig. Da waren auch meine Leute, meine Freunde und weeß ick nicht. Das hab ich für 'ne Pflicht empfunden, dit zu machen. Ohne Abschluss ist doof.«

Auszug mit 15

Die Zeit des Auszugs aus dem Elternhaus hat René sehr geprägt. Dazu kam es, weil er mit 15 »'ne Menge getrunken« und dadurch Ärger mit der Polizei hatte. Nach einem Streit mit der Mutter ging er. Zwar gab es noch ein Gespräch gemeinsam mit dem Streetworker, aber …
»… dann haben wir uns gesagt, nehmen wir uns erstmal zwei Wochen Pause, denken über alles nach. Meine Eltern sind ja der Meinung, ick hab mir das alles ausgesucht. Obwohl ick der Meinung bin, da gehören immer zwei dazu. Natürlich bin ick schuld, so an sich. Aber ick bin ja nicht geboren, um zu sagen: Ick zieh mit 15 aus. Dit gibt es nicht. Na ja, dann war es halt so geschehen. Dann hat man auch seinen Stolz gehabt, um nicht mehr zurückzugehen. So wurde ick erzogen.«

In der Zeit hat René bei Kumpels gewohnt, »war halt blöd, mit 15 irgendeine Wohnung zu finden«. Mit dem Auszug hat seine Kindheit aufgehört.
»Da musste ick dann von einem Tag auf den anderen erwachsen werden und mir meinen Kühlschrank selber voll machen und alles so.«

In den folgenden zwei Jahren zog René acht Mal um, versuchte einen Selbstmord. Inzwischen findet er aber, dass es »langsam vorangeht«.
»Eigentlich die letzten zwei Jahre waren ganz schön heftig. Ick bin acht Mal umgezogen und war halt nicht so tolle. Da war ick sehr oft nah am Wasser gebaut. Hab auch versucht, mir schon mal das Leben zu nehmen. Bin nicht so stolz drauf, aber war halt auch wieder mal im Suff. Aber jetzt langsam ist schon ganz okay so.«

**»Unsere Hood« –
mit wenigen Ausländern**

Schon in der Schule war René als »der Grünauer Fascho« bekannt. Er war und ist nicht gekleidet wie sein Freundeskreis, mit »Bomberjacke oder Lonsdale oder so was«. Lieber trägt er Lederjacke, »sieht schicker aus«. Aber in seiner Schule wusste man trotzdem, wie er denkt. Diese Einstellung teilte er nach seiner Einschätzung mit »20 oder 30 %« seiner Mitschüler. An der Schule gab es von der siebten bis zur zehnten Klassenstufe nur »zwei Ausländer«, die Hälfte der Schüler saß »vorm Computer« und der Rest war »so links oder Sprayer«.
Mit rechtem Gedankengut kam René zum einen durch seinen Vater in Kontakt (»Mein Vater hat auch 'ne rechte Meinung«). Zum anderen hatte René viele etwas ältere Freunde, deren große Brüder einen rechten »Touch« hatten.
»Ja, und mit den Leuten ist man dann halt mal zu anderen Leuten gegangen, zu dem großen Bruder oder wat, und da hat man dann halt die richtigen Leute kennen gelernt … oder die falschen Leute. Weeß ick jetzt nicht *(lacht)*.«

Inzwischen sind 80 % seines Bekanntenkreises »nationalsozialistische Leute«. Kontakt mit ehemaligen Klassenkameraden hat er kaum noch, was René ein bisschen schade findet.

»Weil da waren auch ein paar Normale bei. Jetzt sind viele Kranke. Also nicht jetzt so psychisch Gestörte, sondern so, die halt viel Scheiße bauen, was halt auch nicht immer so von Vorteil ist. Wenn man auf Arbeit kommt, mit dickem Auge oder genäht oder so wat.
Dat sind so Leute, die machen dann in bestimmten Situationen Ärger, hauen sich dann und ich kann dann ja nicht wegrennen oder da stehen bleiben oder so wat, dann macht man halt mit.«

Allerdings ist einer der beiden WG-Mitbewohner und auch Renés Bruder links. Seine fremdenfeindliche Einstellung wird durch diese Kontakte nicht in Frage gestellt. Im Gegenteil findet René, dass die meisten deutschen Jugendlichen, selbst linke, seine »nationale« Einstellung teilen. Probleme hat er auch nicht mit den Hip-Hoppern in seinem Stadtbezirk (»Ick komm mit allen Gruppierungen klar«). Zu ihnen hat er gute Kontakte.
»Ja, also dit braucht man, wenn man nicht unbedingt auf die Fresse haben möchte. Dit sind z.B Leute, die ruf ick an, die sind da und die kommen auch nicht alleine, wenn jetzt mal wirklich die Kacke am Dampfen ist. Die kommen dann auch gleich mit zwanzig, dreißig Leuten an und sagen dann: ›Ey, wat ist los? Allet klar?‹
Und da gibt's keine Probleme wegen politischer Einstellungen?
Nö. Also, wir helfen denen auch, wenn wir dat sehen. Jut, natürlich gibt es untereinander auch ab und zu was, aber das hat dann andere Gründe, nicht unbedingt die Politik.«

Trotz des gewaltbereiten Umfeldes und eigener Erfahrungen als Kriminalitätsopfer fühlt sich René in seinem Stadtbezirk wohl. Das sehr homogene Umfeld mit einem Ausländeranteil von nur 2 % gibt ihm ein Gefühl der Geborgenheit.
»Wenn ick jetzt z. B. in Adlershof nachts über die Straße laufe ... Jut, das ist mir jetzt auch schon einmal passiert, dass ich abgezogen wurde, war aber nur zur falschen Zeit am falschen Ort. Aber da hab ick schon mal an 'ner Ampel geschlafen, da hat mich ein Kumpel nach Hause gebracht. Das ist einfach, wenn ich da über 'ne Strasse gehe, muss ick fünf Leute erst mal grüßen, um fünf Meter weit zu kommen. Dat ist einfach schön, so unter seinen Leuten zu sein. Unsere Hood!
Deswegen find ick das hier in Treptow auch janz angenehm, dass es hier nur 'ne Ausländerbevölkerung von 2 % gibt. Und dit ist sehr, sehr wenig. Und ick mag das halt, das hat auch schon mal ein deutscher Nationalspieler gesagt, dat ist ein ganz anderes Verhältnis, wenn ick in 'ner Kneipe sitze, jeder spricht die gleiche Sprache, als wenn da 20 Nationen sitzen.«

Politik

René sieht sich, im Gegensatz zu seinen Freunden, als gemäßigt fremdenfeindlich, da er nicht alle Ausländer gleichermaßen ablehnt.
»Na so wie die meisten Leute hab ick die Überzeugung überhaupt nicht. Es gibt ja wirklich auch Leute bei mir im Freundeskreis, die alle Ausländer nicht mögen. Wäre bei mir gar nicht möglich. Ick hab einen schwarzen Cousin und drei schwarze Cousinen und die mag ick. Ich hab einen schwarzen Klassenkameraden, den mag ick. Ick find, das sind in Deutschland einfach nur zu viele. Ick find dat einfach nicht schön, dass man nicht mehr nach Kreuzberg

kann und nich nach Neukölln. Ick war noch nie in Neukölln. Gibt halt natürlich Gruppierungen, wo ick auch alle über einen Kamm ziehe. Z. B. Türken, weil ick bis jetzt nur schlechte Erfahrungen mit Türken gemacht habe und nicht nur eine.«

Zugleich lehnt er »Faschos« ab, die ihm zufolge auf die Straße gehen und ohne wirkliche politische Überzeugung losprügeln. In einem Theaterstück, an dem René auf Bitten seines Streetworkers mitwirkt, persifliert er diese Gruppierung.

»Ja, ick bin in dem Stück wirklich der Rechte, aber ick verarsche damit die Rechten in dem Stück. Also zumindest die Faschos, die auf der Straße rumrennen und irgendjemanden umhauen. Die Leute kann ick auch nicht leiden. Man sollte schon so ein bisschen mit Köpfchen da rangehen. Man sollte schon einen Grund haben, warum man so ist wie man ist, warum man diese Meinung hat. *Und der Unterschied zu Faschos ist, dass die sich eigentlich nur prügeln wollen?* Hobby. Dat sind einfach nur Mitläufer. ›Dit hab ick gesehen, mach ick nach‹, und die wissen nicht, warum sie das machen. Finden's einfach cool. Idioten.«

Mitglied einer rechten Gruppierung ist er bislang nicht, er wartet noch, dass jemand mit einem »juten Vorschlag« auf ihn zukommt.

»Aber bis jetzt kam nur Schwachsinn. Ick hab bis jetzt noch keine jute oder intelligente Truppe getroffen. Die meisten, die mich angequatscht haben, waren grade am Saufen und da kann ick auch drauf scheißen.«

Auch unter den Parteien hat René bis jetzt noch keine gefunden, die zu ihm passt.

»Die CDU hat wat Jutet, für mich hat auch die NPD wat Jutet, aber das gibt's halt nicht in einem.«

Insgesamt möchte René von der Politik, dass sie ein bisschen mehr »zum deutschen Volk hin« ausgerichtet ist. Dazu gehören z. B. höhere finanzielle Hürden für die Einwanderung und Einbürgerungstests. Er hat auch Vorstellungen, was die Politik für Kinder und Jugendliche tun sollte. Neben günstigen Freizeitangeboten sollten die Bildungsangebote verbessert werden (»Pisa-Studie sagt, dass erst mal bei uns geholfen werden muss«). Außerdem ist er dafür, Eliteschulen einzuführen, um begabte Kinder zu fördern.

Trotz Interesse für die CDU, bei der letzten Wahl entschied er sich wegen Angela Merkel gegen diese Partei.

»Tradition oder so wat, dat ein Mann das dann doch schon macht. Nicht weil er intelligenter oder so ist, dit nicht. Weeß ick nicht, man muss schon 'ne kräftige Stimme haben, die dann da doch schon durchschlägt oder sonst irgendwat.«

Soziales Netzwerk

René berichtet im Gespräch von einem sehr großen festen Freundeskreis von 20 bis 30 Personen, weil er sich als einen sehr offenen Menschen sieht (»Ick quatsche die Leute auch gleich voll«). Allerdings zeigt das Kontaktschema, dass nur sehr wenige Menschen eine wirklich wichtige Rolle in seinem Leben spielen. Die wenigen Personen, die René dort eingetragen hat, stehen ihm sehr nah. Zudem sind sie ihm alle sehr sympathisch, sodass ein großes lachendes Smiley das gesamte Schema ziert.

Am wichtigsten ist ihm, trotz der Konflikte, seine Familie.

»Ohne die wäre ich am Arsch, sagen wir mal so … Ohne meine Mutter … weeß ick nicht, da jeht man hin zum

Quatschen. Die helfen einem, wenn man Schwierigkeiten hat. Nicht bei allen Sachen, aber bei den meisten. Das ist halt wichtig. Man wird lieb gehabt.«

Dies beschränkt sich jedoch auf die Kernfamilie, also die Eltern und den älteren Bruder. Zu den Großeltern hat René kaum Kontakt, obwohl sie ebenfalls in Berlin leben. Früher hätte er sich ein engeres Verhältnis gewünscht, aber jetzt ist es ihm mittlerweile egal, »wat man nicht hat, vermisst man nicht«.

Weitere relevante Lebensbereiche sind die Freunde und die Arbeit. Besonders wichtige Freunde sind die beiden Mitbewohner sowie sein langjährigster Freund, den er schon kennt, »seit ick denken kann«.

Eine Freundin hat René derzeit nicht, weil er findet …

»… man sollte selber erst mal mit seinem Leben klarkommen, um dann noch Verantwortung für einen anderen Menschen mit zu übernehmen. Um sich janz dem Menschen hinzugeben *(lacht)*. Dit geht zur Zeit leider nicht.«

All jene, die viel älter sind als er, bezeichnet René im Schema als »alt«. Dazu gehören auch seine Eltern und ein 40-jähriger Arbeitskollege. Besonders wohl fühlt sich René zwischen Leuten, die ein bisschen älter sind als er, so wie sein Bruder oder einer der Mitbewohner.

»Da fühl ick mich wohl, in der Altersklasse, wo die sind.
Ick bin immer noch überall der Jüngste. So bin ick aufgewachsen. Ick hab immer ältere Leute um mich gehabt.«

Werte

Sehr ordentlich, in Dreierblöcken, sortiert René die Werte nach ihrer Bedeutung. Zahlreiche Werte versucht René dabei logisch zu verknüpfen. Ordnung ist dabei ein Wert, der ihm mittelwichtig ist.

»Wenn ich 'ne Frau einlade, dann muss dit ordentlich sein. Ick fühl mich nicht wohl, wenn's nicht ordentlich ist. Man will Ordnung in seinem Leben haben, man will, auch wenn es wahrscheinlich langweilig sein wird, seinen geregelten Ablauf haben.«

Entsprechend stolz berichtet er auch, dass man der WG die »Junggesellen« als Bewohner nicht ansehen würde.

Die für ihn wichtigsten Werte sind jedoch Familie, Freundschaft und Liebe. Sehr wichtig sind außerdem Fleiß und Wohlstand sowie Spaß zu haben. Spaß und Liebe gehören für René zum Sinn des Lebens dazu. Und ohne Freunde wiederum macht das Leben keinen Spaß. Ein weiterer Zusammenhang besteht zwischen Freundschaft bzw. Familie und »einander helfen«. Dies sieht René als Austauschbeziehung: »Ich möchte ja auch irgendwann, dass mir einer hilft.«

Die beiden sehr wichtigen Werte Fleiß und Wohlstand sind über die zweit- und drittrangigen Werte Leistung und Einfluss miteinander verknüpft:

»Wohlstand – ick glaub dat will jeder. Da hört das dann irgendwann auf, Sorgen zu haben. Wenn man janz locker seine Miete bezahlen kann, wat essen und Klamotten. Durch Fleiß und Leistung wird man irgendwann mal Einfluss haben.
Und ist dir das wichtig, das mal zu haben?
Na, sagen wir mal so, mir ist es wichtig, mal später viel Geld zu verdienen. Nicht irgendwie Einfluss zu haben, sondern viel Geld zu verdienen. Wenn man 'ne höhere Position hat, dann kriegt man auch mehr Geld. Und damit hat man auch Einfluss.«

Der Wert »sich engagieren« hat nur untergeordnete Bedeutung für René und ist ein Bestandteil des einander Helfens. Trotzdem zeigt er sich für punktuelles soziales Engagement durchaus offen.

»Wenn mich einer fragt, ›haste Bock zu malern‹ und so … klar. Und wenn dat jetzt für 'ne Jugendeinrichtung ist, na klar mach ick mit. Aber ick geh da jetzt nicht einfach so hin. Weeß ick nicht, dafür hab ick dann doch schon zu viel zu tun.«

Deshalb findet er auch das Theaterprojekt des Streetworkers, in dem er momentan mitwirkt und das zwei Mal in der Woche probt, »janz schön belastend mit der Zeit«.

Mit Glaube (»Ick glaub nicht an Gott, nicht an Teufel«) und Tradition kann René gar nichts anfangen, beide Werte sind nachrangig. Auch Toleranz und Phantasie spielen in seinem Wertespektrum eine untergeordnete Rolle.

»Toleranz – dat hab ick gegenüber Behinderten oder sowat, natürlich. Aber sonst wüsste ick jetzt nicht … Phantasie – die hab ick, wenn ick träume, wenn ick schlafe. Das krieg ick aber nicht mit.«

Arbeit

Seine Lehre zur Fachkraft für Lagerwesen macht René Spaß, er findet, er hat es gut getroffen. Er mag seine Kollegen, und die Arbeitsinhalte gefallen ihm auch. Beworben hatte er sich nach dem Schulabschluss überall, insofern hatte er Glück.

»Aber dit war schon dit, was ick hätte gerne machen wollen. Dit is'n angenehmer Job. Nicht viel rumschleppen, man ist drinne, nicht draußen. Früh aufstehen ist das Einzige, was schlimm daran ist.«

Es sieht auch ganz gut aus, dass ihn die Firma nach der Lehre und dem Wehrdienst übernimmt. Das Privatleben wird der Ausbildung angepasst, René hat seit dem Beginn der Ausbildung seinen Freundeskreis verändert. Er hat sich Freunde gesucht, die auch arbeiten gehen.

»Weil vorher war dit Ding, ich war ein Jahr zu Hause und da hat ick halt jeden Tag Besuch und dat geht jetzt halt nicht mehr. Dann such ick mir lieber Leute, die auch arbeiten gehen, die dann auch verstehen, wenn man mitten in der Woche keenen Bock hat, die zu treffen.«

Um seinen Job zu behalten, hält René Fleiß, Leistung und eine sympathische Erscheinung für das Wichtigste. Seine beruflichen Ziele hat sich René bereits gesteckt. Er will den Meister machen und »vielleicht ein Logistikcenter aufmachen«. Die Chancen dafür schätzt er als relativ gut ein: »So doof bin ick nich …«

Die Arbeitmarktsituation für Jugendliche findet er »schlimm«, vor allem für Hauptschüler. Noch schwieriger findet er jedoch den Wiedereinstieg in den Job nach einer Phase der Erwerbslosigkeit.

»An Arbeitslosigkeit gewöhnt man sich sehr schnell. Ick zwar nicht so, aber die meisten Leute. Und dann auch bis 14 Uhr schlafen. Und wenn man dann auf einmal um 5 Uhr aufstehen muss, dat schaffen die nicht lange.«

Über seine arbeitslosen Kumpels schimpft er, denn es gebe immer Möglichkeiten, etwas zu verdienen. Außerdem bekämen sie mit Arbeitslosengeld II mehr Geld als er.

Jung und Alt in zwei Welten

»Jugendlich ist man so lange, wie man am Wochenende feiern geht«, so Renés Definition. Er selbst hofft, noch eine Weile jung zu sein. Allerdings geht es den Jugendlichen allgemein »scheiße«, weil deren Geld meist nicht für Freizeitaktivitäten ausreicht. Er erklärt so auch Konflikte mit der Polizei.

> »Zu wenig Jugendclubs, zu teuer alles. Wat soll sich ein Schüler oder ein Azubi mit 320 Euro ... wenn dat Kino schon 7 Euro kostet oder die Fahrkarte 48,50 Euro. Da fängt's schon an, man kann nichts mehr machen. Natürlich muss man hinten in der Ecke stehen, also nicht natürlich, ich kann auch vorm Computer sitzen, und holt sich dann irgendwo bei ›Extra‹ dit Bier, weil's da billiger ist als in einer Bar oder in einer Bowlinghalle, und setzt sich dann auf irgendeinen Marktplatz. Und wenn man betrunken ist, ist man auch lauter, und dit is dit, wenn die Polizei kommt. Jugendeinrichtungen, dit fehlt auf jeden Fall.«

Mit Geldproblemen sowie Stress mit der Polizei erklärt René zudem das Aggressionspotenzial in seinem Bekanntenkreis und bei sich selbst.

> »Unzufriedenheit. Die meisten Leute sind einfach unzufrieden wegen Geldschulden oder mit der Polizei zu tun, durch so was. Weil denn vorher Muddern Stress macht oder ... Es reicht ja schon, wenn die Freundin Schluss gemacht hat und an dem Abend ist man am falschen Ort. Dat reicht ja schon manchmal.«

Spezielle gesellschaftliche Erwartungen an die Jugend nimmt René nicht wahr. Sie soll ...

> »... nicht schmarotzen. Arbeiten gehen und Steuern zahlen. So wat, wat die Gesellschaft von allen erwartet eigentlich.«

Die Situation der älteren Generation bewertet René, wie schon die der Jugend, anhand ökonomischer Kriterien.

> »Die haben auch sehr wenig Geld, schätze ick mal. Wenn man überlegt, dass ich z. B. keene Rente mehr kriege vom Staat höchstwahrscheinlich, also is so. Und die meisten haben nicht vorgesorgt. Denen geht's natürlich beschissen, die müssen auch auf jeden Cent achten. Auch nicht grad das tolle Leben.«

Richtig gut geht es seiner Einschätzung nach nur der Generation seiner Eltern.

Von der alten Generation erwartet René »nichts mehr«. Sie soll »ihr Leben leben« und Platz für die Jungen machen: »Jetzt sind wir da.«

Allerdings findet er, dass Älteren gegenüber Respekt angesagt ist, damit sie in Ruhe ihren Lebensabend genießen »und nicht noch Nervensägen wie uns haben«.

Generationengerechtigkeit ist für René, »dem Alter entsprechend zu leben«. Die Alten sollen es sich leisten können, in den Urlaub zu fahren und »die Welt zu gucken«, weil sie das während des Erwerbslebens nicht konnten. Die Jungen sollen arbeiten gehen und feiern können. Für die Alten wird es durch den demografischen Wandel schwieriger, eine entsprechende Lebensführung zu realisieren:

> »Wir gehen ja eigentlich für die alten Leute arbeiten, wir bezahlen dafür Beiträge und wenn dit nicht mehr ist, dann ist das ganz schön doof. Rente gibt es dann nicht mehr, dann müssen die kiecken wo sie bleiben.«

René hat selbst wenig Kontakt zu Alten, und so verallgemeinert er, dass Jung und Alt in zwei getrennten Welten leben. Die Lebensrealität und die Interessen beider Generationen bieten wenig Berührungspunkte. Das findet René allerdings nicht schlimm und hält es auch nicht für eine neuere Entwicklung.

> »Die Älteren leben nicht mehr in unserer Welt. Das war früher schon

so. Dann gibt es nur noch Behördengänge, wegen der Rente, Hauptsache man kriegt die Rente. Bei mir ist es so, Hauptsache ick kann meine Miete bezahlen und gehe arbeiten. Dit is halt dann nicht mehr ... Wenn man Rente hat, braucht man nicht arbeiten gehen. Wir interessieren uns für Basketball, das war früher nicht so.
Ist das nicht auch ein bisschen schade?
Mmhh ... na, weeß ick nicht. Also, ich möchte nicht in 'ner Diskothek mit 'nem ganzen Haufen Rentner stehen oder so wat. Nee eigentlich nicht. Die leben in ihrer Welt, wir in unserer. Dit is doch okay.«

Gelegenheit, voneinander zu lernen, sieht René trotzdem. So lernt er von seinen Kollegen Arbeitsmethoden und bekommt auch mal Ratschläge über Frauen, von den Eltern lernte er, »wie man mit Geld umgeht. Also sie haben's versucht.« Umgekehrt lernen die Alten von der Jugend den »Slang« und den Umgang mit dem »Computer, so wat Neues«, weil die Jüngeren schneller hinter der Entwicklung herkommen.

Zukunftswünsche

Momentan drücken René Geldsorgen. Und der Wunsch, ohne diese Sorgen zu sein, bestimmt auch seine Wünsche für die Zukunft. Dann wird auch alles andere kommen, wie eine »nette Freundin« und »vielleicht noch ein Kind«. Was er sich also wünscht:
»Eigentlich hauptsächlich keine Geldsorgen. Dann kommt der Rest so von alleine. Dann fühlt man sich wohl in seiner Haut, wenn man nach Hause kommt. Dann haste Hunger, dann gehste einkaufen und dann lebt man nur noch. Dann kann man auch von der Arbeit kommen: ›O ja!‹ *(Lacht)*. Und sich dann auch am nächsten Tag darauf freuen. Weil man weeß, bis Monatsende geht's dir gut. Dat reicht eigentlich. Eigentlich nur Geld. Ist zwar ein bisschen traurig, aber ...«

Außerdem soll es natürlich der eigenen Familie gut gehen sowie dem besten Freund, »der gehört zur Familie«.
Einen großen Traum hat René: eine Weltreise.
»Aber nicht 'ne Weltreise einmal um den Äquator, sondern dann in jedes Land mal für 'ne Woche rinkiecken.«

Wie er sich dort wohl fühlen wird, als Ausländer?

Judith, 18 Jahre, Krankenschwesterschülerin.
»Wenn man was will, dann wird es schon.«

München, Januar 06

Judith will Krankenschwester werden und geht auf die Krankenpflegeschule am Universitätsklinikum Großhadern in München. Hier lebt sie derzeit im Wohnheim mit den anderen Auszubildenden. Die Wochenenden verbringt sie meist in Oberammergau bei den Eltern. Judith hat noch eine ältere Schwester und einen jüngeren Bruder. Die Familie liegt ihr sehr am Herzen. Dazu gehören auch die in Niederbayern lebenden Großeltern, zu denen sie einen emotional engen Kontakt hat und die sie im Urlaub oder am Wochenende zusammen mit den Eltern besucht.

Aufgewachsen ist Judith in einem Dorf in Niederbayern. Wenn man sie erlebt, kann man sehr gut nachvollziehen, was sie über sich selbst als Kind sagt:
»Ich glaube, ich war ein sehr freudiges Kind. Ich habe mich auch für viel interessiert, glaub ich. Wie war ich als Kind noch? Ich war sehr aufgeschlossen und bin eigentlich von allein auf sehr viele Menschen zugegangen. Ich kann mich auch nicht erinnern, dass ich viel allein war oder so. Wir waren immer irgendwo bei den Nachbarn oder die Kinder bei uns. Und da ich ja noch zwei Geschwister hab, ist es ja auch so, dass ich nie allein war.«

Als sie 11 war, zog die Familie ins oberbayrische Oberammergau. Dort hat sie die mittlere Reife absolviert. Der Umzug nach Oberbayern war für sie schulisch nicht ganz leicht zu bewältigen. Sie musste »sich sehr durchbeißen«, schaffte dann aber den Übergang auf die Realschule und wurde dort immer besser, hat sich also »wieder hochgearbeitet«. Noch schwieriger war es, wieder neue Freunde zu finden. Zuerst wurde sie ausgegrenzt.

»Erstmal Fragen und Fragen und Fragen und teilweise wirklich unverschämte Fragen. Ich könnte jetzt nicht sagen, was sie gefragt haben, aber man kriegt auch manchmal doofe Antworten oder man wird abgestempelt.«

Entsprechend erwähnt sie auch auf die Frage, was sie in den letzten Jahren stark geprägt hat, sofort den Umzug, obwohl der ja immerhin schon 7 Jahre zurückliegt.

»Der Umzug. Der hat mich schon geprägt. Das war so ein bisschen so ein Rausriss, weil mit elf ist man doch schon ziemlich eingesessen ... Das war schon so ein bisschen schwer. Ich habe auch das Gefühl, so wie ich früher auf Leute zugegangen bin, das habe ich danach nicht mehr gemacht. Da waren dann die Scheuklappen da.«

Nicht unbedingt leichter gemacht hat das Einleben wohl, dass Judiths Familie nicht katholisch ist, anders als die große Mehrheit in Oberammergau, dem Ort der Passionsspiele, sondern neuapostolisch.
»Wie wir hingezogen sind, hat es schon geheißen: Oh ... und was is'n des? Bis wir denen das erklärt haben ... Also jetzt ist es nix Besonderes mehr. Die wissen, wir gehen in die Kirche. Die wissen, wir glauben das. Die akzeptieren das und fertig. Aber wo wir hingezogen sind, war das schon was Besonderes. Da hat man schon viele Fragen beantworten müssen, erst mal.«

Ihr Glaube und die Zugehörigkeit zu ihrer Religionsgemeinschaft sind Judith sehr wichtig, zumal die Gemeinde Jugendliche stark einbindet und ihnen ein Gemeinschaftsgefühl vermittelt.
»Ich bin aufgewachsen mit dem Glauben. Ich bin aufgewachsen, dass ich regelmäßig bete. Ich bin aufgewachsen mit dem Glauben an Gott. Und ich bin aufgewachsen mit dem In-die-Kirche-Gehen. Von daher ist mir die sehr wichtig, und ich habe da drin auch sehr viel Kontakt zu Jugendlichen. Man kann es jetzt nicht irgendeinen Verein nennen, aber die Jugend trifft sich immer wieder.«

Als Judith nach München kam, hat sie rasch Kontakt zu einer nahe gelegenen Kirche ihrer Glaubensgemeinschaft geknüpft. Sie geht dort zweimal in der Woche in den Gottesdienst und einmal wöchentlich nimmt sie an einer Singstunde teil, alle 14 Tage an einer Jugendstunde. Darüber hinaus gibt es noch spezielle Angebote für die Jugend:
»Zusätzlich finden ab und zu Aktivitäten statt, wie dass man mal ein Wochenende zusammen auf eine Hütte fährt oder in eine Stadt in eine Jugendherberge und sich die Stadt ansieht oder – was machen wir noch? – einfach so mal trifft und eben einen Nachmittag zusammen verbringt. Und da ergeben sich einfach auch Kontakte und Freundschaften.«

Judith hat verschiedene Hobbys, für die sie inzwischen aber weniger Zeit hat. Nur das Joggen betreibt sie noch regelmäßig. Im Winter geht sie gelegentlich Ski fahren. Außerdem spielt sie gern Klavier, »allerdings nicht gut«, wie sie lachend einschränkt. Und »ein großes Hobby sind meine Hunde«. Ein eigener und ein »Leihhund«, »die sind ganz wichtig für mich«, aber die sieht sie nur noch am Wochenende bei den Eltern.

An der Krankenpflegeschule fühlt sich Judith sehr wohl. »Es macht Spaß. Die Noten stimmen.« Zur Zeit gibt es »zwei verschiedene Wochentage, die Schul- und die Arbeitswochentage«, und die Arbeitswochentage unterscheiden sich danach, ob man Früh- oder Spätschicht hat. Vor allem wenn sie Frühschicht hat, ist sie müde, und es bleibt nicht viel Zeit für anderes. Mit den Freundinnen vom gleichen Stockwerk dann in der Gemeinschaftsküche sitzen und ratschen, »das ist so die Hauptbeschäftigung von uns«.

Soziales Netzwerk und Werte

Was Judith besonders wichtig ist, beschreibt sie gleich zu Beginn des Interviews:
»Meine Familie ist mir sehr, sehr wichtig. Mein Glaube ist mir wich-

tig. Wichtig ist mir, dass ich beruflich weiterkomme, dass ich mir meine Wünsche erfüllen kann.«

In ihrem Kontaktschema nimmt entsprechend der Wichtigkeit die Familie den größten Bereich ein. Das nächstgrößte Segment ordnet sie der Kirche zu. Dann folgt die Ausbildung, also die Krankenpflegeschule. Es schließen sich an: die Freunde, die Kontakte im Haus (also im Wohnheim) und im Bereich ›Freizeit‹, darunter subsumiert sie ihre verschiedenen Hobbys.

Alle Personen trägt sie in großer oder relativ großer Nähe zu sich selbst ein, in diesem engeren Bereich wird jedoch differenziert. Ab dem Bereich mittlerer Distanz bzw. Wichtigkeit bleibt das Schema praktisch leer. Etliche Personen kommen nicht nur in einem Lebensbereich vor. (Es gibt also deutlich mehr Kontakte als Personen.)

Die ihr liebsten und engsten Kontakte sind die zu den Familienmitgliedern, aber Judith ist den meisten Menschen in ihrem Umfeld sehr zugeneigt. Deutlich über die Hälfte sind ihr ›sehr sympathisch‹. Es kommen nur wenige Menschen vor, die ihr ›egal‹ oder ›unsympathisch‹ sind.

Ihr soziales Netzwerk umfasst Personen aller Altersgruppen, allerdings nur eine alte Person, was auch daran liegt, dass man bei Judith erst ab 70 Jahren alt ist. So darf sich selbst die Großmutter noch ›mittelalt‹ fühlen.

Judiths Werteschema gleicht insofern ihrem Kontaktschema, als sie auch hier alle Items als sehr wichtig oder wichtig einstuft. Bis auf eins: den Wohlstand.

»Natürlich braucht man das Geld zum Überleben. Aber ich muss jetzt nicht in Saus und Braus leben. Das bringt mir auch nix, wenn ich keine Freunde und keine Liebe habe, dann bringt mir der Wohlstand nichts.«

Was dagegen wirklich zentrale Werte für sie sind,»etwas Standhaftes«, das Halt gibt, dazu sagt sie:

»Anderen helfen – das ist mein Beruf. Und wenn mir das nicht wichtig wäre, könnte ich den Beruf nicht machen.
Zu allererst hast du Glauben eingeklebt.
Das ist für mich ein Lebensbestandteil einfach. Meine Kirche, mein Glaube, das ist einfach etwas Standhaftes, was auch schon immer da war und mir nie jemand versucht hat zu nehmen oder besser, was ich mir nie nehmen habe lassen. Versuche ja, aber ich habe es mir halt nie nehmen lassen. Von daher ist mir das auch sehr wichtig, dass ich's mir bewahren kann. Liebe und Familie, ohne die zwei Sachen, glaube ich, wäre ich nicht lebensfähig. Und weil das auch so miteinander natürlich zusammenspielt. Spaß haben finde ich sehr wichtig ... Dann die zweite Spalte ist eigentlich Freundschaft. Das hat für mich eine große Bedeutung, wobei mir da jetzt Familie noch wichtiger ist als die Freundschaft.«

Von ähnlicher großer Bedeutung ist Judith noch das Selbstbewusstsein. »Selbstbewusstsein finde ich sehr wichtig. Ich finde es furchtbar, wenn ich jemand sehe, der kein Selbstbewusstsein hat, der sich nicht durchsetzen kann. Der auch nicht sagt: So bin ich halt, und ich möchte auch gar nicht anders sein. Das finde ich furchtbar, wenn das jemand nicht kann. Das ist für mich ganz schlimm.«

Anderen helfen ist Judiths Beruf und ein zentraler Wert für sie. Was dagegen andere typische Engagementwerte angeht, ist Judith zurückhaltender. Sich engagieren? »Wenn man Zeit hat.« Seinen Mund aufmachen? »Das ist halt immer die Frage, zu welcher Zeit.« Einfluss haben? »Natürlich möchte ich so weit Einfluss haben ... Aber nicht mit dem Kopf durch die Wand.«

Jeder jammert in seiner Altersgruppe

Als Schwesternschülerin lernt Judith viele alte Menschen als Patienten kennen, und sie kommt gut mit ihnen zurecht. Im Rahmen ihrer Ausbildung absolvierte sie auch einen »geriatrischen Einsatz im Altenheim«. Mit den Menschen im Altenheim hat sie Mitleid.

»Da sind sehr viele einsame Menschen. Die haben sehr wenig Besuch. Die haben kein Zeitgefühl oft mehr, weil der Tag halt so dahingeht. Dann bekommen die früh, mittags, abends das Essen vorgesetzt, immer um die gleiche Uhrzeit. Die können gar nicht individuell irgendwie sagen, ich will jetzt aber nicht, und ich will nachher.«

Aber ansonsten findet sie, dass es alten Menschen in Deutschland gut geht, wie im Übrigen auch den jungen, und dass zuviel gemeckert und gejammert wird.

»Jeder jammert in seiner Altersgruppe ... Ich glaube, dass es Menschen hier bei uns relativ gut geht. Soweit man das von materiellen Dingen nimmt, geht es denen allen eigentlich sehr gut. Ich denke mir, schlecht reden kann man immer alles und schlecht machen. Ich finde, dass arbeitsmäßig, gerade von Stundenzahl und Lohn, geht es uns wunderbar und auch jungen Menschen wunderbar. Da gibt es eigentlich nichts zum Aussetzen.«

Was die Rente angeht ...

»... da sollten die älteren Menschen auch nicht so viel meckern, dass sie zu wenig kriegen. Ich find, die sollten zufrieden sein mit dem, was sie bekommen, weil wirklich im Moment eigentlich noch genug da ist.«

Vor allem, wenn man bedenkt, wie es heutigen Jugendlichen in puncto Rente einmal gehen wird.

»Wenn ich da dran denk, dass ich vielleicht gar keine mehr bekomme, dann finde ich ... Ich krieg auch mit von meinen Großeltern, dass das jedes Jahr weniger wird. Aber ich finde trotzdem noch immer, dass die gut Rente kriegen ...

Ich würde halt sagen, wir wissen es, dass es uns wahrscheinlich so geht und da müssen wir halt auch schauen, dass wir uns was auf die Seite legen. Das ist zwar nicht immer so einfach, aber ...

Ist das gerecht, dass es so ist?

Im Grunde nein. Weil wir zahlen noch, und wir zahlen ja eigentlich auch irgendwo im Hintergedanken für uns mit, dass wir auch wieder was bekommen. Aber wir bekommen nix. Also, wirklich gerecht ist es eigentlich nicht, aber das ist halt die Zeit dann.«

Und wenn es in Zukunft immer mehr alte Menschen gibt? Das hat für Judith, wie sie lachend eingesteht, zunächst mal den positiven Aspekt, dass es mehr Arbeitsplätze in ihrem Beruf gibt. Aber wenn sie darüber nachdenkt, fällt ihr bald ein, dass für die vermehrten Kosten ja auch jemand aufkommen muss.

»Das Problem, wenn es viele alte Menschen gibt, dann gibt es mehr kranke Menschen, weil wie gesagt, wenn man alt wird – und wenn es nur ›Wehwehchen‹ sind, irgendwas kriegt jeder Mensch im Alter ein bisschen und dadurch entstehen mehr Kosten und dadurch entstehen natürlich auch Nachteile, weil wie sollen die Jungen, die weniger sind, das alles reinbringen? Das funktioniert nicht. Das geht nicht.

Was würdest du sagen, wird es in Zukunft mehr Probleme zwischen Jungen und Alten geben?

Ich denk ja. Dass, junge Menschen mehr auf den alten rumhacken, weil sie eben sagen: ›Mensch, und wir müssen für euch arbeiten gehen, und wir zahlen für euch, und wir bekommen gar nichts.‹ Irgendwas wie ein Missverständnis entsteht, weil die Menschen, die im Moment alt sind, haben ja für die davor auch bezahlt. Die können ja nichts dafür, dass das jetzt so läuft alles im Grunde.«

Was die Folgerungen angeht, so ist Wehleidigkeit nicht Judiths Sache und das erwartet sie auch von anderen. Die Alten »können sparen, die wissen auch, wie sparen geht«. Die Jungen sollen in ihren materiellen Erwartungen »ein bisschen zurückstecken« und im Übrigen selbst vorsorgen.

»Wenn die Jugendlichen das richtig anpacken und sich was auf die Seite legen, dann geht es denen im Alter auch nicht schlechter.«

Judith ärgert sich über den »Trend zur Unzufriedenheit« in der Bevölkerung und darüber, dass in den Medien »alles schlecht geredet« werde. Sie selbst hält auch die Chancen für Jugendliche für nicht so schlecht. Sie kennt zwar arbeitslose junge Leute, aber ...

»... die tun auch nichts dafür, dass sie irgendwie was bekommen würden. Die haben ihre Traumwelt. Die stellen sich vor, dass sie das machen und dass sie da soundso viel Geld verdienen und das geht einfach nicht.«

Wenn die Lage am Arbeitsmarkt nicht so schlecht ist, fällt die Verantwortung für Arbeitslosigkeit stärker auf den Einzelnen zurück. Ihr Mitleid gilt Arbeitssuchenden, die keine Arbeit finden, aber es ist »sozial ungerecht«, wenn Arbeitslose mehr verdienen als Arbeitende.

»Ich meine, es gibt Arbeitslose, die suchen eine Arbeit, die sind wirklich arm dran. Die tun mir Leid, klar. Aber es gibt einfach auch viele Arbeitslose in Deutschland, die haben keine Lust zu arbeiten, und das kommt daher, weil die teilweise als Arbeitslose mehr Geld bekommen, als wenn sie arbeiten. Und das finde ich nicht gerecht.«

Frau sein hat so seine Vorteile

Ganz spontan bejaht Judith die Frage, ob sie gern ein Mädchen bzw. eine junge Frau ist mit »total gerne«.

»Ich weiß nicht, ich könnte mir einfach nicht vorstellen, ein Junge zu sein. Mir gefällt es in der Früh aufzustehen und meine Haare zu kämmen. Mir gefällt es, mich zu pflegen. Mir gefällt es, mich mit Freundinnen zu unterhalten. Was einfach Jungs sicher auch können, aber nicht *so* können. Mir gefällt es auch, mit denen mal wirklich zickig zu sein und mit denen so ein bisschen zu keifen. Das hat alles so seine Vorteile. Man hat auch so ein bisschen Vorteile in der Gesellschaft.«

Als junger Mann hätte sie es z.B. in ihrem Beruf deutlich schwerer, meint sie. »Da wird man immer gleich so in Kästen abgestempelt, wo man nicht hingehört.« Und überhaupt fallen ihr eine ganze Reihe von Bereichen und Situationen ein, wo es von Vorteil ist, eine Frau zu sein.

»Ich könnte es jetzt mal auf die Pflege beziehen. Wenn ich jetzt als Frau drin lieg und in der Früh ein Pfleger kommt und sagt: ›Ich bin heute da, ich wasche Sie heute‹, dann kann ich sagen: ›Nee, will ich nicht, ich will von 'ner Frau gewaschen werden.‹ Das kann ein Mann auch sagen, wenn eine Pflegerin zu ihm kommt, nur dann schaut man den komisch an und sagt, wieso? Ich finde überhaupt, die Frauen werden mehr beschützt. Wenn ich jetzt denk, wie viele Vereine zum Beispiel Selbstverteidigungskurse anbieten und oft dabei steht ›nur für Frauen‹, wo ich mir denk, warum denn, die Männer brauchen es doch genauso. Nur weil sie stärker sind, heißt das noch lange nicht, dass sie sich besser selbst verteidigen können. Oder es gibt auch ... ja, das ist ein gutes Beispiel: Wenn man irgendwo dazukommt und sagt: ›Ich hab nicht geholfen.‹ Man kann ja für alles Mögliche angezeigt werden, wenn man nicht hilft. Dann kann man sagen: Ich hatte Angst, das war mein Eigenschutz. Und das kann eine Frau leichter sagen und leichter bezeugen als ein Mann. Oder auch wenn eine Frau überfallen wird und die haut dem Mann einen Ellenbogen ins Auge oder die Faust ins Auge und der wird blind, kann die Frau immer noch sagen, das war zum Eigenschutz. Beim Mann geht das nicht so einfach. Gerade so in Rechtssachen gibt's viel Unterschiede. Also, da ist die Frau oft im Vorteil.«

Auch Beispiele weiblicher Benachteiligung sind ihr »natürlich« nicht fremd. Es gibt also Defizite hinsichtlich der Gleichberechtigung von Mann und Frau, in den Köpfen, in Normen und Gesetzen.

Zukunftswünsche

Bei Judiths Wünschen für ihre Zukunft spielen wieder die Familie und der Glaube eine große Rolle. Sie wünscht sich ...
»Dass ich meine Familie noch ganz lange hab. Dass ich einen Arbeitsplatz hab. Dass ich selbst 'ne Familie gründe. Dass ich meinen Glauben weiter leben kann. Das ist das Wichtigste eigentlich.«

Einen Traum hat sie noch, den sie realisieren möchte, bevor sie eine eigene Familie gründet.
»Ich habe immer diesen Traum, in die Entwicklungsländer zu gehen, einmal für kurze Zeit. Dafür braucht man allerdings sehr viel Berufserfahrung, und wenn keine Kinder oder irgendwas dazwischen kommt *(lacht)*, werde ich das auch machen.«

Später, mit Familie, und erst recht im Alter, sieht sie sich wieder in Deutschland. Und – ganz klar – »am liebsten in Bayern«.

Marius, 19 Jahre, Student. Engagiert bei den Jusos.

»Immer an's große Ganze denken.«

Bremen, Februar 06

Marius bezeichnet sich als Lokalpatrioten und hält dies für typisch bremerisch. Aufgewachsen ist er in einer Reihenhaussiedlung, »eher so ein bisschen Vorort«. Er wohnt dort immer noch (bei den Eltern) und studiert Jura. Außerdem ist er bei den Jusos engagiert, Spieler und Trainer in einer Fußballmannschaft, und er jobbt in einer Cocktailbar. Unter einen Hut bekommt er die ganzen Aktivitäten mit seinem »guten Freund, dem Terminkalender«.

Marius kann sich an eine schöne Kindheit erinnern. Er war eigentlich kein Kind, das viel draußen getobt hat, obwohl er schon seit dem 6. Lebensjahr in einer Fußballmannschaft spielt. Stattdessen war er eine Leseratte. Als introvertiert möchte er sich deswegen aber nicht bezeichnen, denn er hat »als Kind besonders viel gequasselt«.

Vor Verantwortung scheut Marius sich nicht. Als der Trainer seiner Fußballmannschaft aufhörte, sprang Marius ein und erstellt seitdem die Trainingspläne. Außerdem ist Marius Vorsitzender der Jugendorganisation der SPD, der Jusos, im Unterbezirk Bremen-Stadt.[108]

Engagement

Zur SPD kam Marius durch den Wahlkampf im Jahr 2002. Politisch interessiert und sozialdemokratisch orientiert war er zwar schon vorher (»das kam nicht so hoppla hopp«), aber danach ging er immer öfter zur Partei, seit 2003 ist er richtig dabei. Automatisch wird man als junger Mensch Mitglied in der Jugendorganisation der SPD, bei den Jusos. In seiner Funktion als Unterbezirksvorsitzender organisiert er die Arbeit im Unterbezirk und plant Aktionen.

»Wir treffen uns zweimal im Monat und planen da weitere Aktionen. Da geht es um Demos, die man so machen könnte, was für Flugblätter man irgendwie gestalten könnte und wie es weitergeht. Und in dieser Funktion bin ich auch das Bindeglied zum Landesvorstand der Jusos.«

Marius engagiert sich, weil er bestimmte Ideale hat, wie eine Gesellschaft aussehen sollte. Dazu gehört unter anderem,

[108] Inzwischen hat Marius das Amt des Landesgeschäftsführers übernommen.

ohne dass er deswegen zu marxistisch klingen möchte, ...

»... dass eine Gesellschaft oder ein Staat darauf achtet, dass der Kuchen in einer Gesellschaft so aufgeteilt wird, dass zumindest jeder ein so großes Stück davon bekommt, dass es zum Leben ausreicht.«

Engagement findet er »ganz normal«, und er fordert es von allen ein. Persönliche Betroffenheit sieht er nicht als wesentlichen Antrieb für seine Tätigkeit, denn ihm selbst »geht es ja ganz gut«. Ganz im Gegenteil gilt eine schwierige ökonomische Lage für Marius als einzige Entschuldigung für Nichtengagement.

»Also dass es einem schlecht geht, ist für mich nicht das einzige Argument, sich zu engagieren. Sondern eigentlich sollte man immer an's große Ganze denken und wenn man da feststellt, dass das nicht stimmt, dann ist das ein Grund für Engagement. Die Einzigen, bei denen ich verstehen kann, dass sie es nicht tun, sind Leute, die eher am unteren Ende der sozialen Skala leben und die ganz wenig Geld haben und einfach den ganzen Tag damit zu tun haben, für ihren Lebensunterhalt aufzukommen. Also dass die denn keine Zeit haben für ein Engagement, das kann ich dann auch verstehen. Aber bei allen anderen sehe ich das eigentlich nicht ein.«

Dass sich trotzdem so wenige einbringen, führt Marius erstens darauf zurück, dass es vielen Menschen »zu gut« gehe und sie »zu satt« seien. »Die denken: Mir persönlich geht's gut, dann muss ich ja nichts machen.« Zweitens hätten besonders Jugendliche eine sehr starke Konsumorientierung. Um ihre Konsumwünsche befriedigen zu können, müssten sie jobben gehen und hätten keine Zeit, sich um gesellschaftliche Belange zu kümmern. Und drittens würden viele Jugendliche denken, dass man nichts bewegen könne in der Gesellschaft. Diesen Ansatz, die eigenen Ideen unmittelbar umsetzen zu wollen, hält Marius für falsch. Gerade die Möglichkeit, die eigenen Ideen erst einmal diskutieren zu können und gemeinsam weiterzuentwickeln, fasziniert ihn an der Mitarbeit bei den Jusos.

»Mich reizt daran, dass ich meine Ideen einbringen kann, ich kann mitmischen, gestalten. Deswegen verstehe ich auch gar nicht, dass andere Jugendliche keine Lust darauf haben. Aber die sind vielleicht auch frustriert, weil sie denken, man könne nichts bewegen. Aber das ist nicht so. Letztendlich ist es ja so, dass man nie Sachen alleine macht. Das ist ja auch in anderen Bereichen des Lebens nicht so. Sondern man hat eine Idee, die formuliert man mit den anderen und dann tut man sich zusammen und trägt das so weiter. Und dann könnte durchaus das dabei rauskommen, was man eben wollte. Oder wenn man aber eben selbst mit seinen Ideen ein bisschen daneben gelegen hat, dann korrigiert sich das auch so. So ist das eben in einer Gesellschaft. Man kann seine Sachen nicht eins zu eins umsetzen. Sondern man beschließt und entscheidet das Ganze auch gemeinsam mit den anderen.«

Soziales Netzwerk und Werte

Marius hat sehr viele Lebensbereiche, die ihm wichtig sind. An erster Stelle stehen Familie und Freunde, danach die Uni. Etwas weniger wichtig ist das Engagement bei den Jusos und der Job. Der Fußballverein und die Nachbarschaft spielen in Marius' Leben eine nachrangigere Rolle.

In das Kontaktschema trägt Marius nicht alle Bekannten ein, sondern er beschränkt sich auf die wichtigsten. So ist es konsequent, dass ihm die meisten

Menschen, die er einzeichnet, nahe sind. Dabei sind sie ihm nicht alle gleichermaßen sympathisch, es finden sich auch im näheren Umfeld Personen, denen Marius indifferent gegenübersteht. Einige seiner Kontakte kommen in mehreren Lebensbereichen vor, so finden sich an der Uni und bei den Jusos auch gute Freunde von ihm.

Außer in der Familie hat Marius im Job und bei den Jusos Kontakt zur mittleren und älteren Generation. Seine Freunde, Nachbarn und Vereinskollegen sind hingegen überwiegend in seinem Alter.

Marius' Wertehorizont prägen vor allem postmaterialistische Werte: Freundschaft, Liebe und Selbstbewusstsein sind Marius ganz besonders wichtig. Fast ebenso von Bedeutung sind Werte, die mit seinem Engagement verwoben sind, wie »sich engagieren«, »anderen helfen«, »Toleranz« sowie »seinen Mund aufmachen«.

»Man muss in einer gewissen Weise von sich selbst auch überzeugt sein, um seine Ideen, seine Vorstellungen durchzusetzen.
Das hängt mit dem Mundaufmachen zusammen, das kann man nur mit einem gewissen Selbstbewusstsein machen.
Anderen helfen, sich engagieren, das ist für mich sehr, sehr wichtig. Und eben nicht nur dann, wenn es einem selbst schlecht geht oder wenn man ein eigenes Anliegen hat, sondern fürs Große. Oder wenn man bei anderen sieht, dass man Sachen nicht in Ordnung findet, auch wenn sie einen gar nicht betreffen, dass man sich dann trotzdem einbringt und versucht das zu verändern.«

Nur geringfügig weniger wichtig sind die Werte »Familie« und »Einfluss«. Von Relevanz sind auch Tradition und Glaube, aber damit ist nicht der Glaube im religiösen Sinn gemeint. Diese Werte hängen wieder eng mit dem Engagement zusammen, wie Marius beschreibt:

»Traditionen in dem Sinne, dass man alles so machen sollte, wie man es schon immer gemacht hat und wie es schon immer gut gelaufen ist, das finde ich nicht gut. Deswegen klebt es so weit weg. Aber gegen andere Traditionen, dass es in der SPD z. B. Arbeiterlieder gibt, die man dort singt, dagegen hab ich nichts, das ist doch ganz schön.
Glaube ist mir relativ wichtig. Damit meine ich nicht Religiosität, sondern den Glauben an bestimmte Werte, an bestimmte Ideale und dass man die erreichen kann. Ich denke dabei an Ideale wie eine gerechte Welt.«

Die eher konservativen Werte Ordnung, Leistung und Wohlstand sind ihm hingegen überhaupt nicht wichtig. Ebenso »Sicherheit«, die jedoch mit einer anderen Definition einen anderen Platz im Wertesystem bekommen würde:

»Sicherheit im Sinne von konservativen Werten wie ›Es muss sicher auf unseren Straßen sein‹, das teile ich nicht, deswegen klebt das auch weiter außen. Aber Sicherheit für mich und meine Familie und im privaten Umfeld, das find ich schon gut. Wenn das gemeint gewesen wäre, hätte ich das weiter nach innen geklebt.«

Konservativ – das sind die Alten

Die Abneigung gegen konservative Werte drückt sich auch in Marius' Meinung über Alte aus, die mit ihrem Beharren auf den eigenen Erfahrungen den Jungen das Leben schwer machen. Die Aufgabe der Jungen ist hingegen die Innovation, die Weiterentwicklung der Gesellschaft.

»Die alten Menschen machen den Jungen schon ein bisschen das Leben schwer, weil sie oft erwarten, dass sie auf die Alten hören. Die Alten sind ja meistens eher konservativ, die haben schon immer ihre Sachen so gemacht und haben ihre Erfahrungen. Von den Jungen erwarten sie, dass sie diese Erfahrungen immer berücksichtigen und sich daran halten. Dass die Jungen manchmal viel innovativere Ideen haben, erkennen sie dann nicht an. Insofern erwarten die Alten Respekt von den Jungen und dass sie sich an ihre Erfahrungen halten. Das ist zum Teil auch berechtigt, aber andererseits ist es nicht berechtigt, wenn es eben darum geht, Innovationen anzuerkennen. Und Innovation ist eine Voraussetzung für ein Vorankommen der Gesellschaft. Man kann ja nicht ewig so weitermachen. Und dafür ist die Jugend eben da. Und Erfahrungen muss auch jeder für sich allein machen und neue Ideen haben, nicht wahr?«

In der Politik wird für die Jugendlichen zu wenig getan, gerade die Einsparungen im Bildungsbereich kritisiert Marius. Für ihn steht dieses Thema ganz oben auf der Agenda. Der Erhalt der Lehrmittelfreiheit in Bremen ist deswegen ein großer Erfolg, für den er sich auch mit eingesetzt hatte. Es ist außerdem ein Zeichen, »dass man durchaus was bewegen kann, wenn man das möchte«. Allerdings ist es als Juso nicht immer einfach, seine Ideen in der SPD durchzusetzen. Das liegt jedoch an den extremeren Positionen der Jusos, denkt Marius. Einen Zusammenhang zwischen Jugend und »Links-Sein« sieht er nicht unmittelbar.

»Aber das liegt daran, dass sich die Positionen der Jusos schon von denen der Mutter-SPD unterscheiden. Die Jusos sind immer ein Stück linker als die Älteren in der SPD.
Dass die Jusos traditionell eher links sind, ist bekannt und alle unter 35, die auch eher links sind, gehen dann eher zu den Jusos. Alle anderen, die weniger links sind, die engagieren sich auch nicht so stark bei den Jusos, sondern in anderen Zusammenhängen. Also die Jusos ziehen eher die Linken an, als dass alle Jungen links sind.«

Generationenkonflikte in der Partei gibt es deswegen nicht, und Marius ist ein Miteinander der verschiedenen Altersklassen sehr wichtig.

»Das ist traditionell so, dass die Jungen und die Alten was gemeinsam machen. Das liegt auch an der aktuellen Politik. Die versucht oft, die Alten gegen die Jungen auszuspielen und umgekehrt. Und um zu zeigen und zu demonstrieren, dass man sich eben nicht gegeneinander ausspielen lässt, machen wir ganz viel zusammen. Das funktioniert auch sehr gut.
Das klingt so, als ob ihr euch gegen die mittlere Generation verbünden müsstet.
Nein, verbünden müssen wir uns gegen die nicht. Logisch sitzen die auf den Posten und an den wichtigen Stellen, aber ein Gegeneinander ist das nicht. Aber die Zusammenarbeit ist ja sowieso ganz altersunabhängig bei den Sozialdemokraten.«

Aus diesem Grund denkt er auch bei dem Stichwort »alternde Gesellschaft« an die Konsequenzen für beide Generationen und kritisiert die aktuelle Debatte.

»Dass bei knappen Ressourcen dann gesagt wird: ›Wir müssen Geld entweder für die Jugendlichen oder für die Rentner ausgeben‹, das finde ich nicht gut. Klar, die Rentenausgaben sind eine große Herausforderung für die Zukunft. Das muss schon irgendwie gelöst werden. Aber es kann nicht sein, dass die Rentner am Ende arm sind. Das ist ja jetzt schon langsam ein Problem, dass es immer mehr Armut unter den Rentnern gibt und dass sich das in Zukunft nicht verschärft, da sollten ganz dringend

Maßnahmen getroffen werden. Dafür ist auch der Staat zuständig. Und Rente für die Jugendlichen von heute, das sieht im Moment nicht so gut aus, nicht wahr. Es muss ein Weg gefunden werden, die Bedürfnisse beider Generationen zu befriedigen.«

Jugend – reif für die Zukunft?

Marius findet, dass es den Jugendlichen in der Gesellschaft gut geht. Allerdings befürchtet er, dass durch ihr Konsumstreben keine Zeit für Engagement bleibt und »die Ellenbogenmentalität in der Gesellschaft« stärker gefördert wird. Zudem werden Jugendliche aus »finanziell schwächeren Familien dadurch benachteiligt oder ausgegrenzt«.

Sorgen macht sich Marius auch um die Arbeitsmarktchancen von Jugendlichen. Dass geringer Qualifizierte keine Chance auf eine Lehrstelle haben, »das kann nicht richtig sein«.

Als Zukunftsaufgabe für die Gesellschaft sieht er das Thema Gleichberechtigung, da Frauen für die gleiche Arbeit weniger Geld bekommen und auf dem Arbeitsmarkt benachteiligt sind.

»Frauen haben da bestimmt immer noch mehr Probleme, ihre Positionen durchzusetzen, weil das für die Männer natürlich gut ist, wenn die mehr Geld bekommen.«

Frauen zielstrebiger als Männer? Davon will er nichts wissen: »Dass für aktuelle Sachen immer mit Geschichten aus der Steinzeit argumentiert wird, ist doch konservativ.«

Um seine eigene Zukunft macht sich Marius weniger Sorgen. Als Jurist hat er »ganz verschiedene und flexible Aussichten«, selbst wenn es vielleicht schwierig wird, eine eigene Anwaltspraxis zu eröffnen.

»Aber ich finde schon Wege. Und ich muss mich ja auch nicht selbständig machen, es gibt ja auch andere Bereiche für einen Juristen. Ich finde schon einen Weg. Und ein bisschen was kann ich ja auch dafür tun, nicht wahr? Wenn ich mich im Studium ein bisschen auf den Hintern setze und ein Examen mache, das nicht eine 4.0 sondern eine 3.0 wäre, hätte ich damit ja auch schon ganz gute Chancen. Angst vor der Zukunft hab ich nicht, überhaupt nicht, ich bin ja Optimist.«

Laura, 21 Jahre, Studentin. Engagiert bei den JuLis.
»Freiheit – der höchste Wert.«
Bonn, Februar 06

Laura studiert im 5. Semester Jura in Bonn und ist seit Jahren aktiv bei den Jungen Liberalen. Ihr Engagement begann bereits mit 15, ein Projekt im Politikunterricht gab den Anstoß.

Laura war ein temperamentvolles Kind und hatte eine, wie sie sagt »ganz normale, schöne Kindheit«. Aufgewachsen ist sie »in einer ruhigen Gegend im Düsseldorfer Norden, wo man seine Kinder allein rumlaufen lassen kann«. Sie war ein pferdebegeistertes Mädchen und hatte einige Jahre lang ein eigenes Pferd. Mit etwa 14, 15 Jahren änderte sich einiges in ihrem Freundeskreis: Freunde zogen weg oder wechselten die Schule, die Clique lebte sich auseinander. Laura begann sich für Politik zu interessieren und übernahm rasch Funktionen bei den JuLis. Für Sport war bald keine Zeit mehr. In Lauras Leben kehrte ein strammes Zeitmanagement ein. Als Hobby blieben die Aquarien, ein Zugeständnis an die Tierliebe. »Alles andere wäre zu zeitintensiv gewesen«, wenn man Politik macht und »jedes zweite Wochenende mindestens unterwegs« ist.

Ihre Mutter war Lehrerin und studierte später noch Kunstgeschichte. In Lauras Appartement hängen zwei abstrakte Bilder, die ihre Mutter gemalt hat. Der Vater ist Wirtschaftsprüfer. Sie hat einen etwas älteren Bruder, der ebenfalls Jura studiert und noch bei den Eltern wohnt. Ihre Großeltern leben zum Teil weiter weg, und Laura sieht sie

nicht sehr häufig. Als Kind war sie gern dort zu Besuch.

Politik, während der Schulzeit im Gymnasium jahrelang ihr Hauptinteresse, ist in ihrem Leben jetzt zwar immer noch wichtig, an die erste Stelle ist jedoch das Studium gerückt. Laura ist noch im Kreis- und Bezirksvorstand der FDP und hält den Kontakt zu ihrem Ortsverband. Im Übrigen hat sie einen Nebenjob im Landtag, wo sie einige Stunden pro Woche als Assistentin einer Abgeordneten tätig ist.

Ihr größter Wunsch im Moment ist mehr Freizeit, denn sie möchte auch viel Zeit mit ihren Freunden verbringen und reist sehr gern.

Wichtigstes Erlebnis in der letzten Zeit waren sechseinhalb Wochen in einer Summer School in Los Angeles. Dort hat sie viele Studierende aus unterschiedlichen Ländern kennen gelernt, war »mal richtig weg von zu Hause, ein ganz anderes Land, andere Leute, mit anderen Mädchen zusammen auf dem Zimmer«, eben eine ganz neue Erfahrung.

»Es war auch ein bisschen so das Gefühl von Freiheit, würde ich sagen. Eigentlich ist ja Freiheit für uns Liberale, für mich persönlich, der höchste Wert. Ich finde, danach muss man alles ausrichten. So das Gefühl von persönlicher Freiheit hatte ich wirklich am allerstärksten, als ich in Los Angeles war. Jetzt nicht wegen Amerika, das ist nicht meine Vorstellung von Freiheit, sondern einfach, weil ich da war. Ich hab nicht neben der Uni gearbeitet. Ich hab keine Politik gemacht. Ich konnte einfach machen, was ich wollte *(lacht)*. Den ganzen Tag die Zeit frei einteilen. Das war ein gutes Erlebnis.«

Soziales Netzwerk und Werte

Wenn sie die Lebensbereiche, in denen sich ihre sozialen Kontakte abspielen, nach ihrer Wichtigkeit ordnen soll, bezeichnet Laura die Universität als derzeit wichtigsten Lebensbereich, gefolgt von Familie und Freunden als gleich wichtige Segmente. Laura räumt auch der Freizeit ein eigenes Segment ein, das ist im Wesentlichen die Zeit, die sie mit ihren Freunden verbringt, weshalb die sozialen Kontakte hier praktisch die gleichen sind. Politisches Engagement und der Job im Landtag sind weitere Bereiche, mit einer recht überschaubaren Zahl sozialer Kontakte. Insofern wird deutlich, dass Laura in ihr Kontaktschema wirklich nur einträgt, was sie als einen persönlichen und wichtigen Kontakt einstuft.

Laura hat in dem egozentriert angelegten Kontaktschema ein bisschen Platz um sich herum gelassen. In den nächsten, engsten Kreis zeichnet sie nur eine Person ein und in den zweitnächsten nur sehr wenige weitere Menschen. Die meisten Kontakte befinden sich in einer mittleren bis weiteren Distanz von ihr selbst. Die Sympathien sind relativ stark und deutlicher als bei anderen Befragten nach Lebensbereichen verteilt, es gibt Bereiche mit ausschließlich nüchternen Kontakten und Bereiche mit ausschließlich hohen und höchsten Sympathiegraden. Ihr unsympathische Menschen kommen in Lauras Kontaktschema nicht vor.

Die meisten Personen, mit denen Laura zu tun hat, sind etwas älter als sie, nur eine Person ist gleich alt, keine ist jünger. Die Kontakte zur alten Generation beschränken sich auf die Großeltern.

Auch Lauras Werteschema lässt Distanz zwischen ihr und den zu beurteilenden Werten. Ganz in ihrer Nähe würde sie einem Wert einen Platz einräumen, den sie zu ihrem Bedauern unter den vorgegebenen Werten nicht findet: der Freiheit. Am relativ nächsten von der Bedeutung her kommt diesem noch die Toleranz.

»Also, am liebsten hätte ich natürlich Freiheit gehabt. Dann hätte ich das natürlich ganz nah herangerückt, weil ich finde, das ist bestimmend für vieles, auch für zwischenmenschliche Beziehungen.
Und Toleranz ist wichtig für dich?
Ja, Toleranz ist wichtig. Ich weiß nicht, Toleranz hat auch was mit Freiheit zu tun. Von daher ist das wichtig für mich, dass man sowohl innerhalb von zwischenmenschlichen Beziehungen, ich weiß nicht, auch Fehler des anderen toleriert oder dass man Andersartigkeiten toleriert. Das ist auch ein Ausfluss von Freiheit. Das ist wichtig.
So ganz, ganz wichtig hast du keinen Wert eingestuft. Also, du hast nichts so ganz nahe zu dir geordnet.
Also, wenn jetzt Freiheit dabei gewesen wäre, dann wäre das der höchste

Wert, glaube ich, gewesen, weil da draus viele Sachen ausfließen. Aber so ganz, ganz nah kann ich jetzt nicht sagen, dass irgendeine dieser Sachen so den vollkommenen Anspruch erhebt.«

Wichtig sind Liebe und Freundschaft sowie Spaß haben, sich engagieren und seinen Mund aufmachen. Auf der gleichen Stufe der Wichtigkeit findet sich noch die Leistung. Familie, kritisiert Laura, sei kein »Wert« im eigentlichen Sinn, auch wenn ihr persönlich ihre Familie wichtig ist. Dazu sagt sie:
»Familie, ich weiß nicht, das ist kein Wert. Man kann sagen, meine Familie ist mir wichtig, aber gesellschaftlich gesehen ... Es gibt sehr viele Leute, die gerade im Moment sagen, Familie ist doch der eigentliche Wert. Aber ich weiß nicht, ich halte das irgendwie für freiheitsbeschränkend. Meiner Ansicht nach läuft das gerade in der Diskussion darauf hinaus, dass Frauen wieder zuständig gemacht werden sollen. Ich denke, jeder soll eine Familie gründen, wenn er das haben möchte, aber das ist kein gesamtgesellschaftlicher Wert. Man sollte natürlich versuchen, Familie und Kinder und Jugend zu unterstützen, aber nicht in dem Sinne, dass man sagt, das ist der richtige Weg, eine Gesellschaft zu organisieren. Und Traditionen auch; ich meine, es gibt natürlich schöne Traditionen. Weihnachten feiern macht Spaß, aber ansonsten, ich weiß nicht, damit assoziiert man halt auch eher irgendwas, wo ich jetzt denken würde, das ist eher reaktionär oder das beschränkt mich mehr, als dass es mir irgendetwas geben kann.«

Es gibt Werte, die eher einengen als bereichern, die gern in konservativen Diskussionszusammenhängen eingeklagt werden und die Laura suspekt sind.

Neben Familie und Tradition ist das z. B. die Sicherheit.
»Man kann natürlich sagen, man möchte eine gewisse Sicherheit in seiner Lebensplanung haben, eine gewisse finanzielle Sicherheit gerne haben. Aber, so Sicherheitsdiskussionen, was jetzt Terrorismus oder Kriminalität angeht, halte ich für verfehlt, weil es gibt eigentlich keine steigende Kriminalität.«

Ganz am äußersten Rand ihres Werteschemas findet sich der Glaube. Aus der katholischen Kirche ist sie vor einiger Zeit ausgetreten. Zu diesem Thema bemerkt sie aber differenzierend:
»Ich bin atheistisch. Also, ich weiß nicht, eigentlich kann Glaube für jeden gläubigen Menschen eine schöne Sache sein, die sicherlich auch sehr wichtig ist und die auch Halt geben kann. Eigentlich wäre es vielleicht sogar schön, einen Glauben zu haben, aber ich weiß nicht, ich habe das nicht. Und gerade die Möglichkeiten, die sich einem da institutionell bieten, die finde ich nicht so gut.«

Nur mäßig wichtig ist Laura die Phantasie; ihr geht es nicht um Fiktion, sondern um Wirklichkeit.
»Bei Phantasie muss ich immer an Märchen denken oder an Sciencefiction, Romane ... und das war nie irgendwas, was ich gern gucke, weder Sciencefiction-Filme noch lese ich irgendwas in der Richtung. Ich weiß nicht, Phantasie kann natürlich auch irgendwas anderes sein, dass man sich irgendwas vorstellt, eine schönere Welt. Aber vielleicht bin ich da eher realitätsnah.«

**Politische Engagement:
Ämter und Themen**

Lauras politisches Engagement begann sehr früh: Mit 15 Jahren. Auf die Frage, wie es dazu gekommen ist:
»Durch den Politikunterricht. Und zwar damals waren die Kommunalwahlen 1999 in Nordrhein-Westfalen und in der Klasse wurden halt vier Leute ausgewählt, die die vier größeren Parteien irgendwie vorstellen, und ich war halt für die FDP zuständig sozusagen ... Ich hatte mich freiwillig dafür gemeldet und zwar weil ich einige Freunde hatte, die mal da Mitglied gewesen sind. Aber so richtig Kontakt oder viel politische Diskussionen habe ich da in dem Alter noch nicht geführt. Dann habe ich mich halt eingelesen, habe mir das alles angeguckt und habe die FDP dann auch so gut vertreten, dass ich dann, glaube ich, bei so 'ner Probeabstimmung irgendwie 30 % bekommen habe *(lacht)*. Und dann bin ich mit einem Jungen aus meiner Parallelklasse, der auch in deren Kurs die FDP vertreten hat, einfach bei den Liberalen vorbeigegangen. Und dann war ich direkt voll dabei, dann auch bei der Landtagswahl 2000, ja, da fing's dann richtig an. Viel mehr von der politischen Meinung hat sich halt eigentlich schon während der Zeit des Engagements gebildet, vor allem in welche Richtung. Das ist ja, denke ich, meistens so.«

Sie hat dann bald Ämter übernommen und ist in der parteiinternen Hierarchie rasch aufgestiegen. Dies erforderte, dass sie sich in unterschiedlichste Themen einarbeitete, sowohl auf kommunaler wie auf regional übergeordneter politischer Ebene.
»Ich bin in den Kreisvorstand der Jungen Liberalen gewählt worden als Schatzmeisterin. Das war mein erstes Amt im Februar 2001. Dann gab es da einen Umbruch. Es sind viele zum Studieren weggegangen. Dann bin ich schon ein halbes Jahr später Stellvertretende Kreisvorsitzende geworden und dann Anfang 2002 Kreisvorsitzende der Jugend und Stellvertretende Bezirksvorsitzende. Und dann Ende 2002 bin ich Bezirksvorsitzende der Jungen Liberalen geworden. Dann habe ich ein Jahr später das Kreisvorsitzendenamt 2003 wieder abgegeben und war jetzt bis Anfang 2006 Bezirksvorsitzende. Ich war parallel oder bin das auch immer noch im Kreis- und Bezirksvorstand der FDP. Ansonsten habe ich für die Kommunalwahl kandidiert 2004 und bin jetzt als Nachrückerin auf der Liste. Es hat nicht ganz gereicht, dass ich reingekommen bin. Ich war in zwei Ausschüssen im Stadtrat zuständig für Frauen und für öffentliche Einrichtungen, also alles, was mit Parks, Müllabfuhr, Katastrophenschutz, Friedhöfen zu tun hat ... Und für die Landtagswahl hab ich letztes Jahr kandidiert. Und ansonsten habe ich mich halt hauptsächlich auch in Arbeitskreisen bei den JuLis im Bereich Frauen- und Innen- und Rechtspolitik engagiert.«

Alle diese Funktionen hat sie während ihrer Schulzeit ausgeübt und zu Beginn der Studienzeit. Inzwischen muss sie etwas zurückstecken, wendet aber immer noch viel Zeit für ihr Engagement auf.
»Das konnte ich aber nicht mehr weitermachen, weil das einfach zeitlich zu viel war, gerade auch von der Distanz von Bonn und Düsseldorf her. Das bedeutet wirklich, zwei Tage die Woche eigentlich in Düsseldorf zu sein. Das klappt nicht, wenn man sich aufs Staatsexamen vorbereiten muss.
Sag mir bitte noch mal, welche Dinge du jetzt noch machst und wie

viel Zeit du dafür verwendest in der Woche.

Ich bin jetzt noch Mitglied im Kreisvorstand der FDP und im Bezirksvorstand der FDP, und die tagen beide ungefähr einmal im Monat, abends zwei Stunden. Und da kommen natürlich noch andere Termine dazu; Kreisparteitag, Bezirksparteitage, Kreishauptausschüsse, dann gehe ich noch zu meinem Ortsverband hin. Also ich würde sagen so einmal in der Woche auf jeden Fall noch einen Abend und dann halt Kommunikation per E-Mail.«

Laura verfolgt gesellschaftliche Entwicklungen mit großem kritischen Interesse. Derzeit sind es zwei Themen, die sie als brisant empfindet und wo sie findet, dass allerhand falsch läuft. Dies ist zum einen die Integrationsdebatte ...

»... dieser aufkommende Kampf der Kulturen. So wird es teilweise tituliert. Ich weiß nicht, so ein bisschen diesen Wohlstandschauvinismus. Gerade von Leuten, denen es eigentlich gut geht, die eigentlich, ohne Argumente dafür zu haben, jegliche Art von Andersartigkeit irgendwie ablehnen und der Auffassung sind, dass das Dinge sind, die unserer Gesellschaft schädigen oder lähmen. Und das kann man meiner Meinung nach argumentativ überhaupt nicht nachvollziehen, weil das teilweise halt so ein Abgrenzungsreflex einfach nur ist. Halt gerade, wenn man sich Leute anguckt, die eigentlich sogar politisch interessiert sind oder die sich auch politisch irgendwo engagieren und die dann persönlich Meinungen vertreten wie zum Beispiel ›eigentlich müsste man jede Art von Kopftuch verbieten, weil das ist alles ein Zeichen der Unterdrückung der Frau‹. Und das finde ich im Moment ein bisschen schwierig. Meiner Ansicht nach sind es gerade diese Wertekonservativen, die eigentlich schädigen, dass so was zusammenwachsen kann, weil solche Äußerungen und solche Abgrenzungen meiner Ansicht nach eher dazu führen, dass sich solche, ja wenn man so sagen möchte, Subkulturen bilden, sodass es keine wirkliche Integration oder kein wirklich multikulturelles Nebeneinander geben kann.

Und ich bin eigentlich der Auffassung, dass wir, wenn wir in Freiheit leben können, wenn wir uns nicht gegenseitig viele Vorschriften machen – natürlich muss es eindeutige Rechtssätze geben, an die man sich hält und an die Gesetze, das ist vollkommen klar –, dass es gerade gut möglich ist und dass es auch eine Bereicherung ist, wenn man so zusammenleben kann. Also, es ist so, dass ich das im Moment als sehr wichtig empfinde.«

Bei den Themen, die sie beschäftigen, zeigt sich konkret, was für sie die Werte Toleranz und Freiheit bedeuten und dass sie höchst sensibel auf Stimmungen und Tendenzen reagiert, die auf die Beschränkung von Rechten und Freiheiten, auf mehr Kontrolle und staatliche Reglementierung hinauslaufen. So auch bei dem zweiten Thema, das sie anspricht, dem typisch liberalen Topos Bürgerrechte.

»Und das andere Thema ist eindeutig: die Bürgerrechte. Weil man unter der letzten Regierung sowohl wie jetzt unter der großen Koalition zunehmend merken kann, wie die eingeschränkt werden, auch was jetzt die Fußball-WM angeht. Das finde ich wirklich schlimm, weil die Leute sich auch gerade über das Thema Bürgerrechte eigentlich ziemlich wenig Gedanken machen. Es kommt immer mehr, dass die Menschen sagen, ›jaja, wir brauchen das für unsere Sicherheit‹. Dabei kann keiner wirklich definieren, was ist eigentlich der Terrorismus oder gibt es da eigentlich wirklich überhaupt irgendeine Art von Gefahr, die auf uns zukommt? Und das finde ich problematisch, weil ich glaube, vor 10, 20 Jahren, da wäre es nicht möglich gewesen, irgendwelche Telekommunikationsdatenspeicherung usw. einzuführen, ohne dass es Proteste gibt. Und es gibt eigentlich keine großen Proteste. Das finde ich ein bisschen schade.«

Jung und Alt im Sozialstaat

Vertraut mit aktuellen politischen Themen, hat Laura auch über das Thema Rente bereits nachgedacht. Ihre Position als junge Liberale basiert auf der Eigenverantwortung der Bürger. Auch die junge Generation sollte schon an Vorsorge denken. Die Rente ab 67 sieht sie im Prinzip als richtig an.

Ihr Idealbild vom Alter ist das des rüstigen, geistig mobilen alten Menschen, der noch Aufgaben wahrnimmt. Das wünscht sie sich auch für ihr eigenes Alter.

»Also, von daher macht auch diese Diskussion über die Rente ab 67 mir persönlich nicht sonderlich Angst, weil ich denke, für meine Generation ist ja quasi eine Prognose, dass wir 90 oder älter alle werden und – ich weiß nicht – 20 Jahre irgendwie im Sommerhaus auf Mallorca sitzen und sonst was machen *(lacht)* ... Ich finde das, ehrlich gesagt, gut, wenn ich noch länger arbeiten kann, wenn mir das schon Spaß macht. Das gilt natürlich nicht für jeden. Ich habe einen Job, der geistig ist und wenn man körperlich arbeitet, dann ist das natürlich schwieriger.

(Zur Rente ab 67):

Also, ich denke, eigentlich wären natürlich tiefgreifendere Systemumstellungen bei den Rentensystemen eher nötiger und würden eher helfen, aber das ist sicherlich ein Schritt in die richtige Richtung ... Eigentlich wäre das Beste, wenn es möglich wäre, das auf ein vollkommen privates System umzustellen, dass jeder für sich selber vorsorgt und dass jeder halt auch vorsorgen müsste. Und dass halt den Leuten geholfen wird, die es nicht selber machen können, weil sie lange Zeit arbeitslos waren oder weil sie immer erwerbsunfähig waren oder weil sie in so einem Niedriglohnsektor sind, dass das einfach so nicht geht. Ich denke, das wäre schon das Richtige. Ich mein, ich weiß nicht, ob ich Rechtsanwältin oder sonst irgendetwas werde. Aber ich denke, jeder sollte auf jeden Fall auch schon anfangen von unserer Generation, selber irgendwie vorzusorgen. Ich denke, es sollte eine Grundversorgung geben, in deren Rahmen jeder für sich selbst vorsorgen muss und ansonsten muss halt jeder sehen, wie viel er denn haben möchte. Ich denke, in gewisser Weise ist es ja jetzt auch schon so, dass viele Leute, die etwas mehr haben, sich mehr schon vorher zur Seite legen. Ich denke, das sollte mehr gefördert werden, dass jeder halt sich überlegt, wie viel er braucht, weil das System sich einfach so nicht halten lassen kann.

So wie ich dich verstehe, ist für dich die Selbstverantwortung des Menschen ein hoher politischer Wert.

Hm. Man darf natürlich nicht vollkommen nachlassen und sagen, wenn jemand nicht selber für sich sorgen kann, dann hat er halt Pech gehabt. Das geht nicht. Aber ich denke schon, dass im Großen und Ganzen jeder selber auch für sich vorsorgen sollte. Natürlich mit Auffangsystemen, aber – doch eigentlich schon.«

Der Begriff »Generationengerechtigkeit« sagt ihr im Gegensatz zu beinahe allen anderen Befragten durchaus etwas. Sie sieht die Problematik und auch, dass hier politisch gehandelt werden muss. Hier ihr unaufgeregter Kommentar: »Dadurch dass jüngere Menschen für immer mehr Rentner zahlen müssen, die irgendwie im erwerbsfähigen Alter sind, entsteht natürlich eine gewisse Ungerechtigkeit, wenn sie dasselbe später nicht dafür zurückbekommen. Aber da muss halt am System gearbeitet werden oder das System umgestellt werden.«

Dass für die Belange junger Menschen in einer alten Gesellschaft weniger Geld ausgegeben wird, hält sie zwar für möglich, aber nicht allzu wahrscheinlich.
»Es ist natürlich immer so, wenn die Älteren eine größere Wählergruppe sind, die man mehr ansprechen muss, dann kann das natürlich so sein. Aber auf der anderen Seite ... man muss ja gucken, wenn diese Themen, so wie sie jetzt sind, weiterlaufen sollen, dass man gerade auch was für junge Leute tut. Wenn man möchte, dass die Wirtschaft weitergeht, muss man natürlich in Bildung investieren, weil das sind Zukunftsinvestitionen. Ich habe, ehrlich gesagt, keine konkrete Angst davor, dass wir in 30 Jahren, sag ich jetzt mal, zum Beispiel dastehen – es wird dann noch weniger jüngere Menschen geben als jetzt – und gar nicht mehr in Bildung investieren. Das glaube ich nicht, dass es so kommen wird.«

Und sie glaubt auch nicht, dass es in Zukunft mehr Probleme zwischen Alten und Jungen geben wird, weil das »keine Gruppen sind, die sich gegenseitig bekriegen«.
Prinzipiell meint sie, dass die Gesellschaft sich mehr auf alte Menschen einstellen muss, dass aber jede Generation angesichts der demografischen Entwicklung und der (unter anderem) daraus resultierenden Probleme des Sozialstaats Einschränkungen hinnehmen muss:

»Man merkt ja, dass jede Altersgruppe in gewisser Weise Einschränkungen hat, sei es durch längere Arbeitszeit für die arbeitende Generation, sei es vielleicht teilweise durch Rentenkürzungen, weil da jetzt keine Neuerungen anstehen, sei es dadurch, dass Studiengebühren eingeführt werden. Also, da muss ja in gewisser Weise jede Generation mitarbeiten.«

Jugend in der Politik

Generell sind es die Jungen in der Politik, die etwas bewegen wollen. Sie haben die radikaleren Ideen und die innovativeren Forderungen.
»Also, das ist in jeder Partei so, dass die Jüngeren die Radikaleren sind, und wenn die Jüngeren dann die Älteren sind, dann sind sie es nicht mehr. Und dann sehen sie die Forderungen, die sie vorher selber aufgestellt haben, vielleicht auch nicht mehr so ganz, weil sie mehr im politischen Geschäft, in der Realpolitik oder so angekommen sind. Das ist aber auch das Selbstverständnis der meisten Jugendorganisationen, dass sie so versuchen, die Dinge voranzubringen.«

Auf die Frage, ob die Jungen von den Älteren in der Politik ausgebremst werden, sagt sie:
»Gerade wenn die Jüngeren etwas innovativere Forderungen aufstellen, die jetzt vielleicht nicht in das aktuelle Handeln der Partei oder in die strategische Planung reinpassen, dann ist es sicherlich so ... Nicht immer, oft werden Sachen auch aufgegriffen oder durchgekämpft ... Was Personalentscheidungen angeht, ist das sicherlich auch so, dass es oft für jüngere Menschen schwieriger ist, an bestimmte Positionen zu kommen, wenn sie noch nicht in den richtigen Einflussebenen drin sind.«

Die demografische Entwicklung wird auch den Stellenwert von Jugendorganisationen beeinflussen, die an Einfluss verlieren könnten, weil die jungen Wählerschichten dahinschmelzen.

»Das ist sicherlich ein politischer Einflussverlust, sowohl was Inhalte als auch was Personalien angeht. Weil natürlich junge, radikalere Inhalte auch besser mit jungen Personen verkauft werden ... Also, ich denke, dass es teilweise schon in diese Richtung geht und kann mir auch vorstellen, dass sich das weiter verstärken kann. Wobei es natürlich auch immer so ist, wenn *eine* Partei sich vielleicht auf die Älteren konzentriert, dass *die anderen* dann versuchen, bei den Jüngeren anzupacken. Dass dann eine Partei vielleicht auch aus strategischen Gründen absichtlich mehr jüngere Leute nach vorn stellt, um da Wählerschichten abzufangen.«

Die FDP als Partei der Jüngeren? Auf jeden Fall. »Durch den Leistungsgedanken« spricht sie »gerade Leute unter 35« an. Die Grünen, immer mehr eine Partei »der Alt-68er«, habe sie als Partei für die jüngeren Wähler schon abgelöst.

Frauen und Männer

Laura möchte »um nichts auf der Welt« ein Mann sein, auch wenn Frauen es heute teilweise immer noch schwerer haben. Warum findet sie es schöner, eine Frau zu sein?

»Ich hab das Gefühl, dass man als Frau Dinge anders erlebt und teilweise auch Dinge vielleicht differenzierter betrachtet und teilweise vielleicht auch mehr auf seine Mitmenschen eingeht. Und ich denke, dass das eine wichtige, schöne Erfahrung spendende Sache für das Leben ist. Von daher bin ich das lieber.«

Sind Frauen zielstrebiger?
»Ich glaube, dass Frauen vielleicht öfter sich fragen: Mach ich das auch alles richtig so? Und vielleicht echt öfter dann über sich selbst nachdenken und irgendwelche Fehler bei sich suchen. Aber das macht sie, glaube ich, nicht zwangsläufig weniger zielstrebig. Ich glaube, sie können vielleicht auch eher dann mit Rückschlägen umgehen, weil sie das besser verarbeiten können und da vielleicht auch selbstreflexiver sind als Männer, die sich dann vielleicht eher abschrecken lassen, da sie dann eher eine Wut oder Aggression irgendwie entwickeln und auf die Welt böse sind. Von daher ist es, dass wir vielleicht öfter darüber nachdenken, wo die Fehler sind, vielleicht auch ein seelisch guter Mechanismus, dass wir besser dann auch mit Rückschlägen klarkommen können.«

Die Gleichberechtigung ist zwar politisch durchaus gegeben, nicht aber »gesellschaftlich« in den Köpfen der Menschen verankert. Man könne z. B. bei der Hochzeit doch den Namen per Los ermitteln, aber so einen Vorschlag fände jeder »absurd«. Und viele Männer hätten immer noch die Vorstellung von einer Frau, die »in gewisser Weise unter ihnen steht«.

Frauen haben es nach Lauras Überzeugung auch noch schwerer am Arbeitsmarkt, vor allem in einer Altersgruppe, wo eine Schwangerschaft wahrscheinlich ist:

»Das wird einem jeder sagen, der ein Unternehmen führt. Das ist eine wirtschaftliche Erwägung. Im Zweifelsfall kann man das den Menschen gar nicht mehr ... na, gut finde ich es nicht, ob man das so übel nehmen kann, weiß ich nicht. Wenn sich die Dinge anders entwickeln und mehr Akademikerinnen gebraucht werden – ich glaube, das wird in Zukunft so sein, wenn ältere Generationen von Akademikerinnen wegfallen –, dann wird sicherlich die Chance für Frauen auch gut sein. Dann wird sich der Markt sicherlich auch mehr den Frauen anpassen, dass auch mehr Gelegenheiten gegeben werden für Kinderbetreuung usw., wobei das ja gerade bei den Akademikerinnen so ist, dass sich dann viele für gar keine Kinder entscheiden.«

Persönliche Zukunft

Was überraschen mag: Laura sieht ihre Zukunft nicht in der Politik.
»Käme nicht in Frage, weil das einfach ein Leben ist, was mit so viel Arbeit verbunden ist. 16 Stunden am Tag immer Politik, das wäre kein Leben für mich.«

Sie möchte aber auf jeden Fall »immer arbeiten«. Wenn Kinder bekommen hieße, nicht zu arbeiten und zu Hause zu bleiben, dann würde sie sich dagegen entscheiden.
»Also, ich könnte mir nicht vorstellen, irgendwie Kinder zu bekommen und dann zu Hause zu sein. Das könnte ich mir nicht vorstellen. Ob ich Kinder bekomme überhaupt, das weiß ich auch nicht. Das hängt wahrscheinlich eher davon ab, ob man einen Mann findet, der dafür geeignet ist.«

Sie hat »keine großen Träume«, aber relativ konkrete berufliche Vorstellungen, die sich aus dem Jurastudium ableiten: Ob Rechtanwältin oder Staatsdienst, das weiß sie noch nicht. Auf die Bitte, sich ihr Leben in zehn Jahren vorzustellen:
»In zehn Jahren? Gut, in zehn Jahren bin ich promovierte Volljuristin *(lacht)*, und ich hoffe ... ich kann nicht sagen, wo ich dann bin, weil das weiß ich nicht. Aber ich würde gerne hier im Rheinland auf jeden Fall bleiben, vielleicht wieder nach Düsseldorf zurückgehen, weil ich die Stadt eigentlich sehr gerne habe. Ich hoffe, dass ich vielleicht einen Freund habe oder verheiratet bin. Das ist für mich persönlich sehr wichtig. Und ich hoffe, dass meine Eltern noch gesund sind und dass wichtige Freundschaften halten oder neue Freundschaften gefunden werden. Aber ich kann jetzt nicht sagen, ich habe dann ein Haus, zwei Kinder und einen Halbtagsjob oder so was. Das weiß ich nicht.«

Darüber hinaus wäre es doch »traurig, wenn man heute mit 21 schon weiß, was in 50 Jahren sein wird«. Und wäre das nicht auch »freiheitsbeschränkend«? Dennoch, so viel verrät sie: Der Gedanke politischer Aktivität auch im Alter ist ihr nicht fremd. Vielleicht ist sie dann ja »bei den liberalen Senioren aktiv«.

Matthias, 19 Jahre, Schüler. Berufswunsch Lehrer.

»Vor allem die Familie zählt.«

Burgdorf, November 05

Matthias lebt mit seinen Eltern und der jüngeren Schwester in einem Einfamilienhaus in einer kleinen Gemeinde nördlich von Hannover. Die Mutter war Lehrerin und ist in verschiedenen Ehrenämtern tätig, der Vater ist Mathematiker und arbeitet in einer Firma in Hannover. Vor kurzem ist der ältere Bruder ausgezogen, um sein Studium zu beginnen. 7 Jahre lang lebte die an Alzheimer erkrankte Großmutter mit im Haus und wurde von der Familie, insbesondere der Mutter, gepflegt. Als die Belastung für die Familie zu groß wurde, kam sie in ein Pflegeheim.

Matthias geht nach dem Realschulabschluss inzwischen in die letzte Klasse des Gymnasiums, ein Technikgymnasium, und ist in einer reinen Jungenklasse.»Da läuft jede Menge Mist«, worüber Matthias »den Kopf schüttelt«, aber insgesamt kommt er gut zurecht, wie er sagt. Seine Freizeit ist von verschiedenen Hobbys in Anspruch genommen. Da ist zum einen das Tanzen in der Tanzschule (»Rumba und so Sachen«), das er mit seiner Freundin zusammen seit zwei Jahren macht. Und er spielt Schlagzeug »in einer christlichen Band«. Sie machen Rockmusik.

»Die Texte sind teilweise von uns und teilweise auch von aktuellen Worship-Bands, d. h. von irgendwelchen christlichen Bands, die einfach gute Musik machen, aber hauptsächlich eben so Rock-Pop-mäßig.«

Als Kind hatte er starke Neurodermitis und war daher sehr unruhig. Es gab Probleme in der Schule. Seine Hyperaktivität wurde aber nicht medikamentös unterdrückt, entgegen dem Rat der Lehrer. Inzwischen hat er in dieser Hinsicht »keinerlei Probleme mehr«. Bewegung ist ihm wichtig. Er fährt sehr viel und gern Fahrrad und ist dann ausgeglichener.

Nebenher hat er zurzeit einen Job. Er fährt »Essen auf Rädern« aus. Es macht ihm Spaß, sich auf die verschiedenen Menschen und Situationen einzustellen.

Matthias hat einen konkreten Berufswunsch: Er möchte Realschullehrer werden mit den Fächern Wirtschaft und Politik.

Soziales Netzwerk[109]

Seine wichtigsten und engsten Kontakte sind die Kontakte zu Gleichaltrigen, allen voran die Freundin und die Geschwister, dann einige enge Freunde meist aus der Realschulzeit. Wichtig sind natürlich auch die anderen Bandmitglieder. Zu den Klassenkameraden ist das Verhältnis eher gemischt, es gibt Freunde, aber auch Leute, mit denen er »gar nicht auf einer Wellenlänge« ist.

»Ich gehe mit der Einstellung ran, ich muss mit den Leuten privat einfach nicht so viel machen. Für mich ist das Schule, dort bin ich mit den Leuten zusammen und muss mit denen dort klarkommen und gucke auch, wie ich dann mit denen auch eventuell zusammenarbeite, um mich für eine Klausur vorzubereiten. Aber weiter gehe ich definitiv nicht, auch wenn es darum geht, z. B. zusammen später eine Abschlussfahrt zu machen nach dem Abitur. Da habe ich mich erst einmal bewusst ausgeklinkt, weil für mich einfach ein Großteil der Eindruck ist: Die werden sich die Kante geben und dann war es das.«

Familie ist der wichtigste Lebensbereich. Mit den Eltern kommt er gut zurecht und er hat relativ viel Kontakt zu den beiden Großmüttern. Die demente Großmutter besucht er regelmäßig im Heim, aber der Kontakt ist durch das Krankheitsbild der Großmutter bestimmt.

Pflege in der Familie

Die Familie von Matthias hat sich jahrelang der Aufgabe gestellt, die kranke Großmutter zu Hause zu pflegen. Die Eltern haben das als ihre Verpflichtung angesehen. Matthias hat das akzeptiert, sogar internalisiert, aber es war für ihn und seine Geschwister schwer.

»Das ist eine Beziehung dann mehr oder weniger ein Stück weit auf verpflichtender Basis. Dieser Mensch hat eine Menge auch mit einem schon gemacht, in der Kindheit auf mich aufgepasst und meine Geschwister. Jetzt hat man die Möglichkeit, es wieder zurückzugeben. Nur ist es halt wahnsinnig hart für mich, irgendwo diese Zeit zu investieren und zu wissen, nach fünf Minuten, wenn man wieder geht, ist das alles wieder vergessen und ... Das ist natürlich irgendwo ... Man kann sich halt über gar nichts mehr austauschen, weil die Gedanken einfach nicht mehr da sind.«

Das lag auch am spezifischen Charakter der Erkrankung, denn die persönliche Beziehung geht zunächst von der Seite des Kranken praktisch verloren und in der Folge fällt es den Familienmitgliedern schwer, sie aufrechtzuerhalten. Die Großmutter »erkennt« Matthias, kann ihn aber nicht zuordnen.

»Sie weiß aber nicht, ob ich jetzt der Hofjunge bin von ihrem Hof, wo sie gern immer zurückdenkt aus der früheren Zeit. Wo sie in Ostpreußen gelebt hat, wo sie eigentlich sehr oft ist ...

Und das war für euch auch nicht leicht, in der Familie diese Pflege zu leisten?

Auf jeden Fall. Das war einmal, diese Flexibilität war völlig verloren vom Wochenende. Einer musste zumindest immer zu Hause bleiben. Und aus Solidarität zu demjenigen hat man natürlich nicht zu viele große Sachen gemacht. Das ging schon los, wenn es dann um Weihnachten ging. Zweiter Weihnachtstag sind wir immer bei der anderen Oma und feiern mit unseren Cousins und Cousinen dort noch ein bisschen. Da musste immer

---

[109] Matthias' Interview war ein Pretestinterview. Daher wurde ihm das Kontaktschema in einer etwas einfacheren Form vorgelegt. Das Werteschema wurde in den Pretests noch nicht verwandt.

einer meiner Eltern zu Hause bleiben, und die Familie ist dann ja einfach nicht zusammen. Das ist dann zu Weihnachten immer schade. Und es war dann auch nicht die Entspannung da, wenn man auf sie aufpasst. Immer wurde gerufen. Man musste immer präsent sein. Wenn man mal nicht da war, dann war sie allein, hat sich gewundert: ist denn niemand da. Und man musste immer gucken und zu ihr sagen: ›Hallo, ich bin ja auch noch da.‹ Sie hat dann auch immer sehr viel Angst gehabt, dass jemand sie wegschleppen würde, einfach dass sich auch immer jemand um sie kümmern musste. Das ist schon belastend, wenn man an Hausaufgaben sitzt und dann ruft sie wieder und wollte, dass jemand sich um sie kümmert. Und dann ging man zehn Minuten runter ... Meine Mutter hat natürlich die meiste Arbeit damit gehabt. Man merkt, irgendwann geht es einfach nicht mehr. Die Familie geht immer weiter auseinander. Man kriegt am wenigsten mit. Man versucht, sich auch zurückzuziehen. Einfach irgendwo den Ausgleich noch zu finden. Diese Belastung ist ja die ganze Zeit zu Hause auch irgendwo da. Das ist schon ziemlich hart gewesen, auf jeden Fall.«

Matthias' Schwester reagierte mit erheblichen Problemen. Und schließlich konnte die Familie die Aufgabe nicht mehr bewältigen, die Großmutter kam in ein Pflegeheim. Matthias meint, dass eine Familie zumindest versuchen sollte, alte Menschen aufzufangen.

»... Heut heißt es, ja, man hat ja die Altersheime. Da kommt dann Oma rein, wenn sie nicht mehr kann. Ich denke, da muss sich die Familie definitiv mehr der Verantwortung bewusst sein. Es gibt Punkte, da geht es nicht mehr. Das habe ich ja auch selbst gemerkt. Aber ich denke, zumindest den Versuch ... zumindest, dass man die Leute, die sich dann um die Oma kümmern, verstehen kann.«

Sich auf die Familie verlassen

Sich auf die Familie verlassen zu können ist wichtig, gerade im Alter.

»Unbedingt wichtig ist eine Familie, die hinter einem steht. Das heißt, eine Familie und der Gedanke: die Familie – auf die kann ich mich verlassen. Und nicht – die Familie belaste ich nur. Das hat man ja sehr oft auch, dass man das mitkriegt. Einfach, wenn ich eine Familie um mich drum herum habe, habe ich schon mal jemand, der sich um mich kümmert, der mich auch mal besucht und der guckt, wie es mir geht, der auf mich aufpasst. Ich denke, das sollte auch wieder in der heutigen Gesellschaft gepflegt werden.«

Familie ist für ihn zentraler Wert und Ziel zugleich. Das Interview beginnt bereits mit den Sätzen:

»Wichtig ist für mich, dass ich es schaffe, ein Leben zu führen, wo vor allem für mich Familie zählt, wo ich natürlich auch einen guten Job habe. Wobei für mich auch wirklich zählt, dass ich mitkriege, z. B. wie meine Kinder aufwachsen, wie sie sich entwickeln und solche Geschichten, vor allem da auch ein schönes Familienleben aufbauen kann. Und im Beruf: ich möchte gern Lehrer werden und möchte einfach versuchen, das dann auch mit Familie zu vereinen und dafür noch genug Zeit zu haben. Das ist für mich das Wichtigste.«

Das Primat der Familie hat logischerweise auch politische Konsequenzen. Deshalb würde Matthias, wenn er Finanzminister wäre und entscheiden dürfte, vor allem die Familien fördern. Das käme letzten Endes allen zugute.

»Also, Familien würde ich auf die erste Stelle setzen, weil das ist die Zukunft an sich. Ohne Nachwuchs hätte man keine Chance auch für das Alter. Natürlich müsste ich den Alten auch wieder was geben, einen großen Anteil, weil die haben ihr Soll schon erfüllt. Gut, andererseits würde ich vielleicht sogar berücksichtigen, haben sie Kinder oder nicht. Die Leute, die dazu beitragen, die Zukunft weiter zu finanzieren durch Kinder, denen sollte das auch später ... Die Leute müssen aus dem Beruf aussteigen, um auch eine vernünftige Erziehung den Kindern zu organisieren. Die Leute müssen eine Menge an ihrem Komfort für die Kinder opfern. Ich denke, das muss man auf jeden Fall unterstützen. Es darf nicht sein, dass die Entscheidung, ob ich zwei oder drei Kinder haben will, am Geld liegt ... Familie ist das, worauf die Zukunft baut. Und wenn ich genug Kinder anschließend habe, genug Leute, die das tragen, habe ich dann auch die Möglichkeiten, dementsprechend auch die Alten davon wieder zu ernähren, denke ich. Bzw. auch, wenn ich jetzt auf die Bildung gehe, wenn ich denen eine gute Bildung geschaffen habe, habe ich dann auch die Möglichkeit, dass man privat diese Altersvorsorge treffen kann. Das ist ein Versuch einfach vorzuarbeiten, d. h. im frühen Stadium das Geld auszugeben, damit das im Alter schon selbständig läuft.«

Jung und Alt

Wenn er Essen auf Rädern ausfährt, ist Matthias ständig mit alten Menschen konfrontiert und findet das »interessant«. Etwas distanziert, aber trotzdem zugewandt notiert er die unterschiedlichen Verhaltensweisen gegenüber dem jungen Boten (bei einer verärgerten alten Kundin: »Ich finde es schon beeindruckend, wenn diese Wut herauskommt.«) und unterschiedliche Methoden, sich Aufmerksamkeit zu verschaffen. Er versucht, sich darauf einzustellen.

»Ich gebe den Leuten den Respekt, den sie für angemessen erwarten. Versuche immer, natürlich freundlich zu sein. Versuche auch nicht so zu sein, dass ich sage: ›Ach, so schlimm ist es doch gar nicht.‹ Ich bemitleide sie nicht, aber mir ist schon bewusst, ihre Schmerzen sind eine Belastung und versuche auch irgendwo, das in die Richtung zu lenken: das gehört jetzt irgendwo mit dazu zum Alter. Dass ich auf die Leute zugehe. Ich denke, Mitleid ist da nicht das Richtige. Und bisher habe ich auch von sehr wenigen Menschen mitbekommen, dass sie das auch wirklich versuchen zu erzeugen. Klar, jeder hat gern ein: ›Na, wieder so schlimm?‹ Wo man dann auch hört in manchem Tonfall, so dieses Leidende *(imitiert)*: ›Ja, dann stellen Sie das mal dahin.‹ Dieses Schluchzen schon die ganze Zeit in der Stimme. Oder einfach, wenn man fragt, wie es geht, dann dieses ganz provokante: ›Nicht gut.‹ Dass man dann natürlich auch nachfragt. Natürlich interessiert es mich dann auch, was die dann bedrückt. Man weiß ja dann auch schon, welche Leute sind schon eher die Leute, die es dann wirklich mit Fassung tragen und manche, die sich dann selbst immer nur noch mehr bemitleiden. Es ist schon interessant.«

Sein Idealbild sind alte Menschen, »die sich nicht zurückziehen« und die ihre Erfahrungen weitergeben.

»Ich finde es gut, wenn ich mitkriege, dass Leute sich z. B. einfach noch mit Leuten treffen, für 'ne Gymnastik z. B. oder solche Geschichten. Einen habe ich dabei, der ist der Sportfan – Handball – und guckt sich die Spiele von ›seinem‹ Verein an, fährt mit auf die Auswärtsspiele in der näheren Umgebung und ist davon total begeistert. Das finde ich super. Man kriegt mit, wer macht was und wer macht nichts; welche Leute sind noch mit drin und wie weit die zurückgezogen sind. D. h. viele erzählen dann auch, wie auch die 96-Jährige, die mit ihrem Sport ihr Leben verbracht hat und dort natürlich eine Menge Anerkennung bekommt. Ich finde es einfach wichtig, auch im Alter noch ein Ziel vor Augen zu haben.«

Wirklich »alt« ist man nach seiner Definition ...
»... wenn man sich in sein Haus zurückzieht und nicht mehr bereit ist, auf neue Sachen einzugehen. Wenn man es einfach nicht mehr schafft, aus welchen Gründen auch immer, auf neue Sachen einzugehen. Es kann die Technik sein. Es können vor allen Dingen auch Menschen sein, dass man nicht mehr auf neue Menschen zugeht, neue Freundschaften knüpft. Da geht das los, denke ich. Einfach nicht in seiner Zeit stehen bleiben, sozusagen.«

Und was ist typisch für Jugendliche? Alles »noch ein bisschen auf die leichte Schulter zu nehmen«, unbeschwert an Dinge heranzugehen.
»Ja, einfach auf Sachen zuzugehen und vielleicht auch noch ein bisschen Risiko einzugehen und sich nicht gleich *alle* Konsequenzen vorstellen, ich sage mal, immer mit dem Motto rangehen: Passt schon, wird schon irgendwie. Es wird irgendwie passen. Wir machen das einfach so. Was dabei rauskommt, ganz egal, aber irgendwie funktioniert es so.«

Mehr Mitsprache

Matthias hat den Anspruch mitzureden und es stört ihn, wenn er diesen Anspruch nicht einlösen kann. Seiner Meinung nach, werden Jugendliche »viel zu wenig gefragt«, gerade auch bei Dingen, die sie nun wirklich etwas angehen, zum Beispiel Bildung, zum Beispiel Unterricht. Wenn es etwas gibt, was ihm auf die Nerven geht, dann schlechter Unterricht. Dass er sich hier so engagiert äußert, hat vielleicht mit seinem Berufswunsch zu tun.

»Also, ich bin ein Mensch, der sich oft wahnsinnig darüber aufregen könnte, wie manche Lehrer unterrichten. Ja, dass ich mich immer wieder frage, wozu man eigentlich Beamte einstellt, die dann einen recht zweifelhaften Unterricht abliefern, wo man sich fragt, wofür die ihr Geld kriegen. Manchmal fällt es mir sehr schwer, mich mit denen zu arrangieren. Ich gehe auch gern da in die Richtung, dass ich denen versuche, das auch irgendwo mal zu zeigen, was ich von ihnen halte, was natürlich nicht immer vorteilhaft ist.
Es ist schwierig, von Schülern z. B. eine Lehrerbeurteilung zu bekommen, die wirklich objektiv gemacht worden ist. Aber dass man zumindest die Meinung der Schüler mit in diese Bewertung einfließen lassen kann und auch diese berücksichtigen kann. Ein Schüler hat heutzutage eigentlich so ziemlich keine Möglichkeiten gegen einen wirklich schlechten Lehrer beispielsweise vorzugehen. Er muss sich das gefallen lassen, und wenn er dann z. B. einen Schulwechsel hat, muss er damit klarkommen, dass er den Anforderungen des nächsten Lehrers wieder gerecht wird. Dagegen was zu unternehmen, ist fast unmöglich. Selbst als Elternteil ist das schwierig. Da gibt es keine Möglichkeiten eigentlich, darauf Einfluss

zu nehmen. Ich finde, der sollte auf jeden Fall gegeben sein.«

Von Jugendlichen wird eine Menge erwartet, aber für ihre Meinung interessiert man sich weniger. Es gibt aber auch Spielräume für Mitsprache, die ungenutzt bleiben. Er nennt den politischen Bereich.

»Ich denke, von Jugendlichen wird erwartet heutzutage, dass man regelmäßig in die Schule geht, seine Bildung auffrischt und immer weiter bis man dann ins Berufsleben starten kann. Wobei ich finde, dass die Meinung bzw. die Jugendlichen viel zu wenig gefragt werden, was sie persönlich von der Art und Weise, wie sie da hingeleitet werden, halten. Dass sie nicht gefragt werden. Ich denke, dass da eine Menge noch verbessert werden könnte. Und eine Zusammenarbeit mit Jugendlichen, finde ich, sollte noch eine größere Bedeutung gewinnen.

Ich denke, in vielen Dingen wird es einem erschwert mitzureden … wie gesagt, in der Schule … Andererseits, wenn es z. B. um politische Angelegenheiten geht, denke ich, gibt es noch einen Spielraum, den man nutzen könnte, wobei erst einmal auch dieses Bewusstsein da sein muss, dass man was machen kann.«

Dabei hätte das politische System Mitsprache bitter nötig. Nach seiner ersten Wahl ist Matthias desillusioniert und sehr enttäuscht von der Parteiendemokratie. Er hat nicht den Eindruck, mit seiner Stimme Einfluss nehmen zu können.

»Wenn ich jetzt so aktuelle Entwicklungen sehe, war ich erst mal erschrocken irgendwo ein bisschen, dass wir so begeistert von unserer Demokratie sind, wenn wir mitkriegen, dass wir unsere Wahl abgeben, aber letztendlich damit nicht entscheiden können, welcher Kurs wirklich durchkommt. Wir haben zwar unsere Partei gewählt und unsere Ansicht damit preisgegeben. Ich denke, das Wahlsystem, so wie es momentan ist, ist meiner Meinung nach nicht wirklich richtig. Eigentlich sollte man nicht die Leute wählen, sondern eigentlich das wählen, was einem am wichtigsten ist … Wenn ich jetzt Parteien wähle, habe ich natürlich da das vorgegeben, was die durchbringen, wobei sich das zum Teil wirklich ähnelt. Ich denke, wir haben jetzt nicht diese großen Unterschiede da drinnen … jetzt abgesehen von den Linken. Man möchte natürlich auch jemand wählen, der die Personen widerspiegelt. Und das ist heute in dieser Wahl z. B. gar nicht gewesen. Das wurde so gut zusammengewürfelt, wie es denen am besten passt. Letztendlich wie die Regierung gewählt wird, hat nicht der Wähler entschieden. Er hat nur gesagt, wie viel Anteil die Partei hat und die. Den Rest bestimmen einfach diese Großen da, die an der Macht sitzen. Deswegen fand ich eigentlich recht schade, wie das so gelaufen ist. Da habe ich nicht den Eindruck gehabt, einen Einfluss darauf gehabt zu haben. Dass meine Stimme – abgesehen davon, dass es ein kleiner Teil war, aber dass es überhaupt keinen Unterschied gemacht hätte.«

Gleichberechtigung?

Ja, bitte, aber dann auch »gleich« und nicht zu einseitig! Es ist wichtig, darauf zu achten, dass Frauen in Männerberufe hineinkommen, aber es gibt auch reine Frauenberufe, die ein bisschen Ausgleich vertragen könnten. Man denke an den Beruf des Grundschullehrers.

»Und da denke ich, muss einfach mal sein, dass Jungs mehr reinkommen, die dann auch als Vorbild für die kleinen Kinder da sind. Denn ich denke, das ist auch wahnsinnig wichtig. Dass man eben auch beide Seiten vorgelebt bekommt. Ich denke, dass wir einfach von diesem typisch Mann und typisch Frau weggehen müssen. Es ist so umstritten. Es gibt gewisse Unterschiede, aber ich würde die ignorieren ... Warum sollen nicht auch Frauen große Positionen haben? Das ist doch genauso wichtig. Ich denke, dass man beide Aspekte auch mit drinhat.«

Matthias wundert sich, dass »manche Freundinnen von mir völlig andere Ziele haben, als ich es mir vorstelle. Da ist es z. B.: Familie nein, erst mal Spaß haben und auf jeden Fall sehen, dass man einfach auf seine Kosten kommt. Und wenn man dann älter ist, kann man ja Kinder kriegen.« Er selbst wünscht sich Kinder in gar nicht mal ferner Zukunft, denn – klar – »Familie ist das Wichtigste«.

Die Zukunft kann beginnen

Es gibt für Matthias eigentlich keinen Grund, mit der Zukunft nicht bald zu beginnen. Wie die aussehen soll und was für ihn das Wichtigste ist, sagt er ganz klar: »Eine Familie aufbauen, das möchte ich.« Matthias will zunächst in der Nähe anfangen zu studieren. Und wenn die Freundin in einem Jahr auch das Abitur gemacht hat, dann »zusammen eine Wohnung suchen und zusammen irgendwo was suchen, wo wir beide studieren können«. Und ansonsten:
»Auf jeden Fall dann auch relativ bald einen weiteren Schritt zu gehen, zum Beispiel heiraten. Und wenn es irgendwie eine Möglichkeit gibt, dass es auch vom Staat vielleicht die Unterstützung dafür gibt, dass man auch nicht wartet bis man z. B. ein fünfjähriges Studium beendet hat, dass man vielleicht dann schon eine Familie gründen kann. Da hätte ich nicht so das Interesse drauf zu warten, erst die berufliche Bildung abschließen und dann die Kinder, sondern auch wirklich schon währenddessen versuchen.«

Sandra, 25 Jahre, Physiotherapeutin.

»Eine Region ohne Junge – das geht nicht.«

Zwickau, Januar 06

Sandra wuchs am Rand von Zwickau mit ihren Eltern und zwei Brüdern auf, einem älteren und einem jüngeren. Heute wohnt sie wieder am Stadtrand, mit ihrem Freund und zwei Katzen. In ihrer Kindheit war sie viel draußen, ist Fahrrad gefahren, denn »damals mit dem Fernsehen, da gab es noch nicht so viele Programme«. Sie war ein aufgewecktes Kind,

»… nicht unbedingt so mädchenhaft, eher so ein bissel wie ein Junge. Ich hab nicht auf das gehört, was die Leute gesagt haben, sondern alles selbst ausprobiert.«

Vom Fahrrad stieg sie auf das Rhönrad um, eine Freundin nahm sie mit zum Training. Die Freundin hat schon lange aufgehört, Sandra blieb bis zum vorigen Jahr dabei. Inzwischen hatte sie die Rolle gewechselt und wurde Trainerin. Aus Zeitgründen schafft sie jedoch beides nicht mehr, was sie sehr bedauert.

»Würdest du es wieder anfangen, wenn du mehr Zeit hättest?
Nicht unbedingt aktiv, weil es ist einfach so, dass ich denke, dass ich mit meiner Leistung an die Grenze gestoßen bin, wo ich gesagt habe, mehr kann ich nicht. Aber als Trainer, wenn es die Zeit wieder hergeben würde, würde ich das jeder Zeit wieder machen.«

Nach der Realschule ging Sandra auf die Fachoberschule. Diese Zeit hat sie stark geprägt, da sie auf dem Internat war, ca. 20 km entfernt von den Eltern.

»Und dann die letzten zwei Jahre das Fachabi war schon ganz spaßig gewesen. Was eben schön war, war Schule und Praktikum, da war das so ein bissel abwechslungsreich und da war ich auch im Internat und da war das ganze Drumherum schon anders und hat mehr Spaß gemacht.
Ich denke mal, durch das Internat bin ich selbständiger geworden, auf alle Fälle. Es war auch schön, man war vom Elternhaus weg. Es gab keinen mehr, der gesagt hat: ›Hier und das noch und hast du das eingepackt?‹ Dadurch wurde ich schon selbständiger … Aber es war schon so, dass ich die Woche über dorten geblieben

bin, weil ich kein Auto hatte und mit dem Zug das Hin und Her hätte sich von der Zeit und vom Finanziellen nicht gerechnet. Aber das war auch schön. Man hat da viele Leute kennen gelernt, mit denen viel Spaß gehabt. Ich denke, es ist nicht verkehrt, das mal mitgemacht zu haben *(lacht).«*

Anschließend machte sie eine Lehre zur Physiotherapeutin. Diese Arbeit macht ihr großen Spaß, besonders der Umgang mit den verschiedenen Menschen, auf die sie sich immer neu einstellen muss, und dass sie helfen kann, deren Leiden zu lindern. Ein bisschen Einfluss auf die Berufswahl hatte die Mutter, die Apothekerin ist.

»Also es stimmt schon, dass es ein Grund mehr war, dass es in die soziale Richtung gegangen ist, aber ob das jetzt daran lag oder weil ich auch von mir aus gesagt habe, ich möchte keinen Schreibtischjob machen, wo ich den ganzen Tag sitze und Akten bearbeite ... Ich bin ein Typ, der ein bissel Action braucht und ich denke mal, es war so beides. Wie schon gesagt, ich wollte nicht irgendwas machen, wo ich nur sitze und irgendwas tippe, sondern ich möchte mich auch körperlich betun.«

Soziales Netzwerk und Werte

Wenn neben dem Beruf noch Zeit ist, trifft sie sich mit Freunden, die zum größten Teil »glücklicherweise« noch in Zwickau wohnen. Diese Nähe ist ihr wichtig, da sie den Kontakt erheblich erleichtert und man sich auch innerhalb der Familie besser helfen kann.

In Sandras Kontaktschema spiegelt sich das wider. Der wichtigste Bereich ist ihr die Familie, die meisten Kontakte hat sie jedoch mit ihren Freunden. Ihre Arbeit ist der dritte wichtige Lebensbereich. Die meisten Menschen hat sie in ihrem egozentrierten Schema in mittlerer Distanz zu ihrer Person eingetragen. Nur wenige sind ihr ganz nah, zugleich zeichnete sie in größerer Distanz zu sich selbst überhaupt niemanden ein. Alle Menschen in ihrem Kontaktschema sind ihr sympathisch oder sehr sympathisch. Während ihre Freunde alle im gleichen Alter oder etwas jünger sind, finden sich in Familie und Beruf eher Personen mittleren und höheren Alters.

Familie, Freundschaft, Liebe und Sicherheit sind für Sandra die wichtigsten Werte. Doch auch der Spaß darf nicht zu kurz kommen. Völlig unwichtig ist ihr hingegen Wohlstand. Auch der Glaube spielt keine Rolle für sie.

»Ich bin zwar eigentlich katholisch, aber wenn ich das alles so sehe, wenn die wegen dem Glauben irgendwo ihren Krieg anfangen. Das ist für mich nur, dass die da irgendwas vorschieben und denen geht's um was ganz anderes. Es sollte schon jeder an irgendwas glauben. Ich glaub ja auch, dass man sagt, wenn man morgen was schaffen will, oder so ... aber jetzt so dieses Kirchliche eher nicht so.«

Auch Tradition platzierte Sandra ziemlich am Rand des Werteschemas. Dabei verbindet sie mit Traditionen zum einen Bräuche, zum anderen aber auch konservative Einstellungen gegenüber Frauen und Ehe.

»Tradition in gewissen Sachen, wie jetzt Weihnachten oder Misteln. Wir haben hier auch einen Baum stehen gehabt, das sind schon Sachen, die machen wir so weiter und die werden wir später auch weiter machen. Aber manche Sachen, denke ich, sind überholt. Dass man halt jetzt sagt, nicht mehr scheiden lassen, wenn man einmal verheiratet ist oder kein Sex vor der Ehe, diese ganz alten Sachen. Oder man soll zu der und der Jahreszeit nicht die und die Wäsche waschen oder nicht mehr auf dem Boden hängen lassen. Diese alten Sachen sind überholt. Aber so gewisse Traditionen, wie Weihnachten der Baum und die Klöße, das schon. Aber auch nicht mehr, dass die Frauen nur Röcke tragen sollen, oder Frauen nicht in Männerberufen. Dass man sagt, das sind reine Männerberufe oder reine Frauenberufe.«

Arbeit und Karriere

Sandra bezieht ihre Überlegungen zum Thema »Einfluss« im Werteschema ausschließlich auf ihre berufliche Situation. Darüber hinaus gehende Möglichkeiten, Einfluss auszuüben, zieht sie nicht in Betracht, obwohl sie als Trainerin »schon irgendwo« Einfluss ausgeübt hat. Die Karriereleiter höher zu steigen ist in ihrem Beruf mit flachen Hierarchien, die sie im Übrigen schätzt, nicht mehr möglich. Vielmehr ist ihr die Anerkennung durch die Kolleginnen wichtig. Mit ihrer derzeitigen Position ist sie deshalb zufrieden und der Schritt in die Selbständigkeit derzeit noch keine Option.

»Ich brauche nicht irgendwo eine Chefposition. Es ist schön, wenn man nicht unbedingt ganz unten steht. Ich möchte schon auf Arbeit akzeptiert werden mit dem, was ich kann. Und da es bei uns ja keinen Meister und solche Sachen gibt, bin ich auf dem Stand, wo ich bin, auch nicht unglücklich. Das reicht mir so. Ich spiele schon mal mit dem Gedanken, wie es mit einer eigenen Praxis wäre, aber man kriegt schon einen Einblick, was alles drum herum noch mit ist. Wo man dann auch sagt, es ist besser, wenn man Angestellte ist, dann muss man sich mit den Sachen nicht rumärgern.«

Obwohl Sandra erst 25 Jahre alt ist, hat sie bereits zwei Mal den Arbeitsplatz gewechselt und war kurze Zeit erwerbslos. Für sie selbst war es nur eine kurze Episode.

»Ich hatte ja das Glück, nur zwei Monate zu Hause zu sein. Da muss ich sagen, da ging das alles. Bis man wirklich registriert hat, du bist jetzt zu Hause und das kann jetzt ein halbes Jahr und das kann ein Jahr und das kann auch zwei Jahre so weitergehen, da war schon ein halber Monat vorbei.
Und dann hatte sich eben ziemlich schnell was ergeben gehabt und da hab ich dann mehr oder weniger den letzten Monat noch ein bissel genossen. Weil ich dann auch gewusst habe, dass es mit der Arbeit wieder weitergeht. Dann hab ich mir gesagt, die Zeit genießt du jetzt und dass ich mich mit Freunden treffen kann und auch mal drei, vier Stunden Zeit zum Erzählen habe, ohne auf die Uhr zu gucken. Das war dann für mich die zwei Monate nicht so schlimm, weil ich wusste, dass es wieder weitergeht.«

Bei ihren Freunden sieht sie, dass längere Erwerbslosigkeit »psychisch nicht wirklich toll« ist und die finanziellen Einschränkungen sehr groß sein können. Dies wirkt sich auf die gemeinsame Freizeitgestaltung aus, da dann eben preiswertere Aktivitäten unternommen werden: Videoabend statt Kinobesuch. Außerdem verkleinert sich das soziale Umfeld, weil immer mehr Freunde »arbeitsbedingt« wegziehen, zum Beispiel nach München.

»Dadurch, dass sie auch weggezogen sind, verliert man auch mal eine beste Freundin, das ist nun mal so. Dann kann man zwar mal anrufen, aber wenn man jemanden braucht oder mal fortgeht und Spaß hat und die dann in München sind, ist es schwierig. Und ich denke, durch die Distanz ist es einfach so, dass es ein bissel auseinander geht, dass man nicht mehr so einen engen Kontakt hat, wie wenn die Leute vor Ort sind.«

Für sich selbst kann sie sich das nicht unbedingt vorstellen, weil man den Freundeskreis komplett neu aufbauen müsste und auch die Unterstützung für die Familie eingeschränkt wäre.

»Wenn was ist, hier hopst du schnell ins Auto und bist in fünf Minuten da. Wenn dort irgendwo was ist, bist du in fünf Stunden da. Mir ist es lieber, dass ich hier ein bissel bin, wenn es geht. Damit man sich auch unterstützen kann.«

Trotz der schlechten Arbeitsmarktsituation denkt Sandra nicht, dass eine höhere Bereitschaft zur Mobilität die Probleme lösen würde.

»Es können nicht alle fortmachen. Wenn alle wegmachen, wer ist dann noch hier? Dann sind im Prinzip nur noch Ältere hier und das geht nicht. Ich denke mal, es wäre schön, wenn jeder in der näheren Umgebung etwas finden würde.«

Für die Bewertung der allgemeinen Situation der Jugendlichen differenziert Sandra zwischen jenen, die Arbeit haben und Erwerbslosen: »Denen, die Arbeit haben, geht's nicht schlecht«, sie können sich mit geregeltem Einkommen einen gewissen Lebensstandard leisten. Arbeitslose Jugendliche verfügen hingegen über viel freie Zeit. Die Ursache für Arbeitslosigkeit sieht sie vor allem darin, dass Jugendliche mangels Berufserfahrung nicht eingestellt werden.

»Es scheitert nicht unbedingt an der Qualifizierung. Vielleicht, dass es hier nicht unbedingt so viele Arbeitsplätze gibt. Eine Freundin hatte nun immer Pech, die hatte eine Stelle immer nur in der Zeit, in der sie vom Arbeitsamt gefördert worden ist und hinterher, wenn das weg war, ist sie wieder entlassen worden. Dadurch kann man dann auch schwer Erfahrungen sammeln. Wenn man sich wieder bewirbt und die dann fragen, wie viel Berufserfahrungen man hat und als Antwort kommt dann ›drei Monate‹ oder so – super, dann stellen die keinen ein. Und das ist ja das Blöde, wenn einen keiner einstellt, woher soll man denn die Berufserfahrung kriegen?«

Alt und Jung – die Mischung macht's

Eine Mischung von Jung und Alt ist Sandra also sowohl in der Region als auch im Beruf wichtig. Zum einen ganz allgemein unter den Kollegen, weil sich die verschiedenen Altersgruppen gut unterstützen und voneinander lernen können.

»So ein frischer Wind ist auch nicht verkehrt, denke ich mal, weil es ändert sich vieles so schnell, neue Bestimmungen und solche Sachen, wo ich denke, das ist gar nicht verkehrt, dass man dann mal auch jemand Junges mit dabei hat, der ganz andere Ideen hat, der vielleicht mal sagt: ›Mensch, wir könnten das doch auch mal so und so machen.‹ Wo die Älteren auch mal drüber nachdenken und sagen: ›Das ist gar nicht mal eine schlechte Idee, von dem Gesichtspunkt haben wir es noch gar nicht gesehen.‹ Die Jüngeren haben eben den Vorteil, dass die von den Älteren wieder was lernen, weil die schon länger drin sind und sagen: ›Komm her, ich zeige Dir mal das, und das geht so und so‹ oder ›Hey, mach es doch mal so, das geht viel einfacher.‹ Ich denke, es sollte auf Arbeit schon so sein, dass es vom Alter her gemischt ist. Nicht nur Junge, nicht nur Ältere, sondern schon irgendwo vom Alter her gemischt. Dass eben jeder von jedem lernen kann.«

Zum anderen ist ihr eine altersgemischte Kundschaft in ihrem eigenen Beruf wichtig, weil das Arbeitsspektrum dann vielfältiger ist. Erfahrungen mit einer altershomogenen, eher betagteren Kundschaft konnte sie bereits sammeln.

»Es ist so, dass ich jetzt aber auch nicht nur mit Älteren zu tun haben möchte. Das war jetzt so, wo ich meine zweite Arbeitsstelle hatte, da hatte ich vorwiegend mit Älteren zu tun. Und das möchte ich auf die Dauer auch nicht unbedingt. Es ist schon ganz schön, wenn es gemischt ist. Aber das hat auch damit zu tun, dass man mit Älteren vom Körperlichen her, von der Therapie her, Sachen nicht mehr so machen kann wie mit Jüngeren. Man hat mit Älteren vorwiegend Massagen, was die von den Rezepten her kriegen. Da können die ja selbst nichts dafür. Da ist es schöner, wenn es gemischt ist.«

Altern heute und in Zukunft

Manchmal muss sich Sandra bei ihren Kundinnen erst behaupten und ihre Kompetenz unter Beweis stellen, damit sie ernst genommen wird, weil sie doch noch sehr jung wirkt. Insgesamt hat sie aber ein sehr positives Bild von der älteren Generation, die sie als äußerst »aufgeklärt und aufgeschlossen« erlebt.

»Da kann man sich teilweise über Sachen unterhalten, von denen man das gar nicht gedacht hat oder die wissen über Sachen viel besser Bescheid, als was man selbst weiß. Grad mit dem Internet oder so. Ich kenne da auch welche, die jetzt mit der Volkshochschule einen Kurs mitmachen, wo ich dann denke, dass ich mich da auch gleich mit anmelden sollte. Die sind teilweise schon ganz aufgeschlossen und ganz flott und sausen mit ihren 70, 80 durch die Gegend und erzählen, dass sie wandern waren und wie viele Kilometer. Wo ich dann denke, da hätt ich Muskelkater hinterher. Sicherlich gibt es auch welche, die sich bissel gehen lassen. Das ist unterschiedlich, wie bei uns Jüngeren halt auch.«

Sie findet, dass die Rentnergeneration im Vergleich zu den Jugendlichen besser dran ist. Zwar schimpfen Alte immer über ihre Rente, zum Teil auch berechtigterweise, sie haben aber den Druck auf dem Arbeitsmarkt nicht mehr.

»Die haben den Faktor Arbeit nicht mehr, dass die sagen: ›Wie geht's morgen weiter, behalte ich meine Arbeit, kriege ich morgen vielleicht meine Entlassung?‹ Die kriegen jeden Monat ihre Rente, auch wenn die jetzt mal ihre Nullrunden kriegen. Aber wir kriegen auch nicht jedes Jahr unsere Gehaltserhöhung. Die kriegen jeden Monat ihr geregeltes Einkommen und wenn es sich gesundheitlich noch einrichten lässt, können sie verreisen und alles. Das ist ja auch alles kein Problem mehr.«

Die eigene Rente sieht sie als weniger gesichert an, sie erwartet lediglich einen »Obolus, eine Art Zuschuss«, von dem allein man nicht leben kann. Sandra sieht für sich nur eingeschränkte Möglichkeiten, individuell fürs Alter vorzusorgen. Staatlich geförderte Vorsorgeformen wie die Riester-Rente sind ihr zwar bekannt, doch zunächst müssen die alltäglichen Verpflichtungen erfüllt werden. Außerdem findet sie es als Jugendliche besonders schwierig, so weit vorauszuplanen.

»Die versuchen einen zwar schon immer drauf vorzubereiten, man sollte die Riester-Rente und was es da noch so alles gibt abschließen. Es ist ja auch alles gut gemeint, aber man lebt auch heute und jetzt und ich kann nicht alles für später weglegen. Weil die Miete will jetzt gezahlt werden. Da kann ich nicht meinem Vermieter sagen, ich zahl sie dir mal in drei Jahren. Das ist halt schwer. Ich glaube, als Jugendlicher denkt man da auch noch nicht unbedingt: ›Was ist, wenn ich 60 bin.‹ Es ist schon eher so, dass man sagt: ›Jetzt leg ich die 100 Euro nicht weg, sondern wir machen mal einen schönen Ausflug.‹ Da hat man momentan mehr davon. Es ist auch nicht unbedingt immer richtig, aber man ist ja nur einmal jung. Da sollte man auch in seinen jungen Jahren was erleben.«

Familiäre Unterstützung wird deshalb aus Sandras Sicht immer wichtiger werden. Sie denkt neben der Unterstützung im Haushalt auch daran, dass sich die Generationen ein Haus teilen und die Älteren so die Miete sparen können, während sie gleichzeitig die Jüngeren bei der Kinderbetreuung unterstützen. Dass es dabei Konflikte geben könnte, schließt sie nicht aus.

»Es wird immer so sein, dass die Älteren sagen: ›Hach, mach es doch so und ich sag dir, das ist besser so‹ und die Jungen sagen: ›Nein, ich mach das anders!‹ Und wenn die Jungen irgendwann mal in der Phase sind, wenn die älter sind und eigene Kinder haben, wird es genauso wieder sein. Dann werden die wieder sagen: ›Mach das so, das ist besser so‹ und die Kinder sagen wieder: ›Nein!‹ Das wird ein ewiger Konflikt sein.«

Dass es darüber hinaus in einer alternden Gesellschaft Konflikte zwischen den Generationen geben könnte, glaubt sie jedoch nicht. Für ihre berufliche Tätigkeit findet sie die demografische Entwicklung sogar gut, denn »wenn es weniger ältere Leute geben würde, würden wir das an der Arbeit auch merken«. Durch die Medizin und den Wohlstand ist es für sie ganz normal, dass es immer mehr Ältere geben wird. Sie beobachtet aber, dass »man doch auch wieder viele Muttis mit Kinderwagen« in der Stadt sehen kann. Deswegen hofft sie, dass die »Durststrecke mit dem Nachwuchs« bald vorbei sein und sich die Relation zu den Älteren wieder verbessern wird.

Zukunftswünsche

Und wie sieht es bei ihr mit dem eigenen Kinderwunsch aus? Eine »Hausmama« will sie nicht werden, aber sie wünscht sich,

»… dass es familienmäßig so gut klappt, dass wir mal heiraten, dass wir mal Kinder kriegen. Dass wir bei den künftigen Schwiegereltern entweder da mal mit am Haus anbauen oder selber mal ein schönes eigenes Haus haben. Dass wir Kinder haben, es müssen zwei sein, weil eins entwickelt sich nicht so schön, deshalb. Und dass alles gesundheitlich gut geht. Dass das von der Arbeit so weit ganz gut klappt. Dass das mit der Familie und den Freunden so weit funktioniert.«

Munir, 19 Jahre, Zivildienstleistender im Seniorenpflegeheim.

»Besser mehr Freiräume als zu wenige.«

Hannover, Januar 06

Munir leistet gerade seinen Zivildienst in einem Seniorenpflegeheim in Hannover. Seine Hauptaufgabe liegt in der Betreuung der pflegebedürftigen alten Menschen: Gedächtnistraining, Vorlesen, »damit die Leute nicht zu sehr vereinsamen auf den Zimmern«, und »ein bisschen Organisation«. Er macht das ausgesprochen gern:

»Vor allem, man hat immer was zu tun. Die Zeit vergeht wahnsinnig schnell natürlich dadurch. Ich finde es vor allem eine tolle Erfahrung. Es gibt natürlich Sachen, wo man sagt, bringt mich das wirklich weiter? Menschlich? Wenn man zum x-ten Mal einkauft, würde ich sagen, es bringt mir nichts. Aber wenn ich mich dann um die Leute kümmere und dann sehe, da passiert wirklich was, da kann ich helfen, die freuen sich, wenn sie mich sehen, die freuen sich, wenn sie was vorgelesen kriegen, wenn sie Beachtung kriegen, dann denke ich, das ist schon eine gute Sache. Die letzten Monate waren viel wert.«

Munir ist in Hannover aufgewachsen und zur Schule gegangen, 2005 hat er Abitur gemacht. Sein Vater kam aus Jordanien zum Studium nach Deutschland und heiratete später eine Deutsche. Das Paar bekam zwei Kinder, Munir und seinen jüngeren Bruder, und blieb in Hannover, obwohl Munirs Vater ursprünglich nach Jordanien zurückgehen wollte. Dort verbringen die vier regelmäßig die Sommerferien im Kreis der Großfamilie.

»Wir sind immer im Sommer da. Wir sind immer wahnsinnig viele um diese Zeit. Es sind sechs Brüder und sechs Schwestern und die sind dann auch quer über das Land verstreut, meist in der Hauptstadt, einige im Norden und hier und da. Es gibt in dieser Familie eben so unterschiedliche Einstellungen, vor allem zur Religion und wie ernst man das alles nehmen muss und so was ... Dadurch wurde ich wahrscheinlich schon von Anfang an geprägt, sodass ich das heute gar nicht mehr so als Prägung empfinde. Das ist halt für mich eine Selbstverständlichkeit. Dass ich die Gefühle der Menschen da besser nachvollziehen kann, was man in der Zeitung halt liest und solche

Dinge, die für mich, wäre ich nicht mit dieser Kultur in Kontakt gekommen, vielleicht nicht nachvollziehbar wären.«

Munirs Vater ist Moslem, seine Mutter ist Katholikin. Durch die kulturellen und religiösen Unterschiede in seiner Familie hat Munir gelernt, Dinge aus verschiedenen Blickwinkeln zu sehen.

»Es ist einfacher, so eine Sache aus zwei oder mehreren Perspektiven zu sehen, wenn man halt aus derart gegensätzlichen Kulturkreisen kommt. Das ist einfach. Mein Vater ist Moslem, meine Mutter ist Katholikin. Da gibt es immer irgendwas, was sie unterschiedlich sehen, oder da gibt es immer unterschiedliche Meinungen. Die Lehre daraus ist eigentlich für mich, es gibt nicht diese ultimative Wahrheit. Das ist das Wahre und das Falsche, das Gute und das Böse.«

Zwar gibt es nicht die eine Wahrheit, aber einen Grundkanon gemeinsamer Überzeugungen und Toleranz in Religionsdingen. Die Eltern wollten ihre Kinder nicht mit den religiösen Unterschieden belasten und sie selbst entscheiden lassen, welcher Religion sie zugehören möchten. Vor eineinhalb Jahren haben sie selbst erst erfahren, dass Munir nach deutschem Recht Moslem ist. Aber »das ist für mich nur ein ausgefülltes Papier«. Seine Haltung beschreibt er so:

»Also, unreligiös ist wahrscheinlich noch untertrieben. Skeptisch trifft es wahrscheinlich eher. Was da in meinem Pass oder Ausweis steht, hat für mich da nicht so die große Bedeutung. Wenn mich jemand fragt, sage ich, ich bin Moslem. Aber wenn mich jemand darauf anspricht, wenn ich mich nicht demgemäß verhalte, dann sage ich ihm, dass das keinen Einfluss auf meine Lebensweise hat.«

Als Kind war Munir sehr ruhig, wie er sagt.

»Eher immer so der ruhige Typ, habe früher viel gezeichnet, viel gemalt. Briefmarken gesammelt, wahnsinnig viel tier- und umweltinteressiert. Ich war immer der kleine nette Junge von nebenan.«

In der Schule hatte er keine Probleme, sowohl was die Noten anging als auch sozial. »Ich hatte nie jemanden, der es auf mich abgesehen hatte.« Eine Zeit lang war er sportlich recht aktiv, hat Handball und Tischtennis gespielt. Besonders aus der Tischtennismannschaft hat er noch Freunde. Seine Clique setzt sich ansonsten zusammen aus »Leuten, die hier in der Gegend wohnen« und Schulfreunden. Was sie verbindet:

»Wir lachen vor allen Dingen gerne. Ansonsten, ähnlicher Humor vielleicht einfach oder Sichtweise, wie man an Probleme herangeht. Wir hatten viele Leute dabei, ich will nicht sagen, die in den Tag hinein leben, aber nicht einen besonderen Ernst an den Tag legen. Dann gibt es natürlich noch die andere Fraktion, die sich wahnsinnig engagiert bei vielem, bei Amnesty International oder so und bei jeder Demonstration dabei ist. Aber zum großen Teil sind das Leute, die sehr unpolitisch sind und eher sehr individualistisch, deren Leben für sie an erster Stelle steht.«

Soziales Netzwerk und Werte

In Munirs sozialem Netzwerk sind die Familie und seine Freunde am wichtigsten. In beiden Lebensbereichen hat er viele Kontakte, sowohl sehr enge als auch etwas distanziertere. Bei den familiären Beziehungen erklärt sich dies zum Teil auch aus der räumlichen Entfernung. Der Zivildienst und das Viertel, in dem er lebt, folgen erst mit Abstand als relevante Bereiche in Munirs

Leben, wobei seine wichtigen Kontakte im Stadtviertel jene zu den Freunden sind. Die Altersstruktur der ihm wichtigen Menschen ist zweigeteilt: In der Familie und beim Zivildienst hat Munir hauptsächlich mit Menschen mittleren Alters und einigen Älteren zu tun, seine Freunde sind hingegen meist in seinem Alter.

In Munirs Wertesystem stehen die sozialen Beziehungen im Vordergrund bzw. das, was ihre Qualität ausmacht. Besonders wichtig sind ihm Familie, Liebe und Toleranz und der Wunsch, anderen zu helfen. Ähnlich viel bedeuten ihm Phantasie, Selbstbewusstsein und seinen Mund aufmachen, Werte, die mit Selbstverwirklichung assoziiert werden. Freundschaft und Spaß folgen in der Rangordnung und ergänzen den Eindruck, dass es ihm um positive Gestaltung sozialer Beziehungen geht, wobei er gleichzeitig die Möglichkeit haben will, eigene Akzente zu setzen.

»Phantasie finde ich wahnsinnig wichtig. Wenn man Kunst betrachtet ... Phantasie ist ein Wert, der mir viel bedeutet und der auch wichtig ist. Ohne Phantasie wäre das Leben doch schon recht langweilig.
Selbstbewusstsein und seinen Mund aufmachen findest du auch sehr wichtig.
Ja, finde ich sehr wichtig. Vor allem ›meinen Mund aufmachen‹ finde ich. Auch bei Kleinigkeiten, wenn man so denkt, da bist du lieber still ... Den Mund aufmachen ist immer vorher besser als nachher, weil wenn man erst nicht seine Meinung zu etwas gesagt hat, dann bekommt man später deutlich heftigeren Gegenwind erstens und zweitens dazu noch selten die Gelegenheit. Ich finde es schon wichtig, seine Meinung wirklich zu vertreten. Und Selbstbewusstsein finde ich einfach wichtig. Dass man wirklich zu sich selbst steht.«

Entsprechend liegt ihm auch daran, einen gewissen Einfluss ausüben zu können, denn ...

»... wenn man etwas bewegen will, dann ist Einfluss immer recht nützlich im Allgemeinen, weil man möchte als Mensch etwas verändern, man möchte nicht sein Leben vor sich hin gelebt haben und dann am Ende fällt keinem auf, wenn man weg ist. Sodass es wirklich keinen Unterschied gemacht hätte, ob man Mister X oder Y war.«

Der Glaube steht in seinem Wertesystem nicht am Rand, obwohl er sich selbst als nicht religiös empfindet. Er erkennt an, dass anderen der Glaube viel bedeutet und schließt sogar für sich selbst nicht aus, noch einmal »eine andere Perspektive zu entdecken«.

Politisches Interesse

Attraktiv wäre es für Munir, auf politische Entscheidungen Einfluss zu haben. Das große politische Interesse hat er mit seinem Bruder gemeinsam, mit ihm und einigen Freunden diskutiert er viel.

»Ich interessiere mich wahnsinnig für Politik. Ich lese auch jeden Tag Zeitung, soweit möglich. Möglichst auch mehrere, nicht nur Politik, teilweise auch den Wirtschaftsteil.«

In das politische Urteilsvermögen Jugendlicher hat er jedoch nicht das größte Vertrauen. Er hält deshalb auch nichts davon, den Zeitpunkt der Wahlmündigkeit vorzuziehen. Aus seiner Sicht gibt es eine Reihe von anderen Möglichkeiten, als Jugendlicher mitzureden.

»Ich denke als Jugendlicher hat man nur eine sehr eingeschränkte Urteilskraft in solchen Dingen. Man ist sehr anfällig für gewisse Polemik. Ich finde das vollkommen in Ordnung, dass man erst ab 18 wählen kann, weil man sonst populistischen Paro-

Die Portraits 439

len in die Arme laufen würde. Dass man wirklich erst mit einer gewissen Reife wählen kann ... Ich halte die Gestaltungsmöglichkeiten für ziemlich gut, die man auf einer niedrigen Ebene hat, als Schüler, bei allem Möglichem mitreden in der Schule oder bei irgendwelchen Gruppen, mit Jusos oder der Jungen Union, da kann man ja überall mitreden, auf einem niedrigen Level, aber ich denke mal, dass man darüber, was einen direkt betrifft, auch direkt urteilen kann.«

Munir ist selbst in keiner politischen Gruppe oder Partei engagiert. Allerdings könnte er sich vorstellen, sich nach seinem Studium für den diplomatischen Dienst zu bewerben. Es würde ihn reizen, »wenn man gewisse Gestaltungsmöglichkeiten hat und nicht nur darauf angewiesen ist, was am nächsten Tag in der Zeitung steht«.

Situation der Alten – Situation der Jungen

Alte Menschen erlebt Munir zur Zeit vorwiegend aus der Perspektive des Zivildienstleistenden, als pflegebedürftige Bewohner eines Heimes. Auf die Frage, wie er die Situation alter Menschen in Deutschland bewertet, steht das momentan Erlebte natürlich im Vordergrund, und Munir empfindet das Leben alter Menschen als trist. Auch wenn sie nicht im Heim wohnen, sind sie zu wenig in das normale Leben integriert. In Jordanien ist die Situation der Alten eine andere, denn hier gibt es »ein deutlich vitaleres Familienleben«.

»Die älteren Menschen sind einfach Teil der Familie und bleiben es immer, von der Geburt bis zum Tod. Da gibt es das nicht, dass die Großeltern alleine leben.

Sie haben natürlich eine gewisse höhere Autorität als hier. Bei uns *(im Seniorenpflegeheim)* ist einer, der ist jetzt 93 und hat bis vor zwei Jahren als Anwalt immer noch praktiziert. Der hatte sicherlich auch noch eine gewisse Autorität. Aber man respektiert die Leute hier einfach nicht so aufgrund ihrer Lebenserfahrung, sondern aufgrund ihres Könnens, ihrer Leistung, während es da deutlich mehr Respekt aufgrund der Lebenserfahrung gibt. Das ist ein anderer Blick auf das Leben.«

Die Situation junger Menschen in Deutschland sieht Munir demgegenüber sehr positiv, vor allem aufgrund der Freiräume, die sie genießen.

»Den Jugendlichen geht es ausgesprochen gut. Sie haben viele Entfaltungsmöglichkeiten. Ich weiß nicht, ob das so das Ziel ist, aber sie haben viel Selbstverantwortung. Schon von klein auf haben sie eine hohe Wahlmöglichkeit bzw. ist da wenig Druck hinter, wenig Zwänge, in gewisse Traditionen zu passen. Man lässt ihnen viele Freiräume. Wie gut oder schlecht das für einen jungen Menschen ist, sei mal dahingestellt. Aber ich denke im Allgemeinen ist es eher besser, mehr Freiräume als zu wenige zu haben.«

Dagegen ist im Heimatland des Vaters das Leben Jugendlicher stark determiniert durch Tradition und Religion und unterliegt »stärkerer Kontrolle durch die Eltern«; Munir vermisst dort die Eigenverantwortung.

Auch die Chancen Jugendlicher in Deutschland bezogen auf die Arbeitsmarktsituation bewertet Munir nicht so negativ wie viele andere. Den Zukunftspessimismus und die Verunsicherung Jugendlicher empfindet er viel eher als Problem als ihre faktische Situation.
»Wie siehst du denn die Chancen am Arbeitsmarkt für junge Menschen hier in Deutschland?«

Die finde ich eigentlich durchweg gut. Ich habe nicht solche Existenzängste oder so was. Ich sehe nicht alles so negativ. Mir macht das eher Angst, dass andere Menschen ihre Perspektiven sehr negativ sehen. Ich denke, es ist einfach eine starke Verunsicherung, die sich auch wieder darauf ausschlägt, dass man nicht risikofreudig arbeitet, dass wenn man eine gewisse Angst vor der Zukunft hat, sich das auch auf die Gegenwart niederschlägt, sodass die Probleme zum großen Teil hausgemacht sind.
Also, du siehst schon, dass es diese Angst gibt, gerade auch bei Jugendlichen?
Ja natürlich. Es gibt diese Angst, und zwar nicht zu knapp leider. Und diese Angst verstärkt sich nur durch die Presse, die das noch ein bisschen befeuert. Und wenn man sieht, dass ein Elternteil vielleicht arbeitslos geworden ist, dann verliert man natürlich so ein bisschen die Hoffnung, dass es für einen selber besser wird. Wenn die große Perspektive nur ist: ›Bitte lass es nicht schlechter werden, als es heute ist!‹ Es ist einfach nichts, wenn man in die Zukunft gehen kann mit der Hoffnung: ›Werd' nicht schlechter!‹«

Die demografische Entwicklung begreift Munir eher als Chance. Der Arbeitsmarkt könne in fünf Jahren ganz anders aussehen, weil »aufgrund von diesem demografischen Knick so viele Menschen aus dem Beruf ausscheiden«. Er wundert sich, dass auch manche Freunde aus Angst vor Arbeitslosigkeit bei der Ausbildungs- bzw. Berufswahl so sehr auf Nummer sicher gehen, nach dem Motto …

»… lieber einen sicheren Job, wo sie jeden Morgen mit hängenden Mundwinkeln ankommen als einen unsicheren Job, wo ein bisschen Herzblut dahintersteckt.«

Mädchen und Jungen

Als Junge, findet Munir, »hat man bessere Chancen, sich selbst zu verwirklichen«. Mädchen sind deutlich stärker sozialem Druck ausgesetzt.

»Es ist halt schwierig, wenn ich sehe, was es alles für Frauenmagazine auf dem Markt gibt, wie man sein muss. Das fängt jetzt bei den Männern beinahe auch an … Wie ich das mitgekriegt habe in der Schule, wenn man nicht nach einem gewissen Ideal strebt, so aussieht oder danach handelt, dass man da nicht gleich angefeindet wird, aber dass man da nicht besonders gut dasteht. Da ist es ungleich einfacher, mit dem Strom zu schwimmen als sich wirklich offen gegenzustellen.«

Von daher ist Munir ganz zufrieden, als Junge auf die Welt gekommen zu sein, als Mädchen hätte er wohl »mehr zu kämpfen gehabt«.

Zukunftswünsche und Träume

Von seiner eigenen beruflichen Zukunft hat Munir recht konkrete Vorstellungen. Er möchte Wirtschaftsingenieurwesen mit Schwerpunkt Luft- und Raumfahrttechnik studieren, denn für die Luft- und Raumfahrt hat er sich schon immer interessiert. Und dann ist da noch die Option, später vielleicht einmal in den diplomatischen Dienst zu gehen.

Wichtig ist ihm, einmal einen Beruf zu haben, der ihn ausfüllt.

»… vor allem einen motivierenden Job, wo man ein bisschen seiner Kreativität, seiner Phantasie freien Lauf lassen darf. Ein Job, wo ich gern hingehe, wo ich auch gern mal länger bleibe, wo ich die Arbeit nicht nur als Brotfunktion sehe, sondern was ich wirklich gern mache und wo ich auch hinter stehe. Was sich dann natürlich auch mit der Entwicklung in meinem

Privatleben verträgt. *(Lacht)* Am besten ist natürlich ein Interesse, das sowohl bei der Arbeit als auch privat eine Rolle spielt. Dass es keine zeitliche Trennung gibt dazwischen, sondern dass sich das Interesse sowohl über die Arbeitszeit als auch über das Privatleben zieht. Ich hab halt so ein bisschen einen ganzheitlichen Anspruch.«

Auch eine Familie mit Kindern zu haben, kann er sich gut vorstellen. Er mag Kinder, und wenn er kleine Kinder sieht, denkt er manchmal: »So was, das wär's doch, davon drei.«

Für die »ganz ferne Zukunft«, vielleicht für das Leben im Alter gibt es noch den Traum vom angenehmen Leben, und der könnte zum Beispiel so aussehen:

»Ich hätte in ganz ferner Zukunft gern ein kleines Eckhäuschen in einer kleinen französischen Stadt. Und zwar den ganzen Tag von morgens bis abends lesen und auf der Terrasse Wein trinken ... bei trockenen 30 Grad.«

Mathias Albert, Klaus Hurrelmann,
Anja Langness, Gudrun Quenzel

8 Die pragmatische Generation unter Druck: Probleme und Perspektiven

Die vorliegende Studie zeichnet das Bild einer pragmatischen Generation, welche aufgrund der tief greifenden gesellschaftlichen und politischen Umbrüche unter einem starken Anforderungsdruck steht. Dieser Druck bezieht sich dabei ganz allgemein auf die Ausgestaltung des eigenen Lebensentwurfs angesichts unsicherer Berufsperspektiven; er bezieht sich auf die Schwierigkeit, in einem von Leistungsmerkmalen geprägten Umfeld Beruf und Familie miteinander zu vereinbaren; und er bezieht sich nicht zuletzt auch auf die konkreten Folgen des demografischen Wandels und die daraus resultierende Unsicherheit in Bezug auf die Altersversorgung der heute jungen Menschen. Unter diesen Bedingungen ist es für viele schwierig, eine pragmatische Herangehensweise zu verfolgen und eine den Verhältnissen entsprechende individuelle Erfolgsstrategie zu entwickeln und zu leben.

Wir wollen in diesem abschließenden Kapitel einige Ergebnisse der vorhergehenden Kapitel herausgreifen und sie daraufhin befragen, inwieweit sie Indizien dafür beinhalten, dass die Jugendlichen in Deutschland dem geschilderten Anforderungsdruck standhalten oder aber an ihm scheitern könnten. Dies geschieht vor dem Hintergrund der Gesamtbeobachtung einer Jugend, welche mit einem deutlich gedämpften Optimismus in die Zukunft blickt. Eine akzentuierte Sicht auf gesellschaftliche Problemlagen wirkt sich dabei stärker als noch vor wenigen Jahren auf die persönliche Zukunftssicht aus. Hiervon lässt sich jedoch nicht pauschal auf eine zunehmend »düstere« Zukunftssicht der jungen Menschen in Deutschland schließen. Aber es deutet doch Einiges darauf hin, dass Jugendliche gesellschaftliche Problemlagen in ihrer Bedeutung für die eigene Zukunft deutlicher wahrnehmen und es ihnen mitunter immer weniger gelingt, die Sicht der eigenen Lebensumstände von der Sicht der Gesellschaft samt ihrer Probleme zu entkoppeln.

Einstellungen zum demografischen Wandel und zur Generationengerechtigkeit

Auch unabhängig von der bewusst vorgenommenen inhaltlichen Akzentuierung in diese Richtung kann man die vorliegende Studie als Indiz dafür lesen, dass der demografische Wandel bei den Jugendlichen als Thema hinsichtlich seiner Konsequenzen für die Chancen der eigenen Lebensführung angekommen ist. Für Jugendliche bedeutet dieser demografische Wandel konkret, dass sie zu einer immer kleiner werdenden Minderheit in einer alternden Gesellschaft werden. Auf politischer Ebene hat dies zur Folge, dass die ältere Generation die größte Wählergruppe bildet und die Interessen Jugendlicher und junger Erwachsener Gefahr laufen, in der Aufmerksamkeit der Politik wie in den parteipolitischen Programmen eine zunehmend untergeordnete Rolle zu spielen. Auf sozioökonomischer Ebene bedeutet der demografische Wandel, dass eine immer geringere Zahl von Arbeitnehmern und Arbeitnehmerinnen eine steigende Zahl älterer Menschen finanzieren muss, die aus dem Berufsleben ausgeschieden sind. Hinzu kommt, dass die medizinische Entwicklung die durchschnittliche Lebenserwartung erhöht und damit auch die Kosten im Gesundheitswesen weiter steigen werden.

Diesen mit dem demografischen Wandel einhergehenden Problemen begegnen die Jugendlichen mit sinkenden Erwartungen hinsichtlich ihrer eigenen sozialen Sicherheit im Alter. Die Mehrheit der Jugendlichen hält es dabei durchaus für ein großes Problem, dass es in Deutschland auf absehbare Zeit immer mehr ältere und immer weniger junge Menschen geben wird. Je älter die befragten Jugendlichen sind, desto stärker bezweifeln sie, dass das Verhältnis zur älteren Generation, das sie zur Zeit als eher harmonisch empfinden, auf Dauer so positiv bleiben wird. Für ein realistisches Problembewusstsein der Jugendlichen spricht auch, dass sie Probleme insbesondere hinsichtlich der zukünftigen Verteilung öffentlicher Gelder sehen und erwarten, dass zunehmend mehr Gelder für alte Menschen anstatt für Jüngere ausgegeben werden.

Wie besonders der qualitative Teil dieser Studie zeigt, sehen die Jugendlichen in der Versorgung einer steigenden Zahl älterer Menschen eine große gesellschaftliche Herausforderung. Die Gesellschaft muss diese Aufgabe meistern, denn den alten Menschen, die »ihr Leben lang gearbeitet haben«, steht aus Sicht der Jugendlichen eine bestmögliche Versorgung im Alter zu. Für ihre eigene Altersversorgung sind die Jugendlichen in erstaunlichem Maß bereit, selbst die Verantwortung zu übernehmen. Sie haben dabei geringe Erwartungen an die Lösungskompetenz des Staates in der Rentenfrage.

Trotz dieses ausgeprägten Problembewusstseins hinsichtlich der Folgen des demografischen Wandels gibt es derzeit keine deutlichen Anzeichen für einen Antagonismus zwischen den Generationen. Wie neben den repräsentativen Daten auch die Portraits einzelner Jugendlicher im vorhergehenden Kapitel illustrieren, spiegelt sich bei den Jugendlichen eine grundsätzlich positive Einstellung zum Alter wider. Zwar nehmen die Jugendlichen die Älteren durchaus als Konkurrenz im Berufsleben und in der Verteilung öffentlicher Gelder wahr, vor allem werden sie jedoch als Gruppe gesehen, die sich sozial engagiert und die Jüngeren in der Familie entlasten kann. Jugendliche vermissen jedoch bei der alten Generation häufig die Toleranz und fühlen sich angesichts landläufiger Stereotype nicht akzeptiert.

Die grundsätzlich positive Haltung gegenüber der alten Generation und das verbreitete Verantwortungsbewusstsein der Jugendlichen dürfen jedoch auch nicht über möglicherweise anstehende Verteilungskonflikte hinwegtäuschen. Derzeit ist ein Generationenkonflikt zwar trotz der durchaus als großes Problem wahrgenommenen demografischen Situation eine nur entfernte Möglichkeit. Sollten die jungen Menschen jedoch vermehrt den Eindruck gewinnen, dass politische Entscheidungen und gesellschaftliche Entwicklungen zu ihren Lasten gehen, so könnten sie in Zukunft aufgrund des bereits vorhandenen Problembewusstseins ihre Interessen deutlich stärker als bisher artikulieren.

Synthese aus bürgerlicher Wertorientierung und individueller Selbstentfaltung

Der Trend zur verstärkten Hinwendung zu traditionellen Werten wie Partnerschaft und Familie, Ehrgeiz und Fleiß sowie zu Ordnung und Sicherheit konnte in der aktuellen Studie bestätigt werden. Anders als die Jugend in den 1980er Jahren, die der Leistungs- und Sicherheitsorientierung ihrer Eltern skeptisch gegenüber stand, unterscheiden sich die Jugendlichen heute nicht wesentlich von den Wertorientierungen der breiten Bevölkerung. Durch die prekäre Situation auf dem Arbeitsmarkt und die zunehmend pessimistische Sicht auf die eigene und die gesellschaftliche Zukunft sind Leistungsbereitschaft und Sicherheit wichtige Wertorientierungen im Leben der Jugendlichen geworden. Die vorliegende Shell Jugendstudie zeigt hier auf, dass sich die in den letzten Jahren zu beobachtende neue Synthese der Wertorientierungen Selbstentfaltung und Selbstkontrolle nicht als kurzfristiges Übergangsphänomen entpuppt, sondern auf ein sich dauerhaft stabilisierendes Muster verweist. Kreativität und Leistung sind auch für die Jugend 2006 kein Widerspruch.

In dieser Synthese aus Wertorientierungen liegen für die Gesellschaft dabei vielfältige Potenziale und Chancen begründet. Die Jugendlichen sind für Leistungsanreize empfänglich, verfolgen dabei jedoch keine egoistische Strategie: So ehrgeizig und karriereorientiert die junge Generation auch sein mag, wichtiger als ein hoher Lebensstandard und beruflicher Erfolg ist es für sie, ein gutes Familienleben zu führen, die Anerkennung durch Freunde zu genießen sowie in einer vertrauensvollen Partnerschaft zu leben. Das Pflegen von Freundschaften und einer Vielzahl von Kontakten, eine gute Partnerschaft und ein gutes Familienleben, aber auch eigenverantwortlich zu leben und zu handeln kennzeichnen die Wertorientierung der Jugendlichen. Diese Orientierung lässt sich abgekürzt charakterisieren als Wunsch nach einem eigenständigen, eigenverantwortlichen Leben, das immer auch sozial untermauert und integriert ist.

Die Jugendlichen 2006 betonen in diesem Sinne weiterhin vor allem Strategien persönlicher und praktischer Problembewältigung, während übergreifende gesellschaftliche Reformziele oder aber Ideologien nur relativ schwache Bindungswirkung entfalten. Die Zunahme leistungs-, macht- und anpassungsbezogener Wertorientierungen setzt sich fort, die engagementbezogenen nehmen ab. Die Hochschätzung von Familie und Partnerschaft sowie von Leistung, Ordnung und Sicherheit mag dabei auf den ersten Blick als Rückkehr zu traditionellen »bürgerlichen« Werten erscheinen. Die herkömmlichen, »bürgerlichen« Wertorientierungen werden von den Jugendlichen jedoch mit den modernen Selbstentfaltungswerten zu einem individuellen »Wertecocktail« vermischt. Werte werden vor allem danach beurteilt, ob sie für das eigene Leben nützlich und sinnvoll sind.

Familienorientierung und Kinderwunsch

Es bleibt für Jugendliche ein zentraler Wunsch für ihren weiteren Lebensweg, Karriere und Familie miteinander zu vereinbaren. Dabei wägen diejenigen Jugendlichen, die einen starken Wunsch nach einer eigenen Familie und eigenen Kindern verspüren, verantwortungsbewusst und ganz pragmatisch ab, ob und inwiefern die geeigneten gesellschaftlichen, persönlichen und sozialen Rahmenbedingungen für die Gründung einer eigenen Familie gegeben sind. Wie aus der vorliegenden Studie in ihrer Gesamtheit ersichtlich wird, stehen viele unterschiedliche Faktoren im Zusammenhang mit der Entscheidung zur Gründung einer eigenen Familie. Diese Entscheidung wird eben nicht allein als rationale Wahlentscheidung von Angeboten der Kompensation von Verdienstausfällen oder aber Betreuungsangeboten abhängig gemacht. Für Jugendliche spielen dabei – und dann eben auch konkret in der Entscheidung gegen Kinder trotz vorhandenen Kinderwunsches – die allgemeine Verunsicherung hinsichtlich der beruflichen Zukunft sowie die zunehmend zum Regelfall werdende Unplanbarkeit der Erwerbsbiografie eine wichtige Rolle.

Die vorliegende Studie zeichnet ein Bild von der Jugend in Deutschland, welches sich weitgehend mit dem breiten Verständnis der gesellschaftlichen Rahmen- und Ermöglichungsbedingungen von Familie bzw. Familiengründung in Deutschland deckt, das vor allem auch im 7. Familienbericht der Bundesregierung dargelegt wird. Die Entscheidung von Jugendlichen für oder gegen Kinder ist im weiteren Zusammenhang veränderter Lebensläufe und dabei insbesondere der Tatsache zu sehen, dass in der »Rush Hour des Lebens« nicht nur eine gute Schul- und Berufsausbildung absolviert werden muss – welche in Deutschland im Schnitt immer noch länger dauert als in anderen westlichen Industrieländern –, sondern auch ein Einstieg ins Berufsleben vor dem Hintergrund einer prekären Arbeitsmarktsituation geschafft *und* zusätzlich noch die Gründung einer Familie nebst materieller Unabhängigkeit von den Herkunftsfamilien bewerkstelligt werden muss. Während es unter diesen Bedingungen schon fast als selbstverständlich erscheint, dass die Familiengründung am ehesten verschoben – und letztendlich in vielen Fällen dann eben nicht realisiert wird –, so verweist diese Beobachtung vor allem darauf, dass Familienpolitik nicht auf die materiellen Unterstützungsangebote für Familien in den ersten Lebensjahren von Kindern reduziert werden darf. Eine jugendbezogene Familienpolitik muss Fragen der Dauer von Ausbildungszeiten ebenso mit im Blick haben wie Fragen der Möglichkeiten des Berufseinstiegs von Frauen mit und ohne Berufspraxis nach dem Ende von Zeiten der aktiven Kinderbetreuung. Die vorliegende Studie kann und will hier selbstverständlich keine konkreten Politikempfehlungen abgeben. Sie erinnert in ihrer Funktion als Jugendstudie aber vor allem daran, dass nicht der fehlende Kinder- und Familienwunsch oder aber die »falschen« Wertorientierungen der Jugendlichen in Deutschland für die oftmals ausbleibende Realisierung einer Familiengründung verantwortlich zu machen sind.

Wandel im Bildungsbereich, Unsicherheiten des Berufseinstiegs

Jugendliche und junge Erwachsene werden heute damit konfrontiert, dass sie trotz guter Schul- und Ausbildungsabschlüsse, trotz Engagement, Praktika, Fremdsprachenkompetenz und gewinnendem Auftreten in unsicheren Erwerbsverhältnissen stehen. Der Berufseinstieg ist heute für die meisten Jugendlichen zum Improvisationskunststück geworden, Arbeitslosigkeit zum Teil der Normalbiografie. Weit davon entfernt, auf diese Situation mit einer kollektiven Verweigerung auf die gestiegenen Anforderungen zu reagieren, steigern die meisten Jugendlichen ihre Anstrengungen noch und treiben damit die Leistungsspirale weiter in die

Höhe. Trotz aller Anstrengungen können die heutigen Jugendlichen kaum noch berechenbare Berufslaufbahnen erwarten, sondern sehen sich mit unsicheren und prekären Beschäftigungsangeboten konfrontiert, die ihnen ein hohes Maß an Selbstorganisation abverlangen. Unsichere Ausbildungs- und Erwerbsverhältnisse betreffen zwar alle Jugendlichen, vor allem aber diejenigen aus unteren Sozialschichten. Absolventen von Sonderschulen oder Hauptschulen sowie diejenigen ohne Schulabschluss blicken besonders pessimistisch in ihre berufliche Zukunft, da sie mit einer hohen Anzahl von Abiturienten und Realschulabsolventen um Ausbildungsplätze und Arbeitsstellen konkurrieren müssen. Da Bildungserfolge in Deutschland immer noch stark an die soziale Herkunft gebunden sind, besteht hier die Gefahr, dass sich die Kluft zwischen den leistungsstarken Jugendlichen aus den besseren Schichten und den resignierenden Jugendlichen aus eher bildungsfernen Milieus weiter vertieft.

Die vorliegende Untersuchung unterstreicht ein weiteres Mal, dass keine Hinweise auf eine beginnende Entkopplung von Bildung und Merkmalen der sozialen Herkunft zu finden sind. Bildung wird in Deutschland weiterhin in einem hohen Maße sozial vererbt. Die Ergebnisse stehen im Einklang mit den PISA-Studien aus den Jahren 2000 und 2003. Jugendliche ohne Berufsausbildung und insbesondere solche ohne abgeschlossene Schulbildung bleiben in besonderem Maße von Arbeitslosigkeit und sozialer Exklusion betroffen. Dabei ist den Jugendlichen der Zusammenhang zwischen Erfolg in Schule und Ausbildung auf der einen Seite sowie den sich daraus ergebenden Chancen in der Berufswelt auf der anderen Seite deutlich bewusst: Fast jeder Vierte gab an, wegen nicht ausreichender Schulnoten oder einem fehlenden Schulabschluss den gewünschten Beruf nicht erlernen zu können. Entsprechend hoch ist auch die Zahl derjenigen, die ihre Ausbildung mit gemischten Gefühlen absolvieren und nicht glauben, nach der Ausbildung in den Betrieb übernommen zu werden bzw. daran zweifeln, dass ihre beruflichen Wünsche in Erfüllung gehen. Positiv vermerkt werden muss jedoch auch, dass zwei Drittel der Jugendlichen sehr zufrieden mit ihrer Ausbildungssituation sind und auch ihrer beruflichen Zukunft optimistisch entgegenblicken.

Insgesamt bleibt der Bildungsbereich derjenige, in dem für die Jugendlichen nicht nur der Schlüssel zu einer erfolgreichen Lebensgestaltung liegt. Er bleibt vor allem auch der Bereich, in welchem weiterhin auch in Abhängigkeit von der sozialen Herkunft soziale Ausschlüsse angelegt werden. Während sich hier die bereits seit langem als solche erkannte problematische Situation hinsichtlich des Zusammenhangs von sozialer Herkunft und Bildungschancen weiter zu verfestigen scheint, so stimmt doch wenigstens die Nivellierung von geschlechtsspezifischen Chancenungleichheiten im Bildungsbereich hoffnungsfroh.

»Aufstieg« der Mädchen, »Abstieg« der Jungen?

Die vorliegende Studie bestätigt einen Trend, der schon bei der Auswertung der vorigen Untersuchung im Jahre 2002 aufgefallen war. Die jungen Frauen engagieren sich immer stärker für eine erfolgreiche Schullaufbahn und verbessern ihre Bilanz bei den Schulabschlüssen geradezu in atemberaubendem Tempo. Sie liegen beim Anteil der Abiturienten, der Fachabiturienten und auch der qualifizierten Abschlüsse nach dem 10. Schuljahr deutlich vor den männlichen Geschlechtsgenossen. Diese sammeln sich zunehmend in den wenig aussichtsreichen Bildungslaufbahnen von Sonderschulen, Förderschulen, Hauptschulen und schlecht positionierten Gesamt- und Berufsschulen. Den Grundstein zu diesem Erfolg legen die weiblichen Jugendlichen bereits in ihrer Einstellung zu Familie und Beruf. Hier plädieren sie weit entschiedener als die männlichen Jugendlichen für eine Verbindung dieser beiden in Deutschland traditionell voneinander getrennten Lebenssphären und setzen sich damit für eine aktive Gestaltung ihres Lebensalltags ein. Diese bewusste und zielgerichtete Orientierung in der Lebensführung schlägt sich auch in den Wertorientierungen der jungen Frauen nieder. Wir haben es hier also nicht etwa mit einem oberflächlichen »Ehrgeizfaktor« von Mädchen und jungen Frauen zu tun, sondern mit einer tief verankerten Motivation, die strukturelle Benachteiligung in Bildung, Beruf und Gesellschaft zu überwinden, die noch für die Mütter und Großmütter der heutigen jungen Frauen charakteristisch war. Mit Fug und Recht kann von einer echten emanzipatorischen Entwicklung gesprochen werden, die ganz offensichtlich noch keinen Endpunkt gefunden hat.

Vor diesem Hintergrund erscheint es in bildungs- und berufspolitischer Hinsicht bedenkenswert, verstärkt auch Programme für eine Jungenförderung insbesondere in der Schule in den Blick zu nehmen, um Jungen aus dem Misserfolgsloch herauszuholen, in das sie meist durch ein hilfloses Festhalten an der traditionellen Männerrolle hineingeraten sind. Dabei darf und soll nicht vergessen werden, dass es sich hier um ein Problem handelt, welches beim Übertritt von der Schule in den Berufsalltag in dem Sinne »verschwindet«, als dass sich diese Ungleichgewichtung der Geschlechter im Berufsleben – und vor allem in hochqualifizierten Berufen – wieder umkehrt, insbesondere die fortbestehende Problematik der Vereinbarkeit von Karriere und Familie dann voll zu Lasten der jungen Frauen durchschlägt. Dieses Bild wird von dem in der vorliegenden Studie erhobenen Ergebnis unterstrichen, dass junge Frauen immer noch weniger Wert auf Selbstdurchsetzung legen und den Konkurrenzkampf mit anderen vermeiden. Trotz des höheren Bildungserfolges von jungen Frauen haben junge Männer hier weiterhin einen Vorsprung, den sie für ihre berufliche Laufbahn gewinnbringend nutzen. Die Scheu junger Frauen, mit anderen in Wettbewerb zu treten und ihre eigenen Interessen offen durchzusetzen, wird sie auch in Zukunft daran hindern, in männlich geprägte Berufe sowie in Leitungspositionen vorzudringen. Hier bedarf es besonderer, auch pädagogischer Unterstützung von Mädchen und jungen Frauen, damit sich ihr Bildungserfolg auch in einem langfristigen Berufserfolg niederschlagen kann. Es gilt, sowohl Mädchen als auch Jungen schon ab dem frühen Kindesalter zu vermitteln, dass soziale Kompetenzen wie Einfühlungsvermögen und Teamfähigkeit nicht im Gegensatz zu fairem Wettbewerb und Selbstdurchsetzung stehen, sondern durchaus gut miteinander in Einklang zu bringen sind.

Jugend und Politik: Politikferne, »Kerneuropäer« und skeptische Weltbürger?

Allgemein kann man festhalten, dass bei den Jugendlichen das Interesse an Politik wieder etwas zugenommen hat, jedoch auf niedrigem Niveau verharrt. Vor allem das Interesse junger Frauen an Politik ist dabei deutlich gestiegen, was nicht zuletzt auch mit der vermehrten Präsenz von Politikerinnen in Spitzenpositionen zusammenhängen mag – Politik erscheint zunehmend weniger als reine Männerdomäne.

Diese leichte Veränderung hin zu mehr Interesse an Politik bedeutet jedoch keinen wirklichen Trendwechsel. An der relativen Ferne der Jugend zur Politik im engeren Sinne hat sich kaum etwas geändert. Dabei weisen eine im Grundsatz hohe Engagementbereitschaft und das ausgebildete gesellschaftliche Problembewusstsein weiterhin den Weg, wie die Jugendlichen jenseits herkömmlicher Ansprache für politisches Interesse und Engagement zu gewinnen sind: Beteiligungsforen und -projekte, die sich der Bearbeitung konkreter Problemlagen widmen und systematisch Berücksichtigung als ernstgenommene Expertise im politischen Entscheidungsprozess finden, mögen zwar nur am Rande dauerhafte parteipolitische Loyalitäten begründen, stoßen aber bei den Jugendlichen auf eine deutlich höhere Akzeptanz und Engagementbereitschaft als Versuche, sie dauerhaft für die Mitarbeit in festen Organisationsstrukturen zu gewinnen.

Die Jugendlichen in Deutschland neigen heute nur in geringem Maße zu politischem Extremismus. Die Demokratie als Staatsform findet weiterhin eine hohe Zustimmung – wenn auch teilweise nur im Sinne der am »wenigsten schlechten« Lösung. Bedenkenswert in diesem Zusammenhang erscheint, dass die Demokratie als Staatsform bei jugendlichen Migranten die höchste Zustimmung genießt.

Im Gegensatz zur Entwicklung des politischen Interesses und der politischen Einstellungen allgemein scheint sich auf den ersten Blick die Einstellung der Jugendlichen zu Fragen der europäischen Integration seit der letzten Shell Jugendstudie in nur vier Jahren dramatisch verändert zu haben. So verzeichnet die vorliegende Studie einen massiven Rückgang an Zustimmung zur Weiterentwicklung der Europäischen Union hin zu einem Staatsmodell. Der Zustimmung zur bevorstehenden Osterweiterung im Jahre 2002 steht eine große Skepsis bezüglich bzw. eine Ablehnung der Aufnahme der Türkei in die EU im Jahre 2006 gegenüber. Auch weist die in der vorliegenden Studie im Rahmen ihrer differenzierten Befragung zur Einstellung zur Europäischen Union im engeren Sinne ein geringes Vertrauen der Jugendlichen in die Leistungen der Union im Sachbereich Arbeit und soziale Sicherheit auf. Selbstverständlich kann dies angesichts der Entwicklungen der letzten Jahre nicht überraschen. Zu Beginn des Jahrzehnts war die Situation geprägt von der lebensweltlich unmittelbar erfahrbaren Einführung von Euro-Noten und -Münzen, die Osterweiterung stand noch bevor und wurde in der öffentlichen Wahrnehmung deutlich weniger ausgeprägt mit einer Bedrohung einheimischer Arbeitsplätze in Verbindung gebracht, ein EU-Beitritt der Türkei war ein Randthema, ebenso die europäische Verfassung (bzw. ihr Scheitern). Nichtsdestotrotz wäre es verfrüht, 2006 eine zunehmende »Euroskepsis« bei den Jugendlichen in Deutschland ausmachen zu wollen. Ganz im Gegenteil zeigen die Ergebnisse der vorliegenden Studie, dass die EU bei den Jugendlichen weiterhin hohes Ansehen und Vertrauen genießt. Sie wird dabei insbesondere mit dem Frieden in Europa in Zusammenhang gebracht. Es ist selbstverständlich Vorsicht dabei geboten, die Sichtweisen der Jugendlichen hier allzu unmittelbar in die laufenden europa- bzw. integrationspolitischen Grundsatzdebatten hineinzuspiegeln. Trotzdem fällt auf, dass sich in der Sichtweise, welche die Jugendlichen in Deutschland 2006 von Europa hegen, eher das Bild eines sich an den ursprünglichen Zwecken der Friedenssicherung und -wahrung orientierenden »Kerneuropa« widerspiegelt als das Bild einer mit einer Vielzahl zusätzlicher Zwecke etwa im Bereich der Wohlfahrtssicherung ausgestatteten, geografisch ausgeweiteten Europäischen Union. Dies mag den einen als Bestätigung eigener politischer Präferenzen und Agenden erscheinen, den anderen als Ansporn, die Aufklärungsarbeit hinsichtlich von Tätigkeitsfeldern und Zielsetzungen der EU gerade bei Jugendlichen noch deutlich zu intensivieren: Es kann aber nicht darüber hinwegtäuschen, dass es sich bei den Jugendlichen weiterhin um »überzeugte Europäer« handelt, so denn dieser Begriff nicht im Sinne einer europastaatlichen Integrationseuphorie missverstanden, sondern als Ausdruck einer in Ergänzung zur nationalen heute ganz selbstverständlichen europäischen Identität aufgefasst wird. Die Leichtigkeit, mit welcher Jugendliche positive identifikatorische Bezüge zur Nation (bzw. zum Nationalstaat) und zu Europa miteinander verbinden, zeigt deutlich an, dass eine Entgegensetzung von Nationalstaat und Europäischer Union heute viel eher auf abstrakte akademische Diskussionen denn auf das Alltagsgefühl junger Europäer in Deutschland verweist.

Neben der europäischen Integration ist die »Globalisierung« ein Thema, das in den letzten Jahren verstärkt die politische Diskussion bestimmt. Angesichts der Dominanz des Themas in den Medien überrascht es, dass immerhin ein Viertel der Jugendlichen diesen Begriff nicht kennen. Ebenso herrscht große Unsicherheit, wie Globalisierung zu bewerten sei, wobei anders als in der letzten Shell Jugendstudie die skeptische Haltung überwiegt. Das stetige Zusammenwachsen der Welt wird verstärkt mit Skepsis betrachtet. Aber obwohl die Jugendlichen eher persönliche Nachteile von einer globalisierten Welt erwarten, verbinden sie Globalisierung primär mit positiven Attributen wie der Freiheit, innerhalb der ganzen Welt reisen, studieren und arbeiten zu können, sowie mit kultureller Vielfalt. Doch auch Arbeitslosigkeit, Kriminalität, Umweltzer-

störung, Armut und Unterentwicklung sowie Frieden und Demokratie werden von der Mehrheit der Jugendlichen als für sie persönlich bedeutend genannt. Kaum mit Globalisierung in Verbindung gebracht werden dagegen wirtschaftlicher Wohlstand, soziale Absicherung und der Verlust der Heimatkultur.

Die Jugendlichen verfügen damit zwar einerseits über eine durchaus differenzierte Sicht auf die Globalisierung, auf der anderen Seite spiegelt sich in ihren Antworten die Unschärfe des Begriffes wider. Man gewinnt den Eindruck, dass sich die Mehrheit der Jugendlichen zwar für das Thema interessiert, eine ernsthafte Auseinandersetzung mit diesem wichtigen Politikbereich jedoch noch nicht erfolgt ist. Während die europäische Integration ein zentraler Gegenstand von Schulunterricht und außerschulischer politischer Bildung geworden ist und die Jugendlichen eine differenzierte und fundierte Meinung bilden konnten, scheint bei dem ebenfalls zentralen Thema der Globalisierung ein beträchtliches Informationsdefizit zu bestehen.

Jugend 2006: ein Resümee

Wie gerade das 8. Kapitel der vorliegenden Studie zeigt, verbirgt sich hinter den in Bezug auf die Jugend in Deutschland statistisch aufweisbaren Gesamttrends nicht nur eine Vielfalt, sondern möglicherweise auch ein Auseinanderdriften jugendlicher Lebenswelten. Ein solches Auseinanderdriften bezieht sich dabei insbesondere auf die unterschiedlichen Formen des Umgangs mit steigenden Leistungsanforderungen. Nachhaltig beeindruckt dabei jedoch, dass die Jugendlichen in Deutschland selbst vor dem Hintergrund der Wahrnehmung zunehmend schwieriger Umstände und unsicherer Zukunftsperspektiven bislang nicht mit großflächigem Protest bzw. einer Infragestellung gesellschaftlicher Zielvorstellungen und Leitbilder reagieren. Das Ziel des Aufstiegs verdrängt weiterhin mehrheitlich das des Ausstiegs: Eine »pragmatische Generation« befindet und empfindet sich zwar unter Druck, reagiert darauf jedoch weiterhin mit dem Anspruch, die Zukunft aktiv zu gestalten. Die Jugendlichen in Deutschland wollen ihre Zukunft, trotz zunehmend prekärer Bedingungen, weiterhin vor allem eher in bekannten und eingefahrenen Bahnen meistern. Die vorliegende Studie hat eine Reihe von Anhaltspunkten dafür aufgezeigt, dass dies vielen Jugendlichen gelingen wird; sie unterstreicht aber auch wiederum den Handlungsbedarf hinsichtlich desjenigen Teils der Jugendlichen, der nicht zuletzt aufgrund des sozialen Hintergrunds an der erfolgreichen Gestaltung der Zukunft zu scheitern droht.

In der Jugend bündeln sich prismenartig die zentralen Probleme der Gesellschaft. Fragen von Bildungschancen und sozialer Gerechtigkeit, Fragen zur Gestaltung des Generationenverhältnisses und zum weiteren Verlauf sowie den Folgen des demografischen Wandels, Fragen der Wertorientierung und -fundierung der Gesellschaft, der zukünftigen Entwicklung politischer Einstellungen und Orientierungsmuster, letztendlich damit die Frage, ob sich in Deutschland der gesellschaftliche Umbruch zukunftsorientiert und in vielerlei Hinsicht international »konkurrenzfähig« gestalten lässt: Diese Fragen werden selbstverständlich nicht nur, aber eben auch und in vielen Bereichen vorrangig in der und in Bezug auf die Jugend verhandelt und müssen auch darauf bezogene Antworten finden. Nicht trotz, sondern gerade aufgrund ihres sinkenden Anteils an der Gesamtbevölkerung gebührt der Jugendpolitik und der Politik *mit* Jugendlichen ähnlich der Gleichstellungs- und Umweltpolitik dabei der Rang eines über alle Politikbereiche zu berücksichtigenden Querschnittsthemas.

Ulrich Schneekloth, Ingo Leven

9 Methodik

9.1 Gesamtanlage der Studie

Die 15. Shell Jugendstudie wahrt die Kontinuität und hat das bewährte Studiendesign, eine standardisierte, quantitative Erhebung bei einer »repräsentativen« Stichprobe von Jugendlichen durchzuführen und diese durch eine qualitative Erhebung in Form von leitfadengestützten Interviews bei nach systematischen Gesichtspunkten ausgewählten Jugendlichen zu ergänzen, unverändert durchgeführt.

Die Studie wurde, im Anschluss an eine Diskussionsphase im Forschungsverbund, im engeren Sinne im Zeitraum von Januar bis Juni 2006 erarbeitet. Die quantitative Erhebung hatte die Funktion, die Bandbreite der Lebenssituation und die Einstellungen der Jugendlichen darzustellen. Hierzu wurde eine Stichprobe mit insgesamt 2532 Jugendlichen im Alter zwischen 12 und 25 Jahren (Jahrgänge 1981 bis 1994) realisiert. Um auch vergleichende Auswertungen zwischen Ost und West auf Basis einer hinreichenden Fallzahl in den neuen Bundesländern vornehmen zu können, wurde die Stichprobe disproportional angelegt. Auf die alten Bundesländer entfielen 1774 und auf die neuen Bundesländer 758 Interviews. Diese bewusste Überrepräsentierung von Jugendlichen aus den neuen Bundesländern wurde bei der Datenauswertung berücksichtigt. Hierzu wurde anhand der Strukturdaten der amtlichen Statistik eine Hochrechnung erstellt, mit der die Stichprobe auf die Wohnbevölkerung im Alter von 12 bis 25 Jahren in ihren tatsächlichen Ost-West-Relationen, differenziert nach Alter und Geschlecht, hochgerechnet wurde.

Erneut bildeten, wie bereits in der 14. Shell Jugendstudie auch, Jugendliche im Alter von 12 bis 25 Jahren die Grundgesamtheit. Neben den Jugendlichen mit deutscher Staatsangehörigkeit sind damit ebenfalls Jugendliche ausländischer Nationalität im Rahmen dieser Stichprobe proportional erfasst. Im Rahmen der Feldarbeit wurde gewährleistet, dass sowohl deutsche als auch ausländische Jugendliche zu den Befragten gehörten, ohne dass eine hinreichende Repräsentierung von ausländischen Jugendlichen in einer genügend großen Fallzahl als eigenständiges Qualitätskriterium vorgesehen war.

Die Erhebung wurde auch diesmal wieder als persönlich-mündliche Befragung von gut geschulten Interviewerinnen und Interviewern auf Basis eines fest vorgegebenen, standardisierten Erhebungsinstruments durchgeführt. Die Befragung selber erfolgte computerunterstützt als CAPI-Erhebung (Computer-Assisted-Personal-Interviewing). Hierbei werden die Befragungsergebnisse direkt in einen vom Interviewer mitgeführten Laptop eingegeben.

Im Unterschied zur quantitativen Studie haben die ergänzenden 20 Portraits die Funktion, anhand von ausgewählten Beispielen einen vertiefenden Einblick im Verhältnis der Jugendlichen zur älteren Generation zu gewinnen. Die ausgewählten Jugendlichen repräsentieren demnach hinsichtlich vorher bestimmter Kriterien einen jeweils typischen Ausschnitt der Generation. Die weiteren Einzelheiten zur systematischen Auswahl und Durchführung der leitfadengestützten Interviews sind im Kapitel 7 im Zusammenhang mit der Ergebnisdarstellung ausführlich beschrieben.

9.2 Methodik der quantitativen Erhebung

Stichprobe

Die diesjährige Erhebung *Shell Jugendstudie 2006* wurde aus pragmatischen Gründen und in Anbetracht des relativ engen Zeitplanes ebenfalls wieder auf Grundlage einer Quotenstichprobe (Quota-Sample) erstellt. Die diesjährige Erhebung knüpft damit an das Studiendesign der letzten großen Shell Jugendstudien an. Im Rahmen einer Quotenstudie wird den eingesetzten Interviewern vorgegeben, eine exakt definierte Anzahl von Jugendlichen aus bestimmten Untergruppen zu befragen. Vorgegeben wurden die folgenden Quotierungsmerkmale:

- Altersgruppen: 12 bis 14 Jahre, 15 bis 17 Jahre, 18 bis 21 Jahre, 22 bis 25 Jahre, differenziert nach dem Geschlecht
- Statusgruppen: Hauptschüler, Realschüler, Gymnasiasten, Studierende, in Berufsausbildung/Erwerbstätige, Arbeitslose/sonstige Nicht-Erwerbstätige
- Bundesländer und regionale Siedlungsstrukturtypen (9 BIK-Siedlungsstrukturtypen)

Erneut wurde damit im Bereich der Schüler eine aus der amtlichen Statistik abgeleitete Differenzierung nach der Schulform vorgegeben. Diese zusätzliche Differenzierung führt zwar dazu, dass es bezüglich der Realisierung der Stichprobe noch schwerer wurde, die vorgegebenen Quotengruppen in der Stichprobe exakt abzubilden. Da jedoch der Anteil der Schüler in der vorgegebenen Altersgruppe von 12 bis 25 Jahren fast 50 % ausmacht und sich die Schüler selber, wie im Rahmen der Studie erneut sichtbar wurde, in ihren Einstellungen signifikant unterscheiden, wurde dieses Problem bewusst in Kauf genommen.

Bei der Realisierung der Quoten-Stichprobe wurde auf das bewährte zweistufige Verfahren zurückgegriffen: In einer ersten Phase wurden die Interviewer gebeten, anhand der Quotierungsmerkmale zu melden, in welchen Quotenzellen ihnen Zielpersonen zur Verfügung stehen. Diese Meldungen der Interviewer wurden in der Einsatzleitung von TNS Infratest gesammelt. Da auch dieses Mal die Zahl der Meldungen die Zahl der benötigten Interviews deutlich übertraf, war es möglich, anhand der Soll-Vorgaben aus der amtlichen Statistik eine Stichprobe aus den Interviewermeldungen zu ziehen, die somit den Soll-Vorgaben weitestgehend entsprach.

Da die Stichprobe, wie bereits dargestellt, disproportional angelegt war, konnten mögliche Abweichungen in der Realisierung der Interviews bezüglich der Altersgruppen und des Geschlechts im Übrigen auch anhand der durchgeführten Hochrechnung auf die Gesamtbevölkerung (Proportionalisierung) ausgeglichen werden. Die Stichprobe ist damit »repräsentativ« zur Grundgesamtheit der jugendlichen Wohnbevölkerung in Deutschland (alte und neue Bundesländer) im Alter zwischen 12 bis einschließlich 25 Jahren auswertbar.

»Erwartungstreue«

Die Grundverteilung der realisierten Stichprobe zur 15. Shell Jugendstudie ist in Abbildung 9.1 dargestellt. Anhand der ausgewiesenen Fallzahlen lässt sich der Einfluss der im Zuge der Hochrechnung vorgenommenen Gewichtung erkennen. Proportionalisiert man den Datensatz anhand der Strukturen der amtlichen Statistik nach den Kriterien Altersgruppen, Geschlecht bzw. alte und neue Bundesländer, so ergibt sich eine neue gewichtete Stichprobenstruktur. Der Einfluss dieser Gewichtung lässt sich anhand der Fallzahlen bereits gut erkennen. Standen im ungewichteten Datensatz noch 1774 Jugendliche im Westen 758 Jugendliche im Osten gegenüber, so ergibt sich nach Multiplikation der Stichprobe mit dem errechneten Gewichtungsfaktor für die alten Bundesländer eine gewichtete Fallzahl von jetzt 1974 Jugendlichen im Vergleich zu 541 Jugendlichen in den neuen Bundesländern.

Bezüglich der realisierten Altersstruktur der Stichprobe muss angemerkt werden, dass die Abgrenzung, so wie in der empirischen Sozialforschung üblich, anhand des Geburtsjahrs vorgenommen wurde. Behält man als Abgrenzungskriterium trotzdem ein Mindestalter von 12 Jahren und ein Höchstalter von 25 Jahren bei, so führt dies dazu, dass nur ein geringer Teil von Jugendlichen des Jahrgangs 1994 in die Stichprobe mit aufgenommen werden darf. Weiterhin ist fast der gesamte Jahrgang 1980 noch Teil der Zielpopulation.

Die Gruppe der Zwölfjährigen mit Jahrgang 1994 fällt demnach, da die Erhebung von Januar bis Februar 2006 durchgeführt wurde, entsprechend niedriger aus als der Gesamtjahrgang. In Abbildung 9.2 wird dieser Effekt für den Jahrgang 1994 sichtbar. Alles in allem entspricht die Struktur der ungewichteten Ist-Stichprobe jedoch ansonsten sowohl in den alten als auch in den neuen Bundesländern sehr gut der Soll-Struktur der amtlichen Statistik.

Abb. 9.1 **Grundauszählung der Stichprobe**
Basis: Jugendliche im Alter zwischen 12 und 25 Jahren

Fallzahlen	männlich	weiblich	Insgesamt ungewichtet	Insgesamt gewichtet
West				
12 bis 14 Jahre	175	186	361	438
15 bis 17 Jahre	226	193	419	440
18 bis 21 Jahre	252	258	510	566
22 bis 25 Jahre	233	251	484	605
Summe	886	888	1.774	2.049
Ost				
12 bis 14 Jahre	64	55	119	72
15 bis 17 Jahre	127	84	211	113
18 bis 21 Jahre	125	107	232	152
22 bis 25 Jahre	103	96	196	148
Summe	419	339	758	485

Shell Jugendstudie 2006 – TNS Infratest Sozialforschung

Abb. 9.2 **Altersstruktur der Stichprobe (Vergleich mit der amtlichen Statistik)**
Basis: Jugendliche zwischen 12 und 25 Jahren

%-Angaben		West (n = 1.774)		Ost (n = 758)	
Alter	Jahrgang	SOLL	IST	SOLL	IST
12 Jahre	(1993+1994)	7	7	6	4
13 Jahre	(1992)	7	6	6	4
14 Jahre	(1991)	7	8	7	8
15 Jahre	(1990)	7	8	8	9
16 Jahre	(1989)	8	8	8	9
17 Jahre	(1988)	7	7	8	10
18 Jahre	(1987)	7	7	8	8
19 Jahre	(1986)	7	8	8	9
20 Jahre	(1985)	7	7	7	8
21 Jahre	(1984)	7	7	7	6
22 Jahre	(1983)	7	7	7	7
23 Jahre	(1982)	8	7	7	7
24 Jahre	(1981)	7	7	7	6
25 Jahre	(1980)	7	6	6	5
Durchschnittsalter		18,5	18,4	18,9	18,5

Shell Jugendstudie 2006 – TNS Infratest Sozialforschung

Abbildung 9.3 **Vergleich der Verteilung von Statusmerkmalen in der Stichprobe und der Grundgesamtheit**
Basis: Jugendliche im Alter zwischen 12 und 25 Jahren

%-Angaben	West		Ost	
	SOLL	IST*	SOLL	IST*
Studenten	10	11	8	11
in Berufsausbildung	16	15	16	17
Erwerbstätige	20	20	20	21
Arbeitslose	5	3	5	8
Nicht-Erwerbstätige	5	6	5	4
Hauptschüler	10	9	1	5
Realschüler	11	11	6	11
Gymnasiasten	19	19	18	19
Schüler sonstiger Schulen	6	6	20	4

* nach Gewichtung

Shell Jugendstudie 2006 – TNS Infratest Sozialforschung

Ein Blick auf die Statusmerkmale zeigt, dass die 15. Shell Jugendstudie auch in ihrer sozialen Verteilung gut die Wirklichkeit abbildet. Abbildung 9.3 zeigt, dass die im Rahmen der Quotierung anhand einer Sonderauswertung des Statistischen Bundesamtes aus dem Mikrozensus 2000 vorgegebenen Statusgruppen bereits in der ungewichteten Ist-Stichprobe relativ gut abgebildet sind. Erwartungsgemäß unterscheidet sich die ausschließlich nach Alter und Geschlecht bzw. alten und neuen Bundesländern proportionalisierte gewichtete Ist-Struktur hiervon nicht wesentlich.

Als Vorlage für die Quotierung der Schüler nach der besuchten Schulform diente die amtliche Schulstatistik des Statistischen Bundesamtes (Statistisches Bundesamt: Fachserie 11, Reihe 1, Allgemeinbildende Schulen, Schuljahr 2004/2005. Wiesbaden 2005).

Im Rahmen der Erhebung zur Shell Jugendstudie zeigte sich, dass die Angleichung des Schulsystems in den neuen Bundesländern formell noch nicht so weit wie im tatsächlichen Selbstverständnis der Schülerinnen und Schüler fortgeschritten ist. So gibt es in der Schulstatistik in den neuen Bundesländern zwar kaum Haupt- und Realschüler, dafür bestehen hier aber eine Reihe anderer Schularten, die dieselben Funktionen übernehmen und im Quotenplan entsprechend als »sonstige Schulen« aufgeführt wurden. Im Interview zeigte sich allerdings, dass es den betreffenden Schülern sehr viel leichter fiel, sich entsprechend den in den alten Bundesländern üblichen Kategorien einzuordnen. In der Konsequenz führte dies dazu, dass der Anteil der Schüler in sonstigen Schulen in den neuen Bundesländern in etwa dem Anteil dieser Schulformen

Abb. 9.4 **Verteilung der Stichprobe nach den Bundesländern**
Basis: Jugendliche zwischen 12 und 25 Jahren

%-Angaben	IST Ungewichtet	SOLL	IST Gewichtet
Schleswig-Holstein	3	3	3
Hamburg	1	2	2
Niedersachsen	11	9	9
Bremen	1	1	1
Nordrhein-Westfalen	19	22	22
Hessen	7	7	7
Rheinland-Pfalz/Saarland	4	6	6
Baden-Württemberg	10	13	13
Bayern	14	15	15
Brandenburg	6	4	4
Mecklenburg-Vorpommern	5	2	2
Sachsen	9	5	5
Sachsen-Anhalt	3	3	3
Thüringen	5	3	3
Berlin	4	4	4

Shell Jugendstudie 2006 – TNS Infratest Sozialforschung

in den alten Bundesländern entsprach. Der Anteil der Hauptschüler fällt in den neuen Bundesländern im Vergleich zu den alten Ländern etwas geringer aus.

Die Verteilung der Stichprobe nach alten und neuen Bundesländern entspricht, genauso wie übrigens auch die Verteilung nach den BIK-Siedlungsstrukturtypen, ebenfalls relativ gut den Soll-Vorgaben. Aus den Übersichten 9.4 und 9.5 ist ersichtlich, dass die ost-west-proportionalisierten Ist-Ergebnisse sehr gut den Soll-Vorgaben entsprechen.

Abschließend soll noch auf die Staatsbürgerschaft der befragten Jugendlichen eingegangen werden. Wie aus Abbildung 9.6 hervorgeht, weisen rund 8 % der in der 15. Shell Jugendstudie Befragten eine ausländische Staatsbürgerschaft auf. Nach den Ergebnissen des Mikrozensus 2004 trifft dies in der tatsächlichen Grundgesamtheit auf etwa 11 % der 12- bis 25-Jährigen in Deutschland lebenden Jugendlichen zu.

Es wurde bereits darauf hingewiesen, dass dieses Thema bereits ausführlich in der Shell Jugendstudie 2000 behandelt wurde und deshalb hier schwerpunktmäßig nicht wieder neu aufgelegt werden sollte. Unter diesen Umständen ist der realisierte Ausländeranteil von 8 % in der 15. Shell Jugendstudie als durchaus akzeptabel zu betrachten. Trotz der tendenziellen Untererfassung ist davon auszugehen, dass die Einstellungen und Lebenswelten der nicht-deutschen Staatsbürgerinnen und Staatsbürger sich in den Ergebnissen hinreichend niederschlagen werden.

Abb. 9.5 **Verteilung der Stichprobe nach Gemeindegröße**

Basis: Jugendliche zwischen 12 und 25 Jahren

%-Angaben	IST Ungewichtet	SOLL	IST Gewichtet
bis unter 5000 Einwohner	5	5	5
5000 bis unter 20 000 Einwohner	10	9	9
20 000 bis unter 50 000 Einwohner	9	9	9
50 000 bis unter 100 000 Einwohner	12	11	11
100 000 bis unter 500 000 Einwohner	35	36	36
500 000 Einwohner und mehr	29	30	30

Shell Jugendstudie 2006 – TNS Infratest Sozialforschung

Abb. 9.6 **Staatsbürgerschaft der Befragten**

Basis: Jugendliche zwischen 12 und 25 Jahren

%-Angaben	IST Ungewichtet	SOLL	IST Gewichtet
deutscher Staatsbürger	92	89	91
ausländischer Staatsbürger	8	11	9
keine Angabe	0		0

Shell Jugendstudie 2006 – TNS Infratest Sozialforschung

Feldarbeit

Die Erhebung zur 15. Shell Jugendstudie wurde im Zeitraum von Anfang Januar bis Mitte Februar 2006 durchgeführt. Zum Einsatz kamen 446 gut geschulte Infratest-Interviewerinnen und -Interviewer. Im Schnitt führte jeder Interviewer und jede Interviewerin fünf bis sechs Befragungen durch. 54 % der Interviewerinnen und Interviewer waren männlich und 46 % weiblich. 21 % waren im Alter von 20 bis 39 Jahren, 37 % im Alter von 40 bis 49 Jahren, 28 % im Alter von 50 bis 59 Jahren und 14 % im Alter von 60 bis 69 Jahren. Die Alters- und Geschlechterverteilung entspricht in etwa der demografischen Struktur des Infratest-Interviewerstabes.

Der Erfolg der Feldarbeit beruhte darauf, dass vor Beginn der eigentlichen Erhebung an die Infratest-Interviewerinnen und -Interviewer eine Vorabanfrage gesendet wurde, mit der Bitte, der Einsatzleitung mitzuteilen, wie viel Jugendliche der entsprechenden Quotengruppen ihrer Meinung nach von ihnen erfolgreich befragt werden können. Die konkrete Auswahl der vorab exakt definierten Zielpersonen wurde den Interviewerinnen und Interviewern überlassen. Sie konnten sie in ihrem persönlichen Bekanntenkreis, im Rahmen von Institutionen oder innerhalb von typischen Jugendtreffpunkten etc. anwerben und befragen. Anhand der rücklaufenden Interviewermeldungen wurde von der Infratest-Feldabteilung ein Einsatzplan entwickelt, mit dem gewährleistet werden konnte, dass die realisierte Stichprobe der vorgegebenen Quotenstruktur in etwa entsprach.

Die durchschnittliche Dauer der durchgeführten Interviews betrug 49,0 Minuten. Die Befragungen bei den 12- bis 14-jährigen Zielpersonen mit 44,6 Minuten waren dabei deutlich kürzer als die restlichen Interviews. Dies lag daran, dass nach den Erfahrungen bei der Shell Jugendstudie 2002 die Interviews für diese Altersgruppe gekürzt wurden. Dabei sind vor allem Fragen zu Gesellschaft und Politik, bei denen Jugendliche dieser Altersgruppe in 2002 vermehrt keine Angaben gemacht haben, nicht mehr an diese Altersgruppe gerichtet worden (vgl. den im Anhang dokumentierten Fragebogen mit seinen Filtern).

Bei den 15- bis 17-Jährigen lag die durchschnittliche Befragungsdauer bei 49,5 Minuten und damit im gleichen Rahmen wie bei den 18- bis 21-jährigen mit 50,8 Minuten und 49,9 Minuten bei den 22- bis 25-Jährigen Befragungsteilnehmerinnen und -teilnehmern.

Im Rahmen der Infratest-Interviewerkontrolle wurden alles in allem 10 % der befragten Zielpersonen, deren Adressen vom Interviewer notiert werden mussten, stichprobenartig überprüft. Hier wurde direkt bei den Zielpersonen entweder telefonisch oder mit Hilfe einer Postkarte nachgefragt, ob mit ihnen tatsächlich ein Interview in der entsprechenden Länge und zu der genannten Thematik durchgeführt wurde. Weitere Qualitätskontrollen bezogen sich auf die realisierten Fragebögen, die auf interne Konsistenz und Widerspruchsfreiheit überprüft wurden. Letztendlich wurden nur geringfügige Korrekturen vorgenommen. Offensichtliche fehlerhafte Angaben wurden ggf. auf »keine Angabe« gesetzt.

Nach Abschluss der Feldarbeit und der Qualitätskontrolle stand ein analysefähiger Datensatz zur Verfügung, der mit Hilfe des statistischen Software-Pakets SPSS 12.0 differenziert ausgewertet wurde. Die Ergebnisse sind in diesem Buch detailliert dargestellt.

Anhang

Fragebogen der Shell Jugendstudie 2006

Einleitungstext

TNS Infratest Sozialforschung führt seit Jahren regelmäßig Umfragen zu den Ansichten und Einstellungen der in Deutschland wohnenden Bürgerinnen und Bürger durch. Unsere jetzige Erhebung richtet sich speziell an Jugendliche und junge Erwachsene, deren Lebenssicht auf diese Weise öffentlich gemacht werden soll. Wir würden gerne heute auch Sie um Ihre Mitarbeit bitten. Ich möchte Ihnen deshalb im Folgenden einige Fragen zum Thema »Junge Menschen heute« stellen.

F01. Was ist Ihrer Meinung nach bei Jugendlichen heute »in« und was ist »out«?

	In	Out

- Treue
- Karriere machen
- sich in die Politik einmischen
- an etwas glauben
- toll aussehen
- Europa
- Aktien
- Technik
- sich selbständig machen
- Markenkleidung tragen
- Bioläden
- Verantwortung übernehmen
- studieren
- heiraten
- Drogen nehmen
- Bürgerinitiativen

F02. Wie stellen Sie sich Ihre eigene Zukunft vor? Man kann ja die Zukunft, wie das eigene Leben so weitergehen wird, eher düster oder eher zuversichtlich sehen? Wie ist das bei Ihnen?

- eher düster
- eher zuversichtlich
- gemischt, mal so – mal so

F03. Und wie ist es mit der Zukunft unserer Gesellschaft? Sehen Sie die

- eher düster, oder
- eher zuversichtlich

F04. Sagen Sie mir bitte, in welchem Jahr Sie geboren wurden.

(gültige Jahrgänge: 1980 bis 1994)

F06. Achtung Interviewer: Bitte Geschlecht der Befragungsperson eintragen

(1 = männlich, 2 = weiblich)

F05. Verschiedene Dinge betrachten manche als großes Problem, andere hingegen als Nebensächlichkeit. Machen Ihnen persönlich die folgenden Dinge Angst oder keine Angst?

	Das macht mir Angst	Das macht mir keine Angst
▪ die Umweltverschmutzung		
▪ dass in Europa ein Krieg ausbricht		
▪ dass Sie jemand bedroht, dass Sie jemand schlagen könnte		
▪ Terroranschläge		
▪ dass Sie Ihren Arbeitsplatz verlieren oder keinen Ausbildungs- oder Arbeitsplatz finden		
▪ die Ausländerfeindlichkeit in Deutschland		
▪ dass Sie eine schwere Krankheit wie Aids oder Krebs bekommen		
▪ dass Ihnen etwas gestohlen wird		
▪ die schlechte Wirtschaftslage, steigende Armut		
▪ die Zuwanderung nach Deutschland		

F10. Was machen Sie üblicherweise in Ihrer Freizeit? Bitte nennen Sie mir von dieser Liste die Aktivitäten, die Sie im Wochenverlauf am häufigsten ausführen. Sie können bis zu 5 Freizeitaktivitäten benennen.

A Fernsehen
B Musik hören
C Videos / DVDs anschauen
D im Internet surfen
E nichts tun, »rumhängen«
F Bücher lesen
G in die Kneipe gehen
H Zeitschriften oder Magazine lesen
J in die Disco, zu Partys oder Feten gehen
K Playstation, Nintendo spielen, Computerspiele
U Jugendfreizeittreff, Jugendzentrum besuchen
L Sport in der Freizeit, wie Rad fahren, Skaten, Kicken usw.
M Training/aktiv Sport treiben (Fitnessclub, Sportverein ...)
N sich mit Leuten treffen
O sich in einem Projekt/einer Initiative/einem Verein engagieren
P etwas mit der Familie unternehmen
Q Shoppen, sich tolle Sachen kaufen
S etwas Kreatives, Künstlerisches machen

F10a. Wie würden Sie Ihren allgemeinen Gesundheitszustand beschreiben?

▪ ausgezeichnet
▪ gut
▪ einigermaßen oder
▪ schlecht

F10b. Wie oft essen oder trinken Sie die folgenden Dinge? Sie können Ihre Antwort anhand der folgenden Liste abstufen

	mehrfach täglich	täglich	mehrfach in der Woche	etwa einmal pro Woche	seltener	nie
Obst,						
Gemüse oder Salat						
Schokolade, Süßigkeiten						
Cola oder andere Limonade						
alkoholische Getränke						

F10c. Rauchen Sie?

- ja, regelmäßig (jeden Tag)
- ja, aber nur ab und an
- nein (Nichtraucher)

F10d. An wie viel Tagen pro Woche treiben Sie normalerweise Sport oder strengen sich für mindestens eine Stunde körperlich an?

- _____
- Ich treibe so gut wie keinen Sport

F10e. Und darf ich jetzt noch fragen, wie zufrieden Sie mit Ihrem Körpergewicht sind? Glauben Sie, dass Sie

- viel zu dünn sind
- ein wenig zu dünn sind
- genau das richtige Gewicht haben
- ein wenig zu dick sind oder
- viel zu dick sind

F10_2. Haben Sie einen Zugang zum Internet – ob privat, in der Ausbildung oder im Beruf?

- ja
- nein

F10_3. (Filter: Personen mit Internet-Zugang)
Wie viel Stunden sind Sie pro Woche alles in allem im Internet?
(privat, in der Ausbildung, im Beruf)

- Stundenzahl _____
- weiß nicht, zu unregelmäßig

F11. Nun zu etwas anderem: Interessieren Sie sich ganz allgemein für Politik?
Würden Sie sagen, Sie sind

- stark interessiert
- interessiert
- wenig interessiert
- gar nicht interessiert?

F12. Unabhängig davon, ob Sie sich für Politik interessieren: Wie oft schauen Sie sich im Fernsehen Sendungen an, die etwas mit Politik zu tun haben?

- fast jeden Tag
- ziemlich oft
- nur gelegentlich
- nie

F16. (Filter: Personen ab 15 Jahren)
Wie würden Sie selber Ihre politischen Anschauungen einstufen?
Bitte nennen Sie mir gemäß dieser Liste die Ziffer, die am ehesten auf Sie zutrifft?

- 0 (links)
- 1
- 2
- 3
- 4
- 5
- 6
- 7
- 8
- 9
- 10 (rechts)
- weiß nicht
- keine Angabe

F16a. (Filter: Personen, die »weiß nicht« oder »keine Angabe« in F16 angegeben hatten)
Darf ich wissen, warum Sie die Frage nicht beantworten möchten oder können?
Welcher der drei folgenden Gründe trifft am ehesten zu?

- Ich kann meine politische Meinung zwischen rechts und
  links nicht richtig einordnen   1
- Ich verstehe nicht, was mit rechts und links gemeint sein soll   2
- Ich möchte diese Frage generell nicht beantworten   3

F17. (Filter: Personen ab 15 Jahren)
Welche der folgenden Parteien kann Ihrer Meinung nach die Probleme in Deutschland am besten lösen?

- CDU
- CSU
- SPD
- Bündnis 90/Grüne
- FDP
- Linkspartei/PDS
- Republikaner
- DVU
- NPD
- andere
- keine Partei kann die Probleme in Deutschland lösen.

F20. (Filter: Personen ab 15 Jahren)
Ich nenne Ihnen nun einige Gruppierungen oder Organisationen. Uns interessiert, wie viel Vertrauen Sie diesen Gruppen oder Organisationen entgegenbringen.
 1 bedeutet »sehr wenig Vertrauen« und
 5 bedeutet »sehr viel Vertrauen«.
Mit den Zahlen dazwischen können Sie Ihre Angaben abstufen.
Nennen Sie mir einfach die für Sie zutreffende Ziffer.

1	2	3	4	5	6
sehr wenig Vertrauen		sehr viel Vertrauen			ist mir nicht bekannt

- Bürgerinitiativen
- Bundesregierung
- Bundesverfassungsgericht
- Bundeswehr
- Europäische Union
- große Unternehmen
- Gerichte
- Gewerkschaften
- Kirchen
- Menschenrechtsgruppen
- politische Parteien
- Polizei
- Umweltschutzgruppen
- Vereinte Nationen

F21. Es kommt vor, dass man im Leben benachteiligt wird. Wie ist das bei Ihnen? Sind Sie aufgrund der folgenden Dinge schon oft, ab und zu oder nie benachteiligt worden?

	schon oft	ab und zu	nie

- wegen Ihres Alters
- wegen Ihres Geschlechts
- wegen Ihres sozialen Engagements
- wegen Ihrer Nationalität
- wegen Ihres Äußeren
- wegen Ihrer sozialen Herkunft, also der sozialen Schicht, aus der Sie stammen
- weil Sie in einem bestimmten Teil Deutschlands leben
- wegen Ihrer politischen Überzeugungen

F23. (Filter: Personen ab 15 Jahren)
Ich lese Ihnen jetzt einige Aussagen über das Verhältnis von Bürgern zur Politik vor. Welche Aussagen sind aus Ihrer Sicht eher zutreffend und welche sind eher nicht zutreffend? Sie können Ihre Meinung anhand der folgenden Skala einstufen.

1	2	3	4	5	6
trifft überhaupt nicht zu					trifft voll und ganz zu

- Ich glaube nicht, dass sich die Politiker darum kümmern, was Leute wie ich denken
- Ich verstehe eine Menge von Politik
- Die Politiker sind nur daran interessiert, gewählt zu werden, und nicht daran, was die Wähler wirklich wollen
- Politik finde ich zu kompliziert
- Bei uns gibt es nur wenige Mächtige, alle anderen haben keinen Einfluss darauf, was die Regierung tut
- Parteipolitik ödet mich an
- In der Politik sollten mehr junge Leute was zu sagen haben

F24. (Filter: Personen ab 15 Jahren)
Und wie ist Ihre Meinung zu den folgenden Aussagen?

1	2	3	4	5	6
stimme überhaupt nicht zu					stimme voll und ganz zu

- Jeder Bürger hat das Recht, für seine Überzeugung auf die Straße zu gehen
- Der Bürger verliert das Recht zu Streiks und Demonstrationen, wenn er damit die öffentliche Ordnung gefährdet
- Jeder sollte das Recht haben für seine Meinung einzutreten, auch wenn die Mehrheit anderer Meinung ist
- Eine lebensfähige Demokratie ist ohne politische Opposition nicht denkbar
- In jeder Gesellschaft gibt es Konflikte, die nur mit Gewalt ausgetragen werden können
- Auch wer in einer politischen Auseinandersetzung Recht hat, sollte einen Kompromiss suchen
- In jeder Demokratie ist es die Pflicht jedes Bürgers, sich regelmäßig an Wahlen zu beteiligen
- Eine starke Hand müsste mal wieder Ordnung in unseren Staat bringen

F26. Sind Sie in Ihrer Freizeit für soziale oder politische Ziele oder ganz einfach für andere Menschen aktiv?
Bitte gehen Sie die folgende Liste durch und sagen Sie, ob Sie sich persönlich für folgende Dinge einsetzen:

Ich bin aktiv	oft	gelegentlich	nie

- für die Interessen von Jugendlichen, jungen Leuten
- für eine sinnvolle Freizeitgestaltung Jugendlicher, junger Leute
- für ein besseres Zusammenleben in meinem Wohnort
- für den Umwelt- und Tierschutz
- für die Verbesserung der Situation von Behinderten
- für ein besseres Zusammenleben mit Ausländern
- für die Sicherheit und Ordnung an meinem Wohnort
- für arme, sozial schwache Menschen
- für soziale oder politische Veränderungen in Deutschland
- für hilfsbedürftige ältere Menschen
- für Menschen in den armen Ländern
- für die Pflege deutscher Kultur und Tradition
- für andere Ziele, Gruppen

F27 (Filter: Nur wenn in F26 mindestens einmal »oft« oder »gelegentlich« angegeben wurde)
Wo bzw. wie tun Sie das?
Bitte gehen Sie die folgende Liste durch und sagen Sie, ob folgende Dinge auf Sie zutreffen:

Ich bin aktiv	ja	nein

- in einer Gruppe, Funktion oder Amt an der Schule, der Hochschule oder der Universität
- in einem Verein (z. B. Sportverein oder Kultur-/Musikverein)
- in einer Bürgerinitiative, einem Bürgerverein
- bei einem Rettungsdienst, bei der Freiwilligen Feuerwehr
- bei Greenpeace, Amnesty International, einer Hilfsorganisation
- in einer Partei
- in einer Jugendorganisation
- in der Kirchengemeinde, einer kirchlichen Gruppe
- in einer Gewerkschaft
- in einem Projekt, in einer selbst organisierten Gruppe oder einem Netzwerk
- allein, durch meine persönliche Aktivität
- in anderer Weise

F26c. Welche der folgenden Aussagen treffen voll und ganz oder eher und welche eher nicht oder überhaupt nicht auf Sie zu?

	trifft voll und ganz zu 1	trifft eher zu 2	trifft eher nicht zu 3	trifft überhaupt nicht zu 4

- Wenn ich von einem Thema betroffen bin, werde ich politisch aktiv
- Ich finde die Möglichkeiten, sich politisch zu betätigen, langweilig
- Ich wollte schon mal politisch aktiv werden, wusste aber nicht, wo und wie ich das machen soll
- Durch politische Betätigung kann man Einfluss nehmen und Dinge verändern
- Wenn ich politisch aktiv werde, dann eher kurzfristig und ohne mich sofort festlegen zu wollen
- Ich werde nur dann politisch aktiv, wenn ich weiß, dass dabei auch was rauskommt
- Mitmachen in einer politischen Gruppe setzt voraus, dass man sich da auch persönlich zugehörig fühlt

F14. Zurzeit kann man ja bei Bundestagswahlen erst ab 18 Jahren wählen. Wäre es eine gute Idee, wenn man schon ab 16 Jahren wählen könnte?

- gute Idee
- keine gute Idee
- ist mir egal

F80. Erbringen Sie privat Betreuungs- oder Unterstützungsleistungen für hilfe- oder pflegebedürftige Menschen, die zum Beispiel in Ihrer Familie, in der Nachbarschaft oder im Bekanntenkreis leben?

- ja, regelmäßig
- ja, ab und zu
- nein, eigentlich nicht

F28. Haben Sie Kontakte zu in Deutschland lebenden Ausländern, und zwar

	ja	nein

- in Ihrer Familie oder näheren Verwandtschaft
- in der Schule oder an Ihrem Ausbildungs- oder Arbeitsplatz
- in Ihrer Nachbarschaft
- in Ihrem sonstigen Freundes- oder Bekanntenkreis

F29. Meinen Sie, dass Deutschland zukünftig mehr, genauso viel
oder weniger Zuwanderer als bisher aufnehmen sollte?

- mehr als bisher
- weniger als bisher
- wie bisher
- weiß nicht

F30. (Filter: Personen ab 15 Jahren)
Wie zufrieden oder unzufrieden sind Sie – alles in allem – mit der Demokratie,
so wie sie in Deutschland besteht?

- sehr zufrieden
- eher zufrieden
- eher unzufrieden
- sehr unzufrieden

F31. (Filter: Personen ab 15 Jahren)
Jetzt einmal abgesehen davon, wie gut oder schlecht die Demokratie in Deutschland
funktioniert: Halten Sie die Demokratie ganz allgemein für eine gute Staatsform
oder für eine nicht so gute Staatsform?

- gute Staatsform
- nicht so gute Staatsform
- weiß nicht/keine Meinung

F32. (Filter: Personen ab 15 Jahren, die in F31 »nicht so gute Staatsform«
oder »weiß nicht« geantwortet haben)
Wie könnte Ihrer Meinung nach eine bessere Staatsform als die Demokratie
aussehen?

- Ein starker Mann oder eine starke Partei regieren allein
- Ein sozialistisches System, ähnlich wie in der DDR
- Die Demokratie gefällt mir nicht besonders, aber leider gibt es nichts Besseres
- weiß nicht

F33. (Filter: Personen ab 15 Jahren)
In welchen der folgenden Bereiche müssen wir als Gesellschaft in Deutschland besonders aktiv werden? Bitte wählen Sie bis zu drei Bereiche:

	genannt
A Kinder und Familie	
B wirtschaftliche Rahmenbedingungen	
C Gesundheitssystem	
D innere Sicherheit	
E Arbeitsmarkt	
F Bildung, Wissenschaft und Forschung	
G Umwelt- und Naturschutz	
H soziale Absicherung, Altersversorgung und Renten	
J andere Bereiche	

F36. Fänden Sie es gut, wäre es Ihnen egal, oder fänden Sie es nicht so gut, wenn in die Wohnung nebenan folgende Menschen einziehen würden?

	fände ich gut	wäre mir egal	fände ich nicht so gut
ein homosexuelles Paar (Schwule, Lesben)			
eine Aussiedlerfamilie aus Russland			
eine deutsche Familie mit vielen Kindern			
eine Wohngemeinschaft mit mehreren Studenten			
ein altes Rentnerehepaar			
eine deutsche Familie, die von Sozialhilfe lebt			
eine Familie aus Afrika mit dunkler Hautfarbe			

F37. Jeder Mensch hat ja bestimmte Vorstellungen, die sein Leben und Verhalten bestimmen. Wenn Sie einmal daran denken, was Sie in Ihrem Leben eigentlich anstreben: Wie wichtig sind dann die folgenden Dinge für Sie persönlich? Sie können Ihre Meinung anhand der folgenden Vorgabe abstufen – nennen Sie mir einfach die für Sie zutreffende Ziffer:

1	2	3	4	5	6	7
unwichtig						außerordentlich wichtig

- Gesetz und Ordnung respektieren
- einen hohen Lebensstandard haben
- Macht und Einfluss haben
- seine eigene Phantasie und Kreativität entwickeln
- nach Sicherheit streben
- sozial Benachteiligten und gesellschaftlichen Randgruppen helfen
- sich und seine Bedürfnisse gegen andere durchsetzen
- fleißig und ehrgeizig sein
- auch solche Meinungen tolerieren, denen man eigentlich nicht zustimmen kann
- sich politisch engagieren
- das Leben in vollen Zügen genießen
- eigenverantwortlich leben und handeln
- das tun, was die anderen auch tun
- am Althergebrachten festhalten
- ein gutes Familienleben führen
- stolz sein auf die deutsche Geschichte
- einen Partner haben, dem man vertrauen kann
- gute Freunde haben, die einen anerkennen und akzeptieren
- viele Kontakte zu anderen Menschen haben
- gesundheitsbewusst leben
- sich bei seinen Entscheidungen auch von seinen Gefühlen leiten lassen
- von anderen Menschen unabhängig sein
- sich unter allen Umständen umweltbewusst verhalten
- an Gott glauben

Nun einige Fragen zum Thema Jung und Alt

F38_1. Was meinen Sie: Ab wann gehört man heutzutage nicht mehr zur Jugend?

- wenn man die Schule beendet hat
- wenn man eine feste Arbeitsstelle hat
- wenn man sich nicht mehr jugendlich kleidet und auch nicht mehr so gibt
- wenn man selber ein Kind und eine eigene Familie hat

F38_2. Und ab wann gehört man zu den alten Menschen in unserer Gesellschaft?

- wenn man in Altersrente gegangen ist
- erst wenn man altersbedingt krank geworden und nicht mehr rüstig ist
- wenn man graue Haare hat und ganz viele Falten im Gesicht
- wenn man Oma oder Opa geworden ist und eigene Enkel hat

F38_3. Welche der folgenden Eigenschaften kennzeichnen aus Ihrer Sicht die heutigen älteren Menschen und welche eher nicht?
Ist die heutige ältere Generation

	eher ja	eher nein

- pflichtbewusst
- tolerant
- konsumorientiert
- sozial engagiert
- fleißig und ehrgeizig
- einflussreich
- nur auf ihren persönlichen Vorteil aus
- familienorientiert
- kreativ

F38_4. Und wie ist das bei den jungen Menschen?
Ist die heutige junge Generation

	eher ja	eher nein
- pflichtbewusst		
- tolerant		
- konsumorientiert		
- sozial engagiert		
- fleißig und ehrgeizig		
- einflussreich		
- nur auf ihren persönlichen Vorteil aus		
- familienorientiert		
- kreativ		

F38_5. In Deutschland wird es auf absehbare Zeit immer mehr ältere und immer weniger junge Menschen geben. Halten Sie das für

- kein Problem
- ein kleineres Problem
- ein großes Problem oder
- für ein sehr großes Problem

F38_6. Und wie sehen Sie das in Bezug auf unsere Gesellschaft?
Welche der folgenden Aussagen treffen Ihrer Meinung nach voll und ganz oder eher zu, und welche treffen eher nicht oder überhaupt nicht zu?

	trifft voll und ganz zu	trifft eher zu	trifft eher nicht zu	trifft überhaupt nicht zu
- Die vielen Alten besetzen die Arbeitsplätze, die die Jüngeren brauchten				
- Weniger Junge heißt auch weniger Konkurrenz und damit bessere Möglichkeiten für junge Leute, Arbeit zu bekommen				
- Mehr Ältere bedeutet, dass der Staat noch mehr Geld für alte Leute statt für Jüngere ausgibt				
- Die Älteren können die Jüngeren in der Familie entlasten				
- Die Älteren können sich in ihrer Freizeit verstärkt für soziale Zwecke engagieren				
- Dass es in Zukunft weniger junge und mehr alte Menschen gibt, ist für mein eigenes Leben nicht von Bedeutung				

F38_7. Wie würden Sie das heutige Verhältnis zwischen den jungen und den alten Menschen bezeichnen? Ist es

- eher harmonisch, oder
- eher angespannt

F38_8. Und wie wird sich das Verhältnis zwischen den Jungen und den Alten in Zukunft entwickeln? Wird es

- gleich bleiben
- sich verbessern
- oder sich verschlechtern

F38_9. (Filter: Personen ab 15 Jahren)
Thema Alterssicherung: Welchen der folgenden Aussagen stimmen Sie voll und ganz oder eher zu und welchen stimmen Sie eher nicht oder überhaupt nicht zu?

	stimme voll und ganz zu	stimme eher zu	stimme eher nicht zu	stimme überhaupt nicht zu

- Über meine Rente im Alter mache ich mir noch keine Gedanken
- Wenn man alt ist, kriegt man seine Rente – das ist heute so und wird auch in Zukunft so sein
- Meine Generation wird später deutlich weniger Rente bekommen, als die Älteren heute erhalten
- Ich denke, dass die Jugendlichen von heute früh für ihr Alter vorsorgen müssen

F38_10. (Filter: Personen ab 15 Jahren)
Und wie sieht es heute mit der Verteilung des Wohlstandes zwischen den Generationen aus? Welche der folgenden Aussagen trifft Ihrer Meinung nach am ehesten zu?

- Der Wohlstand ist zwischen den jungen und den alten Menschen gerecht verteilt
- Die Jüngeren sollten zugunsten der Älteren ihre Ansprüche reduzieren
- Die Älteren sollten zugunsten der Jüngeren zurückstecken

F38_11. Ich lese Ihnen jetzt noch drei Aussagen vor. Welche davon verbinden Sie am ehesten mit dem Alter?

- altes Eisen sein
- Zeit für neue Aufgaben haben
- die Früchte des Lebens genießen

Nun wieder ein paar Fragen zu einigen anderen Themen

F39. (Filter: Personen ab 15 Jahren)
Was verbinden Sie persönlich mit der Europäischen Union?

	ja	nein

- Frieden
- wirtschaftlichen Wohlstand
- Demokratie
- soziale Absicherung
- die Freiheit, innerhalb der Europäischen Union reisen, studieren und arbeiten zu können
- kulturelle Vielfalt
- mehr Mitsprache in der Welt
- Arbeitslosigkeit
- Bürokratie
- Geldverschwendung
- den Verlust der eigenen Heimatkultur
- mehr Kriminalität
- nicht genug Kontrollen an den Grenzen

F40. (Filter: Personen ab 15 Jahren)
Sollte sich die Europäische Union längerfristig zu einem einheitlichen Staat entwickeln und zusammenschließen?

- ja
- nein
- weiß nicht

F41. (Filter: Personen ab 15 Jahren)
Fänden Sie es gut oder nicht so gut, wenn in Zukunft auch die Türkei in die Europäische Union aufgenommen werden würde?

- fände ich gut
- fände ich nicht so gut
- weiß nicht

F42. (Filter: Personen ab 15 Jahren)
In Politik und Öffentlichkeit ist heute viel von der Globalisierung und davon, dass die Welt immer enger zusammenrückt, die Rede. Haben Sie selber davon schon einmal etwas gehört?

- ja
- nein

F43. (Filter: Personen ab 15 Jahren, die schon von Globalisierung gehört haben)
Was verbinden Sie persönlich mit der Globalisierung?

	ja	nein

- wirtschaftlichen Wohlstand
- Frieden
- Umweltzerstörung
- Arbeitslosigkeit
- Demokratie
- Armut und Unterentwicklung
- soziale Absicherung
- die Freiheit, innerhalb der ganzen Welt reisen, studieren und arbeiten zu können
- mehr Kriminalität
- kulturelle Vielfalt
- den Verlust der eigenen Heimatkultur

F45. (Filter: Personen ab 15 Jahren, die schon von Globalisierung gehört haben)
Was meinen Sie: Bringt uns die Globalisierung alles in allem

- eher Vorteile,
- eher Nachteile oder
- beides etwa gleich?
- weiß nicht

F45_1 (Filter: Personen ab 15 Jahren, die schon von Globalisierung gehört haben)
Welcher der folgenden Organisationen oder Gruppierungen würden Sie es voll und ganz oder eher zutrauen oder aber eher nicht oder überhaupt nicht zutrauen, die Globalisierung in die richtigen Bahnen zu lenken?

	voll und ganz	eher ja	eher nein	überhaupt nicht
- den nationalen Regierungen				
- den Gewerkschaften				
- den großen internationalen Konzernen				
- politischen Parteien				
- Verbraucherschutzorganisationen				
- der Europäischen Union				
- den Globalisierungskritikern, wie etwa Attac				
- den Kirchen				
- den Vereinten Nationen (UN)				
- den so genannten Nichtstaatlichen Organisationen wie Amnesty International oder Greenpeace				
- den USA				
- China				

F46. Welche der folgenden Merkmale treffen auf Sie voll und ganz oder eher, und welche eher nicht oder überhaupt nicht zu?

Ich bin jemand, der	trifft voll und ganz zu 1	trifft eher zu 2	trifft eher nicht zu 3	trifft überhaupt nicht zu 4
- voller Energie und Tatendrang ist				
- schüchtern und gehemmt ist				
- gern mit anderen in Wettstreit tritt				
- sich anderen oft unterlegen fühlt				
- gern etwas Neues dazulernt				
- im Leben vor allem Spaß haben will				
- sich mit Härte gegen andere durchsetzt				
- oft in Streitereien verwickelt ist				
- sich oft einsam fühlt				

F47_1. Meinen Sie, dass man eine Familie braucht, um wirklich glücklich zu sein, oder glauben Sie, man kann allein genauso glücklich oder sogar glücklicher leben?

- man braucht eine Familie
- man kann allein genauso glücklich leben
- man lebt allein glücklicher
- unentschieden

F47_2. Und wie ist das mit eigenen Kindern. Braucht man die, um wirklich glücklich zu sein, oder kann man ohne ein eigenes Kind genauso glücklich oder glücklicher leben?

- man braucht eigene Kinder
- man kann ohne Kind genauso glücklich leben
- man kann ohne Kind glücklicher leben
- unentschieden

F48. Haben Sie Geschwister?

- ja, mehrere
- ja, eines
- nein

F49. Haben Sie zurzeit eine feste Partnerschaft?

- ja
- nein

F50. Sind Sie in einer festen Gruppe – »Clique« –, die sich oft trifft und in der jeder jeden gut kennt?

- ja
- nein

F51. (Filter: Personen, die in einer Clique sind)
Glauben Sie, dass sich die Leute in Ihrer Gruppe/Clique meistens, eher ab und an oder nur selten nach Ihren Ideen bzw. Vorschlägen richten? Tun sie dies

- meistens
- ab und an oder
- eher nur selten?

F52. (Filter: Personen, die in einer Clique sind)
Glauben Sie, dass Sie bei den Leuten in Ihrer Gruppe/Clique

- besonders beliebt
- ziemlich beliebt oder
- eher nicht ganz so beliebt sind
- weiß nicht

F54. Sind Sie

- in Deutschland geboren und deutscher Staatsbürger
- deutscher Staatsbürger, jedoch nicht in Deutschland geboren
- ausländischer Staatsbürger

F55. (Filter: Personen ab 15 Jahren)
Haben Sie bereits eigene Kinder?

- ja   falls ja, wie viele _____
- nein

F55a. (Filter: Personen ab 15 Jahren, die bereits eigene Kinder haben)
Möchten Sie noch weitere Kinder?

- ja   falls ja, wie viele _____
- nein
- weiß nicht

F56. (Filter: Personen ohne Kinder)
Möchten Sie später Kinder haben?

- ja   falls ja, wie viele _____
- nein
- weiß ich noch nicht

F57. Darf ich fragen, welcher Religionsgemeinschaft Sie angehören?

- Römisch-Katholisch
- Evangelisch
- Evangelische Freikirche
- andere christliche Religionsgemeinschaft
- Islam
- andere nicht-christliche Religionsgemeinschaft
- keiner Religionsgemeinschaft
- Antwort verweigert

F57_1. Welche Bedeutung hat die Religion in Ihrem Elternhaus?
Kommen Sie aus einem

- sehr religiösen Elternhaus
- ziemlich religiösen Elternhaus
- weniger religiösen Elternhaus
- oder überhaupt nicht religiösen Elternhaus

F57_2. Sagen Sie mir bitte, welche der folgenden Aussagen Ihren Überzeugungen am nächsten kommt:

- Es gibt einen persönlichen Gott
- Es gibt eine überirdische Macht
- Ich weiß nicht richtig, was ich glauben soll
- Ich glaube nicht, dass es einen persönlichen Gott oder eine überirdische Macht gibt

F57_3. (Filter: Personen, die an einen persönlichen Gott oder eine überirdische Macht glauben oder noch nicht richtig wissen, was sie glauben sollen)
Und welchen der folgenden Aussagen würden Sie zustimmen oder nicht zustimmen?

	stimme zu	stimme nicht zu	weiß nicht
Die Welt ist von Gott erschaffen			
Gott greift in den Lauf der Welt ein			
Es gibt ein Leben nach dem Tod			
Ich glaube, dass wir nach dem Tod über unser Leben Rechenschaft ablegen müssen			

F57_4. Wie oft beten Sie?

- nie
- ein- oder mehrmals im Jahr
- ein- oder mehrmals im Monat
- ein- oder mehrmals in der Woche
- ein- oder mehrmals am Tag

F57_5 Was ist Ihre Meinung zu den folgenden Aussagen über die Kirche?

	trifft zu	trifft nicht zu
Ich finde es gut, dass es die Kirche gibt		
Die Kirche muss sich ändern, wenn sie eine Zukunft haben will		
Vor mir aus brauchte es die Kirche nicht mehr zu geben		
Auf die Fragen, die mich wirklich bewegen, hat die Kirche keine Antwort		

F57_6. Glauben Sie, dass die folgenden Dinge Einfluss auf Ihr Leben haben?

	ja	nein

- die Sterne und ihre Konstellationen
- Schicksal und Vorbestimmung
- Engel und gute Geister
- unerklärliche Phänomene wie Hellseherei oder Telepathie
- Ufos oder Außerirdische
- Satan und böse Geister

F58. Sagen Sie mir bitte anhand dieser Liste, welchen allgemeinbildenden Schulabschluss Sie haben. Nennen Sie einfach den zutreffenden Buchstaben

A Ich bin von der Schule ohne Abschluss abgegangen
B Ich habe den Hauptschulabschluss
C Ich habe einen Realschulabschluss oder die mittlere Reife
D Ich habe die Fachhochschulreife (Fachoberschule usw.)
E Ich habe Abitur oder eine fachgebundene Hochschulreife
F Ich gehe noch zur Schule

F58_1. (Filter: Personen, die noch zur Schule gehen)
Welche Schulform besuchen Sie?

- Hauptschule
- Realschule
- Gymnasium
- Gesamtschule
- Sonderschule
- sonstige Schulform

F60. (Filter: Personen, die noch zur Schule gehen)
Welchen Schulabschluss streben Sie an?

B Hauptschulabschluss
C Realschule/mittlere Reife
D Fachhochschulreife
E Abitur oder fachgebundene Hochschulreife

F59. (Filter: Personen, die noch zur Schule gehen)
Sind in Ihrer bisherigen Schulzeit folgende Dinge passiert?

	ja	nein
▪ meine Versetzung war gefährdet		
▪ Ich musste eine Klasse wiederholen		

F61. (Filter: Personen, die noch zur Schule gehen)
Wie ist es momentan mit der Schule? Würden Sie sagen, dass Sie

- sehr gern zur Schule gehen
- gern
- teils/teils
- nicht so gern oder
- sehr ungern?

F62. (Filter: Personen, die noch zur Schule gehen)
Und wie empfinden Sie Ihren schulischen Alltag?

- stressig, sehr belastend
- etwas belastend oder
- eher locker

F63. (Filter: Personen, die noch zur Schule gehen)
Erhalten Sie Nachhilfeunterricht?

- ja, regelmäßig
- ja, gelegentlich
- nein

F64. (Filter: Personen, die nicht mehr zur Schule gehen)
Und welchen beruflichen Ausbildungsabschluss haben Sie erworben?

A Ich habe eine beruflich-betriebliche Ausbildung (Lehre) bzw. eine beruflich-schulische Ausbildung (Berufsfachschule, Handelsschule) abgeschlossen
B Ich habe eine Ausbildung an einer Fachschule, Meister-, Technikerschule, Berufs- oder Fachakademie abgeschlossen
C Ich habe einen Universitäts- oder Fachhochschulabschluss
D Ich habe einen anderen beruflichen Abschluss
E Ich bin noch in beruflicher Ausbildung (Auszubildende/r, Lehrling, Berufsfach-/Handelsschule)
F Ich bin Student/in
G Ich habe keinen beruflichen Ausbildungsabschluss

F65. Können Sie – außer Deutsch – noch andere Sprachen so gut, dass Sie sich darin mit anderen unterhalten können?
Ich kann mich unterhalten in:

- Bosnisch
- Englisch
- Französisch
- Griechisch
- Italienisch
- Kroatisch
- Polnisch
- Russisch
- Serbisch
- Spanisch
- Türkisch
- andere Sprache(n)
- keiner anderen Sprache

F66. (Filter: kein Schüler, nicht in Ausbildung oder Student)
Wie ist zurzeit Ihre Erwerbssituation? Was hiervon trifft auf Sie zu?

A Vollzeit-erwerbstätig, 35 Stunden und mehr
B Teilzeit-erwerbstätig, 15 bis 34 Stunden
C Teilzeit- oder stundenweise erwerbstätig, wöchentliche Arbeitszeit unter 15 Stunden
D Mutterschafts-/Erziehungsurlaub oder in sonstiger Beurlaubung
E arbeitslos
F Wehrdienst bei der Bundeswehr
G Zivildienst
H zur Zeit nicht erwerbstätig, aber früher erwerbstätig
I zur Zeit nicht erwerbstätig und auch früher nie erwerbstätig gewesen

F67. (Filter: Vollzeit oder teilzeit-erwerbstätig)
Und was ist Ihre gegenwärtige Stellung im Beruf?

A Angestellte(r)
B Arbeiter(in)
C Beamter(in)
D mithelfende(r) Familienangehörige(r)
E freiberufliche(r) Akademiker(in), z.B. Arzt, Rechtsanwalt, Steuerberater usw.
F Selbständige(r) in Handel, Gewerbe, Handwerk, Industrie usw.
G Selbständiger in der Landwirtschaft

F68. (Filter: Personen, die nicht mehr zur Schule gehen)
Haben Sie folgende Erfahrungen schon einmal gemacht?

	ja	nein
▪ wegen nicht ausreichender Schulnoten konnten Sie den Beruf nicht erlernen, den Sie wollten		
▪ für Ihren Wunschberuf fehlte Ihnen der erforderliche Schulabschluss		

F69. (Filter: Personen, die in Ausbildung sind)
Machen Sie Ihre jetzige Ausbildung

- sehr gern
- gern
- teils/teils
- nicht so gern oder
- sehr ungern

F69a (Filter: Personen, die in Ausbildung sind)
Glauben Sie, dass Sie nach Abschluss Ihrer Ausbildung von Ihrem Betrieb oder einer anderen Arbeitsstätte übernommen werden?

- ja, da bin ich mir sicher
- wahrscheinlich ja
- eher nicht
- sicher nicht

F70. (Filter: Personen, die noch zur Schule gehen)
Wie sicher sind Sie sich, dass Sie den Schulabschluss erreichen, den Sie haben wollen?

- sehr sicher
- eher sicher
- eher unsicher
- sehr unsicher

F72. (Filter: Studenten)
Machen Sie Ihr Studium

- sehr gern
- gern
- teils/teils
- nicht so gern oder
- sehr ungern

F71. (Filter: Schüler, Auszubildende und Studenten)
Wie sicher sind Sie sich, dass Ihre späteren beruflichen Wünsche in Erfüllung gehen?

- sehr sicher
- eher sicher
- eher unsicher
- sehr unsicher

F73. (Filter: Wehr- oder Zivildienstleistende)
Machen Sie Ihren Dienst

- sehr gern
- gern
- teils/teils
- nicht so gern oder
- sehr ungern

F74. (Filter: Arbeitslose, Erziehungsurlauber, Nicht-Erwerbstätige)
Sind Sie mit ihrer momentanen Situation

- sehr zufrieden
- zufrieden
- teils/teils
- nicht so zufrieden oder
- unzufrieden

F75. (Filter: Vollzeit oder teilzeit-erwerbstätig)
Machen Sie Ihre jetzige Arbeit

- sehr gern
- gern
- teils/teils
- nicht so gern oder
- sehr ungern

F76. (Filter: Vollzeit oder teilzeit-erwerbstätig)
Werden Sie bei Ihrer Arbeit momentan leistungsgerecht bezahlt?

- ja
- nein
- weiß nicht

F76_1. (Filter: Schüler, Auszubildende und Studenten)
Jobben Sie in Ihrer Freizeit gegen Bezahlung?

- ja
- nein

F76_2. (Filter: Personen mit Nebenjob)
Wie viele Stunden sind das insgesamt in einer normalen Woche?

- Stunden pro Woche _____
- weiß nicht so genau, zu unregelmäßig

F81. Wie würden Sie insgesamt Ihre persönliche finanzielle Situation bezeichnen?

- sehr gut
- gut
- teils/teils
- schlecht
- sehr schlecht

F82. Was, glauben Sie, können Sie sich finanziell mehr oder weniger leisten als die meisten Ihrer Freunde und Bekannten?

- sehr viel mehr
- eher mehr
- in etwa gleich
- eher weniger
- sehr viel weniger

F83a. Kommen wir nun zu Ihrer Familie. Vorab eine Frage: Sind Ihre Eltern noch am Leben oder bereits verstorben? (ggf. auch Stief- bzw. Adoptiveltern)

- meine Eltern leben
- Vater verstorben
- Mutter verstorben
- beide verstorben

F83b. Leben Sie zu Hause in Ihrem Haushalt

- allein
- bei den Eltern
  (wenn F83 = »Vater verstorben«, dann »bei Ihrer Mutter«;
  wenn F83 = »Mutter verstorben«, dann »bei Ihrem Vater«)
- mit dem Ehepartner oder Partner oder Lebensgefährten
- oder in einer Wohngemeinschaft

F83C. Wie häufig haben Sie Kontakt zu Ihren Großeltern (Oma oder Opa)?

- regelmäßig
- gelegentlich
- nie oder so gut wie nie
- meine Großeltern sind bereits verstorben

F84. (Filter: Wenn die Eltern noch leben)
Wie ist es bei Ihren Eltern? Leben Ihre leiblichen Eltern zusammen, getrennt oder sind sie geschieden?

- leben zusammen
- leben getrennt
- sind geschieden

F85. (Filter: Wenn ein Elternteil oder beide tot sind)
Lebten Ihre Eltern zuletzt zusammen, getrennt oder waren sie geschieden?

- lebten zusammen
- lebten getrennt
- waren geschieden

F86. Welchen höchsten Schulabschluss hat (hatte) Ihr Vater?

A keinen oder einen einfachen Schulabschluss (Volksschule, Hauptschule)
B einen mittleren Schulabschluss (mittlere Reife, Realschule, POS 10. Klasse)
C einen höheren Schulabschluss (Fachabitur, Abitur, EOS 12. Klasse)

F86a. Und welchen höchsten Schulabschluss hat (hatte) Ihre Mutter?

A keinen oder einen einfachen Schulabschluss (Volksschule, Hauptschule)
B einen mittleren Schulabschluss (mittlere Reife, Realschule, POS 10. Klasse)
C einen höheren Schulabschluss (Fachabitur, Abitur, EOS 12. Klasse)

F87. (Filter: Wenn ein Elternteil oder beide leben)
Wie würden Sie das Verhältnis zu Ihren Eltern beschreiben? Was trifft auf Sie zu?

A wir kommen bestens miteinander aus
B wir kommen klar, auch wenn es gelegentlich Meinungsverschiedenheiten gibt
C wir verstehen uns oft nicht, es gibt häufig Meinungsverschiedenheiten
D unser Verhältnis ist schlecht und es gibt ständig Meinungsverschiedenheiten

F88. Sind (waren) Ihre Eltern politisch

- stark interessiert
- interessiert
- wenig interessiert oder
- gar nicht interessiert

F90a. (Filter: wenn laut F83b bei den Eltern wohnend)
Wenn es um wichtige Probleme in Ihrem Leben geht,
wie verhalten sich da normalerweise Ihre Eltern?

A meine Eltern sagen mir, was ich zu tun habe
B es gibt Streit, aber am Ende setze meistens ich mich durch
C es gibt Streit, aber am Ende setzen sich meistens meine Eltern durch
D wir reden miteinander und kommen gemeinsam zu einer Entscheidung
E meine Eltern lassen mich weitgehend selbst entscheiden
F meine Eltern halten sich aus meinen Angelegenheiten heraus

F90b. (Filter: wenn laut F83b nicht mehr bei den Eltern wohnend)
Wenn Sie einmal an die Zeit zurückdenken, als Sie noch bei Ihren Eltern wohnten.
Wenn es um wichtige Probleme in Ihrem Leben ging, wie haben sich Ihre Eltern
da normalerweise verhalten?

A meine Eltern sagten mir, was ich zu tun habe
B es gab häufiger Streit, aber am Ende setzte meistens ich mich durch
C es gab häufiger Streit, aber am Ende setzten sich meistens meine Eltern durch
D wir redeten miteinander und kamen gemeinsam zu einer Entscheidung
E meine Eltern haben mich weitgehend selbst entscheiden lassen
F meine Eltern haben sich aus meinen Angelegenheiten herausgehalten

F91. Würden Sie Ihre Kinder so erziehen, wie Ihre Eltern Sie erzogen haben,
oder würden Sie es anders machen?

- genau so
- ungefähr so
- anders
- ganz anders

F92. Manchmal kann man ja im Alltag in heftige Streitereien geraten, die dann auch in gewaltsame Auseinandersetzungen münden können. Wie ist das bei Ihnen?
Waren Sie *in den letzten 12 Monaten* in den folgenden Situationen in gewaltsame Auseinandersetzungen verwickelt:

Bei Schlägereien   ja

- unter Jugendlichen
- zwischen Deutschen und Ausländern
- in einer Kneipe, einer Disco oder auf Partys
- auf dem Fußballplatz oder bei anderen entsprechenden Aktivitäten
- in der Schule
- mit Rechtsradikalen
- mit Linksradikalen
- mit der Polizei, z. B. auf Demonstrationen
- in sonstigen Situationen
- nichts davon, ich war in den letzten 12 Monaten in keinerlei gewaltsame Auseinandersetzungen verwickelt

F93. Wie viele Bücher haben / hatten Ihre Eltern zu Hause?

- 1 = nur wenige
- 2
- 3
- 4
- 5 = sehr viele

F94. (Filter: Wenn beide Eltern zusammen leben oder gelebt haben)
Leben (Lebten) Ihre Eltern in einer Mietwohnung oder in einer Eigentumswohnung oder einem eigenen Haus?

- in einer Mietwohnung
- zur Untermiete
- in einer Eigentumswohnung
- im eigenen Haus

F94_1. (Filter: Wenn Eltern getrennt leben/lebten oder geschieden sind/waren)
Lebt (Lebte) Ihr Vater in einer Mietwohnung oder in einer Eigentumswohnung oder einem eigenen Haus?

- in einer Mietwohnung
- zur Untermiete
- in einer Eigentumswohnung
- im eigenen Haus

F94_2. (Filter: Wenn Eltern getrennt leben/lebten oder geschieden sind/waren)
Lebt (Lebte) Ihre Mutter in einer Mietwohnung oder in einer Eigentumswohnung oder einem eigenen Haus?

- in einer Mietwohnung
- zur Untermiete
- in einer Eigentumswohnung
- im eigenen Haus

F95: Wie viele Personen, Sie eingeschlossen, leben in Ihrem Haushalt? Sind das, zusammen mit Ihnen,

- eine Person
- zwei Personen
- drei Personen
- vier Personen
- fünf Personen oder
- mehr als 5 Personen

F96A. Und zum Abschluss: Wie hoch ist das monatliche Nettoeinkommen in Ihrem Haushalt insgesamt, also das Einkommen aller Haushaltsmitglieder zusammen nach Abzug von Steuern und Sozialabgaben? (Angabe in Euro)

- _____ Betrag (in €)
- keine Angabe

F96B. (Filter: Wenn bei F96A »keine Angabe«)
Könnten Sie mir eventuell anhand dieser Liste die ungefähre Höhe sagen?

- unter 500 €
- 500 € bis unter 1250 €
- 1250 € bis unter 2250 €
- 2250 € und mehr
- keine Angabe

F97. Und wie kommt Ihr Haushalt insgesamt mit dem Geld zurecht, das ihm zur Verfügung steht?

1	2	3	4	5
sehr gut				sehr schlecht

Das Netzwerk- und Werteschema als Bestandteil des Qualitativen Interviews

Einführung der Schemata im Interview:

- Ich möchte jetzt eine Art Spiel mit dir machen [Schema »Netzwerk« vorlegen]: Hier ist eine Zeichnung mit von der Mitte ausgehend immer größer werdenden Kreisen. Bitte schreib doch mal deinen Namen in die Mitte! Die Zeichnung ist ja in einzelne Felder aufgeteilt. Bitte kleb doch diese Aufkleber an den Rand der einzelnen Felder. [Aufkleber: Familie, Freunde, Schule, Arbeit, weitere Bereiche z. B. Freizeit nach Angaben genauer kennzeichnen/beschriften, auch nach Job fragen, Nachbarn, Siedlung, Dorf] Was besonders wichtig ist, bekommt ein besonders großes Feld, was weniger wichtig ist, ein kleineres.
- Und nun möchte ich, dass du mir anhand dieser Zeichnung sagst, wie wichtig die Menschen in deiner Umgebung für dich sind. Dabei geht es also nicht unbedingt um Sympathie, sondern darum, ob sie eine große oder weniger große Rolle in Deinem Leben spielen. Bitte fang an mit dem wichtigsten Bereich! [Anfangsbuchstaben der Namen eintragen lassen!] Nächster Bereich etc. ... [Doppelt genannte Personen mit Sternchen kennzeichnen!]
- Und nun möchte ich dich fragen, wie gut du die Leute, die du da eingezeichnet hast, leiden kannst. Du kannst das auf diesem Papier einzeichnen. [Transparentpapier über die Zeichnung legen. Liste A mit Smileys vorlegen!] Bitte zeichne für jede Person einen Smiley ein, je nachdem, ob Du die Person sehr gut leiden kannst, gut leiden kannst, eher mittel bzw. ob sie Dir egal ist, ob Du sie schlecht oder sehr schlecht leiden kannst.
- Und jetzt wüsste ich gern, wie alt die einzelnen Personen sind. Kannst du das bitte auch noch einzeichnen! [Transparentpapier über Zeichnung und Liste B mit Altersgruppen vorlegen und erklären! Bei »mittleres Alter« und »alt« nachfragen, was gemeint ist!]
- Und zum Schluss habe ich noch eine Frage: Jeder Mensch hat ja auch bestimmte Werte, die für ihn wichtig sind. Hier sind eine Reihe von solchen Werten aufgeschrieben. Bitte kleb die Aufkleber mal auf dieses Blatt auf! [Neues (leeres) Schema vorlegen! Namen noch mal hineinschreiben lassen! Aufkleber: Wohlstand, Einfluss, Phantasie, Sicherheit, Ordnung, Anderen helfen, Fleiß, Leistung, Toleranz, Spaß haben, Tradition, Familie, Liebe, Freundschaft, Glaube, Selbstbewusstsein, Seinen Mund aufmachen, Sich engagieren]
- Wir schauen uns das jetzt mal zusammen an *(Werteschema)*. Kannst du mir das mal ein bisschen erklären?

- Die Liste A (Sympathie) enthält 5 verschiedene Smileys für »Kann ich ... sehr gut leiden« bis »Kann ich ... ganz schlecht leiden«.

- Die Liste B (Altersstufen) enthält 5 verschiedene Einstufungen von 0 bis 4: jünger als ich, mein Alter, etwas älter als ich, mittleres Alter, alt

- Beispiel 1: Muster Lebensbereiche und Kontakte

Meine Kontakte

Regel: Je weiter innen, desto wichtiger!

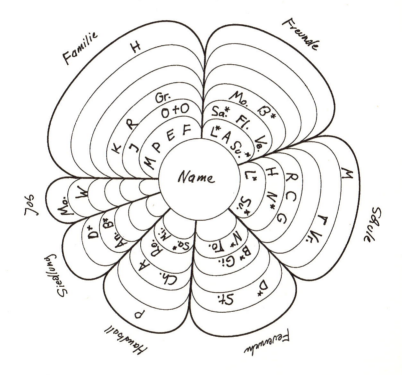

- Beispiel 2: Kontakte nach Sympathie (im Original: Eintrag auf Transparentpapier, Buchstaben darunter sichtbar)

Meine Kontakte

Regel: Je weiter innen, desto wichtiger!

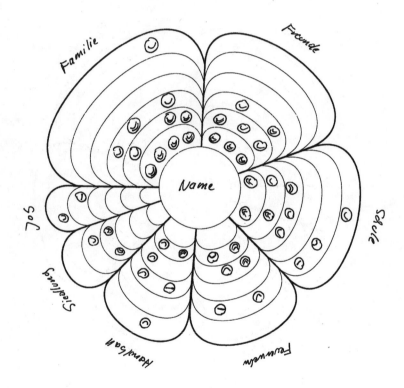

- Beispiel 3: Kontakte nach Altersgruppen (im Original: Eintrag auf Transparentpapier, Buchstaben darunter sichtbar)

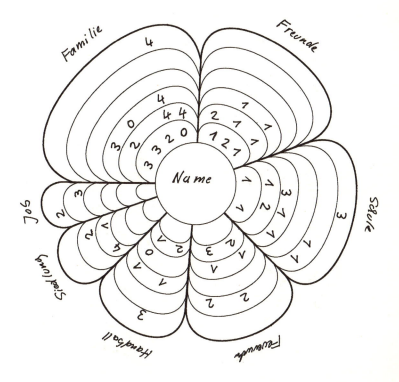

- Beispiel 4: Muster Werte

Meine Werte
Regel: Je weiter innen, desto wichtiger!

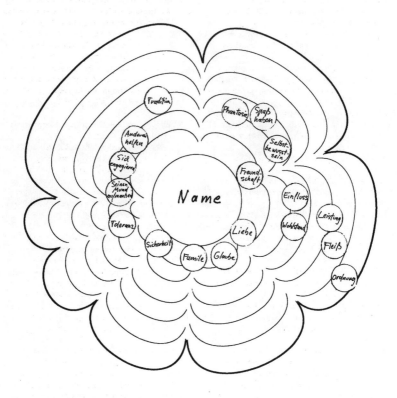

Literaturverzeichnis

Allerbeck, K., Hoag, W. J. (1985): Jugend ohne Zukunft? Einstellungen, Umwelt, Lebensperspektiven. München.

Alexy, U., Kersting, M. (1999): Was Kinder essen – und was sie essen sollten. München: Hans Marseille Verlag.

ALLBUS 2002, Allgemeine Bevölkerungsumfrage der Sozialwissenschaften, Codebuch, Zentralarchiv für empirische Sozialforschung, Studie Nr. 3700.

Alt, C., Teubner, M., Winklhofer, U. (2005): Partizipation in Familie und Schule – Übungsfeld der Demokratie. Aus Politik und Zeitgeschichte 41, 24–32.

Ariès, Ph. (1975): Geschichte der Kindheit. München: Hanser.

Baacke, D. (1983): Die 13- bis 18-Jährigen. Einführung in die Probleme des Jugendalters. Weinheim: Beltz.

Baacke, D., Sander, K., Vollbrecht, K. (1991): Medienwelten Jugendlicher. Opladen: Leske & Budrich.

Baacke, D. (1999): Jugend und Jugendkulturen. Weinheim, München: Juventa.

Baltes, P. B. (1996): Über die Zukunft des Alterns: Hoffnung mit Trauerflor. In: Baltes, M. M., Montada, L. (Hrsg.): Produktives Leben im Alter, Frankfurt, 29–68.

Barz, H. (1992/1993): Religion ohne Institution? Eine Bilanz der sozialwissenschaftlichen Umfrageforschung (Teil 1 bis 3). Opladen: Leske & Budrich.

Barz, H. (2003): Jugend und Religion. Bemerkungen zum religionssoziologischen Forschungsstand. In: In Gottes Namen: Religion. Edition Ethik kontrovers. Jahrespublikation der Zeitschrift Ethik & Unterricht 11, 25–30.

Beck, U. (1997): Was ist Globalisierung, Irrtümer des Globalismus – Antworten auf Globalisierung. Frankfurt: Suhrkamp.

Bertram, H., Rösler, W., Ehlert, N. (2005): Nachhaltige Familienpolitik. Zukunftssicherung durch einen Dreiklang von Zeitpolitik, finanzieller Transferpolitik und Infrastruktur. Berlin: BMFSFJ.

Bielenski, H., Bilger, F., Dahms, V., Fischer, G., Frey, M., Wahse, J. (2006): Personalbewegungen und Fachkräfterekrutierung – Erste Ergebnisse des IAB-Betriebspanels 2005. Nürnberg: IAB-Forschungsbericht Nr. X/2006 (im Erscheinen).

Bittlingmayer, U., Hurrelmann, K. (2005): Medial vermittelte politische Bildung für Jugendliche aus bildungsfernen Milieus aus soziologischer Sicht (Expertise für die Bundeszentrale für politische Bildung). Bielefeld: Universität Bielefeld.

Brunn, G. (2005): Die Europäische Einigung von 1945 bis heute. Bonn: Reclam.

Bude, H. (2001): Generation Berlin. Berlin: Merve.

Bundesinstitut für Bevölkerungsforschung (2004): Bevölkerung. Fakten – Trends – Ursachen – Erwartungen. Die wichtigsten Fragen. Wiesbaden: Bundesinstitut für Bevölkerungsforschung (Sonderheft der Schriftenreihe).

Bundeskriminalamt (BKA) (2006): Polizeiliche Kriminalitätsstatistik 2004. http://bka.de/pks/pks2004/index2.html

Bundesministerium für Familie, Senioren, Frauen und Jugend (BMFSFJ) (2006): Siebter Familienbericht. Familie zwischen Flexibilität und Verlässlichkeit. Berlin. Drucksache 16/1360.

Bundesverband der Unfallkrankenkassen 2005: Gewalt an Schulen. Ein empirischer Beitrag zum gewaltverursachten Verletzungsgeschehen an Schulen in Deutschland 1993–2003. München: BU   www.unfallkassen.de

Bundeszentrale für gesundheitliche Aufklärung (2004): Die Drogenaffinität Jugendlicher in der Bundesrepublik Deutschland 2004. Köln: Bundeszentrale für gesundheitliche Aufklärung.

Conger, R. D., Yiaojia, G., Elder, G. H., Lorenz, F. O., Simons, R. L. (1994): Economic stress, coercive family process and development problems of adolescents. Child Development, 65, 541–561.

Cortina, K. S., Baumert, J., Leschinsky, A., Mayer, K. U., Trommer, L. (2003): Das Bildungswesen in der Bundesrepublik Deutschland. Reinbek bei Hamburg: Rowohlt.

Coté, J. E. (2000): Arrested Adulthood. The Changing Nature of Maturity and Identity. New York: New York University Press.

Denz, H. (Hrsg.) (2002), Die europäische Seele. Leben und Glauben in Europa, Wien: Czernim Verlag.

Der Spiegel (33/2005): Gläubige verzweifelt gesucht. Heimkehr des Papstes in ein unchristliches Land.

Deutsche Gesellschaft für Ernährung e. V. (Hrsg.) (2000): Ernährungsbericht 2000. Frankfurt: Verlag Henrich.

Duschek, K.-J., Wirth, H. (2005): Kinderlosigkeit von Frauen im Spiegel des Mikrozensus. Statistisches Bundesamt. Wirtschaft und Statistik 8.

EMNID (1997): Was glauben die Deutschen? Umfrage im Auftrag von DS – Das Sonntagsblatt, Tabellenband, Bielefeld: EMNID.

Erlach, E. von (2005): Politisierung in Vereinen. Eine empirische Studie zum Zusammenhang zwischen der Vereinsmitgliedschaft und der Teilnahme an politischen Diskussionen. Schweizerische Zeitschrift für Politikwissenschaft 11/3, 27–59.

Eurobarometer 2003.1 – Public Opinion in the Candidate Countries. Youth in New Europe. http://europa.eu.int/comm/public_opinion/archives/cceb/2003/2003.1_youth_analytical_report_en.pdf (24.04.06)

Europa Digital (2006): Dossier zum türkischen EU-Beitritt. http://www.europa-digital.de/laender/tue/

Friedman, Th. (1999): Globalisierung verstehen. Zwischen Marktplatz und Weltmarkt. Berlin: Ullstein 1999.

Fuchs, D. (1989): Die Unterstützung des politischen Systems der Bundesrepublik Deutschland. Opladen: Leske & Budrich

Fuchs, M., Lamnek, S., Luedtke, J. (1996): Schule und Gewalt. Realität und Wahrnehmung eines sozialen Problems. Opladen: Leske & Budrich.

Funk, W. (1995): Nürnberger Schulen-Studie. Regensburg: Roderer.

Fuß, D. (2003): Jugend und europäische Identität. Resultate aus einem internationalen Forschungsprojekt. http://www.fes-online-akademie.de/send_file.php/download/pdf/fuss_jugend.pdf (24.04.06)

Gaiser, W., Gille, M., Rijke, J., Sardei-Biermann, S. (2004): Aspekte der politischen Kultur in West- und Ostdeutschland. Ergebnisse des DJI-Jugendsurveys von 1992 bis 2003. Diskurs 2, 74–82.

Gaiser, W., Gille, M., de Rijke, J., Sardei-Biermann, S. (2005): Zur Entwicklung der Politischen Kultur bei deutschen Jugendlichen. In: Merkens, H., Zinnecker, J. (Hrsg.): Jahrbuch Jugendforschung, Wiesbaden: VS Verlag, 163–198.

Generationsstudie (2005): Wertewandel, politische Einstellungen und gesellschaftliche Konfliktpotenziale im Spannungsfeld von Generationen und Regionen. Hrsg. von der Hanns-Seidel-Stiftung. München: Atwerb.

Gensicke, Th., Picot, S., Geiss, S. (2006): Freiwilliges Engagement in Deutschland 1999–2004. Ergebnisse der repräsentativen Trenderhebung zu Ehrenamt, Freiwilligenarbeit und bürgerschaftlichem Engagement. http://www.bmfsfj.de/Kategoien/Publikationen/Publikationen,did=73430.html (24.04.06)

Giesecke, H. (1981): Vom Wandervogel bis zur Hitlerjugend, Weinheim, München: Juventa.

Gille, W., Krüger, W. (Hrsg.) (2000): Unzufriedene Demokraten. Politische Orientierungen der 16- bis 29-Jährigen im vereinigten Deutschland. Opladen. Leske & Budrich

Glendinning, A., Shucksmith, J., Hendry, L.B. (1994): Social class and adolescent smoking behavior. In: Social Science and Medicine, 10, 1449–1460.

Griechische Atomisten (1977), Texte und Kommentare zum materialistischen Denken der Antike, Leipzig: Reclam.

Gronemeyer, R. (1991): Die Entfernung vom Wolfsrudel. Über den drohenden Krieg der Jungen gegen die Alten. Frankfurt: Fischer.

Hauser, B. (1999): Kommunales Wahlrecht ab 16. Ms. (Konrad-Adenauer-Stiftung, Materialien für die Arbeit vor Ort, Nr. 8).

Havighurst, R. J. (1982): developmental tasks and education. New York: Longman.

Heitmeyer, W., Olk, Th. (1990): Individualisierung von Jugend. Gesellschaftliche Prozesse, subjektive Verarbeitungsformen, jugendpolitische Konsequenzen. Weinheim, München: Juventa.

Heitmeyer, W. (Hrsg.) (2002–2006): Deutsche Zustände, Folge 1 bis 4. Frankfurt: Suhrkamp.

Hetland, J., Torsheim, T., Aaro, L.E. (2002): Subjective health complaints in adolescence: dimensional structure and variation across gender and age. Scandinavian Journal of Public Health, 30, 223–230.

Hitzler, R., Bucher, T., Niederbacher, A. (2001): Leben in Szenen. Formen jugendlicher Vergemeinschaftung heute. Opladen: Leske & Budrich.

Hoffmann-Lange, U. (Hrsg.) (1995): Jugend und Demokratie in Deutschland. DJI-Jugendsurvey 1. Opladen: Leske & Budrich.

Hoffmann-Lange, U. (2001): Politikverdrossenheit oder Politikdistanz? Zum Wandel der politischen Orientierungen junger Menschen. In: DISKURS, 1/2001, 11–19.

Højholdt, A., Nielsen, J. C. (2004): Nye tider – nye forenigsformer. Center for Ungdomsforskning. http://www.cefu.dk/upload/application/bcd27733/nye_tider.pdf (24.04.06)

Höpflinger, F. (1997): Bevölkerungssoziologie. Weinheim, München: Juventa.

Hoti, A. H. (2003): Chancengleichheit und Gleichstellung von Migrantinnen und Migranten – Chancengleichheit und Gleichstellung von Frauen. In: F. Oser (Hrsg.): Jugend ohne Politik. Ergebnisse der IEA-Studie zu politischem Wissen, Demokratieverständnis und gesellschaftlichem Engagement von Jugendlichen in der Schweiz im Vergleich mit 27 anderen Ländern. Zürich, Chur: Rüegger: 101–128.

Hurrelmann, K. (1989): Warteschleifen. Keine Berufs- und Zukunftsperspektiven für Jugendliche? Weinheim: Beltz.

Hurrelmann, K. (2000): Gesundheitssoziologie. 4. Auflage. Weinheim, München: Juventa.

Hurrelmann, K. (2002a): Psycho- und soziosomatische Gesundheitsstörungen bei Kindern und Jugendlichen. Bundesgesundheitsblatt – Gesundheitsforschung – Gesundheitsschutz, 45 (11), 866–872.

Hurrelmann, K. (2002b): Einführung in die Sozialisationstheorie. Weinheim: Beltz (8., vollständig überarbeitete Auflage).

Hurrelmann, K. (2005): Lebensphase Jugend. Eine Einführung in die sozialwissenschaftliche Jugendforschung. Weinheim, München: Juventa. 8. Auflage.

Hurrelmann, K., Klocke, A., Melzer, W., Ravens-Sieberer, U. (Hrsg.) (2003): Jugendgesundheitssurvey. Internationale Vergleichsstudie im Auftrag der Weltgesundheitsorganisation WHO. Weinheim, München: Juventa.

Ihle, W., Esser, G., Laucht, M., Schmidt, M.H. (2004): Depressive Störungen und aggressiv-dissoziale Störungen im Kindes- und Jugendalter. Bundesgesundheitsblatt – Gesundheitsforschung – Gesundheitsschutz, 47 (8), 728–735.

Illies, F. (2001): Generation Golf. Eine Inspektion. Berlin: Argon.

Infratest dimap (2002): Umfrage »Religion und Politik« im Auftrag der Konrad-Adenauer-Stiftung, Tabellenband, Berlin: Infratest dimap.

Jamieson, L. (Hrsg.) (2005): Orientations of Young Men and Women to Citizenship and European Identity. http://www.sociology.ed.ac.uk/youth/final_report.pdf (24.04.06)

Kaase, M., Klingemann, H.-D. (1979): Sozialstruktur, Wertorientierung und Parteiensystem: Zum Problem der Interessenvermittlung in westlichen Demokratien. In: Matthes, J. (Hrsg.): Sozialer Wandel in Westeuropa. Verhandlungen des 19. Deutschen Soziologentages in Berlin 1979. Frankfurt, New York, 534–572.

Klages, H. (1998): Werte und Wertewandel. In: B. Schäfers, W. Zapf (Hrsg.) (1998): Handwörterbuch zur Gesellschaft Deutschlands. Opladen: Leske & Budrich, 698–709.

Klages, H., Gensicke, Th. (2004): Wertewandel und Big-Five-Dimensionen. In: S. Schumann (Hrsg.): Persönlichkeit. Eine vergessene Größe der empirischen Sozialforschung, Wiesbaden: VS Verlag 279–300.

Klages, H., Gensicke, Th. (2006): Wertesynthese – funktional oder dysfunktional? Erscheint in: Kölner Zeitschrift für Soziologie und Sozialpsychologie, Heft 2, Jg. 58.

Klein, M. (1996): Gewaltverhalten unter Alkoholeinfluss: In: Deutsche Hauptstelle gegen die Suchtgefahren (Hrsg.): Alkohol – Konsum und Missbrauch, Alkoholismus – Therapie und Hilfe. Freiburg, 86–103.

Klein, N. (2002): No logo. München. Riemann.

Köcher, R. (2006): Wachsendes Interesse an Religion und Kirche, Dokumentation des Artikels in der FAZ vom 12.4.2006, Allensbach.

Krüger, H.-H., Grunert, C. (Hrsg.) (2002): Handbuch Kindheits- und Jugendforschung. Opladen: Leske & Budrich.

Lamnek, S. (2005): Qualitative Sozialforschung, Weinheim, Basel: Juventa.

Lange, A. (2002): »Lebensführung« als eine integrative Perspektive für die Jugendforschung. Zeitschrift für Soziologie der Erziehung und Sozialisation 22, 422–435.

Langness, A., Richter, M., Hurrelmann, K. (2005): Gesundheitsverhalten im Jugendalter: Ergebnisse der »Health Behaviour in School-aged Children«-Studie. Das Gesundheitswesen, 67 (6), 422–431.

Laqueur, W. (1978): Die deutsche Jugendbewegung. Köln: Wissenschaft und Politik.

Laslett, P. (1991): A fresh map of life: the emergence of the third age. Cambridge.

Leggewie, K. (Hrsg.) (2004): Die Türkei und Europa. Die Positionen Frankfurt: Suhrkamp.

Liebisch, R., Quante, S. (1999): Psychomotorik und Salutogenese – Schnittpunkte. Haltung und Bewegung 19 (2), 13–20.

Lippert, B. (2003): Von Kopenhagen bis Kopenhagen. Eine erste Bilanz der EU-Erweiterungspolitik. In: Aus Politik und Zeitgeschichte, B 1–2/2003, 7–15.

Lukrez (Titus Lucretius Carus) (1957): Über die Natur der Dinge (de rerum natura), Berlin: Aufbau.

Lösel, F., Bliesener, T., Averbeck, M. (1999): Hat die Delinquenz von Schülern zugenommen? Ein Vergleich im Dunkelfeld nach 22 Jahren. In: Schäfer, M., Frey, D. (Hrsg.): Aggression und Gewalt unter Kindern und Jugendlichen. Gättingern: Hogrefe, 65–89.

Mansel. J., Hurrelmann, K. (1998): Aggressives und delinquentes Verhalten Jugendlicher im Zeitvergleich. Kölner Zeitschrift für Soziologie und Sozialpsychologie, 50, 79–109.

Mansel, J., Schweins, W., Ulbrich-Herrmann, M. (Hrsg.) (2001): Zukunftsperspektiven Jugendlicher. Wirtschaftliche und soziale Entwicklungen als Herausforderung und Bedrohung für die Lebensplanung. Weinheim/München: Juventa.

Meulemann, H. (1998): Religiosität und Moralität nach der deutschen Wiedervereinigung. In: G. Lüschen (Hrsg.): Das Moralische in der Soziologie. Opladen: Westdeutscher Verlag, 269–283.

Mielck, A. (2000): Soziale Ungleichheit und Gesundheit. Empirische Ergebnisse, Erklärungsansätze, Interventionsmöglichkeiten. Bern, Göttingen, Toronto, Seattle: Verlag Hans Huber.

Mohl, H. (1993): Die Altersexplosion. Droht uns ein Krieg der Generationen? Stuttgart: Kreuz-Verlag.

Mulvihill, C., Nemeth, A., Verreecken, C. (2004): Body image, weight control and body weight. In: Young people's health in context: Health Behaviour in School-aged Children (HBSC) Study: International report from the 2001/2002 survey. WHO Europe, Health Policy for Children and Adolescents, No. 4, 120–129.

Münchmeier, R. (1998): Entstrukturierung der Jugendphase – Zum Strukturwandel des Aufwachsens und zu den Konsequenzen für Jugendforschung und Jugendtheorie. Aus Politik und Zeitgeschichte 31, 3–13.

Namiso, D., Schorn, K. (2006): Wählerverhalten bei der Bundestagswahl 2005 nach Geschlecht und Alter. Ergebnisse der repräsentativen Wahlstatistik. In: Wirtschaft und Statistik, 3/2006, 220–237.

Nave-Herz, R. (1994): Familie heute: Wandel der Familienstrukturen und Folgen für die Erziehung. Darmstadt.

Nave-Herz, R., Sander, D. (1998): Heirat ausgeschlossen? Ledige Erwachsene in sozialhistorischer und subjektiver Perspektive. Frankfurt.

Oerter, R., Montada, L. (Hrsg.) (2002): Entwicklungspsychologie. Weinheim: Beltz.

Oesterreich, D. (2003): Gleichstellung von Frauen aus der Sicht ost- und westdeutscher Jugendlicher. Ergebnisse aus dem Civic-Education-Projekt der IEA. Aus Politik und Zeitgeschichte 15, 26–31.

Orr, K., McCabe, R. (2004): Chapter Two – Education. In: K. Orr (Hrsg.): Youth Report 2004. http://www.youthforum.org/en/press/reports/yr.pdf (24.04.06)

Pettersson, T. (2003): Basis Values and Civic Education. A comparative analysis of adolescent orientations towards gender equality and good citizenship. http://www.worldvaluessurvey.org/Upload/5_Thorleif%20Petter%E2%80%A6development.pdf (24.04.06)

Pfeiffer, Chr., Wetzels, P. (1999): Kinder und Jugendliche als Opfer und Täter. www.ligakind.de/pages/pfeiwe299.htm

Pfeiffer, Chr., Wetzels, P. (2001): Zur Struktur und Entwicklung der Jugendgewalt in Deutschland. In: Oerter, R., Höfling, S. (Hrsg.): Mitwirkung und Teilhabe von Kindern und Jugendlichen. München. Hans-Seidel-Stiftung, 108–141.

Pfeiffer, Chr., Baier, D., Kleimann, M., Windzio, M. (2006): Gewalterfahrung und Medienkonsum im Leben von Kindern und Jugendlichen in Dortmund. Kriminologisches Forschungsinstitut Niedersachsen (KFN). Pressemitteilung 16.1.2006.

Pfeiffer, Chr., Mößle, F., Kleimann, M., Rehbein, Th. (2006): Medienkonsum, Schulleistung und Jugendgewalt. http://www.kfn.de/medienschulevortrag.pdf

Pickel, G. (2002): Jugend und Politikverdrossenheit. Zwei politische Kulturen im Deutschland nach der Vereinigung? Opladen: Leske & Budrich.

Picot, S. (2006): Freiwilliges Engagement Jugendlicher im Zeitvergleich 1999–2004. In: Gensicke, Th., Picot, S., Geiss, S.: Freiwilliges Engagement in Deutschland 1999–2004, Ergebnisse der repräsentativen Trenderhebung zu Ehrenamt, Freiwilligenarbeit und bürgerschaftlichem Engagement. http://www.bmfsfj.de/Kategorien/Publikationen/Publikationen,did=73430.html (24.04.06)

PISA-Konsortium Deutschland (Hrsg.) (2004): PISA 2003. Der Bildungsstand der Jugendlichen in Deutschland – Ergebnisse des zweiten internationalen Vergleichs. Münster, New York, München, Berlin: Waxmann.

Pollack, D. (2003): Säkularisierung – ein moderner Mythos? Studien zum religiösen Wandel in Deutschland. Tübingen: Mohr Siebeck.

Pollack, D., Pickel, G. (1999): Individualisierung und religiöser Wandel in der BRD. Zeitschrift für Soziologie 28/6, 465–483.

Polis (2005): Alternde Gesellschaft: Ergebnisse einer Repräsentativerhebung im Auftrag des Presse- und Informationsamtes der Bundesregierung. München: Polis 2005.

Ragin, Ch. C. (2004): Turning the Tables: How Case-Oriented Research Challenges Variable-Oriented Research. In: Brady, H. E., Collier, D.: Rethinking Social Inquiry. Diverse Tolls, Shared

Standards, Landham, Boulder, New York, Toronto, Oxford, 123–138.

Raithel, J. (2005) Die Stilisierung des Geschlechts: Jugendliche Lebensstile, Risikoverhalten und die Konstruktion von Geschlechtlichkeit. Weinheim, München: Juventa.

Reinders, H. (2005): Jugend. Werte. Zukunft. Wertvorstellungen, Zukunftsperspektiven und soziales Engagement im Jugendalter. Stuttgart: Landesstiftung Baden-Württemberg.

Reinders, H., Youniss, J. (2005): Gemeinnützige Tätigkeit und politische Partizipationsbereitschaft bei amerikanischen und deutschen Jugendlichen. Psychologie in Erziehung und Unterricht 52, 1–19.

Richter, M. (2005): Gesundheit und Gesundheitsverhalten im Jugendalter. Der Einfluss sozialer Ungleichheit. Wiesbaden: VS.

Robert Koch Institut (2004): Schwerpunktbericht der Gesundheitsberichterstattung des Bundes. Gesundheit von Kindern und Jugendlichen. Berlin.

Roth, R., Rucht, D. (Hrsg.) (1987): Neue Soziale Bewegungen in der Bundesrepublik Deutschland. Frankfurt, New York: Campus.

Sander, U., Vollbrecht, R. (Hrsg.) (2000): Jugend im 20. Jahrhundert. Neuwied: Luchterhand.

Schirrmacher, F. (2004): Das Methusalem-Komplott. Die Macht des Alterns – 2004–2050. München. Blessing.

Schmid, Ch. (2004): Politische Interessen von Jugendlichen. Eine Längsschnittuntersuchung zum Einfluss von Eltern, Gleichaltrigen, Massenmedien und Schulunterricht. Wiesbaden: Deutscher Universitäts-Verlag.

Schneekloth, U. (2002): Demokratie, ja – Politik, nein? Einstellungen Jugendlicher zur Politik. In: Deutsche Shell (Hrsg.): Jugend 2002. Zwischen pragmatischem Idealismus und robustem Materialismus. Frankfurt: Fischer.

Schweer, M., Erlemeyer, A. (2001): Jugend, Politik und Vertrauen. Ein Beitrag zur Bedeutung von Vertrauen für das politische Handeln Jugendlicher. Gruppendynamik 1, 61–70.

Shell Deutschland (2002): 50 Jahre Shell Jugendstudie Hamburg: Juno.

Silbereisen, R. K., Vaskovics, L. A., Zinnecker, J. (Hrsg.) (1996): Jungsein in Deutschland. Jugendliche und junge Erwachsene 1991 und 1996. Opladen: Leske & Budrich.

SORA – Institute for Social Research and Analysis (2005): Political Participation of Young People in Europe. EUYOUPART 2002–2005. http://www.sora.at/images/doku/euyoupart_finalcomparativereport.pdf (24.04.06)

Statistisches Bundesamt (2004a): Familie. In: Datenreport 2004. Zahlen und Fakten über die Bundesrepublik Deutschland. Zweite, aktualisierte Auflage. http://www.destatis.de/download/d/datenreport/2_09gesch.pdf (8.5.2006)

Statistisches Bundesamt (Hrsg.) (2004b): Bildung. In: Datenreport 2004. Zahlen und Fakten über die Bundesrepublik Deutschland. Zweite, aktualisierte Auflage. http://www.destatis.de/datenreport/d_datend.htm (24.04.06)

Statistisches Bundesamt (Hrsg.) (2004c): Lebenssituation von Jugendlichen und jungen Erwachsenen. In: Datenreport 2004. Zahlen und Fakten über die Bundesrepublik Deutschland. Zweite, aktualisierte Auflage. http://www.destatis.de/datenreport/d_datend.htm (24.04.06)

Statistisches Bundesamt (Hrsg.) (2004d): Erwerbstätigkeit und Arbeitslosigkeit. In: Datenreport 2004. Zahlen und Fakten über die Bundesrepublik Deutschland. Zweite, aktualisierte Auflage. http://www.destatis.de/download/d/datenreport/1_03gesch.pdf

Statistisches Bundesamt (Hrsg.) (2005): Erste Ergebnisse aus der Repräsentativen Wahlstatistik für die Bundesrepublik Deutschland. http://www.bundeswahlleiter.de/bundestagswahl2005/downloads/endfassung_unterstichprobe_2005.pdf (24.04.06)

Statistisches Bundesamt (Hrsg.) (2006a): Frauen in Deutschland 2006. Wiesbaden: Statistisches Bundesamt.

Statistisches Bundesamt (Hrsg.) (2006b): Leben in Deutschland. Haushalte, Familien und Gesundheit. Ergebnisse des Mikrozensus 2005. Wiesbaden: Statistisches Bundesamt.

Statistisches Bundesamt (Hrsg.) (2006c): Geburtenentwicklung in Deutschland im langfristigen Vergleich. Wiesbaden: Destatis (Pressemitteilung vom 17. März 2006).

Stiglitz, J. (2002): Die Schatten der Globalisierung. München: Siedler.

Straus, F. (2002): Netzwerkanalysen. Gemeindepsychologische Perspektiven für Forschung und Praxis, Wiesbaden.

Thurow, L. C. (2004): Die Zukunft der Weltwirtschaft: Frankfurt, New York: Campus.

UNICEF (2005): Kinderarmut in reichen Ländern. Zusammenfassung der UNICEF-Studie. UNICEF Information.

Wabitsch, M., Kunze, D., Keller, E., et al. (2002): Adipositas bei Kindern und Jugendlichen in Deutschland. Fortschritte der Medizin, 120: Originalien Nr. IV/2002, 99–106.

Wächter, F. (2005): Links und rechts kann man nicht verwechseln – Zum Verständins eines politischen Codes bei Jugendlichen. In: DISKURS, 1/2005, 45–54.

Wächter, F. (Hrsg.) (2005): EUYOUPART – Political Participation of Young People in Europe. National Report: Germany. http://cgi.dji.de/cgi-bin/projekte/bchlst1.php?browid=4726&projekt=255&kurzform=0 (24.04.06)

Watermann, R. (2005): Politische Sozialisation von Kindern und Jugendlichen. Aus Politik und Zeitgeschichte 41, 16–24.

World Health Organization (2004): Young people's health in context: Health Behaviour in School-aged Children (HBSC) study: International report from the 2001/2002 survey. WHO Europe, Health Policy for Children and Adolescents, 2004, No. 4, 63–72.

Zinnecker, J., Silbereisen, R. (1996): Kindheit in Deutschland. Weinheim/München: Juventa.

Zubrägel, S., Settertobulte, W. (2003): Körpermasse und Ernährungsverhalten von Jugendlichen. In: Hurrelmann K., Klocke A., Melzer W., Ravens-Sieberer U. (Hrsg.): Jugendgesundheitssurvey. Internationale Vergleichsstudie im Auftrag der Weltgesundheitsorganisation WHO. Weinheim: Juventa, 159–182.

unicef
Zur Situation der Kinder in der Welt 2006
Kinder ohne Kindheit

Band 16909

Sie sind ausgeschlossen, leben am Rand der Gesellschaft – Straßenkinder und Dienstmädchen, Flüchtlingskinder und Kindersoldaten, Opfer von Kinderhandel, Waisen. Niemand kennt ihre genaue Zahl. Sie wachsen auf ohne ausreichende Nahrung und medizinische Versorgung, ohne Schutz und Bildung. Der UNICEF-Bericht 2006 zeigt den Alltag von Millionen Kindern zwischen extremer Armut und Ausbeutung. UNICEF ruft mit diesem Report dazu auf, das Schicksal der ärmsten Kinder der Welt nicht länger zu übersehen.

»Es ist viel zu wenig bekannt, dass für Millionen Kinder und Jugendliche auf der Welt Missbrauch und Ausbeutung zum Alltag gehören. Den betroffenen Jungen und Mädchen wird ihre Würde geraubt. Ihre Kindheit wird zerstört.«
Roger Moore, UNICEF-Botschafter

Fischer Taschenbuch Verlag

Enja Riegel
Schule kann gelingen!
Wie unsere Kinder wirklich fürs Leben lernen
Band 16168

So wird's gemacht:
eine konkrete Anleitung für bessere Schulen!

»Schlau wie Koreaner und gut wie Finnen.«
die tageszeitung

»Jeden Tag Theater. Eine Reformschule macht fast alles anders als die meisten Lehranstalten – und stößt damit in die internationale Pisa-Spitze vor.«
DER SPIEGEL

»Wer viel Theater spielt,
wird auch gut in Mathematik.«
Frankfurter Allgemeine Zeitung

Fischer Taschenbuch Verlag

Elisabeth Niejahr
Alt sind nur die anderen
So werden wir leben, lieben und arbeiten
Band 15941

Längere Ampelphasen, Arbeiten bis siebzig, Prothesengeschäfte an jeder Straßenecke und Verteilungskämpfe zwischen Jung und Alt?

Mehr als die Hälfte der Bevölkerung wird in zwanzig Jahren älter als sechzig sein. Kein Grund zum Pessimismus: Elisabeth Niejahr zeigt, wie unser Alltag aussehen könnte und was das für jeden von uns bedeutet. Denn eines ist sicher, wir werden alle anders leben, lieben und arbeiten.

Ein Buch, das selbst die interessieren wird, die bisher noch keinen Gedanken an ihre Rentenversicherung verschwendet haben.

»Dieses Buch leistet einen Beitrag
zur politischen Aufklärung, wie man ihn
sich kaum besser wünschen kann.«
Tagesspiegel

»Ein vielseitiger und gut geschriebener Beitrag
zu einer Debatte, mit der wir uns befassen müssen.«
Frankfurter Rundschau

Fischer Taschenbuch Verlag

Fischer Kompakt
Der direkte Weg zum Wissen
Geschichte, Ökonomie, Philosophie, Religion und Kulturgeschichte

Ralf Elger
Islam
Band 15368

Günter Frankenberg
Grundgesetz
Band 15370

Walter Heering
Europäische Geldpolitik
Band 15366

Diether Döring
Sozialstaat
Band 15567

Michael Gehler
Europa
Band 15360

Stefan Wolle
DDR
Band 16122

Rolf Steininger
Der Kalte Krieg
Band 15551

Manfred Hildermeier
Russische Revolution
Band 15352

Rolf Steininger
Der Nahostkonflikt
Band 16121

Rolf Steininger
Der Vietnamkrieg
Band 16129

Diethard Sawicki
Magie
Band 15568

Bernhard Lang
Die Bibel
Band 16126

Walter Heering
Geld
Band 15553

Fischer Taschenbuch Verlag

Fischer Kompakt
Der direkte Weg zum Wissen
Biowissenschaften

Ernst Peter Fischer
Das Genom
Band 15362

Thomas P. Weber
Darwinismus
Band 15367

Walter Doerfler
Viren
Band 15369

Ernst Peter Fischer
Geschichte des Gens
Band 15363

Winfried Henke
und Hartmut Rothe
Menschwerdung
Band 15554

Arndt von Haeseler
und Dorit Liebers
Molekulare Evolution
Band 15365

Thomas P. Weber
Soziobiologie
Band 15562

Karl R. Gegenfurtner
Gehirn & Wahrnehmung
Band 15564

Christoph Herrmann
und Christian Fiebach
Gehirn & Sprache
Band 15566

Mojib Latif
Klima
Band 16125

Alexander Borbély
Schlaf
Band 15561

Fischer Taschenbuch Verlag